澳彩科技
AOCAI CHEMICAL

中国塑染行业的标杆与领航者

China plastic dyeing industry's benchmark and leader

简介 ABOUT AOCAI

重庆澳彩新材料股份有限公司为“国家级高新技术企业”，建有博士后科研工作站和省级技术研发中心。公司成立于2007年，具有自主品牌，以高新技术和细节管理为核心竞争力。近20年来深耕塑料色母及塑料改性的研发、生产、销售，拥有重庆、山东、深圳等六个生产基地、持有ISO9001—2000质量管理体系认证、ISO14001环境管理体系认证和美国CTI环保卫生认证。拥有专业的研发团队，研发项目获国家科技部立项，产品获得多项发明专利和“高新技术产品”称号。

澳彩新材董事长：魏子斌

- 国家级高新技术企业
- 博士后科研工作站
- 重庆市技术研发中心
- 专精特新“小巨人”企业
- 国家科技部“创新基金”立项单位
- 中国创新型中小企业100强
- 中国塑料加工工业协会改性塑料专业委员会理事单位
- 中国塑料加工工业协会管道专业委员会理事单位
- 重庆市新材料产业联合会副会长单位
- 重庆市塑料行业协会副会长单位

澳彩荣誉 AOCAI HONOR

生产基地 PRODUCTION BASE

自建省级研发中心，六大生产基地，全国近20处营销分中心全方位服务客户

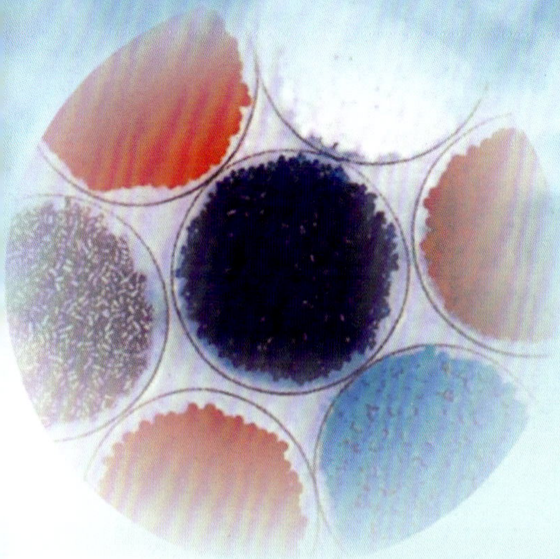

安纳达

广东省塑胶行业协会

2022 年，广东省塑胶行业协会组织会员企业在疫情期间共捐赠钱物 20 余万元；参与精准扶贫捐赠钱物 10 余万元，代表着广东省塑胶行业协会回馈社会的初心与责任，彰显作为省级协会的社会担当，突显真正的爱和公益的力量。

9 月 25 日，中国轻工业联合会在京召开全国轻工业科技创新与产业发展大会。中国塑料加工工业协会推荐的广东省塑胶行业协会获颁“轻工业产业集群管理服务先进单位”牌匾。

4 月 8 日，广东省塑胶行业协会发起的佛山市高分子环保新材料产业高新技术企业创新联盟大会在禅城区企业服务中心召开。联盟创始成员单位共 17 家，包含了产业链上下游优势高新技术企业以及高校、研究院所、中介机构、科技成果交易平台、产业基金等。

广东省塑胶行业协会第二届会员大会暨 2022 年迎春晚会

地址：广东省东莞市常平国际塑胶大厦 4 楼
电话：0769-81083188

明日控股
MINGRI HOLDINGS

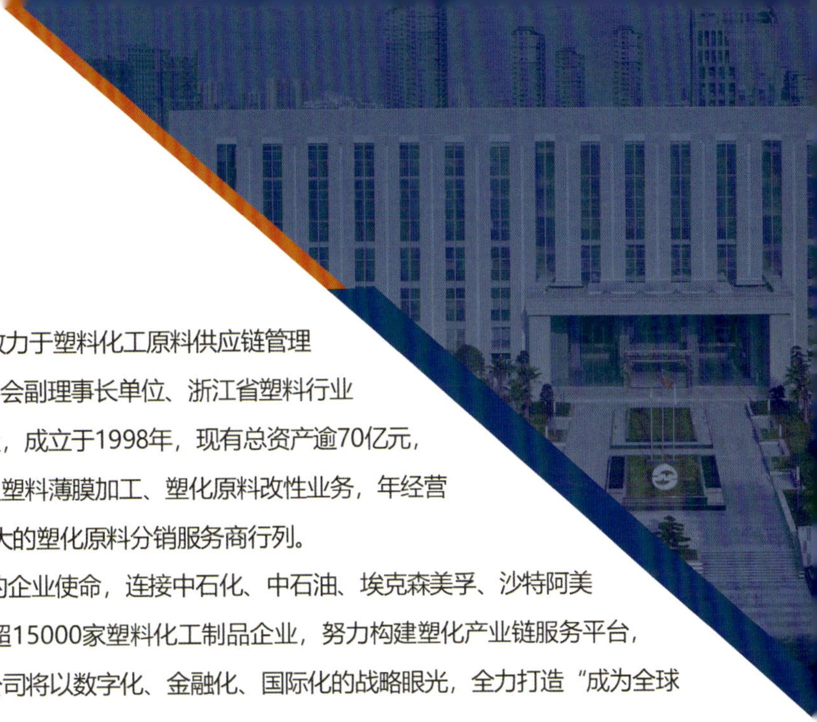

浙江明日控股集团股份有限公司

浙江明日控股集团股份有限公司是一家致力于塑料化工原料供应链管理服务的全国领军企业，为中国塑料加工工业协会副理事长单位、浙江省塑料行业协会名誉会长单位。公司隶属于浙江省供销社，成立于1998年，现有总资产逾70亿元，主营塑料化工原料、农产品、能化产品分销及塑料薄膜加工、塑化原料改性业务，年经营规模超过700万吨、600亿元，已跻身全球最大的塑化原料分销服务商行列。

公司肩负着“在传递价值中创造价值”的企业使命，连接中石化、中石油、埃克森美孚、沙特阿美等全球大中型石油化工、煤化工企业与下游超15000家塑料化工制品企业，努力构建塑化产业链服务平台，推动产业供需精准匹配和产业升级。未来，公司将以数字化、金融化、国际化的战略眼光，全力打造“成为全球最具合作价值的塑化产业链服务商”。

塑料薄膜工业基地

（可降解）改性料工业基地

塑化供应链服务体系

全球供应链分销服务

已形成杭州为总部，广州、厦门、武汉、天津、成都、西安为区域中心的全国塑化供应链服务网络，并积极响应“一带一路”、RCEP协定等国家倡议，借助新加坡、越南、中国香港、美国等公司，加快搭建“全球采购、全球销售”的全球塑化分销服务网络。

价格风险管理服务

充分利用期货、期权等金融衍生品工具，培育形成稳定的基差贸易、含权贸易等期现业务模式，加快塑化产业和金融产业的深度融合，为客户提供价格风险管理服务。

供应链金融服务

立足中小实体企业的资金痛点，明日控股不断加强与金融科技、金融机构的合作，以现货交易为场景，以风控体系为依托，以信息科技为支撑，搭建产业链金融服务平台，满足客户多样化融资需求。

数字化服务

与用友网络、奇点云等科技公司建立战略合作，搭建“IT+互联网”“业务中台+数据中台”的信息化架构，推进全场景的业务数字化，实现数据赋能；推进数据在风险管控、产业研究、精准营销等场景中的创新应用，为客户提供信息资讯服务。

智慧物流服务

与全国400余家专业仓储物流企业建立紧密合作，积极对接互联网货运平台，加快新型塑化智慧物流体系建设，提升物流效率，降低产业链运行成本。

企业荣誉

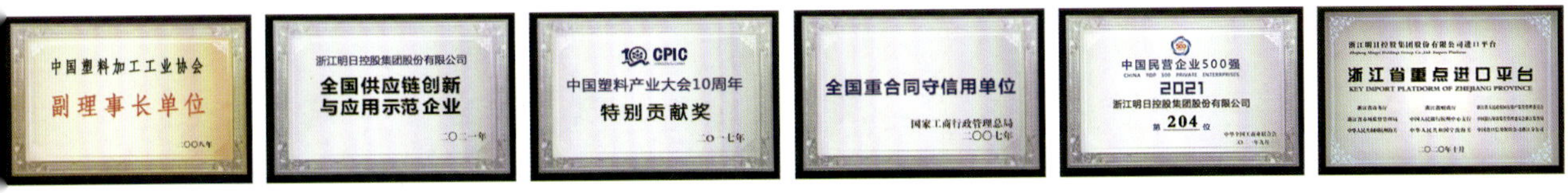

联系方式
地 址（Add）：杭州滨江区江虹路768号浙农科创园3号楼6楼　　电 话（Tel）：0571-87661222
邮 编（P.C）：310052

川路塑胶
塑料管道 型材门窗
有责任·更信任
36年来，川路专业致力于为人们提供自然健康的饮用水与温馨舒适的生活空
地址：中国·成都国家经济技术开发区
管材(Tel)：028+88400586
型材(Tel)：028+84845053

FCS
www.fcs.com.tw
24C
双色汽车零部件
Automotive Parts
双色家电面板
Two-Component Home Appliances Panel
叠加模应用产品
Stack-Mold Application Products
满足大型塑件广域的应用需求
Wide application for large-sized parts
一机多役 · 兼容并蓄
Single Machinery Diverse Applications
FCS HB-1400R
HB-R SERIES
大型水平转盘多组分注塑机
Large Horizontal Rotary Table Two-Component Injection Molding Machine
富强鑫集团 FCS Group
中国台湾富强鑫 +886 6 5950688 fcsco@fcs.com.tw
中国东莞富强鑫 +86 769 83313753 cdg@fcs.com.tw
中国宁波富强鑫 +86 574 56138688 cnb@fcs.com.tw
印度富强鑫 +91 99 988 97768 fcsindia@fcs.com.tw

中国塑料工业年鉴

CHINA PLASTICS INDUSTRY YEARBOOK

2022

中国塑料加工工业协会　主编

中国轻工业出版社

图书在版编目（CIP）数据

中国塑料工业年鉴. 2022 / 中国塑料加工工业协会主编. — 北京：中国轻工业出版社，2023. 2
ISBN 978-7-5184-4311-6

Ⅰ. ①中… Ⅱ. ①中… Ⅲ. ①塑料工业—中国—2022—年鉴 Ⅳ. ①F426. 7-54

中国国家版本馆 CIP 数据核字（2023）第 012162 号

责任编辑：徐　琪　　责任终审：许春英　　封面设计：锋尚设计
版式设计：砚祥志远　　责任校对：吴大朋　　责任监印：张　可

出版发行：中国轻工业出版社（北京东长安街 6 号，邮编：100740）
印　　刷：三河市万龙印装有限公司
经　　销：各地新华书店
版　　次：2023 年 2 月第 1 版第 1 次印刷
开　　本：787×1092　1/16　印张：28. 75
字　　数：664 千字
书　　号：ISBN 978-7-5184-4311-6　定价：480. 00 元
邮购电话：010-65241695
发行电话：010-85119835　传真：85113293
网　　址：http：//www. chlip. com. cn
Email：club@ chlip. com. cn
如发现图书残缺请与我社邮购联系调换
220736K4X101HBW

《中国塑料工业年鉴》编辑委员会人员

韦　明　安徽省塑料协会　会长

吴旅良　江西省塑料工业协会　会长

吴伟杰　汕头市塑胶行业商会　会长

于　建　清华大学化工系高分子研究所　教授

杨卫民　中国塑协专家委员会　主任

傅　强　四川大学高分子科学与工程学院　教授

陈　宇　北京华腾新材料股份有限公司　董事长

韩新伟　浙江明日控股集团股份有限公司　董事长

李建军　金发科技股份有限公司　首席战略官

左满伦　广东联塑科技实业有限公司　总裁

张建均　公元股份有限公司　董事局主席

宋旭彬　广东海兴塑胶有限公司　总经理

马　君　宏岳塑胶集团有限公司　董事长

梁　斌　浙江精诚模具机械有限公司　董事长

林云青　康泰塑胶科技集团有限公司　总裁

金亚雪　宁波利时日用品有限公司　总经理

金红阳　浙江伟星新型建材股份有限公司　总经理

刘方毅　山东英科环保再生资源股份有限公司　董事长

高善宁　河北雄发新材料科技发展有限公司　总经理

张利敏　三友控股集团有限公司　董事长

李忠烈　四川省犍为罗城忠烈塑料有限责任公司　董事长

林　为　泉州三盛橡塑发泡鞋材有限公司　总经理

杨桂生　合肥杰事杰新材料股份有限公司　董事长

关晓春　南京科亚化工成套装备公司　副总经理

茹正伟　百兴集团有限公司　总经理

马平三　佛山佛塑科技集团股份有限公司　总裁

马川圳　广东金明精机股份有限公司　董事长

张建群　山东通佳机械有限公司　董事长

张立斌　武汉华丽环保科技有限公司　总经理

宋晓玲　新疆天业（集团）有限公司　董事长

林永飞　江苏绿源新材料有限公司　董事长

郑元和　长虹塑料集团有限公司英派瑞塑料股份有限公司　董事长

曹志强　白山市喜丰塑料（集团）股份有限公司　董事长
吴劲松　南京聚锋新材料有限公司　董事长
李振平　山东蓝帆塑胶股份有限公司　董事长
宋玉平　河北世纪恒泰富塑业有限公司　董事长
委　员　孟庆君　中国塑料加工工业协会　副秘书长
贾　宁　中国塑料加工工业协会　副秘书长
周家华　中国塑料加工工业协会　兼职副秘书长
张　胜　中国塑料加工工业协会　兼职副秘书长
梁家杰　中国塑料加工工业协会　兼职副秘书长
赵　艳　中国塑料加工工业协会　兼职副秘书长
赵克武　中国塑料加工工业协会　兼职副秘书长
夏　冶　中国塑料加工工业协会　兼职副秘书长
罗维满　中国塑协双向拉伸聚丙烯薄膜专业委员会 主任
夏嘉良　中国塑协复合膜制品专业委员会　主任
程　杰　中国塑协异型材及门窗制品专业委员会　主任
徐建新　中国塑协注塑制品专业委员会　主任
朱山宝　中国塑协板片材专业委员会　主任
王学保　中国塑协塑料编织制品专业委员会　主任
王美瑞　中国塑协人造革合成革专业委员会　主任
袁国清　中国塑协泡沫塑料 EPS 专业委员会　主任
孙　锋　中国塑协硬质 PVC 发泡制品专业委员会　主任
罗宏宇　中国塑协滚塑专业委员会　主任
周　军　中国塑协塑料节水器材专业委员会　主任
彭　智　中国塑协塑料再生利用专业委员会　主任
黄志刚　中国塑协降解塑料专业委员会　主任
李向东　中国塑协氟塑料加工专业委员会　主任
季德虎　中国塑协多功能母料专业委员会　主任
郑文革　中国塑协工程塑料专业委员会　主任
王焕清　中国塑协流延薄膜专业委员会　主任
洪晓冬　中国塑协镀铝膜专业委员会　主任
郭鑫齐　中国塑协聚苯乙烯挤出发泡板材专委会　主任
黄伟兵　中国塑协塑料鞋专委会　主任

周赞斌　中国塑协热塑性弹性体专委会　主任

单向东　中国塑协线缆材料专委会　主任

编　者（以姓氏笔画为序）

马艺涛　王占杰　王新选　王慧凯　毛维琴　龙　杰　冯庶君

吕　方　朱文玮　刘汉龙　刘路兴　李静霞　杨桂兰　吴旅良

汪建萍　沈友良　张培超　陈　生　陈清清　季德虎　周　波

周擎枢　郑天禄　赵国伟　赵明佑　段同生　侯培民　施珣若

贺盛喜　符　岸　韩简吉　谢鹏程　窦俊岭　谭钢林　潘庆功

中国塑料加工工业协会

中国塑协农用薄膜专业委员会

中国塑协改性塑料专业委员会

中国塑协中空制品专业委员会

中国塑协人造革合成革专业委员会

中国塑协复合膜制品专业委员会

中国塑协聚氨酯制品专业委员会

中国塑协板片材专业委员会

中国塑协塑料编织制品专业委员会

中国塑协塑料管道专业委员会

中国塑协 BOPP 专委会

中国塑协 BOPET 专委会

中国塑协泡沫塑料 EPS 专委会

中国塑协硬质 PVC 发泡制品专业委员会

中国塑协滚塑专业委员会

中国塑协塑木制品专业委员会

中国塑协塑料助剂专委会秘书处

中国塑协流延薄膜专业委员会

中国塑协塑料家居用品专委会

中国塑协聚苯乙烯挤出发泡板材专委会

中国塑协线缆材料专委会

中国塑协电池薄膜专委会

中国塑协阻燃材料及应用专业委员会

中国塑料机械工业协会

出版说明

《中国塑料工业年鉴》自2001年创刊，至今已出版了20卷。因其内容翔实、资料完整、数据权威等特点，已成为塑料行业从业者了解行业、研究行业的权威工具书，同时也是国家各级领导机构、企事业单位、研究所、高等院校查阅资料、了解信息、指导工作的重要参考书，具有很高的应用和收藏价值。

《2022中国塑料工业年鉴》为第21卷，与前20卷在时间和内容上保持连续性，设有“专论”“政策法规”“综述”“各地区塑料工业情况”“主要制品行业情况”“塑料标准”等栏目，全面客观地记录了2021年中国塑料工业坚持新发展理念，积极应对风险挑战，以供给侧结构性改革为主线，以科技创新为动力，实现持续稳步增长的重大事件和丰硕成果。

《2022中国塑料工业年鉴》由中国塑料加工工业协会主办，中国轻工出版社出版发行。中国塑料加工工业协会各分支机构、中国石油和化学工业联合会、中国塑料机械工业协会、中国氯碱工业协会、山西省化工研究所（有限公司）和各省、市、自治区塑料行业协会等单位领导与专家给予大力支持。

《中国塑料工业年鉴》编委会向所有关心、支持和参与撰稿、组织、筹划及宣传工作的领导、专家、作者和朋友们表示衷心的感谢！诚请广大读者对《2022中国塑料工业年鉴》编写、出版中的不足之处给予批评、指正！

《中国塑料工业年鉴》编辑委员会

2022年8月

目　录

专　论

政策与法规

综　述

各地区塑料工业

主要制品行业

会　展

塑料标准化

专 论

传承创新　团结奋斗
引领推动中国塑业高质量发展

——中国塑料加工工业协会第七届理事会工作报告

朱文玮

2021 年 11 月 3 日

各位代表：

我代表中国塑料加工工业协会第七届理事会向大会作工作报告，请予以审议。

一、过去五年工作回顾

2016 年 11 月选举产生第七届理事会以来，中国塑协在国资委、民政部、中国轻工业联合会党委的正确领导下，认真贯彻党中央、国务院各项方针政策，在全体会员、相关单位的大力支持下，顺利完成了各项工作任务，为促进行业转型升级、健康发展发挥了重要作用，协会自身建设、服务能力和服务水平也得到了很大提升。

（一）塑料工业平稳快速发展

五年来，在国家宏观政策引领下，在全行业企业的共同努力下，在中国塑协等社会组织的推动下，中国塑料加工业内生动力和创新能力持续增强，新业态、新产品不断涌现，产业素质不断提升，行业发展呈现出“稳中有进、稳中向好”态势。

1. 速度效益统筹并进

截至 2020 年末，我国塑料加工业汇总统计企业累计完成产量 7603. 22 万吨，规模以上企业营业收入 18890. 13 亿元，利润总额 1215. 15 亿元，塑料制品累计出口额 852. 7 亿美元。“十三五”期间，塑料制品产量、营业收入、利润总额、出口额稳步增长，规模以上企业数量逐年增加，行业规模进一步扩大，国际市场份额增加，塑料生产、消费、出口世界第一大国的地位进一步巩固。

2021 年 1-8 月，全国塑料制品行业汇总统计企业累计完成产量 5227. 05 万吨，同比增长 11. 41%；规模以上企业 17874 家，营业收入 13854. 3 亿元，同比增长 18. 36%，比 2019 年 1-8 月份增长 13. 66%，两年的年均增长率为 6. 61%；利润总额 768. 71 亿元，同比增长 5. 36%，比 2019 年 1-8 月份增长 23. 93%，两年的年均增长率为 11. 32%；营业收入利润率为 5. 55%；塑料制品出口额 704. 63 亿美元，同比增长 35. 08%，比 2019 年 1-8 月份增长 46. 02%，两年的年均增长率为 20. 84%，行业经济运行整体平稳向好。

2. 创新能力显著增强

新材料、新技术、新工艺、新产品研发和产业化步伐加快，原创性、独创性技术竞相涌现。至“十三五”末，建成国家重点实验室 5 个，国家工程实验室 8 个，国家工程（技术）研究中心 5 个，国家级企业技术中心 48 个，国家技术创新示范企业 9 个；建成轻工行业重点实验室 15 个、中国轻工业工程技术中心 5 个，中国轻工业工业设计中心 5 个，特色区域和产业集群 17 个；国内开设高分子材料科学与工程相关专业的高校 200 多家。“十三五”期间，塑料加工发明专利超过 7. 5 万项，研发成果获得国家科技进步奖 3 项、中国专利优秀奖 45 项，中国轻工业联合会技术发明和科技进步一等奖 18 项、省部级科技奖百余项。科技创新为行业积极拓展新的应用领域，中国制造正向中国创造转变。

3. 结构调整成效显著

深化“三品”行动，品质、品牌和精益管理、精品制造得到加强，高端产品比例提升，进口替代产品增多，产能结构、产品结构和企业组织结构得到优化。单项冠军企业、专精特新企业、小巨人企业、隐形冠军企业、行业十强企业及创新型标杆企业不断涌现。落后产能淘汰工作初见成效，新旧动能转换和产业转移承接对经济发展质量提高效果明显，高品质制造在产业链、价值链中的地位明显提升。

4. 智能制造取得进展

行业自动化、智能化步伐加快，由劳动密集型

注：本书中的“中国塑协”“协会”均指中国塑料加工工业协会。

向技术创新型转变。塑料管道、塑木、注塑、家居、配线等产业的多家优秀骨干企业成为工信部及地方省市两化融合或智能化试点或示范单位，装备升级、自动化改造、机器换人等加快展开，有效降低生产成本，提升产品质量和综合生产效率，为行业提供经验，做出示范。2020 年新冠疫情后，自动化、智能化大数据应用平台得到推广和应用。

5. 标准体系更加完善

五年来，行业联合相关的 SAC/TC48 及三个分技术委员会、SAC/TC380、TC397/SC6 三个标准化技术委员会共发布塑料制品国家标准 120 项、行业标准 108 项，立项国家标准 142 项，行业标准 89 项，归口现行有效标准 500 多项。中国塑协团体标准化技术委员会自 2018 年成立至今，已发布团体标准 11 项，立项团体标准 39 项，形成基础标准、方法标准、产品标准及工程标准、节能标准、安全标准等分类清晰的标准体系，完善巩固了国家标准、行业标准、地方标准、团体标准、企业标准相互补充的标准体系。

6. 绿色发展持续推进

积极推进清洁新能源替代传统能源等一系列低碳、节能技术，降低塑料加工单位能耗，减少生产现场 VOC 及粉尘。在复合膜和合成革行业推广水性及无溶剂技术。在 PVC 制品等领域积极推进环保助剂替代技术。在聚氨酯泡沫塑料、聚苯乙烯挤出发泡板材（XPS）行业开展淘汰消耗臭氧层物质含 HCFCs（氢氯氟烃）发泡剂工作，五年行业淘汰 HCFCs 约 19065 吨，相当于减排温室气体 2562.4 万吨。

（二）中国塑协工作取得新成绩

中国塑协七届理事会坚持为会员、行业、社会、政府服务宗旨，团结带领广大会员单位，开拓创新，积极进取，有效作为，实现自身价值。

1. 明确协会工作定位，着力强化顶层设计

一是坚持规划引领。编制发布《塑料加工业“十三五”规划指导意见》和《塑料加工业技术进步“十三五”指导意见》，提出“三化一微+智能化”技术进步发展方向，引导行业企业加强科技创新和技术进步。积极宣贯落实规划，引导行业以供给侧结构性改革为主线，完善科技创新体系，提高自主创新能力，加快转型升级，大力推行清洁生产和节能减排，实施高端化战略。各分支机构围绕子行业发展，研究制定规划落实意见，形成指导行业“十三五”发展的顶层规划体系。

二是坚持协会工作定位。2016 年 11 月 6 日，协会举行换届选举，产生了第七届理事会领导机构。五年来，协会认真履行章程规定，完善制度建设，加强内部规范治理，依法民主办会；制定《中国塑料加工工业协会章程》等规范性文件和规章制度；制定《中国塑料加工工业协会五年发展规划》（2017-2021），明确协会秘书处与分支机构的工作定位和工作重点等，梳理年度主要工作重点和目标任务，开展重点工作目标绩效考核；加强行业引领，提高履职能力。

2. 坚持创新不动摇，引领推动行业前行

一是搭建平台，服务创新。做好行业技术、市场交流工作，促进产业链协同创新，推广新技术、新材料、新装备和新产品，引导行业研究市场动向和发展趋势。组织宏观经济分析、相关技术交流、产业发展研讨、智能制造推进等活动，引领行业健康发展。成功组织 2018 年、2020 年两届千人规模的“中国塑料行业科技大会”及 40 余场分会，每届报告专家超 300 人，吸引业界超万人参与；举办 2017 年、2019 年两届产业链高峰论坛，搭建产业链上下游沟通交流平台，表彰行业先进科技企业、成果和个人。

二是组织开展科技攻关，促进成果转化。围绕行业“十三五”时期的“三化一微+智能化”及“十四五”期间的“五化”科技创新方向，面向全行业征集科技项目，梳理行业前沿技术、关键共性技术、重点推广技术、清洁与节能技术及重点装备技术数百条，建立协会技术创新项目库；成立以院士领衔、相关专家及企业参与的废弃塑料回收及高值化利用、PVC 产业链转型升级、海洋废塑料防治、塑料关键技术能力及卡脖子技术、塑料加工行业绿色发展、行业智能化等 6 个行业科技创新重大项目工作组，开展横向技术攻关；组织、参与中国工程院“面向 2035 年的材料领域科技发展研究重大工程用先进基础材料”专题研究、完成“轻工业材料领域战略研究报告”“制造业高质量发展 2020 年轻工业投资方向”“轻工行业产业转移与区域合作”“工业节能与绿色标准研究项目”等课题、项目。联合全国农业技术推广服务中心、中国农用塑料应用技术学会组织行业企业开展“全生物降解地膜农田应用试验”；申报科技部“十四五”应急防护材料项目，向发改委提交《中国塑料行业开展塑料污染治理推进情况调研报告》等。

三是聚智引智，发挥行业专家作用。每年召开

中国塑协科技咨询委员会会议、专家委员会年会。积极组织行业院士、科技咨询委员及行业专家参加行业“科技创新年”、专家院士行、《话说塑料》大讲堂、科技咨询、成果鉴定、专利评审、专题报告、专题技术讲座等活动，为行业提供科技服务。把关“十三五”“十四五”两个科技创新指导意见，研究国家专利金奖、重大技术改造项目申报等关系全行业的重大技术创新工作。

3. 坚持服务宗旨，实现协会与行业共进步、同发展

一是服务行业发展。发挥协会职能作用，集聚各方资源，倾力推进行业发展。

——加强标准化建设，支撑质量提升。协会作为全国塑料制品标准化技术委员会（SAC/TC48）主任单位、全国食品直接接触材料及制品标准化技术委员会塑料分技术委员（SAC/TC397/SC6）副主任单位，组织企业申请标准立项，推动国家行业标准的制修订和宣贯，推进行业的标准和质量提升。积极组织行业企业对标国际标准，主导或参与多项国际标准、国标和行标的立项及制修订工作。协会承担国家加工贸易单耗标准制定及课题研究、工业节能与绿色标准研究，参与环保部塑料排污许可及自行监测标准的制定和宣贯组织。2018 年，成立中国塑协团体标准化技术委员会，在标准体系改进、标准化人才队伍建设、标准化工作体系规划等方面都取得了丰硕的成果，在推动行业技术进步和提升塑料产品质量上发挥了作用。

——实施“三品”行动，促进提质增效。按照国家“三品专项行动计划”的要求，编制“三品”建设工作实施方案，提交“三品”建设重点项目，组织企业申报产业升级和创新消费品等项目。积极落实国家标准化管理委员会“消费品提升重点标准示范、研究项目”等工作，提升发展质量和效益。

——开展生态化建设，践行绿色发展。举办“塑料生态化与绿色技术创新体系建设”工作会议及系列活动；承办中国工程院“高分子材料可持续发展工程科技论坛之塑料生态化建设分论坛”；成立海洋废塑料防治工作组，向全社会发出“文明使用塑料，减少海洋垃圾从我做起”的倡议书，组织“减少海洋塑料垃圾从我做起”义务捡拾垃圾活动。积极贯彻落实《关于进一步加强塑料污染治理的意见》，倡导并开展塑料污染全生命周期评价管理和全链条各环节联动治理系列活动；探索实施《“十四五”塑料污染治理行动方案》的方法和措施；与中国轻工业联合会等单位共同发出“关于共同做好塑料可持续发展的联合倡议书”；与相关单位共同制定、发布可降解塑料标准、标志、标识；组织制定“塑料加工业绿色发展纲要”，与邮政、美团等单位联合开展相关活动，推动国家可循环、易回收、可降解理念落实。

——共建产业集群，服务区域特色产业集聚发展。按中国轻工业联合会、中国塑协制定的特色区域和产业集群管理办法总体要求，依据重质量、轻数量，重发展、轻眼前，重实效、戒虚假原则，五年来，新增命名集群 2 个，清理取消 2 个，升级 1 个，保持稳定 14 个，推动地方经济，带动全国塑料行业健康发展。

——组织开展国际交流，助力企业“走出去”发展。先后组团赴美国、加拿大、德国、意大利、比利时、西班牙、日本、韩国、泰国、马来西亚、越南等国考察交流合作。与美国塑料工业协会、欧洲塑料加工商协会、亚洲塑料论坛、日本塑料工业联盟、韩国合成树脂加工机器合作社、越南塑料协会、马来西亚塑胶制造商协会、泰国塑料学会、泰国塑胶厂商公会等建立联系，并与部分协会签订了合作备忘录；参观调研国外多家研究机构、大学、知名企业，考察塑料市场情况，了解国外塑料产业前景，学习世界领先技术；参观多个全球知名展会，了解国际塑料行业最新动态，学习先进办展经验；助力企业“走出去”，利用两个试产、两种资源发展。组织第八届、第九届生物基和生物分解材料技术与应用国际研讨会（ICTABP8），举办第五届、第六届中国国际塑料管道交流会，与中国石化联合会、日本塑料工业联盟共同举办“中日海洋塑料污染应对研讨会”；出席第十八届、第十九届国际塑料管道会议，出席第二十六届至第二十九届亚洲塑料论坛，视频连线参加第三十届亚洲塑料论坛会议、第二十届国际塑料管道会议，并发表主题报告，参加加拿大蒙特利尔市召开的《蒙特利尔议定书》多边基金执委会第 77 次会议等国际会议，促进国际交流合作。

——搭建展会交流服务平台，助力畅通产业链、供应链、创新链。2014 年以来，先后举办四届“中国国际塑料展暨塑料新材料、新技术、新装备、新产品展览会”，展会规模、展商数、观众及买家数、现场交易额均逐届提高。2020 年面对疫情带来的困难和挑战，如期举办第四届中国国际塑料展，获得巨大的成功，受到业界广泛好评，成为塑料行

业中具有重要影响力的品牌展会之一。同期举办中国塑料行业科技大会及 41 场系列会议，助力创新供需双方精准对接，打通产业链和供应链堵点。举办 2021 中国塑料可持续发展展览会、第三届产业链高峰论坛及系列会议活动，展示塑料绿色、环保、节能、低碳的优异性，促进塑业绿色生态化可持续发展。

二是服务会员发展。把发展会员、服务会员作为协会工作和可持续发展的重中之重。在科技创新、环保治理、政策诉求上精准对接，帮助会员单位解决实际问题，维护行业和企业合法权益，鼓励会员单位做大做强，提升企业竞争力。

——深入调研，反映诉求。五年来，协会先后多次赴全国各地塑料制品生产企业、相关产业企业、大学科研院所、产业集群等单位调研考察，对行业政策法规、发展新动向、企业诉求进行认真、系统、深入研究。对环保督察、BOPET 等行业反倾销、PVC 和聚氨酯行业价格上涨过高、塑木复合材料海关编码归类和关税问题、橡塑统计分类及具体产品品种纳入统计发布范围、新冠肺炎期间农用薄膜和 BOPET 等重点物资运输受阻、出口产品货运物流贵和难等问题，及时向政府有关部门反映情况，得到高度重视，有的已经得到解决。

——加大力度，推优推强。配合中国轻工业联合会开展中国轻工塑料行业十强、轻工业百强、轻工业科技百强、轻工装备制造业五十强等活动。组织申报中国轻工业联合会科学技术奖、中国轻工业联合会科技创新平台、中国专利奖，还组织行业企业报名中国工业大奖、升级和创新消费品指南、中小企业公共服务示范平台，制造业单项冠军，专精特新“小巨人”，全国轻工业优秀质量管理小组和质量信得过班组，中国质量奖等相关奖项的申报工作。

——积极提供信息服务。注重协会官网和微信公众号及各分支机构网站、微信公众号建设，出版《中国塑料工业年鉴》，出版《中国塑协通讯》赠送会员，及时整理发布国内外行业重要政策资讯，大力宣传报道行业和协会新动向，加强行业数据统计和经济运行分析工作，为会员企业提供多层次信息服务。编撰完成《中国工业史·轻工业卷·塑料篇》，整理发布《中国塑料加工业 30 年发展报告》《中国塑料加工业发展成就》（蓝皮书），多角度反映我国塑料加工业发展历程，为行业提供信息参考。

三是服务政府。发挥协会作用，积极建言献策，在政府重大决策中体现协会作用。

——提出政策建议。对发改委、生态环境部、工信部等部委拟出台的各项政策、法律法规等提出意见建议。如：对国务院办公厅关于印发禁止洋垃圾入境推进固体废物进口管理制度改革实施案，中国塑料行业关税调整，海南省全面禁止生产、销售和使用一次性不可降解塑料制品实施方案，农产品质量安全法，农用薄膜管理办法，有毒有害大气污染物名录，固定污染源排污许可分类管理目录，长江经济带市场准入负面清单，工业企业技术改造升级投资指南，产业转移指导目录，全面推进节水灌溉事业等提出意见和建议。参与生态环境部组织的中国逐步淘汰消耗臭氧层物质国家方案修订版编写工作，提交“中美贸易争端对中国塑料加工行业的影响报告”等工作。

——做好政府项目服务。协会积极与政府对接，主动承接政府项目。配合国家质检总局、卫健委开展食品相关产品系列工作，参加国家质检总局 2016-2018 年食品相关产品监督检查及风险评估工作；承接我国消耗臭氧层物质、六溴环十二烷（HBCD）淘汰相关工作，参与环保部《排污单位自行监测技术指南橡胶和塑料制品》《排污许可证申请与核发技术规范》《橡胶和塑料制品工业》标准制定项目等工作。配合生态环境部对外合作与交流中心，做好聚氨酯泡沫行业 HCFC-141b 淘汰计划第二阶段执行及协助打击非法发泡剂等环保相关工作。

四是服务社会。关注社会发展，积极践行大国协会的社会责任。

——积极开展扶贫助困活动。积极参与中国轻工业联合会组织的“勇担社会责任、助力扶贫攻坚”扶贫捐赠活动，向江西萍乡慈善会捐款 17 万余元；为河北贫困地区孩子捐赠生活及学习用品；两次到江西永丰县看望贫困老党员和儿童并捐款捐物。2020 年疫情期间，第一时间号召组织行业为疫区捐款捐物超亿元，减免湖北省会员企业会费和培训等活动收费。

——开展“话说塑料”等公益宣传活动。为全面准确贯彻国家治理塑料废弃物污染的政策要求，维护行业正当权益，消除一些媒体的误导影响，引导公众正确认识、科学使用塑料制品和处置塑料废弃物，协会积极参加社会公益活动，在媒体开展各类宣传，通过中央电视台、新华网、人民网发文，介绍塑料的优越性、塑料垃圾产生的原因及废旧塑料污染防治的方法与措施；组织“话说塑料大讲堂”活动，邀请院士、专家做塑料科技科普知识讲座。迄今已举办七次，受到行业及社会高度关注和好评。

——做好疫情防控相关工作。2020 年初，新冠肺炎疫情在全国多地爆发。中国塑协贯彻党中央、国务院决策部署，第一时间成立疫情防控领导小组；第一时间向行业发出疫情防控和复工复产倡议；第一时间有序推动复工复产达产；在抗疫最艰难时期，组织行业骨干企业召开塑料行业“后疫情”时期发展视频研讨会，坚定行业发展信心；即时发出抗疫指南，宣传国家“六稳”“六保”政策信息，开展疫情对行业影响调研，形成调研报告，向国家反映，得到上级的重视、肯定、支持和复函反馈，有序推动行业运行回稳转好；号召行业企业积极捐钱捐物、迅速组织生产疫情紧缺物资、积极援助定点医院建设，鼓励企业在做好疫情防控前提下积极复工复产，有力地支持国家抗疫工作和经济恢复，一批企业受到国务院及省部级政府表彰；及时宣传塑料制品在抗疫中发挥的重要作用及科技战“疫”的案例，大力彰显中国塑业人勇于奉献精神和责任担当。

4. 加强自身建设，增强服务行业发展的能力

协会不断加强自身建设，积极转观念、转作风，定位更加明确，工作更加注重实效，制度化、规范化、信息化水平不断提高，影响力不断扩大。一大批多种成分企业和产业链关联企业加入协会，目前协会已有会员 4864 家。

一是加强党的全面领导。坚持以习近平新时代中国特色社会主义思想为指导，深入学习贯彻党的十八大、十九大及历次全会精神，不断增强“四个意识”、坚定“四个自信”、做到“两个维护”。认真开展党的群众路线教育实践活动、“三严三实”专题教育、“两学一做”学习教育和“不忘初心、牢记使命”主题教育、党支部“标准化、规范化”建设、党史学习教育以及创先争优活动等工作，荣获中轻联党委“两化”建设先进单位、先进基层党组织称号。切实落实党要管党的方针，将党组织对协会的领导写入协会章程，发挥党组织“把方向、管大局、保落实”的重要作用。

二是加强工作团队建设。加强自身改革创新，不断提升履职能力，敢于担当、勇于负责。七届理事会始终坚持“锐意改革进取、致力图强有为、提升引领能力、铸造品牌协会”的办会方针，注重自身思想建设、作风建设和能力建设，认真对照中央八项规定要求和协会脱钩改革加强监管的要求，建立健全各项管理制度，完善协会章程等管理办法，规范协会秘书处、分支机构管理，提高工作效率和透明度。引入竞争机制，公开、公平、公正选人用人，一批优秀人才入职协会，一批有担当有能力的干部走上协会中层领导岗位。

三是加强工作规范运行。按照《中国塑料加工工业协会章程》规定，每年按时召开一次理事会议、两次常务理事会议。日常重大事项由理事长办公会集体决策。召开全国塑料行业地方协（商）会工作会议、中国塑料行业产业集群工作会议，定期和不定期召开分支机构专题会议和工作会议。按期完成年检、年检抽查、年度审计等工作。顺利完成协会资产清查工作和行业协会脱钩工作。加强分支机构建设与管理服务，五年来，成立了热塑性弹性体专委会等 5 个分支机构，按照《分支机构管理办法》规定进行换届改选，每年对分支机构的业绩进行考评。2020 年，参加民政部开展的全国性行业协会商会评估工作，被评为 4A 级协会。

四是加强行业自律和诚信建设。七届理事会制定并通过《中国塑料行业自律公约》《中国塑料行业职业道德准则》等行业自律制度，加大行业自律与治理力度，发布行业诚信自律倡议书。行业企业积极参加中国塑料行业信用等级评价工作，其中 180 家参加初评，106 家参加年度复审，95% 以上企业达到 3A 级。

五年来，协会工作取得很大成绩，成绩来之不易，在此我代表七届理事会向长期以来积极参与支持中国塑业发展的全体会员、各位院士专家、企业家和业界同仁表示由衷的感谢，向支持中国塑协工作的社会各界朋友们、同志们表示崇高的敬意！同时，协会工作也存在一些问题和不足。如会员覆盖面仍需拓展，服务功能需要不断创新，特别是标准、统计、科技、金融、法律和政策等方面服务需进一步加强，行业自律和规范管理功能较为薄弱，诚信体系建设任重道远，需要我们在今后工作中逐步改进提高。

二、“十四五”时期主要任务

（一）中国塑业发展要坚持“八个着力”

“十四五”是开启全面建设社会主义现代化国家新征程的第一个五年。塑料加工行业要坚持落实《塑料加工业“十四五”发展规划指导意见》和

《塑料加工业“十四五”科技创新指导意见》，进一步准确把握新发展阶段，深入贯彻新发展理念，行业发展要注重“八个着力”。

1. 着力创新体系建设

要坚持创新驱动，加强基础性、应用及共性技术研究。激发企业创新主体内生动力，发挥大学科研院所支撑作用，发挥国家级协会优势，推动构建政、产、学、研、金、用集成创新、产业链协同创新、促进创新的供给侧与需求侧精准对接，实现高效创新。加大科研投入，推动高新技术利用，集中力量在核心、重大、关键技术领域攻关，解决“卡脖子”技术问题等领域实现突破；通过科技创新和技术进步弥补关键技术不足的短板，解决发展不平衡问题，促进产业升级，实现由大向强的转变。

2. 着力“五化”科技创新发展方向

要坚持“功能化、轻量化、精密化、生态化、智能化”科技创新方向。大力开发具有高强、高韧、高阻隔、高透明、耐高温、阻燃、耐磨、耐腐蚀、导电、绝缘、导热等性能的薄膜、容器、零配件、日用品、工程塑料等功能化塑料材料与制品。大力开发塑料制品在满足所需功能前提下的轻量化新技术。大力开发具有特殊细微结构的用于精密设备、仪器，以及人体的高端微型塑料制品及注塑成型工艺、装备、模具等精密化加工技术。加大先进节能环保技术、工艺、装备的研发和推广力度，加快塑料加工业绿色生态化改造升级，强化产品全生命周期管理，努力构建高效、清洁、低碳、循环的绿色生态化制造体系，推动可循环、易回收、可降解新技术新产品的开发应用，提高塑料废弃物资源化利用水平，积极推动相关国际公约的履约工作，推动 ODS 第二阶段替代工作，推进 HBCD 的淘汰替代工作，为国家“双碳”达标做出新贡献。以智能制造为主攻方向，推动产业技术变革和优化升级，推进互联网、大数据、人工智能同塑料加工业深度融合，鼓励企业加强智能化建设，推动行业智能化共享平台建立，加强行业互联网基础设施建设，提高工业互联网应用水平，带动发展网络协同制造、大规模、个性化定制等新业态新模式，促进行业整体发展。

3. 着力行业结构优化和提质增效

要培养新的增长点，做好淘汰、转型、提升、转移承接服务工作，逐步化解过剩低质低效产能，加快推动技术改造，推动塑料加工业向中高端迈进；促进行业协调发展，实现产业和投资结构趋向合理。对标先进，深化增品种、提品质、创品牌，提升高端有效供给，创造需求，引领消费。培育和弘扬精益管理、精品制造、匠心制造精神，树立质量为先、信誉至上的经营理念。引领行业主动站位新发展阶段、融入新发展格局，为中国制造向中国创造转变贡献塑业力量。

4. 着力产业链协同发展

要围绕产业链部署创新链，围绕创新链布局产业链，进一步挖掘行业潜力，提升产业链整体水平。发挥优秀骨干企业带动作用，促进塑料原料、助剂的高质化和装备、模具的精细化、高效化，做好应用领域的服务；促进全产业链工艺技术管理精益化；实现创新链、产业链、供应链协同创新。促进产业基础高级化、产业链现代化。

5. 着力标准体系建设

要对标国际先进标准，推动国内一流、国际领先的团体标准、行业标准、国家标准制修订；强化标准的引领和支撑作用，做好产品标准及环保节能、安全指标、行业规范等相关标准的协调发展；协调、鼓励和支持企业、科研院所参与国际标准制定，加快我国塑料标准国际化进程；发挥企业在标准制定中的重要作用，协同推进产品研发与标准制定；加强满足创新需要的团体标准工作，增强标准创新能力；做好标准的宣传贯彻，大力推动标准实施；加大产品认证体系标准化建设。

6. 着力多层次人才培养体系构建

要组织实施制造业人才培养计划，加大专业技术人才、经营管理人才和技能人才的培养力度，完善从研发、转化、生产到管理的人才培养体系。以提高现代经营管理水平和企业竞争力为核心，培养造就一批优秀企业家和高水平经营管理人才；以高层次创新型人才为重点，在高等学校建设一批工程创新训练中心，打造高素质专业技术人才队伍；强化职业教育和技能培训，形成一支门类齐全、技艺精湛的技术技能人才队伍；加大制造业引智力度，引进领军人才和紧缺人才。

7. 着力特色产业集聚发展

要加强特色区域和产业集群建设，增强行业集聚度优势，推动塑料产业集聚发展，打造区域品牌。鼓励企业做大做强，支持行业龙头企业、科技型示范企业发展，加快资源的整合，引导企业战略合作和优势重组，放大产业的集聚效应和规模效应；扶持培育一批具有较强国际竞争力的企业，通过自主创新，不断缩小与发达国家塑料加工业的整体差距。引导行业内涵发展、理性发展，防范过度扩张引起的恶性竞争。

8. 着力服务融入新发展格局

推动国内国际交流合作。主动融入新发展格局，以双循环为指导，统筹两种资源、两个市场，拓展新的开放领域和空间，提升国内国际合作的水平和层次，引领重点龙头企业以更高水平融入国际产业体系，提高国际合作能力；支持协助企业开拓国际市场，参与境外项目投标，拓展“走出去”发展空间。推动产业合作由加工制造环节为主向合作研发、联合设计、市场营销、品牌培育等高端环节延伸，提高国际合作水平；创新加工贸易模式，延长加工贸易国内增值链条，推动加工贸易转型升级。

（二）中国塑协工作要坚持“八个加强”

党的十九届五中全会指出，当前和今后一个时期，我国发展仍然处于重要战略机遇期，但机遇和挑战都有新的发展变化。进入新时代，迈向新征程，中国塑协要坚持党对协会工作的领导，坚持服务宗旨，坚持改革创新，引领推动我国塑料行业高质量发展，为建设社会主义现代化国家做出更大贡献。

1. 加强科技创新，优化产业结构

深化落实塑料行业相关规划及顶层设计，明确“五化”科技创新方向，坚持满足国家战略需求、重大需求和人民日益增长的美好生活需求，组织重大科技项目研发推广，加快核心、重大、关键技术的攻关，引领塑料行业科技发展方向，认真总结推广新模式、新经验，抓典型、树样板，发挥标杆企业的作用，促进全行业转型升级和提质增效。

2. 加强战略研究，贯彻政府决策

认真学习和深刻领会党中央、国务院战略部署，完整、准确、全面贯彻新发展理念，深化供给侧结构性改革，紧跟新发展格局进程，按照国家《“十四五”规划和二〇三五年远景目标的建议》等国家战略及《塑料加工业“十四五”发展规划指导意见》《塑料加工业“十四五”技术进步指导意见》对塑料行业发展的新要求，引导行业企业创新进步，全面提升行业发展能力，推动行业高质量发展。

3. 加强循环理念，促进绿色发展

注重塑料加工对资源、环境的影响，推进节能减排、低碳环保、清洁生产，持续开展环保淘汰和替代以及回收利用、减量化、资源化工作。联合产业链上下游共同推广可循环、易回收、可降解的废旧塑料污染治理新技术、新方式，倡导塑料污染全生命周期评价管理和全链条各环节联动治理，促进塑料全产业链的绿色生态循环可持续发展。宣传贯彻落实国家关于加强废旧塑料污染治理相关文件精神，组织开展系列活动，为国家实现碳达峰、碳中和目标贡献力量。

4. 加强品牌培育，夯实服务基础

坚持服务职能定位，立足服务引导发展。做好信息统计、标准制定、展览展示、研讨交流与教育培训、学术科研等基础性工作，完善基础服务体系，打造面向全行业的公共服务平台。打造品牌展与会，包括综合展会、专题展会、中国塑料产业链高峰论坛、中国塑料行业科技大会及子行业品牌会议，展示创新成果，发布创新趋势，集聚创新资源，鼓励产业链上下游精准对接，推动政、产、学、研、金、用集成创新。同时，加强国际交流合作，培育国际化品牌活动，主动融入以国内大循环为主体，国内国际双循环相互促进的新发展格局。

5. 加强政策对接，反映企业诉求

坚持深入实际，坚持问题导向，强化调查研究的针对性、建设性和实效性。准确把握行业重点、难点、热点问题，不断在调查研究的基础上，提出合理的政策建议和实施方案，推进政策转化和贯彻落实，反映行业和企业的呼声，为塑料行业高质量发展创造良好的政策环境。

6. 加强诚信体系，倡导行业自律

进一步加强中国塑料行业信用体系建设，在做好企业信用评价工作基础上，充分发挥分支机构的作用，多领域推进落实行业诚信体系建设。提升征信服务能力和水平，搭建诚信公共服务平台，引导诚信信息互联共享，以诚信为突破口推动行业自律。引导行业资源向守信企业倾斜，鼓励诚实守信行为，提升行业诚信意识，塑造守信光荣、失信可耻的诚信氛围。

7. 加强自身建设，提升服务水平

集中优势资源，在会议会展、科技引领、规划咨询、标准制定、融资服务、项目申报、人才培训等方面，全力打造一批品牌服务项目，增强服务的专业化、市场化、规范化、品牌化。发挥协会职能部门和分支机构的主动性和创造性，提升工作人员的专业素质、服务能力和水平。创新服务机制，促进行业企业产业链、供应链、创新链深度合作，争取在市场开发、资源整合、科技创新、管理提升、金融保险和信息共享等方面有新的进展，更好地实现协会搭平台、建桥梁、做纽带、办实事、促发展的职能，坚守为塑业谋高质量发展、为企业谋竞争力增强、为协会谋公信力提升、为塑料让人民生活更美好的初心。

8. 加强党的领导，坚持依法办会

深入学习贯彻习近平新时代中国特色社会主义思想及系列重要讲话精神，坚持“四个全面”的战略布局和“五位一体”的发展思路，把握协会工作的政治方向。围绕党和国家的战略方针和政策导向，深入贯彻创新、协调、绿色、开放、共享新发展理念，统领协会工作开展。严格遵守《社会组织登记管理条例》，坚持服务宗旨，坚持行业自律，把协会办成让党放心，会员满意的社会团体，为促进行业发展做出应有贡献。

各位代表，中国塑料加工工业协会第七届理事会的任务已经圆满完成，我们又站在新的起点上。我希望，也相信下一届中国塑协理事会一定能和行业一道，不忘初心，继续前行，开创中国塑协工作新局面，为促进我国塑料加工业的高质量发展做出新的更大贡献。

谢谢大家！

传承创新　团结奋进
引领推动塑料行业可持续高质量发展

——中国塑料加工工业协会八届二次理事会工作报告

中国塑料加工工业协会理事长 王占杰

2022 年 7 月 21 日

各位理事、各位代表：

大家好！

今天，我们相聚江苏宿迁，召开中国塑料加工工业协会八届二次理事会议，首先向出席本次会议的理事、代表和长期以来支持行业发展和协会工作的各界朋友表示诚挚的感谢！本次会议的主题是贯彻落实十九届六中全会精神，回顾总结 2021 年度和 2022 年上半年行业发展情况及协会工作，研判当前行业经济形势，谋划行业高质量发展。下面，我做工作报告，请予审议。

一、2021 年及 2022 年上半年主要工作回顾

2021 年是中国共产党成立 100 周年，是“十四五”规划和第二个百年奋斗目标的开局之年；2022 年是党的二十大召开之年，是向第二个百年奋斗目标进军和实施“十四五”规划的关键之年。在习近平新时代中国特色社会主义思想的指引下，在国资委、民政部、中国轻工业联合会党委的正确领导下，中国塑协理事会团结和带领全体会员、相关单位认真贯彻党中央、国务院各项方针政策。面对经济下行压力、国外疫情持续发酵、国内疫情多点散发、出口货运成本高、原材料价格大幅波动、市场不确定增多等挑战和困难，中国塑协积极全面履行行业协会职能，凝聚行业力量，强化创新驱动，优化产业结构，推动行业转型升级，推动各项工作取得新的进步，实现“十四五”良好开局。

（一）持续开展运行监测，促进行业平稳发展

2021 年及 2022 年上半年，中国塑协紧扣行业脉搏，汇总全国经济大盘信息，深入分析行业发展情况，对季度、年度行业运行现状进行及时发布，为企业提供发展参考和预警提示。实时了解掌握本行业企业生产经营面临的实际困难和亟待解决问题，积极向政府有关部门反映行业情况，提出意见建议，协助政府部门抓好助企纾困政策的落实落地，进一步凝聚行业合力，坚定行业信心，推动行业稳步发展。

据国家统计局和海关总署统计数据，2021 年全国塑料制品行业累计完成 8003.98 万吨，同比增长 5.94%；规模以上企业 18056 家，比上年增加 1464 家；规模以上企业营业收入 22264.46 亿元，同比增长 12.76%；实现利润 1295.83 亿元，同比增长 0.91%；营业收入利润率为 5.82%，同比下降 0.68%；出口额 989.9 亿美元，同比增长 29.1%。2022 年 1-5 月，全国塑料制品行业累计完成产量 3163.7 万吨，同比降低 2.04%。规模以上

企业营业收入8962.3亿元，同比增长3.16%，利润总额452.4亿元，同比减少9.68%，出口额426.4亿美元，同比增长15.6%，出口增长继续强劲。

（二）抓好顶层设计，坚持规划引领

1. 编制发布两个指导意见

2021年是“十四五”规划的起步之年，协会聚焦行业应用需求，引领行业对标世界科技前沿，践行国家绿色低碳可持续发展要求，编制发布《塑料加工业“十四五”发展规划指导意见》和《塑料加工业“十四五”科技创新指导意见》，进一步明确了“十四五”期间行业发展的总体目标、重点方向和主要任务，为促进中国塑料加工业在“十四五”期间的技术进步和行业发展提供战略性指导。

2. 组织起草绿色发展纲要（2021）

为落实国家绿色、低碳、可持续高质量发展要求和相关政策精神，引导行业在“十四五”期间，加大绿色科技投入，降低生产能耗与VOC排放，为全国实现双碳目标多做贡献，协会组织起草编制《塑料行业绿色发展纲要（2021）》，研究解决塑料加工业生态化建设和塑料循环利用发展中面临的问题，引领和推动塑料行业可持续高质量发展。

（三）加强创新驱动，引领行业不断进步

1. 坚定“五化”方向，培育发展新动能

中国塑协坚定功能化、轻量化、精密化、生态化、智能化“五化”创新方向，引导行业企业加强科技创新和技术进步，在已经组织成立“废弃塑料回收及高值化利用工作组”“海洋废塑料防治工作组”“PVC产业链转型升级工作组”，并在积极开展工作的基础上，继续成立了“提升塑料加工产业能力战略研究工作组”“塑料加工智能化工作组注塑分工作组”和“塑料行业生态化建设工作组”，充分发挥科技咨询委、专家委员会及行业院士专家的作用，在促进技术攻关、成果转化、产业升级、人才引育、制度创新等方面履职建言，着力推进产业转型升级，培育行业发展新动能。

2. 汇聚行业专家资源，引领行业技术进步

2021年及2022年上半年，中国塑协充分发挥行业专家智库优势，组织完成多项“十四五”相关技术、技改项目研究报告及项目申报，主要包括“十四五”塑料加工业技术改造项目、产业链供应链关键原材料技术研究以及推进行业碳达峰碳中和相关工作。此外，还开展了塑料加工业行业产业领域现状、自主与卡脖子技术调查工作，共征集、梳理汇总问题数十项，摸清了存在的短板、痛点，为后续相关国家政策制定和行业技术攻关提供了信息资料支持。

3. 深化“三品”行动，提升产业竞争力

组织完成2021年度中轻联升级和创新消费品（轻工 第八批）、第七届中国工业大奖、第六批制造业单项冠军企业论证、第三批专精特新“小巨人”企业等的论证和评审，以及第四届中国质量奖评选表彰推荐工作；完成2021年工业强基重点产品工艺“一条龙”技术及企业推荐和推进工作；完成2021年度中国轻工业企业科技竞争力、企业竞争力、装备竞争力评价推荐工作。

4. 强化标准体系建设，提升标准化水平

协会作为全国塑料制品标准化技术委员会（SAC/TC48）主任单位、全国食品直接接触材料及制品标准化技术委员会塑料分技术委员（SAC/TC397/SC6）副主任单位、第二届食品安全国家标准审评委员会食品相关产品专业委员会委员单位，积极组织行业企业对标国际先进标准，参与国标、行标的制修订和宣贯工作，发挥团体标准的创新引领作用，促进了我国塑料行业提质增效，加快推动中国品牌走向世界。

第一届团体标准化技术委员会在任期中共完成标准立项53项，公布实施20项。标准范围涵盖制品标准、方法标准、生产标准、排放标准等，解决了行业中急需解决的生产、经营问题。2021年及2022年上半年，协会及团标委修订了《中国塑料加工工业协会团体标准管理办法》《中国塑料加工工业协会团体标准化技术委员会及分技术委员会秘书处工作细则》《中国塑料加工工业协会团体标准化技术委员会费用管理办法（试行）》等系列文件；牵头主持编制了《塑料制品碳足迹核算通则》《一次性生物基可降解塑料或纸质制品替代不可降解一次性塑料制品温室气体减排量的核算方法》《可持续发展（绿色低碳）工厂评价要求 塑料制品行业》等多个标准，其中《可持续发展（绿色低碳）工厂评价要求 塑料制品行业》为三个协会合作的三编号团标，为以后相关标准的制定起到了良好的示范效应；持续跟进GB 31572-2015《合成树脂工业污染物排放标准》标准的修订工作，为标准的修编提供了行业数据支持和依据，并根据实际情况牵头编制《塑料行业污染物排放指南》初稿。此外，针对农膜行业壬基酚污染、密胺餐具出口出现的问题，及时组织处理，通过标准修订、标准宣

贯、组织专委会制定行业自律等措施，避免事态扩大和对行业产生不利影响。

2021 年 11 月，成功召开中国塑料加工工业协会团体标准化技术委员会 2021 年年会暨换届会议。第二届中国塑料加工工业协会团体标准化委员会共聘请专业顾问 30 人，技术委员会委员 244 名，标准服务引领行业高质量发展的功能进一步增强。

（四）加强“四个服务”，发挥桥梁纽带作用

1. 服务企业

协会秘书处和分支机构围绕服务企业的宗旨不动摇，通过开展企业调研、了解企业需求、加强信息宣传平台建设、发挥专家库优势，积极为企业出谋划策，为企业提供及时有效的服务，切实发挥协会组织引领服务的作用。

——调研走访。协会秘书处及分支机构抢抓疫情窗口期，奔赴四川、广东、浙江、江苏、江西、福建、山东、安徽、河南等地深入企业进行实地调研，召开座谈交流会议，了解企业科技创新、生产经营、发展情况及遇到的困难，沟通信息，传达政策，提出建议，及时向政府部门反映行业企业的意见建议，积极为行业争取合理利益，务实解决行业企业发展中的问题，例如：开展农膜污染治理调研工作，并向工信部消费品司提交“关于山东一些地区对臭氧管控措施影响农膜生产企业正常生产运行的反映函”；针对河北省住建厅《关于加强全省建筑外墙保温材料安全工作有关技术要求的通知》中涉及限制 XPS 制品的内容进行调研，并向相关部门致函，提出相关意见和建议；对人造革合成革等行业重点区域重点企业进行环保普调，开展“十四五”规划环保课题，为建设“行业七绿体系”奠定了基础；针对热塑性弹性体卡脖子技术问题和技术需求进行调研；开展了 PFOA 的应用及替代情况调研；对列入斯德哥尔摩公约中的 UV-328 的生产、应用及替代工作进行调研；针对原材料价格上涨、出口、物流等突出问题，集中调研及时形成报告上报国家有关部委并得到重点支持；帮助电池薄膜会员企业就与国外企业专利纠纷向相关部门提出“关于恳请支持国内电池隔膜企业，维护国家材料产业安全发展”的意见；发挥国家级协会渠道优势，协助多家会员企业成功进行业内合作对接。

——宣传服务。通过整合优势资源、创新传播手段、提升宣传质量等措施，充分发挥信息宣传平台的宣传力度，及时传递国家和省市的政策和行业相关信息，跟进解读已出台的政策措施，并展示行业发展动态，展现企业风采，开展多种方式服务会员单位。

——聚智创新。充分发挥协会专家库优势，为企业提供全面的技术服务，全年完成企业咨询、科技成果鉴定、企业科技成果现场评价等多项项目，助力提高行业的技术水平。其次，推荐和推进企业进行行业各类奖励项目的申报工作，例如：组织行业企业参与中国轻工业联合会科学技术奖励、中国工业大奖、升级和创新消费品、中国专利奖、中国轻工业科技创新平台、中国轻工业工业设计中心、轻工行业中小企业公共服务示范平台等的申报工作，激发了企业创新发展的内生动力。

2. 服务行业

协会秘书处和分支机构立足行业发展新阶段，通过宣贯解读政策、反映行业诉求、维护行业合理利益、共建产业集群、开展行业培训等方式，找差距、补短板、强弱项，增强行业发展的能力和整体实力。中国塑协、中国石化联合会、中国物资再生协会共同成立再生塑料绿色供应链联合工作组，将逐步打通再生塑料利用上下游产业的通道，促进塑料再生利用产业链多方融合。

——强化政策宣贯、解读、落实和辅导工作。根据《关于进一步加强塑料污染治理的意见》《关于扎实推进塑料污染治理工作的通知》《“十四五”循环经济发展规划》和《“十四五”塑料污染治理行动方案》等政策文件，协会通过开展宣传、召开专题会议、邀请发改委分管负责同志为行业进行政策解读、推进塑料制品双碳测试及全生命周期评价管理、全链条各环节联动治理等系列活动，让行业精准把握政策精神，确保政策在贯彻过程中不变形、不走样，最大限度释放政策红利，促进行业发展迈上新台阶。尤其今年以来，政府发布一系列扩内需、促消费、稳增长的利好政策，中国塑协主动提高政策报道频次，及时将《中共中央国务院关于加快建设全国统一大市场的意见》《关于印发加力帮扶中小微企业纾困解难若干措施的通知》《关于做好 2022 年降成本重点工作的通知》《税务总局小微企业、个体工商户税费优惠政策指引汇编》《关于开展“携手行动”促进大中小企业融通创新（2022~2025 年）的通知》《扎实稳住经济的一揽子政策措施》《关于推动轻工业高质量发展的指导意见》《北京市塑料污染治理行动计划 2022 年工作要点》系列政策信息传达到广大行业企业中去，帮助行业企业第一时间学习好理解好掌握好国家稳经济

系列政策措施精神，推动行业企业应知尽知、应享尽享，进一步统一思想，凝聚共识，提振信心，坚决扛起为全国稳住经济大盘做贡献的责任担当。至今已举办九期的“话说塑料大讲堂”，也会邀请资深专家在从治理的技术方向、政策编制、解决方法等方面进行讲解，提升行业对国家政策、污染治理等的认知水平。

——反映行业诉求。抓紧时间窗口，针对RCEP推进对产业链的影响、一季度行业运行情况、企业生产成本调查情况、二季度行业运行情况、长三角地区企业复工复产帮扶工作等进行情况汇报和诉求反映，充分发挥了协会的行业纽带作用。对《产业结构调整指导目录（2019年本）》《关于推动轻工业高质量发展的指导意见》提出修订建议，更好地推动行业结构优化升级。其次，中国塑协及时关注、收集行业生产经营情况，代表行业向相关部门提出“关于取消PVC树脂出口退税的建议”“原料涨价和限电对塑料加工行业的影响和建议”“中国塑料加工业国际货运相关情况”“塑料加工行业企业复工复产情况反馈”“RCEP实施对双边贸易和产业链供应链影响”，为行业争取合理利益。其中，2022年上半年，上海及周边地区疫情严重，部分行业企业因此遭遇物流运输不畅、停产停工等困难，中国塑协第一时间将情况汇报给工信部并受到高度重视，行业重点产业的8家企业被列入产业链供应链重点企业服务保障工作“白名单”，有效解决了这些企业的员工返岗、原料短缺、物流运输等困难和问题，提振了企业发展信心，促进了行业经济的稳定运行。积极与环保部相关部门沟通，争取对GB 31572-2015《合成树脂工业污染物排放标准》进行修订，代表行业向相关部门提出《环境保护综合名录（2020年新增部分）》《新污染物治理行动方案（征求意见稿）》《废塑料污染控制技术规范（征求意见稿）》《恶臭污染物排放标准》二次征求意见稿、《限制淘汰产生严重污染环境的工业固体废物的落后生产工艺设备名录（试行）》《关于汞的水俣公约》附件修正案提案、《“十四五”环境影响评价与排污许可改革实施方案（征求意见稿）》等的修改意见，为促成国家客观制定环保政策、保护行业不受环保一刀切影响，为推进行业的节能减排、VOC治理等工作起到了积极的作用。

——服务特色区域及产业集群发展。在协会与中轻联共建的产业集群中，2021年，完成了辽宁康平县“中国塑编城”和浙江丽水“中国水性生态合成革产业基地”专家现场考评并获批准，完成了河南淮阳“中国塑料制品之城”现场考察，2022年以来，完成了周口市淮阳区“中国塑料制品之城”专家现场考评并获批准，完成了东莞常平“中国塑料新材料之都”、东莞樟木头“中国塑胶商贸重镇”的复评考察。温岭“中国日用塑料名城”、揭阳“中国时尚塑料鞋之都”、温州市的“中国塑编之都”和“中国塑料薄膜基地”待考察。产业集群的渐次落地将加速行业的发展进程。

——承接行业委托项目。承接中华环境保护基金会、美团外卖“青山计划”的“‘易回收易再生’塑料外卖包装推荐名录及创新产品孵化项目”的筛选、评审及推荐、发布工作，推进行业绿色低碳转型。

——开展行业培训。举办“聚氯乙烯（PVC）制品绿色制造工艺技术培训班”“第六届电缆料标准及检测技术培训班”“塑料管道产品检测技术培训及研讨会”等，提升行业技能水平。

——推进行业自律和诚信体系建设。广泛开展企业信用评价，提升行业诚信意识，引导行业经营者、从业人员依法诚信经营。2021年完成两批共计26家企业的信用初评，21家企业的年度复审。2022年上半年，完成20家企业的信用初评和7家企业的年度复审。制定农膜、家居用品、异型材及门窗制品、硬质PVC发泡制品、塑料节水器材、XPS、电池薄膜、BOPET膜等子行业自律公约，旨在引导、督促会员单位依法合规生产、经营，树立行业诚信意识，建立良好的行业营商环境，推动行业有序发展。

——成功举办展会等品牌活动。为深入贯彻新发展理念，展示塑料绿色、环保、节能、低碳的优异性，落实《“十四五”塑料污染治理行动方案》等相关政策，为行业发展搭建服务平台，助力行业绿色可持续发展，中国塑协于2021年11月2-5日在南京国际博览中心成功举办“2021中国塑料可持续发展展览会及系列活动”，展会面积达1.2万$米^2$，重点展示了绿色环保节能低碳新材料及助剂、降解材料、塑料制品、塑料节能环保装备及回收再利用装备、生态化研发成果、可持续发展工作成果等，参展骨干企业超过200家，16家科研院所参展，展位数量超过600个。展会同期还成功举办中国塑料产业链高峰论坛（第三届）、绿色成果发布会及20余场系列会议，到场专家、学者对当前塑料领域的创新成果、行业发展趋势、国内外最新科技信息等进行了分享交流，内容丰富全面，特色鲜明，吸引上万人参会，受到业界的广泛好评。

3. 服务社会

为让公众全面、客观、正确了解和认识塑料制品在国民经济建设、日常生活以及科技发展中起到的重要作用，协会结合国家发布的相关政策，组织行业专家开展以“创新驱动，绿色发展，塑料为人民生活更美好”为主题的“话说塑料”大讲堂系列宣传活动，从不同角度对塑料做翔实、客观讲解，宣传塑料制品在国民经济建设、日常生活以及科技发展中的重要作用，加强了社会大众对行业的正确认识。积极支持会员单位在疫情以及水灾等受自然灾害影响的重点地区捐款捐物；再次策划走进江西吉安，开展扶贫助困和慰问老党员活动；因非必要不出京、不组织群体活动等疫情防控政策要求，委托江西广源集团代协会向小学捐献书包、图书及慰问老党员，祝愿小学生早日成才，把党的温暖和关心带给老区人民。

4. 服务政府

对工信部编制的《废塑料污染控制技术规范》(征求意见稿）提供修改建议，提高政策的可执行性；代表工信部参加由农业部、工信部、生态环境部、市场监督管理总局共同组织的农膜污染治理部委联合调研，并撰写相关报告，反映行业污染治理现状、难点和堵点；参与《中国消耗臭氧层物质淘汰国家方案》编写工作、《消耗臭氧层物质管理条例》修订工作，助力行业绿色发展；安排专人支持国家相关部门参与联合国终结塑料污染公约谈判相关资料调研和反馈；承担含 HCFC-141b 预混组合聚醚出口调研项目，通过生产商及经销商途径，把泡沫塑料行业和使用 HFCs 企业的数据完整地提供汇总给生态环境部，为政府决策提供可靠依据；组织专家承接完成国家重点研发计划项目组委托的“聚合物材料的轻量化技术现场产能标定”项目；承接并完成河南鹤壁开发区政府委托的咨询服务项目。

（五）加强自身建设，争创一流协会

1. 关于协会自身建设

——高度重视党建工作，充分发挥党支部政治引领作用。协会党支部认真贯彻落实党中央决策部署和国资委、中国轻工联总社党委工作要求，坚持学史明理，学史增信，学史崇德、学史力行，采取有效措施，扎实推进党史学习教育深入开展。有效推进支部标准化、规范化建设，坚持把建章立制贯穿支部建设全过程，持续落实“三会一课”制度、生活会制度、主题党日制度、党建活动阵地及工作平台管理制度、发展党员工作制度等 14 项基本制度，并荣获中轻联党委“基层党组织标准化、规范化建设先进单位”“中国轻工联党委争先创优先进基层党组织”荣誉称号。有针对性制定教育内容、教育目标，以争创“共产党员先锋岗”“优秀协会工作者”及一系列主题党日等活动为载体，有力促进支部党员干部思想政治素养全面提升。全方位搭建党建平台，利用会议室建设了一室多用的党员活动场所，充分利用网络媒体，建立党支部微信群、党小组微信群，在协会官网建立党建专栏，实现网上网下有党组织，让党员随时随地能学习、“充电”。促进党建工作与业务工作融合发展，将“我为群众办实事”落实到协会全年六大类 21 项重点工作中，深入开展行业调研，了解情况，帮助企业解决实际问题。重温“进京赶考”精神，牢记两个“务必”，坚持作风养成，提升工作质量和效能。

——优化团队建设，提升队伍水平和能力。坚持正确的用人导向，坚持用事业凝聚人才，选拔人才，培养人才，留住人才，务实推进绩效考核。全年组织了 8 次社会公开招聘、3 次部门管理岗位竞聘，并依照“协会部门负责人岗位竞聘办法（试行）”对协会秘书处副秘书长及各部门管理岗位聘用。通过专业培训，党课培训，以会代训，集中网上学习、搭舞台和压担子等方式，有计划有步骤推进年轻干部培养成长，坚持培育让党放心、政治过硬、倾情塑业、服务大局、民主自治、奉献强国的专业化、职业化、年轻化团队。务实推进协会工作人员绩效考核、分支机构重点工作目标考核以及分支机构考核协会秘书处各部门的工作机制，加强了秘书处及分支机构服务能力和自身发展，促进了规范运作。

——成功召开会员代表大会，顺利完成理事会换届工作。2021 年 11 月初成功召开协会第八次会员代表大会和八届一次理事会议。中国轻工业联合会会长张崇和发表重要讲话，第七届理事会理事长朱文玮作《中国塑料加工工业协会第七届理事会工作报告》，报告回顾了过去五年的行业情况和中国塑协工作，阐明未来五年发展目标任务和工作重点。会议审议通过了《中国塑料加工工业协会章程（修改稿）》等相关管理办法，选举产生了第八届理事会、常务理事会及负责人，选举产生第一届监事会，聘请了协会荣誉理事长。

2. 关于分支机构服务与管理

做好分支机构的换届以及人员调整工作，充实分支机构骨干力量，增加分支机构工作活力。2021年顺利完成BOPP、工程塑料、滚塑、聚氨酯、配线器材、节水、线缆材料、PVC发泡制品、注塑9家专委会换届，及中空制品专委会届中更换主任等工作。

协会秘书处及授权分支机构积极发展行业骨干企业成为会员，2011年新增会员104家。到目前协会共有会员5152家，其中理事会成员236名，常务理事51名。更多的骨干企业成为协会会员，扩大了行业影响，增强了行业力量，将不断促进行业健康发展。

3. 关于宣传和信息发布

充分发挥协会官网、微信公众号、《中国塑协通讯》《中国塑料工业年鉴》等宣传平台的作用，加强了对塑料行业和协会活动的新闻宣传、舆论报道，提升了行业和协会的影响力。各分支机构微信平台也在积极展示会员单位风采、宣传协会重大活动、开展行业咨询等，部分分支机构还增加了微信视频号、抖音号等新媒体宣传方式，扩大了宣传力度。此外，在疫情常态化条件下，创新展会服务模式，2022年5月17日，中国国际塑料展云展平台正式上线，云展平台打破时间、空间限制，提供全天候营销渠道拓展与时长覆盖，为企业带来内容更加全面、形式更加丰富的参展互动体验，加速推动了中国国际塑料展数字化进程，为行业、为企业赋能。2022年6月，还在云展平台推出了以行业专家与科研院所入驻、举办线上专题论坛为主要内容的主题月活动，拓展了企业宣传渠道，构建了企业与上下游单位、企业与观众买家、企业与科研院校等不同主体间的沟通交流平台，助力企业稳定就业、畅通供应链、抱团取暖、合作共赢。

各位理事：过去一年半以来，协会工作有序开展，取得了一定的成绩。在此，我代表第八届理事会向长期以来支持中国塑业发展的全体理事表示衷心的感谢！在肯定成绩的同时，我们也清醒地看到面临的问题和挑战。三重压力叠加两大变量，全球疫情仍在持续，世界复苏动力不足，原辅材料价格高位波动，国内大循环的格局还没有完全建立，国内外环境复杂严峻和不确定性，对行业进一步发展有较大影响。协会服务的功能和服务的能力还需要改进，如立足会员单位，面向社会，扎实履行自律、协调、监督和服务职责的能力还需要提升；深入行业调研，精准把握行业发展难点、打通行业痛点的能力还有待加强；主动适应组织改革要求，激发队伍活力，开辟发展新思路新作为的能力有待进一步提升等。找出差距和不足，是为了今后更好地开展工作。

下面，我讲一下2022年的重点工作安排。

二、2022年重点工作安排

2022年是党的二十大召开之年。中国塑协将继续以习近平新时代中国特色社会主义思想为指导，深入学习贯彻党的十九大和十九届历次全会精神，以供给侧结构性改革为主线，凝聚行业共识，强化绿色循环理念，创新发展思路，秉承“传承创新强服务，凝心聚力抓落实”的精神，办好2022中国塑料科技大会、2022中国国际塑料展、话说塑料大讲堂、八届二次理事会、各子行业年会、论坛等活动，深入开展行业调研，反映行业诉求，引领行业绿色低碳转型和高质量发展。

（一）加强顶层设计，坚持创新引领

1. 延伸政策研究，贯彻政府决策

认真学习和深刻领会党中央、国务院战略部署，完整、准确、全面贯彻新发展理念，深化供给侧结构性改革，紧跟新发展格局进程，按照国家《“十四五”规划和二〇三五年远景目标的建议》《“十四五”循环经济发展规划》《“十四五”塑料污染治理行动方案》等国家战略对塑料行业发展的新要求，引导行业企业创新进步，提升行业发展水平，推动行业高质量发展。

2. 搞好两个指导意见和一个纲要的宣贯工作

“十四五”时期将是塑料行业发展的关键时期，塑料行业如何实现绿色低碳转型，必须要有清晰的战略导航，因此，需要有步骤有组织地做好《塑料加工业“十四五”发展规划指导意见》和《塑料加工业“十四五”科技创新指导意见》的宣传贯彻工作，以及《中国塑料加工业绿色发展纲要（2022）》的修订实施工作。

（二）激发创新驱动力，引领行业不断进步

1. 明确“五化”科技创新方向，聚焦创新重点，集中力量支持创新工作

将“功能化、轻量化、精密化、生态化、智能化”（简称“五化”）作为塑料加工行业的技术创新发展方向，搭建产、学、研、金、用平台，推动加大对技术研发的投入，重点突破原料、先进成型技术与工艺、装备三大发展瓶颈，发挥塑料加工业

作为国民经济基础性产业的重要作用。做好已立项的六个重大项目工作组的专题研究和跟踪服务工作，并根据新需求适时成立新工作组。

2. 深化“三品”战略，推进品质提升工作

进一步落实国家“三品”战略，在塑料行业中继续开展增品种、提品质、创品牌活动。做好行业产品品牌培育、创优，落实“全国轻工业优秀质量管理小组和质量信得过班组材料”和“国家标准申报点”“升级和创新消费品（轻工）”、专精特新企业、单项冠军、小巨人、政府质量奖等培育、推荐、评审等工作。配合质检总局等相关部门做好行业产品质量、安全管理，开展优秀 QC 小组、质量联盟、质量提升活动，推进行业的质量及环境体系、产品及绿色、双碳标识等认证相关工作，通过提高技术创新能力，丰富塑料制品品种，提升产品品质和品牌意识，增强企业竞争能力，满足人民日益增长的美好生活需要。

3. 坚定可持续发展理念，促进行业生态化发展

高度重视废旧塑料对资源、环境的影响，成立循环利用再生塑料工作领导小组，推动行业对废旧塑料回收处理技术、再生利用技术、裂解转化技术等多种技术进行学习创新，增强废旧塑料污染治理的能力。联合产业链上下游协同发力，完善废旧塑料污染全链条治理体系。在适当范围内推进单材化，倡导在产品标准的标识中增加材料及可回收性的规定，推动废旧塑料污染全生命周期评价管理和全链条各环节联动治理，促进塑料全产业链的绿色生态循环可持续发展。

（三）搭建交流平台，助力行业规范化可持续发展

1. 办好 2022 中国国际塑料展、科技大会及系列分会等活动

为行业搭建交流平台，加强对企业的精准服务，集中资源、集中力量，充分发挥协会组展办展的组织优势，与各地方政府、上下游协会组织等合作，组织专业观众、买家团体参展，坚决办好 2022 中国国际塑料展；与行业媒体、央媒、主流媒体、大众媒体合作，全面开展展会宣传推广工作，多形式多举措全面提升展会的知名度和影响力；与展商深入沟通交流，完善展会基础构架，整合资源，制定展会招展、宣传、观众组织等一揽子方案，为展商提供一站式综合服务和高质量专业服务。

同时，要办好第三届中国塑料行业科技大会、中国塑料薄膜行业高质量发展研讨会、相关产品专题研讨会及专业品牌会议，展示创新成果，发布创新趋势，集聚创新资源，鼓励产业链上下游精准对接，推动政、产、学、研、金、用集成创新，促进创新成果转化。

2. 密切多方交流合作，促进产业链创新链双向融合

密切与塑料全产业链相关单位、塑料行业组织的沟通联系，促进创新链与产业链的精准对接，优化科技资源配置，消除“创新孤岛”现象，发挥创新驱动的引领作用，实现创新与产业的高度契合、良性互动、融合发展，促进创新成果尽快转化为生产力，引领行业高质量发展。加强国际交流合作，扩大中国塑协国际影响力，培育国际化品牌活动，主动融入以国内大循环为主体，国内国际双循环相互促进的新发展格局。

3. 做好宣传工作和信息平台建设

强化信息平台建设，构建“纸媒+网站+官微+自媒体”全覆盖的融媒体矩阵，强化内容队伍建设，提高信息传播的及时性，抓住内容创新不放松，提升内容传播的质量，加强宣传合作，巩固宣传成果，将网站和微信平台打造成协会宣传的重要窗口和信息发布的权威平台，同时积极完善中国国际塑料展云展平台功能，丰富平台内容，提高中国塑协的知名度和影响力。

强化信息报送工作，及时将行业政策建议和诉求上报中办、国办及相关部门。高质量完成 2021 年回顾与 2022 年展望、中国塑料加工业经济运行分析，办好内部刊物《中国塑协通讯》，出版《2022 中国塑料工业年鉴》，及时传递行业动态，分享行业先进技术和管理经验。

4. 推动标准化工作，服务引领行业发展

按照《“十四五”国家标准体系建设规划》《国家标准化发展纲要》以及《深化标准化工作改革方案》要求，加强塑料加工行业的标准体系建设和标准制、修订工作，加大力度继续做好团体标准相关工作。此外，积极参与 TC48、TC397 及 SC6 等标准化机构的相关工作，引领行业技术进步，服务行业高质量发展。

5. 倡导诚信自律，推进行业健康发展

运用大数据等现代科技手段，充分发挥分支机构作用，广泛开展企业信用评价，营造诚信经营的氛围。推动建立守信激励和失信惩戒机制，鼓励资源向诚信企业倾斜。进一步完善信用体系建设工

作，计划制定塑料行业信用等级评价团体标准，推动行业诚信自律向更加规范方向发展。

（四）发挥桥梁纽带作用，加强“四个服务”

1. 做好政府的参谋与助手

对承担的工信部、发改委、海关总署、生态环境部等部门的课题，切实发挥社会组织专家资源优势，成立课题调研小组，明细调研重点，细化调研方案，扎实完成课题报告，充分发挥参谋助手作用。此外，继续深入企业实地走访，了解行业的共性痛点难点，积极向国家有关部门反映行业的诉求，提高政府政策的合理性和可执行性。

2. 发挥行业引领作用，做好企业的“娘家”

及时推进国家政策的宣传工作，引导行业对政策的正确理解，确保政策的贯彻落实，确保行业及时调整发展方向，例如邀请国家反垄断局专家做报告，提供出口相关政策支持，支持加工贸易梯度转移和承接。继续跨区域进行企业走访调研，了解企业的技术研发、生产经营状况等，及时将行业的情况和诉求反映给政府相关部门，维护行业的合理利益。开展行业相关科技成果的技术鉴定和技术咨询服务工作，组织行业企业进行各类奖项的申报、推荐和评比工作，支持会员单位进行技术改进等项目的申报，提升企业技术研发的积极性，提高行业的技术水平。

3. 普及塑料知识，加深群众对塑料行业的理解

开展“创新驱动、绿色发展、塑料为人民生活更美好”为主题的“话说塑料”大讲堂活动，邀请院士专家、企业家就塑料的种类，塑料在新能源、医药、电子等行业的应用进行多角度讲解，讲好塑料故事，并适时计划开展塑料各子行业的专题“话说塑料”活动。

4. 服务产业园区建设，培育壮大产业集群

加强与地方政府的沟通联系，积极承接产业园区的建设，做好园区服务工作，通过资源共享，发挥集聚效应，带动关联产业发展，有效推动产业集群形成。进一步深化对产业集群的认识，把握产业集群发展的阶段性特征，及时调整和创新培育壮大产业集群的战略思路，集中优势资源，做好服务工作，实现从重授牌向重服务，从重数量向重质量方向转变，让产业集群成为行业发展的火车头，成为区域经济的引擎。

5. 做好培训工作，提升行业技术水平

针对行业共性技术、先进管理模式、行业发展趋势、关键政策等会员企业关心的方面，制定好培训计划，有步骤有秩序地开展相关培训工作，为行业培养多层次、高质量、复合型人才，提高行业的整体发展水平。同时，扎实推进内部培训，开展行业信息宣贯、职场礼仪、制度等多主题培训，提升工作人员的业务水平。此外，与中轻联、高校、企业等合作，开展专题类、特定主题类培训。

（五）强化团队建设，提升服务行业的水准

1. 抓实党支部建设，发挥战斗堡垒作用

坚定不移坚持党的领导，认真学习贯彻二十大的新要求新部署，切实发挥好基层党组织的战斗堡垒作用和党员先锋模范作用。推进党风廉政建设，经常开展批评与自我批评，凝聚正能量，锻造一支忠诚、干净、有担当的基层党组织队伍。健全和完善“三会一课”制度和党员学习制度，提高党员干部的思想政治理论水平。将党建工作和业务工作有机融合，让党建工作渗透到业务工作的方方面面，为业务工作创新提供有力保证。

2. 深化队伍建设，提升服务质量

重视人才培养，通过集中培训、以会代训等方法培养一批业务骨干，加大人才储备；加强队伍建设，打造一支政治过硬、作风优良、业务精湛的高素质人才队伍；健全完善工作机制，主动适应组织内外部环境的新变化，既要明确分工、各司其职，又要加强协调、密切配合，形成统筹兼顾、执行顺畅的良好工作格局。

3. 规范分支机构业务，夯实分支机构的服务和管理

完善分支机构的运行机制，如换届、举办会议、开展活动、人员招聘等流程，保证其正常运行和健康发展。明确分支机构的职责，充分发挥分支机构专业性强、会员联系紧密等优势，成为协会工作不可或缺的部分。探索信息化在创新分支机构服务和管理模式中的作用，加强实时沟通，减少各自为政的孤岛现象，激发分支机构的活力。

4. 拓展会员覆盖面，强化会员管理与服务

对会员企业进行全面摸底，充分了解会员企业的技术研发、生产经营、市场拓展等情况，完善会员信息库。同时，充分利用协会和各分支机构的资源，扩大工作覆盖面，广泛吸收新企业加入协会，优化会员结构，并将提升会员企业素质作为重点工作来抓，帮助会员企业做大做强。与会员企业保持经常性联系，及时收集企业关于协会、行业等的意见建议，形成一手信息材料和调查报告，反馈给相

关部门，及时进行工作改进，增强会员企业与协会的黏性。

5. 严格落实防疫措施，保障工作安全有序开展

按照中央和政府部署认真做好疫情防控相关工作，贯彻落实疫情防控措施，做好安全防护工作。同时，抓住疫情稳定的窗口期，积极、适时办好展会、开展行业调研等相关工作。根据情况运用好网络办公、视频会议等现代化信息办公方式，在疫情严格的情况下科学推进协会各项工作正常有序开展。

各位理事：2022 年将是我国经济逐步回归常态运行的一年，但国际环境会更趋复杂严峻，国内发展面临三重压力，我们要增强大局观，坚定做好全年工作的信心，找准差距，突出重点，攻克难点，全力以赴完成全年各项工作任务；要持续推进塑料行业的供给侧改革，坚定不移推进行业的绿色低碳转型，引领行业高质量发展，以优异成绩迎接党的二十大召开。

以上报告，请审议。

中国塑料加工业 2021 年度发展报告

中国塑料加工工业协会

2021 年，我国塑料加工行业在原辅材料价格高涨、部分地区能源供应紧张、企业经营成本上升、环保压力加大等困难情况下，承压前行，总体运行稳中有进，稳中有升，实现“十四五”良好开局。

一、总体运行情况

（一）2021 年塑料加工业发展稳中有进

2021 年，中国塑料加工工业协会认真贯彻中共中央、国务院及相关部委出台的系列政策措施，不断夯实经济基础，促进经济平稳增长，发布《塑料加工业“十四五”发展规划指导意见》和《塑料加工业“十四五”科技创新指导意见》，提出功能化、轻量化、精密化、生态化和智能化科技创新方向，发挥行业组织优势及桥梁纽带作用，落实“四个服务”宗旨，聚焦创新重点，积极支持行业创新工作开展，深化“三品”战略，加强标准化体系建设、推进行业自律，助力行业高质量发展。产业结构更加优化，产业链、供应链、物流链更加稳固，产业链韧性进一步增强，创新能力进一步提升，品牌意识进一步深化，产、学、研、金、用集成积极融合，经济长期向好的基本面更加稳固，构建新发展格局的有利条件进一步增多。

（二）2021 年塑料制品产量分析

据国家统计局数据，2021 年全年，全国塑料制品行业汇总统计企业累计完成产量 8003. 98 万吨，同比增长 5. 94%。

从月度产量情况看：2021 前半年产量增长率呈现高开回落走势，从近 40%的大幅增长到下半年平稳增长。2021 年全年产量比 2019 年增长 6. 29%（2019 年全国塑料制品行业全年累计产量 7530. 14 万吨），月度产量变化更加平稳，行业发展稳中有进。详见表 1、图 1 及图 2。

表 1　　2021 年全国塑料制品行业月度产量表

类别 月份	2021 年 产量/万吨	同比增长 率/%	2020 年 产量/万吨	2021 年比 2019 年 增长情况/%	2019 年 产量/万吨
1 月	563. 34	39. 29	404. 44	17. 73	478. 52
2 月	563. 34	39. 29	404. 44	17. 73	478. 52
3 月	722. 79	17. 99	612. 59	33. 74	540. 45
4 月	706. 85	9. 45	645. 82	44. 47	489. 27
5 月	694. 47	7. 08	648. 55	11. 83	621. 01
6 月	721. 34	6. 07	680. 06	13. 94	633. 06

续表

类别 / 月份	2021 年产量/万吨	同比增长率/%	2020 年产量/万吨	2021 年比 2019 年增长情况/%	2019 年产量/万吨
7 月	677. 52	-1	684. 36	-10. 61	757. 97
8 月	680. 84	1. 49	670. 84	-8. 31	742. 55
9 月	690. 06	-4. 14	719. 86	1. 53	679. 66
10 月	683. 56	-1. 12	691. 30	4. 12	656. 54
11 月	731. 63	-1. 16	740. 22	5. 86	691. 14
12 月	795. 16	2. 37	776. 75	4. 43	761. 45
累计	8003. 98	5. 94	7679. 23	6. 29	7530. 14

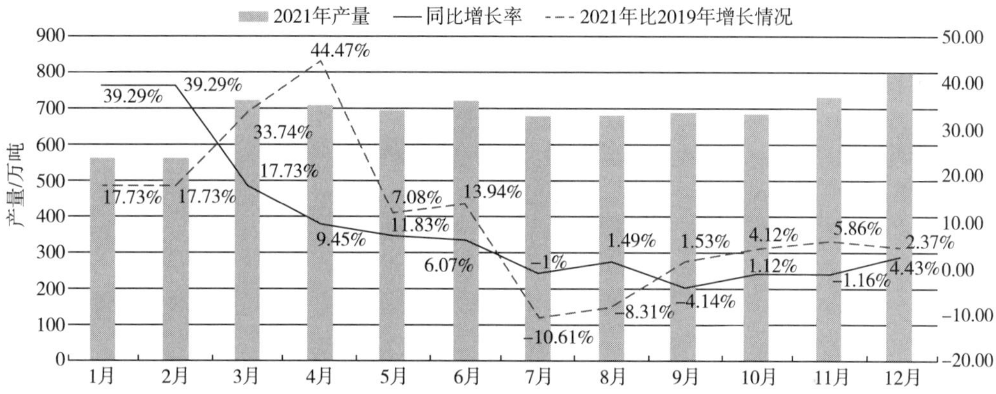

图 1　2021 年全国塑料制品行业月度产量增长情况图

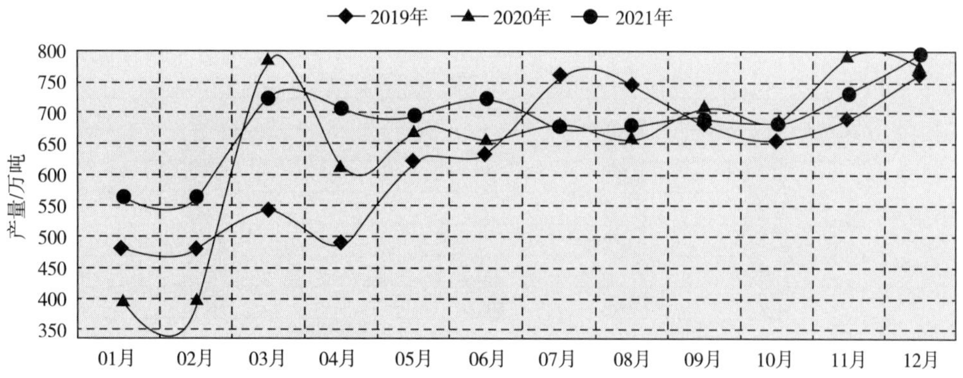

图 2　全国塑料制品行业连续三年月度产量对比

从分类情况看：产量最高的是包括塑料板管型材、塑料丝绳及编织品、塑料包装箱及容器、塑料零件及其他塑料制品类别，为 5143. 15 万吨，占比 64. 26%，同比增长 6. 38%；其次是塑料薄膜，为 1608. 71 万吨，占比 20. 1%，同比增长 6. 34%。同比增长率最高的是日用塑料，产量为 701. 53 万吨，占比 8. 76%，同比增长率为 6. 55%。人造革合成革类为负增长。详见表 2、图 3 及图 4。

表 2　　2021 年塑料制品细分行业产量、增长率、占比情况

塑料制品类别	产量/万吨	占比/%	同比增长/%
塑料制品总量	8003.98	100.00	5.94
塑料板管型材、塑料丝绳及编织品、塑料包装箱及容器、塑料零件及其他塑料制品	5143.15	64.26	6.38
塑料薄膜	1608.71	20.10	6.34
其中：农用薄膜	79.89	1.00	0.89
日用塑料	701.53	8.76	6.55
人造革合成革	287.61	3.59	-0.90
泡沫塑料制品	262.98	3.29	1.36

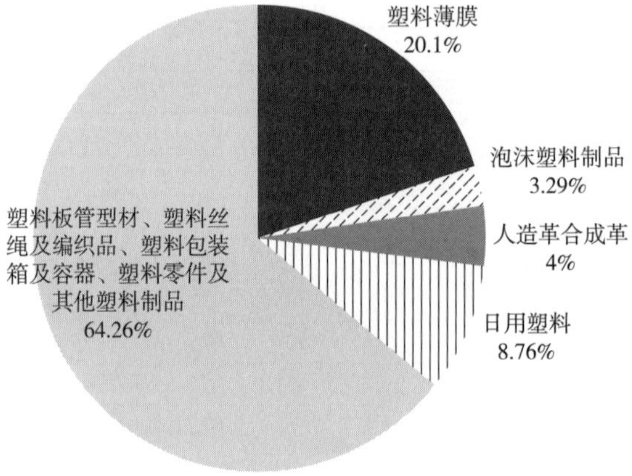

图 3　2021 年全国塑料制品分品种产量占比

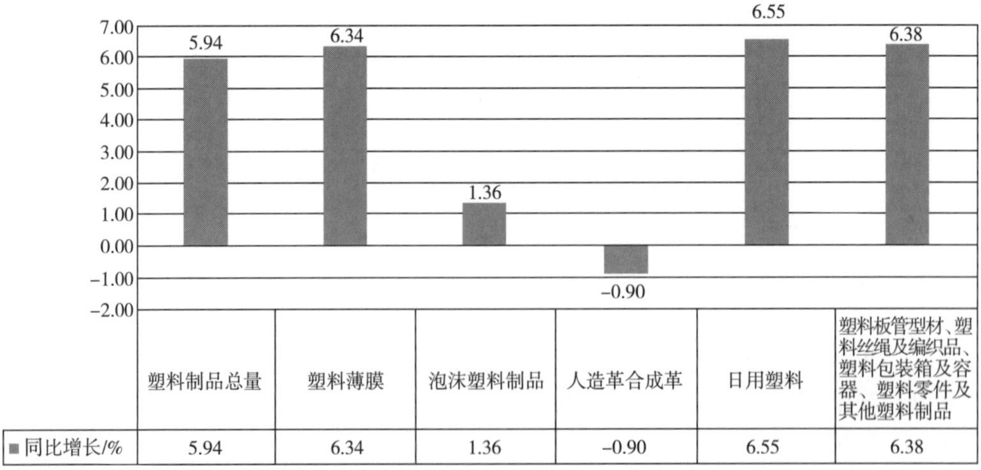

图 4　2021 年塑料制品细分品类产量增长率情况

从区域布局情况看：2021 年，东部十一省市塑料制品产量 4969.01 万吨（不含港澳台省区产量），同比增长 9%，占比 62.08%，比 2020 年提高 1.44 个百分点；中部六省塑料制品产量 1644.96 万吨，同比增长 5.36%，占比 20.55%，比 2020 年下降 1.05 个百分点；西部十二省区塑料制品产量 1232.58 万吨，同比增长-3.09%，占比 15.40%，比 2020 年下降 0.64 个百分点。综上可见，东部省份依靠相对良好的政商环境、完善的产业配套、便捷的交通物流和较大的出口优势，塑料制品产量占比近两年连续提升，产业区位聚集优势愈发明显。详见表 3-表 6。

表 3　东部地区产量和占比情况

地　区	累计产量/万吨	同比增长/%	全国占比/%
北　京	21.54	6.32	0.27
天　津	99.30	-4.70	1.24
河　北	249.72	4.12	3.12
上　海	215.06	8.39	2.69
江　苏	633.09	-1.39	7.91
浙　江	1212.17	10.75	15.14
福　建	662.07	13.16	8.27
山　东	360.65	1.30	4.51
广　东	1510.14	14.78	18.87
海　南	5.27	85.85	0.07
合　计	4969.01	9.00	62.08

表 4　中部地区产量和占比情况

地　区	累计产量/万吨	同比增长/%	全国占比/%
山　西	24.06	-2.83	0.30
安　徽	463.79	-5.56	5.79
江　西	149.45	19.77	1.87
河　南	209.64	6.79	2.62
湖　北	478.92	11.92	5.98
湖　南	319.10	7.66	3.99
合　计	1644.96	5.36	20.55

表 5　西部地区产量和占比情况

地　区	累计产量/万吨	同比增长/%	全国占比/%
内蒙古自治区	4.83	-4.60	0.06
广西壮族自治区	118.95	-35.42	1.49
重　庆	313.91	15.44	3.92
四　川	415.35	-5.63	5.19
贵　州	75.57	-0.87	0.94
云　南	67.41	5.52	0.84
西藏自治区	2.51	-0.07	0.03
陕　西	94.36	-3.88	1.18
甘　肃	18.69	1.06	0.23
青　海	1.18	-40.95	0.01
宁夏回族自治区	16.32	9.36	0.20
新疆维吾尔自治区	103.50	9.62	1.29
合　计	1232.58	-3.09	15.40

表 6　东北地区产量和占比情况

地　区	累计产量/万吨	同比增长/%	全国占比/%
辽　宁	102.79	3.50	1.28
吉　林	29.20	-16.13	0.36
黑龙江	25.43	-13.27	0.32
合　计	157.43	-3.69	1.97

从省区生产情况看，塑料制品生产主要集中在广东、浙江、福建、江苏、湖北等地区。广东省完成累计产量为 1510.14 万吨，全国占比 18.87%，浙江省完成累计产量为 1212.17 万吨，占比 15.14%，领衔各省区产量。

全国前十省份塑料制品总产量为 6369.19 万吨，占全国比例为 79.57%，比上年下降 0.24%。详见表 7、图 5。

表 7　　2021 年主要省市区产量增长及占比情况

地　区	2021/万吨	同比增长/%	全国占比/%	地　区	2021/万吨	同比增长/%	全国占比/%
广　东	1510. 14	14. 78	18. 87	四　川	415. 35	-5. 63	5. 19
浙　江	1212. 17	10. 75	15. 14	山　东	360. 65	1. 30	4. 51
福　建	662. 07	13. 16	8. 27	湖　南	319. 10	7. 66	3. 99
江　苏	633. 09	-1. 39	7. 91	重　庆	313. 91	15. 44	3. 92
湖　北	478. 92	11. 92	5. 98	其　他	1634. 79	0	20. 42
安　徽	463. 79	-5. 56	5. 79				

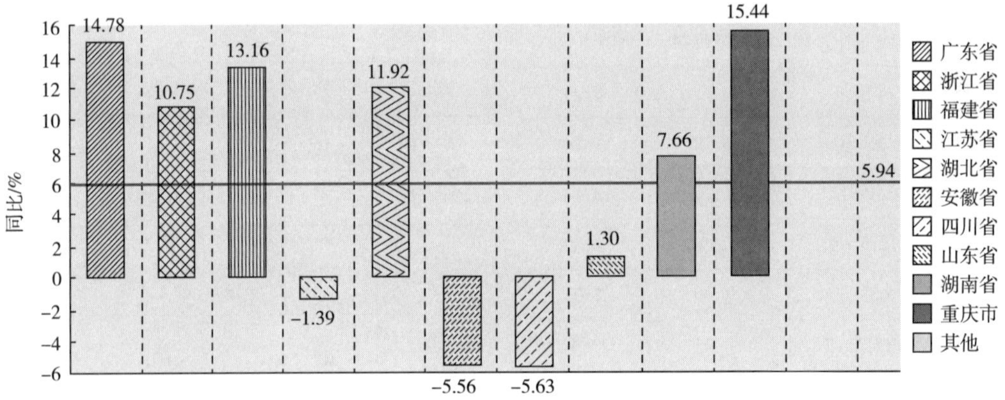

图 5　2021 年主要省市区累计产量同比增长情况

2021 年，全国塑料薄膜行业完成累计产量 1608. 71万吨，同比增长 6. 34%。占比较高的主要集中在浙江、广东、江苏、福建、山东等地区。湖北、上海、浙江增幅较高，详见表 8、图 6。

表 8　　2021 年塑料薄膜行业累计产量地区占比情况

地　区	累计产量/万吨	累计增长/%	全国占比/%	地　区	累计产量/万吨	累计增长/%	全国占比/%
浙　江	353. 80	9. 55	21. 99	安　徽	62. 11	6. 05	3. 86
广　东	279. 22	7. 69	17. 36	四　川	59. 04	-4. 00	3. 67
江　苏	252. 28	6. 16	15. 68	重　庆	45. 05	1. 97	2. 80
福　建	166. 44	1. 56	10. 35	湖　北	49. 53	13. 04	3. 08
山　东	84. 30	-2. 38	5. 24	合　计	1421. 51	6. 04	88. 36
上　海	69. 75	11. 94	4. 34	全　国	1608. 71	6. 34	100. 00

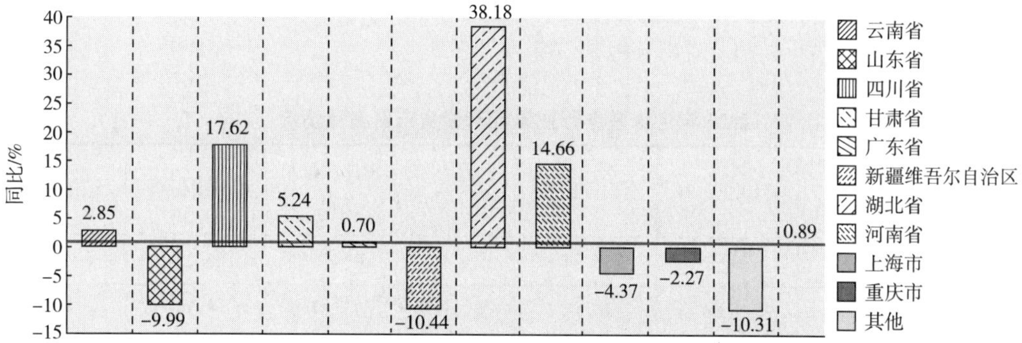

图 6 2021 年塑料薄膜主要地区累计产量同比增长情况

2021 年，其中全国农用薄膜行业完成累计产量 79.89 万吨，同比增长 0.89%。占比较高的主要集中在云南、山东、四川、甘肃、广东等地区。四川、湖北、河南产量增幅较高，详见表 9、图 7。

表 9 2021 年农用薄膜行业累计产量省市区占比情况

地 区	累计产量/万吨	累计增长/%	全国占比/%	地 区	累计产量/万吨	累计增长/%	全国占比/%
云 南	12. 17	2. 85	15. 23	湖 北	4. 34	38. 18	5. 44
山 东	10. 40	-9. 99	13. 02	河 南	4. 20	14. 66	5. 25
四 川	10. 06	17. 62	12. 60	上 海	2. 85	-4. 37	3. 56
甘 肃	8. 66	5. 24	10. 84	重 庆	2. 59	-2. 27	3. 24
广 东	7. 18	0. 70	8. 98	合 计	67. 49	1. 96	84. 48
新疆维吾尔自治区	5. 05	-10. 44	6. 32	全 国	79. 89	0. 89	100. 00

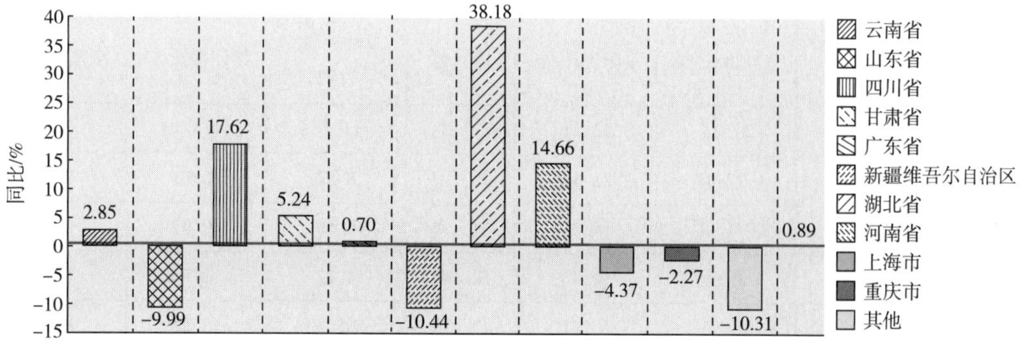

图 7 2021 年全国农用薄膜行业累计产量主要省市区同比增长情况

2021 年，全国泡沫塑料行业完成累计产量 262.98 万吨，同比增长 1.36%。占比较高的主要集中在广东、浙江、江苏、四川、河南等地区。浙江、广东、上海、湖北产量增幅较高，详见表 10、图 8。

表 10　2021 年泡沫塑料行业累计产量省市区占比情况

地　区	累计产量/万吨	累计增长/%	全国占比/%	地　区	累计产量/万吨	累计增长/%	全国占比/%
广　东	66.63	-0.62	25.34	山　东	11.88	6.25	4.52
浙　江	38.83	19.61	14.77	重　庆	11.24	8.34	4.27
江　苏	25.51	13.51	9.70	安　徽	10.31	13.30	3.92
四　川	12.68	-4.20	4.82	陕　西	9.70	5.40	3.69
河　南	12.53	6.53	4.77	合　计	211.43	7.18	80.40
福　建	12.12	16.17	4.61	全　国	262.98	1.36	100.00

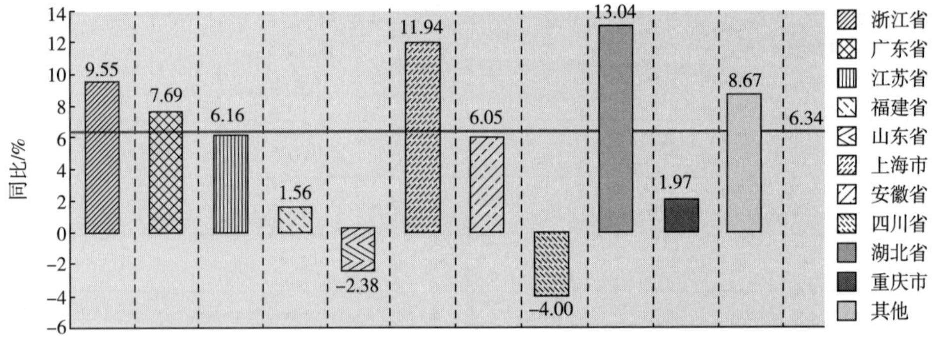

图 8　2021 年全年全国泡沫塑料行业累计产量主要省市区同比增长情况

2021 年，全国塑料人造革、合成革行业完成累计产量 287.61 万吨，同比增长-0.90%。占比较高的主要集中在浙江、福建、安徽、江苏、广东等地区。浙江、广东、河北产量增幅较高，详见表 11、图 9。

表 11　2021 年人造革合成革行业累计产量主要省市区占比情况

地　区	累计产量/万吨	累计增长/%	全国占比/%	地　区	累计产量/万吨	累计增长/%	全国占比/%
浙　江	66.74	21.33	23.21	湖　北	11.26	1914.13	3.92
福　建	61.97	-12.47	21.55	湖　南	8.52	1.62	2.96
安　徽	40.88	-44.90	14.21	上　海	6.68	40.95	2.32
江　苏	29.99	4.09	10.43	江　西	4.22	-6.47	1.47
广　东	29.95	18.15	10.41	合　计	565.33	-1.25	96.56
河　北	17.50	76.40	6.09	全　国	287.61	-0.90	100.00

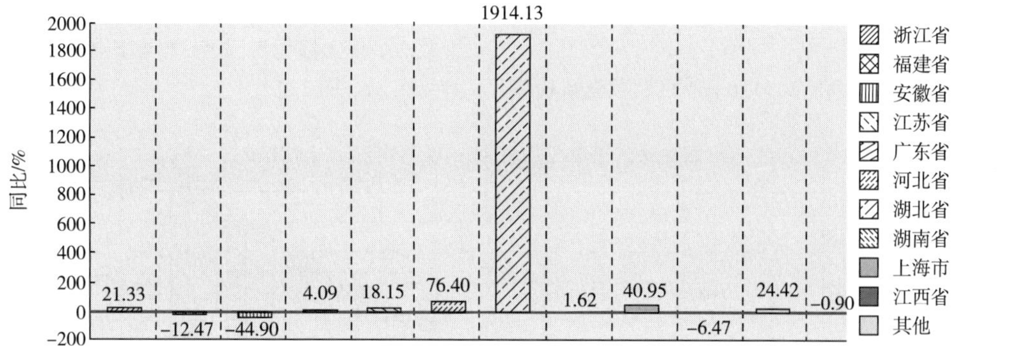

图9　2021年全国塑料人造革、合成革行业累计产量主要省市区同比增长情况

2021年，全国日用塑料制品行业完成累计产量701.53万吨，同比增长6.55%。占比较高的主要集中在广东、浙江、福建、四川、湖北等地区。福建、四川、河南产量增幅较高，详见表12、图10。

表12　　2021年日用塑料行业累计产量主要省市区占比

地　区	累计产量/万吨	累计增长/%	全国占比/%	地　区	累计产量/万吨	累计增长/%	全国占比/%
广　东	228.63	7.93	32.59	山　东	22.65	8.77	3.23
浙　江	126.53	9.56	18.04	湖　南	13.55	8.37	1.93
福　建	75.96	44.56	10.83	河　北	13.50	-30.52	1.92
四　川	42.69	22.12	6.09	辽　宁	12.13	7.50	1.73
湖　北	41.84	-18.87	5.96	合　计	644.01	8.41	91.80
江　苏	36.18	-4.65	5.16	全　国	701.53	6.55	100.00
河　南	30.34	18.15	4.33				

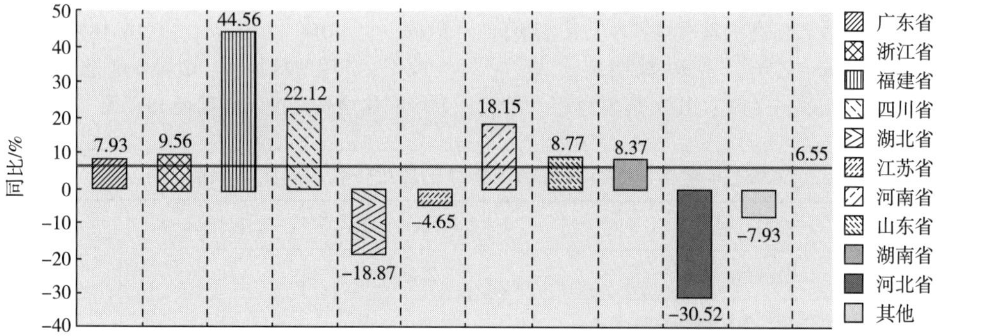

图10　2021年日用塑料行业累计产量主要省市区同比增长情况

（三）2021年行业效益分析

据国家统计局数据，2021年全国塑料制品行业规模以上企业18056家，营业收入22264.46亿元，同比增长12.76%；利润总额1295.83亿元，同比增长0.91%。

1. 营业收入大幅增加

2021年全国塑料制品行业规模以上企业营业收入22264.46亿元，同比增长12.76%，占全国轻工行业总营收的 9.94%，占全国规模以上企业总营收的 1.74%。

逐月来看，由于 2020 年一季度营收基数较低，2021 年一季度年全国塑料制品行业规模以上企业营业收入呈现大幅增长，之后增幅逐渐放缓至平稳，详见图 11、图 12。

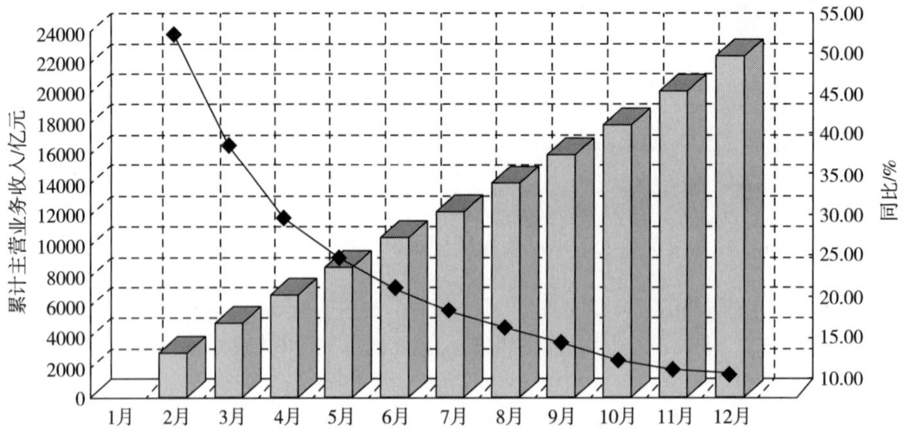

图 11　2021 年全国塑料行业月度累计主营业务收入及同比增速

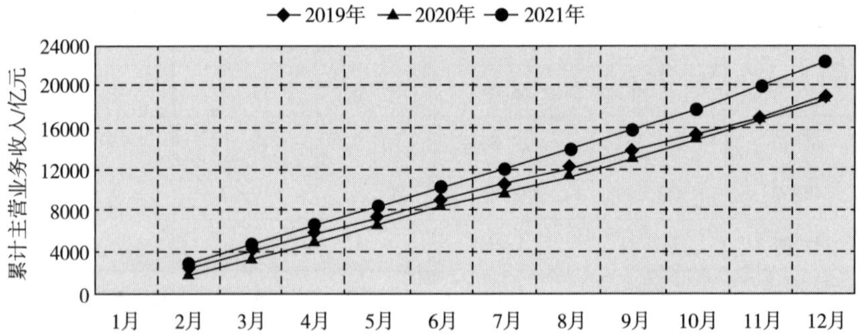

图 12　2021 年全国塑料行业连续三年月度累计主营业务收入对比

其中，营业收入最高的是塑料零件及其他塑料制品，为 7310.65 亿元，占塑料制品总收入 32.84%，同比增长 16.18%；其次是塑料板、管、型材，为 4014.73 亿元，占 16.18%，同比增长 7.84%。日用塑料制品、塑料丝绳及编织品制造等领域同比增长较慢，详见表 13、图 13 及图 14。

表 13　　2021 年全国塑料行业各领域累计主营业务收入同比增长情况

类　别	营收/亿元	同比增长/%	占比/%
塑料制品业	22264.46	12.76	100.00
塑料零件及其他塑料制品制造	7310.65	16.18	32.84
塑料板、管、型材的制造	4014.73	7.84	18.03
塑料薄膜制造	3514.68	18.43	15.79
日用塑料制品制造	2064.33	8.93	9.27
塑料包装箱及容器制造	1858.34	11.51	8.35

续表

类 别	营收/亿元	同比增长/%	占比/%
塑料丝、绳及编织品的制造	1638.13	4.23	7.36
泡沫塑料制造	930.83	15.19	4.18
塑料人造革、合成革制造	824.90	12.58	3.71
人造草坪制造	107.87	23.37	0.48

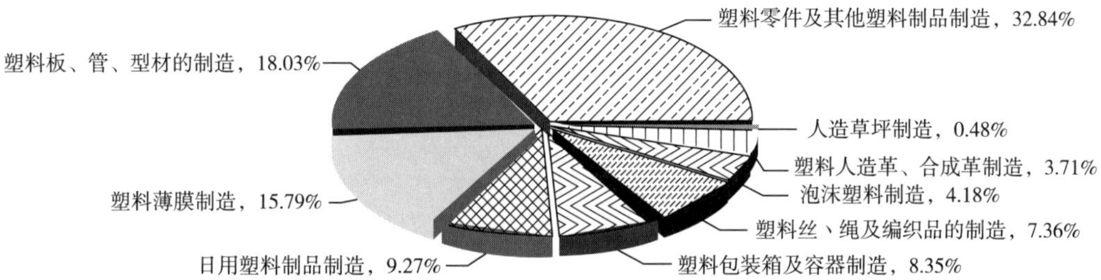

图 13 2021 年全国塑料行业各领域累计主营业务收入占比情况

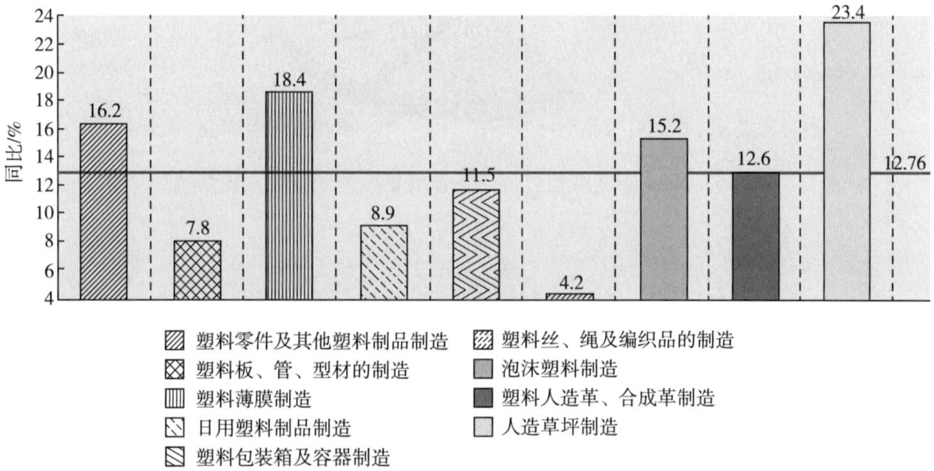

图 14 2021 年全国塑料行业各领域累计主营业务收入同比增长情况

2. 利润总额基本持平

2021 年，全国塑料制品行业规模以上企业实现利润 1295.83 亿元，同比增长 0.91%。由于原材料价格大幅上涨、物流等费用加大，严重压缩行业利润空间，企业“增收不增利”。

其中，利润总额最高的是塑料零件及其他塑料制品，为 425.69 亿元，占 32.85%。其次是塑料薄膜制造，为 249.47 亿元，占 19.25%；塑料板、管、型材，日用塑料制品，泡沫塑料制品等领域利润同比下降，详见表 14、图 15 及图 16。

表 14　　2021 年塑料制品行业利润总额增长及占比情况

类 别	利润/亿元	同比增长/%	占比/%
塑料制品业	1295.84	0.91	100.00
塑料零件及其他塑料制品制造	425.69	0.57	32.85

续表

类　别	利润/亿元	同比增长/%	占比/%
塑料薄膜制造	249.47	29.77	19.25
塑料板、管、型材的制造	236.09	-14.23	18.22
塑料包装箱及容器制造	112.45	9.01	8.68
日用塑料制品制造	111.16	-13.76	8.58
塑料丝、绳及编织品的制造	88.55	3.73	6.83
泡沫塑料制造	44.52	-7.62	3.44
塑料人造革、合成革制造	24.57	-0.47	1.90
人造草坪制造	3.34	9.47	0.26

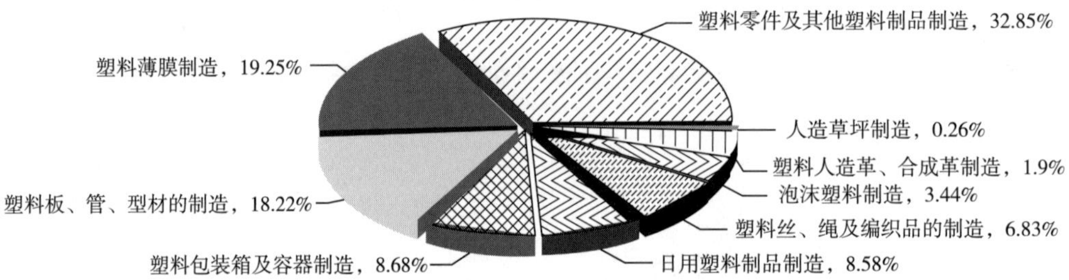

图 15　2021 年全国塑料行业各领域累计利润总额占比情况

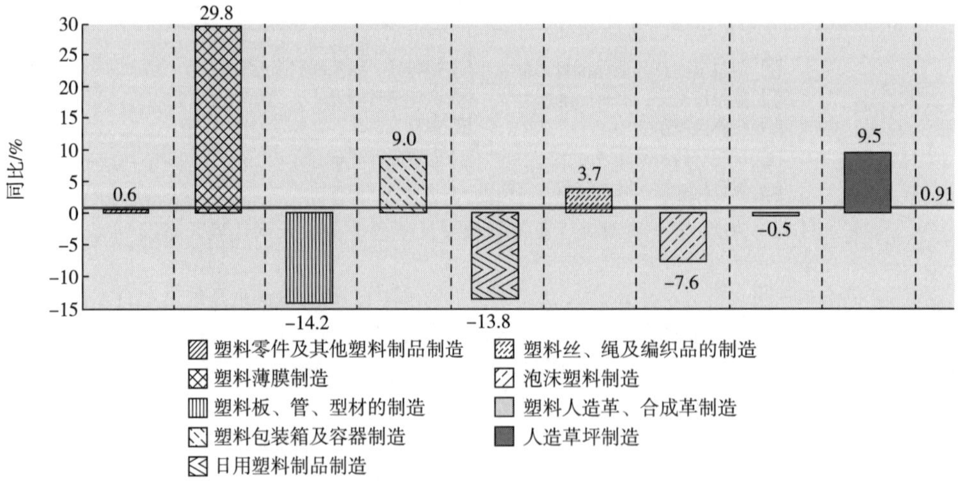

图 16　2021 年全国塑料行业各领域累计利润总额同比增长情况

3. 营业收入利润率下降

2021 年，全国塑料制品行业累计主营业务收入利润率为 5.82%，同比下降 0.68 个百分点，低于全国轻工行业 6.3%和全国工业 6.81%的平均水平。其中塑料薄膜制造是利润率最高领域，为 7.10%，详见表 15、图 17。

表 15　　2021 年各领域营业收入利润率及同比变动情况

类　别	利润率/%	同比增长/%	类　别	利润率/%	同比增长/%
塑料薄膜制造	7.10	0.62	塑料丝、绳及编织品的制造	5.41	-0.03
塑料包装箱及容器制造	6.05	-0.14	日用塑料制品制造	5.38	-1.42
塑料板、管、型材的制造	5.88	-1.51	泡沫塑料制造	4.78	-1.18
塑料零件及其他塑料制品制造	5.82	-0.90	人造草坪制造	3.10	-0.39
塑料制品业	5.82	-0.68	塑料人造革、合成革制造	2.98	-0.39

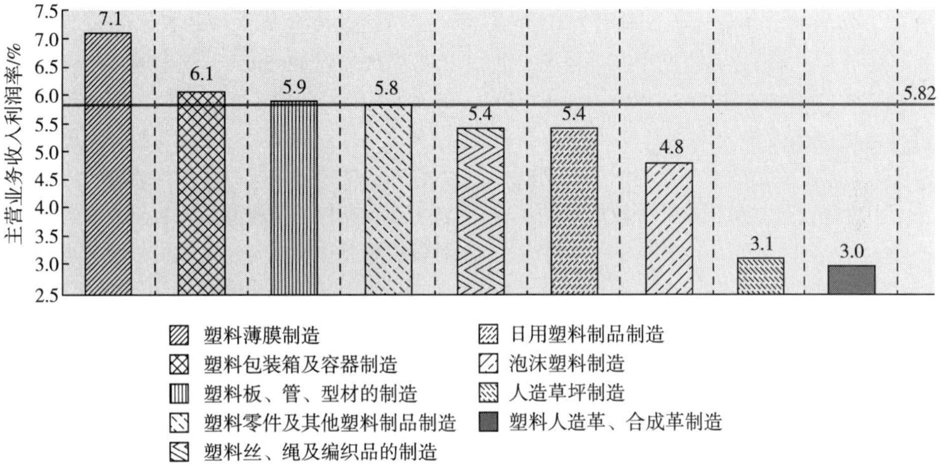

图 17　2021 年全国塑料行业累计主营业务收入利润率各领域对比情况

（四）出口大幅增长

据海关总署数据，2021 年塑料制品出口额 989.9 亿美元，同比增长 29.1%，增长率同比增长 9.5 个百分点。进口额 224.0 亿美元，贸易顺差 765.9 亿美元，占我国全年货物进出口贸易顺差的 11.3%。塑料制品出口表现出了强劲韧性并呈现出极为显著的增长态势。

（五）规模以上企业数量增加

2021 年全国塑料制品行业规模以上企业数量 18056 家，同比增加 8.82%。其中塑料薄膜制造企业数量增长明显，增长率达 15.36%，详见表 16。

表 16　　2021 年塑料制品业规上企业数量及增长情况

行业类别	2021 年数量/家	2020 年数量/家	增长率/%
塑料制品业	18056	16592	8.82
塑料零件及其他塑料制品制造	5652	5104	10.74
塑料板、管、型材的制造	3140	2939	6.84
塑料薄膜制造	2434	2110	15.36
日用塑料制品制造	1945	1811	7.40
塑料包装箱及容器制造	1797	1624	10.65

续表

行业类别	2021年数量/家	2020年数量/家	增长率/%
塑料丝、绳及编织品的制造	1606	1556	3.21
泡沫塑料制造	976	917	6.43
塑料人造革、合成革制造	425	441	-3.63
人造草坪制造	81	90	-10.00

二、行业现存的主要困难和问题

(一)原材料价格长期高位波动，压缩行业利润

2021年，塑料制品企业面临原辅材料供给短缺、价格居高不下、部分存在生产中断等情况。如PVC主力期货年内涨幅超过90%，PP/PE/PET/PS等原材料价格也经历大幅波动并长期维持较高价位。原料成本大幅上涨拉低了企业利润，个别品种长期处于亏损边缘，给制品企业带来较严重的经营困难。

(二)国际局势严峻复杂，产品出口不确定因素增加

新冠疫情全球蔓延，全球产业链、供应链、物流链存在断点堵点，港口费用、海运价格上涨数倍，且运输时间延长、出口船期难确定，集装箱紧缺；国际地缘政治错综复杂，贸易保护主义抬头，外汇汇率波动较大，人民币升值压力不减，部分制品企业难以享受出口退税政策，企业外贸面临的不确定性增加。在塑料制品行业外贸企业弥补全球产业链断点、出口金额大幅增长情况下，大部分利润受以上因素影响严重。

(三)国内市场需求增长前景胶着，企业经营成本增加

国内新冠疫情多点散发状况持续，市场有效需求仍显疲弱，部分市场需求出现收缩态势，消费升级面临挑战；企业人工成本上升，职工招聘难，人员流失严重，环保政策的推行对企业资金技术储备能力提出更高要求；生产用电等能源供应紧张，部分地区存在限电限产现象，行业恢复性增长基础还有待加强。

(四)产业结构有待优化，品牌意识有待提高

低端产品产能结构性和阶段性过剩矛盾仍较突出，部分低端产品无序竞争；个别企业品牌意识不强，个别低质、劣质产品扰乱正常市场秩序；低附加值产品多，而部分高技术含量、高附加值的产品仍需要进口，国产替代能力需进一步加强。

(五)技术创新投入较低，中小企业抗风险能力较弱

虽然2021年底全国塑料制品行业规模以上企业数量增加到18056家，但全国规模以下企业总量超过20万家，规模普遍较小。绝大部分中小企业盈利水平低，资金渠道匮乏，抗风险能力较弱。技术创新、工艺研发、产品结构调整投入不足，具有自主知识产权的塑料制品相对较少，产学研对接与科技成果转化率不高，现代化运营管理体系和行业人才仍较为缺乏。中小企业生存难度进一步加大，综合发展能力和整体竞争力有待提高。

三、发展建议及行业重点工作安排

(一)准确把握经济形势，坚定信心稳中求进

当前，全球经济走势仍存在高度不确定性，国内发展面临需求收缩、供给冲击、预期转弱三重压力，国家和各级政府密集出台扩大有效投资、稳定外贸发展、促进消费恢复、提振市场信心、稳定工业增长等系列组合政策，我国塑料加工业发展长期向好的基本面没有变，骨干企业持续加大创新投入，发展能力稳步提升。预计2022年一季度塑料行业将实现平稳开局，全年有望继续保持稳中有进发展态势。

中国塑料加工工业协会将继续全面加强行业运行监测，开展行业运行分析、专题调研、预警预测、形势研判等工作，立足服务行业实际需求、服务国家战略和重大需求、服务人民美好生活需要。深入贯彻落实《塑料加工业"十四五"发展规划指导意见》和《塑料加工业"十四五"科技创新指导意见》，坚持规划引领，关注行业痛点、焦点和热点问题，助力推进行业转型升级与健康发展，引导企业深耕国内市场，积极拓展国际市场，加快产业链创新步伐。我们要坚定信心，坚持稳中求进工作总基调，科学统筹疫情防控和行业发展，促进发展质量、结构、规模、速度、效益、安全相

统一。

（二）坚持创新驱动发展，深化供给侧结构性改革

要加强塑料加工业创新能力和创新动力提升，集中行业优势资源，聚焦卡脖子技术、核心技术、关键共性技术、应用技术和补短板、强弱项、优结构，研发新材料，提高产品性能，满足功能要求；注重国家重点实验室、制造业新兴战略转型升级与战略性新兴集群工程和重点工程重点项目建设；注重需求侧管理，加大供给创新，创造新需求引领新消费。关注国家实施扩大内需战略契机，在畅通国内大循环，突破供给约束堵点，打通生产、分配、流通、消费各环节中积极作为，赢得发展先机。

中国塑料加工工业协会提出功能化、轻量化、精密化、生态化和智能化科技创新方向，倡导匠心智造、精益管理、精品制造，深化“三品”战略，加强质量标准、产业集群、人才培养等工作。引导行业优化产品结构、产能结构和企业组织结构，着力提升塑料加工企业核心竞争力，培育“专精特新”“小巨人”企业，矢志不渝坚持开展行业科技创新引领。

（三）坚持绿色可持续发展，双碳时代谋机遇

碳达峰碳中和是推动高质量发展的内在要求，要坚定落实绿色、环保、低碳等可持续发展目标，继续推进节能减排、绿色环保替代等工作。加快推进废旧塑料减量化、资源化，逐步完善相关领域技术标准体系。贯彻落实《关于进一步加强塑料污染治理的意见》和《“十四五”塑料污染治理行动方案》政策要求，持续推广可循环、易回收、可降解替代产品和技术，引导再生塑料行业规范发展。

中国塑协将进一步引导行业加大绿色科技投入，降低生产能耗与 VOC 排放，深入开展生态化工艺技术创新，从塑料全生命周期角度设计、开发、制造高性能塑料制品，高值化循环利用、再生塑料制品、可降解塑料制品，推动行业实现碳达峰、碳中和及绿色制造升级。

（四）加强交流合作，促进产业链合作共赢

要重视国内国际新材料、新技术、新产品、新装备的发展趋势，深化交流合作；加强塑料产业链上下游沟通联系、产业链集成创新，促进行业转型升级。充分发挥行业平台和资源优势，加强企业宣传，增进技术市场交流。中国塑协将携手行业同仁，倾力办好 11 月份南京 2022 中国国际塑料展、中国塑料行业科技大会等系列活动，为行业搭建技术创新与市场对接平台，助力畅通产业链、供应链、创新链，共谋国内国际技术与市场交流合作新机遇，为中国塑业可持续高质量发展奠定基础。

政策与法规

碳排放权交易管理办法（试行）

部令　第19号

《碳排放权交易管理办法（试行）》已于2020年12月25日由生态环境部部务会议审议通过，现予公布，自2021年2月1日起施行。

生态环境部部长　黄润秋

2020年12月31日

碳排放权交易管理办法

（试行）

第一章　总　则

第一条　为落实党中央、国务院关于建设全国碳排放权交易市场的决策部署，在应对气候变化和促进绿色低碳发展中充分发挥市场机制作用，推动温室气体减排，规范全国碳排放权交易及相关活动，根据国家有关温室气体排放控制的要求，制定本办法。

第二条　本办法适用于全国碳排放权交易及相关活动，包括碳排放配额分配和清缴，碳排放权登记、交易、结算，温室气体排放报告与核查等活动，以及对前述活动的监督管理。

第三条　全国碳排放权交易及相关活动应当坚持市场导向、循序渐进、公平公开和诚实守信的原则。

第四条　生态环境部按照国家有关规定建设全国碳排放权交易市场。

全国碳排放权交易市场覆盖的温室气体种类和行业范围，由生态环境部拟订，按程序报批后实施，并向社会公开。

第五条　生态环境部按照国家有关规定，组织建立全国碳排放权注册登记机构和全国碳排放权交易机构，组织建设全国碳排放权注册登记系统和全国碳排放权交易系统。

全国碳排放权注册登记机构通过全国碳排放权注册登记系统，记录碳排放配额的持有、变更、清缴、注销等信息，并提供结算服务。全国碳排放权注册登记系统记录的信息是判断碳排放配额归属的最终依据。

全国碳排放权交易机构负责组织开展全国碳排放权集中统一交易。

全国碳排放权注册登记机构和全国碳排放权交易机构应当定期向生态环境部报告全国碳排放权登记、交易、结算等活动和机构运行有关情况，以及应当报告的其他重大事项，并保证全国碳排放权注册登记系统和全国碳排放权交易系统安全稳定可靠运行。

第六条　生态环境部负责制定全国碳排放权交易及相关活动的技术规范，加强对地方碳排放配额分配、温室气体排放报告与核查的监督管理，并会同国务院其他有关部门对全国碳排放权交易及相关活动进行监督管理和指导。

省级生态环境主管部门负责在本行政区域内组织开展碳排放配额分配和清缴、温室气体排放报告的核查等相关活动，并进行监督管理。

设区的市级生态环境主管部门负责配合省级生态环境主管部门落实相关具体工作，并根据本办法有关规定实施监督管理。

第七条　全国碳排放权注册登记机构和全国碳排放权交易机构及其工作人员，应当遵守全国碳排放权交易及相关活动的技术规范，并遵守国家其他有关主管部门关于交易监管的规定。

第二章　温室气体重点排放单位

第八条　温室气体排放单位符合下列条件的，应当列入温室气体重点排放单位（以下简称重点排放单位）名录：

（一）属于全国碳排放权交易市场覆盖行业；

（二）年度温室气体排放量达到2.6万吨二氧化碳当量。

第九条　省级生态环境主管部门应当按照生态环境部的有关规定，确定本行政区域重点排放单位名录，向生态环境部报告，并向社会公开。

第十条　重点排放单位应当控制温室气体排放，报告碳排放数据，清缴碳排放配额，公开交易及相关活动信息，并接受生态环境主管部门的监督管理。

第十一条　存在下列情形之一的，确定名录的省级生态环境主管部门应当将相关温室气体排放单位从重点排放单位名录中移出：

（一）连续二年温室气体排放未达到2.6万吨二氧化碳当量的；

（二）因停业、关闭或者其他原因不再从事生产经营活动，因而不再排放温室气体的。

第十二条　温室气体排放单位申请纳入重点排放单位名录的，确定名录的省级生态环境主管部门应当进行核实；经核实符合本办法第八条规定条件的，应当将其纳入重点排放单位名录。

第十三条　纳入全国碳排放权交易市场的重点排放单位，不再参与地方碳排放权交易试点市场。

第三章　分配与登记

第十四条　生态环境部根据国家温室气体排放控制要求，综合考虑经济增长、产业结构调整、能源结构优化、大气污染物排放协同控制等因素，制定碳排放配额总量确定与分配方案。

省级生态环境主管部门应当根据生态环境部制定的碳排放配额总量确定与分配方案，向本行政区域内的重点排放单位分配规定年度的碳排放配额。

第十五条　碳排放配额分配以免费分配为主，可以根据国家有关要求适时引入有偿分配。

第十六条　省级生态环境主管部门确定碳排放配额后，应当书面通知重点排放单位。

重点排放单位对分配的碳排放配额有异议的，可以自接到通知之日起七个工作日内，向分配配额的省级生态环境主管部门申请复核；省级生态环境主管部门应当自接到复核申请之日起十个工作日内，作出复核决定。

第十七条　重点排放单位应当在全国碳排放权注册登记系统开立账户，进行相关业务操作。

第十八条　重点排放单位发生合并、分立等情形需要变更单位名称、碳排放配额等事项的，应当报经所在地省级生态环境主管部门审核后，向全国碳排放权注册登记机构申请变更登记。全国碳排放权注册登记机构应当通过全国碳排放权注册登记系统进行变更登记，并向社会公开。

第十九条　国家鼓励重点排放单位、机构和个人，出于减少温室气体排放等公益目的自愿注销其所持有的碳排放配额。

自愿注销的碳排放配额，在国家碳排放配额总量中予以等量核减，不再进行分配、登记或者交易。相关注销情况应当向社会公开。

第四章　排放交易

第二十条　全国碳排放权交易市场的交易产品为碳排放配额，生态环境部可以根据国家有关规定适时增加其他交易产品。

第二十一条　重点排放单位以及符合国家有关交易规则的机构和个人，是全国碳排放权交易市场的交易主体。

第二十二条　碳排放权交易应当通过全国碳排放权交易系统进行，可以采取协议转让、单向竞价或者其他符合规定的方式。

全国碳排放权交易机构应当按照生态环境部有关规定，采取有效措施，发挥全国碳排放权交易市场引导温室气体减排的作用，防止过度投机的交易行为，维护市场健康发展。

第二十三条　全国碳排放权注册登记机构应当根据全国碳排放权交易机构提供的成交结果，通过全国碳排放权注册登记系统为交易主体及时更新相关信息。

第二十四条　全国碳排放权注册登记机构和全国碳排放权交易机构应当按照国家有关规定，实现数据及时、准确、安全交换。

第五章　排放核查与配额清缴

第二十五条　重点排放单位应当根据生态环境部制定的温室气体排放核算与报告技术规范，编制该单位上一年度的温室气体排放报告，载明排放量，并于每年 3 月 31 日前报生产经营场所所在地的省级生态环境主管部门。排放报告所涉数据的原始记录和管理台账应当至少保存五年。

重点排放单位对温室气体排放报告的真实性、完整性、准确性负责。

重点排放单位编制的年度温室气体排放报告应当定期公开，接受社会监督，涉及国家秘密和商业秘密的除外。

第二十六条　省级生态环境主管部门应当组织开展对重点排放单位温室气体排放报告的核查，并将核查结果告知重点排放单位。核查结果应当作为重点排放单位碳排放配额清缴依据。

省级生态环境主管部门可以通过政府购买服务的方式委托技术服务机构提供核查服务。技术服务机构应当对提交的核查结果的真实性、完整性和准确性负责。

第二十七条　重点排放单位对核查结果有异议的，可以自被告知核查结果之日起七个工作日内，向组织核查的省级生态环境主管部门申请复核；省级生态环境主管部门应当自接到复核申请之日起十个工作日内，作出复核决定。

第二十八条　重点排放单位应当在生态环境部规定的时限内，向分配配额的省级生态环境主管部门清缴上年度的碳排放配额。清缴量应当大于等于省级生态环境主管部门核查结果确认的该单位上年度温室气体实际排放量。

第二十九条　重点排放单位每年可以使用国家核证自愿减排量抵销碳排放配额的清缴，抵销比例不得超过应清缴碳排放配额的5%。相关规定由生态环境部另行制定。

用于抵销的国家核证自愿减排量，不得来自纳入全国碳排放权交易市场配额管理的减排项目。

第六章　监督管理

第三十条　上级生态环境主管部门应当加强对下级生态环境主管部门的重点排放单位名录确定、全国碳排放权交易及相关活动情况的监督检查和指导。

第三十一条　设区的市级以上地方生态环境主管部门根据对重点排放单位温室气体排放报告的核查结果，确定监督检查重点和频次。

设区的市级以上地方生态环境主管部门应当采取“双随机、一公开”的方式，监督检查重点排放单位温室气体排放和碳排放配额清缴情况，相关情况按程序报生态环境部。

第三十二条　生态环境部和省级生态环境主管部门，应当按照职责分工，定期公开重点排放单位年度碳排放配额清缴情况等信息。

第三十三条　全国碳排放权注册登记机构和全国碳排放权交易机构应当遵守国家交易监管等相关规定，建立风险管理机制和信息披露制度，制定风险管理预案，及时公布碳排放权登记、交易、结算等信息。

全国碳排放权注册登记机构和全国碳排放权交易机构的工作人员不得利用职务便利谋取不正当利益，不得泄露商业秘密。

第三十四条　交易主体违反本办法关于碳排放权注册登记、结算或者交易相关规定的，全国碳排放权注册登记机构和全国碳排放权交易机构可以按照国家有关规定，对其采取限制交易措施。

第三十五条　鼓励公众、新闻媒体等对重点排放单位和其他交易主体的碳排放权交易及相关活动进行监督。

重点排放单位和其他交易主体应当按照生态环境部有关规定，及时公开有关全国碳排放权交易及相关活动信息，自觉接受公众监督。

第三十六条　公民、法人和其他组织发现重点排放单位和其他交易主体有违反本办法规定行为的，有权向设区的市级以上地方生态环境主管部门举报。

接受举报的生态环境主管部门应当依法予以处理，并按照有关规定反馈处理结果，同时为举报人保密。

第七章　罚　则

第三十七条　生态环境部、省级生态环境主管部门、设区的市级生态环境主管部门的有关工作人员，在全国碳排放权交易及相关活动的监督管理中滥用职权、玩忽职守、徇私舞弊的，由其上级行政机关或者监察机关责令改正，并依法给予处分。

第三十八条　全国碳排放权注册登记机构和全国碳排放权交易机构及其工作人员违反本办法规定，有下列行为之一的，由生态环境部依法给予处分，并向社会公开处理结果：

（一）利用职务便利谋取不正当利益的；

（二）有其他滥用职权、玩忽职守、徇私舞弊行为的。

全国碳排放权注册登记机构和全国碳排放权交易机构及其工作人员违反本办法规定，泄露有关商业秘密或者有构成其他违反国家交易监管规定行为的，依照其他有关规定处理。

第三十九条　重点排放单位虚报、瞒报温室气体排放报告，或者拒绝履行温室气体排放报告义务的，由其生产经营场所所在地设区的市级以上地方生态环境主管部门责令限期改正，处一万元以上三万元以下的罚款。逾期未改正的，由重点排放单位生产经营场所所在地的省级生态环境主管部门测算其温室气体实际排放量，并将该排放量作为碳排放配额清缴的依据；对虚报、瞒报部分，等量核减其下一年度碳排放配额。

第四十条　重点排放单位未按时足额清缴碳排放配额的，由其生产经营场所所在地设区的市级以上地方生态环境主管部门责令限期改正，处二万元以上三万元以下的罚款；逾期未改正的，对欠缴部分，由重点排放单位生产经营场所所在地的省级生态环境主管部门等量核减其下一年度碳排放配额。

第四十一条　违反本办法规定，涉嫌构成犯罪的，有关生态环境主管部门应当依法移送司法机关。

第八章　附　则

第四十二条　本办法中下列用语的含义：

（一）温室气体：是指大气中吸收和重新放出红外辐射的自然和人为的气态成分，包括二氧化碳（CO_2）、甲烷（CH_4）、氧化亚氮（N_2O）、氢氟碳化物（HFCs）、全氟化碳（PFCs）、六氟化硫（SF_6）和三氟化氮（NF_3）。

（二）碳排放：是指煤炭、石油、天然气等化石能源燃烧活动和工业生产过程以及土地利用变化与林业等活动产生的温室气体排放，也包括因使用外购的电力和热力等所导致的温室气体排放。

（三）碳排放权：是指分配给重点排放单位的规定时期内的碳排放额度。

（四）国家核证自愿减排量：是指对我国境内可再生能源、林业碳汇、甲烷利用等项目的温室气体减排效果进行量化核证，并在国家温室气体自愿减排交易注册登记系统中登记的温室气体减排量。

第四十三条　本办法自 2021 年 2 月 1 日起施行。

市场监管总局关于印发《市场监管信息化标准体系》的通知

各省、自治区、直辖市及新疆生产建设兵团市场监管局（厅、委），总局各司局：

为更好地发挥信息化标准体系对市场监管信息化标准化工作的指导作用，有效支撑全国市场监管信息化建设工作，总局制定了《市场监管信息化标准体系》，现印发给你们，请遵照执行。

市场监管总局

2021 年 1 月 12 日

市场监管信息化标准体系

1　概述

标准体系是由一定范围内的标准按其内在联系形成科学的有机整体，通常由标准体系框架和标准明细表构成，由多个具有不同功能类别的标准组成。市场监管信息化标准体系具有十分重要的地位和作用：

（1）给出市场监管信息化标准的总体布局和发展规划，明确市场监管信息化标准的现状、现有需求和未来发展趋势，指明未来市场监管信息化标准化工作重点和发展方向，为标准制修订计划提供依据。

（2）理顺市场监管信息化建设现有的、正在制定的和应予制定的所有相关标准之间的相互支撑与相互配合的关系，减少彼此的交叉重叠，有利于明确市场监管信息化标准化工作的重点。

（3）有利于有目的、有计划、有步骤、有重点地进行各业务、各系统的标准规范建设，加快标准的制修订速度和效率，提高标准化工作的系统性，为市场监管信息化建设的长远发展奠定坚实的基础。

（4）便于全面系统地了解市场监管信息化建设所需的全部标准的情况，为从事市场监管信息化的建设者选用所需遵循的标准、掌握标准的现状和发展趋向提供翔实的信息。

2　标准体系总体结构

市场监管信息化标准体系结构包括：总体通用标准、基础设施标准、数据标准、应用支撑标准、业务应用标准、安全标准和管理标准 7 个分体系。市场监管信息化标准体系结构如图 1 所示。

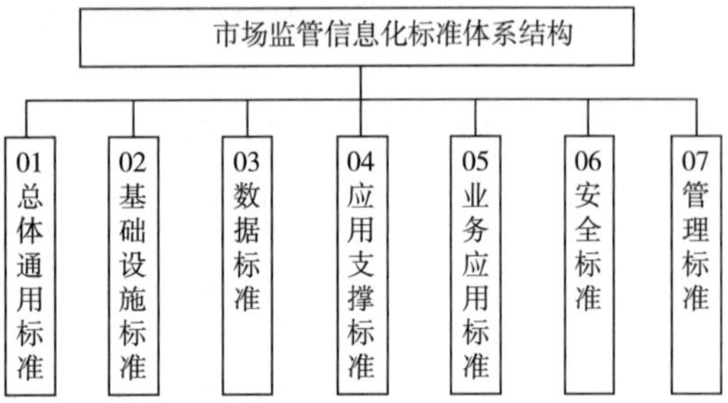

图 1　市场监管信息化标准体系结构

其中：

总体通用标准是市场监管信息化标准建设所需的总体性、通用性的标准和规范；

基础设施标准用于规范机房、信息化设备、网络设施、计算机操作系统及数据库系统等基础软硬件系统；

数据标准主要针对市场监管各项业务在信息化过程中涉及的数据进行规范，以形成统一的数据内容及格式，促进市场监管信息化建设数据的共享与交换；

应用支撑标准用于规范市场监管信息化应用支撑平台的建设以及数据访问、查询、交换等接口技术；

业务应用标准用于规范具体业务开展过程涉及的业务流程、表证单书及业务系统等；

安全标准用于规定保障信息和信息系统安全而采取的技术和管理要求；

管理标准为市场监管信息化工程建设提供管理的手段和措施。

3　标准体系框架

市场监管信息化标准体系框架见图 2。

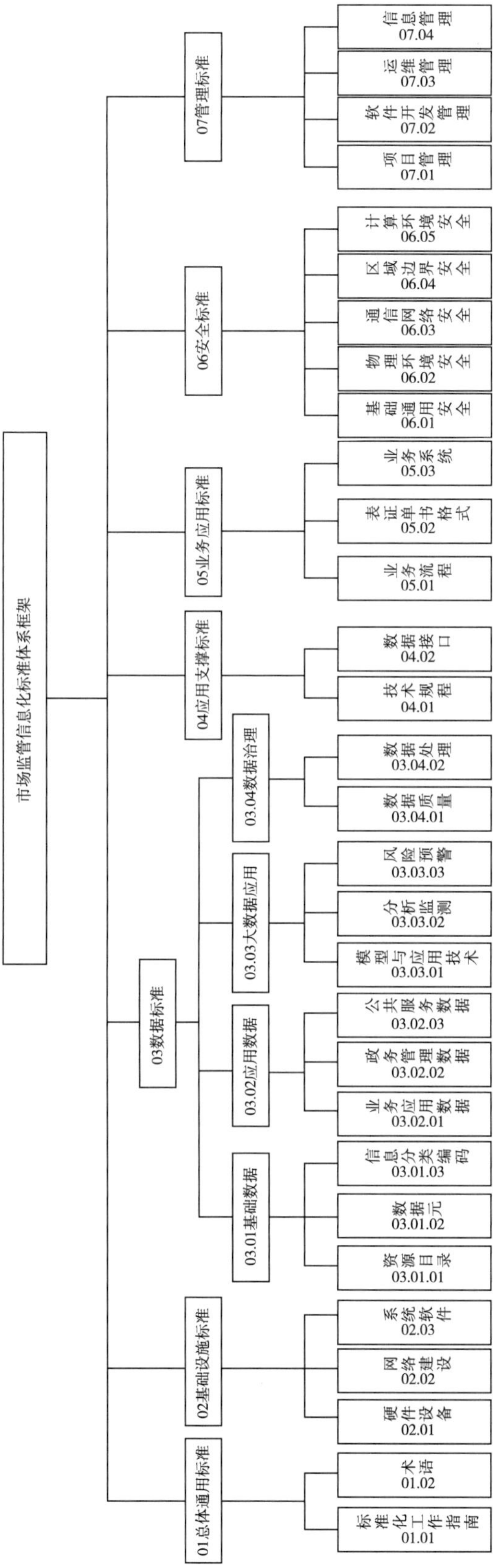

图2 市场监管信息化标准体系框架

3.1　总体通用标准

3.1.1　标准化工作指南

标准化工作指南包括标准规范市场监管信息化标准化管理体制、工作程序、工作要求等方面的内容。

3.1.2　术语标准

术语标准用于规范市场监管信息化工作中通用的术语。

3.2　基础设施标准

3.2.1　硬件设备标准

硬件设备标准指市场监管信息化建设所需的机房以及各种设备的标准，用于指导机房和设备的选型、安装调试、验收等方面的工作，以便实现各设备间的互相兼容与互联。

3.2.2　网络建设标准

网络建设标准指市场监管内外网建设等方面的标准，用于指导信息化网络建设和管理。

3.2.3　系统软件标准

系统软件标准指操作系统、数据库系统等系统软件方面的标准，用于指导系统软件的选型、安装调试、验收等。

3.3　数据标准

3.3.1　基础数据标准

3.3.1.1　资源目录标准

资源目录标准对市场监管信息化中的信息资源的生成、整理、共享交换和使用等进行规范。

3.3.1.2　数据元标准

数据元标准主要规范市场监管业务活动中涉及的基础性、通用性的数据单元。通过对这些最小信息单元及其属性的规范化和标准化，可以保证系统建设中对同一对象的描述和表达准确一致，保障跨业务、跨系统的基础数据共享。

3.3.1.3　信息分类编码标准

信息分类编码标准用于对信息进行统一的分类，建立规范的分类体系；提供统一的代码，建立规范的标识体系。

3.3.2　应用数据标准

3.3.2.1　业务应用数据标准

业务应用数据标准包括市场监管各业务应用（如市场主体监管、食品监管、药品监管、交易监管、广告监管、产品质量监管、特种设备监管、计量管理等）所涉及的数据规范。

3.3.2.2　政务管理数据标准

政务管理数据标准包括市场监管内部办公管理（如政务办公、财务管理、人力资源管理）应用所涉及的数据规范。

3.3.2.3　公共服务数据标准

公共服务数据标准包括市场监管部门为企业、社会公众或其他相关部门提供的各种服务应用所涉及到的数据规范。

3.3.3　大数据应用标准

3.3.3.1　模型与应用技术标准

模型与应用技术标准是对支撑市场监管业务的大数据模型构建、数据处理、分析加工与应用技术进行规范的标准。

3.3.3.2　分析监测标准

分析监测标准基于大数据分析，用于规范涉及食品安全质量监测、网络市场监测、产品质量安全监测、广告发布情况监测和市场舆情监测等业务的监测流程及要求等。

3.3.3.3　风险预警标准

风险预警标准基于大数据分析，用于规范涉及食品安全、产品质量、市场舆情等业务的风险评估、风险预警等方面的要求。

3.3.4　数据治理标准

3.3.4.1　数据质量标准

数据质量标准用于对数据的完整性、一致性、精确性、及时性等质量要素提出要求，主要包括质量要素、质量检测、质量报告等标准。

3.3.4.2　数据处理标准

数据处理标准用于规范现有市场监管数据的清洗等数据处理技术和要求，通过统一的数据清洗技术和要求实现对数据的分解与重组，消除数据的错误和不一致。

3.4　应用支撑标准

3.4.1　技术规程标准

技术规程指为业务应用系统提供基础服务、互操作机制、构件等应用支撑的规范。

3.4.2　数据接口标准

数据接口标准用于规范数据的查询、访问和交换接口，包括接口的描述、传输数据的参数格式、接口的技术要求等，以实现信息系统间的信息共享，保障数据的有效应用。

3.5　业务应用标准

3.5.1　业务流程标准

业务流程标准主要用于对每一项具体业务的业务描述、业务过程描述、人员角色等方面进行规范。

3.5.2　表证单书格式标准

表证单书格式标准主要用于对具体业务办理过程中涉及的申请书（表）、报告、文书格式、电子证照等进行规范。

3.5.3　业务系统标准

业务系统标准用于规范市场监管业务系统的建设，主要包括系统的设计、功能、性能、界面等方面。

3.6　安全标准

3.6.1　基础通用安全标准

基础通用安全标准是指跨越物理环境安全、通信网络安全、区域边界安全、计算环境安全的基础性、通用性的安全标准。

3.6.2　物理环境安全标准

物理环境安全标准是指保障网络与信息系统的支持性基础设施及物理环境安全的标准和规范。

3.6.3　通信网络安全标准

通信网络安全标准是指保障网络和信息系统安全运行的标准和规范。

3.6.4　区域边界安全标准

区域边界安全标准是指保障跨越边界的访问和数据流通过边界设备提供的受控接口进行通信的标准和规范。

3.6.5　计算环境安全标准

计算环境安全标准是指保障市场监管应用系统安全性及可控性及保护市场监管业务数据的收集、处理、存储、检索、传输、交换、显示、扩散等过程安全的标准和规范。

3.7　管理标准

3.7.1　项目管理标准

项目管理标准采用项目管理通用的过程描述方法，按照项目的生命周期，对信息化建设中项目管理相关过程进行规范，涉及项目的组织、规划、实施、上线、验收、运营等过程管理以及对项目的突发应急处理等。

3.7.2　软件开发管理标准

软件开发管理标准用于规定在市场监管信息化项目建设中，软件开发过程及文档方面的管理要求。

3.7.3　运维管理标准

运维管理标准指市场监管信息系统日常运行维护所需的管理标准。

3.7.4　信息管理标准

信息管理标准是规定市场监管信息化涉及的各类信息的采集、加工、存储、交换、发布、共享、服务和应用管理要求的标准和规范。

4　标准体系明细表

4.1　概述

标准体系明细表主要包含两方面内容：一是涵盖了市场监管信息化业务中引用、参考的国家标准、相关行业标准；二是给出今后一段时期市场监管信息化建设中待研制的标准项目。

标准体系明细表的表头各项含义如下：

（1）标准体系编号：标准在标准体系中的层次编号，每层级使用2位数字顺序编码；

（2）标准号：标准发布时，由标准批准部门赋予的编号；

（3）标准名称：标准的中文名称；

（4）标准状态：现行、待修订、待制定。现行，表示该标准是现行有效的国家标准、行业标准或其他标准；待修订，表示该标准拟进行修订；待制定，表示该标准是需新制定的市场监管信息化标准。

4.2　标准体系明细表

市场监管信息化标准体系共涉及7大类275项标准，完整的标准体系明细表见附表，标准体系明细表将随着业务需求和信息技术的发展变化以及市场监管信息化工作的推进及时更新。

本附表给出的明细表属于动态维护的内容，将随着业务需求和信息技术的发展变化以及市场监管信息化工作的推进及时更新和发布见附表。

附表　　**市场监管信息化标准体系明细表**

标准体系编号	标准号	标准名称	标准状态
1. 总体通用标准			
1.1 标准化工作指南			
01.01.01		市场监管信息化标准化工作指南	待制定

续表

标准体系编号	标准号	标准名称	标准状态
01.01.02	GB/T 30850.1—2014	电子政务标准化指南　第1部分：总则	现行
1.2 术语			
01.02.01		市场监管信息化 术语	待制定
01.02.02		食品药品监管信息化基础术语　第4部分：食品	待修订
01.02.03	GB/T 5271（所有部分）	信息技术　词汇	现行
2. 基础设施标准			
2.1 硬件设备标准			
02.01.01	GB/T 2887—2011	计算机场地通用规范	现行
02.01.02	GB 50174—2017	数据中心设计规范	现行
02.01.03	GB 50462—2015	数据中心基础设施施工及验收规范	现行
02.01.04	GB/T 34982—2017	云计算数据中心基本要求	现行
2.2 网络建设标准			
02.02.01		市场监管网络建设与管理规范	待制定
02.02.02	GB/T 30850.3—2014	电子政务标准化指南　第3部分：网络建设	现行
2.3 系统软件标准			
02.03.01	GB/T 25645—2010	信息技术　中文 Linux 服务器操作系统技术要求	现行
02.03.02	GB/T 25655—2010	信息技术　中文 Linux 桌面操作系统技术要求	现行
02.03.03	GB/T 28821—2012	关系数据管理系统技术要求	现行
02.03.04	GB/T 30994—2014	关系数据库管理系统检测规范	现行
3. 数据标准			
3.1 基础数据标准			
3.1.1 资源目录标准			
03.01.01.01		市场监管信息资源目录体系	待制定
03.01.01.02		市场监管信息资源元数据	待制定
03.01.01.03	GB/T 21063（所有部分）	政务信息资源目录体系	现行
3.1.2 数据元标准			
03.01.02.01		市场监管基础数据元	待制定
03.01.02.02		食品药品监管信息基础数据元　第5部分：食品（许可和日常监督检查部分）	待修订

续表

标准体系编号	标准号	标准名称	标准状态
03. 01. 02. 03		食品药品监管信息基础数据元　第 2 部分：机构、人员	待修订
03. 01. 02. 04	GB/T 14946. 1—2019	全国组织、干部、人事管理信息　第 1 部分：数据元	现行
03. 01. 02. 05	GB/T 19488. 1—2004	电子政务数据元　第 1 部分：设计和管理规范	现行
03. 01. 02. 06	GB/T 7408—2005	数据元和交换格式 信息交换 日期和时间表示法	现行
3. 1. 3 信息分类编码标准			
03. 01. 03. 01		市场监管基础代码集	待制定
03. 01. 03. 02		市场监管机构代码	待制定
03. 01. 03. 03		市场监管业务分类与代码	待制定
03. 01. 03. 04		市场监管行政许可事项分类与代码	待制定
03. 01. 03. 05		市场监管违法行为分类代码	待制定
03. 01. 03. 06		市场监管产品分类与代码	待制定
03. 01. 03. 07		食品流通许可证编号编制规则	待修订
03. 01. 03. 08		小微企业分类	待制定
03. 01. 03. 09		食品生产许可证编号编制规则	待修订
03. 01. 03. 10		食品经营许可证编号编制规则	待修订
03. 01. 03. 11		食品药品监管信息基础数据元值域代码　第 5 部分：食品（许可和日常监督检查部分）	待修订
03. 01. 03. 12		食品药品监管信息基础数据元值域代码　第 2 部分：机构、人员	待修订
03. 01. 03. 13	GS 15-2006	工商行政管理注册号编制规则	现行
03. 01. 03. 14	RB/T 188—2015	认证项目分类及编码	现行
03. 01. 03. 15	RB/T 191—2015	检测机构统一标识代码编码规则	现行
03. 01. 03. 16	GB 11643—1999	公民身份号码	现行
03. 01. 03. 17	GB 32100—2015	法人和其他组织统一社会信用代码编码规则	现行
03. 01. 03. 18	GB/T 12402—2000	经济类型分类与代码	现行
03. 01. 03. 19	GB/T 12403—1990	干部职务名称代码	现行
03. 01. 03. 20	GB/T 12406—2008	表示货币和资金的代码	现行
03. 01. 03. 21	GB/T 12407—2008	职务级别代码	现行
03. 01. 03. 22	GB/T 12408—1990	社会兼职代码	现行

续表

标准体系编号	标准号	标准名称	标准状态
03.01.03.23	GB/T 13745—2009	学科分类与代码	现行
03.01.03.24	GB/T 14885—2010	固定资产分类与代码	现行
03.01.03.25	GB/T 14946.2—2019	全国组织、干部、人事管理信息　第2部分：信息分类代码集	现行
03.01.03.26	GB/T 2260	中华人民共和国行政区划代码	现行
03.01.03.27	GB/T 2261.1—2003	个人基本信息分类与代码　第1部分：人的性别代码	现行
03.01.03.28	GB/T 2261.2—2003	个人基本信息分类与代码　第2部分：婚姻状况代码	现行
03.01.03.29	GB/T 2261.3—2003	个人基本信息分类与代码　第3部分：健康状况代码	现行
03.01.03.30	GB/T 2261.4—2003	个人基本信息分类与代码　第4部分：从业状况（个人身份）代码	现行
03.01.03.31	GB/T 2261.5—2003	个人基本信息分类与代码　第5部分：港澳台侨属代码	现行
03.01.03.32	GB/T 2261.6—2003	个人基本信息分类与代码　第6部分：人大代表、政协委员代码	现行
03.01.03.33	GB/T 2659—2000	世界各国和地区名称代码	现行
03.01.03.34	GB/T 36377—2018	计量器具识别编码	现行
03.01.03.35	GB/T 36904—2018	电子证照 标识规范	现行
03.01.03.36	GB/T 4657—2009	中央党政机关、人民团体及其他机构名称代码	现行
03.01.03.37	GB/T 4658—2006	学历代码	现行
03.01.03.38	GB/T 4754—2017	国民经济行业分类	现行
03.01.03.39	GB/T 4762—1984	政治面貌代码	现行
03.01.03.40	GB/T 4763—2008	党、派代码	现行
03.01.03.41	GB/T 6565—2015	职业分类与代码	现行
03.01.03.42	GB/T 6864—2003	中华人民共和国学位代码	现行
03.01.03.43	GB/T 6865—2009	语种熟练程度和外语考试等级代码	现行
03.01.03.44	GB/T 8561—2001	专业技术职务代码	现行
03.01.03.45	GB/T 8563（所有部分）	奖励、纪律处分信息分类与代码	现行
03.01.03.46	C0109.1—2018	国家政务服务平台政务服务事项基本目录及实施清单　第1部分：编码要求	现行

续表

标准体系编号	标准号	标准名称	标准状态
03. 01. 03. 47	C0109. 2—2018	国家政务服务平台政务服务事项基本目录及实施清单　第 2 部分：要素要求	现行
03. 01. 03. 48	C0123—2018	国家政务服务平台证照类型代码及目录信息	现行
03. 01. 03. 49	C0129—2018	国家政务服务平台政务服务数据编码要求	现行
3. 2 应用数据标准			
3. 2. 1 业务应用数据标准			
03. 02. 01. 01		市场主体准入与退出数据规范	待修订
03. 02. 01. 02		市场监管消费者权益保护数据规范	待修订
03. 02. 01. 03		规范直销和打击传销数据规范	待修订
03. 02. 01. 04		网络商品交易及有关服务行为监督管理数据规范	待修订
03. 02. 01. 05		企业信用信息公示系统数据规范	待修订
03. 02. 01. 06		市场监管跨部门协同业务数据规范	待制定
03. 02. 01. 07		外资登记管理监测分析用数据规范	待修订
03. 02. 01. 08		市场监管数据规范	待修订
03. 02. 01. 09		行政执法数据规范	待修订
03. 02. 01. 10		食品流通许可管理数据规范	待修订
03. 02. 01. 11		非公有制经济组织党建工作数据规范	待修订
03. 02. 01. 12		小微企业名录数据规范	待修订
03. 02. 01. 13		电子营业执照技术规范　第 1 部分：电子营业执照数据规范	待修订
03. 02. 01. 14		计量监督管理业务数据规范	待制定
03. 02. 01. 15		产品质量监督抽查数据规范	待制定
03. 02. 01. 16		企业质量信用业务数据规范	待制定
03. 02. 01. 17		国家标准数据库及标准通报服务业务数据规范	待制定
03. 02. 01. 18		特种设备安全监察监管业务数据规范	待制定
03. 02. 01. 19		执法打假快速反应业务数据规范	待制定
03. 02. 01. 20		食品生产安全监管业务数据规范	待制定
03. 02. 01. 21		企业信用风险分类管理数据规范	待制定
03. 02. 01. 22		计量行政许可数据规范	待制定
03. 02. 01. 23		广告行政许可数据规范	待制定

续表

标准体系编号	标准号	标准名称	标准状态
03. 02. 01. 24		工业生产许可证省发证数据规范	待制定
03. 02. 01. 25		特殊食品注册备案业务与数据规范	待制定
03. 02. 01. 26		价格收费监管数据规范	待制定
03. 02. 01. 27		价格投诉举报数据规范	待制定
03. 02. 01. 28		食品生产许可管理基本数据集	待修订
03. 02. 01. 29		食品生产许可管理交换数据集	待修订
03. 02. 01. 30		食品生产日常监督检查管理基本数据集	待修订
03. 02. 01. 31		食品生产日常监督检查管理交换数据集	待修订
03. 02. 01. 32		食品经营许可管理基本数据集	待修订
03. 02. 01. 33		食品经营许可管理交换数据集	待修订
03. 02. 01. 34		食品经营日常监督检查管理基本数据集	待修订
03. 02. 01. 35		食品经营日常监督检查管理交换数据集	待修订
03. 02. 01. 36		食品追溯基础数据规范	待制定
03. 02. 01. 37	RB/T 189—2015	强制性产品认证业务数据规范	现行
03. 02. 01. 38	GB/T 36902—2018	电子证照 目录信息规范	现行
03. 02. 01. 39	GB/T 36903—2018	电子证照 元数据规范	现行
3. 2. 2 政务管理数据标准（待制定）			
3. 2. 3 公共服务数据标准（待制定）			
3. 3 大数据应用标准			
3. 3. 1 模型与应用技术标准			
03. 03. 01. 01		市场监管大数据分析模型要求	待制定
03. 03. 01. 02	GB/T 35589—2017	信息技术　大数据 技术参考模型	现行
03. 03. 01. 03	GB/T 32908—2016	非结构化数据访问接口规范	现行
03. 03. 01. 04	GB/T 32909—2016	非结构化数据表示规范	现行
03. 03. 01. 05	GB/T 34950—2017	非结构化数据管理系统参考模型	现行
03. 03. 01. 06	C0127—2018	国家政务服务平台政务服务大数据分析模型要求	现行
03. 03. 01. 07	C0130—2018	国家政务服务平台政务服务数据整合要求	现行
3. 3. 2 分析监测标准			
03. 03. 02. 01	GB/T 35247—2017	产品质量安全风险信息监测技术通则	现行

续表

标准体系编号	标准号	标准名称	标准状态
03.03.02.02	GB/T 37538—2019	电子商务交易产品质量网上监测规范	现行
3.3.3 风险预警标准			
03.03.03.01	GB/T 35253—2017	产品质量安全风险预警分级导则	现行
3.4 数据治理标准			
3.4.1 数据质量标准			
03.04.01.01		市场监管数据质量总体要求	待制定
03.04.01.02	GB/T 36344—2018	信息技术　数据质量评价指标	现行
3.4.2 数据处理标准			
03.04.02.01		市场监管数据治理要求	待制定
03.04.02.02	GB/T 34960.5—2018	信息技术服务 治理　第5部分：数据治理规范	现行
4. 应用支撑标准			
4.1 技术规程标准			
04.01.01		市场监管应用支撑平台建设要求	待制定
04.01.02		市场监管信任服务建设要求	待制定
04.01.03	GB/T 30850.4—2017	电子政务标准化指南　第4部分：信息共享	现行
04.01.04	GB/T 30850.5—2014	电子政务标准化指南　第5部分：支撑技术	现行
04.01.05	GB/Z 19669—2005	XML在电子政务中的应用指南	现行
04.01.06	C0103—2018	国家政务服务平台政务服务移动端建设要求	现行
04.01.07	C0110—2018	国家政务服务平台统一身份认证系统接入要求	现行
04.01.08	C0111—2018	国家政务服务平台统一身份认证系统身份认证技术要求	现行
04.01.09	C0112—2018	国家政务服务平台统一身份认证系统信任传递要求	现行
04.01.10	C0114—2018	国家政务服务平台可信身份等级定级要求	现行
04.01.11	C0117—2018	全国一体化在线政务服务平台应急保障要求	现行
04.01.12	C0119—2018	国家政务服务平台统一电子签章技术要求	现行
04.01.13	C0120—2018	国家政务服务平台统一电子印章技术要求	现行
04.01.14	C0121—2018	国家政务服务平台统一电子印章系统接入测试方法	现行
04.01.15	C0124—2018	国家政务服务平台电子证照跨区域共享服务接入要求	现行

续表

标准体系编号	标准号	标准名称	标准状态
04. 01. 16	C0133—2018	国家政务服务平台运维保障系统接入要求	现行
4. 2 数据接口标准			
04. 02. 01		市场监管信息系统数据接口要求	待制定
04. 02. 02		市场监管信息系统接口技术要求	待制定
04. 02. 03		基于 XML 的数据交换格式设计指南	待制定
04. 02. 04		企业信用监管系统数据交换要求	待制定
04. 02. 05		网络市场在线巡查监管信息交换要求	待制定
04. 02. 06		行政许可监督监察平台数据交换要求	待制定
04. 02. 07		企业征信系统数据交换要求	待制定
04. 02. 08		强制检定工作计量器具管理系统接口要求	待制定
04. 02. 09	GB/T 33478—2016	党政机关电子公文应用接口规范	现行
04. 02. 10	GB/T 33479—2016	党政机关电子公文交换接口规范	现行
04. 02. 11	GB/T 36906—2018	电子证照 共享服务接口规范	现行
04. 02. 12	C0113—2018	国家政务服务平台统一信任服务平台接口要求	现行
04. 02. 13	C0122—2018	国家政务服务平台统一电子印章系统接口	现行
04. 02. 14	C0126—2018	国家政务服务平台数据交换与共享接口标准 第 1 部分：数据交换要求	现行
5. 业务应用标准			
5. 1 业务流程标准			
05. 01. 01		食品流通许可管理业务流程要求	待制定
05. 01. 02		外商投资合伙企业登记管理流程要求	待制定
05. 01. 03		计量监督管理业务流程要求	待制定
05. 01. 04		产品质量监督管理业务流程要求	待制定
05. 01. 05		强制性产品认证监督管理业务流程要求	待制定
05. 01. 06		特种设备监督管理业务流程要求	待制定
05. 01. 07		市场监管综合执法业务流程要求	待制定
05. 01. 08		食品生产许可管理参考业务流程	待修订
05. 01. 09		食品生产日常监督检查管理参考业务流程	待修订
05. 01. 10		食品经营许可管理参考业务流程	待修订
05. 01. 11		食品经营日常监督检查管理参考业务流程	待修订

续表

标准体系编号	标准号	标准名称	标准状态
5.2 表证单书格式标准			
05.02.01		外商投资合伙企业登记管理文书格式要求	待修订
05.02.02		外商投资合伙企业营业执照格式要求	待修订
05.02.03		外国（地区）企业常驻代表机构登记管理文书及年度报告格式要求	待修订
05.02.04		国家企业信用信息公示系统格式要求	待修订
05.02.05		小微企业格式要求	待修订
05.02.06		电子营业执照技术规范　第2部分：电子营业执照格式要求	待修订
05.02.07		企业信用监管系统业务文档格式	待制定
05.02.08		强制性产品认证监督管理业务文书格式要求	待制定
05.02.09		食品流通许可证格式	待修订
05.02.10		食品生产许可证格式	待修订
05.02.11		食品经营许可证格式	待修订
05.02.12	GB/T 36905—2018	电子证照 文件技术要求	现行
5.3 业务系统标准			
05.03.01		市场监管信息系统总体设计要求	待制定
05.03.02		市场监管公共服务系统建设要求	待制定
05.03.03		企业信用信息公示系统技术要求	待修订
05.03.04		市场监管网站建设与管理要求	待制定
05.03.05		市场经营主体网络身份识别与验证系统技术要求	待制定
05.03.06		网络市场在线巡查监管系统技术要求	待制定
05.03.07	GB/T 36901—2018	电子证照 总体技术架构	现行
6. 安全标准			
6.1 基础通用安全标准			
06.01.01		市场监管网络安全技术要求	待制定
06.01.02		市场监管信息安全管理要求	待制定
06.01.03	GB/T 22239—2019	信息安全技术　网络安全等级保护基本要求	现行
06.01.04	GB/T 22240—2020	信息安全技术　网络安全等级保护定级指南	现行
06.01.05	GB/T 18336（所有部分）	信息技术　安全技术　信息技术安全评估准则	现行

续表

标准体系编号	标准号	标准名称	标准状态
06.01.06	GB/T 20269—2006	信息安全技术　信息系统安全管理要求	现行
06.01.07	GB/T 20282—2006	信息安全技术　信息系统安全工程管理要求	现行
06.01.08	GB/T 20984—2007	信息安全技术　信息安全风险评估规范	现行
06.01.09	GB/T 20985.1—2017	信息技术　安全技术　信息安全事件管理　第1部分：事件管理原理	现行
06.01.10	GB/T 22080—2016	信息技术　安全技术　信息安全管理体系 要求	现行
06.01.11	GB/T 22081—2016	信息技术　安全技术　信息安全控制实践指南	现行
06.01.12	GB/T 24363—2009	信息安全技术　信息安全应急响应计划规范	现行
06.01.13	GB/T 28453—2012	信息安全技术　信息系统安全管理评估要求	现行
06.01.14	GB/T 29245—2012	信息安全技术　政府部门信息安全管理基本要求	现行
06.01.15	GB/T 30276—2013	信息安全技术　信息安全漏洞管理规范	现行
06.01.16	GB/T 30279—2013	信息安全技术　安全漏洞等级划分指南	现行
06.01.17	GB/T 31496—2015	信息技术　安全技术　信息安全管理体系实施指南	现行
06.01.18	GB/T 31509—2015	信息安全技术　信息安全风险评估实施指南	现行
06.01.19	GB/T 32926—2016	信息安全技术　政府部门信息技术服务外包信息安全管理规范	现行
06.01.20	GB/T 35282—2017	信息安全技术　电子政务移动办公系统安全技术规范	现行
06.01.21	GB/T 38249—2019	信息安全技术　政府网站云计算服务安全指南	现行
06.01.22	GB/Z 20986—2007	信息安全技术　信息安全事件分类分级指南	现行
06.01.23	GB/Z 24364—2009	信息安全技术　信息安全风险管理指南	现行
06.01.24	C0118—2018	国家政务服务平台统一电子印章管理要求	现行
6.2 物理环境安全标准			
06.02.01	GB/T 9361—2011	计算机场地安全要求	现行
06.02.02	GB/T 17618—2015	信息技术设备抗扰度限值和测量方法	现行
06.02.03	GB/T 21052—2007	信息安全技术　信息系统物理安全技术要求	现行
06.02.04	GB/T 30278—2013	信息安全技术　政务计算机终端核心配置规范	现行
06.02.05	GA 173—2002	计算机信息系统防雷保安器	现行
6.3 通信网络安全标准			

续表

标准体系编号	标准号	标准名称	标准状态
06.03.01		市场监管网络服务安全规范	待制定
06.03.02	GB/T 17900—1999	网络代理服务器的安全技术要求	现行
06.03.03	GB/T 18018—2019	信息安全技术　路由器安全技术要求	现行
06.03.04	GB/T 18231—2000	信息技术　低层安全模型	现行
06.03.05	GB/T 18237（所有部分）	信息技术　开放系统互连　通用高层安全	现行
06.03.06	GB/T 20270—2006	信息安全技术　网络基础安全技术要求	现行
06.03.07	GB/T 20272—2019	信息安全技术　操作系统安全技术要求	现行
06.03.08	GB/T 25068.2—2012	信息技术　安全技术 IT 网络安全　第 2 部分：网络安全体系结构	现行
06.03.09	GB/T 32925—2016	信息安全技术　政府联网计算机终端安全管理基本要求	现行
06.03.10	GB/T 9387.2—1995	信息处理系统　开放系统互连　基本参考模型　第 2 部分：安全体系结构	现行
06.03.11	C0116—2018	国家政务服务平台网络安全保障要求	现行
6.4 区域边界安全标准			
06.04.01		市场监管应用系统授权与访问控制要求	待制定
06.04.02	GB/T 20275—2013	信息安全技术　网络入侵检测系统技术要求和测试评价方法	现行
06.04.03	GB/T 20281—2020	信息安全技术　防火墙安全技术要求和测试评价方法	现行
06.04.04	GB/T 20945—2013	信息安全技术　信息系统安全审计产品技术要求和测试评价方法	现行
06.04.05	GB/T 25062—2010	信息安全技术　鉴别与授权　基于角色的访问控制模型与管理规范	现行
06.04.06	GB/T 28454—2020	信息技术　安全技术　入侵检测和防御系统（IDPS）的选择、部署和操作	现行
6.5 计算环境安全标准			
06.05.01		市场监管网络数据交换安全要求	待制定
06.05.02		市场监管信息存储安全管理要求	待制定
06.05.03	GB/T 20271—2006	信息安全技术　信息系统通用安全技术要求	现行
06.05.04	GB/T 28452—2012	信息安全技术　应用软件系统通用安全技术要求	现行

续表

标准体系编号	标准号	标准名称	标准状态
06. 05. 05	GB/T 20273—2019	信息安全技术　数据库管理系统安全技术要求	现行
06. 05. 06	GB/T 19713—2005	信息技术　安全技术　公钥基础设施 在线证书状态协议	现行
06. 05. 07	GB/T 19714—2005	信息技术　安全技术　公钥基础设施 证书管理协议	现行
06. 05. 08	GB/T 25056—2018	信息安全技术　证书认证系统密码及其相关安全技术规范	现行
06. 05. 09	GB/T 31167—2014	信息安全技术　云计算服务安全指南	现行
06. 05. 10	GB/T 31168—2014	信息安全技术　云计算服务安全能力要求	现行
06. 05. 11	GB/T 35273—2020	信息安全技术　个人信息安全规范	现行
06. 05. 12	GB/T 31503—2015	信息安全技术　电子文档加密与签名消息语法	现行
06. 05. 13	GB/T 31506—2015	信息安全技术　政府门户网站系统安全技术指南	现行
06. 05. 14	GB/Z 19717—2005	基于多用途互联网邮件扩展（MIME）的安全报文交换	现行
06. 05. 15	GA 243—2000	计算机病毒防治产品评级准则	现行
06. 05. 16	C0131—2018	国家政务服务平台统一身份认证隐私保护要求	现行
7. 管理标准			
7. 1 项目管理标准			
07. 01. 01		市场监管信息化项目管理基本要求	待制定
07. 01. 02	GB/T 19668（所有部分）	信息技术服务 监理	现行
07. 01. 03	GB/T 30850. 2—2014	电子政务标准化指南　第 2 部分：工程管理	现行
07. 01. 04	DA/T 28—2018	建设项目档案管理规范	现行
7. 2 软件开发管理标准			
07. 02. 01		市场监管信息化应用软件文档编制要求	待制定
07. 02. 02		市场监管信息化应用软件开发过程管理指南	待制定
07. 02. 03		市场监管信息化应用软件系统集成测试要求	待制定
07. 02. 04		市场监管信息化应用软件系统验收流程管理要求	待制定
07. 02. 05		市场监管信息化应用软件系统实施与运行管理要求	待制定
07. 02. 06		市场监管信息化系统符合性测试要求	待制定

续表

标准体系编号	标准号	标准名称	标准状态
07.02.07		市场监管信息化应用软件系统售后服务管理要求	待制定
07.02.08	GB/T 14394—2008	计算机软件可靠性和可维护性管理	现行
07.02.09	GB/T 15532—2008	计算机软件测试规范	现行
07.02.10	GB/T 25000（所有部分）	系统与软件工程　系统与软件质量要求和评价（SQuaRE）	现行
07.02.11	GB/T 18234—2000	信息技术　CASE 工具的评价与选择指南	现行
07.02.12	GB/T 18491.1—2001	信息技术　软件测量　功能规模测量　第 1 部分：概念定义	现行
07.02.13	GB/T 18492—2001	信息技术　系统及软件完整性级别	现行
07.02.14	GB/T 25000.51—2016	系统与软件工程　系统与软件质量要求和评价（SQuaRE）　第 51 部分：就绪可用软件产品（RUSP）的质量要求和测试细则	现行
07.02.15	GB/T 8566—2007	信息技术　软件生存周期过程	现行
07.02.16	GB/T 8567—2006	计算机软件文档编制规范	现行
07.02.17	GB/T 9385—2008	计算机软件需求规格说明规范	现行
07.02.18	GB/T 9386—2008	计算机软件测试文档编制规范	现行
07.02.19	GB/Z 18493—2001	信息技术　软件生存周期过程指南	现行
7.3 运维管理标准			
07.03.01		市场监管信息化系统运行维护管理要求	待制定
07.03.02	GB/T 28827（所有部分）	信息技术服务 运行维护	现行
7.4 信息管理标准			
07.04.01		市场监管信息化动态维护型标准管理要求	待制定
07.04.02		市场监管政府网站内容管理要求	待制定

财政部　工业和信息化部
关于支持“专精特新”中小企业高质量发展的通知

财建〔2021〕2 号

各省、自治区、直辖市、计划单列市财政厅（局）、中小企业主管部门，新疆生产建设兵团财政局、工信局：

为深入贯彻习近平总书记在中央财经委员会第

五次会议上关于“培育一批‘专精特新’中小企业”的重要指示精神，落实党的十九届五中全会提出“支持创新型中小微企业成长为创新重要发源地”、《政府工作报告》和国务院促进中小企业发展工作领导小组工作部署，在“十四五”时期进一步提升中小企业专业化能力和水平，财政部、工业和信息化部（统称两部门）通过中央财政资金进一步支持中小企业“专精特新”发展。现将有关事项通知如下。

一、工作目标

以习近平新时代中国特色社会主义思想为指导，着眼于推进中小企业高质量发展和助推构建双循环新发展格局，2021~2025年，中央财政累计安排100亿元以上奖补资金，引导地方完善扶持政策和公共服务体系，分三批（每批不超过三年）重点支持1000余家国家级专精特新“小巨人”企业（以下简称重点“小巨人”企业）高质量发展，促进这些企业发挥示范作用，并通过支持部分国家（或省级）中小企业公共服务示范平台（以下简称公共服务示范平台）强化服务水平，聚集资金、人才和技术等资源，带动1万家左右中小企业成长为国家级专精特新“小巨人”企业。

二、实施内容

通过中央财政资金引导，促进上下联动，将培优中小企业与做强产业相结合，加快培育一批专注于细分市场、聚焦主业、创新能力强、成长性好的专精特新“小巨人”企业，推动提升专精特新“小巨人”企业数量和质量，助力实体经济特别是制造业做实做强做优，提升产业链供应链稳定性和竞争力。

（一）*支持对象*。中央财政安排奖补资金，引导省级财政部门、中小企业主管部门统筹支持以下两个方面：一是重点“小巨人”企业。由工业和信息化部商财政部从已认定的专精特新“小巨人”企业中择优选定（不含已在上交所主板、科创板和深交所主板、中小板、创业板，以及境外公开发行股票的）。二是公共服务示范平台。由省级中小企业主管部门商同级财政部门从工业和信息化部（或省级中小企业主管部门）认定的国家（或省级）中小企业公共服务示范平台中选定，每省份每批次自主确定不超过3个平台。上述企业和平台须符合的条件详见附件。

（二）*支持内容*。支持重点“小巨人”企业推进以下工作：一是加大创新投入，加快技术成果产业化应用，推进工业“四基”领域或制造强国战略明确的十大重点产业领域“补短板”和“锻长板”；二是与行业龙头企业协同创新、产业链上下游协作配套，支撑产业链补链延链固链、提升产业链供应链稳定性和竞争力；三是促进数字化网络化智能化改造，业务系统向云端迁移，并通过工业设计促进提品质和创品牌。另外，支持企业加快上市步伐，加强国际合作等，进一步增强发展潜力和国际竞争能力。

支持公共服务示范平台为国家级专精特新“小巨人”企业提供技术创新、上市辅导、创新成果转化与应用、数字化智能化改造、知识产权应用、上云用云及工业设计等服务。其中，对于重点“小巨人”企业，应提供“点对点”服务。

三、组织实施

（一）*编报实施方案*。省级中小企业主管部门会同财政部门，按要求组织符合条件的重点“小巨人”企业和公共服务示范平台自愿申报，并编制《××省份第×批支持专精特新“小巨人”企业工作实施方案》（以下称《实施方案》，含推荐的重点“小巨人”企业名单和公共服务示范平台名单，模板见附件）的报送版，按程序联合上报两部门。

（二）*审核批复方案*。工业和信息化部商财政部组织合规性审核，提出审核意见，其中，对于地方推荐的重点“小巨人”企业，按照可量化可考核的统一标准，择优确定。省级中小企业主管部门会同财政部门，按合规性审核意见进行修改完善，并将完善后的《实施方案》［以下称《实施方案》（备案版）］按程序报送至两部门，由工业和信息化部会同财政部予以批复（含重点“小巨人”企业名单和公共服务示范平台名单）。

（三）*工作实施及绩效考核*。省级中小企业主管部门会同财政部门按照两部门批复的《实施方案》（备案版），组织推进实施并做好分年度实施成效自评估。工业和信息化部商财政部对地方培育工作组织分年度绩效考核，明确绩效考核等次，以及继续支持的重点“小巨人”企业（仍通过可量化可考核的统一标准择优确定），考核结果与后续奖补资金安排挂钩。对于年度绩效考核中发现问题及不足的，由有关省级中小企业主管部门会同财政部门组织落实整改。

（四）*拨付奖补资金*。两部门批复《实施方案》（备案版）后，财政部于批复当年、实施期满1年及满2年时，按照预算管理规定、分年度绩效考核结果及工业和信息化部建议，按程序滚动安排奖补资金，切块下达省级财政部门。省级中小企业主管部门商同级财政部门按照《实施方案》（备案版），并结合本地区重点“小巨人”企业、公共服务示范平台实际情况，确定资金分配方案（奖补资金 90%以上用于直接支持重点“小巨人”企业），避免简单分配。按照直达资金管理要求，各省级财政部门应在接到中央直达资金指标发文后 30 日内，将分配方案上报财政部，同时抄送财政部当地监管局。

关于重点“小巨人”企业支持数量、绩效考核工作程序、相关标准等事宜，另行明确。

四、其他要求

（一）加强组织协调。省级中小企业主管部门会同财政部门组织做好《实施方案》编制报送工作，落实申报责任并核实申报材料和留存备查；做好定期跟踪指导、现场督促、服务满意度测评、监督管理，适时总结经验做法和存在困难问题，有关情况报送工业和信息化部并抄报财政部。

各省份组织编报《实施方案》过程中，要严格把关，做好初核，相关佐证材料留存备查；要做好政策解读解释。

任何机构和单位不得以参加收费培训班或解读班作为企业申报前提条件。

（二）加强资金管理。奖补资金管理适用《中小企业发展专项资金管理办法》。省级财政部门、中小企业主管部门应按职责分工加强有关奖补资金管理，提高资金使用效益。公共服务示范平台所获奖补资金须用于服务专精特新“小巨人”企业，不得用于平衡本级财政预算，不得用于示范平台自身建设、工作经费等；如检查考核发现存在此类问题的，酌情扣减有关奖补资金。重点“小巨人”企业所获奖补资金，由企业围绕“专精特新”发展目标自主安排使用；对检查考核发现以虚报、冒领等手段骗取财政资金的，按照《财政违法行为处罚处分条例》等有关规定处理。

（三）做好信息公开。根据预算公开规定和当前实际，工业和信息化部主动公开有关工作推进情况，并公示重点“小巨人”企业和公共服务示范平台名单及每年考核结果，财政部主动公开各省份转移支付分配情况。省级中小企业主管部门、财政部门应按职责分工主动公开有关工作推进及资金管理使用情况。

各省份第一批《实施方案》（报送版）应于 2021 年 3 月 31 日前报送；第二批、第三批《实施方案》（报送版）应分别于 2021 年、2022 年 7 月 15 日前报送（加盖公章纸质版和扫描 PDF 电子版各一式三份）。

联系方式：财政部经济建设司产业政策处

010—61965324 61965364

工业和信息化部中小企业局创业创新服务处

010—68205301 68205320

财政部　工业和信息化部

2021 年 1 月 23 日

国务院关于加快建立健全绿色低碳循环发展经济体系的指导意见

国发〔2021〕4 号

各省、自治区、直辖市人民政府，国务院各部委、各直属机构：

建立健全绿色低碳循环发展经济体系，促进经济社会发展全面绿色转型，是解决我国资源环境生态问题的基础之策。为贯彻落实党的十九大部署，加快建立健全绿色低碳循环发展的经济体系，现提出如下意见。

一、总体要求

（一）指导思想。以习近平新时代中国特色社会主义思想为指导，深入贯彻党的十九大和十九届二中、三中、四中、五中全会精神，全面贯彻习近平生态文明思想，认真落实党中央、国务院决策部署，坚定不移贯彻新发展理念，全方位全过程推行绿色规划、绿色设计、绿色投资、绿色建设、绿色生产、绿色流通、绿色生活、绿色消费，使发展建立在高效利用资源、严格保护生态环境、有效控制温室气体排放的基础上，统筹推进高质量发展和高水平保护，建立健全绿色低碳循环发展的经济体系，确保实现碳达峰、碳中和目标，推动我国绿色发展迈上新台阶。

（二）工作原则。

坚持重点突破。以节能环保、清洁生产、清洁能源等为重点率先突破，做好与农业、制造业、服务业和信息技术的融合发展，全面带动一二三产业和基础设施绿色升级。

坚持创新引领。深入推动技术创新、模式创新、管理创新，加快构建市场导向的绿色技术创新体系，推行新型商业模式，构筑有力有效的政策支持体系。

坚持稳中求进。做好绿色转型与经济发展、技术进步、产业接续、稳岗就业、民生改善的有机结合，积极稳妥、韧性持久地加以推进。

坚持市场导向。在绿色转型中充分发挥市场的导向性作用、企业的主体作用、各类市场交易机制的作用，为绿色发展注入强大动力。

（三）主要目标。到 2025 年，产业结构、能源结构、运输结构明显优化，绿色产业比重显著提升，基础设施绿色化水平不断提高，清洁生产水平持续提高，生产生活方式绿色转型成效显著，能源资源配置更加合理、利用效率大幅提高，主要污染物排放总量持续减少，碳排放强度明显降低，生态环境持续改善，市场导向的绿色技术创新体系更加完善，法律法规政策体系更加有效，绿色低碳循环发展的生产体系、流通体系、消费体系初步形成。到 2035 年，绿色发展内生动力显著增强，绿色产业规模迈上新台阶，重点行业、重点产品能源资源利用效率达到国际先进水平，广泛形成绿色生产生活方式，碳排放达峰后稳中有降，生态环境根本好转，美丽中国建设目标基本实现。

二、健全绿色低碳循环发展的生产体系

（四）推进工业绿色升级。加快实施钢铁、石化、化工、有色、建材、纺织、造纸、皮革等行业绿色化改造。推行产品绿色设计，建设绿色制造体系。大力发展再制造产业，加强再制造产品认证与推广应用。建设资源综合利用基地，促进工业固体废物综合利用。全面推行清洁生产，依法在“双超双有高耗能”行业实施强制性清洁生产审核。完善“散乱污”企业认定办法，分类实施关停取缔、整合搬迁、整改提升等措施。加快实施排污许可制度。加强工业生产过程中危险废物管理。

（五）加快农业绿色发展。鼓励发展生态种植、生态养殖，加强绿色食品、有机农产品认证和管理。发展生态循环农业，提高畜禽粪污资源化利用水平，推进农作物秸秆综合利用，加强农膜污染治理。强化耕地质量保护与提升，推进退化耕地综合治理。发展林业循环经济，实施森林生态标志产品建设工程。大力推进农业节水，推广高效节水技术。推行水产健康养殖。实施农药、兽用抗菌药使用减量和产地环境净化行动。依法加强养殖水域滩涂统一规划。完善相关水域禁渔管理制度。推进农业与旅游、教育、文化、健康等产业深度融合，加快一二三产业融合发展。

（六）提高服务业绿色发展水平。促进商贸企业绿色升级，培育一批绿色流通主体。有序发展出行、住宿等领域共享经济，规范发展闲置资源交易。加快信息服务业绿色转型，做好大中型数据中心、网络机房绿色建设和改造，建立绿色运营维护体系。推进会展业绿色发展，指导制定行业相关绿色标准，推动办展设施循环使用。推动汽修、装修装饰等行业使用低挥发性有机物含量原辅材料。倡导酒店、餐饮等行业不主动提供一次性用品。

（七）壮大绿色环保产业。建设一批国家绿色产业示范基地，推动形成开放、协同、高效的创新生态系统。加快培育市场主体，鼓励设立混合所有制公司，打造一批大型绿色产业集团；引导中小企业聚焦主业增强核心竞争力，培育“专精特新”中小企业。推行合同能源管理、合同节水管理、环境污染第三方治理等模式和以环境治理效果为导向的环境托管服务。进一步放开石油、化工、电力、天然气等领域节能环保竞争性业务，鼓励公共机构推行能源托管服务。适时修订绿色产业指导目录，引导产业发展方向。

（八）提升产业园区和产业集群循环化水平。科学编制新建产业园区开发建设规划，依法依规开展规划环境影响评价，严格准入标准，完善循环产业链条，推动形成产业循环耦合。推进既有产业园区和产业集群循环化改造，推动公共设施共建共享、能源梯级利用、资源循环利用和污染物集中安全处置等。鼓励建设电、热、冷、气等多种能源协同互济的综合能源项目。鼓励化工等产业园区配套建设危险废物集中贮存、预处理和处置设施。

（九）构建绿色供应链。鼓励企业开展绿色设计、选择绿色材料、实施绿色采购、打造绿色制造工艺、推行绿色包装、开展绿色运输、做好废弃产品回收处理，实现产品全周期的绿色环保。选择 100 家左右积极性高、社会影响大、带动作用强的企业开展绿色供应链试点，探索建立绿色供应链制度体系。鼓励行业协会通过制定规范、咨询服务、行业自律等方式提高行业供应链绿色化水平。

三、健全绿色低碳循环发展的流通体系

（十）打造绿色物流。积极调整运输结构，推进铁水、公铁、公水等多式联运，加快铁路专用线建设。加强物流运输组织管理，加快相关公共信息平台建设和信息共享，发展甩挂运输、共同配送。推广绿色低碳运输工具，淘汰更新或改造老旧车船，港口和机场服务、城市物流配送、邮政快递等领域要优先使用新能源或清洁能源汽车；加大推广绿色船舶示范应用力度，推进内河船型标准化。加快港口岸电设施建设，支持机场开展飞机辅助动力装置替代设备建设和应用。支持物流企业构建数字化运营平台，鼓励发展智慧仓储、智慧运输，推动建立标准化托盘循环共用制度。

（十一）加强再生资源回收利用。推进垃圾分类回收与再生资源回收“两网融合”，鼓励地方建立再生资源区域交易中心。加快落实生产者责任延伸制度，引导生产企业建立逆向物流回收体系。鼓励企业采用现代信息技术实现废物回收线上与线下有机结合，培育新型商业模式，打造龙头企业，提升行业整体竞争力。完善废旧家电回收处理体系，推广典型回收模式和经验做法。加快构建废旧物资循环利用体系，加强废纸、废塑料、废旧轮胎、废金属、废玻璃等再生资源回收利用，提升资源产出率和回收利用率。

（十二）建立绿色贸易体系。积极优化贸易结构，大力发展高质量、高附加值的绿色产品贸易，从严控制高污染、高耗能产品出口。加强绿色标准国际合作，积极引领和参与相关国际标准制定，推动合格评定合作和互认机制，做好绿色贸易规则与进出口政策的衔接。深化绿色“一带一路”合作，拓宽节能环保、清洁能源等领域技术装备和服务合作。

四、健全绿色低碳循环发展的消费体系

（十三）促进绿色产品消费。加大政府绿色采购力度，扩大绿色产品采购范围，逐步将绿色采购制度扩展至国有企业。加强对企业和居民采购绿色产品的引导，鼓励地方采取补贴、积分奖励等方式促进绿色消费。推动电商平台设立绿色产品销售专区。加强绿色产品和服务认证管理，完善认证机构信用监管机制。推广绿色电力证书交易，引领全社会提升绿色电力消费。严厉打击虚标绿色产品行为，有关行政处罚等信息纳入国家企业信用信息公示系统。

（十四）倡导绿色低碳生活方式。厉行节约，坚决制止餐饮浪费行为。因地制宜推进生活垃圾分类和减量化、资源化，开展宣传、培训和成效评估。扎实推进塑料污染全链条治理。推进过度包装治理，推动生产经营者遵守限制商品过度包装的强制性标准。提升交通系统智能化水平，积极引导绿色出行。深入开展爱国卫生运动，整治环境脏乱差，打造宜居生活环境。开展绿色生活创建活动。

五、加快基础设施绿色升级

（十五）推动能源体系绿色低碳转型。坚持节能优先，完善能源消费总量和强度双控制度。提升可再生能源利用比例，大力推动风电、光伏发电发展，因地制宜发展水能、地热能、海洋能、氢能、生物质能、光热发电。加快大容量储能技术研发推广，提升电网汇集和外送能力。增加农村清洁能源供应，推动农村发展生物质能。促进燃煤清洁高效开发转化利用，继续提升大容量、高参数、低污染煤电机组占煤电装机比例。在北方地区县城积极发展清洁热电联产集中供暖，稳步推进生物质耦合供热。严控新增煤电装机容量。提高能源输配效率。实施城乡配电网建设和智能升级计划，推进农村电网升级改造。加快天然气基础设施建设和互联互通。开展二氧化碳捕集、利用和封存试验示范。

（十六）推进城镇环境基础设施建设升级。推进城镇污水管网全覆盖。推动城镇生活污水收集处理设施“厂网一体化”，加快建设污泥无害化资源化处置设施，因地制宜布局污水资源化利用设施，基本消除城市黑臭水体。加快城镇生活垃圾处理设施建设，推进生活垃圾焚烧发电，减少生活垃圾填埋处理。加强危险废物集中处置能力建设，提升信息化、智能化监管水平，严格执行经营许可管理制度。提升医疗废物应急处理能力。做好餐厨垃圾资源化利用和无害化处理。在沿海缺水城市推动大型海水淡化设施建设。

（十七）提升交通基础设施绿色发展水平。将生态环保理念贯穿交通基础设施规划、建设、运营和维护全过程，集约利用土地等资源，合理避让具有重要生态功能的国土空间，积极打造绿色公路、绿色铁路、绿色航道、绿色港口、绿色空港。加强新能源汽车充换电、加氢等配套基础设施建设。积极推广应用温拌沥青、智能通风、辅助动力替代和节能灯具、隔声屏障等节能环保先进技术和产品。

加大工程建设中废弃资源综合利用力度，推动废旧路面、沥青、疏浚土等材料以及建筑垃圾的资源化利用。

（十八）改善城乡人居环境。相关空间性规划要贯彻绿色发展理念，统筹城市发展和安全，优化空间布局，合理确定开发强度，鼓励城市留白增绿。建立“美丽城市”评价体系，开展“美丽城市”建设试点。增强城市防洪排涝能力。开展绿色社区创建行动，大力发展绿色建筑，建立绿色建筑统一标识制度，结合城镇老旧小区改造推动社区基础设施绿色化和既有建筑节能改造。建立乡村建设评价体系，促进补齐乡村建设短板。加快推进农村人居环境整治，因地制宜推进农村改厕、生活垃圾处理和污水治理、村容村貌提升、乡村绿化美化等。继续做好农村清洁供暖改造、老旧危房改造，打造干净整洁有序美丽的村庄环境。

六、构建市场导向的绿色技术创新体系

（十九）鼓励绿色低碳技术研发。实施绿色技术创新攻关行动，围绕节能环保、清洁生产、清洁能源等领域布局一批前瞻性、战略性、颠覆性科技攻关项目。培育建设一批绿色技术国家技术创新中心、国家科技资源共享服务平台等创新基地平台。强化企业创新主体地位，支持企业整合高校、科研院所、产业园区等力量建立市场化运行的绿色技术创新联合体，鼓励企业牵头或参与财政资金支持的绿色技术研发项目、市场导向明确的绿色技术创新项目。

（二十）加速科技成果转化。积极利用首台（套）重大技术装备政策支持绿色技术应用。充分发挥国家科技成果转化引导基金作用，强化创业投资等各类基金引导，支持绿色技术创新成果转化应用。支持企业、高校、科研机构等建立绿色技术创新项目孵化器、创新创业基地。及时发布绿色技术推广目录，加快先进成熟技术推广应用。深入推进绿色技术交易中心建设。

七、完善法律法规政策体系

（二十一）强化法律法规支撑。推动完善促进绿色设计、强化清洁生产、提高资源利用效率、发展循环经济、严格污染治理、推动绿色产业发展、扩大绿色消费、实行环境信息公开、应对气候变化等方面法律法规制度。强化执法监督，加大违法行为查处和问责力度，加强行政执法机关与监察机关、司法机关的工作衔接配合。

（二十二）健全绿色收费价格机制。完善污水处理收费政策，按照覆盖污水处理设施运营和污泥处理处置成本并合理盈利的原则，合理制定污水处理收费标准，健全标准动态调整机制。按照产生者付费原则，建立健全生活垃圾处理收费制度，各地区可根据本地实际情况，实行分类计价、计量收费等差别化管理。完善节能环保电价政策，推进农业水价综合改革，继续落实好居民阶梯电价、气价、水价制度。

（二十三）加大财税扶持力度。继续利用财政资金和预算内投资支持环境基础设施补短板强弱项、绿色环保产业发展、能源高效利用、资源循环利用等。继续落实节能节水环保、资源综合利用以及合同能源管理、环境污染第三方治理等方面的所得税、增值税等优惠政策。做好资源税征收和水资源费改税试点工作。

（二十四）大力发展绿色金融。发展绿色信贷和绿色直接融资，加大对金融机构绿色金融业绩评价考核力度。统一绿色债券标准，建立绿色债券评级标准。发展绿色保险，发挥保险费率调节机制作用。支持符合条件的绿色产业企业上市融资。支持金融机构和相关企业在国际市场开展绿色融资。推动国际绿色金融标准趋同，有序推进绿色金融市场双向开放。推动气候投融资工作。

（二十五）完善绿色标准、绿色认证体系和统计监测制度。开展绿色标准体系顶层设计和系统规划，形成全面系统的绿色标准体系。加快标准化支撑机构建设。加快绿色产品认证制度建设，培育一批专业绿色认证机构。加强节能环保、清洁生产、清洁能源等领域统计监测，健全相关制度，强化统计信息共享。

（二十六）培育绿色交易市场机制。进一步健全排污权、用能权、用水权、碳排放权等交易机制，降低交易成本，提高运转效率。加快建立初始分配、有偿使用、市场交易、纠纷解决、配套服务等制度，做好绿色权属交易与相关目标指标的对接协调。

八、认真抓好组织实施

（二十七）抓好贯彻落实。各地区各有关部门要思想到位、措施到位、行动到位，充分认识建立健全绿色低碳循环发展经济体系的重要性和紧迫性，将其作为高质量发展的重要内容，进一步压实工作责任，加强督促落实，保质保量完成各项任务。各地区要根据本地实际情况研究提出具体措施，在抓落实上投入更大精力，确保政策措施落到实处。

（二十八）加强统筹协调。国务院各有关部门要加强协同配合，形成工作合力。国家发展改革委要会同有关部门强化统筹协调和督促指导，做好年度重点工作安排部署，及时总结各地区各有关部门的好经验好模式，探索编制年度绿色低碳循环发展报告，重大情况及时向党中央、国务院报告。

（二十九）深化国际合作。统筹国内国际两个大局，加强与世界各个国家和地区在绿色低碳循环发展领域的政策沟通、技术交流、项目合作、人才培训等，积极参与和引领全球气候治理，切实提高我国推动国际绿色低碳循环发展的能力和水平，为构建人类命运共同体作出积极贡献。

（三十）营造良好氛围。各类新闻媒体要讲好我国绿色低碳循环发展故事，大力宣传取得的显著成就，积极宣扬先进典型，适时曝光破坏生态、污染环境、严重浪费资源和违规乱上高污染、高耗能项目等方面的负面典型，为绿色低碳循环发展营造良好氛围。

国务院

2021年2月2日

《民航行业塑料污染治理工作计划（2021~2025年）》正式印发

为坚决贯彻落实党中央、国务院关于加强塑料污染治理的重大决策部署，根据《关于进一步加强塑料污染治理的意见》有关要求，近日，民航局印发实施《民航行业塑料污染治理工作计划（2021-2025年）》（以下简称《工作计划》），对当前及今后一段时期加强行业塑料污染治理提出了阶段性目标，并作出具体工作安排，深入推进民航业绿色发展。

2019年我国民航完成旅客运输量6.6亿人次，货邮运输量753.14万吨，机场和航班对一次性不可降解塑料杯、餐具、塑料袋等塑料制品消耗量较大。据了解，一些民航企业率先启动塑料污染防治工作，如国航积极推进安全可循环餐具替代；东航开展机上垃圾分类试点；厦航全面实现机上塑料杯替换，采购机上环保餐具；首都机场集团、上海机场集团、广东机场集团、四川省机场集团等制定标准规范，推动成员机场有序实施航站楼内垃圾分类收储运和航班垃圾规范处理。随着我国疫情防控向好态势不断巩固，民航运输加快复苏，全行业对资源能源刚性需求仍将增加，需要进一步加大力度，系统推进包括塑料污染治理在内的行业降碳减污工作。

《工作计划》以机场和航空公司作为塑料污染治理的重点，坚持减量化、标准化、循环化，坚持创新驱动、多元参与、协同共治，促进政府监管和行业自律有机结合，明确提出行业2025年禁限塑工作目标为：到2025年，民航行业一次性不可降解塑料制品消费强度较2020年大幅下降，替代产品应用水平明显提升，塑料等垃圾智慧化、规范化回收处理体系基本建立，民航行业与塑料污染治理相关产业协同更加深入有效。

《工作计划》主要围绕机场、航班以及民航直属单位等相关责任主体明确工作任务。根据实施计划及内容，自2022年起，一次性不可降解塑料袋、一次性不可降解塑料吸管、搅拌棒、餐/杯具、包装袋均在年旅客吞吐量200万（含）人次以上机场相关区域及国内客运航班内禁止提供，2023年起实施范围将进一步扩展至全国机场及国际客运航班。民航直属单位实施更为积极的禁限塑举措，自2021年7月起禁止主动提供上述一次性不可降解塑料制品，充分发挥引领作用。2025年，全国机场不可降解塑料胶带、一次性不可降解塑料雨布、缠绕膜等货物包装用品使用量大幅下降。此外，《工作计划》在加强源头管控同时，提出鼓励通过技术创新、管理创新、多元协同等方式提升替代产品应用和废物回收利用水平，推动建立健全行业塑料制品采购、使用、回收、储运、处置等环节管理体系。

为确保行业禁限塑工作取得实效，《工作计划》要求行业各相关单位提高认识，明确职责分工，加强工作协同，民航各地区管理局做好行业监管，狠抓工作落实，保障行业禁限塑工作有序推进；研究单位和行业协会要加快推动标准规范编制推广，积极宣传引导，广泛凝聚共识，营造良好工作氛围。

国家发展改革委关于印发“十四五”循环经济发展规划的通知

发改环资〔2021〕969 号

各省、自治区、直辖市人民政府，科技部、工业和信息化部、公安部、财政部、自然资源部、生态环境部、住房城乡建设部、交通运输部、水利部、农业农村部、商务部、国务院国资委、海关总署、税务总局、市场监管总局、国家统计局、银保监会、国家林草局、国家邮政局、供销合作总社：

《“十四五”循环经济发展规划》已经国务院同意，现印发给你们，请结合实际抓好贯彻落实。

国家发展改革委

2021 年 7 月 1 日

六部门关于加快培育发展制造业优质企业的指导意见

工业和信息化部　科技部　财政部　商务部　国务院国有资产监督管理委员会

中国证券监督管理委员会关于加快培育发展制造业优质企业的指导意见

工信部联政法〔2021〕70 号

制造业优质企业聚焦实业、做精主业，创新能力强、质量效益高、产业带动作用大，在制造强国建设中发挥领头雁、排头兵作用。加快培育发展制造业优质企业，是激发市场主体活力、推动制造业高质量发展的必然要求，是防范化解风险隐患、提升产业链、供应链自主可控能力的迫切需要。为贯彻落实党中央、国务院决策部署，加快培育发展以专、精、特、新“小巨人”企业、制造业单项冠军企业、产业链领航企业（以下简称“小巨人”企业、单项冠军企业、领航企业）为代表的优质企业，现提出以下意见。

一、准确把握培育发展优质企业的总体要求。以习近平新时代中国特色社会主义思想为指导，全面贯彻党的十九大和十九届二中、三中、四中、五中全会精神，立足新发展阶段，贯彻新发展理念，构建新发展格局，以推动企业高质量发展为主题，坚持系统观念，统筹发展和安全，健全体系、完善政策、优化服务，着力增强自主创新能力，着力发挥引领带动作用，推动优质企业持续做强做优做大，促进提升产业链供应链现代化水平，推进制造强国建设不断迈上新台阶。

二、构建优质企业梯度培育格局。分类制定完善遴选标准，选树“小巨人”企业、单项冠军企业、领航企业标杆。健全梯度培育工作机制，引导“专精特新”中小企业成长为国内市场领先的“小巨人”企业，聚焦重点行业和领域引导“小巨人”等各类企业成长为国际市场领先的单项冠军企业，引导大企业集团发展成为具有生态主导力、国际竞争力的领航企业。力争到 2025 年，梯度培育格局基本成型，发展形成万家“小巨人”企业、千家单项冠军企业和一大批领航企业。（工业和信息化部、国务院国资委按照职责分工负责）

三、提高优质企业自主创新能力。支持参与制造业创新中心、国家工程技术研究中心等创新平台建设，承担国家重大科技项目、重大技术装备创新发展工程。引导参与信息技术应用创新重大工程，推广经验成果。推动产业数字化发展，大力推动自主可控工业软件推广应用，提高企业软件化水平。依托优质企业组建创新联合体或技术创新战略联盟，开展协同创新，加大基础零部件、基础电子元器件、基础软件、基础材料、基础工艺、高端仪器设备、集成电路、网络安全等领域关键核心技术、产品、装备攻关和示范应用。推动国家重大科研基础设施和大型科研仪器向优质企业开放，建设生产应用示范平台和产业技术基础公共服务平台。（科技部、工业和信息化部、国务院国资委按照职责分工负责）

四、促进提升产业链供应链现代化水平。充分发挥优质企业在增强产业链供应链自主可控能力中的中坚作用，组织参与制造业强链补链行动，做强长板优势，补齐短板弱项，打造新兴产业链条，提升产业链供应链稳定性和竞争力。组织领航企业开展产业链供应链梳理，鼓励通过兼并重组、资本运作、战略合作等方式整合产业资源，提升产业链竞争力和抗风险能力。支持参与全国供应链创新与应用示范创建，培育一批制造业现代供应链示范企业。推动优质企业中的国有资本向关系国家安全、国民经济命脉的重要行业领域集中，加快在关键环节和中高端领域布局。鼓励增强根植性，引导有意愿的单项冠军企业、领航企业带动关联产业向中西部和东北地区有序转移，促进区域协同发展。（工业和信息化部、财政部、商务部、国务院国资委、证监会按照职责分工负责）

五、引导优质企业高端化智能化绿色化发展。对标世界一流企业，加快推进新一代信息技术和制造业融合发展，加大技术改造力度，加强质量品牌建设，参与国际技术规范、标准制定，提高中高端供给能力。实施智能制造工程、制造业数字化转型行动和5G应用创新行动，组织实施国有企业数字化转型行动计划，打造一批制造业数字化转型标杆企业，培育一批综合性强、带动面广的示范场景，建设和推广工业互联网平台，开展百万工业APP培育行动，实施网络安全分类分级管理，积极发展服务型制造新模式新业态。支持参与实施工业低碳行动和绿色制造工程，在落实碳达峰、碳中和目标中发挥示范引领作用。（工业和信息化部、国务院国资委按照职责分工负责）

六、打造大中小企业融通发展生态。建设大中小企业融通发展平台载体，支持领航企业整合产业链资源，联合中小企业建设先进制造业集群、战略性新兴产业集群、创新型产业集群等。鼓励领航企业对上下游企业开放资源，开展供应链配套对接，与中小企业建立稳定合作关系，构建创新协同、产能共享、供应链互通的新型产业发展生态。（工业和信息化部、国务院国资委按照职责分工负责）

七、促进优质企业加强管理创新和文化建设。实施企业管理提升专项行动，鼓励推动组织管理变革，加强全面质量管理、强化资源集约管理和配置、做好风险防控，创新生产经营模式，提升全要素生产率。弘扬企业家精神和工匠精神，加强企业诚信建设。加大企业社会责任建设力度，增强风险防范和价值创造能力。引导企业重视企业文化建设，提高企业员工凝聚力、创造力和社会认同感。（工业和信息化部、国务院国资委按照职责分工负责）

八、提升优质企业开放合作水平。鼓励领航企业、单项冠军企业积极在全球布局研发设计中心，优化生产网络和供应链体系，有效对接和利用全球资源。以共建“一带一路”为重点，构建区域产业链共同体，更好融入全球产业链供应链。支持企业实施“抱团出海”行动，牵头建设境外经贸合作区。鼓励地方有序建设中外合作园区，吸引更多的全球高端要素、高端制造能力，支撑促进企业发展。（商务部、工业和信息化部、科技部、国务院国资委按照职责分工负责）

九、完善金融财政和人才政策措施。发挥各类政府引导基金作用，鼓励社会资本出资组建优质企业培育基金。加强企业融资能力建设和上市培育，支持符合条件的优质企业在资本市场上市融资和发行债券。发挥国家产融合作平台作用，整合企业信用信息，支持投贷联动、投投联动，引导金融机构为优质企业提供精准、有效的金融支持。用好现有资金渠道，支持“专精特新”中小企业高质量发展。支持引进高端人才，联合高等院校、科研机构建设先进制造业实训基地。持续加强企业经营管理人才培训，实施工业和信息化职业技能提升行动计划。鼓励各地研究制定符合国际通行规则的支持政策措施。（财政部、证监会、工业和信息化部、国务院国资委按照职责分工负责）

十、加强对优质企业的精准服务。分级构建优质企业培育库，建立“企业直通车”制度，及时掌握企业诉求，指导用好惠企政策，协调解决土地、用工、用能等问题。组织行业协会、商会等梳理企业需求，提供信息咨询、产品推广、人才培训、知识产权等专业化服务。加大宣传力度，编制发布企业案例集，推广地方典型经验，开展经验交流，组织“万家优质企业行”活动，打造“优质企业”名片。（工业和信息化部牵头、相关部门按照职责分工负责、有关行业协会配合相关工作）

各地工业和信息化主管部门要会同相关部门建立健全横向协同、上下联动的培育发展工作体系和常态化工作推进机制，加强与各类规划衔接，结合实际制定政策措施，形成工作合力，抓好工作落实。

工业和信息化部
科技部
财政部
商务部
国务院国有资产监督管理委员会
中国证券监督管理委员会
2021年6月1日

国务院办公厅关于完善科技成果评价机制的指导意见

国办发〔2021〕26号

各省、自治区、直辖市人民政府，国务院各部委、各直属机构：

为健全完善科技成果评价体系，更好发挥科技成果评价作用，促进科技与经济社会发展更加紧密结合，加快推动科技成果转化为现实生产力，经国务院同意，现提出如下意见。

一、总体要求

（一）指导思想。以习近平新时代中国特色社会主义思想为指导，深入贯彻党的十九大和十九届二中、三中、四中、五中全会精神，深入实施创新驱动发展战略，深化科技体制改革，坚持正确的科技成果评价导向，创新科技成果评价方式，通过评价激发科技人员积极性，推动产出高质量成果、营造良好创新生态，促进创新链、产业链、价值链深度融合，为构建新发展格局和实现高质量发展提供有力支撑。

（二）基本原则。坚持科技创新质量、绩效、贡献为核心的评价导向。充分发挥科技成果评价的“指挥棒”作用，全面准确反映成果创新水平、转化应用绩效和对经济社会发展的实际贡献，着力强化成果高质量供给与转化应用。

坚持科学分类、多维度评价。针对科技成果具有多元价值的特点，科学确定评价标准，开展多层次差别化评价，提高成果评价的标准化、规范化水平，解决分类评价体系不健全以及评价指标单一化、标准定量化、结果功利化的问题。

坚持正确处理政府和市场关系。充分发挥市场在资源配置中的决定性作用，更好发挥政府作用，引入第三方评价，加快技术市场建设，加快构建政府、社会组织、企业、投融资机构等共同参与的多元评价体系，充分调动各类评价主体的积极性，营造成果评价的良好创新生态。

坚持尊重科技创新规律。把握科研渐进性和成果阶段性的特点，创新成果评价方式方法，加强中长期评价、后评价和成果回溯，引导科研人员潜心研究、探索创新，推动科技成果价值早发现、早实现。

二、主要工作措施

（一）全面准确评价科技成果的科学、技术、经济、社会、文化价值。根据科技成果不同特点和评价目的，有针对性地评价科技成果的多元价值。科学价值重点评价在新发现、新原理、新方法方面的独创性贡献。技术价值重点评价重大技术发明，突出在解决产业关键共性技术问题、企业重大技术创新难题，特别是关键核心技术问题方面的成效。经济价值重点评价推广前景、预期效益、潜在风险等对经济和产业发展的影响。社会价值重点评价在解决人民健康、国防与公共安全、生态环境等重大瓶颈问题方面的成效。文化价值重点评价在倡导科学家精神、营造创新文化、弘扬社会主义核心价值观等方面的影响和贡献。

（二）健全完善科技成果分类评价体系。基础研究成果以同行评议为主，鼓励国际“小同行”评议，推行代表作制度，实行定量评价与定性评价相结合。应用研究成果以行业用户和社会评价为主，注重高质量知识产权产出，把新技术、新材料、新工艺、新产品、新设备样机性能等作为主要评价指标。不涉及军工、国防等敏感领域的技术开发和产业化成果，以用户评价、市场检验和第三方评价为主，把技术交易合同金额、市场估值、市场占有率、重大工程或重点企业应用情况等作为主要评价指标。探索建立重大成果研发过程回溯和阶段性评估机制，加强成果真实性和可靠性验证，合理评价成果研发过程性贡献。

（三）加快推进国家科技项目成果评价改革。按照“四个面向”要求深入推进科研管理改革试点，抓紧建立科技计划成果后评估制度。建设完善国家科技成果项目库，根据不同应用需求制定科技成果推广清单，推动财政性资金支持形成的非涉密科技成果信息按规定公开。改革国防科技成果评价制度，探索多主体参与评价的办法。完善高等院校、科研机构职务科技成果披露制度。建立健全重大项目知识产权管理流程，建立专利申请前评估制度，加大高质量专利转化应用绩效的评价权重，把企业专利战略布局纳入评价范围，杜绝简单以申请量、授权量为评价指标。

（四）大力发展科技成果市场化评价。健全协议定价、挂牌交易、拍卖、资产评估等多元化科技成果市场交易定价模式，加快建设现代化高水平技术交易市场。推动建立全国性知识产权和科技成果产权交易中心，完善技术要素交易与监管体系，支持高等院校、科研机构和企业科技成果进场交易，鼓励一定时期内未转化的财政性资金支持形成的成果进场集中发布信息并推动转化。建立全国技术交易信息发布机制，依法推动技术交易、科技成果、技术合同登记等信息数据互联互通。鼓励技术转移机构专业化、市场化、规范化发展，建立以技术经理人为主体的评价人员培养机制，鼓励技术转移机构和技术经理人全程参与发明披露、评估、对接谈判，面向市场开展科技成果专业化评价活动。提升国家科技成果转移转化示范区建设水平，发挥其在科技成果评价与转化中的先行先试作用。

（五）充分发挥金融投资在科技成果评价中的作用。完善科技成果评价与金融机构、投资公司的联动机制，引导相关金融机构、投资公司对科技成果潜在经济价值、市场估值、发展前景等进行商业化评价，通过在国家高新技术产业开发区设立分支机构、优化信用评价模型等，加大对科技成果转化和产业化的投融资支持。推广知识价值信用贷款模式，扩大知识产权质押融资规模。在知识产权已确权并能产生稳定现金流的前提下，规范探索知识产权证券化。加快推进国家科技成果转化引导基金管理改革，引导企业家、天使投资人、创业投资机构、专业化技术转移机构等各类市场主体提早介入研发活动。

（六）引导规范科技成果第三方评价。发挥行业协会、学会、研究会、专业化评估机构等在科技成果评价中的作用，强化自律管理，健全利益关联回避制度，促进市场评价活动规范发展。制定科技成果评价通用准则，细化具体领域评价技术标准和规范。建立健全科技成果第三方评价机构行业标准，明确资质、专业水平等要求，完善相关管理制度、标准规范及质量控制体系。形成并推广科技成果创新性、成熟度评价指标和方法。鼓励部门、地方、行业建立科技成果评价信息服务平台，发布成果评价政策、标准规范、方法工具和机构人员等信息，提高评价活动的公开透明度。推进评价诚信体系和制度建设，将科技成果评价失信行为纳入科研诚信管理信息系统，对在评价中弄虚作假、协助他人骗取评价、搞利益输送等违法违规行为“零容忍”、从严惩处，依法依规追究责任，优化科技成果评价行业生态。

（七）改革完善科技成果奖励体系。坚持公正性、荣誉性，重在奖励真正作出创造性贡献的科学家和一线科技人员，控制奖励数量，提升奖励质量。调整国家科技奖评奖周期。完善奖励提名制，规范提名制度、机制、流程，坚决排除人情、关系、利益等小圈子干扰，减轻科研人员负担。优化科技奖励项目，科学定位国家科技奖和省部级科技奖、社会力量设奖，构建结构合理、导向鲜明的中国特色科技奖励体系。强化国家科技奖励与国家重大战略需求的紧密结合，加大对基础研究和应用基础研究成果的奖励力度。培育高水平的社会力量科技奖励品牌，政府加强事中事后监督，提高科技奖励整体水平。

（八）坚决破解科技成果评价中的“唯论文、唯职称、唯学历、唯奖项”问题。全面纠正科技成果评价中单纯重数量指标、轻质量贡献等不良倾向，鼓励广大科技工作者把论文写在祖国大地上。以破除“唯论文”和“SCI至上”为突破口，不把论文数量、代表作数量、影响因子作为唯一的量化考核评价指标。对具有重大学术影响、取得显著应用效果、为经济社会发展和国家安全作出突出贡献等高质量成果，提高其考核评价权重，具体由相关科技评价组织管理单位（机构）根据实际情况确定。不得把成果完成人的职称、学历、头衔、获奖情况、行政职务、承担科研项目数量等作为科技成果评价、科研项目绩效评价和人才计划评审的参考依据。科学确定个人、团队和单位在科技成果产出中的贡献，坚决扭转过分重排名、争排名的不良倾向。

（九）创新科技成果评价工具和模式。加强科技成果评价理论和方法研究，利用大数据、人工智能等技术手段，开发信息化评价工具，综合运用概念验证、技术预测、创新大赛、知识产权评估以及扶优式评审等方式，推广标准化评价。充分利用各类信息资源，建设跨行业、跨部门、跨地区的科技成果库、需求库、案例库和评价工具方法库。发布新应用场景目录，实施重大科技成果产业化应用示范工程，在重大项目和重点任务实施中运用评价结果。

（十）完善科技成果评价激励和免责机制。把科技成果转化绩效作为核心要求，纳入高等院校、科研机构、国有企业创新能力评价，细化完善有利于转化的职务科技成果评估政策，激发科研人员创新与转化的活力。健全科技成果转化有关资产评估管理机制，明确国有无形资产管理的边界和红线，优化科技成果转化管理流程。开展科技成果转化尽责担当行动，鼓励高等院校、科研机构、国有企业建立成果评价与转化行为负面清单，完善尽职免责规范和细则。推动成果转化相关人员按照法律法规、规章制度履职尽责，落实“三个区分开来”要求，依法依规一事一议确定相关人员的决策责任，坚决查处腐败问题。

三、组织实施

（一）*加强统筹协调*。科技部要发挥主责作用，牵头做好科技成果评价改革的组织实施、统筹指导与监督评估，教育部、中科院、工程院、中国科协等相关单位要积极主动协调配合。行业、地方科技管理部门负责本行业本地区成果评价的指导推动、监督服务工作。各有关部门、各地方要在本意见出台半年内完成本行业本地区有关规章制度制修订工作。

（二）*开展改革试点*。选择不同类型单位和地区开展有针对性的科技成果评价改革试点，探索简便实用的制度、规范和流程，解决改革落地难问题，形成可操作可复制的做法并进行推广。

（三）*落实主体责任*。科技成果评价实行“谁委托科研任务谁评价”“谁使用科研成果谁评价”。各科技评价组织管理单位（机构）要切实承担主体责任，对照本意见要求在一年内完成相关科技成果评价标准或管理办法制修订任务，提升专业能力，客观公正开展科技成果评价活动。

（四）*营造良好氛围*。进一步落实“放管服”改革要求，严格制度执行，注重社会监督，强化评价活动的学术自律和行业自律，坚决反对“为评而评”、滥用评价结果，防止与物质利益过度挂钩，杜绝科技成果评价中急功近利、盲目跟风现象。要加强政策宣传解读，及时总结推广典型经验做法，积极营造良好的评价环境。

国务院办公厅

2021 年 7 月 16 日

（此件公开发布）

国家发展改革委 生态环境部关于印发“十四五”塑料污染治理行动方案的通知

发改环资〔2021〕1298 号

中央宣传部、中央网信办，科技部、工业和信息化部、住房城乡建设部、交通运输部、水利部、农业农村部、商务部、文化和旅游部、卫生健康委、市场监管总局、国管局、林草局、铁路局、民航局、邮政局、药监局、乡村振兴局、全国供销合作总社，各省、自治区、直辖市及新疆生产建设兵团发展改革委、生态环境厅（局）：

为进一步加强塑料污染全链条治理，推动“十四五”白色污染治理取得更大成效，我们制定了《“十四五”塑料污染治理行动方案》，现予印发，请认真组织实施。

一、总体要求

坚持以习近平新时代中国特色社会主义思想为指导，全面贯彻党的十九大和十九届二中、三中、四中、五中全会精神，深入贯彻习近平生态文明思想，进一步完善塑料污染全链条治理体系，压实地方、部门和企业责任，聚焦重点环节、重点领域、重点区域，积极推动塑料生产和使用源头减量、科学稳妥推广塑料替代产品，加快推进塑料废弃物规范回收利用，着力提升塑料垃圾末端安全处置水平，大力开展塑料垃圾专项清理整治，大幅减少塑料垃圾填埋量和环境泄漏量，推动白色污染治理取得明显成效。

二、主要目标

到 2025 年，塑料污染治理机制运行更加有效，地方、部门和企业责任有效落实，塑料制品生产、流通、消费、回收利用、末端处置全链条治理成效更加显著，白色污染得到有效遏制。在源头减量方面，商品零售、电子商务、外卖、快递、住宿等重点领域不合理使用一次性塑料制品的现象大幅减少，电商快件基本实现不再二次包装，可循环快递包装应用规模达到 1000 万个。在回收处置方面，地级及以上城市因地制宜基本建立生活垃圾分类投放、收集、运输、处理系统，塑料废弃物收集转运效率大幅提高；全国城镇生活垃圾焚烧处理能力达到 80 万吨/日左右，塑料垃圾直接填埋量大幅减少；农膜回收率达到85%，全国地膜残留量实现零增长。在垃圾清理方面，重点水域、重点旅游景区、农村地区的历史遗留露天塑料垃圾基本清零。塑料垃圾向自然环境泄漏现象得到有效控制。

三、主要任务

（一）积极推动塑料生产和使用源头减量。

1. 积极推行塑料制品绿色设计。以一次性塑料制品为重点，制定绿色设计相关标准，优化产品结构设计，减少产品材料设计复杂度，增强塑料制品易回收利用性。（工业和信息化部牵头负责）禁止生产厚度小于0.025毫米的超薄塑料购物袋、厚度小于0.01毫米的聚乙烯农用地膜、含塑料微珠日化产品等部分危害环境和人体健康的产品。（市场监管总局、国家药监局按职责分工负责）加强限制商品过度包装标准宣贯实施，加强对商品过度包装的执法监管。（市场监管总局、工业和信息化部按职责分工负责）

2. 持续推进一次性塑料制品使用减量。落实国家有关禁止、限制销售和使用部分塑料制品的规定。（商务部、文化和旅游部、市场监管总局、民航局、国家邮政局等部门按职责分工负责）制定《一次性塑料制品使用、报告管理办法》，建立健全一次性塑料制品使用、回收情况报告制度，督促指导商品零售、电子商务、餐饮、住宿等经营者落实主体责任。（商务部牵头负责）督促指导电子商务、外卖等平台企业和快递企业制定一次性塑料制品减量平台规则。（商务部、国家邮政局按职责分工负责）发布绿色包装产品推荐目录，推进产品与快递包装一体化，推广电商快件原装直发，大幅减少电商商品在寄递环节的二次包装。（国家邮政局、商务部按职责分工负责）开展可循环快递包装规模化应用试点。（国家发展改革委、国家邮政局按职责分工负责）在全国范围内推广标准化物流周转箱循环共用。（交通运输部、商务部、国家邮政局等部门按职责分工负责）加快实施快递包装绿色产品认证制度。（市场监管总局牵头负责）发挥公共机构表率作用，带头减少使用一次性塑料制品。在机关所属接待、培训场所探索开展直饮净水机替代塑料瓶装水试点。（国管局牵头负责）加强宣传教育与科学普及，引导公众养成绿色消费习惯，减少一次性塑料制品消费，自觉履行生活垃圾分类投放义务。（中央宣传部、中央网信办、国家发展改革委、生态环境部、住房和城乡建设部、国管局、全国供销合作总社等部门按职责分工负责）

3. 科学稳妥推广塑料替代产品。充分考虑竹木制品、纸制品、可降解塑料制品等全生命周期资源环境影响，完善相关产品的质量和食品安全标准。（市场监管总局、卫生健康委、工业和信息化部、生态环境部按职责分工负责）开展不同类型可降解塑料降解机理及影响研究，科学评估其环境安全性和可控性。（科技部、生态环境部、工业和信息化部、农业农村部按职责分工负责）健全标准体系，出台生物降解塑料标准，规范应用领域，明确降解条件和处置方式。（市场监管总局牵头负责）加大可降解塑料关键核心技术攻关和成果转化，不断提升产品质量和性能，降低应用成本。（科技部、工业和信息化部按职责分工负责）推动生物降解塑料产业有序发展，引导产业合理布局，防止产能盲目扩张。（国家发展改革委、工业和信息化部按职责分工负责）加快对全生物降解农膜的科学研究和推广应用。（农业农村部牵头负责）加大可降解塑料检测能力建设，严格查处可降解塑料虚标、伪标等行为，规范行业秩序。（市场监管总局牵头负责）

（二）加快推进塑料废弃物规范回收利用和处置。

4. 加强塑料废弃物规范回收和清运。结合生活垃圾分类，推进城市再生资源回收网点与生活垃圾分类网点融合，在大型社区、写字楼、商场、医院、学校、场馆等地，合理布局生活垃圾分类收集设施设备，提高塑料废弃物收集转运效率，提升塑料废弃物回收规范化水平。（住房和城乡建设部、商务部、国管局按职责分工负责）进一步加强公路、铁路、水运、民航等旅客运输领域塑料废弃物规范收集，推动交通运输工具收集、场站接收与城市公共转运处置体系的有效衔接。（交通运输部、住房和城乡建设部、国家铁路局、民航局按职责分工负责）鼓励电子商务平台（含外卖平台）、快递企业与环卫单位、回收企业等开展多方合作，加大快递包装、外卖餐盒等塑料废弃物规范回收力度。（商务部、住房和城乡建设部、国家邮政局按职责分工负责）支持供销合作社大力开展塑料废弃物规范回收。（全国供销合作总社牵头负责）

5. 建立完善农村塑料废弃物收运处置体系。完善农村生活垃圾分类收集、转运和处置体系，构建稳定运行的长效机制，加强日常监督，不断提高运行管理水平。根据当地实际，统筹县、乡镇、村三级设施建设和服务，合理选择收集、转运和处置模式。深入实施农膜回收行动，继续开展农膜回收示范县建设，推广标准地膜应用，推动机械化捡拾、专业化回收和资源化利用。开展农药包装物回收行动。支持和指导种养殖大户、农业生产服务组织、再生资源回收企业等相关责任主体积极开展灌溉器具、渔网渔具、秧盘等废旧农渔物资回收利用。（农业农村部、住房和城乡建设部、生态环境部、国家乡村振兴局、全国供销合作总社按职责分工负责）

6. 加大塑料废弃物再生利用。支持塑料废弃物再生利用项目建设，发布废塑料综合利用规范企业名单，引导相关项目向资源循环利用基地、工业资源综合利用基地等园区集聚，推动塑料废弃物再生利用产业规模化、规范化、清洁化发展。（国家发展改革委、工业和信息化部、生态环境部按职责分工负责）加强塑料废弃物再生利用企业的环境监管，加大对小散乱企业和违法违规行为的整治力度，防止二次污染。（生态环境部负责）完善再生塑料有关标准，加快推广应用废塑料再生利用先进适用技术装备，鼓励塑料废弃物同级化、高附加值利用。（市场监管总局、工业和信息化部按职责分工负责）

7. 提升塑料垃圾无害化处置水平。全面推进生活垃圾焚烧设施建设，支持各地尽快补齐生活垃圾焚烧处理能力短板，原则上地级及以上城市和具备焚烧处理能力或建设条件的县城，不再规划和新建原生垃圾填埋设施；支持人口稀疏、垃圾产生量少、不具备建设规模化垃圾焚烧设施的地区，通过跨区域共建共享方式建设焚烧处理设施，或经技术评估论证后，开展分散式、小型化焚烧处理设施试点；大幅减少塑料垃圾直接填埋量。加强现有垃圾填埋场综合整治，提升运营管理水平，规范日常作业，禁止随意倾倒、堆存生活垃圾，防止历史填埋塑料垃圾向环境中泄漏。（国家发展改革委、住房和城乡建设部、生态环境部按职责分工负责）

（三）大力开展重点区域塑料垃圾清理整治。

8. 加强江河湖海塑料垃圾清理整治。发挥各级河湖长制平台作用，实施江河、湖泊、水库管理范围内塑料垃圾专项清理，建立常态化清理机制，力争重点水域露天塑料垃圾基本清零。（国家发展改革委、生态环境部、水利部按职责分工负责）制定长江经济带塑料污染治理实施方案。（国家发展改革委、生态环境部牵头负责）开展海洋塑料垃圾和微塑料监测调查。实施海湾、河口、岸滩等区域塑料垃圾专项清理，推动沿海市县建立海洋塑料垃圾清理工作长效机制，保持重点滨海区域无明显塑料垃圾。（生态环境部牵头负责）增加海滩等活动场所垃圾收集设施投放，提高垃圾清运频次。（住房和城乡建设部牵头负责）组织开展江河湖海塑料垃圾及微塑料污染机理、监测、防治技术等相关研究。（科技部、生态环境部按职责分工负责）

督促船舶严格按照有关法律法规收集、转移和处置包括塑料垃圾在内的船舶垃圾，督促航运企业落实主体责任，依法打击船舶垃圾违规排放的行为。（交通运输部牵头负责）确保船舶生活垃圾港口接收设施正常运行，推动港口接收设施与城市公共转运处置设施有效衔接，落实船舶生活垃圾接收、转运、处置各环节主体责任，完善船舶生活垃圾“船-港-城”全过程衔接和协作，严格执行长江经济带内河港口船舶生活垃圾免费接收政策。（交通运输部、住房和城乡建设部、生态环境部按职责分工负责）

9. 深化旅游景区塑料垃圾清理整治。建立健全旅游景区生活垃圾常态化管理机制，增加景区生活垃圾收集设施投放，推动旅游景区生活垃圾与城乡生活垃圾一体化收运处置，及时清扫收集景区塑料垃圾。倡导文明旅游，强化对游客的教育引导，对随意丢弃饮料瓶、包装袋、湿巾等行为进行劝导制止，实现A级及以上旅游景区露天塑料垃圾全部清零。将塑料污染治理有关要求纳入旅游景区质量等级评定标准体系。（文化和旅游部、住房和城乡建设部、水利部、国家林草局按职责分工负责）

10. 深入开展农村塑料垃圾清理整治。结合农村人居环境整治提升工作，将清理塑料垃圾纳入村庄清洁行动的工作内容，组织村民清洁村庄环境，对散落在村庄房前屋后、河塘沟渠、田间地头、巷道公路等地的露天塑料垃圾进行清理，推动村庄历史遗留的露天塑料垃圾基本清零。通过“门前三包”等制度明确村民责任，有条件的地方可以设立村庄清洁日、清洁指挥长、村庄保洁员公益岗位等，推动村庄清洁行动制度化、常态化、长效化。（农业农村部、国家乡村振兴局牵头负责）

四、组织实施

（一）加强统筹协调，落实部门责任。国家发展改革委、生态环境部加强统筹协调，充分发挥塑料污染治理专项工作机制作用，明确责任分工，制定年度工作要点，督促抓好工作落实，及时总结分析工作进展。生态环境部、国家发展改革委牵头组织开展年度塑料污染治理联合专项行动，调研指导推动地方落实各项任务，并将联合专项行动发现的塑料污染治理相关突出问题纳入中央生态环境保护督察范畴。有关部门按照职责分工抓好各项任务落实。

（二）加强属地管理，压实地方责任。地方各级人民政府落实属地管理责任，对本行政区域内的塑料污染治理工作负总责，加强组织领导，健全工作机制，明确责任分工，结合实际抓好组织落实，确保完成本地区塑料污染治理目标任务。

国家发展改革委

生态环境部

2021 年 9 月 8 日

中共中央　国务院关于完整准确全面贯彻新发展理念做好碳达峰碳中和工作的意见

（2021 年 9 月 22 日）

实现碳达峰、碳中和，是以习近平同志为核心的党中央统筹国内国际两个大局作出的重大战略决策，是着力解决资源环境约束突出问题、实现中华民族永续发展的必然选择，是构建人类命运共同体的庄严承诺。为完整、准确、全面贯彻新发展理念，做好碳达峰、碳中和工作，现提出如下意见。

一、总体要求

（一）指导思想。以习近平新时代中国特色社会主义思想为指导，全面贯彻党的十九大和十九届二中、三中、四中、五中全会精神，深入贯彻习近平生态文明思想，立足新发展阶段，贯彻新发展理念，构建新发展格局，坚持系统观念，处理好发展和减排、整体和局部、短期和中长期的关系，把碳达峰、碳中和纳入经济社会发展全局，以经济社会发展全面绿色转型为引领，以能源绿色低碳发展为关键，加快形成节约资源和保护环境的产业结构、生产方式、生活方式、空间格局，坚定不移走生态优先、绿色低碳的高质量发展道路，确保如期实现碳达峰、碳中和。

（二）工作原则

实现碳达峰、碳中和目标，要坚持“全国统筹、节约优先、双轮驱动、内外畅通、防范风险”原则。

——全国统筹。全国一盘棋，强化顶层设计，发挥制度优势，实行党政同责，压实各方责任。根据各地实际分类施策，鼓励主动作为、率先达峰。

——节约优先。把节约能源资源放在首位，实行全面节约战略，持续降低单位产出能源资源消耗和碳排放，提高投入产出效率，倡导简约适度、绿色低碳生活方式，从源头和入口形成有效的碳排放控制阀门。

——双轮驱动。政府和市场两手发力，构建新型举国体制，强化科技和制度创新，加快绿色低碳科技革命。深化能源和相关领域改革，发挥市场机制作用，形成有效激励约束机制。

——内外畅通。立足国情实际，统筹国内国际能源资源，推广先进绿色低碳技术和经验。统筹做好应对气候变化对外斗争与合作，不断增强国际影响力和话语权，坚决维护我国发展权益。

——防范风险。处理好减污降碳和能源安全、产业链供应链安全、粮食安全、群众正常生活的关系，有效应对绿色低碳转型可能伴随的经济、金融、社会风险，防止过度反应，确保安全降碳。

二、主要目标

到 2025 年，绿色低碳循环发展的经济体系初步形成，重点行业能源利用效率大幅提升。单位国内生产总值能耗比 2020 年下降 13.5%；单位国内生产总值二氧化碳排放比 2020 年下降 18%；非化石能源消费比重达到 20%左右；森林覆盖率达到 24.1%，森林蓄积量达到 180 亿立方米，为实现碳达峰、碳中和奠定坚实基础。

到 2030 年，经济社会发展全面绿色转型取得显著成效，重点耗能行业能源利用效率达到国际先进水平。单位国内生产总值能耗大幅下降；单位国内生产总值二氧化碳排放比 2005 年下降 65%以上；非化石能源消费比重达到 25%左右，风电、太阳能发电总装机容量达到 12 亿千瓦以上；森林覆盖率达到 25%左右，森林蓄积量达到 190 亿立方米，二氧化碳排放量达到峰值并实现稳中有降。

到 2060 年，绿色低碳循环发展的经济体系和清洁低碳安全高效的能源体系全面建立，能源利用效率达到国际先进水平，非化石能源消费比重达到80%以上，碳中和目标顺利实现，生态文明建设取得丰硕成果，开创人与自然和谐共生新境界。

三、推进经济社会发展全面绿色转型

（三）强化绿色低碳发展规划引领。将碳达峰、碳中和目标要求全面融入经济社会发展中长期规划，强化国家发展规划、国土空间规划、专项规划、区域规划和地方各级规划的支撑保障。加强各级各类规划间衔接协调，确保各地区各领域落实碳达峰、碳中和的主要目标、发展方向、重大政策、重大工程等协调一致。

（四）优化绿色低碳发展区域布局。持续优化重大基础设施、重大生产力和公共资源布局，构建有利于碳达峰、碳中和的国土空间开发保护新格局。在京津冀协同发展、长江经济带发展、粤港澳大湾区建设、长三角一体化发展、黄河流域生态保护和高质量发展等区域重大战略实施中，强化绿色低碳发展导向和任务要求。

（五）加快形成绿色生产生活方式。大力推动节能减排，全面推进清洁生产，加快发展循环经济，加强资源综合利用，不断提升绿色低碳发展水平。扩大绿色低碳产品供给和消费，倡导绿色低碳生活方式。把绿色低碳发展纳入国民教育体系。开展绿色低碳社会行动示范创建。凝聚全社会共识，加快形成全民参与的良好格局。

四、深度调整产业结构

（六）推动产业结构优化升级。加快推进农业绿色发展，促进农业固碳增效。制定能源、钢铁、有色金属、石化化工、建材、交通、建筑等行业和领域碳达峰实施方案。以节能降碳为导向，修订产业结构调整指导目录。开展钢铁、煤炭去产能“回头看”，巩固去产能成果。加快推进工业领域低碳工艺革新和数字化转型。开展碳达峰试点园区建设。加快商贸流通、信息服务等绿色转型，提升服务业低碳发展水平。

（七）坚决遏制高耗能高排放项目盲目发展。新建、扩建钢铁、水泥、平板玻璃、电解铝等高耗能高排放项目严格落实产能等量或减量置换，出台煤电、石化、煤化工等产能控制政策。未纳入国家有关领域产业规划的，一律不得新建改扩建炼油和新建乙烯、对二甲苯、煤制烯烃项目。合理控制煤制油气产能规模。提升高耗能高排放项目能耗准入标准。加强产能过剩分析预警和窗口指导。

（八）大力发展绿色低碳产业。加快发展新一代信息技术、生物技术、新能源、新材料、高端装备、新能源汽车、绿色环保以及航空航天、海洋装备等战略性新兴产业。建设绿色制造体系。推动互联网、大数据、人工智能、第五代移动通信（5G）等新兴技术与绿色低碳产业深度融合。

五、加快构建清洁低碳安全高效能源体系

（九）强化能源消费强度和总量双控。坚持节能优先的能源发展战略，严格控制能耗和二氧化碳排放强度，合理控制能源消费总量，统筹建立二氧化碳排放总量控制制度。做好产业布局、结构调整、节能审查与能耗双控的衔接，对能耗强度下降目标完成形势严峻的地区实行项目缓批限批、能耗等量或减量替代。强化节能监察和执法，加强能耗及二氧化碳排放控制目标分析预警，严格责任落实和评价考核。加强甲烷等非二氧化碳温室气体管控。

（十）大幅提升能源利用效率。把节能贯穿于经济社会发展全过程和各领域，持续深化工业、建筑、交通运输、公共机构等重点领域节能，提升数据中心、新型通信等信息化基础设施能效水平。健全能源管理体系，强化重点用能单位节能管理和目标责任。瞄准国际先进水平，加快实施节能降碳改造升级，打造能效“领跑者”。

（十一）严格控制化石能源消费。加快煤炭减量步伐，“十四五”时期严控煤炭消费增长，“十五五”时期逐步减少。石油消费“十五五”时期进入峰值平台期。统筹煤电发展和保供调峰，严控煤电装机规模，加快现役煤电机组节能升级和灵活性改造。逐步减少直至禁止煤炭散烧。加快推进页岩气、煤层气、致密油气等非常规油气资源规模化开发。强化风险管控，确保能源安全稳定供应和平稳过渡。

（十二）积极发展非化石能源。实施可再生能源替代行动，大力发展风能、太阳能、生物质能、海洋能、地热能等，不断提高非化石能源消费比重。坚持集中式与分布式并举，优先推动风能、太阳能就地就近开发利用。因地制宜开发水能。积极安全有序发展核电。合理利用生物质能。加快推进抽水蓄能和新型储能规模化应用。统筹推进氢能“制储输用”全链条发展。构建以新能源为主体的新型电力系统，提高电网对高比例可再生能源的消纳和调控能力。

（十三）深化能源体制机制改革。全面推进电力市场化改革，加快培育发展配售电环节独立市场主体，完善中长期市场、现货市场和辅助服务市场衔接机制，扩大市场化交易规模。推进电网体制改革，明确以消纳可再生能源为主的增量配电网、微电网和分布式电源的市场主体地位。加快形成以储能和调峰能力为基础支撑的新增电力装机发展机制。完善电力等能源品种价格市场化形成机制。从有利于节能的角度深化电价改革，理顺输配电价结构，全面放开竞争性环节电价。推进煤炭、油气等市场化改革，加快完善能源统一市场。

六、加快推进低碳交通运输体系建设

（十四）优化交通运输结构。加快建设综合立体交通网，大力发展多式联运，提高铁路、水路在综合运输中的承运比重，持续降低运输能耗和二氧化碳排放强度。优化客运组织，引导客运企业规模化、集约化经营。加快发展绿色物流，整合运输资源，提高利用效率。

（十五）推广节能低碳型交通工具。加快发展新能源和清洁能源车船，推广智能交通，推进铁路电气化改造，推动加氢站建设，促进船舶靠港使用岸电常态化。加快构建便利高效、适度超前的充换电网络体系。提高燃油车船能效标准，健全交通运输装备能效标识制度，加快淘汰高耗能高排放老旧车船。

（十六）积极引导低碳出行。加快城市轨道交通、公交专用道、快速公交系统等大容量公共交通基础设施建设，加强自行车专用道和行人步道等城市慢行系统建设。综合运用法律、经济、技术、行政等多种手段，加大城市交通拥堵治理力度。

七、提升城乡建设绿色低碳发展质量

（十七）推进城乡建设和管理模式低碳转型。在城乡规划建设管理各环节全面落实绿色低碳要求。推动城市组团式发展，建设城市生态和通风廊道，提升城市绿化水平。合理规划城镇建筑面积发展目标，严格管控高能耗公共建筑建设。实施工程建设全过程绿色建造，健全建筑拆除管理制度，杜绝大拆大建。加快推进绿色社区建设。结合实施乡村建设行动，推进县城和农村绿色低碳发展。

（十八）大力发展节能低碳建筑。持续提高新建建筑节能标准，加快推进超低能耗、近零能耗、低碳建筑规模化发展。大力推进城镇既有建筑和市政基础设施节能改造，提升建筑节能低碳水平。逐步开展建筑能耗限额管理，推行建筑能效测评标识，开展建筑领域低碳发展绩效评估。全面推广绿色低碳建材，推动建筑材料循环利用。发展绿色农房。

（十九）加快优化建筑用能结构。深化可再生能源建筑应用，加快推动建筑用能电气化和低碳化。开展建筑屋顶光伏行动，大幅提高建筑采暖、生活热水、炊事等电气化普及率。在北方城镇加快推进热电联产集中供暖，加快工业余热供暖规模化发展，积极稳妥推进核电余热供暖，因地制宜推进热泵、燃气、生物质能、地热能等清洁低碳供暖。

八、加强绿色低碳重大科技攻关和推广应用

（二十）强化基础研究和前沿技术布局。制定科技支撑碳达峰、碳中和行动方案，编制碳中和技术发展路线图。采用“揭榜挂帅”机制，开展低碳零碳负碳和储能新材料、新技术、新装备攻关。加强气候变化成因及影响、生态系统碳汇等基础理论和方法研究。推进高效率太阳能电池、可再生能源制氢、可控核聚变、零碳工业流程再造等低碳前沿技术攻关。培育一批节能降碳和新能源技术产品研发国家重点实验室、国家技术创新中心、重大科技创新平台。建设碳达峰、碳中和人才体系，鼓励高等学校增设碳达峰、碳中和相关学科专业。

（二十一）加快先进适用技术研发和推广。深入研究支撑风电、太阳能发电大规模友好并网的智能电网技术。加强电化学、压缩空气等新型储能技术攻关、示范和产业化应用。加强氢能生产、储存、应用关键技术研发、示范和规模化应用。推广园区能源梯级利用等节能低碳技术。推动气凝胶等新型材料研发应用。推进规模化碳捕集利用与封存技术研发、示范和产业化应用。建立完善绿色低碳技术评估、交易体系和科技创新服务平台。

九、持续巩固提升碳汇能力

（二十二）巩固生态系统碳汇能力。强化国土空间规划和用途管控，严守生态保护红线，严控生态空间占用，稳定现有森林、草原、湿地、海洋、土壤、冻土、岩溶等固碳作用。严格控制新增建设用地规模，推动城乡存量建设用地盘活利用。严格执行土地使用标准，加强节约集约用地评价，推广节地技术和节地模式。

（二十三）提升生态系统碳汇增量。实施生态保护修复重大工程，开展山水林田湖草沙一体化保护和修复。深入推进大规模国土绿化行动，巩固退耕还林还草成果，实施森林质量精准提升工程，持续增加森林面积和蓄积量。加强草原生态保护修复。强化湿地保护。整体推进海洋生态系统保护和修复，提升红树林、海草床、盐沼等固碳能力。开展耕地质量提升行动，实施国家黑土地保护工程，提升生态农业碳汇。积极推动岩溶碳汇开发利用。

十、提高对外开放绿色低碳发展水平

（二十四）加快建立绿色贸易体系。持续优化贸易结构，大力发展高质量、高技术、高附加值绿色产品贸易。完善出口政策，严格管理高耗能高排放产品出口。积极扩大绿色低碳产品、节能环保服务、环境服务等进口。

（二十五）推进绿色“一带一路”建设。加快“一带一路”投资合作绿色转型。支持共建“一带一路”国家开展清洁能源开发利用。大力推动南南合作，帮助发展中国家提高应对气候变化能力。深化与各国在绿色技术、绿色装备、绿色服务、绿色基础设施建设等方面的交流与合作，积极推动我国新能源等绿色低碳技术和产品走出去，让绿色成为共建“一带一路”的底色。

（二十六）加强国际交流与合作。积极参与应对气候变化国际谈判，坚持我国发展中国家定位，坚持共同但有区别的责任原则、公平原则和各自能力原则，维护我国发展权益。履行《联合国气候变化框架公约》及其《巴黎协定》，发布我国长期温室气体低排放发展战略，积极参与国际规则和标准制定，推动建立公平合理、合作共赢的全球气候治理体系。加强应对气候变化国际交流合作，统筹国内外工作，主动参与全球气候和环境治理。

十一、健全法律法规标准和统计监测体系

（二十七）健全法律法规。全面清理现行法律法规中与碳达峰、碳中和工作不相适应的内容，加强法律法规间的衔接协调。研究制定碳中和专项法律，抓紧修订节约能源法、电力法、煤炭法、可再生能源法、循环经济促进法等，增强相关法律法规的针对性和有效性。

（二十八）完善标准计量体系。建立健全碳达峰、碳中和标准计量体系。加快节能标准更新升级，抓紧修订一批能耗限额、产品设备能效强制性国家标准和工程建设标准，提升重点产品能耗限额要求，扩大能耗限额标准覆盖范围，完善能源核算、检测认证、评估、审计等配套标准。加快完善地区、行业、企业、产品等碳排放核查核算报告标准，建立统一规范的碳核算体系。制定重点行业和产品温室气体排放标准，完善低碳产品标准标识制度。积极参与相关国际标准制定，加强标准国际衔接。

（二十九）提升统计监测能力。健全电力、钢铁、建筑等行业领域能耗统计监测和计量体系，加强重点用能单位能耗在线监测系统建设。加强二氧化碳排放统计核算能力建设，提升信息化实测水平。依托和拓展自然资源调查监测体系，建立生态系统碳汇监测核算体系，开展森林、草原、湿地、海洋、土壤、冻土、岩溶等碳汇本底调查和碳储量评估，实施生态保护修复碳汇成效监测评估。

十二、完善政策机制

（三十）完善投资政策。充分发挥政府投资引导作用，构建与碳达峰、碳中和相适应的投融资体系，严控煤电、钢铁、电解铝、水泥、石化等高碳项目投资，加大对节能环保、新能源、低碳交通运输装备和组织方式、碳捕集利用与封存等项目的支持力度。完善支持社会资本参与政策，激发市场主体绿色低碳投资活力。国有企业要加大绿色低碳投资，积极开展低碳零碳负碳技术研发应用。

（三十一）积极发展绿色金融。有序推进绿色低碳金融产品和服务开发，设立碳减排货币政策工具，将绿色信贷纳入宏观审慎评估框架，引导银行等金融机构为绿色低碳项目提供长期限、低成本资金。鼓励开发性政策性金融机构按照市场化法治化原则为实现碳达峰、碳中和提供长期稳定融资支持。支持符合条件的企业上市融资和再融资用于绿色低碳项目建设运营，扩大绿色债券规模。研究设立国家低碳转型基金。鼓励社会资本设立绿色低碳产业投资基金。建立健全绿色金融标准体系。

（三十二）完善财税价格政策。各级财政要加大对绿色低碳产业发展、技术研发等的支持力度。完善政府绿色采购标准，加大绿色低碳产品采购力度。落实环境保护、节能节水、新能源和清洁能源车船税收优惠。研究碳减排相关税收政策。建立健全促进可再生能源规模化发展的价格机制。完善差别化电价、分时电价和居民阶梯电价政策。严禁对高耗能、高排放、资源型行业实施电价优惠。加快推进供热计量改革和按供热量收费。加快形成具有合理约束力的碳价机制。

（三十三）推进市场化机制建设。依托公共资源交易平台，加快建设完善全国碳排放权交易市场，逐步扩大市场覆盖范围，丰富交易品种和交易方式，完善配额分配管理。将碳汇交易纳入全国碳排放权交易市场，建立健全能够体现碳汇价值的生态保护补偿机制。健全企业、金融机构等碳排放报告和信息披露制度。完善用能权有偿使用和交易制

度，加快建设全国用能权交易市场。加强电力交易、用能权交易和碳排放权交易的统筹衔接。发展市场化节能方式，推行合同能源管理，推广节能综合服务。

十三、切实加强组织实施

（三十四）加强组织领导。加强党中央对碳达峰、碳中和工作的集中统一领导，碳达峰碳中和工作领导小组指导和统筹做好碳达峰、碳中和工作。支持有条件的地方和重点行业、重点企业率先实现碳达峰，组织开展碳达峰、碳中和先行示范，探索有效模式和有益经验。将碳达峰、碳中和作为干部教育培训体系重要内容，增强各级领导干部推动绿色低碳发展的本领。

（三十五）强化统筹协调。国家发展改革委要加强统筹，组织落实 2030 年前碳达峰行动方案，加强碳中和工作谋划，定期调度各地区各有关部门落实碳达峰、碳中和目标任务进展情况，加强跟踪评估和督促检查，协调解决实施中遇到的重大问题。各有关部门要加强协调配合，形成工作合力，确保政策取向一致、步骤力度衔接。

（三十六）压实地方责任。落实领导干部生态文明建设责任制，地方各级党委和政府要坚决扛起碳达峰、碳中和责任，明确目标任务，制定落实举措，自觉为实现碳达峰、碳中和作出贡献。

（三十七）严格监督考核。各地区要将碳达峰、碳中和相关指标纳入经济社会发展综合评价体系，增加考核权重，加强指标约束。强化碳达峰、碳中和目标任务落实情况考核，对工作突出的地区、单位和个人按规定给予表彰奖励，对未完成目标任务的地区、部门依规依法实行通报批评和约谈问责，有关落实情况纳入中央生态环境保护督察。各地区各有关部门贯彻落实情况每年向党中央、国务院报告。

中共中央　国务院印发
《知识产权强国建设纲要（2021~2035 年）》

新华社北京 9 月 22 日电 近日，中共中央、国务院印发了《知识产权强国建设纲要（2021-2035 年）》，并发出通知，要求各地区各部门结合实际认真贯彻落实。

《知识产权强国建设纲要（2021~2035 年）》主要内容如下。

为统筹推进知识产权强国建设，全面提升知识产权创造、运用、保护、管理和服务水平，充分发挥知识产权制度在社会主义现代化建设中的重要作用，制定本纲要。

一、战略背景

党的十八大以来，在以习近平同志为核心的党中央坚强领导下，我国知识产权事业发展取得显著成效，知识产权法规制度体系逐步完善，核心专利、知名品牌、精品版权、优良植物新品种、优质地理标志、高水平集成电路布图设计等高价值知识产权拥有量大幅增加，商业秘密保护不断加强，遗传资源、传统知识和民间文艺的利用水平稳步提升，知识产权保护效果、运用效益和国际影响力显著提升，全社会知识产权意识大幅提高，涌现出一批知识产权竞争力较强的市场主体，走出了一条中国特色知识产权发展之路，有力保障创新型国家建设和全面建成小康社会目标的实现。

进入新发展阶段，推动高质量发展是保持经济持续健康发展的必然要求，创新是引领发展的第一动力，知识产权作为国家发展战略性资源和国际竞争力核心要素的作用更加凸显。实施知识产权强国战略，回应新技术、新经济、新形势对知识产权制度变革提出的挑战，加快推进知识产权改革发展，协调好政府与市场、国内与国际，以及知识产权数量与质量、需求与供给的联动关系，全面提升我国知识产权综合实力，大力激发全社会创新活力，建设中国特色、世界水平的知识产权强国，对于提升国家核心竞争力，扩大高水平对外开放，实现更高质量、更有效率、更加公平、更可持续、更为安全的发展，满足人民日益增长的美好生活需要，具有重要意义。

二、总体要求

（一）指导思想。坚持以习近平新时代中国特色社会主义思想为指导，全面贯彻党的十九大和十九届二中、三中、四中、五中全会精神，紧紧围绕统筹推进“五位一体”总体布局和协调推进“四个全面”战略布局，坚持稳中求进工作总基调，以推动高质量发展为主题，以深化供给侧结构性改革为主线，以改革创新为根本动力，以满足人民日益增长的美好生活需要为根本目的，立足新发展阶段，贯彻新发展理念，构建新发展格局，牢牢把握加强知识产权保护是完善产权保护制度最重要的内容和提高国家经济竞争力最大的激励，打通知识产权创造、运用、保护、管理和服务全链条，更大力度加强知识产权保护国际合作，建设制度完善、保护严格、运行高效、服务便捷、文化自觉、开放共赢的知识产权强国，为建设创新型国家和社会主义现代化强国提供坚实保障。

（二）工作原则

——法治保障，严格保护。落实全面依法治国基本方略，严格依法保护知识产权，切实维护社会公平正义和权利人合法权益。

——改革驱动，质量引领。深化知识产权领域改革，构建更加完善的要素市场化配置体制机制，更好发挥知识产权制度激励创新的基本保障作用，为高质量发展提供源源不断的动力。

——聚焦重点，统筹协调。坚持战略引领、统筹规划，突出重点领域和重大需求，推动知识产权与经济、科技、文化、社会等各方面深度融合发展。

——科学治理，合作共赢。坚持人类命运共同体理念，以国际视野谋划和推动知识产权改革发展，推动构建开放包容、平衡普惠的知识产权国际规则，让创新创造更多惠及各国人民。

（三）发展目标

到 2025 年，知识产权强国建设取得明显成效，知识产权保护更加严格，社会满意度达到并保持较高水平，知识产权市场价值进一步凸显，品牌竞争力大幅提升，专利密集型产业增加值占 GDP 比例达到 13%，版权产业增加值占 GDP 比例达到 7.5%，知识产权使用费年进出口总额达到 3500 亿元，每万人口高价值发明专利拥有量达到 12 件（上述指标均为预期性指标）。

到 2035 年，我国知识产权综合竞争力跻身世界前列，知识产权制度系统完备，知识产权促进创新创业蓬勃发展，全社会知识产权文化自觉基本形成，全方位、多层次参与知识产权全球治理的国际合作格局基本形成，中国特色、世界水平的知识产权强国基本建成。

三、建设面向社会主义现代化的知识产权制度

（四）构建门类齐全、结构严密、内外协调的法律体系。开展知识产权基础性法律研究，做好专门法律法规之间的衔接，增强法律法规的适用性和统一性。根据实际及时修改专利法、商标法、著作权法和植物新品种保护条例，探索制定地理标志、外观设计等专门法律法规，健全专门保护与商标保护相互协调的统一地理标志保护制度，完善集成电路布图设计法规。制定修改强化商业秘密保护方面的法律法规，完善规制知识产权滥用行为的法律制度以及与知识产权相关的反垄断、反不正当竞争等领域立法。修改科学技术进步法。结合有关诉讼法的修改及贯彻落实，研究建立健全符合知识产权审判规律的特别程序法律制度。加快大数据、人工智能、基因技术等新领域新业态知识产权立法。适应科技进步和经济社会发展形势需要，依法及时推动知识产权法律法规立改废释，适时扩大保护客体范围，提高保护标准，全面建立并实施侵权惩罚性赔偿制度，加大损害赔偿力度。

（五）构建职责统一、科学规范、服务优良的管理体制。持续优化管理体制机制，加强中央在知识产权保护的宏观管理、区域协调和涉外事宜统筹等方面事权，不断加强机构建设，提高管理效能。围绕国家区域协调发展战略，制定实施区域知识产权战略，深化知识产权强省强市建设，促进区域知识产权协调发展。实施一流专利商标审查机构建设工程，建立专利商标审查官制度，优化专利商标审查协作机制，提高审查质量和效率。构建政府监管、社会监督、行业自律、机构自治的知识产权服务业监管体系。

（六）构建公正合理、评估科学的政策体系。坚持严格保护的政策导向，完善知识产权权益分配机制，健全以增加知识价值为导向的分配制度，促进知识产权价值实现。完善以强化保护为导向的专利商标审查政策。健全著作权登记制度、网络保护和交易规则。完善知识产权审查注册登记政策调整机制，建立审查动态管理机制。建立健全知识产权政策合法性和公平竞争审查制度。建立知识产权公共政策评估机制。

（七）构建响应及时、保护合理的新兴领域和特定领域知识产权规则体系。建立健全新技术、新产业、新业态、新模式知识产权保护规则。探索完善互联网领域知识产权保护制度。研究构建数据知识产权保护规则。完善开源知识产权和法律体系。研究完善算法、商业方法、人工智能产出物知识产权保护规则。加强遗传资源、传统知识、民间文艺等获取和惠益分享制度建设，加强非物质文化遗产的搜集整理和转化利用。推动中医药传统知识保护与现代知识产权制度有效衔接，进一步完善中医药知识产权综合保护体系，建立中医药专利特别审查和保护机制，促进中医药传承创新发展。

四、建设支撑国际一流营商环境的知识产权保护体系

（八）健全公正高效、管辖科学、权界清晰、系统完备的司法保护体制。实施高水平知识产权审判机构建设工程，加强审判基础、体制机制和智慧法院建设。健全知识产权审判组织，优化审判机构布局，完善上诉审理机制，深入推进知识产权民事、刑事、行政案件“三合一”审判机制改革，构建案件审理专门化、管辖集中化和程序集约化的审判体系。加强知识产权法官的专业化培养和职业化选拔，加强技术调查官队伍建设，确保案件审判质效。积极推进跨区域知识产权远程诉讼平台建设。统一知识产权司法裁判标准和法律适用，完善裁判规则。加大刑事打击力度，完善知识产权犯罪侦查工作制度。修改完善知识产权相关司法解释，配套制定侵犯知识产权犯罪案件立案追诉标准。加强知识产权案件检察监督机制建设，加强量刑建议指导和抗诉指导。

（九）健全便捷高效、严格公正、公开透明的行政保护体系。依法科学配置和行使有关行政部门的调查权、处罚权和强制权。建立统一协调的执法标准、证据规则和案例指导制度。大力提升行政执法人员专业化、职业化水平，探索建立行政保护技术调查官制度。建设知识产权行政执法监管平台，提升执法监管现代化、智能化水平。建立完善知识产权侵权纠纷检验鉴定工作体系。发挥专利侵权纠纷行政裁决制度作用，加大行政裁决执行力度。探索依当事人申请的知识产权纠纷行政调解协议司法确认制度。完善跨区域、跨部门执法保护协作机制。建立对外贸易知识产权保护调查机制和自由贸易试验区知识产权保护专门机制。强化知识产权海关保护，推进国际知识产权执法合作。

（十）健全统一领导、衔接顺畅、快速高效的协同保护格局。坚持党中央集中统一领导，实现政府履职尽责、执法部门严格监管、司法机关公正司法、市场主体规范管理、行业组织自律自治、社会公众诚信守法的知识产权协同保护。实施知识产权保护体系建设工程。明晰行政机关与司法机关的职责权限和管辖范围，健全知识产权行政保护与司法保护衔接机制，形成保护合力。建立完善知识产权仲裁、调解、公证、鉴定和维权援助体系，加强相关制度建设。健全知识产权信用监管体系，加强知识产权信用监管机制和平台建设，依法依规对知识产权领域严重失信行为实施惩戒。完善著作权集体管理制度，加强对著作权集体管理组织的支持和监管。实施地理标志保护工程。建设知识产权保护中心网络和海外知识产权纠纷应对指导中心网络。建立健全海外知识产权预警和维权援助信息平台。

五、建设激励创新发展的知识产权市场运行机制

（十一）完善以企业为主体、市场为导向的高质量创造机制。以质量和价值为标准，改革完善知识产权考核评价机制。引导市场主体发挥专利、商标、版权等多种类型知识产权组合效应，培育一批知识产权竞争力强的世界一流企业。深化实施中小企业知识产权战略推进工程。优化国家科技计划项目的知识产权管理。围绕生物育种前沿技术和重点领域，加快培育一批具有知识产权的优良植物新品种，提高授权品种质量。

（十二）健全运行高效顺畅、价值充分实现的运用机制。加强专利密集型产业培育，建立专利密集型产业调查机制。积极发挥专利导航在区域发展、政府投资的重大经济科技项目中的作用，大力推动专利导航在传统优势产业、战略性新兴产业、未来产业发展中的应用。改革国有知识产权归属和权益分配机制，扩大科研机构和高校知识产权处置自主权。建立完善财政资助科研项目形成知识产权的声明制度。建立知识产权交易价格统计发布机制。推进商标品牌建设，加强驰名商标保护，发展传承好传统品牌和老字号，大力培育具有国际影响力的知名商标品牌。发挥集体商标、证明商标制度作用，打造特色鲜明、竞争力强、市场信誉好的产业集群品牌和区域品牌。推动地理标志与特色产业发展、生态文明建设、历史文化传承以及乡村振兴有机融合，提升地理标志品牌影响力和产品附加值。实施地理标志农产品保护工程。深入开展知识产权试点示范工作，推动企业、高校、科研机构健全知识产权管理体系，鼓励高校、科研机构建立专业化知识产权转移转化机构。

（十三）建立规范有序、充满活力的市场化运营机制。提高知识产权代理、法律、信息、咨询等服务水平，支持开展知识产权资产评估、交易、转化、托管、投融资等增值服务。实施知识产权运营体系建设工程，打造综合性知识产权运营服务枢纽平台，建设若干聚焦产业、带动区域的运营平台，培育国际化、市场化、专业化知识产权服务机构，开展知识产权服务业分级分类评价。完善无形资产评估制度，形成激励与监管相协调的管理机制。积极稳妥发展知识产权金融，健全知识产权质押信息平台，鼓励开展各类知识产权混合质押和保险，规范探索知识产权融资模式创新。健全版权交易和服务平台，加强作品资产评估、登记认证、质押融资等服务。开展国家版权创新发展建设试点工作。打造全国版权展会授权交易体系。

六、建设便民利民的知识产权公共服务体系

（十四）加强覆盖全面、服务规范、智能高效的公共服务供给。实施知识产权公共服务智能化建设工程，完善国家知识产权大数据中心和公共服务平台，拓展各类知识产权基础信息开放深度、广度，实现与经济、科技、金融、法律等信息的共享融合。深入推进“互联网+”政务服务，充分利用新技术建设智能化专利商标审查和管理系统，优化审查流程，实现知识产权政务服务“一网通办”和“一站式”服务。完善主干服务网络，扩大技术与创新支持中心等服务网点，构建政府引导、多元参与、互联共享的知识产权公共服务体系。加强专业便捷的知识产权公共咨询服务，健全中小企业和初创企业知识产权公共服务机制。完善国际展会知识产权服务机制。

（十五）加强公共服务标准化、规范化、网络化建设。明晰知识产权公共服务事项和范围，制定公共服务事项清单和服务标准。统筹推进分级分类的知识产权公共服务机构建设，大力发展高水平的专门化服务机构。有效利用信息技术、综合运用线上线下手段，提高知识产权公共服务效率。畅通沟通渠道，提高知识产权公共服务社会满意度。

（十六）建立数据标准、资源整合、利用高效的信息服务模式。加强知识产权数据标准制定和数据资源供给，建立市场化、社会化的信息加工和服务机制。规范知识产权数据交易市场，推动知识产权信息开放共享，处理好数据开放与数据隐私保护的关系，提高传播利用效率，充分实现知识产权数据资源的市场价值。推动知识产权信息公共服务和市场化服务协调发展。加强国际知识产权数据交换，提升运用全球知识产权信息的能力和水平。

七、建设促进知识产权高质量发展的人文社会环境

（十七）塑造尊重知识、崇尚创新、诚信守法、公平竞争的知识产权文化理念。加强教育引导、实践养成和制度保障，培养公民自觉尊重和保护知识产权的行为习惯，自觉抵制侵权假冒行为。倡导创新文化，弘扬诚信理念和契约精神，大力宣传锐意创新和诚信经营的典型企业，引导企业自觉履行尊重和保护知识产权的社会责任。厚植公平竞争的文化氛围，培养新时代知识产权文化自觉和文化自信，推动知识产权文化与法治文化、创新文化和公民道德修养融合共生、相互促进。

（十八）构建内容新颖、形式多样、融合发展的知识产权文化传播矩阵。打造传统媒体和新兴媒体融合发展的知识产权文化传播平台，拓展社交媒体、短视频、客户端等新媒体渠道。创新内容、形式和手段，加强涉外知识产权宣传，形成覆盖国内外的全媒体传播格局，打造知识产权宣传品牌。大力发展国家知识产权高端智库和特色智库，深化理论和政策研究，加强国际学术交流。

（十九）营造更加开放、更加积极、更有活力的知识产权人才发展环境。完善知识产权人才培养、评价激励、流动配置机制。支持学位授权自主审核高校自主设立知识产权一级学科。推进论证设置知识产权专业学位。实施知识产权专项人才培养计划。依托相关高校布局一批国家知识产权人才培养基地，加强相关高校二级知识产权学院建设。加强知识产权管理部门公职律师队伍建设，做好涉外知识产权律师培养和培训工作，加强知识产权国际化人才培养。开发一批知识产权精品课程。开展干部知识产权学习教育。进一步推进中小学知识产权教育，持续提升青少年的知识产权意识。

八、深度参与全球知识产权治理

（二十）积极参与知识产权全球治理体系改革和建设。扩大知识产权领域对外开放，完善国际对话交流机制，推动完善知识产权及相关国际贸易、国际投资等国际规则和标准。积极推进与经贸相关的多双边知识产权对外谈判。建设知识产权涉外风险防控体系。加强与各国知识产权审查机构合作，推动审查信息共享。打造国际知识产权诉讼优选地。提升知识产权仲裁国际化水平。鼓励高水平外国机构来华开展知识产权服务。

（二十一）构建多边和双边协调联动的国际合作网络。积极维护和发展知识产权多边合作体系，加强在联合国、世界贸易组织等国际框架和多边机制中的合作。深化与共建“一带一路”国家和地区知识产权务实合作，打造高层次合作平台，推进信息、数据资源项目合作，向共建“一带一路”国家和地区提供专利检索、审查、培训等多样化服务。加强知识产权对外工作力量。积极发挥非政府组织在知识产权国际交流合作中的作用。拓展海外专利布局渠道。推动专利与国际标准制定有效结合。塑造中国商标品牌良好形象，推动地理标志互认互保，加强中国商标品牌和地理标志产品全球推介。

九、组织保障

（二十二）加强组织领导。全面加强党对知识产权强国建设工作的领导，充分发挥国务院知识产权战略实施工作部际联席会议作用，建立统一领导、部门协同、上下联动的工作体系，制定实施落实本纲要的年度推进计划。各地区各部门要高度重视，加强组织领导，明确任务分工，建立健全本纲要实施与国民经济和社会发展规划、重点专项规划及相关政策相协调的工作机制，结合实际统筹部署相关任务措施，逐项抓好落实。

（二十三）加强条件保障。完善中央和地方财政投入保障制度，加大对本纲要实施工作的支持。综合运用财税、投融资等相关政策，形成多元化、多渠道的资金投入体系，突出重点，优化结构，保障任务落实。按照国家有关规定，对在知识产权强国建设工作中作出突出贡献的集体和个人给予表彰。

（二十四）加强考核评估。国家知识产权局会同有关部门建立本纲要实施动态调整机制，开展年度监测和定期评估总结，对工作任务落实情况开展督促检查，纳入相关工作评价，重要情况及时按程序向党中央、国务院请示报告。在对党政领导干部和国有企业领导班子考核中，注重考核知识产权相关工作成效。地方各级政府要加大督查考核工作力度，将知识产权强国建设工作纳入督查考核范围。

国家发展改革委等部门关于印发《“十四五”全国清洁生产推行方案》的通知

发改环资〔2021〕1524 号

各省、自治区、直辖市人民政府，国务院有关部门：

《“十四五”全国清洁生产推行方案》已经国务院同意，现印发给你们，请结合实际抓好贯彻落实。

国家发展改革委
生态环境部
工业和信息化部
科技部
财政部
住房和城乡建设部
交通运输部
农业农村部
商务部
市场监管总局
2021 年 10 月 29 日

“十四五”全国清洁生产推行方案

推行清洁生产是贯彻落实节约资源和保护环境基本国策的重要举措，是实现减污降碳协同增效的重要手段，是加快形成绿色 生产方式、促进经济社会发展全面绿色转型的有效途径。为贯彻落实清洁生产促进法、“十四五”规划和 2035 年远景目标纲要，加快推行清洁生产，制定本方案。

一、总体要求

（一）指导思想。以习近平新时代中国特色社会主义思想为指导，全面贯彻党的十九大和十九届二中、三中、四中、五中全会精神，深入贯彻习近平生态文明思想，按照党中央、国务院决策部署，立足新发展阶段，完整、准确、全面贯彻新发展理念，构建新发展格局，推动高质量发展，以节约资源、降低能耗、减污降碳、提质增效为目标，以清洁生产审核为抓手，系统推进工业、农业、建筑业、服务业等领域清洁生产，积极实施清洁生产改造，探索清洁生产区域协同推进模式，培育壮大清洁生产产业，促进实现碳达峰、碳中和目标，助力美丽中国建设。

（二）主要目标。到 2025 年，清洁生产推行制度体系基本建立，工业领域清洁生产全面推行，农业、服务业、建筑业、交通运输业等领域清洁生产进一步深化，清洁生产整体水平大幅提升，能源资源利用效率显著提高，重点行业主要污染物和二氧化碳排放强度明显降低，清洁生产产业不断壮大。到 2025 年，工业能效、水效较 2020 年大幅提升，新增高效节水灌溉面积 6000 万亩。化学需氧量、氨氮、氮氧化物、挥发性有机物（VOCs）排放总量比 2020 年分别下降 8%、8%、10%、10%以上。全国废旧农膜回收率达 85%，秸秆综合利用率稳定在 86%以上，畜禽粪污综合利用率达到 80%以上。城镇新建建筑全面达到绿色建筑标准。

二、突出抓好工业清洁生产

*（三）加强高耗能高排放项目清洁生产评价。*对标节能减排和碳达峰、碳中和目标，严格高耗能高排放项目准入，新建、改建、扩建项目应采取先进适用的工艺技术和装备，单位产品能耗、物耗和水耗等达到清洁生产先进水平。钢铁、水泥熟料、平板玻璃、炼油、焦化、电解铝等行业新建项目严格实施产能等量或减量置换。对不符合所在地区能耗强度和总量控制相关要求、不符合煤炭消费减量替代或污染物排放区域削减等要求的高耗能高排放项目予以停批、停建，坚决遏制高耗能高排放项目盲目发展。

*（四）推行工业产品绿色设计。*健全工业产品绿色设计推行机制。引导企业改进和优化产品和包装物的设计方案，减少产品和包装物在整个生命周期对环境的影响。在生态环境影响大、产品涉及面广、行业关联度高的行业，创建工业产品生态（绿色）设计示范企业，探索行业绿色设计路径。健全绿色设计评价标准体系。鼓励行业协会发布产品绿色设计指南，推广绿色设计案例。

专栏 1　工业产品生态（绿色）设计示范企业工程

重点实施轻量化、无害化、节能降耗、资源节约、易制造、易回收、高可靠性和长寿命等关键绿色设计技术应用示范，培育发展 100 家工业产品生态（绿色）设计示范企业，制修订 100 项绿色设计评价标准，推广万种绿色产品。

*（五）加快燃料原材料清洁替代。*加大清洁能源推广应用，提高工业领域非化石能源利用比重。对以煤炭、石油焦、重油、渣油、兰炭等为燃料的工业炉窑、自备燃煤电厂及燃煤锅炉，积极推进清洁低碳能源、工业余热等替代。因地制宜推行热电联产“一区一热源”等园区集中供能模式，替代小散工业燃煤锅炉，减少煤炭用量，实现大气污染和二氧化碳排放源头削减。推进原辅材料无害化替代，围绕企业生产所需原辅材料及最终产品，减少优先控制化学品名录所列化学物质及持久性有机污染物等有毒有害物质的使用，促进生产过程中使用低毒低害和无毒无害原料，降低产品中有毒有害物质含量，大力推广低（无）挥发性有机物含量的油墨、涂料、胶粘剂、清洗剂等使用。

*（六）大力推进重点行业清洁低碳改造。*严格执行质量、环保、能耗、安全等法律法规标准，加快淘汰落后产能。全面开展清洁生产审核和评价认证，推动能源、钢铁、焦化、建材、有色金属、石化化工、印染、造纸、化学原料药、电镀、农副食品加工、工业涂装、包装印刷等重点行业“一行一策”绿色转型升级，加快存量企业及园区实施节能、节水、节材、减污、降碳等系统性清洁生产改造。在国家统一规划的前提下，支持有条件的重点行业二氧化碳排放率先达峰。在钢铁、焦化、建材、有色金属、石化化工等行业选择 100 家企业实施清洁生产改造工程建设，推动一批重点企业达到国际清洁生产领先水平。

专栏 2　重点行业清洁生产改造工程

钢铁行业。大力推进非高炉炼铁技术示范，推进全废钢电炉工艺。推广钢铁工业废水联合再生回用、焦化废水电磁强氧化深度处理工艺。完成 5.3 亿吨钢铁产能超低排放改造、4.6 亿吨焦化产能清洁生产改造。

石化化工行业。开展高效催化、过程强化、高效精馏等工艺技术改造。推进炼油污水集成再生、煤化工浓盐废水深度处理及回用、精细化工微反应、化工废盐无害化制碱等工艺。实施绿氢炼化、二氧化碳耦合制甲醇等降碳工程。

有色金属行业。电解铝行业推广高效低碳铝电解技术。铜冶炼行业推广短流程冶炼、连续熔炼技术。铅冶炼行业推广富氧底吹熔炼、液态铅渣直接还原炼铅工艺。锌冶炼行业推广高效清洁化电解技术、氧压浸出工艺。完成 4000 台左右有色窑炉清洁生产改造。

建材行业。推动使用粉煤灰、工业废渣、尾矿渣等作为原料或水泥混合材料。推广水泥窑高能效低氮预热预分解先进烧成等技术。完成 8.5 亿吨水泥熟料清洁生产改造。

三、加快推行农业清洁生产

（七）推动农业生产投入品减量。加强农业投入品生产、经营、使用等各环节的监督管理，科学、高效地使用农药、化肥、农用薄膜和饲料添加剂，消除有害物质的流失和残留，减少农业生产资料的投入。组织农业生产大县大市开展果菜茶病虫全程绿色防控试点，不断提高主要农作物病虫绿色防控覆盖率。

（八）提升农业生产过程清洁化水平。改进农业生产技术，形成高效、清洁的农业生产模式。严格灌溉取水计划管理，大力发展旱作农业，全面推广节水技术，不断提高农业用水效率。深化测土配方施肥，推广水稻侧深施肥等高效施肥方式。全面推广健康养殖技术，推动兽用抗菌药使用减量。加快构建种植业、畜禽养殖业、水产养殖业清洁生产技术体系，大力推广种养加一体化发展模式。

（九）加强农业废弃物资源化利用。完善秸秆收储运服务体系，积极推动秸秆综合利用。加强农膜管理，推广普及标准地膜，推动机械化捡拾、专业化回收和资源化利用，有效防治农田白色污染。因地制宜采取堆沤腐熟还田、生产有机肥、生产沼气和生物天然气等方式，加大畜禽粪污资源化利用力度。在粮食主产区、畜禽水产养殖优势区、设施农业重点区和特色农产品生产区等农业废弃物资源丰富区域，以及洞庭湖、丹江口水库、太湖、乌梁素海等重点流域湖泊水库周边区域，深入推行农业清洁生产，形成一批可推广、可复制的典型案例。

专栏3　农业清洁生产提升工程
实施节水灌溉。以粮食主产区、生态环境脆弱区、水资源开发过度区等地区为重点，推进高效节水灌溉工程建设。 **化肥减量替代**。集成推广测土配方施肥、水肥一体化、化肥机械深施、增施有机肥等技术。在粮食和蔬菜主产区重点推广堆肥还田、商品有机肥使用、沼渣沼液还田等技术模式。 **农药减量增效**。支持一批有条件的县，重点推进绿色防控，推广物理、生物等农药减量技术模式。实施农作物病虫害统防统治，培育一批社会化服务组织和专业合作社。 **秸秆综合利用**。坚持整县推进、农用优先，发挥秸秆还田耕地保育功能、秸秆饲料种养结合功能、秸秆燃料节能减排功能。 **农膜回收处理**。以西北地区为重点，支持一批用膜大县推进农膜回收处理，探索农膜回收利用有效机制。

四、积极推动其他领域清洁生产

（十）推动建筑业清洁生产。持续提高新建建筑节能标准，加快推进超低能耗、近零能耗、低碳建筑规模化发展，推进城镇既有建筑和市政基础设施节能改造。推广可再生能源建筑，推动建筑用能电气化和低碳化。加强建筑垃圾源头管控，实施工程建设全过程绿色建造。推广使用再生骨料及再生建材，促进建筑垃圾资源化利用。将房屋建筑和市政工程施工工地扬尘污染防治纳入建筑业清洁生产管理范畴。

（十一）推进服务业清洁生产。以清洁生产为重要抓手，着力提升城市服务业绿色化水平。餐饮、娱乐、住宿、仓储、批发、零售等服务性企业要坚持清洁生产理念，应当采用节能、节水和其他有利于环境保护的技术和设备，改善服务规程，减少一次性物品的使用。推进宾馆、酒店等场所一次性塑料用品禁限工作。从严控制洗浴、高尔夫球场、人工滑雪场等高耗水服务业用水，推动高耗水服务业优先利用再生水、雨水等非常规水源，全面推广循环用水技术工艺。推进餐饮油烟治理、厨余垃圾资源化利用。

（十二）加强交通运输领域清洁生产。持续优化运输结构，加快建设综合立体交通网，提高铁路、水路在综合运输中的承运比例，持续降低运输能耗和二氧化碳排放强度。大力发展多式联运、甩挂运输和共同配送等高效运输组织模式，提升交通运输运行效率。推进智慧交通发展，推广低碳出行方式。加大新能源和清洁能源在交通运输领域的应用力度，加快内河船舶绿色升级，以饮用水水源地周边水域为重点，推动使用液化天然气动力、纯电动等新能源和清洁能源船舶。积极推广应用温拌沥青、智能通风、辅助动力替代和节能灯具、隔声屏障等节能环保技术和产品。

五、加强清洁生产科技创新和产业培育

（十三）加强科技创新引领。加强清洁生产领域基础研究和应用技术创新性研究。围绕工业产品绿色设计、能源清洁高效低碳安全利用、污水资源化、农业节水灌溉控制、多污染物协同减排、固体废弃物资源化等方向，突破一批核心关键技术，研制一批重大技术装备。

（十四）推动清洁生产技术装备产业化。积极引导、支持企业开发具有自主知识产权的清洁生产技术和装备，着力提高供给能力。发挥清洁生产相关协会和联盟等平台作用，大力推进源头减量、过

程控制、末端治理等清洁生产技术装备应用，加快清洁生产关键共性技术装备的产业化发展。

（十五）大力发展清洁生产服务业。创新清洁生产服务模式，探索构建以绩效为核心的清洁生产服务支付机制。加快建立规范的清洁生产咨询服务市场，鼓励具有竞争力的第三方清洁生产服务企业为用户提供咨询、审核、评价、认证、设计、改造等“一站式”综合服务。探索建立第三方服务机构责任追溯机制，健全清洁生产技术服务体系。

专栏 4　清洁生产产业培育工程
支持开展煤炭清洁高效利用、氢能冶金、涉挥发性有机物行业原料替代、聚氯乙烯行业无汞化、磷石膏和电解锰渣资源化利用等领域清洁生产技术集成应用示范。培育一批拥有自主知识产权、掌握清洁生产核心技术装备的企业和一批高水平、专业化的清洁生产服务机构。

六、深化清洁生产推行模式创新

（十六）创新清洁生产审核管理模式。鼓励各地探索推行企业清洁生产审核分级管理模式，对高耗能、高耗水、高排放的企业以及生产、使用、排放涉及优先控制化学品名录中所列化学物质的企业严格实施清洁生产审核，对其他企业可适当简化审核工作程序。鼓励企业开展自愿性清洁生产评价认证，对通过评价认证且满足清洁生产审核要求的，视同开展清洁生产审核。积极推动清洁生产审核与节能审查、节能监察、环境影响评价和排污许可等管理制度有效衔接。鼓励有条件的地区开展行业、园区和产业集群整体审核试点。研究将碳排放指标纳入清洁生产审核。

专栏 5　清洁生产审核创新试点工程
以钢铁、焦化、建材、有色金属、石化化工、印染、造纸、化学原料药、电镀、农副食品加工、工业涂装、包装印刷等行业为重点，选取 100 个园区或产业集群开展整体清洁生产审核创新试点，探索建立具有引领示范作用的审核新模式，形成可复制、可推广的先进经验和典型案例。

（十七）探索清洁生产区域协同推进。在实施京津冀协同发展等区域发展重大战略中，探索建立清洁生产协同推进机制，统一清洁生产评价认证和审核要求，联合开展技术推广，协同推进重点行业清洁生产改造。京津冀及周边地区、汾渭平原、长三角地区、珠三角地区、成渝地区等区域重点实施钢铁、石化化工、焦化、包装印刷、工业涂装等行业清洁生产改造，推动细颗粒物（PM2.5）和臭氧（O_3）协同控制。长江、黄河等流域重点实施造纸、印染、化学原料药、农副食品加工等行业清洁生产改造，减少氨氮和磷污染物排放。

七、组织保障

（十八）加强组织实施。国家发展改革委加强组织协调，充分发挥清洁生产促进工作部门协调机制作用，推动本方案实施，生态环境部、工业和信息化部、科技部、财政部、住房和城乡建设部、交通运输部、农业农村部、商务部、市场监管总局等部门按照职能分工抓好重点任务落实。地方政府要落实主体责任，加大力度鼓励和促进清洁生产，结合实际确定本地区清洁生产重点任务，制定具体实施措施。

（十九）完善法律法规标准。推动修订清洁生产促进法，加强与相关法律法规的衔接协调，强化相关主体权利义务。鼓励各地结合实际制定促进清洁生产的地方性法规。建立健全清洁生产标准体系，组织修订清洁生产评价指标体系编制通则，研究制定清洁生产团体标准管理办法。编制发布清洁生产先进技术目录。

（二十）强化政策激励。各级财政积极探索有效方式，支持清洁生产工作。依法落实和完善节能节水、环境保护、资源综合利用相关税收优惠政策，强化绿色金融支持，引导企业扩大清洁生产投资。加强清洁生产审核和评价认证结果应用，将其作为阶梯电价、用水定额、重污染天气绩效分级管控等差异化政策制定和实施的重要依据。建立健全清洁生产激励制度，按照国家有关规定对工作成效突出的单位和个人依法给予表彰和奖励。

（二十一）加强基础能力建设。推动建设清洁生产信息化公共服务平台。依托省级清洁生产中心或相关社会组织加强地方清洁生产能力建设。鼓励组建清洁生产专家库，开展多层次的清洁生产培训。深入开展清洁生产宣传教育活动，积极营造全社会共同推行清洁生产的良好氛围，推动形成绿色生产生活方式。

中共中央　国务院印发《国家标准化发展纲要》

新华社北京2021年10月10日电近日，中共中央、国务院印发了《国家标准化发展纲要》，并发出通知，要求各地区各部门结合实际认真贯彻落实。

《国家标准化发展纲要》主要内容如下。

标准是经济活动和社会发展的技术支撑，是国家基础性制度的重要方面。标准化在推进国家治理体系和治理能力现代化中发挥着基础性、引领性作用。新时代推动高质量发展、全面建设社会主义现代化国家，迫切需要进一步加强标准化工作。为统筹推进标准化发展，制定本纲要。

一、总体要求

（一）指导思想。以习近平新时代中国特色社会主义思想为指导，深入贯彻党的十九大和十九届二中、三中、四中、五中全会精神，按照统筹推进"五位一体"总体布局和协调推进"四个全面"战略布局要求，坚持以人民为中心的发展思想，立足新发展阶段、贯彻新发展理念、构建新发展格局，优化标准化治理结构，增强标准化治理效能，提升标准国际化水平，加快构建推动高质量发展的标准体系，助力高技术创新，促进高水平开放，引领高质量发展，为全面建成社会主义现代化强国、实现中华民族伟大复兴的中国梦提供有力支撑。

（二）发展目标。到2025年，实现标准供给由政府主导向政府与市场并重转变，标准运用由产业与贸易为主向经济社会全域转变，标准化工作由国内驱动向国内国际相互促进转变，标准化发展由数量规模型向质量效益型转变。标准化更加有效推动国家综合竞争力提升，促进经济社会高质量发展，在构建新发展格局中发挥更大作用。

——全域标准化深度发展。农业、工业、服务业和社会事业等领域标准全覆盖，新兴产业标准地位凸显，健康、安全、环境标准支撑有力，农业标准化生产普及率稳步提升，推动高质量发展的标准体系基本建成。

——标准化水平大幅提升。共性关键技术和应用类科技计划项目形成标准研究成果的比率达到50%以上，政府颁布标准与市场自主制定标准结构更加优化，国家标准平均制定周期缩短至18个月以内，标准数字化程度不断提高，标准化的经济效益、社会效益、质量效益、生态效益充分显现。

——标准化开放程度显著增强。标准化国际合作深入拓展，互利共赢的国际标准化合作伙伴关系更加密切，标准化人员往来和技术合作日益加强，标准信息更大范围实现互联共享，我国标准制定透明度和国际化环境持续优化，国家标准与国际标准关键技术指标的一致性程度大幅提升，国际标准转化率达到85%以上。

——标准化发展基础更加牢固。建成一批国际一流的综合性、专业性标准化研究机构，若干国家级质量标准实验室，50个以上国家技术标准创新基地，形成标准、计量、认证认可、检验检测一体化运行的国家质量基础设施体系，标准化服务业基本适应经济社会发展需要。

到2035年，结构优化、先进合理、国际兼容的标准体系更加健全，具有中国特色的标准化管理体制更加完善，市场驱动、政府引导、企业为主、社会参与、开放融合的标准化工作格局全面形成。

二、推动标准化与科技创新互动发展

（三）加强关键技术领域标准研究。在人工智能、量子信息、生物技术等领域，开展标准化研究。在两化融合、新一代信息技术、大数据、区块链、卫生健康、新能源、新材料等应用前景广阔的技术领域，同步部署技术研发、标准研制与产业推广，加快新技术产业化步伐。研究制定智能船舶、高铁、新能源汽车、智能网联汽车和机器人等领域关键技术标准，推动产业变革。适时制定和完善生物医学研究、分子育种、无人驾驶等领域技术安全相关标准，提升技术领域安全风险管理水平。

（四）以科技创新提升标准水平。建立重大科技项目与标准化工作联动机制，将标准作为科技计划的重要产出，强化标准核心技术指标研究，重点支持基础通用、产业共性、新兴产业和融合技术等领域标准研制。及时将先进适用科技创新成果融入标准，提升标准水平。对符合条件的重要技术标准按规定给予奖励，激发全社会标准化创新活力。

（五）健全科技成果转化为标准的机制。完善科技成果转化为标准的评价机制和服务体系，推进技术经理人、科技成果评价服务等标准化工作。完善标准必要专利制度，加强标准制定过程中的知识产权保护，促进创新成果产业化应用。完善国家标准化技术文件制度，拓宽科技成果标准化渠道。将标准研制融入共性技术平台建设，缩短新技术、新工艺、新材料、新方法标准研制周期，加快成果转化应用步伐。

三、提升产业标准化水平

（六）筑牢产业发展基础。加强核心基础零部件（元器件）、先进基础工艺、关键基础材料与产业技术基础标准建设，加大基础通用标准研制应用力度。开展数据库等方面标准攻关，提升标准设计水平，制定安全可靠、国际先进的通用技术标准。

（七）推进产业优化升级。实施高端装备制造标准化强基工程，健全智能制造、绿色制造、服务型制造标准，形成产业优化升级的标准群，部分领域关键标准适度领先于产业发展平均水平。完善扩大内需方面的标准，不断提升消费品标准和质量水平，全面促进消费。推进服务业标准化、品牌化建设，健全服务业标准，重点加强食品冷链、现代物流、电子商务、物品编码、批发零售、房地产服务等领域标准化。健全和推广金融领域科技、产品、服务与基础设施等标准，有效防范化解金融风险。加快先进制造业和现代服务业融合发展标准化建设，推行跨行业跨领域综合标准化。建立健全大数据与产业融合标准，推进数字产业化和产业数字化。

（八）引领新产品新业态新模式快速健康发展。实施新产业标准化领航工程，开展新兴产业、未来产业标准化研究，制定一批应用带动的新标准，培育发展新业态新模式。围绕食品、医疗、应急、交通、水利、能源、金融等领域智慧化转型需求，加快完善相关标准。建立数据资源产权、交易流通、跨境传输和安全保护等标准规范，推动平台经济、共享经济标准化建设，支撑数字经济发展。健全依据标准实施科学有效监管机制，鼓励社会组织应用标准化手段加强自律、维护市场秩序。

（九）增强产业链供应链稳定性和产业综合竞争力。围绕生产、分配、流通、消费，加快关键环节、关键领域、关键产品的技术攻关和标准研制应用，提升产业核心竞争力。发挥关键技术标准在产业协同、技术协作中的纽带和驱动作用，实施标准化助力重点产业稳链工程，促进产业链上下游标准有效衔接，提升产业链供应链现代化水平。

（十）助推新型基础设施提质增效。实施新型基础设施标准化专项行动，加快推进通信网络基础设施、新技术基础设施、算力基础设施等信息基础设施系列标准研制，协同推进融合基础设施标准研制，建立工业互联网标准，制定支撑科学研究、技术研发、产品研制的创新基础设施标准，促进传统基础设施转型升级。

四、完善绿色发展标准化保障

（十一）建立健全碳达峰、碳中和标准。加快节能标准更新升级，抓紧修订一批能耗限额、产品设备能效强制性国家标准，提升重点产品能耗限额要求，扩大能耗限额标准覆盖范围，完善能源核算、检测认证、评估、审计等配套标准。加快完善地区、行业、企业、产品等碳排放核查核算标准。制定重点行业和产品温室气体排放标准，完善低碳产品标准标识制度。完善可再生能源标准，研究制定生态碳汇、碳捕集利用与封存标准。实施碳达峰、碳中和标准化提升工程。

（十二）持续优化生态系统建设和保护标准。不断完善生态环境质量和生态环境风险管控标准，持续改善生态环境质量。进一步完善污染防治标准，健全污染物排放、监管及防治标准，筑牢污染排放控制底线。统筹完善应对气候变化标准，制定修订应对气候变化减缓、适应、监测评估等标准。制定山、水、林、田、湖、草、沙多生态系统质量与经营利用标准，加快研究制定水土流失综合防治、生态保护修复、生态系统服务与评价、生态承载力评估、生态资源评价与监测、生物多样性保护及生态效益评估与生态产品价值实现等标准，增加优质生态产品供给，保障生态安全。

（十三）推进自然资源节约集约利用。构建自然资源统一调查、登记、评价、评估、监测等系列标准，研究制定土地、矿产资源等自然资源节约集约开发利用标准，推进能源资源绿色勘查与开发标准化。以自然资源资产清查统计和资产核算为重点，推动自然资源资产管理体系标准化。制定统一的国土空间规划技术标准，完善资源环境承载能力和国土空间开发适宜性评价机制。制定海洋资源开发保护标准，发展海洋经济，服务陆海统筹。

（十四）筑牢绿色生产标准基础。建立健全土壤质量及监测评价、农业投入品质量、适度规模养殖、循环型生态农业、农产品食品安全、监测预警等绿色农业发展标准。建立健全清洁生产标准，不断完善资源循环利用、产品绿色设计、绿色包装和绿色供应链、产业废弃物综合利用等标准。建立健全绿色金融、生态旅游等绿色发展标准。建立绿色建造标准，完善绿色建筑设计、施工、运维、管理标准。建立覆盖各类绿色生活设施的绿色社区、村庄建设标准。

（十五）强化绿色消费标准引领。完善绿色产品标准，建立绿色产品分类和评价标准，规范绿色产品、有机产品标识。构建节能节水、绿色采购、垃圾分类、制止餐饮浪费、绿色出行、绿色居住等绿色生活标准。分类建立绿色公共机构评价标准，合理制定消耗定额和垃圾排放指标。

五、加快城乡建设和社会建设标准化进程

（十六）推进乡村振兴标准化建设。强化标准引领，实施乡村振兴标准化行动。加强高标准农田建设，加快智慧农业标准研制，加快健全现代农业全产业链标准，加强数字乡村标准化建设，建立农业农村标准化服务与推广平台，推进地方特色产业标准化。完善乡村建设及评价标准，以农村环境监测与评价、村容村貌提升、农房建设、农村生活垃圾与污水治理、农村卫生厕所建设改造、公共基础设施建设等为重点，加快推进农村人居环境改善标准化工作。推进度假休闲、乡村旅游、民宿经济、传统村落保护利用等标准化建设，促进农村一、二、三产业融合发展。

（十七）推动新型城镇化标准化建设。研究制定公共资源配置标准，建立县城建设标准、小城镇公共设施建设标准。研究制定城市体检评估标准，健全城镇人居环境建设与质量评价标准。完善城市生态修复与功能完善、城市信息模型平台、建设工程防灾、更新改造及海绵城市建设等标准。推进城市设计、城市历史文化保护传承与风貌塑造、老旧小区改造等标准化建设，健全街区和公共设施配建标准。建立智能化城市基础设施建设、运行、管理、服务等系列标准，制定城市休闲慢行系统和综合管理服务等标准，研究制定新一代信息技术在城市基础设施规划建设、城市管理、应急处置等方面的应用标准。健全住房标准，完善房地产信息数据、物业服务等标准。推动智能建造标准化，完善建筑信息模型技术、施工现场监控等标准。开展城市标准化行动，健全智慧城市标准，推进城市可持续发展。

（十八）推动行政管理和社会治理标准化建设。探索开展行政管理标准建设和应用试点，重点推进行政审批、政务服务、政务公开、财政支出、智慧监管、法庭科学、审判执行、法律服务、公共资源交易等标准制定与推广，加快数字社会、数字政府、营商环境标准化建设，完善市场要素交易标准，促进高标准市场体系建设。强化信用信息采集与使用、数据安全和个人信息保护、网络安全保障体系和能力建设等领域标准的制定实施。围绕乡村治理、综治中心、网格化管理，开展社会治理标准化行动，推动社会治理标准化创新。

（十九）加强公共安全标准化工作。坚持人民至上、生命至上，实施公共安全标准化筑底工程，完善社会治安、刑事执法、反恐处突、交通运输、安全生产、应急管理、防灾减灾救灾标准，织密筑牢食品、药品、农药、粮食能源、水资源、生物、物资储备、产品质量、特种设备、劳动防护、消防、矿山、建筑、网络等领域安全标准网，提升洪涝干旱、森林草原火灾、地质灾害、地震等自然灾害防御工程标准，加强重大工程和各类基础设施的数据共享标准建设，提高保障人民群众生命财产安全水平。加快推进重大疫情防控救治、国家应急救援等领域标准建设，抓紧完善国家重大安全风险应急保障标准。构建多部门多区域多系统快速联动、统一高效的公共安全标准化协同机制，推进重大标准制定实施。

（二十）推进基本公共服务标准化建设。围绕幼有所育、学有所教、劳有所得、病有所医、老有所养、住有所居、弱有所扶等方面，实施基本公共服务标准体系建设工程，重点健全和推广全国统一的社会保险经办服务、劳动用工指导和就业创业服务、社会工作、养老服务、儿童福利、残疾人服务、社会救助、殡葬公共服务以及公共教育、公共文化体育、住房保障等领域技术标准，使发展成果更多更公平惠及全体人民。

（二十一）提升保障生活品质的标准水平。围绕普及健康生活、优化健康服务、倡导健康饮食、完善健康保障、建设健康环境、发展健康产业等方面，建立广覆盖、全方位的健康标准。制定公共体育设施、全民健身、训练竞赛、健身指导、线上和智能赛事等标准，建立科学完备、门类齐全的体育标准。开展养老和家政服务标准化专项行动，完善职业教育、智慧社区、社区服务等标准，加强慈善领域标准化建设。加快广播电视和网络视听内容融合生产、网络智慧传播、终端智能接收、安全智慧保障等标准化建设，建立全媒体传播标准。提高文化旅游产品与服务、消费保障、公园建设、景区管理等标准化水平。

六、提升标准化对外开放水平

（二十二）深化标准化交流合作。履行国际标准组织成员国责任义务，积极参与国际标准化活动。积极推进与共建“一带一路”国家在标准领域的对接合作，加强金砖国家、亚太经合组织等标准化对话，深化东北亚、亚太、泛美、欧洲、非洲等区域标准化合作，推进标准信息共享与服务，发展互利共赢的标准化合作伙伴关系。联合国际标准组织成员，推动气候变化、可持续城市和社区、清洁饮水与卫生设施、动植物卫生、绿色金融、数字领域等国际标准制定，分享我国标准化经验，积极参与民生福祉、性别平等、优质教育等国际标准化活动，助力联合国可持续发展目标实现。支持发展中国家提升利用标准化实现可持续发展的能力。

(二十三) 强化贸易便利化标准支撑。持续开展重点领域标准比对分析，积极采用国际标准，大力推进中外标准互认，提高我国标准与国际标准的一致性程度。推出中国标准多语种版本，加快大宗贸易商品、对外承包工程等中国标准外文版编译。研究制定服务贸易标准，完善数字金融、国际贸易单一窗口等标准。促进内外贸质量标准、检验检疫、认证认可等相衔接，推进同线同标同质。创新标准化工作机制，支撑构建面向全球的高标准自由贸易区网络。

(二十四) 推动国内国际标准化协同发展。统筹推进标准化与科技、产业、金融对外交流合作，促进政策、规则、标准联通。建立政府引导、企业主体、产学研联动的国际标准化工作机制。实施标准国际化跃升工程，推进中国标准与国际标准体系兼容。推动标准制度型开放，保障外商投资企业依法参与标准制定。支持企业、社会团体、科研机构等积极参与各类国际性专业标准组织。支持国际性专业标准组织来华落驻。

七、推动标准化改革创新

(二十五) 优化标准供给结构。充分释放市场主体标准化活力，优化政府颁布标准与市场自主制定标准二元结构，大幅提升市场自主制定标准的比重。大力发展团体标准，实施团体标准培优计划，推进团体标准应用示范，充分发挥技术优势企业作用，引导社会团体制定原创性、高质量标准。加快建设协调统一的强制性国家标准，筑牢保障人身健康和生命财产安全、生态环境安全的底线。同步推进推荐性国家标准、行业标准和地方标准改革，强化推荐性标准的协调配套，防止地方保护和行业垄断。建立健全政府颁布标准采信市场自主制定标准的机制。

(二十六) 深化标准化运行机制创新。建立标准创新型企业制度和标准融资增信制度，鼓励企业构建技术、专利、标准联动创新体系，支持领军企业联合科研机构、中小企业等建立标准合作机制，实施企业标准领跑者制度。建立国家统筹的区域标准化工作机制，将区域发展标准需求纳入国家标准体系建设，实现区域内标准发展规划、技术规则相互协同，服务国家重大区域战略实施。持续优化标准制定流程和平台、工具，健全企业、消费者等相关方参与标准制定修订的机制，加快标准升级迭代，提高标准质量水平。

(二十七) 促进标准与国家质量基础设施融合发展。以标准为牵引，统筹布局国家质量基础设施资源，推进国家质量基础设施统一建设、统一管理，健全国家质量基础设施一体化发展体制机制。强化标准在计量量子化、检验检测智能化、认证市场化、认可全球化中的作用，通过人工智能、大数据、区块链等新一代信息技术的综合应用，完善质量治理，促进质量提升。强化国家质量基础设施全链条技术方案提供，运用标准化手段推动国家质量基础设施集成服务与产业价值链深度融合。

(二十八) 强化标准实施应用。建立法规引用标准制度、政策实施配套标准制度，在法规和政策文件制定时积极应用标准。完善认证认可、检验检测、政府采购、招投标等活动中应用先进标准机制，推进以标准为依据开展宏观调控、产业推进、行业管理、市场准入和质量监管。健全基于标准或标准条款订立、履行合同的机制。建立标准版权制度、呈缴制度和市场自主制定标准交易制度，加大标准版权保护力度。按照国家有关规定，开展标准化试点示范工作，完善对标达标工作机制，推动企业提升执行标准能力，瞄准国际先进标准提高水平。

(二十九) 加强标准制定和实施的监督。健全覆盖政府颁布标准制定实施全过程的追溯、监督和纠错机制，实现标准研制、实施和信息反馈闭环管理。开展标准质量和标准实施第三方评估，加强标准复审和维护更新。健全团体标准化良好行为评价机制。强化行业自律和社会监督，发挥市场对团体标准的优胜劣汰作用。有效实施企业标准自我声明公开和监督制度，将企业产品和服务符合标准情况纳入社会信用体系建设。建立标准实施举报、投诉机制，鼓励社会公众对标准实施情况进行监督。

八、夯实标准化发展基础

(三十) 提升标准化技术支撑水平。加强标准化理论和应用研究，构建以国家级综合标准化研究机构为龙头，行业、区域和地方标准化研究机构为骨干的标准化科技体系。发挥优势企业在标准化科技体系中的作用。完善专业标准化技术组织体系，健全跨领域工作机制，提升开放性和透明度。建设若干国家级质量标准实验室、国家标准验证点和国家产品质量检验检测中心。有效整合标准技术、检测认证、知识产权、标准样品等资源，推进国家技术标准创新基地建设。建设国家数字标准馆和全国统一协调、分工负责的标准化公共服务平台。发展机器可读标准、开源标准，推动标准化工作向数字化、网络化、智能化转型。

（三十一）大力发展标准化服务业。完善促进标准、计量、认证认可、检验检测等标准化相关高技术服务业发展的政策措施，培育壮大标准化服务业市场主体，鼓励有条件地区探索建立标准化服务业产业集聚区，健全标准化服务评价机制和标准化服务业统计分析报告制度。鼓励标准化服务机构面向中小微企业实际需求，整合上下游资源，提供标准化整体解决方案。大力发展新型标准化服务工具和模式，提升服务专业化水平。

（三十二）加强标准化人才队伍建设。将标准化纳入普通高等教育、职业教育和继续教育，开展专业与标准化教育融合试点。构建多层次从业人员培养培训体系，开展标准化专业人才培养培训和国家质量基础设施综合教育。建立健全标准化领域人才的职业能力评价和激励机制。造就一支熟练掌握国际规则、精通专业技术的职业化人才队伍。提升科研人员标准化能力，充分发挥标准化专家在国家科技决策咨询中的作用，建设国家标准化高端智库。加强基层标准化管理人员队伍建设，支持西部地区标准化专业人才队伍建设。

（三十三）营造标准化良好社会环境。充分利用世界标准日等主题活动，宣传标准化作用，普及标准化理念、知识和方法，提升全社会标准化意识，推动标准化成为政府管理、社会治理、法人治理的重要工具。充分发挥标准化社会团体的桥梁和纽带作用，全方位、多渠道开展标准化宣传，讲好标准化故事。大力培育发展标准化文化。

九、组织实施

（三十四）加强组织领导。坚持党对标准化工作的全面领导。进一步完善国务院标准化协调推进部际联席会议制度，健全统一、权威、高效的管理体制和工作机制，强化部门协同、上下联动。各省（自治区、直辖市）要建立健全标准化工作协调推进领导机制，将标准化工作纳入政府绩效评价和政绩考核。各地区各有关部门要将本纲要主要任务与国民经济和社会发展规划有效衔接、同步推进，确保各项任务落到实处。

（三十五）完善配套政策。各地区各有关部门要强化金融、信用、人才等政策支持，促进科技、产业、贸易等政策协同。按照有关规定开展表彰奖励。发挥财政资金引导作用，积极引导社会资本投入标准化工作。完善标准化统计调查制度，开展标准化发展评价，将相关指标纳入国民经济和社会发展统计。建立本纲要实施评估机制，把相关结果作为改进标准化工作的重要依据。重大事项及时向党中央、国务院请示报告。

中共中央办公厅　国务院办公厅印发《关于推动城乡建设绿色发展的意见》

新华社北京10月21日电近日，中共中央办公厅、国务院办公厅印发了《关于推动城乡建设绿色发展的意见》，并发出通知，要求各地区各部门结合实际认真贯彻落实。

《关于推动城乡建设绿色发展的意见》主要内容如下。

城乡建设是推动绿色发展、建设美丽中国的重要载体。党的十八大以来，我国人居环境持续改善，住房水平显著提高，同时仍存在整体性缺乏、系统性不足、宜居性不高、包容性不够等问题，大量建设、大量消耗、大量排放的建设方式尚未根本扭转。为推动城乡建设绿色发展，现提出如下意见。

一、总体要求

（一）指导思想。以习近平新时代中国特色社会主义思想为指导，深入贯彻党的十九大和十九届二中、三中、四中、五中全会精神，践行习近平生态文明思想，按照党中央、国务院决策部署，立足新发展阶段、贯彻新发展理念、构建新发展格局，坚持以人民为中心，坚持生态优先、节约优先、保护优先，坚持系统观念，统筹发展和安全，同步推进物质文明建设与生态文明建设，落实碳达峰、碳中和目标任务，推进城市更新行动、乡村建设行动，加快转变城乡建设方式，促进经济社会发展全面绿色转型，为全面建设社会主义现代化国家奠定坚实基础。

（二）工作原则。坚持人与自然和谐共生，尊重自然、顺应自然、保护自然，推动构建人与自然生命共同体。坚持整体与局部相协调，统筹规划、建设、管理三大环节，统筹城镇和乡村建设。坚持效率与均衡并重，促进城乡资源能源节约集约利用，实现人口、经济发展与生态资源协调。坚持公平与包容相融合，完善城乡基础设施，推进基本公共服务均等化。坚持保护与发展相统一，传承中华优秀传统文化，推动创造性转化、创新性发展。坚持党建引领与群众共建共治共享相结合，完善群众参与机制，共同创造美好环境。

（三）总体目标

到 2025 年，城乡建设绿色发展体制机制和政策体系基本建立，建设方式绿色转型成效显著，碳减排扎实推进，城市整体性、系统性、生长性增强，“城市病”问题缓解，城乡生态环境质量整体改善，城乡发展质量和资源环境承载能力明显提升，综合治理能力显著提高，绿色生活方式普遍推广。

到 2035 年，城乡建设全面实现绿色发展，碳减排水平快速提升，城市和乡村品质全面提升，人居环境更加美好，城乡建设领域治理体系和治理能力基本实现现代化，美丽中国建设目标基本实现。

二、推进城乡建设一体化发展

（一）促进区域和城市群绿色发展。建立健全区域和城市群绿色发展协调机制，充分发挥各城市比较优势，促进资源有效配置。在国土空间规划中统筹划定生态保护红线、永久基本农田、城镇开发边界等管控边界，统筹生产、生活、生态空间，实施最严格的耕地保护制度，建立水资源刚性约束制度，建设与资源环境承载能力相匹配、重大风险防控相结合的空间格局。统筹区域、城市群和都市圈内大中小城市住房建设，与人口构成、产业结构相适应。协同建设区域生态网络和绿道体系，衔接生态保护红线、环境质量底线、资源利用上线和生态环境准入清单，改善区域生态环境。推进区域重大基础设施和公共服务设施共建共享，建立功能完善、衔接紧密、保障有力的城市群综合立体交通等现代化设施网络体系。

（二）建设人与自然和谐共生的美丽城市。建立分层次、分区域协调管控机制，以自然资源承载能力和生态环境容量为基础，合理确定城市人口、用水、用地规模，合理确定开发建设密度和强度。提高中心城市综合承载能力，建设一批产城融合、职住平衡、生态宜居、交通便利的郊区新城，推动多中心、组团式发展。落实规划环评要求和防噪声距离。大力推进城市节水，提高水资源集约节约利用水平。实施海绵城市建设，完善城市防洪排涝体系，提高城市防灾减灾能力，增强城市韧性。实施城市生态修复工程，保护城市山体自然风貌，修复江河、湖泊、湿地，加强城市公园和绿地建设，推进立体绿化，构建连续完整的生态基础设施体系。实施城市功能完善工程，加强婴幼儿照护机构、幼儿园、中小学校、医疗卫生机构、养老服务机构、儿童福利机构、未成年人救助保护机构、社区足球场地等设施建设，增加公共活动空间，建设体育公园，完善文化和旅游消费场所设施，推动发展城市新业态、新功能。建立健全推进城市生态修复、功能完善工程标准规范和工作体系。推动绿色城市、森林城市、“无废城市”建设，深入开展绿色社区创建行动。推进以县城为重要载体的城镇化建设，加强县城绿色低碳建设，大力提升县城公共设施和服务水平。

（三）打造绿色生态宜居的美丽乡村。按照产业兴旺、生态宜居、乡风文明、治理有效、生活富裕的总要求，以持续改善农村人居环境为目标，建立乡村建设评价机制，探索县域乡村发展路径。提高农房设计和建造水平，建设满足乡村生产生活实际需要的新型农房，完善水、电、气、厕配套附属设施，加强既有农房节能改造。保护塑造乡村风貌，延续乡村历史文脉，严格落实有关规定，不破坏地形地貌、不拆传统民居、不砍老树、不盖高楼。统筹布局县城、中心镇、行政村基础设施和公共服务设施，促进城乡设施联动发展。提高镇村设施建设水平，持续推进农村生活垃圾、污水、厕所粪污、畜禽养殖粪污治理，实施农村水系综合整治，推进生态清洁流域建设，加强水土流失综合治理，加强农村防灾减灾能力建设。立足资源优势打造各具特色的农业全产业链，发展多种形式适度规模经营，支持以“公司+农户”等模式对接市场，培育乡村文化、旅游、休闲、民宿、健康养老、传统手工艺等新业态，强化农产品及其加工副产物综合利用，拓宽农民增收渠道，促进产镇融合、产村融合，推动农村一二三产业融合发展。

三、转变城乡建设发展方式

（一）建设高品质绿色建筑。实施建筑领域碳达峰、碳中和行动。规范绿色建筑设计、施工、运行、管理，鼓励建设绿色农房。推进既有建筑绿色化改造，鼓励与城镇老旧小区改造、农村危房改造、抗震加固等同步实施。开展绿色建筑、节约型机关、绿色学校、绿色医院创建行动。加强财政、金融、规划、建设等政策支持，推动高质量绿色建筑规模化发展，大力推广超低能耗、近零能耗建筑，发展零碳建筑。实施绿色建筑统一标识制度。建立城市建筑用水、用电、用气、用热等数据共享机制，提升建筑能耗监测能力。推动区域建筑能效提升，推广合同能源管理、合同节水管理服务模式，降低建筑运行能耗、水耗，大力推动可再生能源应用，鼓励智能光伏与绿色建筑融合创新发展。

（二）提高城乡基础设施体系化水平。建立健全基础设施建档制度，普查现有基础设施，统筹地下空间综合利用。推进城乡基础设施补短板和更新改造专项行动以及体系化建设，提高基础设施绿色、智能、协同、安全水平。加强公交优先、绿色出行的城市街区建设，合理布局和建设城市公交专用道、公交场站、车船用加气加注站、电动汽车充换电站，加快发展智能网联汽车、新能源汽车、智慧停车及无障碍基础设施，强化城市轨道交通与其他交通方式衔接。加强交通噪声管控，落实城市交通设计、规划、建设和运行噪声技术要求。加强城市高层建筑、大型商业综合体等重点场所消防安全管理，打通消防生命通道，推进城乡应急避难场所建设。持续推动城镇污水处理提质增效，完善再生水、集蓄雨水等非常规水源利用系统，推进城镇污水管网全覆盖，建立污水处理系统运营管理长效机制。因地制宜加快连接港区管网建设，做好船舶生活污水收集处理。统筹推进煤改电、煤改气及集中供热替代等，加快农村电网、天然气管网、热力管网等建设改造。

（三）加强城乡历史文化保护传承。建立完善城乡历史文化保护传承体系，健全管理监督机制，完善保护标准和政策法规，严格落实责任，依法问责处罚。开展历史文化资源普查，做好测绘、建档、挂牌工作。建立历史文化名城、名镇、名村及传统村落保护制度，加大保护力度，不拆除历史建筑，不拆真遗存，不建假古董，做到按级施保、应保尽保。完善项目审批、财政支持、社会参与等制度机制，推动历史建筑绿色化更新改造、合理利用。建立保护项目维护修缮机制，保护和培养传统工匠队伍，传承传统建筑绿色营造方式。

（四）实现工程建设全过程绿色建造。开展绿色建造示范工程创建行动，推广绿色化、工业化、信息化、集约化、产业化建造方式，加强技术创新和集成，利用新技术实现精细化设计和施工。大力发展装配式建筑，重点推动钢结构装配式住宅建设，不断提升构件标准化水平，推动形成完整产业链，推动智能建造和建筑工业化协同发展。完善绿色建材产品认证制度，开展绿色建材应用示范工程建设，鼓励使用综合利用产品。加强建筑材料循环利用，促进建筑垃圾减量化，严格施工扬尘管控，采取综合降噪措施管控施工噪声。推动传统建筑业转型升级，完善工程建设组织模式，加快推行工程总承包，推广全过程工程咨询，推进民用建筑工程建筑师负责制。加快推进工程造价改革。改革建筑劳动用工制度，大力发展专业作业企业，培育职业化、专业化、技能化建筑产业工人队伍。

（五）推动形成绿色生活方式。推广节能低碳节水用品，推动太阳能、再生水等应用，鼓励使用环保再生产品和绿色设计产品，减少一次性消费品和包装用材消耗。倡导绿色装修，鼓励选用绿色建材、家具、家电。持续推进垃圾分类和减量化、资源化，推动生活垃圾源头减量，建立健全生活垃圾分类投放、分类收集、分类转运、分类处理系统。加强危险废物、医疗废物收集处理，建立完善应急处置机制。科学制定城市慢行系统规划，因地制宜建设自行车专用道和绿道，全面开展人行道净化行动，改造提升重点城市步行街。深入开展绿色出行创建行动，优化交通出行结构，鼓励公众选择公共交通、自行车和步行等出行方式。

四、创新工作方法

（一）统筹城乡规划建设管理。坚持总体国家安全观，以城乡建设绿色发展为目标，加强顶层设计，编制相关规划，建立规划、建设、管理三大环节统筹机制，统筹城市布局的经济需要、生活需要、生态需要、安全需要，统筹地上地下空间综合利用，统筹各类基础设施建设，系统推进重大工程项目。创新城乡建设管控和引导机制，完善城市形态，提升建筑品质，塑造时代特色风貌。完善城乡规划、建设、管理制度，动态管控建设进程，确保一张蓝图实施不走样、不变形。

（二）建立城市体检评估制度。建立健全“一年一体检、五年一评估”的城市体检评估制度，强化对相关规划实施情况和历史文化保护传承、基础设施效率、生态建设、污染防治等的评估。制定城市体检评估标准，将绿色发展纳入评估指标体系。城市政府作为城市体检评估工作主体，要定期开展体检评估，制定年度建设和整治行动计划，依法依规向社会公开体检评估结果。加强对相关规划实施的监督，维护规划的严肃性权威性。

（三）加大科技创新力度。完善以市场为导向的城乡建设绿色技术创新体系，培育壮大一批绿色低碳技术创新企业，充分发挥国家工程研究中心、国家技术创新中心、国家企业技术中心、国家重点实验室等创新平台对绿色低碳技术的支撑作用。加强国家科技计划研究，系统布局一批支撑城乡建设绿色发展的研发项目，组织开展重大科技攻关，加大科技成果集成创新力度。建立科技项目成果库和公开制度，鼓励科研院所、企业等主体融通创新、利益共享，促进科技成果转化。建设国际化工程建设标准体系，完善相关标准。

（四）推动城市智慧化建设。建立完善智慧城市建设标准和政策法规，加快推进信息技术与城市建设技术、业务、数据融合。开展城市信息模型平台建设，推动建筑信息模型深化应用，推进工程建设项目智能化管理，促进城市建设及运营模式变革。搭建城市运行管理服务平台，加强对市政基础设施、城市环境、城市交通、城市防灾的智慧化管理，推动城市地下空间信息化、智能化管控，提升城市安全风险监测预警水平。完善工程建设项目审批管理系统，逐步实现智能化全程网上办理，推进与投资项目在线审批监管平台等互联互通。搭建智慧物业管理服务平台，加强社区智慧化建设管理，为群众提供便捷服务。

（五）推动美好环境共建共治共享。建立党组织统一领导、政府依法履责、各类组织积极协同、群众广泛参与，自治、法治、德治相结合的基层治理体系，推动形成建设美好人居环境的合力，实现决策共谋、发展共建、建设共管、效果共评、成果共享。下沉公共服务和社会管理资源，按照有关规定探索适宜城乡社区治理的项目招投标、奖励等机制，解决群众身边、房前屋后的实事小事。以城镇老旧小区改造、历史文化街区保护与利用、美丽乡村建设、生活垃圾分类等为抓手和载体，构建社区生活圈，广泛发动组织群众参与城乡社区治理，共同建设美好家园。

五、加强组织实施

（一）加强党的全面领导。把党的全面领导贯穿城乡建设绿色发展各方面各环节，不折不扣贯彻落实中央决策部署。建立省负总责、市县具体负责的工作机制，地方各级党委和政府要充分认识推动城乡建设绿色发展的重要意义，加快形成党委统一领导、党政齐抓共管的工作格局。各省（自治区、直辖市）要根据本意见确定本地区推动城乡建设绿色发展的工作目标和重点任务，加强统筹协调，推进解决重点难点问题。市、县作为工作责任主体，要制定具体措施，切实抓好组织落实。

（二）完善工作机制。加强部门统筹协调，住房城乡建设、发展改革、工业和信息化、民政、财政、自然资源、生态环境、交通运输、水利、农业农村、文化和旅游、金融、市场监管等部门要按照各自职责完善有关支持政策，推动落实重点任务。加大财政、金融支持力度，完善绿色金融体系，支持城乡建设绿色发展重大项目和重点任务。各地要结合实际建立相关工作机制，确保各项任务落实落地。

（三）健全支撑体系。建立完善推动城乡建设绿色发展的体制机制和制度，推进城乡建设领域治理体系和治理能力现代化。制定修订城乡建设和历史文化保护传承等法律法规，为城乡建设绿色发展提供法治保障。深化城市管理和执法体制改革，加强队伍建设，推进严格规范公正文明执法，提高城市管理和执法能力水平。健全社会公众满意度评价和第三方考评机制，由群众评判城乡建设绿色发展成效。加快管理、技术和机制创新，培育绿色发展新动能，实现动力变革。

（四）加强培训宣传。中央组织部、住房城乡建设部要会同国家发展改革委、自然资源部、生态环境部加强培训，不断提高党政主要负责同志推动城乡建设绿色发展的能力和水平。在各级党校（行政学院）、干部学院增加相关培训课程，编辑出版系列教材，教育引导各级领导干部和广大专业技术人员尊重城乡发展规律，尊重自然生态环境，尊重历史文化传承，重视和回应群众诉求。加强国际交流合作，广泛吸收借鉴先进经验。采取多种形式加强教育宣传和舆论引导，普及城乡建设绿色发展法律法规和科学知识。

中共中央　国务院关于完整准确全面贯彻新发展理念做好碳达峰碳中和工作的意见

（2021年9月22日）

实现碳达峰、碳中和，是以习近平同志为核心的党中央统筹国内国际两个大局作出的重大战略决策，是着力解决资源环境约束突出问题、实现中华民族永续发展的必然选择，是构建人类命运共同体的庄严承诺。为完整、准确、全面贯彻新发展理念，做好碳达峰、碳中和工作，现提出如下意见。

一、总体要求

（一）指导思想。以习近平新时代中国特色社会主义思想为指导，全面贯彻党的十九大和十九届二中、三中、四中、五中全会精神，深入贯彻习近平生态文明思想，立足新发展阶段，贯彻新发展理念，构建新发展格局，坚持系统观念，处理好发展和减排、整体和局部、短期和中长期的关系，把碳达峰、碳中和纳入经济社会发展全局，以经济社会发展全面绿色转型为引领，以能源绿色低碳发展为关键，加快形成节约资源和保护环境的产业结构、生产方式、生活方式、空间格局，坚定不移走生态优先、绿色低碳的高质量发展道路，确保如期实现碳达峰、碳中和。

（二）工作原则

实现碳达峰、碳中和目标，要坚持“全国统筹、节约优先、双轮驱动、内外畅通、防范风险”原则。

——全国统筹。全国一盘棋，强化顶层设计，发挥制度优势，实行党政同责，压实各方责任。根据各地实际分类施策，鼓励主动作为、率先达峰。

——节约优先。把节约能源资源放在首位，实行全面节约战略，持续降低单位产出能源资源消耗和碳排放，提高投入产出效率，倡导简约适度、绿色低碳生活方式，从源头和入口形成有效的碳排放控制阀门。

——双轮驱动。政府和市场两手发力，构建新型举国体制，强化科技和制度创新，加快绿色低碳科技革命。深化能源和相关领域改革，发挥市场机制作用，形成有效激励约束机制。

——内外畅通。立足国情实际，统筹国内国际能源资源，推广先进绿色低碳技术和经验。统筹做好应对气候变化对外斗争与合作，不断增强国际影响力和话语权，坚决维护我国发展权益。

——防范风险。处理好减污降碳和能源安全、产业链供应链安全、粮食安全、群众正常生活的关系，有效应对绿色低碳转型可能伴随的经济、金融、社会风险，防止过度反应，确保安全降碳。

二、主要目标

到2025年，绿色低碳循环发展的经济体系初步形成，重点行业能源利用效率大幅提升。单位国内生产总值能耗比2020年下降13.5%；单位国内生产总值二氧化碳排放比2020年下降18%；非化石能源消费比例达到20%左右；森林覆盖率达到24.1%，森林蓄积量达到180亿立方米，为实现碳达峰、碳中和奠定坚实基础。

到2030年，经济社会发展全面绿色转型取得显著成效，重点耗能行业能源利用效率达到国际先进水平。单位国内生产总值能耗大幅下降；单位国内生产总值二氧化碳排放比2005年下降65%以上；非化石能源消费比例达到25%左右，风电、太阳能发电总装机容量达到12亿千瓦以上；森林覆盖率达到25%左右，森林蓄积量达到190亿立方米，二氧化碳排放量达到峰值并实现稳中有降。

到2060年，绿色低碳循环发展的经济体系和清洁低碳安全高效的能源体系全面建立，能源利用效率达到国际先进水平，非化石能源消费比重达到80%以上，碳中和目标顺利实现，生态文明建设取得丰硕成果，开创人与自然和谐共生新境界。

三、推进经济社会发展全面绿色转型

（三）强化绿色低碳发展规划引领。将碳达峰、碳中和目标要求全面融入经济社会发展中长期规划，强化国家发展规划、国土空间规划、专项规划、区域规划和地方各级规划的支撑保障。加强各级各类规划间衔接协调，确保各地区各领域落实碳达峰、碳中和的主要目标、发展方向、重大政策、重大工程等协调一致。

（四）优化绿色低碳发展区域布局。持续优化重大基础设施、重大生产力和公共资源布局，构建有利于碳达峰、碳中和的国土空间开发保护新格局。在京津冀协同发展、长江经济带发展、粤港澳大湾区建设、长三角一体化发展、黄河流域生态保护和高质量发展等区域重大战略实施中，强化绿色低碳发展导向和任务要求。

（五）加快形成绿色生产生活方式。大力推动节能减排，全面推进清洁生产，加快发展循环经济，加强资源综合利用，不断提升绿色低碳发展水平。扩大绿色低碳产品供给和消费，倡导绿色低碳生活方式。把绿色低碳发展纳入国民教育体系。开展绿色低碳社会行动示范创建。凝聚全社会共识，加快形成全民参与的良好格局。

四、深度调整产业结构

（六）推动产业结构优化升级。加快推进农业绿色发展，促进农业固碳增效。制定能源、钢铁、有色金属、石化化工、建材、交通、建筑等行业和领域碳达峰实施方案。以节能降碳为导向，修订产业结构调整指导目录。开展钢铁、煤炭去产能“回头看”，巩固去产能成果。加快推进工业领域低碳工艺革新和数字化转型。开展碳达峰试点园区建设。加快商贸流通、信息服务等绿色转型，提升服务业低碳发展水平。

（七）坚决遏制高耗能高排放项目盲目发展。新建、扩建钢铁、水泥、平板玻璃、电解铝等高耗能高排放项目严格落实产能等量或减量置换，出台煤电、石化、煤化工等产能控制政策。未纳入国家有关领域产业规划的，一律不得新建改扩建炼油和新建乙烯、对二甲苯、煤制烯烃项目。合理控制煤制油气产能规模。提升高耗能高排放项目能耗准入标准。加强产能过剩分析预警和窗口指导。

（八）大力发展绿色低碳产业。加快发展新一代信息技术、生物技术、新能源、新材料、高端装备、新能源汽车、绿色环保以及航空航天、海洋装备等战略性新兴产业。建设绿色制造体系。推动互联网、大数据、人工智能、第五代移动通信（5G）等新兴技术与绿色低碳产业深度融合。

五、加快构建清洁低碳安全高效能源体系

（九）强化能源消费强度和总量双控。坚持节能优先的能源发展战略，严格控制能耗和二氧化碳排放强度，合理控制能源消费总量，统筹建立二氧化碳排放总量控制制度。做好产业布局、结构调整、节能审查与能耗双控的衔接，对能耗强度下降目标完成形势严峻的地区实行项目缓批限批、能耗等量或减量替代。强化节能监察和执法，加强能耗及二氧化碳排放控制目标分析预警，严格责任落实和评价考核。加强甲烷等非二氧化碳温室气体管控。

（十）大幅提升能源利用效率。把节能贯穿于经济社会发展全过程和各领域，持续深化工业、建筑、交通运输、公共机构等重点领域节能，提升数据中心、新型通信等信息化基础设施能效水平。健全能源管理体系，强化重点用能单位节能管理和目标责任。瞄准国际先进水平，加快实施节能降碳改造升级，打造能效“领跑者”。

（十一）严格控制化石能源消费。加快煤炭减量步伐，“十四五”时期严控煤炭消费增长，“十五五”时期逐步减少。石油消费“十五五”时期进入峰值平台期。统筹煤电发展和保供调峰，严控煤电装机规模，加快现役煤电机组节能升级和灵活性改造。逐步减少直至禁止煤炭散烧。加快推进页岩气、煤层气、致密油气等非常规油气资源规模化开发。强化风险管控，确保能源安全稳定供应和平稳过渡。

（十二）积极发展非化石能源。实施可再生能源替代行动，大力发展风能、太阳能、生物质能、海洋能、地热能等，不断提高非化石能源消费比重。坚持集中式与分布式并举，优先推动风能、太阳能就地就近开发利用。因地制宜开发水能。积极安全有序发展核电。合理利用生物质能。加快推进抽水蓄能和新型储能规模化应用。统筹推进氢能“制储输用”全链条发展。构建以新能源为主体的新型电力系统，提高电网对高比例可再生能源的消纳和调控能力。

（十三）深化能源体制机制改革。全面推进电力市场化改革，加快培育发展配售电环节独立市场主体，完善中长期市场、现货市场和辅助服务市场衔接机制，扩大市场化交易规模。推进电网体制改革，明确以消纳可再生能源为主的增量配电网、微电网和分布式电源的市场主体地位。加快形成以储能和调峰能力为基础支撑的新增电力装机发展机制。完善电力等能源品种价格市场化形成机制。从有利于节能的角度深化电价改革，理顺输配电价结构，全面放开竞争性环节电价。推进煤炭、油气等市场化改革，加快完善能源统一市场。

六、加快推进低碳交通运输体系建设

（十四）优化交通运输结构。加快建设综合立体交通网，大力发展多式联运，提高铁路、水路在综合运输中的承运比例，持续降低运输能耗和二氧化碳排放强度。优化客运组织，引导客运企业规模化、集约化经营。加快发展绿色物流，整合运输资源，提高利用效率。

（十五）推广节能低碳型交通工具。加快发展新能源和清洁能源车船，推广智能交通，推进铁路电气化改造，推动加氢站建设，促进船舶靠港使用岸电常态化。加快构建便利高效、适度超前的充换电网络体系。提高燃油车船能效标准，健全交通运输装备能效标识制度，加快淘汰高耗能高排放老旧车船。

（十六）积极引导低碳出行。加快城市轨道交通、公交专用道、快速公交系统等大容量公共交通基础设施建设，加强自行车专用道和行人步道等城市慢行系统建设。综合运用法律、经济、技术、行政等多种手段，加大城市交通拥堵治理力度。

七、提升城乡建设绿色低碳发展质量

（十七）推进城乡建设和管理模式低碳转型。在城乡规划建设管理各环节全面落实绿色低碳要求。推动城市组团式发展，建设城市生态和通风廊道，提升城市绿化水平。合理规划城镇建筑面积发展目标，严格管控高能耗公共建筑建设。实施工程建设全过程绿色建造，健全建筑拆除管理制度，杜绝大拆大建。加快推进绿色社区建设。结合实施乡村建设行动，推进县城和农村绿色低碳发展。

（十八）大力发展节能低碳建筑。持续提高新建建筑节能标准，加快推进超低能耗、近零能耗、低碳建筑规模化发展。大力推进城镇既有建筑和市政基础设施节能改造，提升建筑节能低碳水平。逐步开展建筑能耗限额管理，推行建筑能效测评标识，开展建筑领域低碳发展绩效评估。全面推广绿色低碳建材，推动建筑材料循环利用。发展绿色农房。

（十九）加快优化建筑用能结构。深化可再生能源建筑应用，加快推动建筑用能电气化和低碳化。开展建筑屋顶光伏行动，大幅提高建筑采暖、生活热水、炊事等电气化普及率。在北方城镇加快推进热电联产集中供暖，加快工业余热供暖规模化发展，积极稳妥推进核电余热供暖，因地制宜推进热泵、燃气、生物质能、地热能等清洁低碳供暖。

八、加强绿色低碳重大科技攻关和推广应用

（二十）强化基础研究和前沿技术布局。制定科技支撑碳达峰、碳中和行动方案，编制碳中和技术发展路线图。采用“揭榜挂帅”机制，开展低碳零碳负碳和储能新材料、新技术、新装备攻关。加强气候变化成因及影响、生态系统碳汇等基础理论和方法研究。推进高效率太阳能电池、可再生能源制氢、可控核聚变、零碳工业流程再造等低碳前沿技术攻关。培育一批节能降碳和新能源技术产品研发国家重点实验室、国家技术创新中心、重大科技创新平台。建设碳达峰、碳中和人才体系，鼓励高等学校增设碳达峰、碳中和相关学科专业。

（二十一）加快先进适用技术研发和推广。深入研究支撑风电、太阳能发电大规模友好并网的智能电网技术。加强电化学、压缩空气等新型储能技术攻关、示范和产业化应用。加强氢能生产、储存、应用关键技术研发、示范和规模化应用。推广园区能源梯级利用等节能低碳技术。推动气凝胶等新型材料研发应用。推进规模化碳捕集利用与封存技术研发、示范和产业化应用。建立完善绿色低碳技术评估、交易体系和科技创新服务平台。

九、持续巩固提升碳汇能力

（二十二）巩固生态系统碳汇能力。强化国土空间规划和用途管控，严守生态保护红线，严控生态空间占用，稳定现有森林、草原、湿地、海洋、土壤、冻土、岩溶等固碳作用。严格控制新增建设用地规模，推动城乡存量建设用地盘活利用。严格执行土地使用标准，加强节约集约用地评价，推广节地技术和节地模式。

（二十三）提升生态系统碳汇增量。实施生态保护修复重大工程，开展山水林田湖草沙一体化保护和修复。深入推进大规模国土绿化行动，巩固退耕还林还草成果，实施森林质量精准提升工程，持续增加森林面积和蓄积量。加强草原生态保护修复。强化湿地保护。整体推进海洋生态系统保护和修复，提升红树林、海草床、盐沼等固碳能力。开展耕地质量提升行动，实施国家黑土地保护工程，提升生态农业碳汇。积极推动岩溶碳汇开发利用。

十、提高对外开放绿色低碳发展水平

（二十四）加快建立绿色贸易体系。持续优化贸易结构，大力发展高质量、高技术、高附加值绿色产品贸易。完善出口政策，严格管理高耗能高排放产品出口。积极扩大绿色低碳产品、节能环保服务、环境服务等进口。

（二十五）推进绿色“一带一路”建设。加快“一带一路”投资合作绿色转型。支持共建“一带一路”国家开展清洁能源开发利用。大力推动南南合作，帮助发展中国家提高应对气候变化能力。深化与各国在绿色技术、绿色装备、绿色服务、绿色基础设施建设等方面的交流与合作，积极推动我国新能源等绿色低碳技术和产品走出去，让绿色成为共建“一带一路”的底色。

（二十六）加强国际交流与合作。积极参与应对气候变化国际谈判，坚持我国发展中国家定位，坚持共同但有区别的责任原则、公平原则和各自能力原则，维护我国发展权益。履行《联合国气候变化框架公约》及其《巴黎协定》，发布我国长期温室气体低排放发展战略，积极参与国际规则和标准制定，推动建立公平合理、合作共赢的全球气候治理体系。加强应对气候变化国际交流合作，统筹国内外工作，主动参与全球气候和环境治理。

十一、健全法律法规标准和统计监测体系

（二十七）健全法律法规。全面清理现行法律法规中与碳达峰、碳中和工作不相适应的内容，加强法律法规间的衔接协调。研究制定碳中和专项法律，抓紧修订节约能源法、电力法、煤炭法、可再生能源法、循环经济促进法等，增强相关法律法规的针对性和有效性。

（二十八）完善标准计量体系。建立健全碳达峰、碳中和标准计量体系。加快节能标准更新升级，抓紧修订一批能耗限额、产品设备能效强制性国家标准和工程建设标准，提升重点产品能耗限额要求，扩大能耗限额标准覆盖范围，完善能源核算、检测认证、评估、审计等配套标准。加快完善地区、行业、企业、产品等碳排放核查核算报告标准，建立统一规范的碳核算体系。制定重点行业和产品温室气体排放标准，完善低碳产品标准标识制度。积极参与相关国际标准制定，加强标准国际衔接。

（二十九）提升统计监测能力。健全电力、钢铁、建筑等行业领域能耗统计监测和计量体系，加强重点用能单位能耗在线监测系统建设。加强二氧化碳排放统计核算能力建设，提升信息化实测水平。依托和拓展自然资源调查监测体系，建立生态系统碳汇监测核算体系，开展森林、草原、湿地、海洋、土壤、冻土、岩溶等碳汇本底调查和碳储量评估，实施生态保护修复碳汇成效监测评估。

十二、完善政策机制

（三十）完善投资政策。充分发挥政府投资引导作用，构建与碳达峰、碳中和相适应的投融资体系，严控煤电、钢铁、电解铝、水泥、石化等高碳项目投资，加大对节能环保、新能源、低碳交通运输装备和组织方式、碳捕集利用与封存等项目的支持力度。完善支持社会资本参与政策，激发市场主体绿色低碳投资活力。国有企业要加大绿色低碳投资，积极开展低碳零碳负碳技术研发应用。

（三十一）积极发展绿色金融。有序推进绿色低碳金融产品和服务开发，设立碳减排货币政策工具，将绿色信贷纳入宏观审慎评估框架，引导银行等金融机构为绿色低碳项目提供长期限、低成本资金。鼓励开发性政策性金融机构按照市场化法治化原则为实现碳达峰、碳中和提供长期稳定融资支持。支持符合条件的企业上市融资和再融资用于绿色低碳项目建设运营，扩大绿色债券规模。研究设立国家低碳转型基金。鼓励社会资本设立绿色低碳产业投资基金。建立健全绿色金融标准体系。

（三十二）完善财税价格政策。各级财政要加大对绿色低碳产业发展、技术研发等的支持力度。完善政府绿色采购标准，加大绿色低碳产品采购力度。落实环境保护、节能节水、新能源和清洁能源车船税收优惠。研究碳减排相关税收政策。建立健全促进可再生能源规模化发展的价格机制。完善差别化电价、分时电价和居民阶梯电价政策。严禁对高耗能、高排放、资源型行业实施电价优惠。加快推进供热计量改革和按供热量收费。加快形成具有合理约束力的碳价机制。

（三十三）推进市场化机制建设。依托公共资源交易平台，加快建设完善全国碳排放权交易市场，逐步扩大市场覆盖范围，丰富交易品种和交易方式，完善配额分配管理。将碳汇交易纳入全国碳排放权交易市场，建立健全能够体现碳汇价值的生态保护补偿机制。健全企业、金融机构等碳排放报告和信息披露制度。完善用能权有偿使用和交易制度，加快建设全国用能权交易市场。加强电力交易、用能权交易和碳排放权交易的统筹衔接。发展市场化节能方式，推行合同能源管理，推广节能综合服务。

十三、切实加强组织实施

（三十四）加强组织领导。加强党中央对碳达峰、碳中和工作的集中统一领导，碳达峰碳中和工作领导小组指导和统筹做好碳达峰、碳中和工作。支持有条件的地方和重点行业、重点企业率先实现碳达峰，组织开展碳达峰、碳中和先行示范，探索有效模式和有益经验。将碳达峰、碳中和作为干部教育培训体系重要内容，增强各级领导干部推动绿色低碳发展的本领。

（三十五）强化统筹协调。国家发展改革委要加强统筹，组织落实2030年前碳达峰行动方案，加强碳中和工作谋划，定期调度各地区各有关部门落实碳达峰、碳中和目标任务进展情况，加强跟踪评估和督促检查，协调解决实施中遇到的重大问题。各有关部门要加强协调配合，形成工作合力，确保政策取向一致、步骤力度衔接。

（三十六）压实地方责任。落实领导干部生态文明建设责任制，地方各级党委和政府要坚决扛起碳达峰、碳中和责任，明确目标任务，制定落实举措，自觉为实现碳达峰、碳中和作出贡献。

（三十七）严格监督考核。各地区要将碳达峰、碳中和相关指标纳入经济社会发展综合评价体系，增加考核权重，加强指标约束。强化碳达峰、碳中和目标任务落实情况考核，对工作突出的地区、单位和个人按规定给予表彰奖励，对未完成目标任务的地区、部门依规依法实行通报批评和约谈问责，有关落实情况纳入中央生态环境保护督察。各地区各有关部门贯彻落实情况每年向党中央、国务院报告。

国务院关于印发2030年前碳达峰行动方案的通知

国发〔2021〕23号

各省、自治区、直辖市人民政府，国务院各部委、各直属机构：

现将《2030年前碳达峰行动方案》印发给你们，请认真贯彻执行。

国务院

2021年10月24日

（本文有删减）

2030年前碳达峰行动方案

为深入贯彻落实党中央、国务院关于碳达峰、碳中和的重大战略决策，扎实推进碳达峰行动，制定本方案。

一、总体要求

（一）指导思想。以习近平新时代中国特色社会主义思想为指导，全面贯彻党的十九大和十九届二中、三中、四中、五中全会精神，深入贯彻习近平生态文明思想，立足新发展阶段，完整、准确、全面贯彻新发展理念，构建新发展格局，坚持系统观念，处理好发展和减排、整体和局部、短期和中长期的关系，统筹稳增长和调结构，把碳达峰、碳中和纳入经济社会发展全局，坚持“全国统筹、节约优先、双轮驱动、内外畅通、防范风险”的总方针，有力有序有效做好碳达峰工作，明确各地区、各领域、各行业目标任务，加快实现生产生活方式绿色变革，推动经济社会发展建立在资源高效利用和绿色低碳发展的基础之上，确保如期实现2030年前碳达峰目标。

（二）工作原则。

——总体部署、分类施策。坚持全国一盘棋，强化顶层设计和各方统筹。各地区、各领域、各行业因地制宜、分类施策，明确既符合自身实际又满足总体要求的目标任务。

——系统推进、重点突破。全面准确认识碳达峰行动对经济社会发展的深远影响，加强政策的系统性、协同性。抓住主要矛盾和矛盾的主要方面，推动重点领域、重点行业和有条件的地方率先达峰。

——双轮驱动、两手发力。更好发挥政府作用，构建新型举国体制，充分发挥市场机制作用，大力推进绿色低碳科技创新，深化能源和相关领域改革，形成有效激励约束机制。

——稳妥有序、安全降碳。立足我国富煤贫油少气的能源资源禀赋，坚持先立后破，稳住存量，拓展增量，以保障国家能源安全和经济发展为底线，争取时间实现新能源的逐渐替代，推动能源低碳转型平稳过渡，切实保障国家能源安全、产业链供应链安全、粮食安全和群众正常生产生活，着力化解各类风险隐患，防止过度反应，稳妥有序、循序渐进推进碳达峰行动，确保安全降碳。

二、主要目标

“十四五”期间，产业结构和能源结构调整优化取得明显进展，重点行业能源利用效率大幅提升，煤炭消费增长得到严格控制，新型电力系统加快构建，绿色低碳技术研发和推广应用取得新进展，绿色生产生活方式得到普遍推行，有利于绿色低碳循环发展的政策体系进一步完善。到 2025 年，非化石能源消费比例达到 20%左右，单位国内生产总值能源消耗比 2020 年下降 13.5%，单位国内生产总值二氧化碳排放比 2020 年下降 18%，为实现碳达峰奠定坚实基础。

“十五五”期间，产业结构调整取得重大进展，清洁低碳安全高效的能源体系初步建立，重点领域低碳发展模式基本形成，重点耗能行业能源利用效率达到国际先进水平，非化石能源消费比例进一步提高，煤炭消费逐步减少，绿色低碳技术取得关键突破，绿色生活方式成为公众自觉选择，绿色低碳循环发展政策体系基本健全。到 2030 年，非化石能源消费比例达到 25%左右，单位国内生产总值二氧化碳排放比 2005 年下降 65%以上，顺利实现 2030 年前碳达峰目标。

三、重点任务

将碳达峰贯穿于经济社会发展全过程和各方面，重点实施能源绿色低碳转型行动、节能降碳增效行动、工业领域碳达峰行动、城乡建设碳达峰行动、交通运输绿色低碳行动、循环经济助力降碳行动、绿色低碳科技创新行动、碳汇能力巩固提升行动、绿色低碳全民行动、各地区梯次有序碳达峰行动等“碳达峰十大行动”。

（一）能源绿色低碳转型行动。

能源是经济社会发展的重要物质基础，也是碳排放的最主要来源。要坚持安全降碳，在保障能源安全的前提下，大力实施可再生能源替代，加快构建清洁低碳安全高效的能源体系。

1. 推进煤炭消费替代和转型升级。加快煤炭减量步伐，“十四五”时期严格合理控制煤炭消费增长，“十五五”时期逐步减少。严格控制新增煤电项目，新建机组煤耗标准达到国际先进水平，有序淘汰煤电落后产能，加快现役机组节能升级和灵活性改造，积极推进供热改造，推动煤电向基础保障性和系统调节性电源并重转型。严控跨区外送可再生能源电力配套煤电规模，新建通道可再生能源电量比例原则上不低于 50%。推动重点用煤行业减煤限煤。大力推动煤炭清洁利用，合理划定禁止散烧区域，多措并举、积极有序推进散煤替代，逐步减少直至禁止煤炭散烧。

2. 大力发展新能源。全面推进风电、太阳能发电大规模开发和高质量发展，坚持集中式与分布式并举，加快建设风电和光伏发电基地。加快智能光伏产业创新升级和特色应用，创新“光伏+”模式，推进光伏发电多元布局。坚持陆海并重，推动风电协调快速发展，完善海上风电产业链，鼓励建设海上风电基地。积极发展太阳能光热发电，推动建立光热发电与光伏发电、风电互补调节的风光热综合可再生能源发电基地。因地制宜发展生物质发电、生物质能清洁供暖和生物天然气。探索深化地热能以及波浪能、潮流能、温差能等海洋新能源开发利用。进一步完善可再生能源电力消纳保障机制。到 2030 年，风电、太阳能发电总装机容量达到 12 亿千瓦以上。

3. 因地制宜开发水电。积极推进水电基地建设，推动金沙江上游、澜沧江上游、雅砻江中游、黄河上游等已纳入规划、符合生态保护要求的水电项目开工建设，推进雅鲁藏布江下游水电开发，推动小水电绿色发展。推动西南地区水电与风电、太阳能发电协同互补。统筹水电开发和生态保护，探索建立水能资源开发生态保护补偿机制。“十四五”“十五五”期间分别新增水电装机容量 4000 万千瓦左右，西南地区以水电为主的可再生能源体系基本建立。

4. 积极安全有序发展核电。合理确定核电站布局和开发时序，在确保安全的前提下有序发展核电，保持平稳建设节奏。积极推动高温气冷堆、快堆、模块化小型堆、海上浮动堆等先进堆型示范工程，开展核能综合利用示范。加大核电标准化、自主化力度，加快关键技术装备攻关，培育高端核电装备制造产业集群。实行最严格的安全标准和最严格的监管，持续提升核安全监管能力。

5. 合理调控油气消费。保持石油消费处于合理区间，逐步调整汽油消费规模，大力推进先进生物液体燃料、可持续航空燃料等替代传统燃油，提升终端燃油产品能效。加快推进页岩气、煤层气、致密油（气）等非常规油气资源规模化开发。有序引导天然气消费，优化利用结构，优先保障民生用气，大力推动天然气与多种能源融合发展，因地制宜建设天然气调峰电站，合理引导工业用气和化工原料用气。支持车船使用液化天然气作为燃料。

6. 加快建设新型电力系统。构建新能源占比逐渐提高的新型电力系统，推动清洁电力资源大范围优化配置。大力提升电力系统综合调节能力，加快灵活调节电源建设，引导自备电厂、传统高载能工业负荷、工商业可中断负荷、电动汽车充电网络、虚拟电厂等参与系统调节，建设坚强智能电网，提升电网安全保障水平。积极发展“新能源+

储能”、源网荷储一体化和多能互补，支持分布式新能源合理配置储能系统。制定新一轮抽水蓄能电站中长期发展规划，完善促进抽水蓄能发展的政策机制。加快新型储能示范推广应用。深化电力体制改革，加快构建全国统一电力市场体系。到2025年，新型储能装机容量达到3000万千瓦以上。到2030年，抽水蓄能电站装机容量达到1.2亿千瓦左右，省级电网基本具备5%以上的尖峰负荷响应能力。

（二）节能降碳增效行动。

落实节约优先方针，完善能源消费强度和总量双控制度，严格控制能耗强度，合理控制能源消费总量，推动能源消费革命，建设能源节约型社会。

1. 全面提升节能管理能力。推行用能预算管理，强化固定资产投资项目节能审查，对项目用能和碳排放情况进行综合评价，从源头推进节能降碳。提高节能管理信息化水平，完善重点用能单位能耗在线监测系统，建立全国性、行业性节能技术推广服务平台，推动高耗能企业建立能源管理中心。完善能源计量体系，鼓励采用认证手段提升节能管理水平。加强节能监察能力建设，健全省、市、县三级节能监察体系，建立跨部门联动机制，综合运用行政处罚、信用监管、绿色电价等手段，增强节能监察约束力。

2. 实施节能降碳重点工程。实施城市节能降碳工程，开展建筑、交通、照明、供热等基础设施节能升级改造，推进先进绿色建筑技术示范应用，推动城市综合能效提升。实施园区节能降碳工程，以高耗能高排放项目（以下称“两高”项目）集聚度高的园区为重点，推动能源系统优化和梯级利用，打造一批达到国际先进水平的节能低碳园区。实施重点行业节能降碳工程，推动电力、钢铁、有色金属、建材、石化化工等行业开展节能降碳改造，提升能源资源利用效率。实施重大节能降碳技术示范工程，支持已取得突破的绿色低碳关键技术开展产业化示范应用。

3. 推进重点用能设备节能增效。以电机、风机、泵、压缩机、变压器、换热器、工业锅炉等设备为重点，全面提升能效标准。建立以能效为导向的激励约束机制，推广先进高效产品设备，加快淘汰落后低效设备。加强重点用能设备节能审查和日常监管，强化生产、经营、销售、使用、报废全链条管理，严厉打击违法违规行为，确保能效标准和节能要求全面落实。

4. 加强新型基础设施节能降碳。优化新型基础设施空间布局，统筹谋划、科学配置数据中心等新型基础设施，避免低水平重复建设。优化新型基础设施用能结构，采用直流供电、分布式储能、“光伏+储能”等模式，探索多样化能源供应，提高非化石能源消费比重。对标国际先进水平，加快完善通信、运算、存储、传输等设备能效标准，提升准入门槛，淘汰落后设备和技术。加强新型基础设施用能管理，将年综合能耗超过1万吨标准煤的数据中心全部纳入重点用能单位能耗在线监测系统，开展能源计量审查。推动既有设施绿色升级改造，积极推广使用高效制冷、先进通风、余热利用、智能化用能控制等技术，提高设施能效水平。

（三）工业领域碳达峰行动。

工业是产生碳排放的主要领域之一，对全国整体实现碳达峰具有重要影响。工业领域要加快绿色低碳转型和高质量发展，力争率先实现碳达峰。

1. 推动工业领域绿色低碳发展。优化产业结构，加快退出落后产能，大力发展战略性新兴产业，加快传统产业绿色低碳改造。促进工业能源消费低碳化，推动化石能源清洁高效利用，提高可再生能源应用比重，加强电力需求侧管理，提升工业电气化水平。深入实施绿色制造工程，大力推行绿色设计，完善绿色制造体系，建设绿色工厂和绿色工业园区。推进工业领域数字化智能化绿色化融合发展，加强重点行业和领域技术改造。

2. 推动钢铁行业碳达峰。深化钢铁行业供给侧结构性改革，严格执行产能置换，严禁新增产能，推进存量优化，淘汰落后产能。推进钢铁企业跨地区、跨所有制兼并重组，提高行业集中度。优化生产力布局，以京津冀及周边地区为重点，继续压减钢铁产能。促进钢铁行业结构优化和清洁能源替代，大力推进非高炉炼铁技术示范，提升废钢资源回收利用水平，推行全废钢电炉工艺。推广先进适用技术，深挖节能降碳潜力，鼓励钢化联产，探索开展氢冶金、二氧化碳捕集利用一体化等试点示范，推动低品位余热供暖发展。

3. 推动有色金属行业碳达峰。巩固化解电解铝过剩产能成果，严格执行产能置换，严控新增产能。推进清洁能源替代，提高水电、风电、太阳能发电等应用比重。加快再生有色金属产业发展，完善废弃有色金属资源回收、分选和加工网络，提高再生有色金属产量。加快推广应用先进适用绿色低碳技术，提升有色金属生产过程余热回收水平，推动单位产品能耗持续下降。

4. 推动建材行业碳达峰。加强产能置换监管，加快低效产能退出，严禁新增水泥熟料、平板玻璃产能，引导建材行业向轻型化、集约化、制品化转型。推动水泥错峰生产常态化，合理缩短水泥熟料装置运转时间。因地制宜利用风能、太阳能等可再生能源，逐步提高电力、天然气应用比重。鼓励建材企业使用粉煤灰、工业废渣、尾矿渣等作为原料或水泥混合材。加快推进绿色建材产品认证和应用推广，加强新型胶凝材料、低碳混凝土、木竹建材等低碳建材产品研发应用。推广节能技术设备，开展能源管理体系建设，实现节能增效。

5. 推动石化化工行业碳达峰。优化产能规模和布局，加大落后产能淘汰力度，有效化解结构性过剩矛盾。严格项目准入，合理安排建设时序，严控新增炼油和传统煤化工生产能力，稳妥有序发展现代煤化工。引导企业转变用能方式，鼓励以电力、天然气等替代煤炭。调整原料结构，控制新增原料用煤，拓展富氢原料进口来源，推动石化化工原料轻质化。优化产品结构，促进石化化工与煤炭开采、冶金、建材、化纤等产业协同发展，加强炼厂干气、液化气等副产气体高效利用。鼓励企业节能升级改造，推动能量梯级利用、物料循环利用。到 2025 年，国内原油一次加工能力控制在 10 亿吨以内，主要产品产能利用率提升至 80%以上。

6. 坚决遏制“两高”项目盲目发展。采取强有力措施，对“两高”项目实行清单管理、分类处置、动态监控。全面排查在建项目，对能效水平低于本行业能耗限额准入值的，按有关规定停工整改，推动能效水平应提尽提，力争全面达到国内乃至国际先进水平。科学评估拟建项目，对产能已饱和的行业，按照“减量替代”原则压减产能；对产能尚未饱和的行业，按照国家布局和审批备案等要求，对标国际先进水平提高准入门槛；对能耗量较大的新兴产业，支持引导企业应用绿色低碳技术，提高能效水平。深入挖潜存量项目，加快淘汰落后产能，通过改造升级挖掘节能减排潜力。强化常态化监管，坚决拿下不符合要求的“两高”项目。

（四）城乡建设碳达峰行动。

加快推进城乡建设绿色低碳发展，城市更新和乡村振兴都要落实绿色低碳要求。

1. 推进城乡建设绿色低碳转型。推动城市组团式发展，科学确定建设规模，控制新增建设用地过快增长。倡导绿色低碳规划设计理念，增强城乡气候韧性，建设海绵城市。推广绿色低碳建材和绿色建造方式，加快推进新型建筑工业化，大力发展装配式建筑，推广钢结构住宅，推动建材循环利用，强化绿色设计和绿色施工管理。加强县城绿色低碳建设。推动建立以绿色低碳为导向的城乡规划建设管理机制，制定建筑拆除管理办法，杜绝大拆大建。建设绿色城镇、绿色社区。

2. 加快提升建筑能效水平。加快更新建筑节能、市政基础设施等标准，提高节能降碳要求。加强适用于不同气候区、不同建筑类型的节能低碳技术研发和推广，推动超低能耗建筑、低碳建筑规模化发展。加快推进居住建筑和公共建筑节能改造，持续推动老旧供热管网等市政基础设施节能降碳改造。提升城镇建筑和基础设施运行管理智能化水平，加快推广供热计量收费和合同能源管理，逐步开展公共建筑能耗限额管理。到 2025 年，城镇新建建筑全面执行绿色建筑标准。

3. 加快优化建筑用能结构。深化可再生能源建筑应用，推广光伏发电与建筑一体化应用。积极推动严寒、寒冷地区清洁取暖，推进热电联产集中供暖，加快工业余热供暖规模化应用，积极稳妥开展核能供热示范，因地制宜推行热泵、生物质能、地热能、太阳能等清洁低碳供暖。引导夏热冬冷地区科学取暖，因地制宜采用清洁高效取暖方式。提高建筑终端电气化水平，建设集光伏发电、储能、直流配电、柔性用电于一体的“光储直柔”建筑。到 2025 年，城镇建筑可再生能源替代率达到 8%，新建公共机构建筑、新建厂房屋顶光伏覆盖率力争达到 50%。

4. 推进农村建设和用能低碳转型。推进绿色农房建设，加快农房节能改造。持续推进农村地区清洁取暖，因地制宜选择适宜取暖方式。发展节能低碳农业大棚。推广节能环保灶具、电动农用车辆、节能环保农机和渔船。加快生物质能、太阳能等可再生能源在农业生产和农村生活中的应用。加强农村电网建设，提升农村用能电气化水平。

（五）交通运输绿色低碳行动。

加快形成绿色低碳运输方式，确保交通运输领域碳排放增长保持在合理区间。

1. 推动运输工具装备低碳转型。积极扩大电力、氢能、天然气、先进生物液体燃料等新能源、清洁能源在交通运输领域应用。大力推广新能源汽车，逐步降低传统燃油汽车在新车产销和汽车保有量中的占比，推动城市公共服务车辆电动化替代，推广电力、氢燃料、液化天然气动力重型货运车辆。提升铁路系统电气化水平。加快老旧船舶更新改造，发展电动、液化天然气动力船舶，深入推进船舶靠港使用岸电，因地制宜开展沿海、内河绿色智能船舶示范应用。提升机场运行电动化智能化水平，发展新能源航空器。到 2030 年，当年新增新能源、清洁能源动力的交通工具比例达到 40%左右，营运交通工具单位换算周转量碳排放强度比 2020 年下降 9.5%左右，国家铁路单位换算周转量综合能耗比 2020 年下降 10%。陆路交通运输石油消费力争 2030 年前达到峰值。

2. 构建绿色高效交通运输体系。发展智能交通，推动不同运输方式合理分工、有效衔接，降低空载率和不合理客货运周转量。大力发展以铁路、水路为骨干的多式联运，推进工矿企业、港口、物流园区等铁路专用线建设，加快内河高等级航道网建设，加快大宗货物和中长距离货物运输“公转铁”“公转水”。加快先进适用技术应用，提升民航运行管理效率，引导航空企业加强智慧运行，实现系统化节能降碳。加快城乡物流配送体系建设，创新绿色低碳、集约高效的配送模式。打造高效衔接、快捷舒适的公共交通服务体系，积极引导公众选择绿色低碳交通方式。“十四五”期间，集装箱铁水联运量年均增长 15%以上。到 2030 年，城区常住人口 100 万以上的城市绿色出行比例不低于 70%。

3. 加快绿色交通基础设施建设。将绿色低碳理念贯穿于交通基础设施规划、建设、运营和维护全过程，降低全生命周期能耗和碳排放。开展交通基础设施绿色化提升改造，统筹利用综合运输通道线位、土地、空域等资源，加大岸线、锚地等资源整合力度，提高利用效率。有序推进充电桩、配套电网、加注（气）站、加氢站等基础设施建设，提升城市公共交通基础设施水平。到 2030 年，民用运输机场场内车辆装备等力争全面实现电动化。

（六）循环经济助力降碳行动。

抓住资源利用这个源头，大力发展循环经济，全面提高资源利用效率，充分发挥减少资源消耗和降碳的协同作用。

1. 推进产业园区循环化发展。以提升资源产出率和循环利用率为目标，优化园区空间布局，开展园区循环化改造。推动园区企业循环式生产、产业循环式组合，组织企业实施清洁生产改造，促进废物综合利用、能量梯级利用、水资源循环利用，推进工业余压余热、废气废液废渣资源化利用，积极推广集中供气供热。搭建基础设施和公共服务共享平台，加强园区物质流管理。到 2030 年，省级以上重点产业园区全部实施循环化改造。

2. 加强大宗固废综合利用。提高矿产资源综合开发利用水平和综合利用率，以煤矸石、粉煤灰、尾矿、共伴生矿、冶炼渣、工业副产石膏、建筑垃圾、农作物秸秆等大宗固废为重点，支持大掺量、规模化、高值化利用，鼓励应用于替代原生非金属矿、砂石等资源。在确保安全环保前提下，探索将磷石膏应用于土壤改良、井下充填、路基修筑等。推动建筑垃圾资源化利用，推广废弃路面材料原地再生利用。加快推进秸秆高值化利用，完善收储运体系，严格禁烧管控。加快大宗固废综合利用示范建设。到 2025 年，大宗固废年利用量达到 40 亿吨左右；到 2030 年，年利用量达到 45 亿吨左右。

3. 健全资源循环利用体系。完善废旧物资回收网络，推行“互联网+”回收模式，实现再生资源应收尽收。加强再生资源综合利用行业规范管理，促进产业集聚发展。高水平建设现代化“城市矿产”基地，推动再生资源规范化、规模化、清洁化利用。推进退役动力电池、光伏组件、风电机组叶片等新兴产业废物循环利用。促进汽车零部件、工程机械、文办设备等再制造产业高质量发展。加强资源再生产品和再制造产品推广应用。到 2025 年，废钢铁、废铜、废铝、废铅、废锌、废纸、废塑料、废橡胶、废玻璃等 9 种主要再生资源循环利用量达到 4.5 亿吨，到 2030 年达到 5.1 亿吨。

4. 大力推进生活垃圾减量化资源化。扎实推进生活垃圾分类，加快建立覆盖全社会的生活垃圾收运处置体系，全面实现分类投放、分类收集、分类运输、分类处理。加强塑料污染全链条治理，整治过度包装，推动生活垃圾源头减量。推进生活垃圾焚烧处理，降低填埋比例，探索适合我国厨余垃圾特性的资源化利用技术。推进污水资源化利用。到 2025 年，城市生活垃圾分类体系基本健全，生活垃圾资源化利用比例提升至 60%左右。到 2030 年，城市生活垃圾分类实现全覆盖，生活垃圾资源化利用比例提升至 65%。

（七）绿色低碳科技创新行动。

发挥科技创新的支撑引领作用，完善科技创新体制机制，强化创新能力，加快绿色低碳科技革命。

1. 完善创新体制机制。制定科技支撑碳达峰碳中和行动方案，在国家重点研发计划中设立碳达峰碳中和关键技术研究与示范等重点专项，采取“揭榜挂帅”机制，开展低碳零碳负碳关键核心技术攻关。将绿色低碳技术创新成果纳入高等学校、科研单位、国有企业有关绩效考核。强化企业创新主体地位，支持企业承担国家绿色低碳重大科技项目，鼓励设施、数据等资源开放共享。推进国家绿色技术交易中心建设，加快创新成果转化。加强绿色低碳技术和产品知识产权保护。完善绿色低碳技术和产品检测、评估、认证体系。

2. 加强创新能力建设和人才培养。组建碳达峰碳中和相关国家实验室、国家重点实验室和国家技术创新中心，适度超前布局国家重大科技基础设施，引导企业、高等学校、科研单位共建一批国家绿色低碳产业创新中心。创新人才培养模式，鼓励高等学校加快新能源、储能、氢能、碳减排、碳汇、碳排放权交易等学科建设和人才培养，建设一批绿色低碳领域未来技术学院、现代产业学院和示范性能源学院。深化产教融合，鼓励校企联合开展产学合作协同育人项目，组建碳达峰碳中和产教融合发展联盟，建设一批国家储能技术产教融合创新平台。

3. 强化应用基础研究。实施一批具有前瞻性、战略性的国家重大前沿科技项目，推动低碳零碳负碳技术装备研发取得突破性进展。聚焦化石能源绿色智能开发和清洁低碳利用、可再生能源大规模利用、新型电力系统、节能、氢能、储能、动力电池、二氧化碳捕集利用与封存等重点，深化应用基础研究。积极研发先进核电技术，加强可控核聚变等前沿颠覆性技术研究。

4. 加快先进适用技术研发和推广应用。集中力量开展复杂大电网安全稳定运行和控制、大容量风电、高效光伏、大功率液化天然气发动机、大容量储能、低成本可再生能源制氢、低成本二氧化碳捕集利用与封存等技术创新，加快碳纤维、气凝胶、特种钢材等基础材料研发，补齐关键零部件、元器件、软件等短板。推广先进成熟绿色低碳技术，开展示范应用。建设全流程、集成化、规模化二氧化碳捕集利用与封存示范项目。推进熔盐储能供热和发电示范应用。加快氢能技术研发和示范应用，探索在工业、交通运输、建筑等领域规模化应用。

（八）碳汇能力巩固提升行动。

坚持系统观念，推进山水林田湖草沙一体化保护和修复，提高生态系统质量和稳定性，提升生态系统碳汇增量。

1. 巩固生态系统固碳作用。结合国土空间规划编制和实施，构建有利于碳达峰、碳中和的国土空间开发保护格局。严守生态保护红线，严控生态空间占用，建立以国家公园为主体的自然保护地体系，稳定现有森林、草原、湿地、海洋、土壤、冻土、岩溶等固碳作用。严格执行土地使用标准，加强节约集约用地评价，推广节地技术和节地模式。

2. 提升生态系统碳汇能力。实施生态保护修复重大工程。深入推进大规模国土绿化行动，巩固退耕还林还草成果，扩大林草资源总量。强化森林资源保护，实施森林质量精准提升工程，提高森林质量和稳定性。加强草原生态保护修复，提高草原综合植被盖度。加强河湖、湿地保护修复。整体推进海洋生态系统保护和修复，提升红树林、海草床、盐沼等固碳能力。加强退化土地修复治理，开展荒漠化、石漠化、水土流失综合治理，实施历史遗留矿山生态修复工程。到 2030 年，全国森林覆盖率达到 25% 左右，森林蓄积量达到 190 亿立方米。

3. 加强生态系统碳汇基础支撑。依托和拓展自然资源调查监测体系，利用好国家林草生态综合监测评价成果，建立生态系统碳汇监测核算体系，开展森林、草原、湿地、海洋、土壤、冻土、岩溶等碳汇本底调查、碳储量评估、潜力分析，实施生态保护修复碳汇成效监测评估。加强陆地和海洋生态系统碳汇基础理论、基础方法、前沿颠覆性技术研究。建立健全能够体现碳汇价值的生态保护补偿机制，研究制定碳汇项目参与全国碳排放权交易相关规则。

4. 推进农业农村减排固碳。大力发展绿色低碳循环农业，推进农光互补、“光伏+设施农业”、“海上风电+海洋牧场”等低碳农业模式。研发应用增汇型农业技术。开展耕地质量提升行动，实施国家黑土地保护工程，提升土壤有机碳储量。合理控制化肥、农药、地膜使用量，实施化肥农药减量替代计划，加强农作物秸秆综合利用和畜禽粪污资源化利用。

（九）绿色低碳全民行动。

增强全民节约意识、环保意识、生态意识，倡导简约适度、绿色低碳、文明健康的生活方式，把绿色理念转化为全体人民的自觉行动。

1. 加强生态文明宣传教育。将生态文明教育纳入国民教育体系，开展多种形式的资源环境国情教育，普及碳达峰、碳中和基础知识。加强对公众的生态文明科普教育，将绿色低碳理念有机融入文艺作品，制作文创产品和公益广告，持续开展世界地球日、世界环境日、全国节能宣传周、全国低碳日等主题宣传活动，增强社会公众绿色低碳意识，推动生态文明理念更加深入人心。

2. 推广绿色低碳生活方式。坚决遏制奢侈浪费和不合理消费，着力破除奢靡铺张的歪风陋习，坚决制止餐饮浪费行为。在全社会倡导节约用能，开展绿色低碳社会行动示范创建，深入推进绿色生活创建行动，评选宣传一批优秀示范典型，营造绿色低碳生活新风尚。大力发展绿色消费，推广绿色低碳产品，完善绿色产品认证与标识制度。提升绿色产品在政府采购中的比例。

3. 引导企业履行社会责任。引导企业主动适应绿色低碳发展要求，强化环境责任意识，加强能源资源节约，提升绿色创新水平。重点领域国有企业特别是中央企业要制定实施企业碳达峰行动方案，发挥示范引领作用。重点用能单位要梳理核算自身碳排放情况，深入研究碳减排路径，“一企一策”制定专项工作方案，推进节能降碳。相关上市公司和发债企业要按照环境信息依法披露要求，定期公布企业碳排放信息。充分发挥行业协会等社会团体作用，督促企业自觉履行社会责任。

4. 强化领导干部培训。将学习贯彻习近平生态文明思想作为干部教育培训的重要内容，各级党校（行政学院）要把碳达峰、碳中和相关内容列入教学计划，分阶段、多层次对各级领导干部开展培训，普及科学知识，宣讲政策要点，强化法治意识，深化各级领导干部对碳达峰、碳中和工作重要性、紧迫性、科学性、系统性的认识。从事绿色低碳发展相关工作的领导干部要尽快提升专业素养和业务能力，切实增强推动绿色低碳发展的本领。

（十）各地区梯次有序碳达峰行动。

各地区要准确把握自身发展定位，结合本地区经济社会发展实际和资源环境禀赋，坚持分类施策、因地制宜、上下联动，梯次有序推进碳达峰。

1. 科学合理确定有序达峰目标。碳排放已经基本稳定的地区要巩固减排成果，在率先实现碳达峰的基础上进一步降低碳排放。产业结构较轻、能源结构较优的地区要坚持绿色低碳发展，坚决不走依靠“两高”项目拉动经济增长的老路，力争率先实现碳达峰。产业结构偏重、能源结构偏煤的地区和资源型地区要把节能降碳摆在突出位置，大力优化调整产业结构和能源结构，逐步实现碳排放增长与经济增长脱钩，力争与全国同步实现碳达峰。

2. 因地制宜推进绿色低碳发展。各地区要结合区域重大战略、区域协调发展战略和主体功能区战略，从实际出发推进本地区绿色低碳发展。京津冀、长三角、粤港澳大湾区等区域要发挥高质量发展动力源和增长极作用，率先推动经济社会发展全面绿色转型。长江经济带、黄河流域和国家生态文明试验区要严格落实生态优先、绿色发展战略导向，在绿色低碳发展方面走在全国前列。中西部和东北地区要着力优化能源结构，按照产业政策和能耗双控要求，有序推动高耗能行业向清洁能源优势地区集中，积极培育绿色发展动能。

3. 上下联动制定地方达峰方案。各省、自治区、直辖市人民政府要按照国家总体部署，结合本地区资源环境禀赋、产业布局、发展阶段等，坚持全国一盘棋，不抢跑，科学制定本地区碳达峰行动方案，提出符合实际、切实可行的碳达峰时间表、路线图、施工图，避免“一刀切”限电限产或运动式“减碳”。各地区碳达峰行动方案经碳达峰碳中和工作领导小组综合平衡、审核通过后，由地方自行印发实施。

4. 组织开展碳达峰试点建设。加大中央对地方推进碳达峰的支持力度，选择100个具有典型代表性的城市和园区开展碳达峰试点建设，在政策、资金、技术等方面对试点城市和园区给予支持，加快实现绿色低碳转型，为全国提供可操作、可复制、可推广的经验做法。

四、国际合作

（一）深度参与全球气候治理。大力宣传习近平生态文明思想，分享中国生态文明、绿色发展理念与实践经验，为建设清洁美丽世界贡献中国智慧、中国方案、中国力量，共同构建人与自然生命共同体。主动参与全球绿色治理体系建设，坚持共同但有区别的责任原则、公平原则和各自能力原则，坚持多边主义，维护以联合国为核心的国际体系，推动各方全面履行《联合国气候变化框架公约》及其《巴黎协定》。积极参与国际航运、航空减排谈判。

（二）开展绿色经贸、技术与金融合作。优化贸易结构，大力发展高质量、高技术、高附加值绿色产品贸易。加强绿色标准国际合作，推动落实合格评定合作和互认机制，做好绿色贸易规则与进出口政策的衔接。加强节能环保产品和服务进出口。加大绿色技术合作力度，推动开展可再生能源、储能、氢能、二氧化碳捕集利用与封存等领域科研合作和技术交流，积极参与国际热核聚变实验堆计划等国际大科学工程。深化绿色金融国际合作，积极参与碳定价机制和绿色金融标准体系国际宏观协调，与有关各方共同推动绿色低碳转型。

（三）推进绿色“一带一路”建设。秉持共商共建共享原则，弘扬开放、绿色、廉洁理念，加强与共建“一带一路”国家的绿色基建、绿色能源、绿色金融等领域合作，提高境外项目环境可持续性，打造绿色、包容的“一带一路”能源合作伙伴关系，扩大新能源技术和产品出口。发挥“一带一路”绿色发展国际联盟等合作平台作用，推动实施《“一带一路”绿色投资原则》，推进“一带一路”应对气候变化南南合作计划和“一带一路”科技创新行动计划。

五、政策保障

（一）建立统一规范的碳排放统计核算体系。加强碳排放统计核算能力建设，深化核算方法研究，加快建立统一规范的碳排放统计核算体系。支持行业、企业依据自身特点开展碳排放核算方法学研究，建立健全碳排放计量体系。推进碳排放实测技术发展，加快遥感测量、大数据、云计算等新兴技术在碳排放实测技术领域的应用，提高统计核算水平。积极参与国际碳排放核算方法研究，推动建立更为公平合理的碳排放核算方法体系。

（二）健全法律法规标准。构建有利于绿色低碳发展的法律体系，推动能源法、节约能源法、电力法、煤炭法、可再生能源法、循环经济促进法、清洁生产促进法等制定修订。加快节能标准更新，修订一批能耗限额、产品设备能效强制性国家标准和工程建设标准，提高节能降碳要求。健全可再生能源标准体系，加快相关领域标准制定修订。建立健全氢制、储、输、用标准。完善工业绿色低碳标准体系。建立重点企业碳排放核算、报告、核查等标准，探索建立重点产品全生命周期碳足迹标准。积极参与国际能效、低碳等标准制定修订，加强国际标准协调。

（三）完善经济政策。各级人民政府要加大对碳达峰、碳中和工作的支持力度。建立健全有利于绿色低碳发展的税收政策体系，落实和完善节能节水、资源综合利用等税收优惠政策，更好发挥税收对市场主体绿色低碳发展的促进作用。完善绿色电价政策，健全居民阶梯电价制度和分时电价政策，探索建立分时电价动态调整机制。完善绿色金融评价机制，建立健全绿色金融标准体系。大力发展绿色贷款、绿色股权、绿色债券、绿色保险、绿色基金等金融工具，设立碳减排支持工具，引导金融机构为绿色低碳项目提供长期限、低成本资金，鼓励开发性政策性金融机构按照市场化法治化原则为碳达峰行动提供长期稳定融资支持。拓展绿色债券市场的深度和广度，支持符合条件的绿色企业上市融资、挂牌融资和再融资。研究设立国家低碳转型基金，支持传统产业和资源富集地区绿色转型。鼓励社会资本以市场化方式设立绿色低碳产业投资基金。

（四）建立健全市场化机制。发挥全国碳排放权交易市场作用，进一步完善配套制度，逐步扩大交易行业范围。建设全国用能权交易市场，完善用能权有偿使用和交易制度，做好与能耗双控制度的衔接。统筹推进碳排放权、用能权、电力交易等市场建设，加强市场机制间的衔接与协调，将碳排放权、用能权交易纳入公共资源交易平台。积极推行合同能源管理，推广节能咨询、诊断、设计、融资、改造、托管等“一站式”综合服务模式。

六、组织实施

（一）加强统筹协调。加强党中央对碳达峰、碳中和工作的集中统一领导，碳达峰碳中和工作领导小组对碳达峰相关工作进行整体部署和系统推进，统筹研究重要事项、制定重大政策。碳达峰碳中和工作领导小组成员单位要按照党中央、国务院决策部署和领导小组工作要求，扎实推进相关工作。碳达峰碳中和工作领导小组办公室要加强统筹协调，定期对各地区和重点领域、重点行业工作进展情况进行调度，科学提出碳达峰分步骤的时间表、路线图，督促将各项目标任务落实落细。

（二）强化责任落实。各地区各有关部门要深刻认识碳达峰、碳中和工作的重要性、紧迫性、复杂性，切实扛起责任，按照《中共中央　国务院关于完整准确全面贯彻新发展理念做好碳达峰碳中和工作的意见》和本方案确定的主要目标和重点任务，着力抓好各项任务落实，确保政策到位、措施到位、成效到位，落实情况纳入中央和省级生态环境保护督察。各相关单位、人民团体、社会组织要按照国家有关部署，积极发挥自身作用，推进绿色低碳发展。

（三）严格监督考核。实施以碳强度控制为主、碳排放总量控制为辅的制度，对能源消费和碳排放指标实行协同管理、协同分解、协同考核，逐步建立系统完善的碳达峰碳中和综合评价考核制度。加强监督考核结果应用，对碳达峰工作成效突出的地区、单位和个人按规定给予表彰奖励，对未完成目标任务的地区、部门依规依法实行通报批评和约谈问责。各省、自治区、直辖市人民政府要组织开展碳达峰目标任务年度评估，有关工作进展和重大问题要及时向碳达峰碳中和工作领导小组报告。

国务院关于印发“十四五”国家知识产权保护和运用规划的通知

国发〔2021〕20号

各省、自治区、直辖市人民政府，国务院各部委、各直属机构：

现将《“十四五”国家知识产权保护和运用规划》印发给你们，请认真贯彻执行。

国务院

2021年10月9日

（此件公开发布）

“十四五”国家知识产权保护和运用规划

为贯彻落实党中央、国务院关于知识产权工作的决策部署，全面加强知识产权保护，高效促进知识产权运用，激发全社会创新活力，推动构建新发展格局，依据《中华人民共和国国民经济和社会发展第十四个五年规划和2035年远景目标纲要》和《知识产权强国建设纲要（2021—2035年）》，制定本规划。

一、规划背景

“十三五”时期，党中央、国务院把知识产权保护工作摆在更加突出的位置，加强顶层设计，部署推动一系列改革，出台一系列重大政策，建立健全国务院知识产权战略实施工作部际联席会议制度，重新组建国家知识产权局，完善知识产权法律法规体系，推进知识产权领域司法改革，有效提升了知识产权领域治理能力和治理水平。五年来，各地区、各有关部门深入实施《“十三五”国家知识产权保护和运用规划》，持续推进知识产权战略实施，知识产权创造能力稳步提高，国内每万人口发明专利拥有量从“十二五”末的6.3件增加到15.8件，专利、商标、版权、植物新品种等知识产权数量位居世界前列，质量稳步提升。知识产权运用效益持续提高，交易运营更加活跃，转移转化水平不断提升，专利密集型产业增加值占国内生产总值（GDP）比重超过11.6%，版权产业增加值占GDP比重超过7.39%。知识产权保护力度明显加大，保护体系不断完善，保护能力持续提升，知识产权保护社会满意度提高到80.05分。知识产权公共服务体系进一步健全，知识产权服务业加快发展。知识产权人才队伍不断壮大，全社会尊重和保护知识产权意识明显提升。知识产权国际合作不断深化，与世界知识产权组织、共建“一带一路”国家和地区、金砖国家、亚太经合组织等的知识产权合作扎实推进，形成“四边联动、协调推进”的知识产权国际合作新局面。总的看，“十三五”规划主要目标任务如期完成，知识产权事业实现了大发展、大跨越、大提升，知识产权保护工作取得了历史性成就，有效支撑了创新型国家建设和全面建成小康社会目标实现。

当今世界正经历百年未有之大变局，新一轮科技革命和产业变革深入发展，国际力量对比深刻调整，国际环境日趋复杂，不稳定性不确定性明显增加，新冠肺炎疫情影响广泛深远。我国正处于实现中华民族伟大复兴的关键时期，经济已由高速增长阶段转向高质量发展阶段，创新驱动发展战略深入实施，现代产业体系建设加快推进，高水平对外开放不断深化。创新是引领发展的第一动力，保护知识产权就是保护创新。知识产权保护工作关系国家治理体系和治理能力现代化，关系高质量发展，关系人民生活幸福，关系国家对外开放大局，关系国家安全。当前，知识产权对激励创新、打造品牌、规范市场秩序、扩大对外开放正发挥越来越重要的作用，但我国知识产权工作还面临不少问题和短板，主要表现为：关键核心技术领域高质量知识产权创造不足，行政执法和司法衔接机制不够完善，知识产权侵权易发多发和侵权易、维权难的现象仍然存在，知识产权转移转化成效有待提高，知识产权服务供给不够充分，海外知识产权纠纷应对能力不足，知识产权制度促进经济社会高质量发展的作用需要进一步发挥等。“十四五”时期，做好知识产权工作要统筹国内国际两个大局，增强机遇意识和风险意识，在危机中育先机、于变局中开新局，充分发挥知识产权制度在推动构建新发展格局中的重要作用，为全面建设社会主义现代化国家提供有力支撑。

二、总体要求

（一）指导思想。

坚持以习近平新时代中国特色社会主义思想为指导，全面贯彻党的十九大和十九届二中、三中、四中、五中全会精神，统筹推进“五位一体”总体布局，协调推进“四个全面”战略布局，坚持稳中求进工作总基调，立足新发展阶段，完整、准确、全面贯彻新发展理念，构建新发展格局，坚持以推动高质量发展为主题，以全面加强知识产权保护为主线，以建设知识产权强国为目标，以改革创新为根本动力，深化知识产权保护工作体制机制改革，全面提升知识产权创造、运用、保护、管理和服务水平，深入推进知识产权国际合作，促进建设现代化经济体系，激发全社会创新活力，有力支撑经济社会高质量发展。

（二）基本原则。

坚持质量优先。坚持高质量发展方向不动摇，加快推动知识产权工作由追求数量向提高质量转变，促进知识产权高质量创造、高效益运用、高标准保护、高水平服务，更好服务现代化经济体系建设。

坚持强化保护。加强知识产权全链条保护，统筹推进知识产权审查授权、行政执法、司法保护、仲裁调解、行业自律、公民诚信等工作，构建严保护、大保护、快保护、同保护的工作格局，全面提升保护能力，着力营造公平竞争的市场环境。

坚持开放合作。推动知识产权更大范围、更宽领域、更深层次对外开放，统筹推进知识产权国际合作，积极参与全球知识产权治理体系建设，加强知识产权领域多边合作，持续提升知识产权国际影响力和竞争力，服务开放型经济发展。

坚持系统协同。树立系统观念，健全知识产权工作协同推进机制，强化部门协同、上下联动、区域协作、社会共治，综合运用法律、行政、经济、技术、社会治理等手段，提高知识产权领域系统治理效能。

（三）主要目标。

到 2025 年，知识产权强国建设阶段性目标任务如期完成，知识产权领域治理能力和治理水平显著提高，知识产权事业实现高质量发展，有效支撑创新驱动发展和高标准市场体系建设，有力促进经济社会高质量发展（见下表：“十四五”时期知识产权发展主要指标）。

表 1　“十四五”时期知识产权发展主要指标

指　标	2020 年	2025 年	累计增加	属性
1. 每万人口高价值发明专利拥有量①/件	6. 3	12	5. 7	预期性
2. 海外发明专利授权量/万件	4	9	5	预期性
3. 知识产权质押融资登记金额②/亿元	2180	3200	1020	预期性
4. 知识产权使用费年进出口总额/亿元	3194. 4	3500	305. 6	预期性
5. 专利密集型产业增加值 GDP 占比/%	11. 6③	13. 0	1. 4	预期性
6. 版权产业增加值 GDP 占比/%	7. 39④	7. 5	0. 11	预期性
7. 知识产权保护社会满意度/分	80. 05	82	1. 95	预期性
8. 知识产权民事一审案件服判息诉率/%	—	85	—	预期性

注：①“每万人口高价值发明专利拥有量”是指每万人口本国居民拥有的经国家知识产权局授权的符合下列任一条件的有效发明专利数量：1. 战略性新兴产业的发明专利；2. 在海外有同族专利权的发明专利；3. 维持年限超过 10 年的发明专利；4. 实现较高质押融资金额的发明专利；5. 获得国家科学技术奖、中国专利奖的发明专利。

②“知识产权质押融资登记金额”是指经国家知识产权局登记的知识产权质押融资金额。

③④为 2019 年值。

——知识产权保护迈上新台阶。知识产权保护法治化水平不断提高，知识产权保护衔接机制更加完善，知识产权侵权惩罚性赔偿制度有效实施，侵权易发多发现象得到有效遏制，知识产权保护社会满意度达到并保持较高水平，关键核心技术领域高质量知识产权更多涌现，有效提升产业链供应链现代化水平，知识产权制度激励创新的基本保障作用充分发挥。

——知识产权运用取得新成效。知识产权转移转化体制机制更加完善，知识产权归属制度更加健全，知识产权流转更加顺畅，知识产权转化效益显著提高，知识产权市场价值进一步凸显，专利密集型产业增加值和版权产业增加值占GDP比例稳步提升，推动产业转型升级和新兴产业创新发展。

——知识产权服务达到新水平。知识产权信息化、智能化基础设施建设取得显著成效，知识产权保护实现线上线下融合发展，知识产权公共服务体系进一步完善，知识产权服务业有序发展，服务机构专业化水平明显提升，进一步促进创新成果更好惠及人民。

——知识产权国际合作取得新突破。我国在全球知识产权治理体系中的作用更加凸显，知识产权国际协调更加有力，“一带一路”知识产权合作实现新进展，海外知识产权获权维权能力进一步提高，有力推进高水平对外开放。

三、全面加强知识产权保护，激发全社会创新活力

（四）完善知识产权法律政策体系。

健全知识产权法律法规。开展知识产权基础性法律研究。统筹推进专利法、商标法、著作权法、反垄断法、科学技术进步法、电子商务法等相关法律法规的修改完善。加强地理标志、商业秘密等领域立法，出台商业秘密保护规定。完善集成电路布图设计法规。推进修订植物新品种保护条例。制定中医药传统知识保护条例。完善与国防建设相衔接的知识产权法律制度。全面建立并实施知识产权侵权惩罚性赔偿制度，加大损害赔偿力度。研究建立健全符合知识产权审判规律的特别程序法律制度。适应科技进步和经济社会发展需要，依法及时推动知识产权法律法规立改废释。（中央宣传部、最高人民法院、最高人民检察院、科技部、工业和信息化部、司法部、农业农村部、商务部、国家卫生健康委、市场监管总局、国家国防科工局、国家林草局、国家中医药局、国家知识产权局、中央军委装备发展部等按职责分工负责）

专栏1　商业秘密保护工程

健全商业秘密保护政策。完善行政执法程序，细化处罚标准，完善刑事司法程序，加强商业秘密行政执法与民事、刑事司法审判的联动配合，合理划定举证责任。加强商业秘密司法鉴定能力建设，提升司法鉴定水平。

提升市场主体商业秘密保护能力。推动行业组织加强商业秘密保护自律，指导市场主体制定并严格执行全面的商业秘密管理制度，推动有条件的地方建设国家级商业秘密保护基地。建立健全跨境商业秘密保护援助体系。开展商业秘密保护及法律风险培训，强化市场主体特别是中小企业商业秘密保护意识。（市场监管总局牵头，最高人民法院、最高人民检察院、公安部等按职责分工负责）

完善知识产权保护政策。健全大数据、人工智能、基因技术等新领域新业态知识产权保护制度。研究构建数据知识产权保护规则。完善开源知识产权和法律体系。完善电子商务领域知识产权保护机制。健全遗传资源获取和惠益分享制度，建立跨部门生物遗传资源获取和惠益分享信息共享制度。制定传统文化、民间文艺、传统知识等领域保护办法。建立与非物质文化遗产相关的知识产权保护制度。完善体育赛事节目、综艺节目、网络直播等领域著作权保护制度。完善红色经典等优秀舞台艺术作品的版权保护措施。完善服装设计等时尚产业知识产权保护政策。健全药品专利纠纷早期解决机制，制定相关配套措施。完善中医药领域发明专利审查和保护机制。健全绿色技术知识产权保护制度。完善高校知识产权保护管理规定。建立知识产权侵权损害评估制度。（中央宣传部、中央网信办、最高人民法院、教育部、财政部、生态环境部、文化和旅游部、市场监管总局、广电总局、国家林草局、国家中医药局、国家药监局、国家知识产权局等按职责分工负责）

专栏 2　数据知识产权保护工程

构建数据知识产权保护规则。深人研究数据的产权属性，探索开展数据知识产权保护相关立法研究，推动完善涉及数据知识产权保护的法律法规。完善数据知识产权保护政策，探索建立分级分类的数据知识产权保护模式。推动建立数据知识产权保护行业规范，加强数据生产、流通、利用、共享过程中的知识产权保护。研究推动数据知识产权保护国际规则制定。

促进数据资源利用和安全保护。支持有条件的地区开展数据知识产权保护和运用试点。在保护个人信息安全和国家数据安全的基础上，促进数据要素合理流动、有效保护、充分利用。积极开展数据知识产权保护国际合作与交流。（中央宣传部、中央网信办、最高人民法院、外交部、工业和信息化部、公安部、司法部、商务部、市场监管总局、国家知识产权局等按职责分工负责）

完善维护国家安全的知识产权政策。研究制定事关国家安全的关键核心技术知识产权保护规则。依法管理涉及国家安全的知识产权对外转让行为，完善知识产权对外转让审查制度。完善知识产权反垄断、公平竞争相关法律法规和政策措施。推进我国知识产权有关法律规定域外适用。研究建立针对进口贸易的知识产权境内保护制度。完善跨境电商知识产权保护规则。（中央宣传部、中央网信办、国家发展改革委、科技部、工业和信息化部、商务部、市场监管总局、国家国防科工局、国家知识产权局等按职责分工负责）

（五）加强知识产权司法保护。

完善知识产权司法保护体系。加强知识产权司法资源配置，加强知识产权审判体系建设。健全知识产权案件上诉机制，完善专门法院设置。深入推进知识产权民事、刑事、行政案件“三合一”审判机制改革。完善知识产权检察体制机制。建立健全与审判机制、检察机制相适应的案件管辖制度和协调机制。完善知识产权司法案件繁简分流机制，开展适应知识产权审判特点的简易程序试点，提高审判质量和效率。探索依当事人申请的知识产权纠纷行政调解协议司法确认制度。推动建立跨行政区域知识产权案件审理机制，充分发挥法院案件指定管辖机制作用，有效打破地方保护。（最高人民法院、最高人民检察院等按职责分工负责）

提升知识产权司法保护能力。加强司法保护与行政确权、行政执法、调解、仲裁、公证存证等环节的信息沟通和共享，促进行政执法标准和司法裁判标准统一，形成有机衔接、优势互补的运行机制。强化民事司法保护，研究制定符合知识产权案件规律的诉讼规范。完善刑事法律和司法解释，加大刑事打击力度，准确适用知识产权领域行政执法移送刑事司法标准和刑事案件立案追诉标准，规范刑罚适用。加强知识产权司法工作人员培养和选拔，加强技术调查官队伍建设。（最高人民法院、最高人民检察院、公安部等按职责分工负责）

（六）加强知识产权行政保护。

健全知识产权行政保护机制。加强中央在知识产权保护的宏观管理、区域协调和涉外事宜统筹等方面事权。加强知识产权快保护机构建设。在条件成熟的地区建设国家知识产权保护试点示范区。加强知识产权行政执法指导制度建设。建立行政保护技术调查官制度。健全知识产权侵权纠纷行政裁决制度。健全跨区域、跨部门知识产权行政保护协作机制。加强商贸流通领域知识产权保护，制定商品交易市场知识产权保护国家规范，持续推进知识产权保护规范化市场建设，净化消费市场。（国家知识产权局牵头，中央宣传部、文化和旅游部、市场监管总局等按职责分工负责）

专栏 3　知识产权保护机构建设工程

提升知识产权保护机构服务能力。在优势产业集聚区布局建设一批知识产权保护中心，构建知识产权快速协同保护体系，提供集快速审查、快速确权、快速维权于一体的知识产权一站式综合服务，加快提升知识产权快速协同保护运行管理能力。加强人员配备和职业化专业化建设，优化人才选聘机制和管理激励机制，加大培训力度，打造知识产权保护高素质、复合型人才队伍。

加强维权援助统筹协调。强化部门协同和区域协作。推动维权援助体系向基层延伸，完善中国知识产权维权援助线上服务平台，加强全国维权援助资源整合，实现维权援助服务全国一张网。（国家知识产权局负责）

提高知识产权行政保护效能。更好发挥全国打击侵犯知识产权和制售假冒伪劣商品工作领导小组作用，加强部门协同配合，开展关键领域、重点环节、重点区域行政执法专项行动，重点查处假冒专利、商标侵权、侵犯著作权、地理标志侵权假冒等违法行为。加大行政处罚力度，加强侵权纠纷行政裁决，有效遏制恶意侵权、重复侵权、群体侵权。完善专利、商标侵权判断标准。加强植物新品种保护体系建设。强化知识产权海关保护。加强特殊标志、官方标志、奥林匹克标志保护。加强知识产权行政执法和行政裁决队伍人员配备和能力建设，提升知识产权行政执法装备现代化、智能化水平，利用新技术手段畅通投诉举报渠道，提升打击侵权假冒行为的效率及精准度。依法规制知识产权滥用行为，不断完善防止知识产权滥用相关制度。（中央宣传部、农业农村部、文化和旅游部、海关总署、市场监管总局、国家林草局、国家知识产权局等按职责分工负责）

专栏4　植物新品种保护体系建设工程

完善植物新品种保护体制机制。推动建立实质性派生品种制度，研究加入《国际植物新品种保护公约》（UPOV）1991年文本，有效激励种业自主创新。加快国家植物品种测试徐州、三亚中心建设，探索建立品种权区域性审查协作中心和第三方测试机构。加快国家种质资源库、遗传物质保存库和无性繁殖植物保存圃等基础设施建设。加快建立国际测试报告互认机制，深度参与国际在线申请平台建设，鼓励向海外申请品种权。

提升植物新品种保护能力。大力开展维权打假专项行动，加大品种权行政执法案件查处力度，定期向全社会公布典型案例。探索建立品种保护专业审查员制度，建立国家品种保护培训基地，培养一批种业知识产权管理、新品种审查测试、行政执法、政策研究等领域的高素质专业人才。（农业农村部、国家林草局、国家知识产权局等按职责分工负责）

专栏5　地理标志保护工程

实施地理标志保护提升行动。推进建立地理标志统一认定和立体化保护机制。深化地理标志专用标志使用核准改革试点，强化地理标志专用标志使用监管，推动市场主体使用地理标志专用标志覆盖率达到80%以上。构建新型地理标志保护标准体系，推进地理标志保护基础通用国家标准的制定。开展地域特色农产品资源普查，建立资源目录。建成100个国家地理标志产品保护示范区。完善地理标志保护监管年度报告制度。探索建立地理标志联动保护机制，推动形成生产地、流通地、销售地联动查处地理标志侵权违法行为的工作格局。（国家知识产权局牵头，市场监管总局、农业农村部等按职责分工负责）

实施地理标志农产品保护工程。加强原生地种质资源和特色品种保护培育，强化特色品质保持技术集成和监测。加强生产环境保护和设施条件改善，完善地理标志农产品质量技术规程，推进全产业链标准化，打造一批地理标志农产品核心基地。推进地理标志农产品与绿色有机农产品、重要农业文化遗产等融合发展，打造区域农产品公用品牌。加强地理标志农产品质量安全监管，全面实施追溯管理。建立健全地理标志农产品培育、保护和发展机制。（农业农村部、国家知识产权局等按职责分工负责）

（七）加强知识产权协同保护。

完善知识产权纠纷多元化解决机制。培育和发展知识产权调解组织、仲裁机构、公证机构。鼓励行业协会、商会建立知识产权保护自律和信息沟通机制。建立健全知识产权调解、仲裁、公证、社会监督等人才的选聘、培养、管理、激励制度。推动完善知识产权纠纷投诉受理处理、诉讼调解对接、调解仲裁对接、行政执法与调解仲裁对接等机制。探索维权援助社会共治模式，鼓励高校、社会组织等开展维权援助工作。建立完善知识产权侵权纠纷检验鉴定工作体系，加强知识产权鉴定机构专业化、规范化建设，推动建立知识产权鉴定技术标准。建立国防领域知识产权纠纷多元化处理机制。（国家知识产权局牵头，中央宣传部、最高人民法院、司法部、国家国防科工局、中央军委装备发展部、中国贸促会等按职责分工负责）

加强知识产权领域诚信体系建设。推进建立知识产权领域以信用为基础的分级分类监管模式，积极支持地方开展工作试点。制定覆盖专利、商标、版权等领域的信用信息基础目录。推进知识产权领域信用承诺制建设。规范知识产权领域严重失信主体名单认定标准和程序，依法依规对严重失信主体实施惩戒。推进知识产权信用修复制度建设。推动全国知识产权信用信息共享平台与全国信用信息共享平台实现数据共享。（中央宣传部、国家发展改革委、农业农村部、人民银行、市场监管总局、国家林草局、国家知识产权局等按职责分工负责）

（八）*加强知识产权源头保护*。

促进知识产权高质量创造。健全高质量创造支持政策，加强人工智能、量子信息、集成电路、基础软件、生命健康、脑科学、生物育种、空天科技、深地深海探测等领域自主知识产权创造和储备。加强国家科技计划项目的知识产权管理，在立项和组织实施各环节强化重点项目科技成果的知识产权布局和质量管理。优化专利资助奖励等激励政策和考核评价机制，突出高质量发展导向。完善无形资产评估制度，形成激励与监管相协调的管理机制。（科技部、工业和信息化部、财政部、国家知识产权局等按职责分工负责）

提高知识产权审查质量和审查效率。完善适应创新发展需求的知识产权审查管理体系，优化专利、商标审查协作机制。提升专利商标审查机构能力水平，强化专利、商标、版权、地理标志、植物新品种全流程审查质量管控，提升知识产权授权确权质量。提高专利、商标审查业务精细化管理水平，优化审查资源配置，加强智能化技术运用，提升审查效能，缩短审查周期。完善专利、商标审查模式，加强审查与产业发展的政策协同和业务联动，满足产业绿色转型和新领域新业态创新发展等社会多样化需求。（中央宣传部、工业和信息化部、农业农村部、国家林草局、国家知识产权局等按职责分工负责）

强化知识产权申请注册质量监管。完善以质量和价值为导向的知识产权统计指标体系，健全知识产权质量统计监测和反馈机制。严格规范专利申请、商标注册和版权登记行为，严厉打击不以保护创新为目的的非正常专利申请和代理行为，以及不以使用为目的的恶意商标注册和代理行为，依法依规对相关行为进行处置。加强信用监管和行业自律，严厉打击无资质专利代理等违法违规行为。（国家知识产权局牵头，中央宣传部、国家统计局等按职责分工负责）

专栏 6　一流专利商标审查机构建设工程

建设高水平审查员队伍。对标国际先进水平，完善审查人才培养体系，优化队伍结构，健全保障和激励机制，增强审查人员职业荣誉感。

提高审查智能化便利化水平。以大数据、云计算、人工智能等技术为支撑，以智能审查和智能检索为核心，加强智能分类建设，推进专利、商标审查系统智能化建设。优化远程审查保障。完善数据资源保障，提高基础数据完整性、安全性、可靠性、适用性。

提升审查质量。适时修改专利审查指南，制定专利申请指南，完善商标审查审理标准。建立健全专利、商标审查质量保障和评价体系。加强审查业务指导体系协同。专利审查质量用户满意度指数保持在 85 以上，商标审查质量满意度保持在较高水平。

提高审查效率。发明专利审查周期压缩至 15 个月以内，专利无效结案周期控制在 6 个月以内。商标变更和续展首次审查周期压缩至 15 天以内，商标转让首次审查周期压缩至 1 个月以内，商标驳回复审案件平均审理周期压缩至 5.5 个月以内，商标异议审查周期进一步压缩。（国家知识产权局负责）

四、提高知识产权转移转化成效，支撑实体经济创新发展

（九）*完善知识产权转移转化体制机制*。

推进国有知识产权权益分配改革。强化国家战略科技力量，深化科技成果使用权、处置权、收益权改革，开展赋予科研人员职务科技成果所有权或长期使用权试点。充分赋予高校和科研院所知识产权处置自主权，推动建立权利义务对等的知识产权转化收益分配机制。有效落实国有企业知识产权转化奖励和报酬制度。完善国有企事业单位知识产权转移转化决策机制。（国家发展改革委、教育部、科技部、财政部、人力资源社会保障部、国务院国资委、中科院、国家国防科工局、国家知识产权局等按职责分工负责）

优化知识产权运营服务体系。推动在重点产业领域和产业集聚区建设知识产权运营中心。培育发展综合性知识产权运营服务平台，创新服务模式，促进知识产权转化。支持高校和科研院所加强市场化知识产权运营机构建设，提升知识产权转化能力。加强知识产权运营专业化人才队伍建设。建立完善专利开放许可制度和运行机制。拓宽专利技术供给渠道，推进专利技术供需对接，促进专利技术转化实施。指导规范知识产权交易，完善知识产权质押登记和转让许可备案管理制度，加强数据采集分析和披露利用。加强知识产权转移转化状况统计调查。（中央宣传部、教育部、科技部、财政部、国家统计局、国家知识产权局等按职责分工负责）

积极稳妥发展知识产权金融。优化知识产权质押融资体系，健全知识产权质押融资风险管理机制，完善质物处置机制，建设知识产权质押信息平台。支持银行创新内部考核管理模式，推动银行业金融机构用好单列信贷计划和优化不良率考核等监管政策，在风险可控的前提下扩大知识产权质押贷款规模。鼓励知识产权保险、信用担保等金融产品创新，充分发挥金融支持知识产权转化的作用。在自由贸易试验区和自由贸易港推进知识产权金融服务创新。健全知识产权价值评估体系，鼓励开发智能化知识产权评估工具。（国家知识产权局牵头，中央宣传部、国家发展改革委、财政部、人民银行、银保监会、证监会等按职责分工负责）

促进产业知识产权协同运用。推动企业、高校、科研机构知识产权深度合作，引导开展订单式研发和投放式创新。围绕关键核心技术联合攻关加强专利布局和运用。引导建立产业专利导航决策机制，优化战略性新兴产业发展模式，增强产业集群创新引领力。推动在数字经济、智能制造、生命健康、新材料等领域组建产业知识产权联盟，构筑产业专利池。促进技术、专利与标准协同发展，研究制定标准必要专利许可指南，引导创新主体将自主知识产权转化为技术标准。健全知识产权军民双向转化工作机制。（教育部、科技部、工业和信息化部、市场监管总局、中科院、国家国防科工局、国家知识产权局、中央军委装备发展部等按职责分工负责）

（十）提升知识产权转移转化效益。

提升创新主体知识产权管理效能。推动创新主体加强知识产权管理标准化体系建设，推动实施创新过程知识产权管理国际标准。推动中央企业建立完善知识产权工作体系，打造一批具备国际竞争优势的知识产权强企。深化实施中小企业知识产权战略推进工程。分级分类开展企业、高校、科研院所知识产权优势培育和建设工作。引导创新主体建立健全知识产权资产管理制度，推动企业做好知识产权会计信息披露工作。建立健全财政资助科研项目

专栏7　专利导航工程

完善专利导航工作体系。推动出台地方专利导航产业发展配套落实措施。引导企业、高校、科研机构、行业协会等推广实施专利导航指南国家标准，突出专利导航服务、评价、培训、组织实施标准化引领。加强专利导航理论研究、实务指导、技术支撑，推动建设专利导航业务指导中心，支持在重点区域、重点产业园区建设专利导航服务基地。开展专利导航示范项目建设，加强专利导航项目评价，引导规范专利导航市场化服务。

深化专利导航运用模式。完善以产业数据、专利数据为基础的专利导航决策机制，创新专利导航服务模式，打造专利导航深度应用场景。组织开发专利导航数据产品、分析工具、应用平台。推动实施重点领域、重点产业专利导航项目，引导关键核心技术攻关，加强产业专利布局，助力保障产业链供应链稳定和安全。（国家知识产权局牵头，教育部、科技部、工业和信息化部、中科院等按职责分工负责）

专栏8　中小企业知识产权战略推进工程

提升知识产权管理水平。鼓励有条件的中小企业实施企业知识产权管理规范国家标准，加大中小企业知识产权托管服务力度。

提升知识产权运用能力。开展工业企业知识产权运用试点工作，发挥知识产权运营平台和运营基金作用，促进中小企业知识产权转移转化，鼓励国有企业通过并购等方式支持中小企业知识产权转移转化，完善中小企业知识产权维权援助工作机制。

拓宽中小企业知识产权融资渠道。鼓励各类金融机构创新知识产权金融服务，丰富金融产品供给，加大中小企业知识产权质押融资支持力度，完善风险分担补偿机制。（工业和信息化部牵头，中央宣传部、人民银行、国务院国资委、市场监管总局、银保监会、证监会、国家知识产权局等按职责分工负责）

形成知识产权的声明制度和监管机制。（教育部、科技部、工业和信息化部、财政部、国务院国资委、税务总局、市场监管总局、中科院、国家知识产权局等按职责分工负责）

推动知识产权融入产业创新发展。培育专利密集型产业，探索开展专利密集型产品认定工作，指导地方制定专利密集型产业培育目录，健全专利密集型产业增加值核算与发布机制，加强专利密集型产业培育监测评价。实施商标品牌战略，加强驰名商标保护，提升品牌国际影响力。实施版权创新发展工程，打造版权产业集群，强化版权发展技术支撑。推动地方建立地理标志产品产值统计制度，健全地理标志产业发展利益联结机制，发挥龙头企业带动作用，吸引更多市场主体参与地理标志产业融合发展。完善绿色知识产权统计监测，推动绿色专利技术产业化，支撑产业绿色转型。（中央宣传部、农业农村部、市场监管总局、国家统计局、国家知识产权局等按职责分工负责）

专栏 9　商标品牌建设工程

建立健全商标品牌推进工作体系。完善产品质量监督体系，健全监督信息交流共享机制，提升商标品牌质量。引导行业协会、高校、科研机构等服务商标品牌发展，对品牌质量进行研究、评价、监测。发展区域品牌，推动新型农业、先进制造业、现代服务业等产业集群品牌商标化。推动设立商标品牌指导站，强化商标品牌培育帮扶指导。

推动企业实施商标品牌战略。加强商标品牌资产管理，强化商标使用导向。支持开展商标海外布局，培育具有市场竞争力、国际影响力的知名商标品牌，支持开展中国国际商标品牌节等宣传活动，加强中国商标品牌的全球推广。（国家知识产权局牵头，工业和信息化部、农业农村部、市场监管总局等按职责分工负责）

助力区域经济协调发展。优化央地合作会商机制，持续推动知识产权强省强市建设，面向省、市、县及园区深入开展知识产权强国建设试点示范工作，探索支撑创新发展的知识产权运行机制。强化区域间合作互助，促进东、中、西部和东北地区知识产权工作共同发展。鼓励地方探索构建符合区域发展需求的知识产权政策体系。推动京津冀高端知识产权服务业集聚发展。强化长三角区域一体化知识产权保护。推动粤港澳大湾区打造知识产权国际合作高地。推动成渝地区双城经济圈建立知识产权金融生态区。支持深圳建设中国特色社会主义先行示范区，打造保护知识产权标杆城市。支持香港建设区域知识产权贸易中心。加强涉农知识产权运用，助力乡村振兴。（国家知识产权局牵头，国家发展改革委、农业农村部、人民银行、国家林草局等按职责分工负责）

专栏 10　版权创新发展工程

构筑版权产业发展新优势。面向省、市、县及园区持续推进版权示范工作。建设国家版权创新发展基地。建立全国版权展会授权交易体系。持续推进文化文物单位文化创意产品开发试点工作。完善版权登记体制机制。优化资源配置，打造一批符合国家战略、反映产业和区域特点的优质版权产业集群。

推进版权交易、保护、服务一体化发展。拓宽版权作品国际合作与宣传渠道。打造一批精品广播电视和网络视听版权资源。推动中国优秀作品走出去、外国优秀作品引进来。推进版权保护技术、标准的研究和应用，加强各类作品价值评估、登记认证、质押融资等服务。探索在版权确权、用权、维权中引入区块链技术。（中央宣传部牵头，文化和旅游部、广电总局等按职责分工负责）

专栏 11　知识产权助力乡村振兴工程

推进专利技术强农。开展专利信息帮扶，提升农业专利技术成果转化应用水平。

推进商标品牌富农。开展涉农产品商标品牌培育，遴选优质地理标志产品进行扶持，加强涉农品牌宣传。

推进地理标志兴农。开展地理标志助力乡村振兴行动，推动建设地理标志特色优势园区，实施农业生产“三品一标”提升行动，推进品种培优、品质提升、品牌打造和标准化生产，打造地理标志农产品引领乡村特色产业发展的县域样板。

推进新品种惠农。加强优秀植物新品种培育和产业化，促进农作物育种创新，加快培育具有自主知识产权的优良品种，培育和转化运用一批优质林草新品种。（农业农村部、市场监管总局、国家林草局、国家知识产权局等按职责分工负责）

五、构建便民利民知识产权服务体系，促进创新成果更好惠及人民

（十一）提高知识产权公共服务能力。

加快知识产权新型基础设施建设。依托全国一体化大数据中心体系，完善国家知识产权大数据中心和公共服务平台，提升知识产权公共服务智能化水平。推进地方知识产权公共服务平台和专题数据库建设，优先支持战略性新兴产业集群所在地建设知识产权公共服务平台，推动知识产权公共服务平台与行业、产业信息服务平台互联互通，提高知识产权公共服务可及性和普惠性。加强知识产权网络安全建设，健全网络安全综合防控体系，持续增强网络安全综合保障能力。（国家知识产权局牵头，中央网信办、国家发展改革委、财政部等按职责分工负责）

专栏 12　知识产权公共服务信息化智能化建设工程

建设国家知识产权大数据中心。汇聚全球专利、商标、地理标志、集成电路布图设计等知识产权数据，实现知识产权数据与经济、科技、产业等信息融合。利用机器学习、人工智能等技术，加强对知识产权注册登记、公布公告、纠纷调解、质押许可等信息的智能监测，进行创新态势分析等主题挖掘。提供智能数据服务，实现对各类知识产权数据的智能分析，为科学决策等提供数据支撑。

完善国家知识产权公共服务平台。对接全国一体化政务服务平台、国家“互联网+监管”系统，优化知识产权行政执法保护支撑、行政复议、知识产权注册簿登记簿应用、电子商务领域知识产权保护、知识产权代理监管、非正常申请监管、知识产权咨询等政务服务。面向社会公众提供专利、商标、地理标志、集成电路布图设计等一站式智能查询检索服务，实现知识产权公共服务便利化、集约化、高效化。（国家知识产权局牵头，中央网信办、国家发展改革委、财政部等按职责分工负责）

完善知识产权公共服务体系。完善知识产权公共服务网络，健全公共服务支持创新工作机制。推动公共服务骨干节点分级分类建设，省级公共服务机构实现全覆盖，地市级公共服务机构覆盖率力争达到 50%，鼓励有条件的县（市、区）设立综合性公共服务机构。支持开展跨行政区域知识产权公共服务合作。优化知识产权公共服务网点布局，提升高校、科研机构、科技社团、公共图书馆、科技情报机构、产业园区生产力促进机构等知识产权信息公共服务能力。重点支持技术与创新支持中心、高校国家知识产权信息服务中心、国家知识产权信息公共服务网点有序发展。（国家知识产权局牵头，教育部、科技部、工业和信息化部、文化和旅游部、中科院、中国科协等按职责分工负责）

提高知识产权公共服务供给水平。加强知识产权数据标准制定，提高数据质量，维护数据安全，完善知识产权基础数据资源管理和服务规范。加强知识产权信息传播利用，加大知识产权基础数据开放力度，促进数据资源共享。完善知识产权信息利用相关规范，开展知识产权信息利用研究分析和发布。积极参与国际知识产权数据标准制定，加强国际知识产权数据交换。加大政府购买服务力度，创新公共服务形式，丰富公共服务产品供给。加强知识产权公共服务规范化、标准化建设，明晰知识产权公共服务事项和范围，建立知识产权公共服务清单制度。（国家知识产权局负责）

（十二）促进知识产权服务业健康发展。

培育发展知识产权服务业。引导知识产权代理、法律、信息、咨询、运营服务向专业化和高水平发展，拓展知识产权投融资、保险、资产评估等增值服务，促进知识产权服务业新业态新模式发展。加快制定实施知识产权服务业基础标准、支撑标准、产品标准、质量标准。深入实施专利代理机构执业许可审批告知承诺改革。引导国际高水平知识产权服务机构依规在华设立常驻代表机构。开展品牌价值提升行动，培育一批国际化、市场化、专业化知识产权服务机构。建设国家知识产权服务出口基地。全国执业专利代理师达到 4 万人。完善知识产权服务业统计制度。支持知识产权服务行业协会组织开展公益代理和维权援助。（国家知识产权局牵头，中央宣传部、司法部、商务部、国家统计局等按职责分工负责）

促进知识产权服务业与区域产业融合发展。聚焦重点区域、重点产业需求，优化知识产权服务业集聚区建设，引导知识产权服务链上下游优势互补、多业态协同发展。建立知识产权服务对接重点产业、重大项目工作机制，重点提供专利导航等高端服务。鼓励知识产权服务机构为创新主体提供全链条、专业化知识产权服务，支持企业创新发展和

产业转型升级。(国家知识产权局牵头，工业和信息化部等按职责分工负责)

加强知识产权服务业监管。规范计划制定、名单抽取、结果公示、数据存档等各项抽查检查工作程序，实现“双随机、一公开”监管全覆盖。建立知识产权服务业监管长效机制。健全跨部门、跨区域协同监管机制。完善年度报告、经营异常名录、严重失信主体名单制度，开展信用评价并推广应用评价结果。建立知识产权服务业质量监测机制，利用新技术手段快速精准发现违法违规行为线索，提升监管效能。充分发挥知识产权服务行业协会作用，加大行业自律惩戒力度。建设知识产权服务业评价系统，及时公开服务机构和从业人员评价数据。(国家知识产权局负责)

六、推进知识产权国际合作，服务开放型经济发展

(十三) 主动参与知识产权全球治理。

积极参与完善知识产权国际规则体系。加强与世界知识产权组织的合作磋商，推动完善知识产权及相关国际贸易、国际投资等国际规则和标准。积极参与遗传资源、传统知识、民间文艺、非物质文化遗产、广播组织等方面的知识产权国际规则制定。积极研究和参与数字领域等新领域新业态知识产权国际规则和标准的制定。(中央宣传部、外交部、商务部、文化和旅游部、国家知识产权局等按职责分工负责)

积极推进与经贸相关的多双边知识产权谈判。妥善应对国际知识产权争端，加强与主要贸易伙伴的知识产权合作磋商。在相关谈判中合理设置知识产权议题。深入参与世界贸易组织有关知识产权谈判。积极推进同其他国家和地区自贸协定知识产权议题谈判。研究推动与更多国家和地区开展地理标志协定谈判。(中央宣传部、外交部、商务部、国家知识产权局等按职责分工负责)

(十四) 提升知识产权国际合作水平。

加强知识产权国际合作机制建设。巩固和完善“一带一路”知识产权合作，充分利用“一带一路”知识产权合作平台，扩大合作项目规模和储备。深度参与金砖国家、中美欧日韩、中日韩、中国—东盟等小多边知识产权合作，加强与各方政策和业务规则交流，支持产业界积极参与相关合作机制。完善跨境司法协作安排，加强防范打击侵犯知识产权犯罪国际合作。(中央宣传部、最高人民法院、最高人民检察院、外交部、公安部、商务部、海关总署、国家知识产权局等按职责分工负责)

专栏 13 “一带一路”知识产权合作工程

加强“一带一路”知识产权合作机制建设。打造共建“一带一路”国家和地区知识产权高层次合作平台。将知识产权合作同“数字丝绸之路”、“创新丝绸之路”等建设协调推进。推进知识产权信息、数据资源等领域合作。

强化知识产权能力提升项目实施。向共建“一带一路”国家和地区提供专利检索、审查、培训等多样化服务。开展面向共建“一带一路”国家和地区的知识产权培训。(国家知识产权局牵头，外交部、商务部、国际发展合作署等按职责分工负责)

优化知识产权国际合作环境。深化与国际和地区组织、重点国家和地区的知识产权合作，完善合作布局。加强面向周边和发展中国家的知识产权培训，支持发展中国家知识产权能力建设。加强药物及新冠病毒疫苗研发等重点领域的知识产权国际合作。与贸易对象国建立企业知识产权事务沟通协调机制。(中央宣传部、外交部、工业和信息化部、商务部、国家卫生健康委、市场监管总局、国际发展合作署、国家药监局、国家知识产权局、中国贸促会等按职责分工负责)

(十五) 加强知识产权保护国际合作。

便利知识产权海外获权。强化知识产权审查业务合作，拓展“专利审查高速路”国际合作网络，重点推动相关国家共享专利、植物新品种等审查结果。引导创新主体合理利用世界知识产权组织全球服务体系等渠道，提高海外知识产权布局效率。(国家知识产权局牵头，中央宣传部、农业农村部、国家林草局等按职责分工负责)

加强知识产权海外维权援助。建立国际知识产权风险预警和应急机制，建设知识产权涉外风险防控体系。建立国际趋势跟踪研究基地，加强对商业秘密保护、互联网企业走出去等重点前沿问题的研究。提升海外知识产权信息服务能力，建立健全国外展会知识产权服务站工作机制。鼓励保险机构开展知识产权海外侵权保险业务。积极发挥贸易投资促进机构作用，不断加强知识产权海外服务保障工作。(中央宣传部、商务部、市场监管总局、银保监会、国家知识产权局、中国贸促会等按职责分工

负责）

专栏14　对外贸易知识产权保护工程

加强海外知识产权纠纷应对指导体系建设。建立与知识产权有关的贸易对象国调查报告机制。拓展打击知识产权侵权犯罪国际执法协作渠道，开展重大案件跨国联合执法行动。建立海关跨境合作机制，加强知识产权海关执法信息情报交换共享。

提升海外知识产权风险防范能力。制定跨境电商知识产权保护指南，引导跨境电商平台防范进出口贸易中的知识产权风险，有效支持跨境电商平台企业国际化发展。加强对海外知识产权制度环境的研究，编制发布重点国家知识产权保护国别指南。（中央宣传部、中央网信办、最高人民检察院、公安部、商务部、海关总署、国家知识产权局等按职责分工负责）

七、推进知识产权人才和文化建设，夯实事业发展基础

（十六）加强知识产权人才队伍建设。

优化知识产权人才发展环境。推进知识产权学科建设，支持学位授权自主审核单位依程序设置知识产权一级学科点，支持有关单位依程序设置知识产权二级学科点，研究设置知识产权硕士专业学位。推动知识产权相关专业升级和数字化改造，开发一批知识产权精品课程。鼓励支持有条件的理工科高校开设知识产权相关专业和课程。设立一批国家知识产权人才培养基地。做好知识产权职称制度改革实施工作，完善知识产权人才评价体系。（教育部、人力资源社会保障部、国家知识产权局等按职责分工负责）

提升知识产权人才能力水平。完善知识产权人才分类培训体系，健全人才保障机制。加强知识产权理论研究，完善知识产权研究管理机制，强化智库建设，鼓励地方开展政策研究。加强知识产权行政管理、行政执法、行政裁决人员培养，分层次分区域持续开展轮训。加强企事业单位知识产权人才培养，建设理论与实务联训基地。建立知识产权服务业人才培训体系，提高服务业人才专业能力。大力培养知识产权国际化人才。（国家知识产权局牵头，中央宣传部、市场监管总局等按职责分工负责）

（十七）加强知识产权文化建设。

构建知识产权大宣传格局。围绕知识产权强国建设，统筹传统媒体与新兴媒体，用好融媒体，健全知识产权新闻发布制度。建立健全政府活动宣传、媒体传播报道、学界文章影响、国际文化交流相互促进的知识产权传播大矩阵。持续做好全国知识产权宣传周、中国知识产权年会等品牌宣传活动。讲好中国知识产权故事，展示文明大国、负责任大国形象。（国家知识产权局牵头，中央宣传部、中央网信办、广电总局等按职责分工负责）

专栏15　知识产权普及教育工程

推动知识产权普及教育进校园。支持大中小学开展知识产权基础性普及教育。鼓励知识产权专家进校园，促进知识产权教育与学校创新实践活动相融合，持续推进全国中小学知识产权教育工作和全国大学生版权征文活动。推动技工院校普及知识产权教育，将知识产权普及教育作为全国专业技术人员继续教育的重要内容。

推动知识产权进干部培训课堂。优化知识产权课程设置，加强对党政领导干部和国有企业负责人的知识产权宣传培训。（国家知识产权局牵头，中央组织部、中央宣传部、教育部、人力资源社会保障部、中国科协等按职责分工负责）

厚植知识产权文化理念。增强全社会尊重和保护知识产权的意识，推动知识产权文化与法治文化、传统文化、创新文化、诚信文化深度融合。大力宣传锐意创新和诚信经营的典型企业，引导企业自觉履行尊重和保护知识产权的社会责任。开展贴近时代、贴近百姓、贴近生活的知识产权文化惠民活动。加强知识产权文化基础设施建设。探索建立“互联网+”知识产权保护云博物馆。加大对中西部地区知识产权文化建设投入。开展知识产权文化建设理论和学术研究，以文化为媒，提升文化软实力。（国家知识产权局牵头，中央宣传部、司法部、文化和旅游部等按职责分工负责）

八、实施保障

（十八）加强组织领导。

坚持党对知识产权工作的全面领导，充分发挥国务院知识产权战略实施工作部际联席会议作用，完善工作机制，形成工作合力，确保党中央、国务院关于知识产权工作的各项决策部署落到实处。各

地区、各有关部门要强化责任意识，密切协调配合，结合实际进一步明确工作重点，落实好本规划部署的各项任务措施。国家知识产权局要加强组织协调，明确责任分工，细化目标任务，加强宣传解读，制定年度推进计划，确保规划有序推进。相关社会组织和行业协会要积极参与规划实施，主动作为，发挥作用。（国家知识产权局牵头，有关部门与地方各级人民政府按职责分工负责）

（十九）鼓励探索创新。

各地要发扬基层首创精神，针对规划实施中的痛点、难点问题，主动作为、创新思路，积极探索积累务实管用、科学精准的具体举措，不断丰富完善有关政策措施。各有关部门要营造有利环境，支持有条件的地区先行先试。（地方各级人民政府与有关部门按职责分工负责）

（二十）加大投入力度。

完善多渠道投入机制，推进规划重大工程项目落地，促进规划有效实施。加强对知识产权工作的政策和资源支持。鼓励社会资本积极参与，创新投入模式和机制，充分发挥市场在资源配置中的决定性作用。（有关部门与地方各级人民政府按职责分工负责）

（二十一）狠抓工作落实。

国家知识产权局会同有关部门加强对规划实施情况的跟踪监测，通过第三方评估等形式开展规划实施的中期评估、总结评估，总结推广典型经验做法，发现规划实施中存在的问题并研究解决对策。强化监督检查，确保任务落实，重要情况及时报告国务院。（国家知识产权局牵头，有关部门按职责分工负责）

国家发展改革委等部门关于严格能效约束推动重点领域节能降碳的若干意见

发改产业〔2021〕1464 号

科技部、财政部、人民银行、证监会，各省、自治区、直辖市及计划单列市、新疆生产建设兵团发展改革委、工业和信息化厅（局）、生态环境厅（局）、市场监管局（厅、委）、能源局：

实现碳达峰、碳中和，是以习近平同志为核心的党中央统筹国内国际两个大局，着眼建设制造强国、推动高质量发展作出的重大战略决策。为推动重点工业领域节能降碳和绿色转型，坚决遏制全国“两高”项目盲目发展，确保如期实现碳达峰目标，提出如下意见。

一、总体要求

（一）指导思想。

以习近平新时代中国特色社会主义思想为指导，深入贯彻习近平生态文明思想，全面贯彻党的十九大和十九届二中、三中、四中、五中全会精神，立足新发展阶段，完整、准确、全面贯彻新发展理念，构建新发展格局，科学处理发展和减排、整体和局部、短期和中长期的关系，突出标准引领作用，深挖节能降碳技术改造潜力，强化系统观念，推进综合施策，严格监督管理，加快重点领域节能降碳步伐，带动全行业绿色低碳转型，确保如期实现碳达峰目标。

（二）基本原则。

坚持重点突破、分步实施。把握发展规律，抓住主要矛盾，选择综合条件较好的重点行业，率先开展节能降碳技术改造。待重点行业取得实质性进展、相关机制运行成熟后，再研究推广至其他行业和产品领域。

坚持从高定标、分类指导。密切跟踪国内外先进水平，明确重点行业能效标杆水平。根据各行业实际情况及发展预期，科学设定能效基准水平。引导未达到基准水平的企业，对照标杆水平实施改造升级。

坚持对标改造、从严监管。对标国内外领先企业，适时修订节能标准，加强节能降碳工艺技术开发，推动高能耗企业实施技术改造。压实企业主体责任，落实属地监管责任，加强企业能耗和碳排放日常监测，建立健全违规行为监督问责机制。

坚持综合施策、平稳有序。整合已有政策工具，加强财政、金融、投资、价格等政策与产业、环保政策的协调配合，运用市场化法治化方式，稳妥有序推动重点领域节能降碳。避免“一刀切”管理和“运动式”减碳，确保产业链供应链安全和经济社会平稳运行。

（三）主要目标。

到2025年，通过实施节能降碳行动，钢铁、电解铝、水泥、平板玻璃、炼油、乙烯、合成氨、电石等重点行业和数据中心达到标杆水平的产能比例超过30%，行业整体能效水平明显提升，碳排放强度明显下降，绿色低碳发展能力显著增强。

到2030年，重点行业能效基准水平和标杆水平进一步提高，达到标杆水平企业比例大幅提升，行业整体能效水平和碳排放强度达到国际先进水平，为如期实现碳达峰目标提供有力支撑。

二、重点任务

（一）突出抓好重点行业。

分步实施、有序推进重点行业节能降碳工作，首批聚焦能源消耗占比较高、改造条件相对成熟、示范带动作用明显的钢铁、电解铝、水泥、平板玻璃、炼油、乙烯、合成氨、电石等重点行业和数据中心组织实施。分行业研究制定具体行动方案，明确节能降碳主要目标和重点任务。待上述行业取得阶段性突破、相关机制运行成熟后，再视情况研究选取下一批主攻行业，稳扎稳打，压茬推进。

（二）科学确定能效水平。

本着“就高不就低”的原则，对标国内外生产企业先进能效水平，确定各行业能效标杆水平，以此作为企业技术改造的目标方向。在此基础上，参考国家现行节能标准确定的准入值和限定值，根据行业实际情况、发展预期、生产装置整体能效水平等，统筹考虑如期实现碳达峰目标、保持生产供给平稳、便于企业操作实施等因素，科学划定各行业能效基准水平。

（三）严格实施分类管理。

各地认真排查在建项目，对能效水平低于本行业能耗限额准入值的，按照有关规定停工整改，推动提升能效水平，力争达到标杆水平。科学评估拟建项目，对产能已经饱和的行业按照“减量置换”原则压减产能，对产能尚未饱和的行业，要对标国际先进水平提高准入门槛，对能耗较大的新兴产业要支持引导企业应用绿色技术、提高能效水平。加快改造升级存量项目，坚决淘汰落后产能、落后工艺、落后产品。

（四）稳妥推进改造升级。

推动重点行业存量项目开展节能降碳技术改造，合理设置政策实施过渡期，按照“整体推进、一企一策”的要求，各地分别制定省级节能降碳技术改造总体实施方案和企业具体工作方案，明确推进步骤、改造期限、技术路线、工作节点、预期目标等，确保政策稳妥有序实施。鼓励国有企业、骨干企业发挥引领作用，开展节能降碳示范性改造。改造过程中，在落实产能置换等要求前提下，鼓励企业实施兼并重组。

（五）加强技术攻关应用。

系统梳理重点行业改造提升的技术难点和装备短板，充分利用科研院所、行业协会和骨干企业的创新资源，推动绿色低碳共性关键技术、前沿引领技术、颠覆性技术和相关设施装备攻关。借助重点行业节能降碳技术改造有利时机，加快先进成熟绿色低碳技术装备推广应用，提高重点行业技术装备绿色化、智能化水平，促进形成强大国内市场。

（六）强化支撑体系建设。

做好产业布局、结构调整、“三线一单”生态环境分区管控、环境准入、节能审查与能耗双控政策的衔接，推动产业集中集约集聚发展，鼓励不同行业和产业链上下游融合发展。组织开展企业技术改造阶段性评估，对照重点行业能效标杆和基准水平，开展相关领域标准的制修订、宣贯和推广应用工作。顺应行业技术装备发展趋势，研究建立动态提高能效标杆水平和基准水平机制。建立健全重点行业能效和碳排放监测与评价体系，健全完善企业能效和碳排放核算、计量、报告、核查和评价机制。

（七）加强数据中心绿色高质量发展。

鼓励重点行业利用绿色数据中心等新型基础设施实现节能降耗。新建大型、超大型数据中心电能利用效率不超过1.3。到2025年，数据中心电能利用效率普遍不超过1.5。加快优化数据中心建设布局，新建大型、超大型数据中心原则上布局在国家枢纽节点数据中心集群范围内。各地要统筹好在建和拟建数据中心项目，设置合理过渡期，确保平稳有序发展。对于在国家枢纽节点之外新建的数据中心，地方政府不得给予土地、财税等方面的优惠政策。

三、保障措施

（一）完善技改支持政策。

落实节能专用装备、技术改造、资源综合利用等方面税收优惠政策。积极发展绿色金融，设立碳减排支持工具，支持金融机构在风险可控、商业可持续的前提下，向碳减排效应显著的重点项目提供高质量的金融服务。拓展绿色债券市场的深度和广度，支持符合条件的节能低碳发展企业上市融资和再融资。落实首台（套）重大技术装备示范应用鼓励政策。

（二）加大监督管理力度。

加强对重点行业能效水平执行情况的日常监测和现场检查，发挥各地工业和信息化主管部门作用，加大国家工业专项节能监察工作力度，统筹推进重点行业节能监察，确保相关政策标准落实落地。压实属地监管责任，严格工作问责追究，建立健全通报批评、用能预警、约谈问责、整改督办等工作机制，完善重点行业节能降碳监管体系。发挥信用信息共享平台作用，加强对违规企业的失信联合惩戒。

（三）更好发挥政策合力。

严格节能降碳相关政策执行，通过绿色电价、节能监察、环保监督执法等手段加大市场调节、督促落实力度。根据实际需要，扩大绿色电价覆盖行业范围，加快相关行业改造升级步伐，提升行业能效水平。严格落实有关产能置换政策，加大闲置产能、僵尸产能处置力度，加速淘汰落后产能。

（四）加强政策宣传解读。

充分利用政府部门、行业协会、新闻媒体等渠道，加强政策解读和舆论引导，积极回应社会关切和热点问题，传递以能效水平引领重点领域节能降碳的坚定决心。遴选重点行业能效水平突出企业，发布能效“领跑者”名单，形成一批可借鉴、可复制、可推广的经验，及时进行宣传推介。传播普及绿色生产、低碳环保理念，营造全社会共同推动重点行业节能降碳的良好氛围。

各地方要深刻认识推动重点领域节能降碳工作的重要意义，心存“国之大者”，坚持全国“一盘棋”，尽快组织本地区开展重点领域节能降碳工作，合理把握政策实施时机和节奏，避免行业生产供给大起大落，确保抓实抓好抓出成效。

附件：1. 冶金、建材重点行业严格能效约束推动节能降碳行动方案（2021-2025 年）

2. 石化化工重点行业严格能效约束推动节能降碳行动方案（2021-2025 年）

国家发展改革委

工业和信息化部

生态环境部

市场监管总局

国家能源局

2021 年 10 月 18 日

附件：

1. 冶金、建材重点行业严格能效约束推动节能降碳行动方案（2021-2025 年）

2. 石化化工重点行业严格能效约束推动节能降碳行动方案（2021-2025 年）

中共中央　国务院关于深入打好污染防治攻坚战的意见

（2021 年 11 月 2 日）

良好生态环境是实现中华民族永续发展的内在要求，是增进民生福祉的优先领域，是建设美丽中国的重要基础。党的十八大以来，以习近平同志为核心的党中央全面加强对生态文明建设和生态环境保护的领导，开展了一系列根本性、开创性、长远性工作，推动污染防治的措施之实、力度之大、成效之显著前所未有，污染防治攻坚战阶段性目标任务圆满完成，生态环境明显改善，人民群众获得感显著增强，厚植了全面建成小康社会的绿色底色和质量成色。同时应该看到，我国生态环境保护结构性、根源性、趋势性压力总体上尚未根本缓解，重点区域、重点行业污染问题仍然突出，实现碳达峰、碳中和任务艰巨，生态环境保护任重道远。为进一步加强生态环境保护，深入打好污染防治攻坚战，现提出如下意见。

一、总体要求

（一）指导思想。以习近平新时代中国特色社会主义思想为指导，全面贯彻党的十九大和十九届二中、三中、四中、五中全会精神，深入贯彻习近平生态文明思想，坚持以人民为中心的发展思想，立足新发展阶段，完整、准确、全面贯彻新发展理念，构建新发展格局，以实现减污降碳协同增效为总抓手，以改善生态环境质量为核心，以精准治污、科学治污、依法治污为工作方针，统筹污染治理、生态保护、应对气候变化，保持力度、延伸深度、拓宽广度，以更高标准打好蓝天、碧水、净土保卫战，以高水平保护推动高质量发展、创造高品质生活，努力建设人与自然和谐共生的美丽中国。

（二）工作原则。

——坚持方向不变、力度不减。保持战略定力，坚定不移走生态优先、绿色发展之路，巩固拓展“十三五”时期污染防治攻坚成果，继续打好一批标志性战役，接续攻坚、久久为功。

——坚持问题导向、环保为民。把人民群众反映强烈的突出生态环境问题摆上重要议事日程，不断加以解决，增强广大人民群众的获得感、幸福感、安全感，以生态环境保护实际成效取信于民。

——坚持精准科学、依法治污。遵循客观规律，抓住主要矛盾和矛盾的主要方面，因地制宜、科学施策，落实最严格制度，加强全过程监管，提高污染治理的针对性、科学性、有效性。

——坚持系统观念、协同增效。推进山水林田湖草沙一体化保护和修复，强化多污染物协同控制和区域协同治理，注重综合治理、系统治理、源头治理，保障国家重大战略实施。

——坚持改革引领、创新驱动。深入推进生态文明体制改革，完善生态环境保护领导体制和工作机制，加大技术、政策、管理创新力度，加快构建现代环境治理体系。

（三）主要目标。到2025年，生态环境持续改善，主要污染物排放总量持续下降，单位国内生产总值二氧化碳排放比2020年下降18%，地级及以上城市细颗粒物（PM2.5）浓度下降10%，空气质量优良天数比例达到87.5%，地表水Ⅰ-Ⅲ类水体比例达到85%，近岸海域水质优良（一、二类）比例达到79%左右，重污染天气、城市黑臭水体基本消除，土壤污染风险得到有效管控，固体废物和新污染物治理能力明显增强，生态系统质量和稳定性持续提升，生态环境治理体系更加完善，生态文明建设实现新进步。

到2035年，广泛形成绿色生产生活方式，碳排放达峰后稳中有降，生态环境根本好转，美丽中国建设目标基本实现。

二、加快推动绿色低碳发展

（四）深入推进碳达峰行动。处理好减污降碳和能源安全、产业链供应链安全、粮食安全、群众正常生活的关系，落实2030年应对气候变化国家自主贡献目标，以能源、工业、城乡建设、交通运输等领域和钢铁、有色金属、建材、石化化工等行业为重点，深入开展碳达峰行动。在国家统一规划的前提下，支持有条件的地方和重点行业、重点企业率先达峰。统筹建立二氧化碳排放总量控制制度。建设完善全国碳排放权交易市场，有序扩大覆盖范围，丰富交易品种和交易方式，并纳入全国统一公共资源交易平台。加强甲烷等非二氧化碳温室气体排放管控。制定国家适应气候变化战略2035。大力推进低碳和适应气候变化试点工作。健全排放源统计调查、核算核查、监管制度，将温室气体管控纳入环评管理。

（五）聚焦国家重大战略打造绿色发展高地。强化京津冀协同发展生态环境联建联防联治，打造雄安新区绿色高质量发展“样板之城”。积极推动长江经济带成为我国生态优先绿色发展主战场，深化长三角地区生态环境共保联治。扎实推动黄河流域生态保护和高质量发展。加快建设美丽粤港澳大湾区。加强海南自由贸易港生态环境保护和建设。

（六）推动能源清洁低碳转型。在保障能源安全的前提下，加快煤炭减量步伐，实施可再生能源替代行动。“十四五”时期，严控煤炭消费增长，非化石能源消费比重提高到20%左右，京津冀及周边地区、长三角地区煤炭消费量分别下降10%、5%左右，汾渭平原煤炭消费量实现负增长。原则上不再新增自备燃煤机组，支持自备燃煤机组实施清洁能源替代，鼓励自备电厂转为公用电厂。坚持“增气减煤”同步，新增天然气优先保障居民生活和清洁取暖需求。提高电能占终端能源消费比重。重点区域的平原地区散煤基本清零。有序扩大清洁取暖试点城市范围，稳步提升北方地区清洁取暖水平。

（七）坚决遏制高耗能高排放项目盲目发展。严把高耗能高排放项目准入关口，严格落实污染物排放区域削减要求，对不符合规定的项目坚决停批停建。依法依规淘汰落后产能和化解过剩产能。推动高炉—转炉长流程炼钢转型为电炉短流程炼钢。重点区域严禁新增钢铁、焦化、水泥熟料、平板玻璃、电解铝、氧化铝、煤化工产能，合理控制煤制油气产能规模，严控新增炼油产能。

（八）推进清洁生产和能源资源节约高效利用。引导重点行业深入实施清洁生产改造，依法开展自愿性清洁生产评价认证。大力推行绿色制造，构建资源循环利用体系。推动煤炭等化石能源清洁高效利用。加强重点领域节能，提高能源使用效率。实施国家节水行动，强化农业节水增效、工业节水减排、城镇节水降损。推进污水资源化利用和海水淡化规模化利用。

（九）加强生态环境分区管控。衔接国土空间规划分区和用途管制要求，将生态保护红线、环境质量底线、资源利用上线的硬约束落实到环境管控单元，建立差别化的生态环境准入清单，加强“三线一单”成果在政策制定、环境准入、园区管理、执法监管等方面的应用。健全以环评制度为主体的源头预防体系，严格规划环评审查和项目环评准入，开展重大经济技术政策的生态环境影响分析和重大生态环境政策的社会经济影响评估。

（十）加快形成绿色低碳生活方式。把生态文明教育纳入国民教育体系，增强全民节约意识、环保意识、生态意识。因地制宜推行垃圾分类制度，加快快递包装绿色转型，加强塑料污染全链条防治。深入开展绿色生活创建行动。建立绿色消费激励机制，推进绿色产品认证、标识体系建设，营造绿色低碳生活新时尚。

三、深入打好蓝天保卫战

（十一）着力打好重污染天气消除攻坚战。聚焦秋冬季细颗粒物污染，加大重点区域、重点行业结构调整和污染治理力度。京津冀及周边地区、汾渭平原持续开展秋冬季大气污染综合治理专项行动。东北地区加强秸秆禁烧管控和采暖燃煤污染治理。天山北坡城市群加强兵地协作，钢铁、有色金属、化工等行业参照重点区域执行重污染天气应急减排措施。科学调整大气污染防治重点区域范围，构建省市县三级重污染天气应急预案体系，实施重点行业企业绩效分级管理，依法严厉打击不落实应急减排措施行为。到 2025 年，全国重度及以上污染天数比率控制在 1%以内。

（十二）着力打好臭氧污染防治攻坚战。聚焦夏秋季臭氧污染，大力推进挥发性有机物和氮氧化物协同减排。以石化、化工、涂装、医药、包装印刷、油品储运销等行业领域为重点，安全高效推进挥发性有机物综合治理，实施原辅材料和产品源头替代工程。完善挥发性有机物产品标准体系，建立低挥发性有机物含量产品标识制度。完善挥发性有机物监测技术和排放量计算方法，在相关条件成熟后，研究适时将挥发性有机物纳入环境保护税征收范围。推进钢铁、水泥、焦化行业企业超低排放改造，重点区域钢铁、燃煤机组、燃煤锅炉实现超低排放。开展涉气产业集群排查及分类治理，推进企业升级改造和区域环境综合整治。到 2025 年，挥发性有机物、氮氧化物排放总量比 2020 年分别下降 10%以上，臭氧浓度增长趋势得到有效遏制，实现细颗粒物和臭氧协同控制。

（十三）持续打好柴油货车污染治理攻坚战。深入实施清洁柴油车（机）行动，全国基本淘汰国三及以下排放标准汽车，推动氢燃料电池汽车示范应用，有序推广清洁能源汽车。进一步推进大中城市公共交通、公务用车电动化进程。不断提高船舶靠港岸电使用率。实施更加严格的车用汽油质量标准。加快大宗货物和中长途货物运输“公转铁”、“公转水”，大力发展公铁、铁水等多式联运。“十四五”时期，铁路货运量占比提高 0.5 个百分点，水路货运量年均增速超过 2%。

（十四）加强大气面源和噪声污染治理。强化施工、道路、堆场、裸露地面等扬尘管控，加强城市保洁和清扫。加大餐饮油烟污染、恶臭异味治理力度。强化秸秆综合利用和禁烧管控。到 2025 年，京津冀及周边地区大型规模化养殖场氨排放总量比 2020 年下降 5%。深化消耗臭氧层物质和氢氟碳化物环境管理。实施噪声污染防治行动，加快解决群众关心的突出噪声问题。到 2025 年，地级及以上城市全面实现功能区声环境质量自动监测，全国声环境功能区夜间达标率达到 85%。

四、深入打好碧水保卫战

（十五）持续打好城市黑臭水体治理攻坚战。统筹好上下游、左右岸、干支流、城市和乡村，系统推进城市黑臭水体治理。加强农业农村和工业企业污染防治，有效控制入河污染物排放。强化溯源整治，杜绝污水直接排入雨水管网。推进城镇污水管网全覆盖，对进水情况出现明显异常的污水处理厂，开展片区管网系统化整治。因地制宜开展水体内源污染治理和生态修复，增强河湖自净功能。充分发挥河长制、湖长制作用，巩固城市黑臭水体治理成效，建立防止返黑返臭的长效机制。2022 年 6 月底前，县级城市政府完成建成区内黑臭水体排查并制定整治方案，统一公布黑臭水体清单及达标期限。到 2025 年，县级城市建成区基本消除黑臭水体，京津冀、长三角、珠三角等区域力争提前 1 年完成。

（十六）持续打好长江保护修复攻坚战。推动长江全流域按单元精细化分区管控。狠抓突出生态环境问题整改，扎实推进城镇污水垃圾处理和工业、农业面源、船舶、尾矿库等污染治理工程。加强渝湘黔交界武陵山区“锰三角”污染综合整治。持续开展工业园区污染治理、“三磷”行业整治等专项行动。推进长江岸线生态修复，巩固小水电清理整改成果。实施好长江流域重点水域十年禁渔，有效恢复长江水生生物多样性。建立健全长江流域水生态环境考核评价制度并抓好组织实施。加强太湖、巢湖、滇池等重要湖泊蓝藻水华防控，开展河湖水生植被恢复、氮磷通量监测等试点。到 2025 年，长江流域总体水质保持为优，干流水质稳定达到Ⅱ类，重要河湖生态用水得到有效保障，水生态质量明显提升。

（十七）着力打好黄河生态保护治理攻坚战。全面落实以水定城、以水定地、以水定人、以水定产要求，实施深度节水控水行动，严控高耗水行业发展。维护上游水源涵养功能，推动以草定畜、定牧。加强中游水土流失治理，开展汾渭平原、河套灌区等农业面源污染治理。实施黄河三角洲湿地保护修复，强化黄河河口综合治理。加强沿黄河城镇污水处理设施及配套管网建设，开展黄河流域“清废行动”，基本完成尾矿库污染治理。到 2025 年，黄河干流上中游（花园口以上）水质达到Ⅱ类，干流及主要支流生态流量得到有效保障。

（十八）巩固提升饮用水安全保障水平。加快推进城市水源地规范化建设，加强农村水源地保护。基本完成乡镇级水源保护区划定、立标并开展环境问题排查整治。保障南水北调等重大输水工程水质安全。到 2025 年，全国县级及以上城市集中式饮用水水源水质达到或优于Ⅲ类比例总体高于 93%。

（十九）着力打好重点海域综合治理攻坚战。巩固深化渤海综合治理成果，实施长江口—杭州湾、珠江口邻近海域污染防治行动，“一湾一策”实施重点海湾综合治理。深入推进入海河流断面水质改善、沿岸直排海污染源整治、海水养殖环境治理，加强船舶港口、海洋垃圾等污染防治。推进重点海域生态系统保护修复，加强海洋伏季休渔监管执法。推进海洋环境风险排查整治和应急能力建设。到 2025 年，重点海域水质优良比例比 2020 年提升 2 个百分点左右，省控及以上河流入海断面基本消除劣Ⅴ类，滨海湿地和岸线得到有效保护。

（二十）强化陆域海域污染协同治理。持续开展入河入海排污口“查、测、溯、治”，到 2025 年，基本完成长江、黄河、渤海及赤水河等长江重要支流排污口整治。完善水污染防治流域协同机制，深化海河、辽河、淮河、松花江、珠江等重点流域综合治理，推进重要湖泊污染防治和生态修复。沿海城市加强固定污染源总氮排放控制和面源污染治理，实施入海河流总氮削减工程。建成一批具有全国示范价值的美丽河湖、美丽海湾。

五、深入打好净土保卫战

（二十一）持续打好农业农村污染治理攻坚战。注重统筹规划、有效衔接，因地制宜推进农村厕所革命、生活污水治理、生活垃圾治理，基本消除较大面积的农村黑臭水体，改善农村人居环境。实施化肥农药减量增效行动和农膜回收行动。加强种养结合，整县推进畜禽粪污资源化利用。规范工厂化水产养殖尾水排污口设置，在水产养殖主产区推进养殖尾水治理。到 2025 年，农村生活污水治理率达到 40%，化肥农药利用率达到 43%，全国畜禽粪污综合利用率达到 80%以上。

（二十二）深入推进农用地土壤污染防治和安全利用。实施农用地土壤镉等重金属污染源头防治行动。依法推行农用地分类管理制度，强化受污染耕地安全利用和风险管控，受污染耕地集中的县级行政区开展污染溯源，因地制宜制定实施安全利用方案。在土壤污染面积较大的 100 个县级行政区推进农用地安全利用示范。严格落实粮食收购和销售出库质量安全检验制度和追溯制度。到 2025 年，受污染耕地安全利用率达到 93%左右。

（二十三）有效管控建设用地土壤污染风险。严格建设用地土壤污染风险管控和修复名录内地块的准入管理。未依法完成土壤污染状况调查和风险评估的地块，不得开工建设与风险管控和修复无关的项目。从严管控农药、化工等行业的重度污染地块规划用途，确需开发利用的，鼓励用于拓展生态空间。完成重点地区危险化学品生产企业搬迁改造，推进腾退地块风险管控和修复。

（二十四）稳步推进“无废城市”建设。健全“无废城市”建设相关制度、技术、市场、监管体系，推进城市固体废物精细化管理。“十四五”时期，推进 100 个左右地级及以上城市开展“无废城市”建设，鼓励有条件的省份全域推进“无废城市”建设。

（二十五）加强新污染物治理。制定实施新污染物治理行动方案。针对持久性有机污染物、内分泌干扰物等新污染物，实施调查监测和环境风险评估，建立健全有毒有害化学物质环境风险管理制度，强化源头准入，动态发布重点管控新污染物清单及其禁止、限制、限排等环境风险管控措施。

（二十六）强化地下水污染协同防治。持续开展地下水环境状况调查评估，划定地下水型饮用水水源补给区并强化保护措施，开展地下水污染防治重点区划定及污染风险管控。健全分级分类的地下水环境监测评价体系。实施水土环境风险协同防控。在地表水、地下水交互密切的典型地区开展污染综合防治试点。

六、切实维护生态环境安全

（二十七）持续提升生态系统质量。实施重要生态系统保护和修复重大工程、山水林田湖草沙一体化保护和修复工程。科学推进荒漠化、石漠化、水土流失综合治理和历史遗留矿山生态修复，开展大规模国土绿化行动，实施河口、海湾、滨海湿地、典型海洋生态系统保护修复。推行草原森林河流湖泊休养生息，加强黑土地保护。有效应对气候变化对冰冻圈融化的影响。推进城市生态修复。加强生态保护修复监督评估。到 2025 年，森林覆盖率达到 24.1%，草原综合植被盖度稳定在 57% 左右，湿地保护率达到 55%。

（二十八）实施生物多样性保护重大工程。加快推进生物多样性保护优先区域和国家重大战略区域调查、观测、评估。完善以国家公园为主体的自然保护地体系，构筑生物多样性保护网络。加大珍稀濒危野生动植物保护拯救力度。加强生物遗传资源保护和管理，严格外来入侵物种防控。

（二十九）强化生态保护监管。用好第三次全国国土调查成果，构建完善生态监测网络，建立全国生态状况评估报告制度，加强重点区域流域海域、生态保护红线、自然保护地、县域重点生态功能区等生态状况监测评估。加强自然保护地和生态保护红线监管，依法加大生态破坏问题监督和查处力度，持续推进“绿盾”自然保护地强化监督专项行动。深入推动生态文明建设示范创建、“绿水青山就是金山银山”实践创新基地建设和美丽中国地方实践。

（三十）确保核与辐射安全。坚持安全第一、质量第一，实行最严格的安全标准和最严格的监管，持续强化在建和运行核电厂安全监管，加强核安全监管制度、队伍、能力建设，督促营运单位落实全面核安全责任。严格研究堆、核燃料循环设施、核技术利用等安全监管，积极稳妥推进放射性废物、伴生放射性废物处置，加强电磁辐射污染防治。强化风险预警监测和应急响应，不断提升核与辐射安全保障能力。

（三十一）严密防控环境风险。开展涉危险废物涉重金属企业、化工园区等重点领域环境风险调查评估，完成重点河流突发水污染事件“一河一策一图”全覆盖。开展涉铊企业排查整治行动。加强重金属污染防控，到 2025 年，全国重点行业重点重金属污染物排放量比 2020 年下降 5%。强化生态环境与健康管理。健全国家环境应急指挥平台，推进流域及地方环境应急物资库建设，完善环境应急管理体系。

七、提高生态环境治理现代化水平

（三十二）全面强化生态环境法治保障。完善生态环境保护法律法规和适用规则，在法治轨道上推进生态环境治理，依法对生态环境违法犯罪行为严惩重罚。推进重点区域协同立法，探索深化区域执法协作。完善生态环境标准体系，鼓励有条件的地方制定出台更加严格的标准。健全生态环境损害赔偿制度。深化环境信息依法披露制度改革。加强生态环境保护法律宣传普及。强化生态环境行政执法与刑事司法衔接，联合开展专项行动。

（三十三）健全生态环境经济政策。扩大环境保护、节能节水等企业所得税优惠目录范围，完善绿色电价政策。大力发展绿色信贷、绿色债券、绿色基金，加快发展气候投融资，在环境高风险领域依法推行环境污染强制责任保险，强化对金融机构的绿色金融业绩评价。加快推进排污权、用能权、碳排放权市场化交易。全面实施环保信用评价，发挥环境保护综合名录的引导作用。完善市场化多元化生态保护补偿，推动长江、黄河等重要流域建立全流域生态保护补偿机制，建立健全森林、草原、湿地、沙化土地、海洋、水流、耕地等领域生态保护补偿制度。

（三十四）完善生态环境资金投入机制。各级政府要把生态环境作为财政支出的重点领域，把生态环境资金投入作为基础性、战略性投入予以重点保障，确保与污染防治攻坚任务相匹配。加快生态环境领域省以下财政事权和支出责任划分改革。加强有关转移支付分配与生态环境质量改善相衔接。综合运用土地、规划、金融、税收、价格等政策，引导和鼓励更多社会资本投入生态环境领域。

（三十五）实施环境基础设施补短板行动。构建集污水、垃圾、固体废物、危险废物、医疗废物处理处置设施和监测监管能力于一体的环境基础设施体系，形成由城市向建制镇和乡村延伸覆盖的环境基础设施网络。开展污水处理厂差别化精准提标。优先推广运行费用低、管护简便的农村生活污水治理技术，加强农村生活污水处理设施长效化运行维护。推动省域内危险废物处置能力与产废情况总体匹配，加快完善医疗废物收集转运处置体系。

（三十六）提升生态环境监管执法效能。全面推行排污许可“一证式”管理，建立基于排污许可证的排污单位监管执法体系和自行监测监管机制。建立健全以污染源自动监控为主的非现场监管执法体系，强化关键工况参数和用水用电等控制参数自动监测。加强移动源监管能力建设。深入开展生活垃圾焚烧发电行业达标排放专项整治。全面禁止进口“洋垃圾”。依法严厉打击危险废物非法转移、倾倒、处置等环境违法犯罪，严肃查处环评、监测等领域弄虚作假行为。

（三十七）建立完善现代化生态环境监测体系。构建政府主导、部门协同、企业履责、社会参与、公众监督的生态环境监测格局，建立健全基于现代感知技术和大数据技术的生态环境监测网络，优化监测站网布局，实现环境质量、生态质量、污染源监测全覆盖。提升国家、区域流域海域和地方生态环境监测基础能力，补齐细颗粒物和臭氧协同控制、水生态环境、温室气体排放等监测短板。加强监测质量监督检查，确保数据真实、准确、全面。

（三十八）构建服务型科技创新体系。组织开展生态环境领域科技攻关和技术创新，规范布局建设各类创新平台。加快发展节能环保产业，推广生态环境整体解决方案、托管服务和第三方治理。构建智慧高效的生态环境管理信息化体系。加强生态环境科技成果转化服务，组织开展百城千县万名专家生态环境科技帮扶行动。

八、加强组织实施

（三十九）加强组织领导。全面加强党对生态环境保护工作的领导，进一步完善中央统筹、省负总责、市县抓落实的攻坚机制。强化地方各级生态环境保护议事协调机制作用，研究推动解决本地区生态环境保护重要问题，加强统筹协调，形成工作合力，确保日常工作机构有场所、有人员、有经费。加快构建减污降碳一体谋划、一体部署、一体推进、一体考核的制度机制。研究制定强化地方党政领导干部生态环境保护责任有关措施。

（四十）强化责任落实。地方各级党委和政府要坚决扛起生态文明建设政治责任，深入打好污染防治攻坚战，把解决群众身边的生态环境问题作为“我为群众办实事”实践活动的重要内容，列出清单、建立台账，长期坚持、确保实效。各有关部门要全面落实生态环境保护责任，细化实化污染防治攻坚政策措施，分工协作、共同发力。各级人大及其常委会加强生态环境保护立法和监督。各级政协加大生态环境保护专题协商和民主监督力度。各级法院和检察院加强环境司法。生态环境部要做好任务分解，加强调度评估，重大情况及时向党中央、国务院报告。

（四十一）强化监督考核。完善中央生态环境保护督察制度，健全中央和省级两级生态环境保护督察体制，将污染防治攻坚战任务落实情况作为重点，深化例行督察，强化专项督察。深入开展重点区域、重点领域、重点行业监督帮扶。继续开展污染防治攻坚战成效考核，完善相关考核措施，强化考核结果运用。

（四十二）强化宣传引导。创新生态环境宣传方式方法，广泛传播生态文明理念。构建生态环境治理全民行动体系，发展壮大生态环境志愿服务力量，深入推动环保设施向公众开放，完善生态环境信息公开和有奖举报机制。积极参与生态环境保护国际合作，讲好生态文明建设“中国故事”。

（四十三）强化队伍建设。完善省以下生态环境机构监测监察执法垂直管理制度，全面推进生态环境监测监察执法机构能力标准化建设。将生态环境保护综合执法机构列入政府行政执法机构序列，统一保障执法用车和装备。持续加强生态环境保护铁军建设，锤炼过硬作风，严格对监督者的监督管理。注重选拔在生态文明建设和生态环境保护工作中敢于负责、勇于担当、善于作为、实绩突出的干部。按照有关规定表彰在污染防治攻坚战中成绩显著、贡献突出的先进单位和个人。

工业和信息化部 人民银行 银保监会 证监会关于加强产融合作推动工业绿色发展的指导意见

工信部联财〔2021〕159 号

各省、自治区、直辖市及计划单列市、新疆生产建设兵团工业和信息化主管部门，中国人民银行各分行、营业管理部、各省会（首府）城市中心支行、各副省级城市中心支行，各银保监局，各证监局：

加强产融合作推动工业绿色发展，是贯彻习近平总书记关于金融服务实体经济系列重要指示精神的具体举措，也是落实党中央、国务院关于碳达峰、碳中和重大决策部署的具体内容。为构建产融合作有效支持工业绿色发展机制，根据《国务院关于加快建立健全绿色低碳循环发展经济体系的指导意见》（国发〔2021〕4 号），现提出如下意见。

一、总体要求

（一）指导思想。以习近平新时代中国特色社会主义思想为指导，全面贯彻党的十九大和十九届二中、三中、四中、五中全会精神，把握新发展阶段，完整、准确、全面贯彻新发展理念，构建新发展格局，推动建设工业绿色低碳转型与工业赋能绿色发展相互促进、深度融合的产业体系。统筹经济、社会和环境效益，建立商业可持续的产融合作推动工业绿色发展路径，引导金融资源为工业绿色发展提供精准支撑，助力制造强国和网络强国建设，不断提升中国工业绿色发展的影响力，为建设全球气候治理新体系贡献力量。

（二）基本原则。

——政府推动、示范引领。依托产融合作部际协调机制，加强产业政策与金融政策协同。突出地方政府作用，坚持试点先行，不断总结经验，发挥示范带动效应。

——市场导向、增进效益。发挥企业和金融机构的市场主体作用，加快标准体系建设，完善信息披露机制，构建互利共赢的产融合作生态，让企业在绿色转型中增效益。

——创新驱动、重点突破。推动科技创新、管理创新和商业模式创新，在依法合规、风险可控的前提下加强金融创新，支持重点绿色新技术新场景培育应用。

——相互促进、系统发展。以工业高端化、智能化支撑绿色化，以工业绿色化引领高端化、智能化，推动工业全方位、全区域、全周期绿色发展。

（三）总体目标。到 2025 年，推动工业绿色发展的产融合作机制基本成熟，符合工业特色和需求的绿色金融标准体系更加完善，工业企业绿色信息披露机制更加健全，产融合作平台服务进一步优化，支持工业绿色发展的金融产品和服务更加丰富，各类要素资源向绿色低碳领域不断聚集，力争金融重点支持的工业企业成为碳减排标杆，有力支撑实现碳达峰、碳中和目标，保障产业与金融共享绿色发展成果、人民共享工业文明与生态文明和谐共生的美好生活。

二、工业绿色发展重点方向

（一）加强绿色低碳技术创新应用。加快绿色核心技术攻关，打造绿色制造领域制造业创新中心，加强低碳、节能、节水、环保、清洁生产、资源综合利用等领域共性技术研发，开展减碳、零碳和负碳技术综合性示范。支持新能源、新材料、新能源汽车、新能源航空器、绿色船舶、绿色农机、新能源动力、高效储能、碳捕集利用与封存、零碳工业流程再造、农林渔碳增汇、有害物质替代与减量化、工业废水资源化利用等关键技术突破及产业化发展。加快电子信息技术与清洁能源产业融合创新，推动新型储能电池产业突破，引导智能光伏产业高质量发展。支持绿色低碳装备装置、仪器仪表和控制系统研发创新，在国土绿化、生态修复、海绵城市与美丽乡村建设等领域提升装备化、智能化供给水平。

（二）加快工业企业绿色化改造提升。全面推行绿色制造、共享制造、智能制造，支持企业创建绿色工厂。加快实施钢铁、石化、化工、有色、建材、轻工、纺织等行业绿色化改造。引导企业加大可再生能源使用，加强电力需求侧管理，推动电能、氢能、生物质能替代化石燃料。推动企业利用海水、废污水、雨水等非常规水，开展节水减污技术改造，创建一批节水标杆企业。鼓励企业采用先进的清洁生产技术和高效末端治理装备，推动水、气、固体污染物资源化、无害化利用。加快推进水泥窑协同处置生活垃圾，提升工业窑炉协同处置城市废弃物水平。对企业开展全要素、全流程绿色化及智能化改造，建设绿色数据中心。支持建设能源、水资源管控中心，提升管理信息化水平。

（三）支持工业园区和先进制造业集群绿色发展。依托国家新型工业化产业示范基地等优势产业集聚区，打造一批绿色工业园区和先进制造业集群，支持共建共享公共设施、优化能源消费结构、开展能源梯级利用、推进资源循环利用和污染物集中安全处置，鼓励建设智能微电网。推进园区内企业间用水系统集成优化，实现串联用水、分质用水、一水多用和梯级利用，建设一批工业节水标杆园区。推广工业资源综合利用先进适用工艺技术设备，建设一批工业资源综合利用基地。开展工业领域电力需求侧管理示范园区建设。鼓励钢铁、有色、建材、化工等企业积极参与矿山修复，加快盘活废弃矿山、工业遗址等搁浅资产，丰富工业的文化、旅游、教育、科普、“双创”等功能，健全生态循环价值链。

（四）优化调整产业结构和布局。实施产业基础再造工程，提升产业基础能力，提高自主创新产品的一致性、可靠性和稳定性。加快发展战略性新兴产业，提升新能源汽车和智能网联汽车关键零部件、汽车芯片、基础材料、软件系统等产业链水平，推动提高产业集中度，加快充电桩、换电站、加氢站等基础设施建设运营，推动新能源汽车动力电池回收利用体系建设。加快内河与沿海老旧船舶电动化、绿色化更新改造和港区新能源基础设施建设。引导高耗能、高排放企业搬迁改造和退城入园，支持危险化学品生产企业搬迁改造，推进科学有序兼并重组。落实《产业发展与转移指导目录》，支持产业向符合资源禀赋、区位优势、环保升级、总体降耗等条件的地区转移。

（五）构建完善绿色供应链。推动绿色产业链与绿色供应链协同发展，引导企业构建数据支撑、网络共享、智能协作的绿色供应链管理体系，提升资源利用效率及供应链绿色化水平。鼓励企业实施绿色采购、打造绿色制造工艺、推行绿色包装、开展绿色运输、做好废弃产品回收处理。在汽车、家电、机械等重点行业打造一批绿色供应链，开发推广“易包装、易运输、易拆解、易重构、易回收”的绿色产品谱系。

（六）培育绿色制造服务体系。大力发展能源计量、监测、诊断、评估、技术改造、咨询以及工业节水与水处理系统集成服务、环境污染第三方治理、环境综合治理托管等专业化节能环保服务。针对汽车、纺织、家电等产品的生产消费、周转更新、回收处理与再利用，大力发展基于“互联网+”“智能+”的回收利用与共享服务新模式。培育一批绿色制造服务供应商，提供产品绿色设计与制造一体化、工厂数字化绿色提升、服务其他产业绿色化等系统解决方案。

（七）促进绿色低碳产品消费升级。鼓励企业按照全生命周期理念开展产品绿色设计，扩大高质量绿色产品有效供给。设立电商平台绿色低碳产品销售激励约束机制，扩大新能源汽车、光伏光热产品、绿色消费类电器电子产品、绿色建材等消费。加快发展面向冰雪运动、海洋休闲、郊野经济等场景的设施装备产业。推动超高清视频、新型显示等技术突破，拓展数字绿色消费场景。发展具有文化传承意义和资源盘活效益的传统技法工艺，推广环境影响小、资源消耗低、易循环利用的生物质取材制品，支持苗绣、桑蚕丝绸等生态产品价值实现机制试点示范。

（八）推进绿色低碳国际合作。以碳中和为导向，制定重点行业碳达峰目标任务及路线图，支持智能光伏、新能源汽车等产业发挥示范引领作用。鼓励有条件的地方建设中外合作绿色工业园区，推动绿色技术创新成果在国内转化落地。共建绿色“一带一路”，加强煤电行业联控，促进产业产能优化升级。建设绿色综合服务平台和共性技术平台，推动中国新型绿色技术装备“走出去”和标准国际化。

三、主要任务

（一）建立健全碳核算和绿色金融标准体系。构建工业碳核算方法、算法和数据库体系，推动碳核算信息在金融系统应用，强化碳核算产融合作。鼓励运用数字技术开展碳核算，率先对绿色化改造重点行业、绿色工业园区、先进制造业集群等进行核算。规范统一绿色金融标准，完善绿色债券等评估认证标准，健全支持工业绿色发展的绿色金融标准体系。推动国内外绿色金融标准相互融合、市场互联互通，加强国际成熟经验的国内运用和国内有益经验的国际推广，吸引境外资金参与我国工业绿色发展。

（二）完善工业绿色发展信息共享机制。组织遴选符合绿色发展要求的产品、工艺技术装备、解决方案、企业、项目、园区等，建立工业绿色发展指导目录和项目库。探索建立工业企业温室气体排放信息平台，鼓励企业参照成熟经验主动披露相关信息。推进高耗能、高污染企业和相关上市公司强制披露环境信息，支持信用评级机构将环境、社会和治理（ESG）因素纳入企业信用评级。完善《绿色债券支持项目目录》中涉及工业绿色发展的分类，为工业企业信息服务平台和项目库建设提供支撑。

（三）加强产融合作平台建设。将国家产融合作平台作为金融支持工业绿色发展的重要载体，增设“工业绿色发展”专区。推动建立跨部门、多维度、高价值绿色数据对接机制，整合企业排放信息等“非财务”数据，对接动产融资统一登记公示系统，保障融资交易安全。探索构建系统直连、算法自建、模型优选、智能对接、资金直达的平台生态，推动金融资源精准对接企业融资需求，提高平台服务质效。

（四）加大绿色融资支持力度。运用多种货币政策工具，引导金融机构扩大绿色信贷投放，合理降低企业融资综合成本。鼓励银行业金融机构完善信贷管理政策，优化信贷审批流程，通过调整内部资金转移定价等方式引导信贷资源配置，积极发展绿色信贷、能效信贷，推动“两高”项目绿色化改造，对工业绿色发展项目给予重点支持。研究有序扩大绿色债券发行规模，鼓励符合条件的企业发行中长期绿色债券。支持符合条件的绿色企业上市融资和再融资，降低融资费用。依托科创属性评价，研究建立绿色科创企业培育引导机制，支持“硬科技”企业在科创板上市。鼓励推广《“一带一路”绿色投资原则》(GIP)，进一步发展跨境绿色投融资，支持开展“一带一路”低碳投资。

（五）创新绿色金融产品和服务。支持在绿色低碳园区审慎稳妥推动基础设施领域不动产投资信托基金（基础设施 REITs）试点。鼓励金融机构开发针对钢铁石化等重点行业绿色化改造、绿色建材与新能源汽车生产应用、老旧船舶电动化改造、绿色产品推广等方面的金融产品；综合利用并购贷款、资产管理等一揽子金融工具，支持产能有序转移、危化品生产企业搬迁、先进制造业集群建设等。积极探索发展专业化的政府性绿色融资担保业务，促进投资、信贷、担保等业务协同。鼓励金融机构开发气候友好型金融产品，支持广州期货交易所建设碳期货市场，规范发展碳金融服务。

（六）提高绿色保险服务水平。鼓励保险机构结合企业绿色发展水平和环境风险变化情况，科学厘定保险费率，提高保险理赔效率和服务水平。加强绿色保险产品和服务创新，鼓励企业投保环保技术装备保险、绿色科技保险、绿色低碳产品质量安全责任保险等产品。发挥首台（套）重大技术装备、首批次材料和首版次软件保险补偿机制作用，加快新产品市场化应用。鼓励将保险资金投向绿色企业和项目。

（七）加快发展绿色基金。做强做优现有绿色产业发展基金，鼓励国家集成电路产业投资基金、国家制造业转型升级基金、国家中小企业发展基金等国家级基金加大对工业绿色发展重点领域的投资力度。鼓励社会资本设立工业绿色发展基金，推动绿色产业合理布局。引导天使投资、创业投资、私募股权投资基金投向绿色关键核心技术攻关等领域。

（八）发挥金融科技对绿色金融推动作用。鼓励金融机构加快金融科技应用，对工业企业、项目进行绿色数字画像和自动化评估，提升个性化服务能力。根据产业链数字图谱和重点行业碳达峰路线图，创新发展供应链金融，以绿色低碳效益明显的产业链领航企业、制造业单项冠军企业和专精特新“小巨人”企业为核心，加强对上下游小微企业的金融服务。不断探索新技术在金融领域的新场景、新应用，开展碳核算、碳足迹认证业务，提供基于行为数据的保险（UBI）等金融解决方案。

（九）支持绿色金融改革创新试点。推动金融改革创新试验区和产融合作试点城市探索绿色金融发展和改革创新路径，率先开展碳核算和绿色金融标准先行先试工作。适时扩大试验试点范围，将工业绿色发展较好地区优先打造成绿色金融示范区。支持金融改革创新试验区和产融合作试点城市建立工业绿色发展项目库，引导金融机构创新符合工业绿色发展需求的金融产品和服务，实现项目库互联互通。鼓励产融合作试点城市积极申报绿色金融改革创新试验区。

四、保障措施

（一）完善工作机制。工业和信息化部、人民银行、银保监会、证监会建立定期会商机制，共同推动完善支持工业绿色发展的配套政策措施。各地要完善工作机制和政策保障体系，研究提出本地区的实施方案，确保政策措施落到实处。工业和信息化部要会同相关部门加强工作统筹，总结推广创新做法，对取得明显实效的地方、金融机构和企业给予表扬激励。

（二）*加强能力建设*。工业和信息化部会同有关部门健全信息共享机制，为金融机构获取工业绿色发展指导目录和项目信息提供便利，帮助金融机构准确把握工业绿色发展重点方向，提升服务能力。鼓励各地发展工业绿色低碳研究评价第三方机构，实施工业资源综合利用评价，支撑金融机构更好地开展绿色金融业务。推进相关专业学科与产业学院建设，加强跨领域复合型人才培养，强化产融合作推动工业绿色发展的人才保障。

（三）*凝聚发展共识*。坚持“算大账、算长远账、算整体账、算综合账”的观念，在全社会倡导可持续发展理念，提高地方、企业和公众对工业绿色发展的认可度。推行低碳主义、节俭主义，塑造和引导绿色消费新风尚。开展绿色工业、绿色产品、绿色金融科普宣传，营造绿色金融发展良好氛围，不断开拓金融支持工业绿色发展的新局面。

工业和信息化部

中国人民银行

中国银行保险监督管理委员会

中国证券监督管理委员会

2021年9月3日

国务院办公厅关于进一步加大对中小企业纾困帮扶力度的通知

国办发〔2021〕45号

各省、自治区、直辖市人民政府，国务院各部委、各直属机构：

中小企业是国民经济和社会发展的主力军，在促进增长、保障就业、活跃市场、改善民生等方面发挥着重要作用。近期，受原材料价格上涨、订单不足、用工难用工贵、应收账款回款慢、物流成本高以及新冠肺炎疫情散发、部分地区停电限电等影响，中小企业成本压力加大、经营困难加剧。为贯彻落实党中央、国务院决策部署，进一步加大助企纾困力度，减轻企业负担，帮助渡过难关，经国务院同意，现就有关事项通知如下：

一、加大纾困资金支持力度。鼓励地方安排中小企业纾困资金，对生产经营暂时面临困难但产品有市场、项目有前景、技术有竞争力的中小企业，以及劳动力密集、社会效益高的民生领域服务型中小企业（如养老托育机构等）给予专项资金支持，减轻房屋租金、水电费等负担，给予社保补贴等，帮助企业应对原材料价格上涨、物流及人力成本上升等压力。落实创业担保贷款贴息及奖补政策。用好小微企业融资担保降费奖补资金，支持扩大小微企业融资担保业务规模，降低融资担保成本。有条件的地方要发挥好贷款风险补偿机制作用。（财政部、工业和信息化部、人力资源社会保障部、人民银行等国务院相关部门及各地区按职责分工负责）

二、进一步推进减税降费。深入落实月销售额15万元以下的小规模纳税人免征增值税、小型微利企业减征所得税、研发费用加计扣除、固定资产加速折旧、支持科技创新进口等税收优惠政策。制造业中小微企业按规定延缓缴纳2021年第四季度部分税费。研究适时出台部分惠企政策到期后的接续政策。持续清理规范涉企收费，确保政策红利落地。（财政部、税务总局、海关总署、市场监管总局等国务院相关部门及各地区按职责分工负责）

三、灵活精准运用多种金融政策工具。加强再贷款再贴现政策工具精准“滴灌”中小企业，用好新增3000亿元支小再贷款额度。加大信用贷款投放，按规定实施普惠小微企业信用贷款支持政策。对于受新冠肺炎疫情、洪涝灾害及原材料价格上涨等影响严重的小微企业，加强流动资金贷款支持，按规定实施普惠小微企业贷款延期还本付息政策。（人民银行、银保监会按职责分工负责）

四、推动缓解成本上涨压力。加强大宗商品监测预警，强化市场供需调节，严厉打击囤积居奇、哄抬价格等违法行为。支持行业协会、大型企业搭建重点行业产业链供需对接平台，加强原材料保供对接服务。推动期货公司为中小企业提供风险管理服务，助力中小企业运用期货套期保值工具应对原材料价格大幅波动风险。稳定班轮公司在中国主要出口航线的运力供给。发挥行业协会、商会及地方政府作用，引导外贸企业与班轮公司签订长约合同，鼓励班轮公司推出中小企业专线服务。（国家发展改革委、工业和信息化部、市场监管总局、中国证监会、交通运输部、商务部等国务院相关部门及各地区按职责分工负责）

五、加强用电保障。加强电力产供储销体系建设，科学实施有序用电，合理安排错峰用电，保障对中小企业尤其是制造业中小企业的能源安全稳定供应。推动产业链龙头企业梳理上下游重点企业名单，保障产业链关键环节中小企业用电需求，维护产业链供应链安全稳定，确保企业已有订单正常生产，防范订单违约风险。加快推进电力市场化改革，充分考虑改革进程和中小企业承受能力，平稳有序推动中小企业进入电力市场。鼓励有条件的地方对小微企业用电实行阶段性优惠。（国家发展改革委、工业和信息化部及各地区按职责分工负责）

六、支持企业稳岗扩岗。落实失业保险稳岗返还及社保补贴、培训补贴等减负稳岗扩就业政策，支持中小企业稳定岗位，更多吸纳高校毕业生等重点群体就业。推动各级政府公共服务平台、人力资源服务机构为中小企业发布实时有效的岗位信息，加强用工供需信息对接。（人力资源社会保障部、财政部及各地区按职责分工负责）

七、保障中小企业款项支付。进一步落实《保障中小企业款项支付条例》，制定保障中小企业款项支付投诉处理办法，加强大型企业应付账款管理，对滥用市场优势地位逾期占用、恶意拖欠中小企业账款行为，加大联合惩戒力度。继续开展清理拖欠中小企业账款专项行动。推动各级政府部门、事业单位、大型企业及时支付采购中小企业货物、工程、服务的账款，从源头防范层层拖欠形成“三角债”。严禁以不签合同、在合同中不约定具体付款时限和付款方式等方法规避及时支付义务的行为。（工业和信息化部、国务院国资委、财政部、人民银行等国务院相关部门及各地区按职责分工负责）

八、着力扩大市场需求。加大民生领域和新型基础设施建设投资力度，进一步落实《政府采购促进中小企业发展管理办法》，鼓励各地因地制宜细化预留采购份额、价格评审优惠、降低投标成本、优先采购等支持措施。组织开展供需对接活动，促进大型企业扩大向中小企业采购规模。搭建政银合作平台，开展中小企业跨境撮合服务。依托跨境电商等外贸新业态，为中小企业提供远程网上交流、供需信息对接等服务。加快海外仓发展，保障外贸产业链供应链畅通运转。充分发挥境外经贸合作区作为中小企业“抱团出海”平台载体的作用，不断提升合作区建设质量和服务水平，引导和支持有合作需求的中小企业入区开展投资合作。（国家发展改革委、财政部、商务部、工业和信息化部按职责分工负责）

九、全面压实责任。各有关部门、各地区要进一步把思想认识行动统一到党中央、国务院决策部署上来，强化责任担当，勇于开拓创新，进一步细化纾困举措，积极采取针对性措施，帮助中小企业应对困难，推动中小企业向“专精特新”方向发展，不断提升市场竞争力。各有关部门要加强对中小企业面临困难和问题的调研，总结经验做法，加强政策储备，适时推动出台；要加大对地方的指导支持力度，扎实推动各项政策措施落地见效。落实情况要及时报送国务院促进中小企业发展工作领导小组办公室。（国务院相关部门及各地区按职责分工负责）

国务院办公厅

2021 年 11 月 10 日

工业和信息化部关于印发“十四五”信息化和工业化深度融合发展规划的通知

工信部规〔2021〕182 号

各省、自治区、直辖市及计划单列市、副省级省会城市、新疆生产建设兵团工业和信息化主管部门，有关中央企业、行业协会，有关单位：

现将《“十四五”信息化和工业化深度融合发展规划》印发给你们，请结合实际，认真贯彻实施。

工业和信息化部

2021 年 11 月 17 日

“十四五”信息化和工业化深度融合发展规划

信息化和工业化深度融合（以下简称两化深度融合）是信息化和工业化两个历史进程的交汇与创新，是中国特色新型工业化道路的集中体现，是新发展阶段制造业数字化、网络化、智能化发展的必由之路，是数字经济时代建设制造强国、网络强国和数字中国的扣合点。信息化是信息技术在国民经济各领域的应用，既是发展过程也是发展目的，信息化和工业化的融合既加速了工业化进程，也拉动了信息技术的进步。信息世界与物理世界的深度融合是未来世界发展的总趋势，两化深度融合顺应这一趋势，正在全面加速数字化转型，推动制造业企业形态、生产方式、业务模式和就业方式根本性变革。为深入贯彻落实党中央、国务院关于深化新一代信息技术与制造业融合发展的决策部署，持续做好两化深度融合这篇大文章，根据《中华人民共和国国民经济和社会发展第十四个五年规划和2035年远景目标纲要》编制本规划。

一、发展形势

“十三五”期间，通过政策制定、标准推广、工程实施、试点示范等系列举措，两化深度融合既推动了信息技术在制造业的广泛应用，也带动了信息技术产业的系统创新和蓬勃发展。两化深度融合“十三五”规划主要目标任务全面完成，以两化深度融合为本质特征的中国特色新型工业化道路更加宽广，步伐更加坚定，成效更加显著。一是融合发展政策体系不断健全。党中央、国务院先后出台《关于深化“互联网+先进制造业”发展工业互联网的指导意见》《关于深化新一代信息技术与制造业融合发展的指导意见》等系列文件，融合发展顶层设计持续加强，推进机制日益完善。二是两化深度融合对传统产业提升作用显著。两化融合管理体系贯标持续推进，信息技术在制造业研发设计、生产制造、经营管理、运维服务等关键业务环节广泛应用，全国工业企业关键工序数控化率、经营管理数字化普及率和数字化研发设计工具普及率分别达52.1%、68.1%和73.0%，五年内分别增加6.7、13.2和11个百分点，制造业数字化转型不断加速。三是基于工业互联网的融合发展生态加速构建。我国工业互联网发展水平与发达国家基本同步，网络基础设施持续升级，标识解析体系基本建成，注册总量突破94亿，平台资源配置能力显著增强，设备连接数量超过7000万，行业赋能效果日益凸显，数字化管理、个性化定制、网络化协同、服务化延伸等融合发展新模式新业态蓬勃发展。四是融合发展基础设施不断夯实。建成全球规模最大的信息通信网络，开通5G基站超过70万个，5G商用部署初见成效，互联网协议第六版（IPv6）基础设施全面就绪，“蛟龙”下水、大飞机上天、北斗组网、高铁出海，关键领域核心技术、高端装备和重大短板攻关取得新进展。“十四五”时期是建设制造强国、构建现代化产业体系和实现经济高质量发展的重要阶段，两化深度融合面临新的机遇和挑战。一是新一代信息技术处于加速创新的爆发期，两化深度融合面临新形势。新一代信息技术催生第四次工业革命，互联网、大数据、人工智能、区块链等新技术加速融合应用，数据要素赋能作用持续显现，正在引发系统性、革命性、群体性的技术突破和产业变革，不断催生融合发展新技术、新产业、新模式、新业态。二是全面建设社会主义现代化国家开启新征程，两化深度融合面临新任务。党的十九届五中全会提出2035年基本实现社会主义现代化的远景目标，并将“基本实现新型工业化、信息化、城镇化、农业现代化”（新四化）作为重要发展目标。“十四五”时期亟需通过两化深度融合，推动产业数字化和数字产业化，加快质量变革、效率变革和动力变革，赋能传统产业转型升级，壮大经济发展新引擎，为实现“新四化”提供有力支撑。三是世界正经历百年未有之大变局，两化深度融合面临新挑战。当前全球经贸环境日趋复杂，新冠疫情影响广泛深远，高端制造回流和中低端制造外迁对我国形成“双向挤压”。我国制造业仍面临低端供给过剩、高端供给不足、创新能力不适应高质量发展要求等诸多挑战，亟需深化新一代信息技术与制造业全要素、全产业链、全价值链融合发展，推进产业基础高级化、产业链现代化，促进国内国际双循环。

综合判断，我国两化深度融合发展仍处于走深向实的战略机遇期，正步入深化应用、加速创新、引领变革的快速发展轨道。“十四五”时期，要深刻认识并顺应当前国际国内形势，瞄准构建现代化产业体系的新目标，持续做好两化深度融合这篇大文章。

二、总体要求

（一）指导思想

坚持以习近平新时代中国特色社会主义思想为

指导，深入贯彻党的十九大和十九届二中、三中、四中、五中、六中全会精神，立足新发展阶段，完整、准确、全面贯彻新发展理念，构建新发展格局，紧扣制造业高质量发展要求，以供给侧结构性改革为主线，以智能制造为主攻方向，以数字化转型为主要抓手，推动工业互联网创新发展，培育融合发展新模式新业态，加快重点行业领域数字化转型，激发企业融合发展活力，打造数据驱动、软件定义、平台支撑、服务增值、智能主导的现代化产业体系，全面推进产业基础高级化、产业链现代化，为实现“新四化”的战略目标奠定坚实基础。

（二）基本原则

坚持市场主导。发挥好市场在资源配置中的决定性作用，更好发挥政府在环境营造、生态构建中的政策引导作用，破解融合发展的体制机制约束，形成融合发展的市场化模式，促进供给和需求在更高水平上实现动态平衡。

坚持创新驱动。发挥新一代信息技术的创新活力，激发数据要素的转型动力，按照问题导向、应用牵引、系统突破的思路，着力补短板、锻长板，以集成创新加速产业变革、管理优化和战略转型，促进质量变革、效率变革和动力变革。

坚持系统推进。充分释放各方主体活力，发挥大型企业、龙头企业的标杆引领作用，打造资源富集、应用繁荣、产业进步、治理有序的平台化共建共享新生态，促进大中小企业、产业链上下游、跨行业跨领域融通发展。

坚持开放合作。通过新一代信息技术融合应用推动生产、分配、流通、消费各环节在国内市场实现良性循环，形成对全球资源要素的引力场，深化国际合作，构建互利共赢的开放合作新格局。

（三）发展目标

到2025年，信息化和工业化在更广范围、更深程度、更高水平上实现融合发展，新一代信息技术向制造业各领域加速渗透，范围显著扩展、程度持续深化、质量大幅提升，制造业数字化转型步伐明显加快，全国两化融合发展指数达到105。

——新模式新业态广泛普及。企业经营管理数字化普及率达80%，企业形态加速向扁平化、平台化、生态化转变。数字化研发设计工具普及率达85%，平台化设计得到规模化推广。关键工序数控化率达68%，网络化、智能化、个性化生产方式在重点领域得到深度应用。

——产业数字化转型成效显著。原材料、装备制造、消费品、电子信息、绿色制造、安全生产等重点行业领域数字化转型步伐加快，数字化、网络化、智能化整体水平持续提高。

——融合支撑体系持续完善。新型信息基础设施建设提档升级，数字化技术快速进步，工业大数据产业蓬勃发展，工业互联网应用成效进一步显现，两化融合标准体系持续完善，产业基础迈向高级化。

——企业融合发展活力全面激发。工业互联网平台普及率达45%，系统解决方案服务能力明显增强，形成平台企业赋能、大中小企业融通发展新格局。

——融合生态体系繁荣发展。制造业“双创”体系持续完善，产业链供应链数字化水平持续提升，带动产业链、创新链、人才链、价值链加速融合，涌现出一批数字化水平较高的产业集群，融合发展生态快速形成。

三、主要任务

（一）培育新产品新模式新业态

1. 新型智能产品

支持制造企业与信息技术企业联合攻关，推动人工智能、5G、先进传感等技术的融合应用，培育工业级智能硬件、智能机器人、智能网联汽车、智能船舶、无人机、智能可穿戴设备、智能家居等新型智能产品。发展基于智能产品的场景化应用，加快智能产品在工业、交通、医疗、教育、国防科工、健康养老等重点行业领域应用推广，服务支撑产业转型升级和居民消费升级。

2. 数字化管理

打通企业数据链，通过智能传感、物联网等技术推动全业务链数据的实时采集和全面贯通，构建数字化供应链管理体系，引导企业打造数字化驾驶舱，实现经营管理的可视化和透明化。鼓励企业基于生产运营数据重构战略布局、运营管理和市场服务，形成数据驱动的高效运营管理模式，提升智能决策、精益制造和精准服务能力。

3. 平台化设计

依托工业互联网平台，实现高水平高效率的轻量化设计、并行设计、敏捷设计、交互设计和基于模型的设计，变革传统设计方式，提升研发质量和效率。发展平台化、虚拟化仿真设计工具，培育平台化设计新模式，推动设计和工艺、制造、运维的一体化，实现无实物样机生产，缩短新产品研发周期，提升产品竞争力。

4. 智能化制造

提升企业信息技术应用能力，加快生产制造全过程数字化改造，推动智能制造单元、智能产线、智能车间建设，实现全要素全环节的动态感知、互联互通、数据集成和智能管控。推动先进过程控制系统在企业的深化应用，加快制造执行系统的云化部署和优化升级，深化人工智能融合应用，通过全面感知、实时分析、科学决策和精准执行，提升生产效率、产品质量和安全水平，降低生产成本和能源资源消耗。

5. 网络化协同

促进企业间的数据互通和业务互联，推动供应链上下游企业与合作伙伴共享各类资源，实现网络化的协同设计、协同生产和协同服务。推广云化设计软件（CAX）、云化企业资源计划系统（ERP）、云化制造执行系统（MES）、云化供应链管理系统（SCM）等新型软件工具，共享设计模型、生产数据、用户使用信息、产品数据库等，基于工业互联网提升制造资源配置效率。

6. 个性化定制

面向消费者个性化需求，发展客户需求分析、敏捷产品开发设计、柔性智能生产、精准交付服务等系统，增强用户在产品全生命周期中的参与度，实现供需精准对接和高效匹配。鼓励具有成熟经验和服务模式的个性化定制企业，基于自身个性化定制平台及模型库，培育形成一批集用户需求获取、研发设计、柔性生产、交付服务于一体的系统解决方案，加快大规模个性化定制模式的示范推广。

7. 服务化延伸

推动工业企业产品供应和服务链条的数字化升级，从原有制造业务向价值链两端高附加值环节延伸，发展设备健康管理、产品远程运维、设备融资租赁、共享制造、供应链金融、总集成总承包等新型服务，实现从单纯出售产品向出售“产品+服务”转变。鼓励工业领域工程服务商深化数字仿真、制造信息建模（MIM）等新技术应用，提升工厂建设和运维的数字化水平，实现从交钥匙工程向“工程建设+运维服务”转变。

（二）推进行业领域数字化转型

1. 原材料

面向石化化工、钢铁、有色、建材、能源等行业，推进生产过程数字化监控及管理，加速业务系统互联互通和工业数据集成共享，实现生产管控一体化。支持构建行业生产全流程运行数据模型，基于数据分析实现工艺改进、运行优化和质量管控，提升全要素生产率。建设和推广行业工业互联网平台，推动关键设备上云上平台，聚焦能源管理、预测性维护、安环预警等重点环节，培育和推广一批流程管理工业 APP 和解决方案。

2. 装备制造

提升智能制造供给支撑能力，开展设计、工艺、试验、生产加工等过程中关键共性技术攻关和集成应用，加速工业技术软件化，攻克一批重大短板装备和重大技术装备。围绕机械、汽车、航空、航天、船舶、兵器、电子、电力等重点装备领域，建设数字化车间和智能工厂，构建面向装备全生命周期的数字孪生系统，推进基于模型的系统工程（MBSE）规模应用，依托工业互联网平台实现装备的预测性维护与健康管理。

3. 消费品

实施“超高清视频+5G+AI+VR”融合创新应用工程，推动新技术产品在工业可视化、缺陷检测、产品组装定位引导、机器人巡检等消费品行业典型场景的创新应用。推动纺织服装、家具、家电等行业建设自动化、连续化、柔性化生产系统，支持食品、药品等行业建设产品信息追溯系统，基于工业互联网平台实现消费品行业的柔性生产和产需对接。开展基于消费数据的用户需求挖掘、产品研发、智能生产和数据增值等服务创新，推广大规模个性化定制、共享制造等新模式新业态，满足多样化、个性化消费升级需求。

4. 电子信息

引导电子行业企业深化 5G、大数据、人工智能、边缘计算等技术的创新应用，提升软硬协同水平，加快发展人机协同装配、质量智能检测等新应用新模式。支持企业加强基于工业互联网平台的供应链协同管理，实现电子元器件采购、生产、库存、质量、物流等环节动态精准协同，优化全供应链资源配置效率，强化产业链上下游协同管控水平。面向电子信息产业集聚区，推动设计、制造、检测等设备和能力的平台化汇聚与共享，提升产业集群的协同发展和风险防范能力。

5. 绿色制造

实施“互联网+”绿色制造行动，引导企业应用新一代信息技术建设污染物排放在线监测系统、地下管网漏水检测系统、工业废水循环利用智慧管理平台和能源管理中心，开展资源能源和污染物全过程动态监测、精准控制和优化管理，推动碳减排，助力实现碳达峰、碳中和。加快绿色制造体系数字化，推进绿色技术软件化封装，培育一批数字化、模块化的绿色制造解决方案，推动成熟绿色制造技术的创新应用。建立工业领域生态环境保护信息化工程平台，聚焦重点行业重点产品全生命周期，加强部门间数据共享共治，构建资源能源和污染物公共数据库，提升资源能源管理水平。

6. 安全生产

协同开展“工业互联网+安全生产”行动，推动重点行业开展工业互联网改造，加快安全生产要素的网络化连接、平台化汇聚和智能化分析。建设国家工业互联网大数据中心安全生产行业分中心和数据支撑平台，分行业开发安全生产模型库、工具集，推进安全生产管理知识和经验的软件化沉淀。深化工业互联网融合应用，引导工业企业加快构建安全生产快速感知、全面监测、超前预警、联动处置、系统评估的新型能力体系。

（三）筑牢融合发展新基础

1. 建设新型信息基础设施

加快 5G 规模组网建设及应用，制定重点行业 5G 发展计划，加快建成覆盖全国、品质优良、高效运行、全球领先的 5G 基础网络。完善工业互联网标识解析体系，推动 5G、千兆光纤网络、IPv6、时间敏感网络（TSN）、软件定义网络（SDN）等新型网络技术在工业领域中的应用，加快工业企业内外网改造。构建工业互联网安全监测体系，实施工业互联网企业网络安全分类分级管理和贯标行动。建设国家工业互联网大数据中心体系，推动工业数据资源采集、传输、加工、存储和共享，构建跨区域、跨行业的工业大数据支撑服务体系。

2. 提升关键核心技术支撑能力

通过融合应用带动技术进步，建设产学研用一体化平台和共性技术公共服务平台，开展人工智能、区块链、数字孪生等前沿关键技术攻关，突破核心电子元器件、基础软件等核心技术瓶颈，加快数字产业化进程。通过产品试验、市场化和产业化引导，加快工业芯片、智能传感器、工业控制系统、工业软件等融合支撑产业培育和发展壮大，增强工业基础支撑能力。支持企业构建具有自主知识产权的基础产品体系，利用好首台（套）重大技术装备保险补偿政策促进创新产品的规模化应用，发挥好税收优惠政策作用，加大信息技术创新产品推广力度，迭代提升软硬件产品和系统的就绪度、成熟度，提高产业链完整性和竞争力。

3. 推动工业大数据创新发展

加快工业数据汇聚，开展工业数据资源调查，建立多级联动的国家工业基础大数据库和原材料、装备制造、消费品、电子信息等行业数据库。落实《工业数据分类分级指南（试行）》，开展企业数据管理能力成熟度评估国家标准贯标，提升企业数据管理水平。支持产业链上下游企业共建安全可信的工业数据共享空间，深化工业数据应用，激活数据要素潜能，发展数据驱动的新模式新业态，促进工业数据的价值提升。

4. 完善两化深度融合标准体系

建立健全两化深度融合标准体系，依托全国两化融合管理标委会（TC573）、科研院所、联盟团体等各类专业技术组织，开展两化融合度、两化融合管理体系、数字化转型、工业互联网、信息物理系统（CPS）、数字孪生、数字化供应链、设备上云、数据字典、制造业数字化仿真、工业信息安全等重点领域国家标准、行业标准和团体标准制修订工作。加强两化融合度等关键标准的宣贯推广，组织开展两化融合度评估，明确不同融合度企业的发展重点和提升路径，引导企业逐级或跨级提升信息技术融合应用水平。

（四）激发企业主体新活力

1. 培育生态聚合型平台企业

培育具有竞争力的工业互联网平台企业，建设一批跨行业跨领域的综合型平台、面向重点行业和区域的特色型平台以及面向特定技术和场景的专业型平台，强化工业大数据开发、制造资源配置和解决方案汇聚能力，加快工业知识的沉淀、传播和复用，打造基于平台的制造业新生态。促进平台间互联互通，通过制定平台间数据迁移标准，探索工业机理模型、微服务、工业 APP 的跨平台部署和调用机制，实现平台间的数据互通、能力协同与服务共享。

2. 打造示范引领型骨干企业

支持企业利用新技术新应用进行全方位、全角度、全链条改造，培育一批创新能力强、品牌影响力突出的融合应用领军企业。充分发挥行业骨干企业的标杆引领作用，鼓励企业基于技术和产业优势，开展新技术新产品新模式先行先试，培育先进的行业系统解决方案，提升专业化服务能力。支持骨干企业建立技术开发与创新应用的紧密协作关系，推动行业系统解决方案复制推广，引领行业整体转型升级。

3. 壮大“专精特新”中小企业

实施中小企业创新能力和专业化水平提升工程，孵化百万家创新型中小企业，培育十万家省级“专精特新”中小企业、万家专精特新“小巨人”企业。开展中小企业数字化赋能专项行动，培育推广一批符合中小企业需求的数字化产品和服务，降低中小企业数字化转型成本。鼓励大型企业通过开放平台等多种形式与中小企业开展互利合作，聚焦产业优势领域和产业链关键环节精耕细作，推动产业链上中下游、大中小企业融通创新。

4. 发展专业化系统解决方案提供商

面向制造业数字化、网络化、智能化转型需求，培育系统解决方案提供商，提供规划设计、开发实施、集成应用、诊断咨询、运行维护等服务。聚焦新技术应用、特定场景优化、企业整体提升等需求，培育技术型、专业型、综合型等系统解决方案提供商。鼓励地方建设解决方案资源池，通过服务券等方式加速优质解决方案的应用推广，降低企业数字化转型门槛。

（五）培育跨界融合新生态

1. 推动产业链供应链升级

推动数据赋能全产业链协同转型，深化应用5G、互联网、大数据、区块链等新一代信息技术，重构产业链的结构、流程与模式，强化产业链全渠道智能管控和动态优化，促进产业链向产业网络转型，增强产业链的自适应、自修复能力，提升产业链稳定性和竞争力。推动供应链全链条云端协同，引导上下游企业加强供应链数字化管理和一体化协同，基于平台开展协同采购、协同制造和协同配送，推动企业健全供应链安全管理体系，打造敏捷高效、安全稳定的数字化供应链和供应链网络。深化互联网、区块链等新技术应用，推动国际产能合作，加快重点企业产业链国际化，助力我国企业深度融入全球产业体系。

2. 推进产业集群数字化转型

支持产业集群加快通信网络、数据中心、能源管控中心等数字化基础设施的建设完善和共建共享，实现资源在线化、产能柔性化和产业链协同化，提升产业集群综合竞争力。引导集群企业“上云上平台”，依托工业互联网平台实现制造能力的在线发布、协同和交易，优化制造资源配置效率，促进集群企业高端化、智能化、绿色化改造转型。创建一批工业互联网示范区，打造工业互联网产业示范基地和应用创新推广中心，加速工业互联网技术攻关和成果推广，打造工业互联网发展高地。

3. 深化产学研用合作

加强产学研用合作，健全以企业为主体、产学研用协同的创新体系，支持企业牵头建设国家制造业创新中心，培育一批具有原始创新能力的技术策源地，加速科技研发与科技成果应用的双向迭代。完善产业与金融合作机制，探索建立基于生产运营数据的征信机制和融资模式，引导资本市场加大对数字化转型、工业互联网等领域的投资力度。夯实产教融合基础，支持信息技术“新工科”建设，完善校企合作机制，鼓励通过开展联合办学、建设实训基地等方式加强两化深度融合领域人才培养，依托国家重大人才工程加大对融合发展领军人才支持力度。

4. 提升制造业“双创”水平

推进制造业“双创”与工业互联网协同发展，打造基于工业互联网平台的“双创”体系，加快研发、制造、管理、商务、物流、孵化等创业创新资源数字化改造、在线化汇聚和平台化共享，发展平台经济、零工经济等新业态，打造制造业“双创”升级版。坚持以人为本，鼓励企业建立以贡献为标准的薪酬制度和绩效考核机制，充分激发员工的积极性、主动性和创造性，增强企业创新活力。

四、重点工程

（一）制造业数字化转型行动

制定制造业数字化转型行动计划。建立健全部际协同、部省联动的工作推进机制，推动形成市场主导、政府引导、行业参与、企业主体、产学研用协同推进的制造业数字化转型工作格局。制定重点行业领域数字化转型路线图。构建制造业数字化转型评估评价体系，制定推广企业数字化转型系列实施指南和工具集，推动原材料、装备制造、消费品、电子信息、绿色制造、安全生产等重点行业领域加快数字化转型。构建制造企业数字化转型能力体系。组织开展新一代信息技术与制造业融合发展试点示范，重点提升融合管理、数据贯通、软件开发、智能应用和安全防护等新型能力，引导企业发展数字化管理、平台化设计、智能化制造、网络化协同、个性化定制、服务化延伸等新模式。

重点行业	数字化转型重点
钢铁	聚焦设备维护低效化、生产过程黑箱化、下游需求碎片化、环保压力加剧化等痛点，以工艺优化为切入点，加速向设备运维智能化、生产工艺透明化、供应链协同全局化、环保管理清洁化等方向数字化转型
石化化工	聚焦设备管理不透明、工艺知识传承难、产业链上下游协同水平不高、安全生产压力大等痛点，以设备智能管控为切入点，在设备健康管理、智能炼化生产、供应链协同、安全监控等方向开展数字化转型
煤炭	聚焦环境污染大、生产风险高、设备管理难等痛点，以安全生产为切入点，围绕生产、管理、物流、维护等环节，推动产业向智能化、无人化、绿色化等方向加速数字化转型
航空航天	聚焦数据源差异大、模型适配性差、管理调整能力差、故障预测能力差等痛点，以网络化协同为切入点，从整合研发资源、重构生产范式、变革管理模式、提升维护效率等方向进行数字化转型
船舶	聚焦优化提升船舶设计、研发、生产、管理到服务的全链条质量效益，以网络化协同和服务化延伸为切入点，从设计协同化、制造智能化、管理精益化、融资在线化、产品服务化等方向进行数字化转型
汽车	聚焦设计周期长、下游需求个性化、售后服务低效化等痛点，以规模化定制生产为切入点，加速向研发协同化、生产柔性化、产供销协同化、制造服务化等方向数字化转型
工程机械	聚焦资源调配效率低下、机械设备运维困难、金融生态不完善等痛点，以设备健康管理为切入点，加速向设备运维智能化、经营管理精益化、生产制造服务化等方向数字化转型
家电	聚焦生产智能化水平低、供应链协同效率低、行业营收增速放缓等痛点，以个性化定制为切入点，加速向生产方式柔性化、经营管理平台化、产品服务生态化等方向数字化转型
电子	聚焦新产品生产周期长、设备管理精度不够、劳动力较为密集等痛点，以设备智能为切入点，在设备健康管理、智能化生产、产品质量检测、供应链协同等方面开展数字化转型

（二）两化融合标准引领行动

开展两化融合度标准制定与评估推广工作。组织制定两化融合度标准，明确企业在不同融合度等级下信息技术融合应用的准则和水平，组织开展企业两化融合度贯标，通过融合度对企业自动化、数字化、网络化、智能化水平进行评估，引领企业形成两化融合能力，拉动企业提高融合度等级。打造两化融合管理体系贯标升级版。引导地方政府、央企集团、行业组织等创新开展两化融合管理体系试点示范与分级贯标评定，加快两化融合管理体系在重点领域和优势产业全覆盖，以及在中小企业集群的规模化普及。健全标准应用推广的市场化服务体系。建设完善两化融合标准化公共服务平台，开发两化融合自动化贯标工具，提供贯标全流程服务，持续提升贯标的市场化服务能力与质量。

（三）工业互联网平台推广工程

完善工业互联网平台体系。培育综合型、特色型、专业型平台，引导跨行业跨领域平台汇聚更广范围生产要素资源，面向原材料、装备制造、消费品、电子信息等重点行业及产业集聚区建设行业和区域特色平台，建设云仿真、数字孪生、数据加工等技术专业型平台。加快工业互联网平台融合应用。围绕技术融合、集成应用、模式创新等重点方向，遴选优秀试点示范项目，组织开展工业互联网平台赋能深度行、“工业互联网+园区”等宣贯活动，培育和推广“平台+产品”“平台+模式”“平台+行业/区域”等创新解决方案。组织开展平台监测分析。完善平台数据字典，开展平台基础能力、运营服务、产业支撑等数据自动化采集，研发平台监测分析模型，编制发布工业互联网平台发展指数和工业互联网平台应用数据地图。加强对重点工业互联网平台、APP 的安全检测评估，开展监测预警、信息共享和协同处置，提升工业互联网平台安全防护能力。

（四）系统解决方案能力提升行动

打造系统解决方案资源池。分行业、分环节培育形成设备监测预警、精益研发、精益生产、产业链协同等一批高价值行业解决方案，支持打造解决方案资源池，有效提升行业系统解决方案专业化、集成化水平。培育推广工业设备上云解决方案。聚焦高耗能设备、通用动力设备、新能源设备、智能化设备等重点设备，加快优质设备上云解决方案培育，持续完善设备上云标准体系和评估指标，探索发布设备上云绩效榜单和相关指数，引导企业有序规范推动设备上云。健全完善解决方案应用推广生态。围绕规划设计、开发实施、集成应用、诊断咨询、运行维护等综合服务需求，加快打造一批系统解决方案提供商，推动解决方案提供商与工业软件、智能装备企业融通发展，打造供需精准对接、各方协同共赢的良好生态。

重点工业设备	痛点问题	潜在应用场景
炼铁高炉	设备管理低效、环保管理粗放、生产过程不透明、设备互联水平低	健康管理、绿色生产、生产工艺优化、产线协同管控
工业锅炉	锅炉能效管理粗放、燃烧状态不透明、安全隐患高	能效管理、燃烧管控、健康管理
石化化工设备	设备能耗高、安全风险高、停机损失大、操作难度大	节能降耗、安全预警、预测维护、模拟操作
柴油发电机	核心设备依赖进口、设备服役工况复杂、设备易故障、污染排放	智能研发、在线管理、智能维修、智能生产
大中型电机	利用效率低、维护成本高、安全风险大、能耗成本高	状态监测、故障预警、智能运维、能耗优化
大型空压机	运行监控困难、能耗管理粗放、隐患后果巨大	运维管控、设备节能优化、后市场服务运维
风电设备	风电数据采集困难、设备运维成本高昂、风场管理效率低下	虚拟风场设计、设备预测维护、风场管理优化
光伏设备	运营效率低成本高、能源利用率不稳定、安全运行隐患巨大	全景式监控、智能化分析、数字化管理
工程机械	设备故障情况多发、施工效率低下、金融体系不完善	远程运维、智慧施工、融资租赁
数控机床	设备运维成本高、设备利用效率低、生产管理即时性差、设备改造升级困难	生产能力共享、刀具智能运维、企业运营决策

（五）产业链供应链数字化升级行动

制定和推广供应链数字化管理标准。组织制定供应链数字化管理指南等关键亟需标准，面向航空、电子、汽车等重点行业开展贯标试点，以标准引领企业导入供应链数字化工具和解决方案，提升供应链数字化管理能力。提升重点领域产业链供应链数字化水平。面向电子、医疗、工程机械等重点产业，引导行业组织、科研院所、龙头企业等深化大数据、区块链、工业互联网等技术应用，提升产业链供应链数字化水平，增强产业链供应链协同运作的精准性和敏捷性。加快发展工业电子商务。引导大型制造企业采购销售平台向行业电子商务平台转型，提高企业供应链协同水平。引导第三方工业电子商务平台向网上交易、支付结算、供应链金融、大数据分析等综合服务延伸，提升平台运营服务能力。

五、保障措施

（一）健全组织实施机制。强化部际、部省、央地间协同合作，统筹推进工业互联网创新发展、制造业数字化转型、智能制造、工业大数据发展等重点工程和行动计划。各地要结合实际制定出台配套政策规划，落实规划总体要求、目标和任务，打好政策“组合拳”。发挥科研院所、行业组织、产业联盟等多元主体的桥梁作用，明确职责分工，强化协同联动。优化完善两化深度融合发展监测分析、绩效评估和监督考核机制，定期开展规划实施的跟踪评估工作，确保规划有效落实。

（二）加大财税资金支持。充分利用重大专项、制造业转型升级基金等机制，加大对数字“新基建”、工业互联网平台建设推广、两化深度融合共性技术研发及产业化等工作的财政支持。鼓励有条件的地方按照规定设立专项资金，探索建立多元化、多渠道社会投入机制，加强对中小企业数字化转型的资金扶持。落实好税收优惠政策，为制造企业创造良好发展环境。

（三）加快人才队伍培养。会同研究院所、行业组织协同推动两化深度融合、工业互联网、数字化转型等领域国家人才的培养，加快建立多层次、体系化、高水平的人才队伍。依托工业互联网平台工程实训基地、应用创新推广中心和创新合作中心等创新载体，打造产学研融合、区域协调联动和公益商业配合的人才培养模式。鼓励企业创新激励机制，建立适应两化深度融合发展需求的人事制度、薪酬制度和评价机制，完善技术入股、期权激励等人力资本收益分配机制，充分激发人力资本的创新潜能。

（四）优化融合发展环境。建立部门间高效联动机制，依托互联网平台、大数据平台等，推动跨部门、跨层级、跨区域的数据共享和流程互通，持续强化融合发展推进合力。放宽新产品、新模式、新业态的市场准入限制，清理制约人才、资本、技术、数据等要素自由流动的制度障碍，强化竞争政策的基础性地位。推动相关行业在技术、标准、政策等方面充分对接，强化知识产权保护，打造有利于两化深度融合的外部环境。多形式开展宣传推广和培训交流，提升政府、企业、行业组织、科研院所等各类参与主体对两化深度融合的认识水平，强化互联网思维、大数据思维，增强利用新一代信息技术创新各项工作的本领。

（五）加强国际交流合作。充分利用双多边国际交流合作机制，深化两化深度融合、工业互联网、开源软件、供应链金融等领域的国际合作，加强国际标准化工作，开展知识产权海外布局。扩大制造业对外开放，鼓励外资企业在境内设立研发机构。落实“一带一路”倡议，支持优秀企业、产品、技术全球化协作，加强融合发展“中国方案”的国际推广。

工业和信息化部关于印发《“十四五”工业绿色发展规划》的通知

工信部规〔2021〕178 号

各省、自治区、直辖市及计划单列市、新疆生产建设兵团工业和信息化主管部门，各省、自治区、直辖市通信管理局，有关中央企业，部属有关单位，部机关各司局：

现将《“十四五”工业绿色发展规划》印发给你们，请结合实际，认真贯彻实施。

工业和信息化部

2021 年 11 月 15 日

附件：“十四五”工业绿色发展规划

“十四五”工业绿色发展规划

工业和信息化部

目　录

一、面临形势

（一）发展基础

“十三五”以来，工业领域以传统行业绿色化改造为重点，以绿色科技创新为支撑，以法规标准制度建设为保障，大力实施绿色制造工程，工业绿色发展取得明显成效。

产业结构不断优化。初步建立落后产能退出长效机制，钢铁行业提前完成1.5亿吨去产能目标，电解铝、水泥行业落后产能已基本退出。高技术制造业、装备制造业增加值占规模以上工业增加值比重分别达到15.1%、33.7%，分别提高了3.3和1.9个百分点。

能源资源利用效率显著提升。规模以上工业单位增加值能耗降低约16%，单位工业增加值用水量降低约40%。重点大中型企业吨钢综合能耗水耗、原铝综合交流电耗等已达到世界先进水平。2020年，十种主要品种再生资源回收利用量达到3.8亿吨，工业固废综合利用量约20亿吨。

清洁生产水平明显提高。燃煤机组全面完成超低排放改造，6.2亿吨粗钢产能开展超低排放改造。重点行业主要污染物排放强度降低20%以上。

绿色低碳产业初具规模。截至2020年底，我国节能环保产业产值约7.5万亿元。新能源汽车累计推广量超过550万辆，连续多年位居全球第一。太阳能电池组件在全球市场份额占比达71%。

绿色制造体系基本构建。研究制定468项节能与绿色发展行业标准，建设2121家绿色工厂、171家绿色工业园区、家绿色供应链企业，推广近2万种绿色产品，绿色制造体系建设已成为绿色转型的重要支撑。

（二）发展环境

我国力争2030年前实现碳达峰、2060年前实现碳中和，是以习近平同志为核心的党中央经过深思熟虑作出的重大战略决策。“十四五”时期，是我国应对气候变化、实现碳达峰目标的关键期和窗口期，也是工业实现绿色低碳转型的关键五年。

当前，我国仍处于工业化、城镇化深入发展的历史阶段，传统行业所占比重依然较高，战略性新兴产业、高技术产业尚未成为经济增长的主导力量，能源结构偏煤、能源效率偏低的状况没有得到根本性改变，重点区域、重点行业污染问题没有得到根本解决，资源环境约束加剧，碳达峰、碳中和时间窗口偏紧，技术储备不足，推动工业绿色低碳转型任务艰巨。同时，绿色低碳发展是当今时代科技革命和产业变革的方向，绿色经济已成为全球产业竞争重点。一些发达经济体正在谋划或推行碳边境调节机制等绿色贸易制度，提高技术要求，实施优惠贷款、补贴关税等鼓励政策，对经贸合作和产业竞争提出新的挑战，增加了我国绿色低碳转型的成本和难度。

面对新形势、新任务、新要求，要提高政治站位，迎难而上，攻坚克难，坚定不移走生态优先、绿色低碳的高质量发展道路。

二、总体思路

（一）指导思想

以习近平新时代中国特色社会主义思想为指导，全面贯彻党的十九大和十九届二中、三中、四中、五中、六中全会精神，深入贯彻习近平生态文明思想，立足新发展阶段，完整、准确、全面贯彻新发展理念，构建新发展格局，落实制造强国、网络强国战略，以推动高质量发展为主题，以供给侧结构性改革为主线，以碳达峰碳中和目标为引领，以减污降碳协同增效为总抓手，统筹发展与绿色低碳转型，深入实施绿色制造，加快产业结构优化升级，大力推进工业节能降碳，全面提高资源利用效率，积极推行清洁生产改造，提升绿色低碳技术、绿色产品、服务供给能力，构建工业绿色低碳转型与工业赋能绿色发展相互促进、深度融合的现代化产业格局，支撑碳达峰碳中和目标任务如期实现。

（二）基本原则

目标导向。坚持把推动碳达峰碳中和目标如期实现作为产业结构调整、促进工业全面绿色低碳转型的总体导向，全面统领减污降碳和能源资源高效利用。

效率优先。坚持把提高能源资源利用效率放在首位，推进能源资源科学配置、高效利用，优化生产流程和工艺，提高单位能源资源产出效率，促进节能降耗、提质增效。

创新驱动。坚持把创新作为第一驱动力，强化科技创新和制度创新，优化创新体系，激发创新活力，加快绿色低碳科技革命，培育壮大工业绿色发展新动能。

市场主导。坚持有效市场和有为政府相结合，发挥企业主体作用，发挥市场机制配置资源的决定性作用，以高质量的绿色供给激发绿色新需求，引导绿色新消费。

系统推进。坚持把绿色低碳发展作为一项多维、立体、系统工程，统筹工业经济增长和低碳转型、绿色生产和绿色消费的关系，协同推进各行业、各地区绿色发展。

（三）主要目标

到 2025 年，工业产业结构、生产方式绿色低碳转型取得显著成效，绿色低碳技术装备广泛应用，能源资源利用效率大幅提高，绿色制造水平全面提升，为 2030 年工业领域碳达峰奠定坚实基础。

碳排放强度持续下降。单位工业增加值二氧化碳排放降低 18%，钢铁、有色金属、建材等重点行业碳排放总量控制取得阶段性成果。

污染物排放强度显著下降。有害物质源头管控能力持续加强，清洁生产水平显著提高，重点行业主要污染物排放强度降低 10%。

能源效率稳步提升。规模以上工业单位增加值能耗降低 13.5%，粗钢、水泥、乙烯等重点工业产品单耗达到世界先进水平。

资源利用水平明显提高。重点行业资源产出率持续提升，大宗工业固废综合利用率达到 57%，主要再生资源回收利用量达到 4.8 亿吨。单位工业增加值用水量降低 16%。

绿色制造体系日趋完善。重点行业和重点区域绿色制造体系基本建成，完善工业绿色低碳标准体系，推广万种绿色产品，绿色环保产业产值达到 11 万亿元。布局建设一批标准、技术公共服务平台。

三、主要任务

（一）实施工业领域碳达峰行动

加强工业领域碳达峰顶层设计，提出工业整体和重点行业碳达峰路线图、时间表，明确实施路径，推进各行业落实碳达峰目标任务、实行梯次达峰。

制定工业碳达峰路线图。深入落实《2030 年前碳达峰行动方案》，制定工业领域和钢铁、石化化工、有色金属、建材等重点行业碳达峰实施方案，统筹谋划碳达峰路线图和时间表。强化标准、统计、核算和信息系统建设，提升降碳基础能力。结合不同行业技术现状和发展趋势，力争有条件的行业率先实现碳达峰。

明确工业降碳实施路径。基于流程型、离散型制造的不同特点，明确钢铁、石化化工、有色金属、建材等行业的主要碳排放生产工序或子行业，提出降碳和碳达峰实施路径。推动煤炭等化石能源清洁高效利用，提高可再生能源应用比重。加快氢能技术创新和基础设施建设，推动氢能多元利用。支持企业实施燃料替代，加快推进工业煤改电、煤改气。对以煤、石油焦、渣油、重油等为燃料的锅炉和工业窑炉，采用清洁低碳能源替代。通过流程降碳、工艺降碳、原料替代，实现生产过程降碳。发展绿色低碳材料，推动产品全生命周期减碳。探索低成本二氧化碳捕集、资源化转化利用、封存等主动降碳路径。

开展降碳重大工程示范。发挥中央企业、大型企业集团示范引领作用，在主要碳排放行业以及绿色氢能与可再生能源应用、新型储能、碳捕集利用与封存等领域，实施一批降碳效果突出、带动性强的重大工程。推动低碳工艺革新，实施降碳升级改造，支持取得突破的低碳零碳负碳关键技术开展产业化示范应用，形成一批可复制、可推广的技术和经验。

加强非二氧化碳温室气体管控。有序开展对氧化亚氮、氢氟碳化物、全氟化碳、六氟化硫等其他温室气体排放的管控。落实《〈蒙特利尔议定书〉

基加利修正案》，启动聚氨酯泡沫、挤出聚苯乙烯泡沫、工商制冷空调等重点领域含氢氯氟烃淘汰管理计划，加强生产线改造、替代技术研究和替代路线选择，推动含氢氯氟烃削减。

专栏 1　工业碳达峰推进工程

降碳重大工程示范。开展非高炉炼铁、水泥窑高比例燃料替代、二氧化碳耦合制化学品、可再生能源电解制氢、百万吨级二氧化碳捕集利用与封存等重大降碳工程示范。

绿色低碳材料推广。推广低碳凝胶、节能门窗、环保涂料、全铝家具等绿色建材和生活用品，发展聚乳酸、聚丁二酸丁二醇酯、聚羟基烷酸、聚有机酸复合材料、椰油酰氨基酸等生物基降解材料。

降碳基础能力建设。制修订重点行业碳排放核算标准，推动建立工业碳排放核算体系，加强碳排放数据统计分析，建立碳排放管理信息系统，培育一批碳排放核算专业化机构。

（二）推进产业结构高端化转型

加快推进产业结构调整，坚决遏制“两高”项目盲目发展，依法依规推动落后产能退出，发展战略性新兴产业、高技术产业，持续优化重点区域、流域产业布局，全面推进产业绿色低碳转型。

推动传统行业绿色低碳发展。加快钢铁、有色金属、石化化工、建材、纺织、轻工、机械等行业实施绿色化升级改造，推进城镇人口密集区危险化学品生产企业搬迁改造。落实能耗“双控”目标和碳排放强度控制要求，推动重化工业减量化、集约化、绿色化发展。对于市场已饱和的“两高”项目，主要产品设计能效水平要对标行业能耗限额先进值或国际先进水平。严格执行钢铁、水泥、平板玻璃、电解铝等行业产能置换政策，严控尿素、磷铵、电石、烧碱、黄磷等行业新增产能，新建项目应实施产能等量或减量置换。强化环保、能耗、水耗等要素约束，依法依规推动落后产能退出。

壮大绿色环保战略性新兴产业。着力打造能源资源消耗低、环境污染少、附加值高、市场需求旺盛的产业发展新引擎，加快发展新能源、新材料、新能源汽车、绿色智能船舶、绿色环保、高端装备、能源电子等战略性新兴产业，带动整个经济社会的绿色低碳发展。推动绿色制造领域战略性新兴产业融合化、集群化、生态化发展，做大做强一批龙头骨干企业，培育一批专精特新“小巨人”企业和制造业单项冠军企业。

优化重点区域绿色低碳布局。在严格保护生态环境前提下，提升能源资源富集地区能源资源的绿色供给能力，推动重点开发地区提高清洁能源利用比例和资源循环利用水平，引导生态脆弱地区发展与资源环境相适宜的特色产业和生态产业，鼓励生态产品资源丰富地区实现生态优势向产业优势转化。加快打造以京津冀、长三角、粤港澳大湾区等区域为重点的绿色低碳发展高地，积极推动长江经济带成为我国生态优先绿色发展主战场，扎实推进黄河流域生态保护和高质量发展。

专栏 2　重点区域绿色转型升级工程

京津冀地区。推动区域资源综合利用协同发展，建设大规模尾矿和废石生产砂石骨料等项目。加强高耗水行业废水、海水和再生水等非常规水高效利用。鼓励龙头企业开展绿色伙伴供应商管理，整合优化区域绿色产业链。

长三角。推进生态环境共保联治，统筹区域产业结构调整，促进传统行业绿色升级改造、产业转移、产业链跨地区协同、产业高效聚集，推进区域能源资源优化配置，高水平建设长三角生态绿色一体化发展示范区。

粤港澳大湾区。推动粤港澳大湾区炼化、造纸、建材等传统行业绿色改造，实施大湾区“清洁生产伙伴计划”，加大再生资源回收利用。推动建设绿色发展示范区，开展绿色低碳发展评价，加强绿色低碳技术交流合作。

长江经济带。加强化工园区整治提升和污染治理，长江干支流 1 千米范围内严禁新建扩建化工项目，开展沿江工业节水减污。中上游地区加强磷石膏、冶炼渣、粉煤灰、废旧金属、废塑料、废轮胎等资源综合利用。

黄河流域。按照以水定产原则，严控煤化工、有色金属、钢铁等行业盲目扩张。引导新型煤化工产业与石化化工、钢铁、建材等产业耦合发展。推动钢铁、煤化工等行业水资源循环利用，充分利用市政污水和再生水等。

（三）加快能源消费低碳化转型

着力提高能源利用效率，构建清洁高效低碳的工业用能结构，将节能降碳增效作为控制工业领域二氧化碳排放的关键措施，持续提升能源消费低碳化水平。

提升清洁能源消费比例。鼓励氢能、生物燃料、垃圾衍生燃料等替代能源在钢铁、水泥、化工等行业的应用。严格控制钢铁、煤化工、水泥等主要用煤行业煤炭消费，鼓励有条件地区新建、改扩建项目实行用煤减量替代。提升工业终端用能电气化水平，在具备条件的行业和地区加快推广应用电窑炉、电锅炉、电动力设备。鼓励工厂、园区开展工业绿色低碳微电网建设，发展屋顶光伏、分散式风电、多元储能、高效热泵等，推进多能高效互补利用。

高能源利用效率。加快重点用能行业的节能技术装备创新和应用，持续推进典型流程工业能量系统优化。推动工业窑炉、锅炉、电机、泵、风机、压缩机等重点用能设备系统的节能改造。加强高温散料与液态熔渣余热、含尘废气余热、低品位余能等的回收利用，对重点工艺流程、用能设备实施信息化数字化改造升级。鼓励企业、园区建设能源综合管理系统，实现能效优化调控。积极推进网络和通信等新型基础设施绿色升级，降低数据中心、移动基站功耗。

完善能源管理和服务机制。加快节能标准更新，强化新建项目能源评估审查。依据节能法律法规和强制性节能标准，定期对各类项目特别是“两高”项目进行监督检查。规范节能监察执法、创新监察方式、强化结果应用，探索开展跨地区节能监察，实现重点用能行业企业、重点用能设备节能监察全覆盖。强化以电为核心的能源需求侧管理，引导企业提高用能效率和需求响应能力。开展节能诊断，为企业节能管理提供服务。

（四）促进资源利用循环化转型

坚持总量控制、科学配置、全面节约、循环利用原则，强化资源在生产过程的高效利用，削减工业固废、废水产生量，加强工业资源综合利用，促进生产与生活系统绿色循环链接，大幅提高资源利用效率。

推进原生资源高效化协同利用。统筹国际国内两大资源来源，加强资源跨区域跨产业优化配置，全面合理开发铁矿石、磷矿石、有色金属等矿产资源，加强钒钛磁铁矿中钒钛资源、磷矿石中氟资源等共伴生矿产资源的开发。加强钢铁、有色金属、建材、化工企业间原材料供需结构匹配，促进有效、协同供给，强化企业、园区、产业集群之间的循环链接，提高资源利用水平。

专栏 3　工业节能与能效提升工程

先进工艺流程节能。重点推广钢铁行业铁水一罐到底、近终形连铸直接轧制，石化化工行业原油直接生产化学品、先进煤气化，建材行业水泥流化床悬浮煅烧与流程再造技术、玻璃熔窑全氧燃烧，有色金属行业高电流效率低能耗铝电解、钛合金等离子冷床炉半连续铸造等先进节能工艺流程。

重点用能设备节能。重点推广特大功率高压变频变压器、可控热管式节能热处理炉、三角形立体卷铁芯结构变压器、稀土永磁无铁芯电机、变频无级变速风机、磁悬浮离心风机、电缸抽油机、新一代高效内燃机、高效蓄热式烧嘴等新型节能设备。

数据中心和基站节能。推动数据中心建设全模块化、预制化，加快发展液冷系统、高密度集成 IT 设备，提升间接式蒸发冷却系统、列间空调等高效制冷系统应用水平。强化数据中心运维与环境调控，通过智能化手段实现机械制冷与自然制冷协同。探索依托河湖、海洋、地热等优势资源建设全时自然冷数据中心。构建基站设备、站点和网络三级节能体系，结合人工智能、深度休眠、下行功率优化、错峰用电等技术，实现基站节能。

推进再生资源高值化循环利用。培育废钢铁、废有色金属、废塑料、废旧轮胎、废纸、废弃电器电子产品、废旧动力电池、废油、废旧纺织品等主要再生资源循环利用龙头骨干企业，推动资源要素向优势企业集聚，依托优势企业技术装备，推动再生资源高值化利用。统筹用好国内国际两种资源，依托互联网、区块链、大数据等信息化技术，构建国内国际双轨、线上线下并行的再生资源供应链。鼓励建设再生资源高值化利用产业园区，推动企业聚集化、资源循环化、产业高端化发展。统筹布局退役光伏、风力发电装置、海洋工程装备等新兴固废综合利用。积极推广再制造产品，大力发展高端智能再制造。

推进工业固废规模化综合利用。推进尾矿、粉煤灰、煤矸石、冶炼渣、工业副产石膏、赤泥、化工渣等大宗工业固废规模化综合利用。推动钢铁窑炉、水泥窑、化工装置等协同处置固废。以工业资源综合利用基地为依托，在固废集中产生区、煤炭主产区、基础原材料产业集聚区探索建立基于区域特点的工业固废综合利用产业发展模式。鼓励有条件的园区和企业加强资源耦合和循环利用，创建“无废园区”和“无废企业”。实施工业固体废物资源综合利用评价，通过以评促用，推动有条件的地区率先实现新增工业固废能用尽用、存量工业固废有序减少。

专栏4　资源高效利用促进工程

再生资源回收利用。建设一批大型一体化废钢铁、废有色金属、废纸等绿色分拣加工配送中心。提升再生铜、铝、钴、锂等战略金属资源回收利用比例，推动多种有价组分综合回收。落实塑料污染治理要求，实施废塑料综合利用行业规范条件，鼓励开展废塑料化学循环利用。到2025年，力争废钢、废纸、废有色金属回收利用量分别达到3.2亿吨、6000万吨、2000万吨，其中，再生铜、再生铝、再生铅产量达到400万吨、1150万吨、290万吨。

工业固废综合利用。推动大宗工业固废在建筑材料生产、基础设施建设、地下采空区充填等领域的规模化应用。提取固废中有价元素，生产纤维材料、白炭黑、微晶玻璃、超细填料、节能建材等。到2025年，冶炼渣（不含赤泥）、工业副产石膏综合利用率分别达到73%、73%。

废旧动力电池回收利用。完善动力电池回收利用法规制度，探索推广“互联网+回收”等新型商业模式，强化溯源管理，鼓励产业链上下游企业共建共用回收渠道，建设一批集中型回收服务网点。推动废旧动力电池在储能、备电、充换电等领域的规模化梯次应用，建设一批梯次利用和再生利用项目。到2025年，建成较为完善的动力电池回收利用体系。

高端智能再制造。修订再制造产品认定管理办法，建立自愿认证和自我声明相结合的产品合格评定制度，规范发展再制造产业。推动在国家自由贸易试验区开展境外高技术含量、高附加值产品的再制造。

培育行业标杆。遴选发布一批符合行业规范条件的再生资源回收利用企业名单，建设50个工业资源综合利用基地，培育一批工业资源综合利用“领跑者”企业。推进电器电子、汽车等产品生产者责任延伸试点，强化示范引领。

推进水资源节约利用。按照以水定产的原则，加强对高耗水行业的定额管理，开展水效对标达标。推进企业、园区用水系统集成优化，实现串联用水、分质用水、一水多用和梯级利用。鼓励重点行业加大对市政污水及再生水、海水、雨水、矿井水等非常规水的利用，减少新水取用量。推动企业建立完善节水管理制度，建立智慧用水管理平台，实现水资源高效利用。开展工业废水循环利用试点示范，引导重点行业、重点地区加强工业废水处理后回用。

专栏5　工业节水增效工程

优化取水结构。引导企业、园区与市政开展合作，加大应用市政生活污水、再生水。鼓励沿海地区直接利用海水作为循环冷却水，建设海水淡化设施。鼓励建设雨水收集、储存和综合利用设施。鼓励宁东、蒙西、陕北、晋西等能源基地煤炭矿井水分级处理、分质利用。

强化过程管理。鼓励年用水量超过10万米^{3}的企业或园区设立水务经理，定期接受节水技术、标准、管理规范等方面培训。开展工业节水诊断，培育一批专业第三方工业节水及水处理服务机构。在重点行业建设一批智慧用水管理云平台。

加大废水循环利用。推动炼油污水集成再生回用、钢铁废水和市政污水联合再生回用、焦化废水电磁强氧化深度处理，煤化工浓盐废水深度处理和回用，纺织印染废水深度处理和回用，食品发酵有机废水生物处理和回用。在严重缺水地区创建产城融合废水高效循环利用试点。建设一批废水循环利用示范企业和园区。

开展节水评价。加强工业节水标准制修订，开展水效对标达标，树立工业节水典范。到2025年，在钢铁、炼化、煤化工、造纸、食品、纺织印染等高耗水行业，遴选50家水效“领跑者”企业，创建节水标杆。

（五）推动生产过程清洁化转型

强化源头减量、过程控制和末端高效治理相结合的系统减污理念，大力推行绿色设计，引领增量企业高起点打造更清洁的生产方式，推动存量企业持续实施清洁生产技术改造，引导企业主动提升清洁生产水平。

健全绿色设计推行机制。强化全生命周期理念，全方位全过程推行工业产品绿色设计。在生态环境影响大、产品涉及面广、产业关联度高的行业，创建绿色设计示范企业，探索行业绿色设计路径，带动产业链、供应链绿色协同提升。构建基于大数据和云计算等技术的绿色设计平台，强化绿色设计与绿色制造协同关键技术供给，加大绿色设计应用。聚焦绿色属性突出、消费量大的工业产品，制定绿色设计评价标准，完善标准采信机制。引导企业采取自我声明或自愿认证的方式，开展绿色设计评价。

减少有害物质源头使用。严格落实电器电子、汽车、船舶等产品有害物质限制使用管控要求，减少铅、汞、镉、六价铬、多溴联苯、多溴二苯醚等使用。研究制定道路机动车辆有害物质限制使用管理办法，更新电器电子产品管控范围的目录，制修订电器电子、汽车产品有害物质含量限值强制性标准，编制船舶有害物质清单及检验指南，持续推进有害物质管控要求与国际接轨。强化强制性标准约束作用，大力推广低（无）挥发性有机物含量的涂料、油墨、胶黏剂、清洗剂等产品。推动建立部门联动的监管机制，建立覆盖产业链上下游的有害物质数据库，充分发挥电商平台作用，创新开展大数据监管。

削减生产过程污染排放。针对重点行业、重点污染物排放量大的工艺环节，研发推广过程减污工艺和设备，开展应用示范。聚焦京津冀及周边地区、汾渭平原、长三角地区等重点区域，加大氮氧化物、挥发性有机物排放重点行业清洁生产改造力度，实现细颗粒物（PM2.5）和臭氧协同控制。聚焦长江、黄河等重点流域以及涉重金属行业集聚区，实施清洁生产水平提升工程，削减化学需氧量、氨氮、重金属等污染物排放。严格履行国际环境公约和有关标准要求，推动重点行业减少持久性有机污染物、有毒有害化学物质等新污染物产生和排放。制定限期淘汰产生严重环境污染的工业固体废物的落后生产工艺设备名录。

升级改造末端治理设施。在重点行业推广先进适用环保治理装备，推动形成稳定、高效的治理能力。在大气污染防治领域，聚焦烟气排放量大、成分复杂、治理难度大的重点行业，开展多污染物协同治理应用示范。深入推进钢铁行业超低排放改造，稳步实施水泥、焦化等行业超低排放改造。加快推进有机废气（VOCs）回收和处理，鼓励选取低耗高效组合工艺进行治理。在水污染防治重点领域，聚焦涉重金属、高盐、高有机物等高难度废水，开展深度高效治理应用示范，逐步提升印染、造纸、化学原料药、煤化工、有色金属等行业废水治理水平。

专栏 6　重点行业清洁生产改造工程

钢铁行业。实施焦炉煤气精脱硫、高比例球团冶炼、焦化负压蒸馏、焦化全流程优化等技术和装备改造。到 2025 年，完成 5.3 亿吨钢铁产能超低排放改造、4.6 亿吨焦化产能清洁生产改造。

石化化工行业。实施高效催化、过程强化、高效精馏等工艺技术改造，以及废盐焚烧精制、废硫酸高温裂解、高级氧化、微反应、煤气化等装备改造。

有色金属行业。实施氧化铝行业高效溶出及降低赤泥技术，铜冶炼行业短流程冶炼、连续熔炼，锌冶炼行业高效清洁化电解、氧压浸出，镁冶炼行业竖式还原炼镁等技术和装备改造。到 2025 年，完成 4000 台左右有色金属窑炉清洁生产改造。

建材行业。实施水泥行业脱硫脱硝除尘超低排放、玻璃行业熔窑烟气除尘、脱硫脱硝、余热利用（发电）“一体化”工艺技术和成套设备改造。

纺织行业。实施小浴比染色、无聚乙烯醇上浆织造、再生纤维素纤维绿色制浆、超临界二氧化碳流体染色、针织物平幅染色、涤纶织物少水连续式染色等技术和装备改造。

轻工行业。实施短流程低水耗离型纸节约型合成革制造、皮革浸灰与铬鞣废液封闭循环、生物制革、大宗发酵制品高效生产菌种和绿色提取精制等技术和装备改造。

机械行业。持续推进基础制造工艺绿色优化升级，实施绿色工艺材料制备，清洁铸造、精密锻造、绿色热处理、先进焊接、低碳减污表面工程、高效切削加工等工艺技术和装备改造。

（六）引导产品供给绿色化转型

增加绿色低碳产品、绿色环保装备供给，引导绿色消费，创造新需求，培育新模式，构建绿色增长新引擎，为经济社会各领域绿色低碳转型提供坚实保障。

加大绿色低碳产品供给。构建工业领域从基础原材料到终端消费品全链条的绿色产品供给体系，鼓励企业运用绿色设计方法与工具，开发推广一批高性能、高质量、轻量化、低碳环保产品。打造绿色消费场景，扩大新能源汽车、光伏光热产品、绿色消费类电器电子产品、绿色建材等消费。倡导绿色生活方式，继续推广节能、节水、高效、安全的绿色智能家电产品。推动电商平台设立绿色低碳产品销售专区，建立销售激励约束机制，支持绿色积分等“消费即生产”新业态。

大力发展绿色环保装备。研发和推广应用高效加热、节能动力、余热余压回收利用等工业节能装备，低能耗、模块化、智能化污水、烟气、固废处理等工业环保装备，源头分类、过程管控、末端治理等工艺技术装备。加快农作物秸秆、畜禽粪污等生物质供气、供电及农膜污染治理等农村节能环保装备推广应用。发展新型墙体材料一体化成型、铜铝废碎料等工业固废智能化破碎分选及综合利用成套装备，退役动力电池智能化拆解及高值化回收利用装备。发展工程机械、重型机床、内燃机等再制造装备。

创新绿色服务供给模式。打造一批重点行业碳达峰碳中和公共服务平台，面向企业、园区提供低碳规划和低碳方案设计、低碳技术验证和碳排放、碳足迹核算等服务。建立重点工业产品碳排放基础数据库，完善碳排放数据计量、收集、监测、分析体系。推广合同能源管理、合同节水管理、环境污染第三方治理等服务模式。积极培育绿色制造系统解决方案、第三方评价、城市环境服务等专业化绿色服务机构，提供绿色诊断、研发设计、集成应用、运营管理、评价认证、培训等服务，积极参与绿色服务国际标准体系和服务贸易规则制定。

（七）加速生产方式数字化转型

以数字化转型驱动生产方式变革，采用工业互联网、大数据、5G 等新一代信息技术提升能源、资源、环境管理水平，深化生产制造过程的数字化应用，赋能绿色制造。

建立绿色低碳基础数据平台。加快制定涵盖能源、资源、碳排放、污染物排放等数据信息的绿色低碳基础数据标准。分行业建立产品全生命周期绿色低碳基础数据平台，统筹绿色低碳基础数据和工业大数据资源，建立数据共享机制，推动数据汇聚、共享和应用。基于平台数据，开展碳足迹、水足迹、环境影响分析评价。

专栏 7　绿色产品和节能环保装备供给工程

绿色产品。大力发展和推广新能源汽车，促进甲醇汽车等替代燃料汽车推广。利用“以旧换新”等方式，继续推广高效照明、节能空调、节能冰箱、节水洗衣机等绿色智能家电产品。鼓励使用低挥发性有机物含量的涂料、清洗剂，加快发展生物质、木制、石膏等新型建材。提高再生材料消费占比。到 2025 年，开发推广万种绿色产品。

绿色环保装备。重点发展污染治理机器人、基于机器视觉的智能垃圾分选技术装备、干式厌氧有机废物处理技术装备、高效低耗难处理废水资源化技术装备、非电领域烟气多污染物协同深度治理技术装备、高效连续的挥发性有机物吸附-脱附、蓄热式热氧化/催化燃烧技术装备。

新能源装备。发展大尺寸高效光伏组件、大功率海上风电装备、氢燃料燃气轮机、超高压氢气压缩机、高效氢燃料电池、一体化商用小型反应堆等新能源装备。推动智能光伏创新升级和行业特色应用。

推动数字化智能化绿色化融合发展。深化产品研发设计、生产制造、应用服役、回收利用等环节的数字化应用，加快人工智能、物联网、云计算、数字孪生、区块链等信息技术在绿色制造领域的应用，提高绿色转型发展效率和效益。推动制造过程的关键工艺装备智能感知和控制系统、过程多目标优化、经营决策优化等，实现生产过程物质流、能量流等信息采集监控、智能分析和精细管理。打造面向产品全生命周期的数字孪生系统，以数据为驱动提升行业绿色低碳技术创新、绿色制造和运维服务水平。推进绿色技术软件化封装，推动成熟绿色制造技术的创新应用。

实施“工业互联网+绿色制造”。鼓励企业、园区开展能源资源信息化管控、污染物排放在线监测、地下管网漏水检测等系统建设，实现动态监测、精准控制和优化管理。加强对再生资源全生命周期数据的智能化采集、管理与应用。推动主要用能设备、工序等数字化改造和上云用云。支持采用物联网、大数据等信息化手段开展信息采集、数据分析、流向监测、财务管理，推广“工业互联网+

再生资源回收利用”新模式。

（八）构建绿色低碳技术体系

推动新技术快速大规模应用和迭代升级，抓紧部署前沿技术研究，完善产业技术创新体系，强化科技创新对工业绿色低碳转型的支撑作用。

加快关键共性技术攻关突破。针对基础元器件和零部件、基础工艺、关键基础材料等实施一批节能减碳研究项目。集中优势资源开展减碳零碳负碳技术、碳捕集利用与封存技术、零碳工业流程再造技术、复杂难用固废无害化利用技术、新型节能及新能源材料技术、高效储能材料技术等关键核心技术攻关，形成一批原创性科技成果。开展化石能源清洁高效利用技术、再生资源分质分级利用技术、高端智能装备再制造技术、高效节能环保装备技术等共性技术研发，强化绿色低碳技术供给。

加强产业基础研究和前沿技术布局。加强基础理论、基础方法、前沿颠覆性技术布局，推进碳中和、二氧化碳移除与低成本利用等前沿绿色低碳技术研究。开展智能光伏、钙钛矿太阳能电池、绿氢开发利用、一氧化碳发酵制酒精、二氧化碳负排放技术以及臭氧污染、持久性有机污染物、微塑料、游离态污染物等新型污染物治理技术装备基础研究，稳步推进团聚、微波除尘等技术集成创新。

加大先进适用技术推广应用。定期编制发布低碳、节能、节水、清洁生产和资源综合利用等绿色技术、装备、产品目录，遴选一批水平先进、经济性好、推广潜力大、市场亟需的工艺装备技术，鼓励企业加强设备更新和新产品规模化应用。重点推广全废钢电弧炉短流程炼钢、高选择性催化、余热高效回收利用、多污染物协同治理超低排放、加热炉低氮燃烧、干法粒化除尘、工业废水深度治理回用、高效提取分离、高效膜分离等工艺装备技术。组织制定重大技术推广方案和供需对接指南。优化完善首台（套）重大技术装备、重点新材料首批次应用保险补偿机制，支持符合条件的绿色低碳技术装备、绿色材料应用。鼓励各地方、各行业探索绿色低碳技术推广新机制。

激发各类市场主体创新活力。以市场为导向，鼓励绿色低碳技术研发，实施绿色技术创新攻关行动，在绿色低碳领域培育建设一批制造业创新中心、产业创新中心、工程研究中心、技术创新中心等创新平台，着力解决跨行业、跨领域关键共性技术问题。强化企业创新主体地位，支持企业整合科研院所、高校、产业园区等力量建立市场化运行的绿色技术创新联合体。加速科技成果转化，支持建立绿色技术创新项目孵化器、创新创业基地。加快绿色低碳技术工程化产业化突破，发挥大企业支撑引领作用，培育制造业绿色竞争新优势。支持创新型中小微企业成长为创新重要发源地。

专栏 8　绿色低碳技术推广应用工程

降碳技术。推进低碳冶金、洁净钢冶炼、绿氢炼化、新型低碳胶凝材料、二氧化碳耦合制甲醇、高效低碳铝电解、高参数煤气发电、二氧化碳驱油、超低氮多孔介质无焰燃烧等技术的推广应用。

减污技术。推进离子交换法脱硫脱硝、无磷水处理剂循环冷却水处理、纳米陶瓷膜污水处理、工业窑炉协同处置、原位热脱附土壤修复、污泥低温真空干化处理、高盐废水催化氧化处理等技术的推广应用。

节能技术。推进铸轧一体化无头轧制、中低温余热利用、清洁高效水煤浆气化、高热值固体废物燃料替代、微电网储能、间接冷凝蒸发（数据中心）、铁合金冶炼专用炭电极替代电极糊等技术推广应用。

节水技术。推进循环冷却水空冷节水、高含盐水淡化管式膜、余能低温多效海水淡化、焦化废水高级催化氧化深度处理回用、固碱蒸发碱性冷凝水处理回用、MBR+反渗透印染废水回用等技术推广应用。

资源高效利用技术。推进全固废免烧胶凝材料、全固废生产绿色混凝土、钢渣高效蒸汽粉磨、赤泥无害化制环保砖、工业副产石膏生产高强石膏粉及其制品、低值废塑料热裂解、退役动力电池精细化自动拆解等技术推广应用。

（九）完善绿色制造支撑体系

健全绿色低碳标准体系，完善绿色评价和公共服务体系，强化绿色服务保障，构建完整贯通的绿色供应链，全面提升绿色发展基础能力。

健全绿色低碳标准体系。立足产业结构调整、绿色低碳技术发展需求，完善绿色产品、绿色工厂、绿色工业园区和绿色供应链评价标准体系，制修订一批低碳、节能、节水、资源综合利用等重点领域标准及关键工艺技术装备标准。鼓励制定高于现行标准的地方标准、团体标准和企业标准。强化先进适用标准的贯彻落实，扩大标准有效供给。推动建立绿色低碳标准采信机制，推进重点标准技术水平评价和实施效果评估，畅通迭代优化渠道。推进绿色设计、产品碳足迹、绿色制造、新能源、新能源汽车等重点领域标准国际化工作。

打造绿色公共服务平台。优化自我评价、社会评价与政府引导相结合的绿色制造评价机制，强化对社会评价机构的监督管理。培育一批绿色制造服务供应商，提供产品绿色设计与制造一体化、工厂数字化绿色提升、服务其他产业绿色化等系统解决方案。完善绿色制造公共服务平台，创新服务模式，面向重点领域提供咨询、检测、评估、认定、审计、培训等一揽子服务。

强化绿色制造标杆引领。围绕重点行业和重要领域，持续推进绿色产品、绿色工厂、绿色工业园区和绿色供应链管理企业建设，遴选发布绿色制造名单。鼓励地方、行业创建本区域、本行业的绿色制造标杆企业名单。实施对绿色制造名单的动态化管理，探索开展绿色认证和星级评价，强化效果评估，建立有进有出的动态调整机制。将环境信息强制性披露纳入绿色制造评价体系，鼓励绿色制造企业编制绿色低碳发展年度报告。

贯通绿色供应链管理。鼓励工业企业开展绿色制造承诺机制，倡导供应商生产绿色产品，创建绿色工厂，打造绿色制造工艺、推行绿色包装、开展绿色运输、做好废弃产品回收处理，形成绿色供应链。推动绿色产业链与绿色供应链协同发展，鼓励汽车、家电、机械等生产企业构建数据支撑、网络共享、智能协作的绿色供应链管理体系，提升资源利用效率及供应链绿色化水平。

打造绿色低碳人才队伍。推进相关专业学科与产业学院建设，强化专业型和跨领域复合型人才培养。充分发挥企业、科研机构、高校、行业协会、培训机构等各方作用，建立完善多层次人才合作培养模式。依托各类引知引智计划，构筑集聚国内外科技领军人才和创新团队的绿色低碳科研创新高地。建立多元化人才评价和激励机制。推动国家人才发展重大项目对绿色低碳人才队伍建设支持。

完善绿色政策和市场机制。建立与绿色低碳发展相适应的投融资政策，严格控制“两高”项目投资，加大对节能环保、新能源、碳捕集利用与封存等的投融资支持力度。发挥国家产融合作平台作用，建设工业绿色发展项目库，推动绿色金融产品服务创新。推动运用定向降准、专项再贷款、抵押补充贷款等政策工具，引导金融机构扩大绿色信贷投放。健全政府绿色采购政策，加大绿色低碳产品采购力度。进一步完善惩罚性电价、差别电价、差别水价等政策。推进全国碳排放权和全国用能权交易市场建设，加强碳排放权和用能权交易的统筹衔接。

四、保障措施

（一）加强规划组织实施

强化部际、部省、央地间协同合作，建立责任明确、协调有序、监管有力的工作体系。加强沟通协调，强化跨部门、跨区域协作，各地要结合实际制定出台配套政策，落实规划总体要求、目标和任务，打好政策“组合拳”。开展规划实施情况的动态监测和评估，推进规划落实。发挥行业协会、智库、第三方机构等的桥梁纽带作用，助力重点行业和重要领域绿色低碳发展。组织开展全国节能宣传周、全国低碳日、中国水周等活动，加强各类媒体、公益组织舆论引导，宣传工业绿色发展政策法规、典型案例、先进技术。

（二）健全法律法规政策

推动修订《节约能源法》《循环经济促进法》《清洁生产促进法》等法律法规。贯彻落实《固体废物污染环境防治法》，健全配套政策。制定工业节能监察、工业资源综合利用、新能源汽车动力电池回收利用、绿色制造体系建设等管理办法。完善节能减排约束性指标管理。建立企业绿色信用等级评定机制，加大评定结果在财政、信贷、试点示范等方面的应用。完善企业信息披露制度，促进企业更好履行节能节水、减污降碳和职工责任关怀等社会责任。

（三）加大财税金融支持

鼓励地方财政加大对绿色低碳产业发展、技术研发等的支持力度，创新支持方式，引导更多社会资源投入工业绿色发展项目。扩大环境保护、节能节水等企业所得税优惠目录范围。开展绿色金融产品和工具创新，完善绿色金融激励机制，有序推进绿色保险。加强产融合作，出台推动工业绿色发展的产融合作专项政策，推动完善支持工业绿色发展的绿色金融标准体系和信息披露机制，支持绿色企业上市融资和再融资，降低融资费用，研究建立绿色科创属性判定机制。

（四）深化绿色国际合作

推动建立绿色制造国际伙伴关系，进一步拓展多边和双边合作机制建设，加强与有关国际组织在绿色制造领域的合作交流。鼓励有条件的地方建设中外合作绿色工业园区，推动绿色技术创新成果在国内转化落地。大力建设绿色“一带一路”，扩大绿色贸易，共建一批绿色工厂和绿色供应链，加快绿色产品标准、认证、标识国际化步伐。依托重点科研院所、高校、企业，探索建立国际绿色低碳技术创新合作平台和培训基地。鼓励以绿色低碳技术装备为依托进行境外工程承包和劳务输出。

国家发展改革委办公厅　商务部办公厅　国家邮政局办公室关于组织开展可循环快递包装规模化应用试点的通知

发改办环资〔2021〕963 号

各省、自治区、直辖市发展改革委、商务主管部门、邮政管理局，中国邮政集团有限公司：

为落实《关于加快推进快递包装绿色转型的意见》《“十四五”循环经济发展规划》有关部署要求，探索符合我国国情和电子商务、快递业发展特点的可循环快递包装规模化应用模式，推进可循环快递包装规模化应用，国家发展改革委、商务部和国家邮政局决定组织开展可循环快递包装规模化应用试点。现将有关事项通知如下。

一、总体思路

以习近平新时代中国特色社会主义思想为指导，全面贯彻党的十九大和十九届二中、三中、四中、五中、六中全会精神，深入贯彻习近平生态文明思想，立足新发展阶段，完整、准确、全面贯彻新发展理念，构建新发展格局，推动高质量发展，坚持问题导向，实事求是、有序推进，通过开展可循环快递包装规模化应用试点，探索解决制约可循环快递包装规模化应用的难点堵点，培育循环模式，提升应用规模，降低使用成本，加快促进快递包装绿色转型。

二、试点目标

通过开展试点，探索形成一批可复制、可推广、可持续的可循环快递包装规模化应用模式。推广一批使用方便、成本较低、绿色低碳的可循环快递包装产品。推动解决可循环快递包装应用成本高、回收调拨运营难、个人消费者使用意愿不高、包装与物流状态数据链接不畅、产品标准化低等问题。促进可循环快递包装使用规模和比例明显提升，使用范围逐步扩大，投放和回收基础设施不断完善，回收方式更加丰富有效，调拨运营网络基本健全。

三、试点时间、主体和范围

（一）试点时间。2022 年 1 月至 2023 年 12 月。

（二）试点主体。以寄递企业为主体，发挥寄递企业在可循环快递包装规模化应用过程中的关键纽带作用，联合上下游相关方共同开展试点。寄递企业可以单独申报，也可以联合电商企业、可循环包装企业等相关方共同申报。

（三）试点范围。以企业到个人消费者以及个人消费者之间的邮件快件规模化应用可循环包装为主，优先选择品类适宜且业务量较大的快递路线或城市（区域）开展。

四、试点主要内容

（一）提升可循环快递包装产品绿色设计和标准化水平。试点企业结合相关应用场景和商品种类，设计、推广一批使用方便、成本较低、绿色低碳的可循环快递包装产品。联合行业上下游企业和其他寄递企业，研究使用统一的可循环快递包装编码和规格型号，提升可循环快递包装产品标准化应用水平。

（二）培育可循环快递包装可持续使用机制。试点企业系统梳理寄递业务结构和流量流向，联合上游企业和可循环包装企业，多场景、多路径、多品类探索培育可循环快递包装应用模式。联合电商企业和可循环包装企业，探索个人消费者可循环快递包装应用场景和模式，推动协议电商用户引导消费者选用可循环快递包装。联合电商企业、连锁商超，推动在生鲜配送、散货物流等场景中推广应用可循环可折叠快递包装、可循环配送箱、可复用冷藏式快递箱，减少一次性塑料泡沫箱等的使用。

（三）发挥电商平台可循环包装推广应用作用。电商平台企业通过转发名录等方式，引导平台内企业积极使用经过绿色认证的可循环快递包装产品。与试点寄递企业建立相关信息对接机制，针对试点线路或试点区域的消费者，在订单生成页面提示消费者选择使用可循环快递包装，明示可循环快递包装价格、使用规则、回收方式等事项。建立积分奖励、绿色信用等机制，积极引导消费者、相关生产商使用可循环快递包装。

（四）完善可循环快递包装基础设施。试点企业联合行业上下游和其他寄递企业，探索建立行业共享共用的可循环快递包装基础设施。充分运用现有邮政网点、快递网点、快递柜、驿站等资源，投放可循环快递包装和回收设施。联合电商企业、可循环包装企业、商业机构、物业服务企业等，合作设立快递共配终端、可循环快递包装协议回收点。

（五）创新可循环快递包装回收模式。试点企业丰富可循环快递包装末端回收方式，鼓励第三方企业、快递员参与回收，推动智能快件箱增设包装回收功能。联合电商企业，探索尝试积分奖励制、押金制、承诺制等激励约束机制，引导个人消费者自主返还可循环快递包装。

（六）健全可循环快递包装调拨运营网络。试点企业统筹当地分拨中心、仓储场地等现有资源，联合可循环包装企业、电商企业合理谋划建设可循环快递包装清洗、调拨场地，确保试点范围内可循环快递包装高效循环流转使用。试点企业联合电商企业和可循环包装企业建立合理的成本分担机制。做好新冠肺炎疫情常态化防控下可循环快递包装消杀工作。强化技术创新应用，采取逆向物流、联合第三方企业运营等方式，同步监控可循环快递包装状态和物流状态，畅通信息对接和数据转换，实现可循环快递包装流向的全链条实时监控，提升循环率和周转效率。

五、工作程序

（一）组织试点申报。各寄递企业根据本通知要求，结合企业实际，基于可循环快递包装应用现状和问题，独自或联合相关方企业编制《可循环快递包装规模化应用试点工作方案》（以下简称《方案》），明确试点内容（包括范围、区域、品类、场景、模式等）、工作机制和保障措施等，将《方案》报本企业总部所在地省级邮政管理部门、发展改革部门和商务主管部门。省级邮政管理部门会同发展改革部门和商务主管部门对企业申报材料进行初审后，于2022年1月20日前将企业申报材料联合上报国家邮政局、国家发展改革委和商务部。

（二）确定试点企业。国家邮政局会同国家发展改革委和商务部组织有关专家对《方案》进行评估，初步确定试点企业，并组织征求《方案》中涉及的地方政府和有关部门意见。试点企业按照有关意见，对《方案》进行修改完善后报送国家邮政局、国家发展改革委和商务部。国家邮政局、国家发展改革委和商务部按程序批复《方案》，公布试点企业名单，并对试点企业进行授牌。

（三）组织试点实施。试点企业按照批复的《方案》精心组织开展试点工作。试点过程中出现的困难和问题及时向国家邮政局、国家发展改革委和商务部反馈，国家邮政局、国家发展改革委和商务部将联合有关部门建立工作协调机制，对试点工作中的有关困难和问题给予必要的指导和帮助。国家发展改革委、商务部和国家邮政局将根据批复的《方案》，统筹现有资金渠道，依据相关政策，对试点企业符合条件的相关项目给予一定支持。

（四）组织试点验收。国家邮政局会同国家发展改革委和商务部于2023年底组织专家对试点工作开展评估验收，总结提炼成功模式和典型做法，在全国予以推广。对于试点过程中困难较多、难以持续的模式和做法，实事求是予以调整。

附件：可循环快递包装规模化应用试点工作方案编制要点

国家发展改革委办公厅
商务部办公厅
国家邮政局办公室
2021年12月6日

国家发展改革委　工业和信息化部关于振作工业经济运行推动工业高质量发展的实施方案的通知

发改产业〔2021〕1780号

科技部、财政部、人力资源社会保障部、商务部、人民银行、国资委、税务总局、市场监管总局、银保监会、证监会、国家能源局、全国工商联，各省、自治区、直辖市及计划单列市、新疆生产建设兵团发展改革委、工业和信息化主管部门：

工业是国民经济的主体，工业稳则经济稳。为深入贯彻习近平新时代中国特色社会主义思想，认真落实党中央、国务院决策部署，坚持稳中求进工作总基调，立足新发展阶段，完整、准确、全面贯彻新发展理念，加快构建新发展格局，推动高质量发展，坚持以深化供给侧结构性改革为主线，统筹疫情防控和经济社会发展，坚持目标导向、问题导向，做好宏观政策预调微调和跨周期调节，精准打通产业链供应链堵点卡点，挖掘市场需求潜力，强化政策扶持，优化发展环境，保持良好增长预期，激发市场主体活力，振作工业经济运行，推动工业高质量发展，国家发展改革委、工业和信息化部会同有关方面制定了本实施方案。

一、打通堵点卡点，确保工业经济循环畅通

（一）扎实推进能源安全保供。充分发挥煤电油气运保障工作部际协调机制作用，加强资源统筹调度，推进煤炭优质产能充分释放，提高发电供热化肥用煤中长期合同履约水平，推动煤电企业提高发电出力。制定好能源保供应急预案，做实做细能源电力保供工作，保障民生和重点用户用能需求。对煤电和供热企业今年四季度的应缴税款全部暂缓缴纳。完善能耗双控有关政策，严格能耗强度管控，多措并举有效增强能源消费总量管理弹性，保障工业发展合理用能。严厉打击散布虚假信息、哄抬价格等各类违法行为和资本无序炒作。（发展改革委、工业和信息化部、财政部、国资委、税务总局、市场监管总局、能源局按职责分工负责）

（二）做好大宗原材料保供稳价。持续密切监测大宗原材料市场供需和价格变化，大力增加大宗原材料市场有效供给，灵活运用国家储备开展市场调节。实施好《重要商品和服务价格指数行为管理办法（试行）》，加强信息发布解读，促进规范运行。进一步强化大宗商品期现货市场监管，坚决遏制过度投机炒作。（发展改革委、工业和信息化部、商务部、国资委、市场监管总局、证监会按职责分工负责）

（三）保持重点产业链供应链顺畅。强化对重点行业的运行监测，建立完善产业链供应链苗头性问题预警机制，加强问题分析研判，积极应对突发情况，及时处置潜在风险。加快关键核心技术创新和迭代应用，加大“首台套”“首批次”应用政策支持力度。发挥“链主”企业作用，优化产业链资源配置。聚焦新能源汽车、医疗装备等重点领域，实施重点领域“1+N”产业链供应链贯通工程，推动产业链上中下游、大中小企业融通创新，促进产业链供应链贯通发展。深入开展全国供应链创新与应用示范创建。完善国家质量基础设施，推行一站式服务，深入开展质量提升行动。（发展改革委、科技部、工业和信息化部、商务部、国资委、市场监管总局按职责分工负责）

二、挖掘需求潜力，拓展工业经济市场空间

（四）促进重大项目落地见效。加快“十四五”规划重大工程、区域重大战略规划及年度工作安排明确的重大项目实施，推进具备条件的重大项目抓紧上马，能开工的项目尽快开工建设，在建项目加快建设进度，争取早日竣工投产。在5G、千兆光网等领域布局一批新型基础设施项目。尽快启动一体化大数据中心枢纽节点建设工程和中西部中小城市基础网络完善工程。发挥国家和地方重大外资项目专班作用，加快推动先进制造业等领域重大外资项目落地实施。（发展改革委、工业和信息化部、商务部、国资委按职责分工负责）

（五）大力推动企业技术改造。修订产业结构调整指导目录，引导企业加快技术改造和设备更新。实施工业企业技术改造投资升级导向计划。在钢铁、有色、建材、石化、煤电等重点领域组织开展技术改造，推动智能制造示范工厂建设，实施生产线和工业母机改造，补齐关键技术短板，提高产品供给质量。加快工业互联网建设和普及应用，促进传统产业企业依托工业互联网开展数字化转型。开展质量技术帮扶“巡回问诊”，鼓励企业建立质量追溯机制，有效落实企业质量主体责任。（发展改革委、工业和信息化部、市场监管总局、能源局按职责分工负责）

（六）培育新业态新模式。深入推进国家战略性新兴产业集群发展工程，构建一批各具特色、优势互补、结构合理的战略性新兴产业增长引擎。前瞻谋划未来产业，组织实施未来产业孵化与加速计划，推动建设一批国家未来产业先导试验区。支持制造业大型企业为产业链上下游企业提供研发设计、创业孵化、计量测试、检验检测等服务。深化新一代信息技术与制造业融合应用。深入开展科创服务领域标准化建设行动，推动制造服务业标准体系逐步完善。（发展改革委、科技部、工业和信息化部、市场监管总局按职责分工负责）

（七）释放重点领域消费潜力。加快新能源汽车推广应用，加快充电桩、换电站等配套设施建设。健全家电回收处理体系，实施家电生产者回收目标责任制。鼓励有条件的地方在家电等领域推出新一轮以旧换新行动。鼓励开展新能源汽车、智能家电、绿色建材下乡行动。面向北京冬奥会转播等重大场景促进超高清视频落地推广。推动传统线下业态供应链和运营管理数字化改造，发展新型信息消费。加大线上线下融合力度，扩大自主品牌消费和线上新型消费，促进老字号创新发展，高水平办好中国品牌日活动。（发展改革委、工业和信息化部、财政部、商务部、国资委、能源局按职责分工负责）

（八）提高外资利用水平。出台2021年版外资准入负面清单，进一步放宽制造业等领域限制。开展国际产业投资合作系列活动，搭建外资企业和地方沟通交流平台。适时修订《鼓励外商投资产业目录》，鼓励外商投资制造业。（发展改革委、商务部按职责分工负责）

（九）推动外贸稳定发展。落实好稳外贸政策措施，巩固提升出口信用保险作用，抓实抓好外贸信贷投放。依托国家物流枢纽，拓展海运、空运、铁路国际运输线路，推动构建支撑“全球采购、全球生产、全球销售”的国际物流服务网络，推动国际物流降本增效。（发展改革委、商务部、银保监会按职责分工负责）

三、强化政策扶持，健全工业经济保障措施

（十）完善重点行业发展政策。持续巩固提升钢铁化解过剩产能工作成果，对违法违规问题保持零容忍高压态势。完善汽车产业投资管理，统筹优化产业布局，支持新能源汽车加快发展。优化石化产业规划布局，有序推进炼化一体化项目建设。积极推动绿色智能船舶示范应用，加快推进沿海、内河老旧船舶更新改造。实施5G应用“扬帆”行动计划（2021—2023年）。组织开展先进制造业和现代服务业融合发展试点，探索推广“两业融合”新路径新模式。（发展改革委、工业和信息化部、国资委按职责分工负责）

（十一）优化重点区域政策体系。聚焦粤港澳大湾区、长三角、京津冀等重点区域产业发展重大任务，落实长江经济带、黄河流域等区域发展有关重大部署，结合区域特点制定完善当地发展规划、产业政策以及优化营商环境行动方案，加大精准支持力度，提升产业支撑能力。发挥国家级新区、承接产业转移示范区等作用，有序承接国内外产业转移。鼓励地方立足自身特色和优势，打造战略性新兴产业集群，培育发展先进制造业集群，构建各具特色、优势互补、结构合理的集群发展格局。不断总结和宣传推广地方和企业振作工业经济好经验好做法。（发展改革委、工业和信息化部、全国工商联按职责分工负责）

（十二）强化能效标准引领。科学确定石化、有色、建材等重点领域能效标杆水平和基准水平，明确目标方向，突出标准引领，严格能效约束，组织一批节能降碳技术改造项目，开展节能降碳技术示范应用，提高行业节能降碳水平。推动钢铁、电解铝、水泥、平板玻璃等重点行业和数据中心加大节能力度，加快工业节能减碳技术装备推广应用。加大能耗标准制修订、宣贯推广工作力度，建立动态提高能效标杆水平和基准水平机制，完善能源核算、检测认证、评估、审计等配套标准。（发展改革委、工业和信息化部、市场监管总局按职责分工负责）

（十三）加大制造业融资支持。紧密结合制造业企业生产经营周期，合理确定融资期限，增加制造业中长期贷款投放，提升融资支持的精准性和有效性。完善制造业中长期融资考核评价机制。开展“补贷保”联动试点。支持符合条件的企业发行公司信用类债券，推广以信息共享为基础的“信易贷”模式。稳妥推进基础设施领域不动产投资信托基金（REITs）试点，完善配套支持机制。深化产融合作，完善绿色金融标准体系和评价机制，落实产融合作推动工业绿色发展专项政策，建立工业绿色发展指导目录和项目库，发挥国家产融合作平台作用，引导金融资源向工业绿色低碳领域汇聚。（发展改革委、工业和信息化部、人民银行、银保监会、证监会按职责分工负责）

（十四）破解企业用工难题。开展大规模多层次职业技能培训，促进产业用工需求和职业技能培训有效衔接，提高劳动者适应产业转型升级能力。提升公共就业服务质量，完善劳动力供需双方信息发布和对接机制，大力发展人力资源服务业，严厉打击侵害劳动者就业权益行为，规范用工市场，提高人力资源配置效率。加快完善中西部和东北地区基础设施，提升产业集聚区公共服务效能，引导制造业向中西部和东北地区有序梯度转移，吸纳当地劳动力就业。（发展改革委、人力资源社会保障部按职责分工负责）

四、优化发展环境，促进工业经济行稳致远

（十五）减轻中小企业负担。落实好支持制造业中小企业的助企纾困政策，加大对涉企违规收费的整治力度。加大保障中小企业款项支付条例落实力度，运用市场化法治化手段规范款项支付秩序，健全防范和化解拖欠账款长效机制。鼓励地方安排中小企业纾困专项资金，对符合条件的中小企业给予资金等支持。用好直达实体经济货币政策工具和支小再贷款，加大普惠小微企业信用贷款投放。鼓励有条件的地方建立支持小微企业的贷款风险分担补偿机制。用好小微企业融资担保降费奖补资金，促进扩大小微企业担保业务规模，降低融资担保成本。落实减税降费政策，对制造业中小微企业延缓缴纳今年四季度部分税费。研究并适时出台部分惠企政策到期后的接续政策，鼓励地方有针对性出台帮扶措施。对确有困难的纳税人，地方可按现行规定减免房产税、城镇土地使用税。（发展改革委、工业和信息化部、财政部、人力资源社会保障部、人民银行、国资委、税务总局、市场监管总局按职责分工负责）

（十六）优化市场环境。建立完善《优化营商环境条例》专项执法检查常态化机制，督促各地区严格落实条例规定。建立健全制度化的政企互动机制，落实好企业家参与涉企政策制定机制，推动构建亲清政商关系。加强制定政策的事先评估和事后评价。鼓励和支持各地区结合本地产业发展特点，在保护市场主体权益、完善政务服务等方面出台更为有力有效的改革举措，分批复制推广。大力弘扬工业经济优秀企业家精神。（发展改革委、全国工商联按职责分工负责）

各有关方面要切实把思想和行动统一到党中央、国务院决策部署上来，进一步提高站位、坚定信心，统筹发展和安全，强化责任担当、主动作为，以高度的责任感和使命感，抓好政策落地落细落实，同时加强对工业经济运行态势的跟踪监测，深入分析研判苗头性倾向性潜在性问题，强化预研预判，做好政策储备，全力以赴振作工业经济运行，推动工业高质量发展。

国家发展改革委
工业和信息化部
2021 年 12 月 8 日

关于印发“十四五”促进中小企业发展规划的通知

工信部联规〔2021〕200 号

各省、自治区、直辖市、计划单列市及新疆生产建设兵团有关部门、机构：

现将《“十四五”促进中小企业发展规划》印发给你们，请结合实际，认真贯彻实施。

工业和信息化部
国家发展和改革委员会
科学技术部
财政部
人力资源和社会保障部
农业农村部
商务部
文化和旅游部
中国人民银行
海关总署
国家税务总局
国家市场监督管理总局
国家统计局
中国银行保险监督管理委员会
中国证券监督管理委员会
国家知识产权局
中国国际贸易促进委员会
中华全国工商业联合会
国家开发银行
2021 年 12 月 11 日

“十四五”促进中小企业发展规划

目录

三、主要任务

（一）培育壮大市场主体

（二）健全政策支持体系

（三）建立高效服务体系

（四）完善公平竞争环境

（五）提高融资可得性

（六）加强合法权益保护

（七）提升创新能力和专业化水平

四、重点工程

（一）优质中小企业培育工程

（二）中小企业创新能力和专业化水平提升工程

（三）中小企业服务机构能力提升工程

（四）中小企业融资促进工程

（五）中小企业合法权益维护工程

（六）中小企业数字化促进工程

（七）中小企业绿色发展促进工程

（八）中小企业质量品牌提升工程

（九）中小企业国际化促进工程

五、保障措施

（一）加强党的全面领导

（二）加强政策协同和评估督导

（三）加强运行监测和政策研究

（四）营造良好舆论环境

中小企业是国民经济和社会发展的生力军，是建设现代化经济体系、推动经济实现高质量发展的重要基础，是扩大就业、改善民生的重要支撑。为贯彻落实党中央、国务院决策部署和《中华人民共和国中小企业促进法》，按照《中华人民共和国国民经济和社会发展第十四个五年规划和2035年远景目标纲要》总体要求，促进“十四五”时期中小企业高质量发展，制定本规划。

一、发展背景

（一）发展回顾

“十三五”时期，党中央、国务院高度重视中小企业发展，法律政策支持体系不断健全，公共服务体系加快完善，中小企业持续健康发展，综合实力、核心竞争力和社会责任能力不断增强，在国民经济和社会发展中的地位进一步凸显，尤其是在保市场主体、稳定增长、扩大就业、应对新冠肺炎疫情等方面发挥了十分重要的作用。

1. 发展实力不断增强。“十三五”时期，中小企业数量大幅增加，吸纳就业作用更加显著，经营实力不断加强，经济贡献稳步提高。截至2020年底，全国市场主体总数超1.4亿户，其中，企业数达4331万户，分别较2015年底的7746.9万户和2185万户大幅增长。以2020年规模以上企业（包括规模以上工业、服务业，有资质的建筑业，限额以上批发和零售业、住宿和餐饮业企业）为例，其中，中小企业户数90.9万户，占全部规模以上企业的95.68%，营业收入137.3万亿元，占全部规模以上企业的60.83%，资产总额168.3万亿元，占全部规模以上企业的55.01%，地位作用突显；与2015年相比，中小企业户数增长了12.8%，营业收入增长了16.5%，资产总额增长了40.2%，各方面稳步增长。

2. 创新能力不断提升。中小企业成为技术创新和模式创新的生力军，2020年规模以上工业企业中，有研发活动的小微企业占全部有研发活动企业的比重为81.1%，研发经费比2015年增长102.5%，有效发明专利数比2015年增长233.2%。中小企业创新活力迸发，培育专精特新“小巨人”企业1832家、省级“专精特新”中小企业3万多家，纳入培育库11.3万家；培育入库科技型中小企业22.3万家。新一代信息技术应用能力进一步提高，小微企业两化融合发展水平从2015年的36.4提高到2020年的46.1。创新创业环境不断优化，培育212家大众创业万众创新示范基地、343家国家小型微型企业创业创新示范基地和2500多家省级小型微型企业创业创新示范基地、1.4万多家众创空间和孵化器，支持30个城市开展“小微企业创业创新基地城市示范”工作，培育支持200家实体开发区打造大中小企业融通型、专业资本集聚型等创新创业特色载体。全国“双创”活动周、“创客中国”中小企业创新创业大赛、中国创新创业大赛等活动深入开展。

3. 服务体系更加完善。培育认定国家中小企业公共服务示范平台585家、省级示范平台3300多家，中小企业公共服务平台网络带动近10万家社会化服务机构为中小企业提供服务，超过4000家高校院所等单位的9.4万台（套）大型科研仪器向企业开放共享。各类互联网信息服务平台加快搭建，深入开展数字化赋能专项行动和电子商务公共服务惠民惠企行动，中小企业数字化网络化智能化水平稳步提升。建立计量服务中小企业公共服务平台，开展“计量服务中小企业行”活动。管理咨询、企业诊断、人才培训不断推进，累计完成中小企业经营管理领军人才培训7000多人。公益化服务普遍开展，疫情期间仅助力复工复产志愿者累计注册 30 万人。企业合法权益保护力度加大，清理拖欠民营企业中小企业账款专项行动累计清偿政府部门和大型国有企业拖欠民营企业中小企业款项 8500 多亿元。对外交流合作不断深化，14 个中外中小企业合作区建设稳步推进，对接交流平台进一步拓展，中小企业参与“一带一路”建设和国际贸易程度不断加深。

4. 发展环境进一步改善。《中华人民共和国中小企业促进法》修订出台，全国人大常委会开展执法检查推动法律贯彻落实，《保障中小企业款项支付条例》制定出台，《关于促进中小企业健康发展的指导意见》《关于健全支持中小企业发展制度的若干意见》等系列政策文件相继印发，省级以上人民政府均建立促进中小企业发展工作协调机制。企业营商环境不断改善，商事制度改革效果明显，市场准入负面清单制度、公平竞争审查制度稳步实施，开展减轻企业负担和促进中小企业发展专项督查、中小企业发展环境第三方评估。财税支持力度不断加大，2016~2020 年中央财政中小企业发展专项资金累计安排 362 亿元支持中小企业发展，政府采购中授予中小企业金额占比超过 70%；实施降低增值税税率、降低社会保险费率、阶段性减免社会保险费、小微企业普惠性税收减免等政策，享受税收优惠政策的范围不断扩大，“十三五”期间全国新增减税降费累计超过 7.6 万亿元。金融服务中小企业能力稳步提升，2016~2020 年中央财政累计拨付普惠金融发展专项资金 467 亿元，2020 年末中小微市场主体贷款余额 76 万亿元，其中普惠小微贷款余额 15.1 万亿元、支持小微经营主体 3228 万户。设立国家融资担保基金，政府性融资担保体系不断健全。设立科创板，并在科创板、创业板试点注册制，推动注册制改革，深化新三板改革，设立国家中小企业发展基金、国家新兴产业创业投资引导基金，中小企业直接融资市场更加广阔，规模不断扩大。

与此同时，我国中小企业发展仍然存在一些问题，中小企业平等待遇仍缺乏有效保障，损害企业权益现象时有发生；融资难融资贵问题尚未有效缓解，融资促进措施有待进一步创新和落实；公共服务供给与需求不够匹配，创新资源获取渠道不够畅通，中小企业发展水平区域间不平衡问题突出；促进中小企业发展的工作机制亟待进一步完善，效能有待进一步提升。

（二）发展形势

当今世界正经历百年未有之大变局，新一轮科技革命和产业变革深入发展，国际力量对比深刻调整，和平与发展仍然是时代主题。“十四五”时期是我国全面建成小康社会、实现第一个百年奋斗目标之后，乘势而上开启全面建设社会主义现代化国家新征程、向第二个百年奋斗目标进军的第一个五年，中小企业面临的机遇和挑战将发生新的变化。

从机遇来看，“十四五”期间，新发展理念的贯彻落实，科教兴国战略、人才强国战略、创新驱动发展战略以及制造强国、网络强国、质量强国等战略的全面推进，将推动中小企业政策体系更加完善，为中小企业转型升级，提升创新能力、竞争力和综合实力提供有力的政策保障。新发展格局的逐步构建，以人为核心的新型城镇化战略和乡村振兴战略的深入实施，居民消费水平和层次的不断提升，将促进国内国际市场布局、产业循环、商品结构、贸易方式不断优化，有利于充分发挥我国国内超大规模市场优势，为中小企业带来更加广阔的市场空间。有效市场和有为政府的更好结合，将推动高标准市场体系加快建设，公平竞争机制不断完善，同时加速转变政府职能，持续推进“放管服”改革，为中小企业提供更为有利的发展环境。新一轮科技革命和产业变革的迅猛发展，将改变以往的资源配置方式、生产组织方式和价值创造方式，引导传统产业优化升级、未来产业加速形成，推动创新资源加速向中小企业汇聚，促进中小企业成长为创新重要发源地，不断提升核心竞争力和综合实力。

从挑战来看，世界经济陷入低迷期，经济全球化遭遇逆流，新冠肺炎疫情影响广泛深远，不稳定性不确定性明显增加，产业链供应链循环受阻，中小企业转型升级、市场开拓面临的挑战加大。国内经济结构调整任重道远，生态环境保护压力加大，实现碳达峰、碳中和目标任务艰巨，中小企业传统发展模式难以为继。垄断、资本无序扩张等问题依然存在，保障中小企业公平参与市场竞争的外部环境有待进一步完善。中小企业自身主要分布在传统产业和价值链中低端，资源能源利用效率、创新能力和专业化水平不高；内部治理结构不完善、财务不规范等问题普遍存在；抗风险能力不强，面对贸易摩擦、疫情冲击等因素叠加影响，受到冲击较大。

综合判断，“十四五”时期中小企业仍处于重要战略机遇期，机遇和挑战共存，使命和责任同担。中小企业是我国经济韧性、就业韧性的重要支撑，在新形势下要承担起更多新的重要使命，成为保市场主体、保居民就业的主力军，推动国内国际双循环的有力支撑，保持产业链供应链稳定性和竞争力的关键环节，解决关键核心技术卡脖子问题的重要力量，为实现共同富裕奠定坚实的基础。

二、发展思路和目标

（一）指导思想

以习近平新时代中国特色社会主义思想为指导，深入落实习近平总书记关于中小企业发展的重要指示批示精神，贯彻党的十九大和十九届二中、三中、四中、五中、六中全会精神，完整、准确、全面贯彻新发展理念，深入实施《中华人民共和国中小企业促进法》，以推动中小企业高质量发展为主题，以改革创新为根本动力，坚持“两个毫不动摇”，围绕“政策体系、服务体系、发展环境”三个领域，聚焦“缓解中小企业融资难、融资贵，加强中小企业合法权益保护”两个重点，紧盯“提升中小企业创新能力和专业化水平”一个目标，构建“321”工作体系，支持中小企业成长为创新重要发源地，进一步增强中小企业综合实力和核心竞争力，推动提升产业基础高级化和产业链现代化水平，为加快发展现代产业体系、巩固壮大实体经济根基、构建新发展格局提供有力支撑。

（二）基本原则

坚持创业兴业，激发市场活力。培育壮大市场主体，扩大就业规模。弘扬创业精神，拓宽创业渠道，完善创业服务，加强创业兴业指导和政策扶持。大力发展民营经济，破除各类体制机制障碍，保障企业依法平等使用资源要素，公平参与市场竞争。

坚持创新驱动，提升发展质量。推动中小企业理念、技术、组织、管理和模式创新，增强创新动力，提升创新能力，提高企业全要素生产率。立足构建新发展格局，坚持创新牵引供给，供给创造需求，推动中小企业以创新驱动、数字化转型、高质量供给，提升整体发展水平。

坚持绿色集约，促进协同发展。以绿色发展为导向，以特色产业集群、产业园区为载体，推动中小企业集聚化、绿色化发展。聚焦重点产业链供应链，促进上下游、产供销、大中小企业协同配套、融通发展。优化产业布局，加大产业转移与交流合作力度，推动区域间中小企业协同发展。

坚持分类指导，提高服务效能。加强对不同类型、不同成长阶段、不同区域中小企业的分类指导，突出重点，精准施策。健全政府公共服务、市场化服务、社会化公益服务相结合的中小企业服务体系，促进服务标准化、精准化、特色化、便捷化，提升企业的获得感和满意度。

（三）发展目标

1. 整体发展质量稳步提高。中小企业数量稳步增长，运营效益稳步提升，吸纳就业能力稳步提高，单位产值能耗稳步下降，在提升产业基础高级化和产业链现代化水平方面的作用更加突出，对经济发展的支撑作用进一步巩固。中小企业人均营业收入增长18%以上。

2. 创新能力和专业化水平显著提升。规模以上小型工业企业研发经费年均增长10%以上，专利申请数年均增长10%以上，有效发明专利数年均增长15%以上。中小企业数字化网络化智能化绿色化转型步伐明显加快。推动形成一百万家创新型中小企业、十万家“专精特新”中小企业、一万家专精特新“小巨人”企业。培育200个中小企业特色产业集群和10个中外中小企业合作区，大中小企业融通创新、产学研协同创新向纵深发展，中小企业创新生态不断完善。

3. 经营管理水平明显提高。中小企业现代企业制度不断完善，内部治理结构不断优化，优秀企业家、专业技术人才和职业技能人才大幅增加，质量管理水平、合规经营水平和国际化水平持续提升，品牌影响力、核心竞争力和抗风险能力明显增强，安全生产意识和社会责任意识进一步提高。

4. 服务供给能力全面提升。政府公共服务、市场化服务、社会化公益服务协同促进的服务体系进一步完善。培育一批影响力大、实力强、服务效果突出的中小企业服务机构，服务覆盖面不断扩大，服务内容更加丰富，服务方式更加优化，服务质量持续提升。中小企业获取服务更加便捷，满意度稳步提升。

5. 发展环境进一步优化。市场准入制度更加稳定公开透明可预期，税费负担进一步减轻，维护中小企业合法权益机制逐步建立，营商环境持续改善。金融促进中小企业发展的机制更加完善，小微企业贷款同比增速不低于各项贷款同比增速，授信户数持续增加，综合融资成本稳中有降，直接融资占比明显提高。中小企业双多边合作机制进一步深化和拓展。

三、主要任务

（一）培育壮大市场主体

落实就业优先政策，支持吸纳就业能力强的中小企业发展。深入实施大众创业万众创新政策，大力弘扬创业精神，倡导宽容失败的创业文化，积极营造大众创业社会氛围。继续举办各类中小企业创新创业活动，优化各类创业载体布局，完善创业孵化、创业辅导和创业支撑服务体系。完善中小企业人才培养和管理咨询服务机制，引导中小企业加强现代企业制度建设，优化企业人才结构，实施“增品种、提品质、创品牌”战略。总结推广“小升规、规改股、股上市”等经验做法，支持企业兼并重组和做大做强。聚焦特色产业和细分领域，打造中小企业集群、园区等载体。支持欠发达地区、少数民族地区中小企业发展壮大。

（二）健全政策支持体系

全面实施《中华人民共和国中小企业促进法》，依法加快出台公平竞争、促进就业、鼓励创新、融资促进等法律配套政策和制度，修订出台《中小企业划型标准规定》。提高财政支持的精准度和有效性，通过中小企业发展专项资金重点引导支持国家级专精特新“小巨人”企业高质量发展，并支持中小企业公共服务示范平台强化服务水平。强化政府采购支持中小企业政策机制，落实预留份额、价格评审优惠等措施，提高中小企业在政府采购中的份额。落实有利于小微企业发展的税收政策，依法对符合条件的小微企业实行缓征、减征、免征企业所得税、增值税等措施，简化税收征管程序。落实行政事业性收费清费降费政策，减轻小微企业负担。

（三）建立高效服务体系

建立健全横向集聚政府公共服务、市场化服务、社会化公益服务各类服务资源，纵向贯穿国家、省、市、县四级的网络化、智慧化、生态化服务体系。持续推进“放管服”改革，重点推进商事制度改革、“证照分离”改革，提升政务服务水平，推动登记注册便利化，降低制度性交易成本。完善政务信息发布渠道，健全跨部门政策信息互联网发布平台，支持建设中小企业信息、技术、进出口和数字化转型综合性服务平台。推动市场化服务机构加快发展，探索建立服务激励和效果评价机制，促进扩大服务供给、丰富服务内容、提高服务质量、提升服务响应速度、规范服务收费，不断满足中小企业个性化服务需求。推动开展中小企业志愿服务和公益性服务，探索建立规范成熟的志愿服务和公益性服务模式。加大中小企业海外服务体系建设力度。

（四）完善公平竞争环境

坚持权利平等、机会平等、规则平等，对各类所有制市场主体一视同仁。落实《反垄断法》《反不正当竞争法》，加大反垄断监管力度，着力预防和制止排除、限制中小企业公平参与市场竞争的垄断行为，严厉打击各类不正当竞争行为，加强对中小企业合法经营活动的保护。防止资本无序扩张，促进各类生产要素有序流动、高效配置，保护中小企业经营者的合法权益。进一步优化公平竞争政策顶层设计，强化公平竞争审查刚性约束，保障中小企业在市场准入和退出、获得资源要素、享受优惠政策、接受行政监管等方面平等待遇，为中小企业发展营造公平有序的竞争环境。

（五）提高融资可得性

综合运用货币、财政等政策工具及差异化监管措施，引导金融机构加大对小微企业信贷支持力度，促进形成敢贷、愿贷、能贷、会贷的长效机制。健全信用信息共享机制，支持金融机构运用金融科技创新金融产品和服务，推动供应链金融场景化和生态化，加强对创新型中小企业的支持。进一步规范涉企金融服务收费，推动小微企业综合融资成本稳中有降。健全政府性融资担保体系，完善融资担保风险补偿机制和绩效考核激励机制。增强多层次资本市场融资功能，完善差异化制度安排，扩大中小企业直接融资规模。发挥政府投资基金带动作用，引导创业投资机构和社会资本投早、投小、投长期、投创新、投绿色。

（六）加强合法权益保护

依法保护中小企业及其出资人的财产权和其他合法权益，保护企业经营者人身和财产安全。贯彻落实《保障中小企业款项支付条例》，建立预防和化解拖欠中小企业款项问题的长效机制。健全知识产权纠纷多元化解机制和知识产权维权援助机制，加大对知识产权的保护力度。完善中小企业维权救济制度，建立健全中小企业应急救援救济机制。加强普法宣传，开展中小企业合法权益维护活动，完善维权援助线上服务，提高中小企业维权意识和能力。

（七）提升创新能力和专业化水平

深入实施创新驱动发展战略，发挥市场在创新资源配置中的决定性作用，完善中小企业创新服务体系，营造鼓励和保护创新的制度环境，激发企业创新内生动力。推动土地、资本、技术、人才、数据等要素资源向创新型中小企业集聚，引导高等院校、科研院所和大型企业等与中小企业广泛开展产学研合作，引导大型企业开放场景应用、共享生产要素、搭建共性技术平台，鼓励产业链上中下游、大中小企业融通创新。健全科技成果转化机制，鼓励将符合条件的由财政资金支持形成的科技成果以合适方式许可给中小企业使用，推动降低中小企业获取专利技术门槛。引导中小企业应用先进技术、工艺等，加快数字化网络化智能化绿色化转型步伐。支持中小企业集聚集约化发展，针对细分市场或专门客户群体，开发专项技术或生产工艺，形成比较优势。

四、重点工程

（一）优质中小企业培育工程

1. 构建创新型中小企业评价体系

研究制定创新型中小企业评价标准和流程，构建“全网上、一站式”企业自主评价机制，从创新能力、发展活力、经营效益等方面开展创新型中小企业客观评价，为优质中小企业培育提供支撑。构建“专精特新”中小企业、专精特新“小巨人”企业标准体系和评价机制，为优质中小企业精准“画像”。建立覆盖创新型中小企业、“专精特新”中小企业、专精特新“小巨人”企业的数据库，形成动态调整入库机制。加强对入库企业的跟踪分析，为入库企业提供政策智能推送、管理咨询、商业价值评估等定制化、智能化的服务。

2. 建立中小企业梯度培育体系

建立部门协同、上下联动的工作机制，聚焦创新型中小企业、“专精特新”中小企业、专精特新“小巨人”企业，构建从孵化培育、成长扶持到推动壮大的全生命周期梯次培育体系。建立创新型中小企业孵化机制，引导各类创新创业服务载体加大资源整合，提升企业孵化产业化、企业服务专业化水平，为创新型中小企业提供精准化、智能化服务。建立“专精特新”中小企业培育机制，对具有“专精特新”发展潜力的中小企业早发现、早培育，推动技术、资金、人才、数据等要素资源向“专精特新”中小企业集聚，支持服务机构重点向“专精特新”中小企业提供融资、创新等服务。加快培育主营业务突出、竞争能力强、成长性好、专注于细分市场、具有较强创新能力的专精特新“小巨人”企业，并推动向制造业单项冠军企业发展。发挥优质中小企业示范引领作用，引导中小企业走“专精特新”发展道路。

3. 加强中小企业人才培养

建设优秀经营管理人才队伍，搭建各类企业家学习交流平台，开展中小企业经营管理领军人才培训，加强国际人才交流，提升企业家在制定企业战略、完善治理机制、把握创新方向、融资引智等方面的能力；注重年轻一代企业家培养，引导企业家健康成长和企业代际稳健传承。优化“企业微课”线上培训平台，完善课程体系，丰富教学内容，提高课程质量。提高专业技术人才的综合素质、专业水平和创新能力，壮大高水平工程师和高技能人才队伍，培育一批在市场中成长起来的、具有较强竞争力的青年科技人才和创新团队。支持企业自主开展人才评价、岗位技能提升和转岗转业培训；全面推行企业新型学徒制培训，形成新时期中国特色“师带徒”机制。健全技术人才和技能人才培养、使用、评价、激励制度，扩大中小企业高质量就业容量。完善中小企业创新人才引进制度，健全引进人才服务机制和配套措施。推动高校、科研院所等事业单位科研人员通过挂职、项目合作、兼职创新等模式与中小企业开展合作。探索研究型企事业单位与创新型中小企业之间的人才柔性流动机制。

4. 塑造企业文化

引导中小企业建设先进企业文化，增强企业专业化、凝聚力、协作性等方面软实力，营造良好企业形象。弘扬企业家精神，引导和支持企业家开拓创新、敢想敢干、勇闯市场，在爱国、创新、诚信、社会责任和国际视野等方面不断提升。弘扬科学精神，营造尊重知识、崇尚创新、尊重人才、热爱科学、献身科学的浓厚氛围，激励和引导广大企业科技工作者大胆探索、锐意创新、攻坚克难、勇攀高峰；构建良好创新创业生态，为科技工作者进入中小企业、创办中小企业提供支持和服务。弘扬工匠精神，厚植工匠文化，倡导尊崇工匠精神的社会风尚，引导广大技术技能人才践行执着专注、精益求精、一丝不苟、追求卓越的工匠精神，推动培育一批大国工匠。

（二）中小企业创新能力和专业化水平提升工程

1. 聚焦细分领域补短板、锻长板

支持中小企业积极参与产业基础再造工程、制造业强链补链行动、国家重大科技项目和重点产品、工艺“一条龙”示范应用等，聚焦新一代信息技术、新能源、新材料、高端装备等关系国家安全和制造业核心竞争力的重点领域，针对基础零部件、基础元器件、基础材料等方面细分需求多、产品差异大的特点，深耕细分市场，掌握独门绝技，定点突破一批重要产品和核心技术，提升重点产业链配套协作能力，加快补齐短板、锻造长板。完善首台（套）重大技术装备保险补偿机制试点工作，更新重点新材料首批次应用示范指导目录；鼓励大型企业与配套中小企业建立利益共享、风险共担机制，加快创新产品先试首用，形成创新产品“快速试用、快速反馈、快速迭代”机制，促进创新产品快速优化升级。着眼未来科技和产业发展制高点，瞄准人工智能、先进制造、新型材料等前沿必争领域，发挥中小企业机动灵活、单点深入的优势，培育一批瞪羚企业和创新“尖兵”，加强前沿技术的研发、成果转化和产业化，抢占未来新兴产业的制高点，推动一批中小企业迅速成长为未来新兴产业的骨干企业。

2. 支持新业态新模式发展

推动现代服务业中小企业和先进制造业、现代农业等深度融合，深化业务关联、链条延伸、技术渗透，大力发展服务型制造、现代农业服务业和生产性服务业，探索新模式，催生新服务。推动产业链、创新链和价值链的融合与重塑，鼓励制造业中小企业探索众创、众包、云外包、平台分包等共享制造新模式，发展大数据营销、体验营销等新型营销模式，促进制造业发展模式和企业形态变革。聚焦增强全产业链优势，鼓励大型企业剥离售后服务、呼叫中心等非核心业务外包给中小企业；引导中小企业聚焦产业链上细分环节提供专业化、精细化配套服务。引导中小企业在智慧城市、商贸流通、健康养老、家政服务、文体旅游等方面推进数字化网络化智能化改造和跨界融合，加快生活性服务业品质化发展。引导中小企业围绕能源资源梯级利用、废物循环利用和污染物集中处置，发展循环农业、再制造产业和静脉产业等新业态，推广合同能源管理、合同节水管理、环境污染第三方治理、碳排放交易等新模式。

3. 加速产学研协同、大中小企业融通创新

通过建立产业技术创新联盟或创新联合体、发展技术交易市场、培育社会化技术转移机构等方式，探索实行科技成果转化收益分享事先约定等激励政策，推动中小企业与高校院所、大型企业加强战略合作，开展订单式研发，促进技术创新成果快速转移转化。支持中小企业参与共建国家级和省级重点实验室、工程技术研究中心、制造业创新中心等，引导高等院校、科研院所、大型企业将科研仪器、实验设施、中试小试基地、数据库知识库模型库等创新资源向中小企业开放。发挥大中小企业融通型特色载体作用，实施大中小企业融通创新专项行动，总结推广“龙头+孵化”等成功模式的经验，推动大中小企业深度融合、相互嵌入式合作。

4. 提升中小企业知识产权创造和运用水平

深入实施中小企业知识产权战略推进工程，支撑中小企业知识产权高质量发展。支持中小企业提升知识产权创造能力，开发拥有知识产权的技术和产品，利用专利导航发掘目标专利、加强核心技术与关键环节的专利布局。推动中小企业提升知识产权运用能力，实施专利转化专项计划，鼓励高校院所向中小企业转让专利，引导大型国有企业“先使用后缴纳许可费”等方式降低中小企业专利技术获取门槛，组织高校院所、国有企业深入开展中小企业专利技术对接活动，发挥知识产权交易平台作用，强化专利技术供需对接服务。组织开展全国知识产权服务万里行活动，支持知识产权服务机构为中小企业提供成果转化、知识产权托管、质押融资等服务。

5. 引导中小企业集聚化、专业化发展

支持各地根据产业发展定位和资源禀赋，围绕产业链培育一批产业定位聚焦、配套设施齐全、运营管理规范的中小企业特色产业集群。引导中小企业特色产业集群发挥政策集中、智慧集聚、要素集约、服务集成的功能，探索管理服务新模式，培育中小企业专业化竞争新优势。引导各地立足县域经济、乡村经济特点，培育一批民族手工业、农牧加工业等县域特色产业集群。发挥龙头企业带动作用，强化中小企业特色产业集群专业化协作和配套能力，积极参与先进制造业集群培育建设。鼓励打造集群内共性技术平台和产业技术研究院，为企业提供技术创新、检验检测、试验验证等服务。推进专业化配套服务机构与中小企业特色产业集群对接联动，推动缓解中小企业在创新、人才、信息、协作、融资、物流等方面难题。

（三）中小企业服务机构能力提升工程

1. 健全中小企业服务质量标准体系

完善中小企业服务机构服务标准，引导服务机构开展贯标活动，增强质量意识，完善服务质量保障体系，建立服务质量承诺制度，提高服务质量和标准化、规范化水平。引导服务机构完善服务人才培训机制，鼓励服务机构联合高校和职业院校建立

专业服务人才培养基地，提升服务人才专业化能力和水平，打造高素质的服务人才队伍。

2. 建立中小企业服务机构评价制度

建立中小企业服务机构评价体系，依据服务机构的服务能力、服务质量、企业满意度等划分等级，实现动态评价，引导服务资源向高等级服务机构倾斜，形成对服务机构正向激励机制。搭建中小企业服务机构库，开展入库服务机构评价和服务情况跟踪，建立动态筛选制度，推动建设一批综合实力强、市场覆盖广、服务质量好、服务效率高、企业评价优的专业服务机构。

3. 加大服务机构和载体建设力度

加大体制机制改革创新力度，推进各级中小企业服务中心主动适应时代变革和企业需求，内强素质、外树形象，转变服务方式，创新服务产品，提升服务能力，打造“服务中小企业之家”。发挥国家和省级中小企业公共服务示范平台带动作用，引导各类主体兴办市场化、专业化中小企业服务机构，提供规范化、精细化、个性化服务。加大小型微型企业创业创新示范基地建设力度，为各类主体创业创新提供有效支撑。鼓励有条件的大型企业和行业龙头企业建设面向产业链上中小企业的服务平台，推动服务资源向中小企业开放共享。

4. 推动服务方式变革升级

探索运用大数据、工业互联网、云计算、人工智能、5G、区块链等新一代信息技术，整合线上线下服务资源，创新电子商务、远程服务、视频服务等服务方式，推动更多优质社会服务资源直达企业。推动服务机构建立“产品（项目）库”，探索通过“数字+”服务、菜单式服务、定制化服务等方式，为各类中小企业全生命周期提供多样化、精准化、便捷化服务。逐步完善志愿服务模式，打造相对稳定的志愿服务专家队伍，建设志愿服务信息系统，建立健全志愿服务体系，扩大公益性服务覆盖面。

（四）中小企业融资促进工程

1. 提高间接融资供给质量

综合运用存款准备金率、支小再贷款、再贴现等货币政策工具，引导金融机构加大对小微企业信贷资金支持力度，大幅增加小微企业首贷、信用贷、无还本续贷和中长期贷款，推广随借随还贷款。进一步提升商业银行中小微企业金融服务能力，推动其优化资源配置、考核激励、风险管理等内部机制，落实不良贷款容忍、授信尽职免责等政策，进一步细化完善尽职免责的内部认定标准和实施流程。发挥国家融资担保基金、政府性融资担保机构作用，继续实施小微企业融资担保降费奖补政策，鼓励加大银担合作，研究对资本实力强、经营稳健、财务状况良好的政府性融资担保机构提供担保的银行贷款，结合银行业金融机构实际承担的风险责任比例，适当降低风险权重。

2. 促进中小企业直接融资

稳步开展区域性股权市场制度和业务创新试点，优化新三板市场化融资机制和并购重组机制，持续优化企业上市条件。完善和发挥好上海、深圳、北京三个证券交易所功能和作用，拓宽优质中小企业上市融资渠道。组织开展优质中小企业上市培育，鼓励地方加大对小升规、规改股、股上市企业的支持，推动符合条件的企业对接资本市场。加强债券市场品种创新，稳步推进支持创新创业领域的公司信用类债券，完善中小企业债券融资增信机制。组织开展中小企业投融资对接及项目路演，发挥国家中小企业发展基金等政府投资基金的引导作用，推动社会资本扩大优质中小企业直接投资规模。

3. 创新金融服务模式

支持金融机构综合运用新一代信息技术等手段，创新服务模式，改进授信审批和风险管理模型，拓展服务中小企业的各类生产经营场景。推动完善动产融资统一登记公示系统，充分发挥应收账款融资服务平台作用。加强供应链票据平台的票据签发、流转、融资相关系统功能建设。发挥信托、租赁、保理等在中小企业融资中的作用。探索建立小微企业政府统保平台，为小微企业提供知识产权、出口信用等保险产品和服务。鼓励保险机构增加营业中断险、仓单财产保险等供应链保险产品供给，提供抵押质押、纯信用等多种形式的保证保险服务。支持期货公司为中小企业提供便捷、高效的风险管理服务。提高供应链金融数字化水平，强化供应链各方信息协同，通过“金融科技+供应链场景”，实现核心企业“主体信用”、交易标的“物的信用”、交易信息产生的“数据信用”一体化的信息系统和风控系统，科学评估企业商业价值。依法合规发展绿色金融，创新基于排污权、用能权、用水权、碳排放权等环境权益的金融产品。稳步推进普惠金融试验区建设，鼓励先行先试，创新有利于满足中小微企业融资需求的产品和服务。

4. 加强融资配套体系建设

建立健全中小企业信用信息依法归集、共享、查询、公开机制，推动地方政府、公用事业单位及市场主体所掌握的各类涉企信息整合应用，破解中小企业融资服务中信息不对称问题。支持征信机构发展针对中小企业融资的征信产品和服务，鼓励信用评级机构为中小企业开展高质量评级服务，推动扩大信用评级机构评级在中小企业融资中的采信应用程度。鼓励各地建设区域性中小企业融资综合服务平台，推动信息互通和共享应用，促进金融机构与中小企业融资对接。开展小微企业金融知识普及教育活动，打造普及性教育与个性化辅导相结合的教育培训机制，提高小微企业金融知识储备和融资能力。

（五）中小企业合法权益维护工程

1. 保障中小企业款项及时支付

全面实施《保障中小企业款项支付条例》，完善相关配套制度，建立预防和化解拖欠中小企业款项长效机制。整合现有各类投诉平台（系统），优化投诉事项受理、处理流程，推动机关、事业单位和大型企业及时支付中小企业款项。依法建立实施失信惩戒制度，严格查处违反《保障中小企业款项支付条例》规定的机关、事业单位和直接责任人员。

2. 加强中小企业知识产权保护

加强对中小企业专利权、商标权、著作权和商业秘密等知识产权的保护，综合运用互联网、大数据等手段，通过源头追溯、实时监测、在线识别等方式，提升打击侵犯中小企业知识产权行为的力度和精准度。建立健全知识产权快速协同保护机制，推动建设一批知识产权保护中心和快速维权中心，为中小企业提供集快速审查、快速确权、快速维权为一体的知识产权"一站式"综合服务。将保护关口前移，开展商业秘密保护试点创新。

3. 开展中小企业维权援助服务

畅通中小企业表达诉求渠道，受理中小企业对权益侵害等方面投诉。落实好涉企收费目录清单制度，开展涉企收费专项治理，加大对中介机构、行业协会商会、交通物流、水电气暖等公用事业、商业银行等领域不合理收费问题的监督查处力度。开展中小企业公益性法律援助服务活动，通过线上公益培训帮助中小企业提高维权意识和能力。发挥应急救援救助组织机构作用，帮助中小企业应对自然灾害、事故灾难、公共卫生事件和社会安全事件等不可抗力事件。

4. 保障中小企业公平参与市场竞争

深入实施公平竞争审查制度，完善第三方审查和评估机制，建立健全公平竞争审查抽查考核制度。统一市场准入负面清单制度，放开竞争性业务准入，推动取消工业产品生产许可，深入推进食品相关产品生产许可告知承诺改革。加强和改进反垄断和反不正当竞争执法，研究制定互联网平台价格行为规则，着力规范平台收费。严格质量安全监管，加大对生产销售不合格产品、侵权、假冒等违法犯罪行为的打击力度，严厉查处一些具有相对优势地位的企业恶意补贴、低价倾销，挤压中小企业市场份额的行为。

（六）中小企业数字化促进工程

1. 推动中小企业数字化转型

推动中小企业数字化发展，培育一批数字化可信服务商，面向中小企业数字化转型需求，开发和推广一批数字化产品和服务；引导工业互联网平台、数字化服务商面向技术、管理、生产、产品、服务等全过程的细分场景，开发使用便捷、成本低廉的场景数字化解决方案，以场景数字化带动中小企业整体数字化转型。推动中小企业网络化协同，支持中小企业加快传统制造设备上云和业务系统向云端迁移，满足中小企业研发设计、生产制造、经营管理、市场营销等云化服务需求；支持大型企业立足中小企业共性需求，基于工业互联网平台搭建资源和能力共享平台，通过观摩、体验、试用等多种形式为中小企业开放和提供数字化应用场景，在重点领域实现设备共享、产能对接、生产协同，促进中小企业深度融入大型企业的供应链、创新链，打造产业链共同体。推动中小企业智能化升级，深化新一代信息技术与先进制造业深度融合，着力推进智能制造，促进中小企业生产过程柔性化及系统服务集成化，建设智能生产线、智能车间和智能工厂，实现精益生产、敏捷制造、精细管理和智能决策，发展智能化制造、网络化协同、个性化定制、服务化延伸、数字化管理等新技术新模式新业态。

2. 推动中小企业数字产业化发展

鼓励中小企业参与新一代信息技术集成创新和融合应用，积极融入5G、工业互联网的应用场景和产业生态。支持互联网、软件等领域数字化创业，引导平台服务型中小企业加强数据、产品和内容等的资源整合共享，扩大在线教育、协同办公、互联网医疗、在线文旅等在线服务覆盖面，提升企业数字化服务能力。深化共享经济在生活服务领域的应用，依托互联网搭建新型就业创业平台。加强中小企业数字资源权益保护。推动中小企业加快智能化产品、服务的优化和价值拓展，培育智慧零售、无人配送、智能制造等新增长点。

3. 夯实中小企业数字化服务基础

推动中小企业运用数字化手段，通过结成跨企业协同网络获得规模经济与成本优势，增强抗风险能力。支持传统产业集群搭建“虚拟”产业平台，分阶段分步骤推进资源要素数字化、产业数据共享化、创新服务集约化、集群治理协同化。鼓励培育虚拟产业集群，依靠现代通信与网络技术，通过平台资源共享，为中小企业搭建跨区域协作的虚拟化集合体，促进上下游、产供销协同联动。引导小型微型企业创业创新示范基地等建设中小企业数字化公共技术服务平台，面向中小企业数字化发展特点，提供数字化转型服务。组织发布一批中小企业数字化转型的典型经验和案例，发挥示范带动作用，带动全行业加速推广。

（七）中小企业绿色发展促进工程

1. 支持中小企业开展绿色技术创新

支持中小企业参与开展低碳、节能、节水、环保、清洁生产、资源综合利用等领域共性技术研发，支持新能源、新材料、碳捕捉封存利用、有害物质替代与减量化、工业固体废物减量化和资源化等关键技术突破及产业化发展，推出一批绿色低碳产品与服务，助力构建节能低碳的产业体系。鼓励中小企业联合高等院校、科研院所、产业园区等，形成绿色技术创新联合体，开展绿色技术攻关。引导中小企业参与新能源技术装备、节能环保装备等研发设计。

2. 推动中小企业实施绿色化改造

支持中小企业实施绿色战略、绿色标准、绿色管理和绿色生产，开展绿色企业文化建设，提升品牌绿色竞争力。深入实施绿色制造工程，综合运用质量、安全、环保等标准助推中小企业结构调整，引导中小企业应用高效节能技术工艺装备，加大可再生能源使用，推动电能、氢能、生物质能替代化石燃料。鼓励中小企业采用先进的清洁生产技术和高效末端治理装备，推动水、气、固体废弃物资源化利用和无害化处置。推动中小企业利用大数据采集生产和管理流程中的关键数据，实现生产过程能量流、物质流等关键资源环境信息数字化采集、智能化分析和精细化管理。引导中小企业通过共享制造、柔性制造、精益生产等方式，开展全要素全流程的“绿色化+智能化”改造。大力推行绿色设计，引导中小企业使用绿色包装。大力推广绿色标识。

3. 强化中小企业绿色发展政策支持与服务

引导各类要素资源向绿色低碳领域不断聚集，创新绿色金融产品和服务，健全政府绿色采购制度。培育一批专业化绿色发展服务机构，开发适合中小企业特点的绿色制造系统解决方案，为中小企业提供能源审计、能效评估、能源监测、技术咨询等服务。实施工业节能诊断服务行动，为基础薄弱的中小企业开展节能诊断及改造提供服务。持续开展能源资源计量服务示范活动，促进能源资源节约和绿色发展。鼓励各地探索建立绿色综合服务平台，为中小企业提供碳中和登记公示、技术支撑、绿色金融、培训研究等服务。树立一批清洁生产、能效提升、节水治污、循环利用等方面的绿色发展中小企业典型，形成示范效应。

（八）中小企业质量品牌提升工程

1. 提高中小企业质量管理水平

引导中小企业把质量诚信落实到生产经营全过程，加强技术改造和智能生产线、智能车间、智能工厂建设，推广先进工艺流程、智能制造技术、精益生产模式和先进质量管理方法，提高产品性能、稳定性及质量一致性。完善国家质量基础设施，建设标准计量、认证认可、检验检测、试验验证等产业技术基础公共服务平台，为中小企业提供高水平的“一站式”服务。开展“小微企业质量管理体系认证提升行动”，实施《小微企业应用ISO9001提升质量管理的实施指南》《中小企业质量管理评价指南》，开展质量管理培训、诊断服务，推广优良案例，提供专业技术服务和质量管理体系成熟度评价，帮助中小企业识别和改进质量管理中的短板，建立科学有效的质量管理体系，引导小微企业提升质量管理水平。开展“计量服务中小企业行”活动，引导中小企业完善测量管理体系，提升计量保障能力。实施企业标准“领跑者”制度，开展对标达标活动，推进中小企业标准化良好行为创建工作，指导中小企业积极参与国际国内标准制定，促进中小企业应用标准进行质量技术创新，提升产品质量水平。运用产品质量安全监管大数据，针对“专精特新”中小企业，开展产品质量技术帮扶“巡回问诊”活动。

2. 加强中小企业品牌建设

引导中小企业增强品牌意识，制定品牌发展战略，构建品牌管理体系，加大品牌建设投入，丰富产品品种，提升产品品质，拓展营销传播渠道，创建自主品牌，促进中小企业向价值链中高端迈进。推进产业集群区域品牌建设，引导集群打造品牌服务平台，指导集群内企业加强品牌塑造，通过完善标准、注册集体商标和证明商标、加强地理标志保护等方式提升产业竞争力和区域品牌影响力。鼓励优势品牌中小企业开展国际交流合作，推动提高品牌产品出口比重。扶持一批品牌培育和运营专业服务机构，发挥商标品牌指导站、行业协会等作用，为中小企业提供品牌创建与培育、咨询评估、品牌保护等服务。开展“中国品牌日”等活动，拓宽中小企业品牌展示渠道，营造有利于中小企业品牌成长的社会氛围。

3. 推动工业设计赋能中小企业

支持设立工业设计工作室，培育一批中小型工业设计机构，发挥国家级工业设计中心、国家工业设计研究院等工业设计机构作用，提升工业设计服务能力和水平，为中小企业提供覆盖全生命周期的系统性工业设计服务。加快建设设计类中小企业公共服务平台，面向中小企业建立开放共享的工业设计基础数据资源库。鼓励小型微型企业创业创新示范基地、中小企业特色产业集群等载体引入工业设计服务机构，为中小企业提供专业化、精准化、特色化工业设计服务。推动中小企业工业设计由外观造型设计向功能化设计发展，工业设计创新范围由产品设计向新材料新工艺设计、创新结构设计、品牌设计、服务设计拓展，引导中小企业将工业设计理念贯穿到研发、生产、管理、营销、售后的全过程，提升企业品牌美誉度、产品和服务附加值。

（九）中小企业国际化促进工程

1. 完善国际合作机制建设

拓展与“一带一路”沿线国家和重点国家在中小企业领域的双多边合作机制，深化与二十国集团、亚太经合组织、金砖国家等多边合作机制，积极发展全球伙伴关系，促进中小企业融入全球供应链和价值链。坚持平等协商、互利共赢，进一步提升机制各方在中小企业促进政策、贸易投资、技术创新、数字化发展等领域的务实合作水平。鼓励各地及行业组织等发展多层次、多维度的合作机制，为促进中小企业国际合作搭建有效平台、营造良好环境。

2. 推进中外中小企业合作区建设

加强国际合作指导，引导中外中小企业合作区结合实际创新发展思路，加大建设力度，办出特色，办出水平，更好地服务区域改革开放新格局。进一步发挥合作区引进先进技术、管理经验和高素质人才的载体作用，支持园区内企业加强国际产能合作，创新中小企业国际化发展的有益做法，探索市场化国际化的中小企业园区建设模式。加强中外中小企业合作区建设发展典型案例推广与宣传。推动开展合作区示范作用第三方评估工作。巩固提升沿海地区合作区水平，加大中西部合作区建设力度，新设立一批中外中小企业合作区，进一步发挥合作区对外开放的示范引领作用。

3. 开发利用好中小企业国际合作平台

推动中小企业积极参与国际交流合作，促进贸易投资技术合作，宣传介绍中国促进中小企业发展的成功经验和做法。继续办好中国国际中小企业博览会、APEC 中小企业技术交流暨展览会、中小企业国际合作高峰论坛等，探索办展办会新模式。深化“政企银”合作，继续开展金融机构跨境撮合业务。夯实中小企业国际化发展服务机制，发挥 APEC 中小企业信息化促进中心、中小企业“一带一路”合作服务平台等机构机制的作用，加大中小企业海外服务体系建设力度，为中小企业提供及时有效的国际化服务。

4. 提升中小企业国际市场开拓能力

支持中小企业利用电子支付、远程工作等数字技术手段和数字化解决方案开展经营活动，广泛参与国际贸易合作，提升在专业化细分领域的国际竞争力。推动构建多主体协同应对的工作格局，指导和帮助中小企业防范和应对贸易摩擦。建立健全预警机制，帮助中小企业及时了解、预研预判、有效规避和妥善应对潜在的政治经济和投资经营风险。发挥“中国中小企业中心”、企业跨境综合支援平台等作用，为中小企业提供跨境磋商、法律政策咨询、商务考察、案件应对等服务，帮助中小企业与全球市场精准有序对接，维护中小企业在海外的合法权益。

五、保障措施

（一）加强党的全面领导

将党的领导贯穿促进中小企业发展工作全过程，确保正确的政治方向。各级相关部门要坚持将促进中小企业发展纳入全局中心工作统一谋划、统一部署、统一推进、统一考核，强化工作机制建设，推动政策落地见效。引导中小企业加强基层党组织建设，发挥党建引领作用，发扬党在思想、组织、制度、作风、文化建设等方面的先进性，把党的政治优势转化为中小企业的创造力和竞争力。

（二）加强政策协同和评估督导

充分发挥国务院促进中小企业发展工作领导小组统筹协调作用，加大跨部门协调力度，明确任务分工，强化政策协同，加强业务指导，特别是对中西部欠发达地区的指导；推动各地强化促进中小企业发展工作协调机制、组织机构、工作队伍建设，加强交流培训，促进规划实施。完善中小企业发展环境评估指标体系，深入开展中小企业发展环境第三方评估工作，推动各地以评促建、以评促改、以评促优。适时开展中小企业发展情况督查。

（三）加强运行监测和政策研究

加强对中小企业经营、融资等发展情况的动态监测，充分利用大数据等手段对中小企业进行结构化分析研判，研究编制中小企业发展指数，为政府及相关部门决策提供有效支撑。办好中小企业研究院等高端智库，带动利用社会资源开展中小企业政策研究与咨询，做好政策储备。

（四）营造良好舆论环境

加强中小企业舆论宣传、政策解读和舆情引导工作，报道中小企业发展情况以及在完整、准确、全面贯彻新发展理念，构建新发展格局中发挥的重要作用，弘扬正能量，稳定发展预期。发挥先进典型的示范引领作用，按照国家有关规定表彰在促进中小企业发展工作中涌现出的先进典型，推动青年文明号等创建。总结推广中小企业培育和服务工作的经验做法，开展全国中小企业发展宣传报道优秀作品征集活动，营造全社会关心支持中小企业发展的舆论环境。

关于印发“十四五”智能制造发展规划的通知

智能制造是制造强国建设的主攻方向，其发展程度直接关乎我国制造业质量水平。发展智能制造对于巩固实体经济根基、建成现代产业体系、实现新型工业化具有重要作用。为贯彻落实《中华人民共和国国民经济和社会发展第十四个五年规划和2035年远景目标纲要》，加快推动智能制造发展，编制本规划。

一、现状与形势

近十年来，通过产学研用协同创新、行业企业示范应用、央地联合统筹推进，我国智能制造发展取得长足进步。供给能力不断提升，智能制造装备市场满足率超过50%，主营业务收入超10亿元的系统解决方案供应商达40余家。支撑体系逐步完善，构建了国际先行的标准体系，发布国家标准285项，牵头制定国际标准28项；培育具有行业和区域影响力的工业互联网平台近80个。推广应用成效明显，试点示范项目生产效率平均提高45%、产品研制周期平均缩短35%、产品不良品率平均降低35%，涌现出离散型智能制造、流程型智能制造、网络协同制造、大规模个性化定制、远程运维服务等新模式新业态。但与高质量发展的要求相比，智能制造发展仍存在供给适配性不高、创新能力不强、应用深度广度不够、专业人才缺乏等问题。

随着全球新一轮科技革命和产业变革突飞猛进，新一代信息通信、生物、新材料、新能源等技术不断突破，并与先进制造技术加速融合，为制造业高端化、智能化、绿色化发展提供了历史机遇。同时，世界处于百年未有之大变局，国际环境日趋复杂，全球科技和产业竞争更趋激烈，大国战略博弈进一步聚焦制造业，美国“先进制造业领导力战略”、德国“国家工业战略2030”、日本“社会5.0”等以重振制造业为核心的发展战略，均以智能制造为主要抓手，力图抢占全球制造业新一轮竞争制高点。

当前，我国已转向高质量发展阶段，正处于转变发展方式、优化经济结构、转换增长动力的攻关期，但制造业供给与市场需求适配性不高、产业链供应链稳定面临挑战、资源环境要素约束趋紧等问题凸显。站在新一轮科技革命和产业变革与我国加快高质量发展的历史性交汇点，要坚定不移地以智能制造为主攻方向，推动产业技术变革和优化升级，推动制造业产业模式和企业形态根本性转变，以“鼎新”带动“革故”，提高质量、效率效益，减少资源能源消耗，畅通产业链供应链，助力碳达峰碳中和，促进我国制造业迈向全球价值链中高端。

二、总体思路

（一）指导思想

以习近平新时代中国特色社会主义思想为指导，全面贯彻党的十九大和十九届二中、三中、四中、五中、六中全会精神，立足新发展阶段，完整、准确、全面贯彻新发展理念，构建新发展格局，深化改革开放，统筹发展和安全，以新一代信息技术与先进制造技术深度融合为主线，深入实施智能制造工程，着力提升创新能力、供给能力、支撑能力和应用水平，加快构建智能制造发展生态，持续推进制造业数字化转型、网络化协同、智能化变革，为促进制造业高质量发展、加快制造强国建设、发展数字经济、构筑国际竞争新优势提供有力支撑。

（二）基本原则

坚持创新驱动。把科技自立自强作为智能制造发展的战略支撑，加强用产学研协同创新，着力突破关键核心技术和系统集成技术。支持企业、高校、科研院所等组建联合体，开展技术、工艺、装备、软件和管理、模式创新，提升核心竞争力。

坚持市场主导。充分发挥市场在资源配置中的决定性作用，强化企业在发展智能制造中的主体地位。更好发挥政府在战略规划引导、标准法规制定、公共服务供给等方面作用，营造良好环境，激发各类市场主体内生动力。

坚持融合发展。加强跨学科、跨领域合作，推动新一代信息技术与先进制造技术深度融合。发挥龙头企业牵引作用，推动产业链供应链深度互联和协同响应，带动上下游企业智能制造水平同步提升，实现大中小企业融通发展。坚持安全可控。强化底线思维，将安全可控贯穿智能制造创新发展全过程。加强安全风险研判与应对，加快提升智能制造数据安全、网络安全、功能安全保障能力，着力防范化解产业链供应链风险，实现发展与安全相统一。

坚持系统推进。聚焦新阶段新要求，立足我国实际，统筹考虑区域、行业发展差异，加强前瞻性思考、全局性谋划、战略性布局、整体性推进，充分发挥地方、行业和企业积极性，分层分类系统推动智能制造创新发展。

（三）发展路径和目标

“十四五”及未来相当长一段时期，推进智能制造，要立足制造本质，紧扣智能特征，以工艺、装备为核心，以数据为基础，依托制造单元、车间、工厂、供应链等载体，构建虚实融合、知识驱动、动态优化、安全高效、绿色低碳的智能制造系统，推动制造业实现数字化转型、网络化协同、智能化变革。到 2025 年，规模以上制造业企业大部分实现数字化网络化，重点行业骨干企业初步应用智能化；到 2035 年，规模以上制造业企业全面普及数字化网络化，重点行业骨干企业基本实现智能化。

2025 年的主要目标是：

——转型升级成效显著。70% 的规模以上制造业企业基本实现数字化网络化，建成 500 个以上引领行业发展的智能制造示范工厂。制造业企业生产效率、产品良品率、能源资源利用率等显著提升，智能制造能力成熟度水平明显提升。

——供给能力明显增强。智能制造装备和工业软件技术水平和市场竞争力显著提升，市场满足率分别超过 70% 和 50%。培育 150 家以上专业水平高、服务能力强的智能制造系统解决方案供应商。

——基础支撑更加坚实。建设一批智能制造创新载体和公共服务平台。构建适应智能制造发展的标准体系和网络基础设施，完成 200 项以上国家、行业标准的制修订，建成 120 个以上具有行业和区域影响力的工业互联网平台。

三、重点任务

（一）加快系统创新，增强融合发展新动能。

强化科技支撑引领作用，推动跨学科、跨领域融合创新，打好关键核心和系统集成技术攻坚战，构建完善创新网络，持续提升创新效能。

加强关键核心技术攻关。聚焦设计、生产、管理、服务等制造全过程，突破设计仿真、混合建模、协同优化等基础技术，开发应用增材制造、超精密加工等先进工艺技术，攻克智能感知、人机协作、供应链协同等共性技术，研发人工智能、5G、大数据、边缘计算等在工业领域的适用性技术。

加速系统集成技术开发。面向装备、单元、车间、工厂等制造载体，构建制造装备、生产过程相关数据字典和信息模型，开发生产过程通用数据集成和跨平台、跨领域业务互联技术。面向产业链供应链，开发跨企业多源信息交互和全链条协同优化技术。面向制造全过程，突破智能制造系统规划设计、建模仿真、分析优化等技术。

推进新型创新网络建设。围绕关键工艺、工业母机、数字孪生、工业智能等重点领域，支持行业龙头企业联合高校、科研院所和上下游企业建设一批制造业创新载体。鼓励研发机构创新发展机制，加强数据共享和平台共建，开展协同创新。

推动产业化促进组织建设，加快创新成果转移转化。建设一批试验验证平台，加速智能制造装备和系统推广应用。

专栏 1 智能制造技术攻关行动

01 关键核心技术

突破产品优化设计与全流程仿真、基于机理和数据驱动的混合建模、多目标协同优化等基础技术；增材制造、超精密加工、近净成形、分子级物性表征等先进工艺技术；工业现场多维智能感知、基于人机协作的生产过程优化、装备与生产过程数字孪生、质量在线精密检测、生产过程精益管控、装备故障诊断与预测性维护、复杂环境动态生产计划与调度、生产全流程智能决策、供应链协同优化等共性技术；5G、人工智能、大数据、边缘计算等新技术在典型行业质量检测、过程控制、工艺优化、计划调度、设备运维、管理决策等方面的适用性技术。

02 系统集成技术

开发基于信息模型和标准接口的可复用数据集成技术；制造装备、产品设计软件、管控软件、业务管理软件等之间的业务互联技术；面向产业链供应链协同的包含订单、质量、生产实绩等内容的企业信息交互技术；公有云、混合云和边云协同的灵活云化部署技术；涵盖设计、生产、管理、服务等制造全过程的复杂系统建模技术；基于模型的价值流分析和优化技术。

（二）深化推广应用，开拓转型升级新路径。

聚焦企业、行业、区域转型升级需要，围绕车间、工厂、供应链构建智能制造系统，开展多场景、全链条、多层次应用示范，培育推广智能制造新模式。建设智能制造示范工厂。加快新一代信息技术与制造全过程、全要素深度融合，推进制造技术突破和工艺创新，推行精益管理和业务流程再造，实现泛在感知、数据贯通、集成互联、人机协作和分析优化，建设智能场景、智能车间和智能工厂。引导龙头企业建设协同平台，带动上下游企业同步实施智能制造，打造智慧供应链。鼓励各地方、行业开展多场景、多层级应用示范，培育推广智能化设计、网络协同制造、大规模定制、共享制造、智能运维服务等新模式。

专栏 2 智能制造示范工厂建设行动

01 智能场景

推动数字孪生、人工智能、5G、大数据、区块链、虚拟现实（VR）/增强现实（AR）/混合现实（MR）等新技术在制造环节的深度应用，探索形成一批“数字孪生+”“人工智能+”“虚拟/增强/混合现实（XR）+”等智能场景。

02 智能车间

覆盖加工、检测、物流等环节，开展工艺改进和革新，推动设备联网和生产环节数字化连接，强化标准作业、可视管控、精准配送、最优库存，打造一批智能车间，实现生产数据贯通化、制造柔性化和管理智能化。

03 智能工厂

支持基础条件好的企业，围绕设计、生产、管理、服务等制造全过程开展智能化升级，优化组织结构和业务流程，强化精益生产，打造一批智能工厂，推动跨业务活动的数据共享和深度挖掘，实现对核心业务的精准预测、管理优化和自主决策。

04 智慧供应链

面向汽车、工程机械、轨道交通装备、航空航天装备、船舶与海洋工程装备、电力装备、医疗装备、家用电器、集成电路等行业，支持智能制造应用水平高、核心竞争优势突出、资源配置能力强的龙头企业建设供应链协同平台，打造数据互联互通、信息可信交互、生产深度协同、资源柔性配置的供应链。

推进中小企业数字化转型。

加快实施中小企业数字化促进工程，针对中小企业典型应用场景，推广一批符合中小企业需求的数字化产品和服务。支持专精特新“小巨人”企业发挥示范引领作用，开展装备联网、关键工序数控化、业务系统云化等改造，推动中小企业工艺流程优化、技术装备升级。依托数字化服务商，提供数字化咨询诊断、智能化改造、上云用云等服务。

拓展智能制造行业应用。

针对装备制造、电子信息、原材料、消费品等领域细分行业特点和痛点，制定智能制造实施路线图，分步骤、分阶段推进。支持有条件有基础的企业加大技术改造投入，持续推动工艺革新、装备升级、管理优化和生产过程智能化。建设行业转型促进机构，加快数据、标准和解决方案深化应用。组织开展经验交流、供需对接活动，总结推广智能制造新技术、新装备和新模式。

专栏3 行业智能化改造升级行动

01 装备制造领域

满足提高产品可靠性和高端化发展等需要，开发面向特定场景的智能成套生产线以及新技术与工艺结合的模块化生产单元；建设基于精益生产、柔性生产的智能车间和工厂；大力发展数字化设计、远程运维服务、个性化定制等模式。

02 电子信息领域

满足提高生产效率和产品良率、缩短研制周期等需要，建立复杂电磁环境下的企业通信网络和主动安全防护系统，实现企业内数据可靠传输；推进电子产品专用智能制造装备与自动化装配线的集成应用；开发智能检测设备与产品一体化测试平台；建设智能物流配送系统，优化生产经营决策系统。

03 原材料领域

满足安全生产、降耗减碳、提质降本等需要，实施大集团统一管理下的多基地协同制造；探索人工智能技术应用，实现工艺流程优化、工序动态协同、资源高效配置和智慧决策支持；针对民爆、矿山、危化品等危险性较大企业推广少人无人作业，实施安全一体化监控；实施大型制造设备健康监测和远程运维，保证流程安全运行；打造全生命周期数据共享平台，实现全产业链优化。

04 消费品领域

提高产品质量和安全性，满足多样化、高品质需求，大力推广面向工序的专用制造装备和专用机器人；支持供应链协同和用户交互平台建设，发展大规模定制；促进全产业链解决方案服务平台建设。促进区域智能制造发展。鼓励地方创新完善政策体系，探索各具特色的区域智能制造发展路径。推动跨地区开展智能制造关键技术创新、供需对接、人才培养等合作。鼓励地方、行业组织、龙头企业等联合推广先进技术、装备、标准和解决方案，加快智能制造进园区，提升产业集群智能化水平。支持产业特色鲜明、转型需求迫切、基础条件好的地区建设智能制造先行区，打造智能制造技术创新策源地、示范应用集聚区、关键装备和解决方案输出地。

（三）加强自主供给，壮大产业体系新优势。

依托强大国内市场，加快发展装备、软件和系统解决方案，培育发展智能制造新兴产业，加速提升供给体系适配性，引领带动产业体系优化升级。大力发展智能制造装备。针对感知、控制、决策、执行等环节的短板弱项，加强用产学研联合创新，突破一批“卡脖子”基础零部件和装置。推动先进工艺、信息技术与制造装备深度融合，通过智能车间/工厂建设，带动通用、专用智能制造装备加速研制和迭代升级。推动数字孪生、人工智能等新技术创新应用，研制一批国际先进的新型智能制造装备。

专栏4 智能制造装备创新发展行动

01 基础零部件和装置研发

微纳位移传感器、柔性触觉传感器、高分辨率视觉传感器、成分在线检测仪器、先进控制器、高精度伺服驱动系统、高性能高可靠减速器、可穿戴人机交互设备、工业现场定位设备、智能数控系统等。

02 通用智能制造装备研发

智能立/卧式五轴加工中心、车铣复合加工中心、高精度数控磨床等工作母机；智能焊接机器人、智能移动机器人、半导体（洁净）机器人等工业机器人；激光/电子束高效选区熔化装备、激光选区烧结成形装备等增材制造装备；超快激光等先进激光加工装备；高端分布式控制系统、可编程逻辑控制器、监视控制和数据采集系统等工业控制装备；数字化非接触精密测量、在线无损检测、激光跟踪测量等智能检测装备和仪器；智能多层多向穿梭车、智能大型立体仓库等智能物流装备。

03 专用智能制造装备研发

汽车发动机、变速箱等高效加工与近净成形成套装备，航空航天大型复合材料智能铺放、成形、加工和检测成套装备，航空航天智能装配装备，船舶板材激光焊接成套装备，高精度智能化热/冷连轧成套装备，百万吨以上智能化乙烯成套装备，新型干法水泥全流程智能化生产线，食品高黏度流体灌装智能成套装备，连续式针织物/纯涤纶织物印染成套装备，满足（GMP）要求的无菌原料药智能成套装备，极大规模集成电路制造成套装备，新型平板显示制造成套装备等。

04 新型智能制造装备研发

融合数字孪生、大数据、人工智能、边缘计算、虚拟现实/增强现实（VR/AR）、5G、北斗、卫星互联网等新技术的智能工控系统、智能工作母机、协作机器人、自适应机器人等新型装备。

聚力研发工业软件产品。推动装备制造商、高校、科研院所、用户企业、软件企业强化协同，联合开发面向产品全生命周期和制造全过程的核心软件，研发嵌入式工业软件及集成开发环境，研制面向细分行业的集成化工业软件平台。推动工业知识软件化和架构开源化，加快推进工业软件云化部署。依托重大项目和骨干企业，开展安全可控工业软件应用示范。

专栏 5　工业软件突破提升行动

01 研发设计类软件开发

计算机辅助设计（CAD）、计算机辅助工程（CAE）、计算机辅助工艺计划（CAPP）、计算机辅助制造（CAM）、流程工艺仿真、电子设计自动化（EDA）、产品数据管理（PDM）等。

02 生产制造类软件

开发制造执行系统（MES）、高级计划排程系统（APS）、工厂物料配送管控系统（TMS）、能源管理系统（EMS）、故障预测与健康管理软件（PHM）、运维综合保障管理（MRO）、安全管理系统、环境和碳排放管理系统等。

03 经营管理类软件

开发企业资源计划系统（ERP）、供应链管理系统（SCM）、客户关系管理系统（CRM）、人力资源管理（HRM）、质量管理系统（QMS）、资产绩效管理系统（APM）等。

04 控制执行类软件

开发工业操作系统、工业控制软件、组态编程软件等嵌入式工业软件及集成开发环境。

05 行业专用软件

开发面向特定行业、特定环节的模型库、工艺库等基础知识库，面向石化、冶金等行业的全流程一体化优化软件，面向大型装备的设计/生产/运维一体化平台软件，面向中小企业的综合管控平台软件等。

06 新型软件

开发工业 APP、云化软件、云原生软件等。

着力打造系统解决方案。鼓励智能制造系统解决方案供应商与用户加强供需互动、联合创新，推进工艺、装备、软件、网络的系统集成和深度融合，开发面向典型场景和细分行业的解决方案。聚焦中小微企业特点和需求，开发轻量化、易维护、低成本的解决方案。加快系统解决方案供应商培育，推动规范发展，引导提供专业化、高水平、一站式的集成服务。

（四）夯实基础支撑，构筑智能制造新保障。

瞄准智能制造发展趋势，健全完善计量、标准、信息基础设施、安全保障等发展基础，着力构建完备可靠、先进适用、安全自主的支撑体系。

深入推进标准化工作。持续优化标准顶层设计，统筹推进国家智能制造标准体系和行业应用标准体系建设。加快基础共性和关键技术标准制修订，加强现有标准的优化与协同，在智能装备、智能工厂等方面推动形成国家标准、行业标准、团体标准、企业标准相互协调、互为补充的标准群。加快标准的贯彻执行，支持企业依托标准开展智能车间/工厂建设。积极参与国际标准化工作，推动技术成熟度高的国家标准与国际标准同步发展。

专栏 6　智能制造标准领航行动

01 标准体系建设

定期修订《国家智能制造标准体系建设指南》，建设纺织、石化、建材、汽车、航空、船舶、电力装备、轨道交通装备、家电、食品、钢铁、有色金属、新能源等细分领域的行业应用标准体系。

02 标准研制

加大标准试验验证力度，推动数字孪生、数据字典、人机协作、智慧供应链、系统可靠性、信息安全与功能安全一体化等基础共性和关键技术标准制修订，满足技术演进和产业发展需求，加快开展行业应用标准研制。

03 标准推广应用

围绕智能车间/工厂建设、新模式应用、供应链协同、新技术应用等方面，开展智能制造标准应用试点，形成国家标准、行业标准、团体标准协调配套的标准群，推进试点成果在中小企业和同行业企业的应用。

04 标准国际合作

继续加强中德智能制造/工业 4.0 标准合作，拓展中日、中英等合作，积极参与国际标准化活动，持续提升中国方案在国际标准中的贡献度，深化双边、多边标准化交流机制，形成一批标准化成果。

完善信息基础设施。加快工业互联网、物联网、5G、千兆光网等新型网络基础设施规模化部署，鼓励企业开展内外网升级改造，提升现场感知和数据传输能力。加强工业数据中心、智能计算中心等算力基础设施建设，支撑人工智能等新技术应用。支持大型集团企业、工业园区，围绕内部资源整合、产品全生命周期管理、产业链供应链协同、中小企业服务、工业数据处理分析，建立各具特色的工业互联网平台，实现全要素、全产业链数据的有效集成和管理。

加强安全保障。加强智能制造安全风险研判，同步推进网络安全、数据安全和功能安全，推动密码技术深入应用。实施企业网络安全分类分级管理，督促企业落实网络安全主体责任。完善国家、地方、企业多级工控信息安全监测预警网络，加快建设工业互联网安全技术监测服务体系。探索建立数据跨境传输备案与监管机制。建立符合政策标准要求的技术防护体系和安全管理制度。培育安全服务机构，加大网络安全技术产品推广应用，提升诊断、咨询、设计、实施等服务能力。

强化人才培养。定期编制智能制造人才需求预测报告和紧缺人才需求目录，研究制定智能制造领域职业标准。依托高技能人才培训基地等机构，开展大规模职业培训。加强应届毕业生、在职人员、转岗人员数字化技能培训，推进产教融合型企业建设，促进智能制造企业与职业院校深度合作，探索中国特色学徒制。深化新工科建设，在智能制造领域建设一批现代产业学院和特色化示范性软件学院，优化学科专业和课程体系设置，加快高端人才培养。弘扬企业家精神和工匠精神，鼓励开展智能制造创新创业大赛、技能竞赛。

四、保障措施

（一）强化统筹协调。加强部门协同，统筹实施智能制造工程，深入开展技术攻关、装备创新、示范应用、标准化、人才培养等。加强央地协作，鼓励地方出台配套政策和法律法规，引导各类社会资源聚集，形成系统推进工作格局。充分发挥智能制造专家咨询委员会及相关高校、科研机构、专业智库作用，开展智能制造前瞻性、战略性重大问题研究。鼓励企业结合自身实际加快实施智能制造，持续做好安全生产和环境保护工作。

（二）加大财政金融支持。加强国家重大科技项目、国家重点研发计划等对智能制造领域的支持。落实首台套重大技术装备和研发费用加计扣除等支持政策。鼓励国家相关产业基金、社会资本加大对智能制造的投资力度。发挥国家产融合作平台作用，引导金融机构为企业智能化改造提供中长期贷款支持，开发符合智能制造特点的供应链金融、融资租赁等金融产品。鼓励符合条件的企业通过股权、债权等方式开展直接融资。

（三）提升公共服务能力。鼓励行业组织、地方政府、产业园区、高校、科研院所、龙头企业等建设智能制造公共服务平台，支持标准试验验证平台和现有服务机构提升检验检测、咨询诊断、计量测试、安全评估、培训推广等服务能力。制定智能制造公共服务平台规范，构建优势互补、协同发展的服务网络。建立长效评价机制，鼓励第三方机构开展智能制造能力成熟度评估，研究发布行业和区域智能制造发展指数。

（四）深化开放合作。加强与相关国家、地区及国际组织的交流，开展智能制造技术、标准、人才等合作。鼓励跨国公司、国外科研机构等在华建设智能制造研发中心、示范工厂、培训中心等。加强知识产权保护，推动建立数据资源产权、交易流通、跨境传输和安全保护等基础制度和标准规范。依托共建“一带一路”倡议、金砖国家合作机制、区域全面经济伙伴关系协定（RCEP）等，鼓励智能制造装备、软件、标准和解决方案“走出去”。

五、组织实施

工业和信息化部会同有关部门做好规划的组织实施，各有关部门按照职责分工，采取切实有效的政策措施，抓好重点任务落实。各地要结合本地实际，落实相关配套政策，做好信息反馈工作。相关行业组织要充分发挥桥梁和纽带作用，协同推动规划的贯彻落实。有关部门、各地方、相关行业组织要加强智能制造经验模式总结和宣传推广。

2022年塑料及其制品海关进出口税率

商品编码	附加编号	商品名称	进口税率		出口税率	增值税	消费税	计量单位	监管条件
			优惠	普通					
39011000	01	初级形状比重<0.94的聚乙烯	6.5	45.0	0.0	13.0	0.0	千克	A
39011000	90	初级形状比重<0.94的聚乙烯	6.5	45.0	0.0	13.0	0.0	千克	A
39012000	01	初级形状比重≥0.94的聚乙烯	6.5	45.0	0.0	13.0	0.0	千克	A
39012000	90	初级形状比重≥0.94的聚乙烯	6.5	45.0	0.0	13.0	0.0	千克	A
39013000		初级形状乙烯-乙酸乙烯酯共聚物	6.5	45.0	0.0	13.0	0.0	千克	A
39019010		乙烯-丙烯共聚物（乙丙橡胶）	6.5	45.0	0.0	13.0	0.0	千克	A
39019020		线型低密度聚乙烯	6.5	45.0	0.0	13.0	0.0	千克	A
39019090		其他初级形状的乙烯聚合物	6.5	45.0	0.0	13.0	0.0	千克	A
39021000	10	电工级初级形状聚丙烯树脂	6.5	45.0	0.0	13.0	0.0	千克	A
39021000	90	其他初级形状的聚丙烯	6.5	45.0	0.0	13.0	0.0	千克	A
39022000		初级形状的聚异丁烯	6.5	45.0	0.0	13.0	0.0	千克	AB
39023010		乙烯-丙烯共聚物（乙丙橡胶）	6.5	45.0	0.0	13.0	0.0	千克	
39023090		其他初级形状的丙烯共聚物	6.5	45.0	0.0	13.0	0.0	千克	
39029000	10	端羧基聚丁二烯，CTPB	6.5	45.0	0.0	13.0	0.0	千克	3
39029000	20	端羟基聚丁二烯，HTPB	6.5	45.0	0.0	13.0	0.0	千克	3
39029000	90	其他初级形状的烯烃聚合物	6.5	45.0	0.0	13.0	0.0	千克	
39031100		初级形状的可发性聚苯乙烯	6.5	45.0	0.0	13.0	0.0	千克	A
39031900		初级形状的其他聚苯乙烯	6.5	45.0	0.0	13.0	0.0	千克	A
39032000		初级形状苯乙烯-丙烯腈共聚物	12.0	45.0	0.0	13.0	0.0	千克	
39033000		丙烯腈-丁二烯-苯乙烯共聚物	6.5	45.0	0.0	13.0	0.0	千克	A
39039000		初级形状的其他苯乙烯聚合物	6.5	45.0	0.0	13.0	0.0	千克	
39041010		聚氯乙烯糊树脂	6.5	45.0	0.0	13.0	0.0	千克	A
39041090	01	聚氯乙烯纯粉	6.5	45.0	0.0	13.0	0.0	千克	A
39041090	90	其他初级形状的纯聚氯乙烯	6.5	45.0	0.0	13.0	0.0	千克	A
39042100		初级形状未塑化的聚氯乙烯	6.5	45.0	0.0	13.0	0.0	千克	
39042200		初级形状已塑化的聚氯乙烯	6.5	45.0	0.0	13.0	0.0	千克	
39043000		氯乙烯-乙酸乙烯酯共聚物	9.0	45.0	0.0	13.0	0.0	千克	
39044000		初级形状的其他氯乙烯共聚物	12.0	45.0	0.0	13.0	0.0	千克	
39045000		初级形状的偏二氯乙烯聚合物	6.5	45.0	0.0	13.0	0.0	千克	
39046100		初级形状的聚四氟乙烯	10.0	45.0	0.0	13.0	0.0	千克	
39046900		初级形状的其他氟聚合物	6.5	45.0	0.0	13.0	0.0	千克	
39049000		初级形状的其他卤化烯烃聚合物	10.0	45.0	0.0	13.0	0.0	千克	
39051200		聚乙酸乙烯酯的水分散体	10.0	45.0	0.0	13.0	0.0	千克	

续表

商品编码	附加编号	商品名称	进口税率		出口税率	增值税	消费税	计量单位	监管条件
			优惠	普通					
39051900		其他初级形状聚乙酸乙烯酯	10.0	45.0	0.0	13.0	0.0	千克	
39052100		乙酸乙烯酯共聚物的水分散体	10.0	45.0	0.0	13.0	0.0	千克	
39052900		其他初级形状的乙酸乙烯酯共聚物	10.0	45.0	0.0	13.0	0.0	千克	
39053000		初级形状的聚乙烯醇	14.0	45.0	0.0	13.0	0.0	千克	AB
39059100		其他乙烯酯或乙烯基的共聚物	10.0	45.0	0.0	13.0	0.0	千克	
39059900		其他乙烯酯或乙烯基的聚合物	10.0	45.0	0.0	13.0	0.0	千克	
39061000		初级形状的聚甲基丙烯酸甲酯	6.5	45.0	0.0	13.0	0.0	千克	
39069010		聚丙烯酰胺	6.5	45.0	0.0	13.0	0.0	千克	AB
39069090	01	聚丙烯酸钠	6.5	45.0	0.0	13.0	0.0	千克	
39069090	90	其他初级形状的丙烯酸聚合物	6.5	45.0	0.0	13.0	0.0	千克	
39071010		初级形状的聚甲醛	6.5	45.0	0.0	13.0	0.0	千克	
39071090		其他初级形状的聚缩醛	6.5	45.0	0.0	13.0	0.0	千克	
39072010		聚四亚甲基醚二醇	6.5	45.0	0.0	13.0	0.0	千克	
39072090		初级形状的其他聚醚	6.5	45.0	0.0	13.0	0.0	千克	
39073000	01	初级形状溴质量≥18%或进口 CIF 价	6.5	45.0	0.0	13.0	0.0	千克	
39073000	90	初级形状的环氧树脂	6.5	45.0	0.0	13.0	0.0	千克	
39074000		初级形状的聚碳酸酯	6.5	45.0	0.0	13.0	0.0	千克	
39075000		初级形状的醇酸树脂	10.0	45.0	0.0	13.0	0.0	千克	
39076011		高粘度聚对苯二甲酸乙二酯切片	6.5	45.0	0.0	13.0	0.0	千克	A
39076019		其他聚对苯二甲酸乙二酯切片	6.5	45.0	0.0	13.0	0.0	千克	A
39076090		其他初级形状聚对苯二甲酸乙二酯	6.5	45.0	0.0	13.0	0.0	千克	A
39077000		初级形状的聚乳酸	6.5	45.0	0.0	13.0	0.0	千克	
39079100		初级形状的不饱和聚酯	6.5	45.0	0.0	13.0	0.0	千克	
39079910	01	未经增强或改性的初级形状 PBT 树	6.5	45.0	0.0	13.0	0.0	千克	
39079910	90	其他聚对苯二甲酸丁二酯	6.5	45.0	0.0	13.0	0.0	千克	
39079990		初级形状的其他聚酯	6.5	45.0	0.0	13.0	0.0	千克	AB
39081011		聚酰胺-6，6 切片	6.5	45.0	0.0	13.0	0.0	千克	
39081019	10	尼龙 11、尼龙 12 切片	6.5	45.0	0.0	13.0	0.0	千克	
39081019	90	聚酰胺-6 切片等	6.5	45.0	0.0	13.0	0.0	千克	
39081090		其他初级形状的聚酰胺-6，6 等	6.5	45.0	0.0	13.0	0.0	千克	
39089000		初级形状的其他聚酰胺	10.0	45.0	0.0	13.0	0.0	千克	
39089010		芳香族聚酰胺及其共聚物	10.0	45.0	0.0	13.0	0.0	千克	
39089020		半芳香族聚酰胺及其共聚物	10.0	45.0	0.0	13.0	0.0	千克	
39089090		其他聚酰胺	10.0	45.0	0.0	13.0	0.0	千克	

续表

商品编码	附加编号	商品名称	进口税率		出口税率	增值税	消费税	计量单位	监管条件
			优惠	普通					
39091000		初级形状的尿素树脂及硫尿树脂	6.5	45.0	0.0	13.0	0.0	千克	
39092000		初级形状的蜜胺树脂	6.5	45.0	0.0	13.0	0.0	千克	
39093010		聚（亚甲基苯基异氰酸酯）聚合 MDI	6.5	35.0	0.0	13.0	0.0	千克	
39093090		其他初级形状的氨基树脂	6.5	45.0	0.0	13.0	0.0	千克	
39094000		初级形状的酚醛树脂	6.5	45.0	0.0	13.0	0.0	千克	
39095000		初级形状的聚氨基甲酸酯	6.5	45.0	0.0	13.0	0.0	千克	
39100000		初级形状的聚硅氧烷	6.5	45.0	0.0	13.0	0.0	千克	
39111000		初级形状的石油树脂等	6.5	45.0	0.0	13.0	0.0	千克	
39119000	01	芳基酸与芳基胺预缩聚物	6.5	45.0	0.0	13.0	0.0	千克	
39119000	03	改性三羟乙基脲酸酯类预缩聚物	6.5	45.0	0.0	13.0	0.0	千克	
39119000	04	聚苯硫醚	6.5	45.0	0.0	13.0	0.0	千克	
39119000	05	偏苯三酸酐和异氰酸预缩聚物	6.5	45.0	0.0	13.0	0.0	千克	
39119000	90	其他初级形状的多硫化物、聚砜等	6.5	45.0	0.0	13.0	0.0	千克	
39121100	01	未塑化二醋酸纤维素等	6.5	40.0	0.0	13.0	0.0	千克	
39121100	90	初级形状的未塑化醋酸纤维素	6.5	40.0	0.0	13.0	0.0	千克	
39121200		初级形状的已塑化醋酸纤维素	6.5	40.0	0.0	13.0	0.0	千克	
39122000		初级形状的硝酸纤维素	6.5	45.0	0.0	13.0	0.0	千克	
39123100		初级形状的羧甲基纤维素及其盐	6.5	45.0	0.0	13.0	0.0	千克	
39123900		初级形状的其他纤维素醚	6.5	45.0	0.0	13.0	0.0	千克	
39129000		初级形状的其他未列名的纤维素	6.5	45.0	0.0	13.0	0.0	千克	
39131000		初级形状的藻酸及盐和酯	10.0	45.0	0.0	13.0	0.0	千克	AB
39139000		初级形状的其他未列名天然聚合物	6.5	50.0	0.0	13.0	0.0	千克	
39140000		初级形状的离子交换剂	6.5	45.0	0.0	13.0	0.0	千克	
39151000		乙烯聚合物的废碎料及下脚料	6.5	50.0	0.0	13.0	0.0	千克	AP
39152000		苯乙烯聚合物的废碎料及下脚料	6.5	50.0	0.0	13.0	0.0	千克	AP
39153000		氯乙烯聚合物的废碎料及下脚料	6.5	50.0	0.0	13.0	0.0	千克	AP
39159010		聚对苯二甲酸乙二酯废碎料及下脚料	6.5	50.0	0.0	13.0	0.0	千克	AP
39159090		其他塑料的废碎料及下脚料	6.5	50.0	0.0	13.0	0.0	千克	AP
39161000		乙烯聚合物制单丝、条、杆及型材	10.0	45.0	0.0	13.0	0.0	千克	
39162000		氯乙烯聚合物制单丝、条、杆及型材	10.0	45.0	0.0	13.0	0.0	千克	
39169010		聚酰胺制的单丝、条、杆及型材	10.0	45.0	0.0	13.0	0.0	千克	
39169090		其他塑料制单丝、条、杆及型材	10.0	45.0	0.0	13.0	0.0	千克	

续表

商品编码	附加编号	商品名称	进口税率		出口税率	增值税	消费税	计量单位	监管条件
			优惠	普通					
39171000		硬化蛋白或纤维素材料制人造肠衣	10.0	50.0	0.0	13.0	0.0	千克	A
39172100		乙烯聚合物制的硬管	10.0	45.0	0.0	13.0	0.0	千克	
39172200		丙烯聚合物制的硬管	10.0	45.0	0.0	13.0	0.0	千克	
39172300		氯乙烯聚合物制的硬管	10.0	45.0	0.0	13.0	0.0	千克	
39172900		其他塑料制的硬管	10.0	45.0	0.0	13.0	0.0	千克	
39173100		塑料制的软管	10.0	45.0	0.0	13.0	0.0	千克	
39173200		其他未装有附件的塑料制管子	6.5	45.0	0.0	13.0	0.0	千克	
39173300		其他装有附件的塑料管子	6.5	45.0	0.0	13.0	0.0	千克	
39173900		塑料制的其他管子	6.5	45.0	0.0	13.0	0.0	千克	
39174000		塑料制的管子附件	10.0	45.0	0.0	13.0	0.0	千克	
39181010		氯乙烯聚合物制糊墙品	10.0	45.0	0.0	13.0	0.0	千克	
39181090		氯乙烯聚合物制的铺地制品	10.0	45.0	0.0	13.0	0.0	千克	
39189010		其他塑料制的糊墙品	10.0	45.0	0.0	13.0	0.0	千克	
39189090		其他塑料制的铺地制品	10.0	45.0	0.0	13.0	0.0	千克	
39191010		丙烯酸树脂类为主的自粘塑料板等	6.5	45.0	0.0	13.0	0.0	千克	
39191091		宽度≤20cm 的胶囊型反光膜	6.5	45.0	0.0	13.0	0.0	千克	
39191099		其他宽度≤20cm 的自粘塑料板片等	6.5	45.0	0.0	13.0	0.0	千克	
39199010		其他胶囊型反光膜	6.5	45.0	0.0	13.0	0.0	千克	
39199090		其他自粘塑料板，片，膜等材料	6.5	45.0	0.0	13.0	0.0	千克	
39201010		乙烯聚合物制电池隔膜	6.5	45.0	0.0	10.0	0.0	千克	
39201090	01	乙烯-四氟乙烯膜（四氟乙烯单体含共聚物）	6.5	45.0	0.0	13.0	0.0	千克	
39201090	10	农用非泡沫聚乙烯薄膜	6.5	45.0	0.0	10.0	0.0	千克	
39201090	90	其他非泡沫乙烯聚合物板，片，膜及扁条	6.5	45.0	0.0	13.0	0.0	千克	
39202010		丙烯聚合物制电池隔膜	6.5	45.0	0.0	13.0	0.0	千克	
39202090	10	农用非泡沫聚丙烯薄膜	6.5	45.0	0.0	10.0	0.0	千克	
39202090	90	非泡沫丙烯聚合物板，片，膜，箔及扁条	6.5	45.0	0.0	13.0	0.0	千克	
39203000		非泡沫苯乙烯聚合物板，片，膜，箔及扁条	6.5	45.0	0.0	13.0	0.0	千克	
39204300	10	农用软质聚氯乙烯薄膜	6.5	45.0	0.0	13.0	0.0	千克	
39204300	90	氯乙烯聚合物板，片，膜，箔及扁条	6.5	45.0	0.0	13.0	0.0	千克	
39204900	10	其他农用软质聚氯乙烯薄膜	6.5	45.0	0.0	13.0	0.0	千克	

续表

商品编码	附加编号	商品名称	进口税率		出口税率	增值税	消费税	计量单位	监管条件
			优惠	普通					
39204900	90	其他氯乙烯聚合物板，片，膜，箔及扁条	6.5	45.0	0.0	13.0	0.0	千克	
39205100		聚甲基丙烯酸甲酯板片膜箔及扁条	6.5	45.0	0.0	13.0	0.0	千克	
39205900		其他丙烯酸聚合物板片膜箔及扁条	6.5	45.0	0.0	13.0	0.0	千克	
39206100		聚碳酸酯制板，片，膜，箔，扁条	6.5	45.0	0.0	13.0	0.0	千克	
39206200	01	9≤厚≤15.9微米聚酯薄膜	6.5	45.0	0.0	13.0	0.0	千克	
39206200	02	5≤厚≤8.9微米聚酯薄膜	6.5	45.0	0.0	13.0	0.0	千克	
39206200	03	16≤厚≤29.9微米聚酯薄膜	6.5	45.0	0.0	13.0	0.0	千克	
39206200	04	50≤厚≤99.9微米聚酯薄膜	6.5	45.0	0.0	13.0	0.0	千克	
39206200	09	其他聚对苯二甲酸乙二酯板片膜等	6.5	45.0	0.0	13.0	0.0	千克	
39206300		不饱和聚酯板，片，膜，箔及扁条	10.0	45.0	0.0	13.0	0.0	千克	
39206900		其他聚酯板，片，膜，箔及扁条	10.0	45.0	0.0	13.0	0.0	千克	
39207100		再生纤维素制板，片，膜，箔及扁条	6.5	45.0	0.0	13.0	0.0	千克	
39207300		醋酸纤维素制板，片，膜，箔及扁条	6.5	45.0	0.0	13.0	0.0	千克	
39207900		其他纤维素衍生物制板，片，膜箔及扁条	10.0	45.0	0.0	13.0	0.0	千克	
39209100	01	聚乙烯醇缩丁醛膜	6.5	45.0	0.0	13.0	0.0	千克	
39209100	90	聚乙烯醇缩丁醛板，片，箔，扁条	6.5	45.0	0.0	13.0	0.0	千克	
39209200		聚酰胺板，片，膜，箔，扁条	10.0	45.0	0.0	13.0	0.0	千克	
39209300		氨基树脂板，片，膜，箔，扁条	6.5	45.0	0.0	13.0	0.0	千克	
39209400		酚醛树脂板，片，膜，箔，扁条	10.0	45.0	0.0	13.0	0.0	千克	
39209910		聚四氟乙烯制非泡沫塑料板，片，箔	6.5	45.0	0.0	13.0	0.0	千克	
39209990		其他非泡沫塑料板，片，膜，箔，扁条	6.5	45.0	0.0	13.0	0.0	千克	
39211100		泡沫聚苯乙烯板，片，带，箔，扁条	10.0	45.0	0.0	13.0	0.0	千克	
39211210		泡沫聚氯乙烯人造革及合成革	9.0	70.0	0.0	13.0	0.0	千克	5
39211290		泡沫聚氯乙烯板，片，带，箔，扁条	6.5	45.0	0.0	13.0	0.0	千克	5
39211310		泡沫聚氨酯制人造革及合成革	9.0	70.0	0.0	13.0	0.0	千克	5
39211390		泡沫聚氨酯板，片，带，箔，扁条	6.5	45.0	0.0	13.0	0.0	千克	5
39211400		泡沫再生纤维素板，片，膜，箔，扁条	10.0	45.0	0.0	13.0	0.0	千克	

续表

商品编码	附加编号	商品名称	进口税率		出口税率	增值税	消费税	计量单位	监管条件
			优惠	普通					
39211910		其他泡沫塑料制人造革及合成革	9.0	45.0	0.0	13.0	0.0	千克	
39211990		其他泡沫塑料板，片，膜，箔，扁条	6.5	45.0	0.0	13.0	0.0	千克	
39219020		以聚乙烯为基本成分的板片	6.5	45.0	0.0	13.0	0.0	千克	
39219030		聚异丁烯为基本成分的板片卷材	6.5	45.0	0.0	13.0	0.0	千克	
39219090	01	离子交换膜	6.5	45.0	0.0	13.0	0.0	千克	5
39219090	10	敏感物项管制结构复合材料的层压制品	6.5	45.0	0.0	13.0	0.0	千克	35
39219090	90	未列名塑料板，片，膜，箔，扁条	6.5	45.0	0.0	13.0	0.0	千克	5
39221000		塑料浴缸，淋浴盘，洗涤槽及盥洗盆	10.0	80.0	0.0	13.0	0.0	千克	
39222000	90	其他塑料马桶座圈及盖	6.5	80.0	0.0	13.0	0.0	千克	
39229000		塑料便盆，抽水箱等类似卫生洁具	6.5	80.0	0.0	13.0	0.0	千克	
39231000		塑料制盒，箱及类似品	10.0	80.0	0.0	13.0	0.0	千克	
39232100		乙烯聚合物制袋及包	10.0	80.0	0.0	13.0	0.0	千克	
39232900		其他塑料制的袋及包	10.0	80.0	0.0	13.0	0.0	千克	
39233000		塑料制坛，瓶及类似品	6.5	80.0	0.0	13.0	0.0	千克	
39234000		塑料制卷轴，纡子，筒管及类似品	10.0	35.0	0.0	13.0	0.0	千克	
39235000		塑料制塞子，盖子及类似品	10.0	80.0	0.0	13.0	0.0	千克	
39239000		供运输或包装货物用其他塑料制品	10.0	80.0	0.0	13.0	0.0	千克	
39241000		塑料制餐具及厨房用具	6.5	80.0	0.0	13.0	0.0	千克	AB
39249000		塑料制其他家庭用具及卫生或盥洗	6.5	80.0	0.0	13.0	0.0	千克	B
39251000		塑料制囤，柜，罐，桶及类似容器	6.5	80.0	0.0	13.0	0.0	千克	
39252000		塑料制门，窗及其框架，门槛	6.5	80.0	0.0	13.0	0.0	千克	
39253000		塑料制窗板，百叶窗及类似制品	6.5	80.0	0.0	13.0	0.0	千克	
39259000		其他未列名的建筑用塑料制品	6.5	80.0	0.0	13.0	0.0	千克	
39261000		办公室或学校用塑料制品	10.0	80.0	0.0	13.0	0.0	千克	
39262011		聚氯乙烯制手套（包括分指手套）	6.5	90.0	0.0	13.0	0.0	双	
39262019		其他塑料制手套（包括分指手套）	6.5	90.0	0.0	13.0	0.0	双	
39262090		其他塑料制衣服及衣着附件	6.5	90.0	0.0	13.0	0.0	千克	
39263000		塑料制家具，车厢及类似品的附件	10.0	80.0	0.0	13.0	0.0	千克	
39264000		塑料制小雕塑品及其他装饰品	6.5	100.0	0.0	13.0	0.0	千克	
39269010		塑料制机器及仪器用零件	10.0	35.0	0.0	13.0	0.0	千克	
39269090	10	敏感物项管制结构复合材料的预成	10.0	80.0	0.0	13.0	0.0	千克	3
39269090	90	其他塑料制品	10.0	80.0	0.0	13.0	0.0	千克	

本类注释说明：

一、本目录所称“塑料”，是指品目 39.01 至 39.14 的材料，这些材料能够在聚合时或聚合后在外力（一般是热力和压力，必要时加入溶剂或增塑剂）作用下通过模制、浇铸挤压、滚轧或其他工序制成一定的形状，成形后除去外力，其形状仍保持不变。本目录所称“塑料”，还应包括钢纸，但不包括第十一类的纺织材料。

二、本章不包括：（一）品目 27.12 或 34.04 的蜡；（二）单独的已有化学定义的有机化合物（第二十九章）；（三）肝素及其盐（品目 30.01）；（四）品目 39.01 至 39.13 所列的任何产品溶于挥发性有机溶剂的溶液（胶棉除外），但溶剂的重量必须超过溶液重量的 50%（品目 32.08）；品目 32.12 的压印箔；（五）有机表面活性剂或品目 34.02 的制剂；（六）再熔胶及酯胶（品目 38.06）；（七）附于塑料衬背上的诊断或实验用试剂（品目 38.22）；（八）第四十章规定的合成橡胶及其制品；（九）鞍具及挽具（品目 42.01）；品目 42.02 的衣箱、提箱、手提包及其他容器；（十）第四十六章的缏条、编结品及其他制品；（十一）品目 48.14 的壁纸；（十二）第十一类的货品（纺织原料及纺织制品）；（十三）第十二类的物品（例如，鞋靴、帽类、雨伞、阳伞、手杖、鞭子、马鞭及其零件）；（十四）品目 71.17 的仿首饰；（十五）第十六类的物品（机器、机械器具或电气器具）；（十六）第十七类的航空器零件及车辆零件；（十七）第九十章的物品（例如，光学元件、眼镜架及绘图仪器）；（十八）第九十一章的物品（例如，钟壳及表壳）；（十九）第九十二章的物品（例如，乐器及其零件）；（二十）第九十四章的物品（例如，家具、灯具、照明装置、灯箱及活动房屋）；（二十一）第九十五章的物品（例如，玩具、游戏品及运动用品）；（二十二）第九十六章的物品（例如，刷子、纽扣、拉链、梳子、烟斗的嘴及柄、香烟嘴及类似品、保温瓶的零件及类似品、钢笔、活动铅笔）。

三、品目 39.01 至 39.11 仅适用于化学合成的下列货品：（一）温度在 300℃时，压力转为 1013 毫巴后减压蒸馏出的液体合成聚烯烃以体积计小于 60%的货品（品目 39.01 及 39.02）；（二）非高度聚合的苯并呋喃--茚式树脂（品目 39.11）；（三）平均至少有五个单体单元的其他合成聚合物；（四）聚硅氧烷（品目 39.10）；（五）甲阶酚醛树脂（品目 39.09）及其他预聚物。

四、所称“共聚物”，包括在整个聚合物中按重量计没有一种单体单元的含量在 95%及以上的各种聚合物。在本章中，除条文另有规定的以外，共聚物（包括共缩聚物、共加聚物、嵌段共聚物及接枝共聚物）及聚合物混合体应按聚合物中重量最大的那种共聚单体单元所构成的聚合物归入相应品目。在本注释中，归入同一品目的聚合物的共聚单体单元应作为一种单体单元对待。如果没有任何一种共聚单体单元重量为最大，共聚物或聚合物混合体应按号列顺序归入其可归入的最末一个品目。

五、化学改性聚合物，即聚合物主链上的支链通过化学反应发生了变化的聚合物，应按未改性的聚合物的相应品目归类。本规定不适用于接枝共聚物。

六、品目 39.01 至 39.14 所称“初级形状”，只限于下列各种形状：（一）液状及糊状，包括分散体（乳浊液及悬浮液）及溶液；（二）不规则形状的块，团、粉（包括压型粉）、颗粒、粉片及类似的散装形状。

七、品目 39.15 不适用于已制成初级形状的单一热塑材料废碎料及下脚料（品目 39.01 至 39.14）。

八、品目 39.17 所称“管子”，是指通常用于输送或供给气体或液体的空心制品或半制品（例如，肋纹浇花软管、多孔管），还包括香肠用肠衣及其他扁平管。除肠衣及扁平管外，内截面如果不呈圆形、椭圆形、矩形（其长度不超过宽度的 1.5 倍）或正几何形，则不能视为管子，而应作为异型材。

九、品目 39.18 所称“塑料糊墙品”，适用于墙壁或天花板装饰用的宽度不小于 45 厘米的成卷产品，这类产品是将塑料牢固地附着在除纸张以外任何材料的衬背上，并且在塑料面起纹、压花、着色、印制图案或用其他方法装饰。

十、品目 39.20 及 39.21 所称“板、片、膜、箔、扁条”，只适用于未切割或仅切割成矩形（包括正方形）（含切割后即可供使用的），但未经进一步加工的板、片、膜、箔、扁条（第五十四章的物品除外）及正几何形块，不论是否经过印制或其他表面加工。

十一、品目 39.25 只适用于第二分章以前各品目未包括的下列物品：（一）容积超过 300 升的囤、柜（包括化粪池）、罐、桶及类似容器；（二）用于地板、墙壁、隔墙、天花板或屋顶等方面的结构件；（三）槽管及其附件；（四）门、窗及其框架和门槛；（五）阳台、栏杆、栅栏、栅门及类似品；（六）窗板、百叶窗（包括威尼斯式百叶窗）或类似品及其零件、附件；（七）商店、工棚、仓库等用的拼装式固定大型货架；（八）建筑用的特色（例如，凹槽、圆顶及鸽棚式）装饰件；（九）固定装于门窗、楼梯、墙壁或建筑物其他部位的附件及架座，例如，球形把手、拉手、挂钩、托架、毛巾架、开关板及其他护板。

子目注释：一、属于本章任一品目项下的聚合物（包括共聚物）及化学改性聚合物应按下列规则归类：（一）在同级子目中有一个“其他”子目的：1. 子目所列聚合物名称冠有“聚（多）”的（例如，聚乙烯及聚酰胺—6，6），是指列名的该种聚合物单体单元含量在整个聚合物中按重量计必须占 95% 及以上。2. 子目号 3901. 30、3903. 20、3903. 30 及 3904. 30 所列的共聚物，如果该种共聚单体单元含量在整个聚合物中按重量计占 95%及以上，即应归入上述子目。3. 化学改性聚合物如未在其他子目具体列名，应归入列明为“其他”的子目内。4. 不符合上述（一）、（二）、（三）款规定的聚合物，应按聚合物中重量最大的那种单体单元（与其他各种单一的共聚单体单元相比）所构成的聚合物归入该级其他相应子目。为此，归入同一子目的聚合物单体单元应作为一种单体单元对待。只有在同级子目中的聚合物共聚单体单元才可以进行比较。（二）在同级子目中没有“其他”子目的：1. 聚合物应按聚合物中重量最大的那种单体单元（与其他各种单一的共聚单体单元相比）所构成的聚合物归入该级相应子目。为此，归入同一子目的聚合物单体单元应作为一种单体单元对待。只有在同级子目中的聚合物共聚单体单元才可以进行比较。2. 化学改性聚合物应按相应的未改性聚合物的子目归类。聚合物混合体应按单体单元比例相等、种类相同的聚合物归入相应子目。二、子目 3920. 43 所称增塑剂，包括次级增塑剂。

综　述

2021年合成树脂行业运行情况及发展态势

2021年新冠疫情总体有所放缓，全球经济逐渐复苏，下游消费反弹，带动合成树脂行业增长。得益于国内疫情控制较好，国内合成树脂行业生产运行保持平稳有序，新建产能陆续投产，产量稳定增长。受国内外供需紧张、原油等大宗产品价格上涨等因素影响，合成树脂价格上涨明显，营业收入和效益规模大幅上涨。同时，国外需求强烈，订单大幅增加，对外贸易增长幅度明显，我国在全球合成树脂产业链的位置更加凸显。

一、合成树脂生产

进入“十四五”以后，在石化行业供给侧结构性改革进一步深化、高质量发展步伐不断加快下，石油和化工行业市场规模和质量效益稳定提升。在合成树脂领域，部分大型炼化一体化项目陆续投产，以煤制烯烃为主的煤化工快速发展，我国合成树脂产能规模继续扩大。但总体来看，国内产能尚不能完全满足需求，我国仍然是合成树脂净进口国且进口依存度仍然较高。2021年我国合成树脂总产能达到9569万吨/年。其中，聚乙烯产能达到2836万吨/年，相比2020年增加490万吨/年。聚丙烯产能达到3216万吨/年，新增产能334万吨/年。

（一）生产运行平稳增长

2021年，随着新建产能陆续投产，国内合成树脂产量实现稳定增长。另外，受油价大幅上涨以及经济复苏带来的下游消费反弹影响，合成树脂需求基本稳定，价格水平提升，全行业效益大幅增长。

一是效益大幅增长。据国家统计局数据，2021年全国合成树脂行业规模以上企业1709家（主营业务收入2000万元以上），比上年增加58家，资产总计1.34万亿元，同比增长11.6%。回顾全年运行情况，得益于全球经济复苏，需求强劲修复，国内疫情控制得当，生产运行几乎不受影响，另外油价一路高涨，推动化工产品价格整体水平上移，合成树脂行业运行一路上扬，效益增速持续稳定在高位，2021年一季度营业收入增速一度超过70%，下半年保持在40%以上，全年实现主营业务收入1.24万亿元，同比大幅增长41.5%，2020年与2021年平均增速为31.0%；利润为1377.1亿元，同比增长91.3%，两年平均增速为52.0%。营业收入和利润无论绝对值还是增速都创造了历史新高（见表1）。

表1　2017-2021年我国合成树脂行业主要经济指标完成情况

项目＼年份	2017年	2018年	2019年	2020年	2021年
主营收入/亿元	8025.5	9898.3	9742.6	9019.5	12761.2
同比/%	2.7	23.3	-1.6	4.0	41.5
利润总额/亿元	650.6	687.9	589.6	719.4	1377.1
同比/%	43.5	5.7	-14.3	20.8	91.3
资产总计/亿元	9851.7	10854.0	11222.4	12136.8	13423.3
同比/%	8.0	10.2	3.4	9.4	11.6

（数据来源：国家统计局、中国石油和化学工业联合会，2019年数据有所调整，下同）

二是盈利能力有所提升。2021年，合成树脂行业利润同比增长91.3%；主营业务成本7536.5亿元，比上年下降6.0%，连续两年下降；每100元主营收入成本为83.0元，比上一年降低0.5元；主营收入利润率为10.8%，比上年提高2.8个百分点，处于历史较高水平。2021年合成树脂行业亏损面为14.7%，比上年扩大1.2个百分点。总的来看，2021年全行业盈利情况表现极其优异，生产企业利润大幅增加，主要受益于三个方面：一个方面是国内疫情控制得当，生产运行保持正常，产能得到充分发挥；二个方面是国外政策刺激，全球经济复苏，需求上升；三个方面是原油价格大幅上涨，助推化工产品价格水平上移。

（二）产量继续保持增长

据统计，2021 年我国合成树脂产量继续保持增长，达到 1.1 亿吨，同比增长 5.8%。其中，聚乙烯（PE）2170.8 万吨，增长 9.7%；聚丙烯（PP）2962.3 万吨，增长 10.5%；聚氯乙烯（PVC）2116.8 万吨，增长 2.1%；聚苯乙烯（PS）311.5 万吨，增长 0.2%；ABS 树脂产量 405.8 万吨，增幅 1.0%。上述五大通用树脂总产量合计 7967.2 万吨，同比增长 7.0%，占比 72.2%，比上年提升 1.5 个百分点（见表 2）。

表 2　2017-2021 年我国合成树脂产量

年份 产品产量	2017 年	2018 年	2019 年	2020 年	2021 年
合成树脂合计/万吨	8213.6	8558.0	9574.1	10355.3	11309.1
年增长率/%	2.4	4.2	9.3	7.0	5.8
五大通用树脂小计/万吨	5541.2	5819.3	6795.4	7323.9	7967.2
聚乙烯（PE）/万吨	1336.3	1402.0	1744.9	1906.6	2170.8
聚丙烯（PP）/万吨	1903.5	2041.9	2348.5	2625.9	2962.3
聚氯乙烯（PVC）/万吨	1774.5	1873.9	2010.7	2074.0	2116.8
聚苯乙烯（PS）/万吨	202.5	175.7	298.3	316.5	311.5
ABS 树脂/万吨	324.4	325.8	393.0	400.9	405.8

注：PE 主要包括 LDPE、HDPE、LLDPE 等；PS 包括 EPS、HIPS 和 GPPS，下同。

分地区看，合成树脂生产主要集中在江苏、浙江、山东、内蒙古自治区等地区。其中，浙江产量最高，为 1253.5 万吨，占 11.4%；其次是江苏，为 1145.7 万吨，占 10.4%；增长率最高的前两个省份分别是青海和湖北，同比分别增长 59.0%和 34.8%。

产量排名前十位的省份及自治区合成树脂总产量为 7523.3 万吨，占全国比例为 68.2%，比去年下降 3.7 个百分点，集中度有所下降（见表 3）。

表 3　2021 年合成树脂产量分地区情况

分地区	产量/万吨	同比/%	占比/%
全　国	11039.1	5.8	100.0
浙　江	1253.5	1.5	11.4
江　苏	1145.7	2.1	10.4
山　东	880.3	6.7	8.0
内蒙古	878.4	1.3	8.0
广　东	836.2	8.4	7.6
新　疆	746.8	2.9	6.8
陕　西	681.3	14.1	6.2
辽　宁	610.0	16.2	5.5
福　建	491.1	23.0	4.4
宁　夏	482.4	10.9	4.2

二、合成树脂消费

（一）国内消费有所回落

2021 年，我国合成树脂表观消费量稍有回落。全年表观消费量为 1.31 亿吨，比上年下降 3.2%。其中，五大通用树脂表观消费量达到 9677.3 万吨，同比下降 3.5%，占合成树脂表观消费总量的 74.0%。聚乙烯、聚氯乙烯、聚苯乙烯、ABS 树脂表观消费量下降，聚丙烯表观消费量小幅上涨（见表 4）。

表 4 **2017-2021 年我国合成树脂表观消费量变化**

表观消费量 \ 年份	2017 年	2018 年	2019 年	2020 年	2021 年
合成树脂合计/万吨	10791.5	10934.4	12286.6	13426.4	13077.7
年增长率/%	1.6	1.3	10.3	8.4	-3.2
五大通用树脂小计/万吨	7190.7	7791.7	9065.8	9910.7	9677.3
年增长率/%	3.6	8.4	10.8	9.0	-3.5
聚乙烯/万吨	2491.0	2781.6	3383.3	3734.8	3578.6
聚丙烯/万吨	2191.7	2338.7	2663.3	3039.9	3152.9
聚氯乙烯/万吨	1764.5	1890.2	2026.7	2106.9	1963.5
聚苯乙烯/万吨	243.7	258.9	399.1	431.3	409.1
ABS 树脂/万吨	499.8	522.3	593.5	597.9	573.2

（数据来源：中国石油和化学工业联合会，每年会对上一年绝对值数据进行修正）

“十四五”期间，我国合成树脂市场规模将继续稳定增长，在全球合成树脂产业链中的地位将进一步巩固。这主要得益于多重因素：一是当前我国塑料人均消费量仍远远低于发达国家，需求仍有增长空间，内循环也将有助于拉动国内消费；二是新冠疫情提升了人们的健康意识，医疗及卫生用合成树脂需求将继续保持增长；三是现代农业生产技术提升，拓宽薄膜在种植业中的应用；四是新材料和高端消费用品对高端包装膜的需求快速增长；五是国内新基建项目增多，城镇化率和新农村建设也增加了管道材料的需求。同时，国家在“十三五”期间实施“禁废令”，我国废塑料进口量快速下滑，由 2012 年最高时 889.7 万吨一路下滑到不足 0.1 万吨，相当于砍掉了废塑料回收利用行业近 1/3 的原料供给，为原生料腾出了空间。

基于环保诉求，全球限塑进程呈现加快趋势，我国在 2020 年初也发布《关于进一步加强塑料污染治理的意见》；同时，需求量暴涨的快递和外卖等包装也将在“十四五”期间受到严格监管或由可降解塑料替代，这都会对合成树脂的需求带来冲击。

总的来看，我国合成树脂市场消费潜力依然很大，产品供需仍存在较大缺口（见表 5）。根据目前消费增长趋势判断，“十四五”期间我国合成树脂市场消费仍将保持平稳增长态势。

表 5 **2017-2021 年我国五大通用树脂供需缺口变化**

供需缺口 \ 年份	2017 年	2018 年	2019 年	2020 年	2021 年
五大通用树脂小计/万吨	-1649.5	-1972.4	-2270.4	-2586.8	-1710.1
聚乙烯（PE）/万吨	-1154.7	-1379.6	-1638.3	-1828.1	-1407.7
聚丙烯（PP）/万吨	-288.2	-296.8	-314.7	-414.1	-190.6
聚氯乙烯（PVC）/万吨	10.0	-16.3	-16.0	-33.0	153.3
聚苯乙烯（PS）/万吨	-41.2	-83.2	-100.8	-114.8	-97.6
ABS 树脂/万吨	-175.4	-196.5	-200.6	-196.8	-167.4

（二）消费领域广泛

合成树脂被广泛应用于包装、建筑、农业、家电及汽车等领域。2021年，聚乙烯消费量仍保持最大，占合成树脂表观消费总量的27.4%，较上年下降1.4个百分点；聚丙烯继续居第二位，占比24.1%，比上年提高1.5个百分点；聚氯乙烯居第三位，占比15.0%，比上年下降0.7个百分点。这三大通用树脂消费量占整个合成树脂消费总量的66.5%。

1. 聚乙烯

受疫情影响，2021年聚乙烯表观消费量达3578.6万吨，比上年下降6.0%，自给率60.7%，比上年提高9.6个百分点。在聚乙烯产品的消费中，高密度聚乙烯（HDPE）表观消费量为1446.2万吨，占比40.4%，比上年降低2.3个百分点；低密度聚乙烯（LDPE）表观消费量约789.2万吨，占比22.1%，比上年提高1.4个百分点；线性低密度聚乙烯（LLDPE）表观消费量为1343.1万吨，占比37.5%，比上年提高0.9个百分点。

HDPE消费结构：HDPE相对于LLDPE与LDPE来说下游应用领域更为广泛，主要在吹塑、板片板材、薄膜、注塑、单丝和编制、电线电缆等领域。其中薄膜、中空、注塑占比排在前列，分别为27.2%、23.6%和22.8%。薄膜料主要用于制作购物袋、包装薄膜、多层复合袋等。其次为管材领域占比13.4%，拉丝占比8.5%（见表6）。

表6　2021年我国HDPE消费结构表

产品	需求量/万吨	占比/%
薄膜	392.65	27.15
注塑	329.45	22.78
中空	341.89	23.64
管材	193.07	13.35
拉丝	122.64	8.48
其他	66.53	4.6

HDPE适用于生产各类中空容器，如食品、药品、化妆品容器以及中空托盘、周转箱、IBC包装桶等大型中空产品。HDPE薄膜制品中，以高强度薄膜为主，主要包括各种塑料袋、多层衬里膜、耐候膜等。HDPE注塑制品可大量替代钢材和木材，广泛应用于各个领域，如铁路、港口、远洋运输、包装生产线等。HDPE管材具有优良的机械性能、韧性好和耐腐蚀等优点，被广泛应用于供水系统及电线电缆等的套管领域。此外，随着人们生活水平的不断提高和消费升级，HDPE在中空包装领域的应用也越来越广泛。

LDPE消费结构：LDPE下游消费主要集中于薄膜领域，占比达69.3%，比上年增加了2.0个百分点。近年来，由于国内对于棚膜行业的厚度、透光性及耐老化程度的标准提升使得LDPE的需求量有所增加。另外，包装膜、重包膜行业随着社会的发展其需求量也在逐年提高。其次为注塑、涂覆、电线电缆领域，占比分别为11.0%、8.7%和6.4%。长远来看，随着外卖行业的兴起以及企业对于包装制品的改进，涂覆料领域对LDPE的消费占比将会扩大。未来涂覆领域也将成为LDPE消费增长的主要下游领域（见表7）。

表7　2021年我国LDPE消费结构表

产品	需求量/万吨	占比/%
薄膜	546.70	69.27
注塑	86.50	10.96
涂覆	68.82	8.72
电线电缆	50.27	6.37
其他	36.94	4.68

LLDPE消费结构：LLDPE因具有更高的拉伸强度、抗穿透性、抗撕裂性和断裂伸长率，使其更适用于生产薄膜，需求达1343.1万吨，占比为67.4%。其次是茂金属、注塑，分别占到19.1%和5.0%。另外，在生产注塑、电缆等产品的过程中会参和LLDPE的使用。滚塑则用来生产儿童爬梯。

LLDPE薄膜主要应用于农业领域，但日用包装、工业等领域也会掺入LLDPE薄膜料来生产。由于社会的发展，需求也在不断增加。未来薄膜领域依旧占据LLDPE主要需求领域。不过农膜行业存在低端农膜供过于求，而高端农膜供不应求的问题。后期，将会采用更多的高端LLDPE薄膜来生产，如茂金属。同时随着国内二胎政策的放开，儿童数量将扩增，相应游乐设施及玩具的需求增加，也是推动注塑和滚塑行业发展的动力（见表8）。

表 8　2021 年我国 LLDPE 消费结构表

产品	需求量/万吨	占比/%
薄膜	905.66	67.43
茂金属	256.26	19.08
注塑	66.89	4.98
滚塑	52.38	3.9
其他	61.92	4.61

2. 聚丙烯

近年来，国内下游消费结构调整加快，逐渐改变国内聚丙烯消费结构占比。2021 年，中国聚丙烯下游消费结构以注塑（均聚注塑和共聚注塑）、拉丝、纤维排在前三位，占比分别为 38.18%、34.4%、10.01%。2021 年我国迅速从新冠疫情中恢复，口罩等卫生用品用量迅速下滑，主要原料聚丙烯纤维需求出现下降（见表 9）。

表 9　2021 年我国聚丙烯消费结构表

产品	需求量/万吨	占比/%
拉丝	1085.23	34.42
均聚注塑	497.53	15.78
共聚注塑	706.25	22.4
纤维	315.61	10.01
BOPP	233.95	7.42
CPP	98.06	3.11
管材	177.51	5.63
透明料	38.78	1.23

3. 聚氯乙烯

2021 年，国内聚氯乙烯消费出现下降，表观消费量达 1963.5 万吨，比上年下降 6.7%。下游消费结构来看，主要集中在管材管件、建材（型材、板材、壁纸、地板等）、薄膜包装、线缆制品，以及其他医疗制品、鞋材等产品领域。其中，管材管件、建材和地板材料是最主要的消费领域，分别占到 35.6%、15.5%和 12.4%。

随着聚氯乙烯消费市场的发展，近年来高性能 PVC 专用树脂供不应求。一些生产厂家推出了一系列高性能的 PVC 合金专用粒料和粉料，如耐冲击 PVC 瓶料、耐热电子电器专用料，鞋用 PVC 合金、医用 PVC 合金，耐辐射、抗静电 PVC 合金，纤维增强 PVC 合金，以及阻燃抑烟无铅-钙 PVC 电线电缆复合料等专用料。此外，具有特殊性能的特种 PVC 树脂在市场上也逐渐得到应用。如 PVC 糊用及掺混树脂、特种糊用 PVC 树脂、氯乙烯-醋酸乙烯共聚树脂、粉末涂料用 PVC 专用树脂、超高相对分子质量 PVC 专用树脂、超高吸收 PVC 专用树脂、消光专用树脂、溶液聚合型共聚树脂、弹性体专用树脂等（见表 10）。

表 10　2021 年我国 PVC 消费结构表

产品	需求量/万吨	占比/%
软/硬管材、管件	699.40	35.62
型材	304.15	15.49
薄膜、医疗包装	199.30	10.15
地板材料、壁纸及发泡材料	242.88	12.37
线缆包装	141.57	7.21
片材、板材及其他型材	121.74	6.2
鞋材、革类	112.31	5.72
其他	142.16	7.24

4. 聚苯乙烯

2021 年，国内聚苯乙烯表观消费量为 409.1 万吨，比上年下降 3.9%。下游消费结构主要集中在电子电器、日用品、包装容器、建筑装饰材料及其他方面。其中，电子电器占 50.1%，主要包括冰箱、空调、电视机、电脑、小家电等上面的注塑件、挤出件及其他电器元件；日用品占 21.4%，主要包括餐具、衣架、牙刷、文具、饮料杯等日用品；包装容器占 17.1%，包括食品包装、医疗品、实验室、化妆品、礼品、CD 录音带盒、电子产品包装等方面；建筑装饰材料占 9.5%，包括挤塑板、灯具、广告板等材料（见表 11）。

表 11　2021 年我国聚苯乙烯消费结构表

产品	需求量/万吨	占比/%
电子电器	205.04	50.12
日用品	87.34	21.35
包装容器	69.79	17.06
建筑装饰材料	38.78	9.48
其他	8.14	1.99

5. ABS 树脂

受疫情影响，我国 ABS 树脂消费在连续多年增长后有所回落。2021 年表观消费量达到 573.2 万吨，比上年下降 4.2%。由于 ABS 刚性好、冲击强度高、耐热、耐低温、耐化学品性、机械强度和电器性能优良，易于加工、稳定性和表面光泽好，还可以进行喷涂、电镀、焊接和粘接等二次加工，被广泛应用于家用电器、办公设备、交通运输、生活用品、玩具和建材等领域。最近几年 ABS 树脂消费领域格局变化不大，电子电器依旧是最主要消费市场，约占 ABS 总消费量的 58.1%，办公设备约占 14.4%，车用领域约占 13.1%。

电子电器主要包括电冰箱、冰柜、空调、洗衣机、微波炉、音响等；办公设备主要为计算机、传真机、电话、复印机等；车用领域主要为汽车、摩托车的仪表板、车轮罩、散热器隔栅、空调器、行李箱、手柄等部件；日用品消费领域主要有箱包、玩具；建材中主要为管材、装饰板等（见表 12）。

表 12　2021 年我国 ABS 消费结构表

产品	需求量/万吨	占比/%
家用电器	333.26	58.14
办公设备	82.71	14.43
交通	74.80	13.05
轻工业领域	47.63	8.31
建材及其他	34.79	6.07

（三）下游加工业生产规模扩大

去年受新冠疫情影响，消费需求下滑，塑料制品行业的产销量出现下降。今年随着全球经济复苏，塑料制品行业生产恢复增长。据统计，2021 年我国塑料制品总量为 8004.0 万吨，同比增长 5.9%。其中，塑料薄膜产量为 1608.7 万吨，同比增长 6.3%，占塑料制品总量的 20.1%，比去年上升 0.3 个百分点；日用塑料制品产量为 701.5 万吨，同比增长 6.5%；塑料人造革、合成革产量为 287.6 万吨，同比微降 0.9%；泡沫塑料产量为 263.0 万吨，同比增长 1.4%（见表 13）。

表 13　2017-2021 年塑料制品产量增长情况

产品名称	2017 年	2018 年	2019 年	2020 年	2021 年
塑料制品总量/万吨	5976.4	6042.1	8184.2	7603.2	8004.0
塑料薄膜/万吨	1169.9	1180.4	1594.6	1503.0	1608.7
农用薄膜/万吨	126.1	120.0	85.2	77.4	79.9
泡沫塑料/万吨	220.4	256.8	258.2	256.6	263.0
塑料人造革、合成革/万吨	290.6	299.5	328.3	323.1	287.6
日用塑料制品/万吨	580.7	559.2	648.6	651.1	701.5

三、合成树脂进出口

2021 年，在主要经济体经济政策刺激下，全球经济出现复苏，需求从疫情发生后的低谷爬出，持续修复。国外疫情持续蔓延，供应链持续受到冲击，生产运行没有完全恢复正常。我国疫情控制较好，供应链、产业链安全稳定，生产贸易平稳有序，很好地支撑了国内和国外的合成树脂及下游需求。我国合成树脂行业进出口贸易总额实现大幅增长，突破 799.30 亿元，增长 33.0%，创造了历史记录。全行业贸易额占石化全行业贸易总额的 9.3%，占化工行业贸易总额的 17.9%。贸易逆差为 319.46 亿元，同比大幅下降 10.1%，仍然是石化行业最主要的逆差来源之一，占全行业贸易逆差的 11.9%。

（一）合成树脂进口

1. 进口基本情况

2021 年我国合成树脂进口总量为 3124.3 万吨，比上年大幅下降 16.5%。合成树脂主要品种进口量都出现大幅下降。五大通用树脂进口量为 2128.4 万吨，比上年大幅下降 22.9%，占合成树脂进口总量的 68.1%，比上年降低 5.6 个百分点；净进口量为 1710.1 万吨，同比大幅下降 33.9%，占合成树脂净进口总量的 83.9%。其中，聚乙烯进口量 1458.9 万吨，同比大幅下降 21.3%，占合成树脂进口总量的46.7%，较上年下降2.8个百分点，继续保持进口量第一的地位；聚氯乙烯和聚丙烯进口量出现大幅度下降，分别为56.1万吨和318.0万吨，同比下降52.7%和29.4%。除五大通用树脂之外，环氧树脂、聚碳酸酯、聚硅氧烷等进口量都出现不同幅度的下滑。受限废令的影响，废旧塑料已无进口。

2021年，我国合成树脂进口总额为559.4亿美元，比上年增长17.0%。其中，聚乙烯进口总额173.5亿美元，同比增长4.6%，占合成树脂进口总额的31.0%；聚碳酸酯、ABS树脂、环氧树脂和聚苯乙烯进口额不同程度增长，增速分别为32.3%、22.7%、16.5%和12.7%。但聚丙烯、聚氯乙烯因为进口量大幅下降，进口规模出现下降，分别为40.5亿美元、8.8亿美元，同比下滑10.9%、17.0%。

2021年，我国合成树脂进口整体实现量减价增，主要因为以下三个方面：一是我国控制疫情相对成功，企业生产稳定，装置开工运行正常；二是全球经济快速复苏，下游消费实现反弹，促进合成树脂的需求；三是国内新建产能陆续投产，产量实现平稳增长，替代了国外部分进口。总的来说，合成树脂进口量虽然下降，但规模依然较大，一方面表明国内产能远不能满足消费需求，未来发展空间依旧很大；一方面表明我国合成树脂生产能力不断增强；另一方面也表明我国在塑料产业链中的地位更加稳固和凸显（见表14）。

表14　　2017-2021年我国合成树脂进口量增长情况

年份 进口量	2017年	2018年	2019年	2020年	2021年
合成树脂总计/万吨	3195.9	2995.5	3366.8	3743.6	3124.3
年增长/%	0.4	-6.3	-5.6	11.2	-16.3
五大通用树脂合计/万吨	1850.6	2140.8	2438.4	2760.6	2128.4
聚乙烯/万吨	1179.4	1402.5	1666.6	1853.4	1458.9
聚丙烯/万吨	317.8	328.0	349.1	450.4	318.0
聚氯乙烯/万吨	100.2	93.8	87.4	119.0	56.1
聚苯乙烯/万吨	74.3	115.3	131.0	136.0	119.9
ABS树脂/万吨	178.9	201.3	204.3	201.8	175.5
环氧树脂/万吨	27.5	26.9	28.9	40.5	31.6
聚碳酸酯/万吨	138.5	141.7	159.9	163.0	150.1
聚硅氧烷/万吨	12.1	12.0	13.6	15.2	13.4
塑料废碎料/万吨	582.9	5.2	0.1	0.0	0.0
其他合成树脂/万吨	584.3	668.9	725.9	764.4	800.9

（数据来源：中国海关总署、中国石油和化学工业联合会，下同）

2. 主要进口来源地

我国合成树脂进口主要来自中东及周边国家和地区。2021年，进口排名前三位的国家和地区依次为韩国、沙特和中国台湾地区，进口量分别为515.3万吨、364.7万吨和336.7万吨，分别占我国合成树脂进口总量的16.5%、11.7%和10.8%；进口额分别为98.4亿美元、47.7亿美元和78.4亿美元，分别占进口总额的17.6%、8.5%和14.0%。我国合成树脂进口较为集中，前十位的国家和地区进口量占进口总量的82.5%（见表15）。

表 15　　2021 年我国合成树脂主要进口国家和地区

国家或地区	进口量/万吨	进口额/万美元	国家或地区	进口量/万吨	进口额/万美元
全球	3124.3	5593843.4	新加坡	215.7	337849.7
韩国	515.3	983763.7	泰国	204.3	362216.1
沙特阿拉伯	364.7	476600.7	日本	176.6	489468.7
中国台湾地区	336.7	783895.4	美国	160.1	404458.7
伊朗	235.4	277305.5	马来西亚	143.0	196667.8
阿联酋	226.8	264743.0			

（二）合成树脂出口

1. 出口基本情况

2021 年，我国合成树脂出口量 1085.7 万吨，同比增长 61.5%。从出口量增速看，聚丙烯和聚氯乙烯增长最快，分别同比增长 250.5%和 143.3%。环氧树脂和聚乙烯出口量也实现大幅增长，增速分别为 114.8%和 102.6%。出口量最大的为聚氯乙烯，为 209.4 万吨，占到出口总量的 19.3%（见表 16）。

2021 年，我国合成树脂出口总额为 239.9 亿美元，比上年大幅增长 95.2%。其中，聚丙烯、环氧树脂、聚氯乙烯增长明显，增速分别达到 260.8%、231.3%、202.8%；聚氯乙烯、聚丙烯、聚硅氧烷出口总额位列前三位，分别达到 28.4 亿美元、18.8 亿美元和 15.8 亿美元。

表 16　　2017-2021 年我国合成树脂出口量增长情况

产品＼年份	2017 年	2018 年	2019 年	2020 年	2021 年
合成树脂总计/万吨	618.0	619.1	654.3	672.5	1085.7
年增长/%	7.6	0.2	-6.3	2.8	61.5
聚乙烯/万吨	24.7	22.9	28.2	25.2	51.1
聚丙烯/万吨	29.6	31.2	34.4	36.4	127.4
聚氯乙烯/万吨	110.3	77.4	71.4	86.0	209.4
聚苯乙烯/万吨	33.1	32.0	30.1	21.2	22.3
ABS 树脂/万吨	3.5	4.8	3.8	4.9	8.1
环氧树脂/万吨	7.2	5.8	4.8	4.7	10.1
聚碳酸酯/万吨	28.8	26.0	25.7	25.1	34.0
聚硅氧烷/万吨	21.4	26.4	22.4	24.3	37.6
塑料废碎料/万吨	3.7	4.3	5.3	5.1	4.8
其他合成树脂/万吨	355.7	388.5	428.2	439.5	581.0

2. 主要出口目的地

我国合成树脂主要出口目的地仍是亚洲及我周边国家和地区。2021 年出口量居前三位的国家和地区依次为越南、印度和美国，出口量分别为 111.1

万吨、99.9万吨、63.8万吨，合计占我国合成树脂出口总量的25.3%，出口总额的23.7%。我国合成树脂出口较为分散，前十位国家出口量仅占出口总量的50.5%（见表17）。

表17　2021年我国合成树脂主要出口国家和地区

国家/地区	出口量/万吨	出口额/万美元
全球	1085.7	2399203.7
越南	111.1	224370.5
印度	99.9	185377.2
美国	63.8	159166.8
韩国	49.1	144832.3
泰国	42.2	100711.7
土耳其	39.8	85329.7
巴西	38.6	77198.8
孟加拉国	36.8	55934.6
俄罗斯	33.9	77619.9
印度尼西亚	33.1	68944.9

四、合成树脂市场情况

2021年合成树脂市场价格上涨幅度明显。受经济复苏及下游需求反弹带动，上半年合成树脂市场价格大幅上涨。3月份，在石化联合会检测的29种主要合成树脂产品中，24种产品价格同比上涨。下半年随着国际原油价格上涨，合成树脂市场价格又出现一波上涨。全年均价看，29种主要合成树脂产品中，28种产品价格同比上涨，PA66、聚碳酸酯EVA、环氧树脂、聚醚等产品的价格增长幅度超过50%。

（一）聚乙烯价格

2021年随着疫情缓解，原油价格攀高，国外供应受极端天气影响下滑，国内“双碳”政策落地执行等多重因素接连发酵，将聚乙烯市场价格推向近几年的一个高位。具体来看，春节过后产业库存偏低，叠加进口货源较为紧俏，市场供应端表现较好，聚乙烯价格一路上涨，到3月份高密度聚乙烯（5000S）月均价同比上涨27.7%，低密度聚乙烯（2426H）月均价同比大幅上涨60.8%，线性低密度聚乙烯（7042）均价上涨30.8%。二季度受期货市场及宏观政策调控大宗商品价格等利空因素影响，聚乙烯价格震荡走弱。三季度以后，疫情出现反复，焦煤、焦炭上涨带动原材料价格上涨，带动煤制烯烃价格上涨，聚乙烯价格迎来年度新高。10月份，高密度聚乙烯（5000S）月均价达到9740元/吨，低密度聚乙烯（2426H）月均价达到13300元/吨，线性低密度聚乙烯（7042）月均价达到9620元/吨。

2021年全年高密度聚乙烯（5000S）均价为8979元/吨，同比上涨13.9%；低密度聚乙烯（2426H）均价为11469元/吨，同比增长28.5%；线性低密度聚乙烯（7042）均价8603元/吨，同比上涨19.7%（见表18）。

2021年，进口聚乙烯价格呈现大幅上涨。其中，高密度聚乙烯进口均价为1412.1美元/吨，同比大幅增长42.2%；低密度聚乙烯均价为1111.9美元/吨，同比增长27.2%；线型低密度聚乙烯均价为1154.0美元/吨，同比增长32.6%（见表19）。

表18　2017-2021年国内聚乙烯市场价格变动情况　　单位：元/吨,%

产品名称	等级/规格	2017年	2018年	2019年	2020年	2021年
HDPE	5000S	10332	11002	8835	7885	8979
	同比	4.4	6.5	-19.7	-10.8	13.9
LDPE	2426H	10672	9956	8552	8928	11469
	同比	2.9	-6.7	-14.1	4.4	28.5
LLDPE	7042	9675	9622	8016	7190	8603
	同比	4.8	-0.6	-16.7	-10.3	19.7

表 19　　2017-2021 年进口聚乙烯价格变动情况　　单位：美元/吨,%

产品名称	2017 年	2018 年	2019 年	2020 年	2021 年
HDPE	1179.8	1311.6	1034.8	1022.5	1111.9
同比	3.8	11.2	-21.1	0.5	27.2
LDPE	1272.5	1195.7	1016.9	927.7	1412.1
同比	3.8	-6.0	-15.0	-10.4	42.2
LLDPE	1206.6	1185.6	1023.3	903.1	1154.0
同比	0.0	-1.7	-13.7	-11.8	32.6

（二）聚丙烯价格

2020 年聚丙烯市场价格整体呈现先跌后涨走势。一季度，受公共卫生关系影响，国内物流基本停滞，下游工厂自春节前停工后，并未如期复工，PP 下游工厂出现大面积停工、停产现象，同时部分制品出口减少，市场刚需明显减弱，而上游生产企业多维持正常开工，供需关系的失衡导致上游生产企业库存暴涨，中石油中石化库存直逼 160 万吨，创下了近年内新高，而国际原油也一度出现负值，市场出现恐慌心态，巨大的供应压力与悲观的外围环境影响下，PP 价格出现跳水，3 月份聚丙烯（T30S，拉丝）平均价格 6860 元/吨，同比下降 24.7%。二季度以后，国内外口罩需求激增，口罩原料纤维料、熔喷布、熔喷料出现一票难求的现象，价格飙涨，熔喷布价格一度涨到 60 万元/吨~67 万元/吨，拉丝价格也涨至 9000 元/吨。全年聚丙烯（T30S，拉丝）平均价格为 7833 万元/吨，同比下降 10.7%。

2021 年聚丙烯市场价格跌宕起伏。年初大幅上涨，聚丙烯价格快速拉涨至近三年同期最高点，3 月份聚丙烯（T30S，拉丝）月均价 9400 元/吨，同比大幅上涨 37.0%。但随着新建产能的投产释放，供给开始宽松，价格有所回落。海运费高涨，塑料原料及制品出口受阻，传统下游行业平均开工率低于往年，需求端发力有限。供应面持续的扩能与需求端的压力成为国内聚丙烯市场博弈的对立面，三月高点过后，聚丙烯市场震荡下行。二季度，随着原油、甲醇、煤炭等上游原料价格不断攀升，强势上涨，聚丙烯生产成本大增，石化企业利润被动压缩，部分企业利润一度呈现负值。下半年，供应端计划外检修以及金九银十旺季预期作用下，市场悲观情绪改善。叠加能耗双控、能源危机影响，聚丙烯期货格外活跃，聚丙烯借势上涨，10 月份迎来年内新高，超过 9610 元/吨。据监测数据显示，2021 年聚丙烯（T30S，拉丝）年均价格为 8696 元/吨，同比增长 11.0%。

2021 年，进口聚丙烯价格大幅增长，初级形状的聚丙烯平均价格为 1273.0 美元/吨，同比增长 26.2%（见表 20）。

表 20　　2017-2021 年聚丙烯价格变动情况　　单位：元/吨，美元/吨,%

名称	规　格	2017 年	2018 年	2019 年	2020 年	2021 年
国内市场均价	T30S，拉丝	8673	9693	8777	7833	8696
	同比	13.7	11.8	-9.4	-10.7	11.0
进口均价	初级状	1209.5	1278.2	1158.6	1043.9	1273.0
	同比	3.6	5.7	-9.4	-9.9	26.2

（三）聚氯乙烯价格

春季，受极端天气、全球疫情反复以及行业相关政策等多因素影响，2021 年聚乙烯全年价格跌宕起伏，波动区间进一步拓宽，较去年全年均价大幅走高。一季度美国出现寒潮天气，多家 PVC 装置开工受限，国际市场供应缩减，国际市场价格走高，PVC 出口套利窗口打开；二季度 PVC 生产企业迎来传统检修季，国内 PVC 装置开工低位，社会及企业库存持续走低，市场价格高位运行；三季度，随着能耗双控政策落实，大宗商品价格持续走高，原料电石价格一路飙升，PVC 成本强有力支撑，另外部分企业在电石到货不足等影响下开工偏低，PVC 市场整体供应紧张。PVC 价格在多重利好因为推动下持续走高。市场监测显示，2021 年聚氯乙烯（SG5）年均价为 9218 元/吨，同比大幅上涨 39.1%；聚氯乙烯（LS100）年均价为 10018 元/吨，同比大幅上涨 48.8%（见表 21）。

2021 年，糊树脂与未塑化聚氯乙烯进口价格出现大幅度增长。糊树脂均价为 2137.4 美元/吨，同比增长 48.5%；初级状未掺混聚氯乙烯价格为 1315.9 美元/吨，同比增长 75.1%；未塑化聚氯乙烯价格为 2211.3 美元/吨，同比大幅增长 38.1%；已塑化聚氯乙烯价格为 2308.1 美元/吨，同比增长 54.1%（见表 22）。

表 21　　2017-2021 年聚氯乙烯国内市场价格变动情况　　单位：元/吨,%

产品名称/规格	2017 年	2018 年	2019 年	2020 年	2021 年
聚氯乙烯/SG5	6441	6675	6686	6629	9218
同比	9.9	3.6	0.2	-0.9	39.1
聚氯乙烯/LS-100	7159	7002	7128	6733	10018
同比	2.6	-2.2	1.8	-5.5	48.8

表 22　　2017-2021 年聚氯乙烯进口价格变动情况　　单位：美元/吨,%

产品名称/规格	2017 年	2018 年	2019 年	2020 年	2021 年
聚氯乙烯/糊树脂	1169.7	1196.3	1160.3	1439.0	2137.4
同比	3.7	2.3	-3.0	24.0	48.5
聚氯乙烯/初级状	921.6	930.3	874.2	771.5	1315.9
同比	10.5	0.9	-6.0	-11.8	75.1
聚氯乙烯/未塑化	1406.7	1457.4	1158.2	1616.0	2211.3
同比	8.1	3.6	-20.5	24.0	38.1
聚氯乙烯/已塑化	2034.9	2031.6	1527.5	1517.1	2308.1
同比	-1.0	-0.2	-24.8	-0.7	54.1

（四）聚苯乙烯价格

2021 年聚苯乙烯市场价格持续上涨。纯苯供需全年处于紧平衡状态，价格持续在高位运行，苯乙烯成本上升，产品价格随之上涨，聚苯乙烯价格也不断上涨。下半年，原油、天然气、煤炭等原材料价格持续攀升，带动化工产品价格大幅上涨，聚苯乙烯在 10 月份迎来年内价格高点。据监测数据显示，2021 年 GPPS（透苯，注塑级）国内市场年均价为 10438 元/吨，同比大幅增长 23.0%；HIPS（抗冲击级）年均价为 11719 元/吨，同比大幅增长 45.3%；EPS（阻燃料）年均价为 10396 元/吨，同比大幅下增长 24.2%。

在进口方面，进口 HIPS（初级改性）均价为 2153.4 美元/吨，大幅增长 42.6%；进口 EPS（初级可发性）均价为 1452.7 美元/吨，同比增长 30.8%（见表 23）。

表 23　　2015-2019 年聚苯乙烯国内和进口价格变动情况

单位：元/吨，美元/吨，%

产品名称	规格	2017 年	2018 年	2019 年	2020 年	2021 年
国内均价						
GPPS	注塑级	11166	12067	9938	8483	10438
	同比	22.6	8.1	-17.6	-14.6	23.0
HIPS	抗冲击级	10544	10567	9017	8063	11719
	同比	9.2	0.2	-14.7	-10.6	45.3
EPS	阻燃料	11304	12064	9769	8373	10396
	同比	17.9	6.7	-19.0	-14.3	24.2
进口均价						
EPS	初级状	1758.1	1364.0	1376.6	1523.4	2153.4
	同比	-2.1	-22.4	0.9	10.7	42.6
HIPS	初级状	1592.5	1408.0	1203.7	1112.4	1452.7
	同比	9.8	-11.6	-14.5	-7.6	30.8

（五）ABS 价格

2021 年 ABS 市场价格持续高位震荡。春节后，受新冠疫情影响，部分家电厂返工受阻，下游生产出现下滑，受需求影响，价格有所回落。二季度以后，随 ABS 装置开始检修，供应偏紧，同时叠加经济复苏带来的需求反弹，价格迎来一波上涨。年中，受国家双控、限电政策影响，终端需求量大幅减少，ABS 市场价格震荡下行。四季度，原油、天然气、煤炭等原材料价格大幅上涨，带动 ABS 价格再次小幅上涨。据监测数据显示，全年 ABS 树脂市场均价为 17520 元/吨，同比增长 25.2%。

2021 年，进口 ABS 树脂价格大幅上涨，其中 ABS 树脂（改性）进口均价为 1980 美元/吨，同比上涨 30.7%（见表 24）。

表 24　　2017-2021 年 ABS 价格变动情况　　单位：元/吨，美元/吨，%

产品名称	规格	2017 年	2018 年	2019 年	2020 年	2021 年
ABS（国内）	通用级	15998	15363	12534	13994	17520
	同比	39.6	-4.0	-18.4	11.6	25.2
ABS（进口）	改性	2236.8	1962.5	1643.0	1517.3	1980.0
	同比	10.5	-12.3	-16.3	-7.7	30.7

五、世界合成树脂市场简况

（一）供应方面

2021 年全球疫情总体有所放缓，主要国家宏观政策乏力，经济开始强力复苏，下游消费大幅反弹，全球合成树脂需求开始修复，价格大幅上涨，市场规模和效益增长明显。五大通用合成树脂产能仍保持了增长，新增产能主要来自聚乙烯和聚丙烯。得益于疫情控制较好，国内生产几乎不受影响，中国成为全球新增产能的主要中心。国内原料多元化成为聚丙烯产能增长的有利条件，新增产能占比超全球新增产能的七成。

随着经济复苏及效益大幅上涨，产能建设相对于上一年小幅加快，全球五大通用树脂产能保持增长态势。随着聚乙烯全球新装置的建设和投产，全球聚乙烯产能继续增长，达 13978 万吨/年，同比增长 9.0%；全球聚丙烯继续处于扩能增长的道路上，产能达到 10280.9 万吨/年，较上一年增长 1122.7 万吨/年，涨幅 12.3%；全球聚氯乙烯产能为 5630 万吨/年，与上一年基本持平；全球聚苯乙烯产能小幅下降，达到 1560 万吨/年，相比上一年增长 62 万吨/年；ABS 产能达到 1226.5 万吨/年，相比上一年增加 64 万吨。全球合成树脂装置的开工率稍有下降，聚乙烯、聚丙烯、聚苯乙烯的装置开工率分别为 84.3%、85.1%、75.2%。

在产量方面，全球聚乙烯产量为 11783.5 万吨，同比增长 8.5%；聚丙烯产量为 8749.0 万吨，同比增长 11.5%；聚苯乙烯产量为 1173.1 万吨，同比增长 10.0%。

在区域格局方面，全球聚乙烯供应仍然主要集中在东北亚、北美地区以及中东地区。其分别占世界总产能的 27.2%、21.7%和 18.3%。三个地区的总产能占世界总产能的 67.2%，同时也是世界产能增速较大的地区。尤以东北亚地区的产能增速最为突出，其产能同比增加 7.6%，北美地区产能同比增长 5.5%。东南亚在 2021 年产能占世界总产能的 8.0%。

全球聚丙烯产能占比超过 10%以上供应仍集中在东北亚、西欧、中东及北美，四个地区产能占全球聚丙烯总产能的 77%。其中东北亚产能占比依旧领跑全球，占比超过全球总量的 45%左右。2021 年，中国新增产能 334 万吨，其他地区新增产能 788.7 万吨，其中东南亚地区产能增长最快。

全球聚苯乙烯生产和消费主要集中在东北亚、北美和西欧地区，三个地区产能占全球总产能 75%左右。

全球 ABS 产能主要集中在东北亚地区，2021 年东北亚地区的产能占全球产能的 76.2%。其次分别是西欧、东南亚和北美地区，分别占全球产能的 7.2%，5.9%和 5.5%。

（二）需求方面

随着经济复苏，2021 年全球合成树脂消费保持平稳，全年消费量在 2.5 亿吨左右，相比上一年稍有下降。具体到各产品，全球聚乙烯消费量为 10850 万吨，较 2020 年下降 195.4 万吨，同比下降 1.8%；聚丙烯消费量约为 7810 万吨，较前一年下降 0.5%；聚苯乙烯和 ABS 消费量分别为 1037.4 万吨和 874 万吨，同比下降 2.7%和 1.4%。

作为全球制造中心，东北亚合成树脂消费量明显高于其他地区，东南亚和印度次大陆地区需求增速快于其他地区。根据数据统计，东北亚合成树脂消费量占全球合成树脂消费量 44%左右。2021 年东北亚聚乙烯需求量为 4300 万吨，占全球需求量的 40.3%，相比上一年增长了近 1.2 个百分点；聚丙烯需求量为 3650 万吨，占 46.7%；聚氯乙烯需求量为 2170 万吨，占 47.5%；聚苯乙烯需求量为 470 万吨，占 53.7%；ABS 需求量为 623 万吨，占 70.0%。

近年来随着产业结构调整，北美及西欧地区的实体产业逐步向东北亚、东南亚及印巴地区转移，新增产能主要以满足当地需求为主。2021 年北美和西欧合成树脂需求量分别约为 3200 万吨和 2700 万吨。

六、全球合成树脂市场发展趋势

自 2020 年起，全球将进入合成树脂新的扩张周期，2020-2025 年间，全球将新增合成树脂产能 5980 万吨/年，较 2015-2020 年间多增产能 820 万吨/年，预计到 2025 年全球五大合成树脂产能达到 3.76 亿吨/年。从新一轮全球合成树脂产能扩张看，新增产能将主要来自中国，预计“十四五”期间中国新增的合成树脂产能约占全球新增产能的 60%以上，其中聚乙烯为 46%，其他合成树脂产品均超过 65%。

进入 2021 年，全球疫情有所放缓，财政政策开始乏力，全球经济强劲复苏，下游需求逐渐恢复，行业运行情况逐步改善，规模和效益都在历史较好水平。进入 2022 年，全球面临的不确定性加大，一方面新冠病毒持续变异，在全球持续扩散，对产业链供应链造成重大冲击；一方面俄乌冲突爆发且呈现长期化趋势，进一步推高了石油、天然气、煤炭等能源价格，对合成树脂行业带来较大的成本压力；另一方面，全球面临通胀压力，美国、欧洲等主要经济体增长面临加大压力，中国经济受疫情冲击增速大概率达不到预定目标，这直接对下游消费带来较大冲击。同时，在限塑方面，各国最近几年加大了限制塑料使用的力度，且进程不断加快，以欧盟为代表的发达经济体更是制定了严格的限制塑料法令。我国也在 2020 年初发布了条款更加严格的《关于进一步加强塑料污染治理的意见》，确定了 2020 年、2022 年和 2025 年的塑料污染治理目标，以减少塑料在环境中的存在。这些限制塑料的政策必将对未来塑料的需求产生影响。同时我国提出碳中和、碳达峰目标，也将对合成树脂市场产生重要的影响。

尽管受到各种因素的影响，全球合成树脂产业规模仍将保持一定增长。据 IHS 预测，到 2025 年全球五大合成树脂需求量可达 3.17 亿吨，2019-2025 年平均增速为 3.7%，低于 2015-2020 年平均 4%的增长水平。其中聚乙烯需求量可达 1.33 亿吨，2020~2025 年平均增速为 4%；聚丙烯需求量可达 9790 万吨，年均增速为 4.3%；聚氯乙烯需求量可达 5510 万吨，年均增速为 2.8%，聚苯乙烯需求量可达 1960 万吨，年均增速为 1.7%；ABS 需求量可达 1200 万吨，年均增长 4.1%。

（中国石油和化学工业联合会　赵国伟）

2021 年中国聚氯乙烯发展现状及趋势展望

根据资料显示，2020 年全球聚氯乙烯总产能约为 5817 万吨，主要生产地依然集中在亚洲、美洲和欧洲地区；预计到 2025 年，全球聚氯乙烯总产能将达到 6194 万吨。其中 PVC 的需求主要集中在三个区域：东北亚（主要是中国）、北美（主要是美国）以及欧洲西部，这三个区域的需求量占全球 PVC 需求量的 70%左右。当前全球最大的 PVC 净出口地区分别为北美、东北亚和西欧，主要进口地区是印度、中东、东南亚、非洲等。分析认为，未来 4~5 年全球 PVC 贸易将继续保持在每年约 1.5%的增长率。目前，中国 PVC 总产能占全球总产能的 45%以上，世界占比最大。同时，在由大至强的发展过程中，中国聚氯乙烯树脂正朝着专用化、高端化和差异化方向发展。

近几年，我国氯碱行业由高速发展进入高质量发展阶段，生产规模稳居全球首位，行业布局日趋合理，产品结构不断优化，安全管理和环保水平不断提高，行业的整体盈利水平明显提升，创新驱动和绿色发展成为行业重要的发展方向。截至 2021 年底，我国聚氯乙烯生产企业为 71 家，总产能为 2713 万吨。全球 PVC 下游消费领域集中在管材、型材、薄膜、电线电缆、地板等，与建筑行业的关系紧密，中国 PVC 及其下游应用也同样进入新一轮的发展周期。

一、发展现状

1. 开工稳定，产能缓慢增长

2012-2015 年期间，PVC 行业新建及扩建项目趋于理性，同时按照市场规律进行的优胜劣汰、落后产能的退出速度加快，PVC 产能的净增长呈现快速下降的态势。2016 年以来，随着“去过剩产能”和环保督查力度的进一步加强，一批竞争力较差的产能退出，供给侧改革作用初步显现。同时，建材等主要下游应用行业有所复苏，下游需求的良好支撑进一步推动了市场供求关系的改善。截至 2021 年底，中国聚氯乙烯现有产能为 2712.5 万吨（其中包含聚氯乙烯糊状树脂 139.5 万吨），产能净增长 48.5 万吨，其中新增 64.5 万吨，退出 16 万吨。

2007-2021 年间，国内 PVC 行业开工率最低为 51%，当时大量闲置产能未退出，不少没有竞争力的产能维持在低负荷状态。2010~2013 年，国内 PVC 整体开工率徘徊在 55%~62%。2014~2016 年，PVC 产能连续三年出现净减少，行业开工率也逐步提升至 70%以上。近三四年，行业效益取得明显好转，开工率也上涨至 80%左右。

2016 年以来，国内 PVC 产能保持在低速平稳增长状态，建材等主要下游应用行业也有所复苏，市场供求关系有所改善。其间随着各项成本要素出现上升，推动了国内多数大宗商品市场价格上行，企业盈利能力也自 2016 年开始取得明显好转，开工率逐渐达到较为良好的水平。2018~2021 年，行业整体开工率保持在 78%~80%，相对稳定（表 1，图 1）。

表 1　2007-2021 年中国 PVC 产能列表

年份	2007	2008	2009	2010	2011	2012	2013	2014	2015	2016	2017	2018	2019	2020	2021
产能/万吨	1520	1581	1781	2043	2163	2341	2476	2389	2348	2326	2406	2404	2518	2664	2713
净增/万吨	362	61	200	262	120	178	135	−87	−41	−22	80	−2	114	146	49
增减比/%	31.3	4.0	12.7	14.7	5.9	8.2	5.8	−3.5	−1.7	−0.9	3.4	−0.1	4.7	5.8	1.8

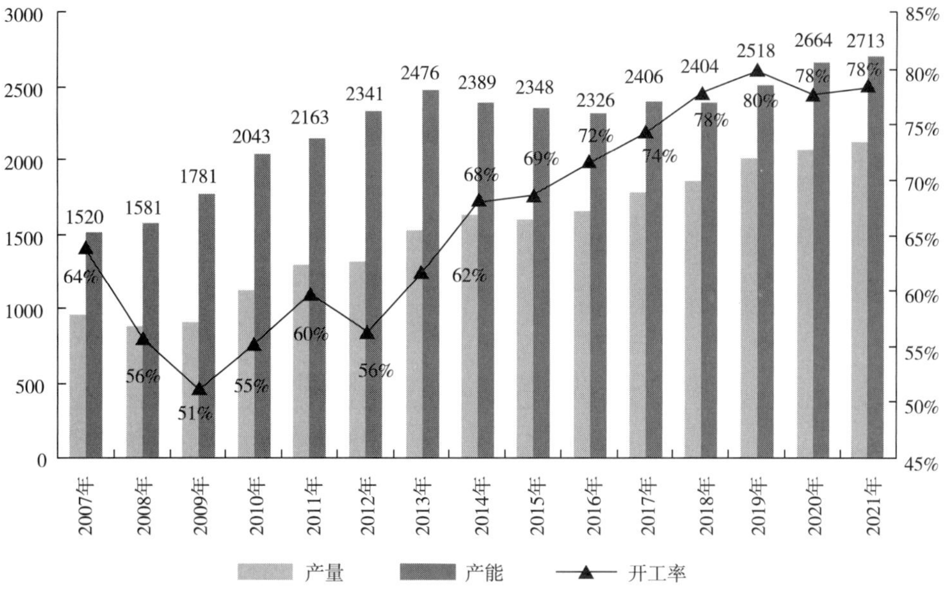

图 1　2007-2021 年中国 PVC 产能产量及开工率走势图（单位：万吨;%）

《氯碱行业“十四五”发展指南》指出，力争到“十四五”末，我国氯碱行业总量更趋于合理，主要产品烧碱和聚氯乙烯开工率均达到 85%以上，产业结构、产品结构进一步优化。另外分析认为，我国氯碱行业发展进入从规模增长向质量提升的重要窗口期，企业发展也将紧密围绕高质量发展而调整，国内局部地区或个别企业因缺乏竞争力和资源掌控力、资产重组等原因仍存在“停车频繁”或“长期停车”现象，未来尤其在电石资源紧张成为常态的背景下，无原料供应基地的电石法 PVC 企业转变耗氯产品结构、退出或部分退出 PVC 产能的情况还将持续一段时间。

2. 企业有序退出，行业集中度不断提高

截止到 2021 年底共 10 年间，我国聚氯乙烯企业数量由 94 家减少至 71 家，单个企业规模不断提高。

2011-2021 年，中国 PVC 产能共计退出 891. 4 万吨，其中电石法 PVC 产能退出为 675. 5 万吨，占总退出能力的 76%。地域分布上，10 多年产能退出较多的省份分别为山东 166 万吨、江苏 86. 5 万吨、山西 69 万吨、河南 58 万吨、河北 57 万吨、四川 54 万吨（表 2，图 2）。

表 2　　2011-2021 年中国 PVC 退出产能类别　　单位：万吨

年份	2011	2012	2013	2014	2015	2016	2017	2018	2019	2020	2021	合计
电石法	-64	-104	-127	-97	-117. 5	-61	-26	-19		-44	-16	-675. 5
乙烯法	-2	-12. 5	-20	-48		-16		-37		-11		-146. 5
糊树脂		-1. 2	-4	-8	-1. 5	-33. 7	-2	-12	-7			-69. 4
小计	-66	-117. 7	-151	-153	-119	-110. 7	-28	-68	-7	-55	-16	-891. 4

2021 年，我国 PVC 生产企业 71 家，平均 PVC 生产规模约为 38 万吨/年，和上年持平。PVC 产能排名前十位企业进入规模保持为 65 万吨/年，大部分集中在西北的新疆、内蒙古、宁夏、陕西以及华北地区的山东和天津。其中，年产能规模为 80 万吨的企业数量为 5 家。（备注：统计以单个企业计算，

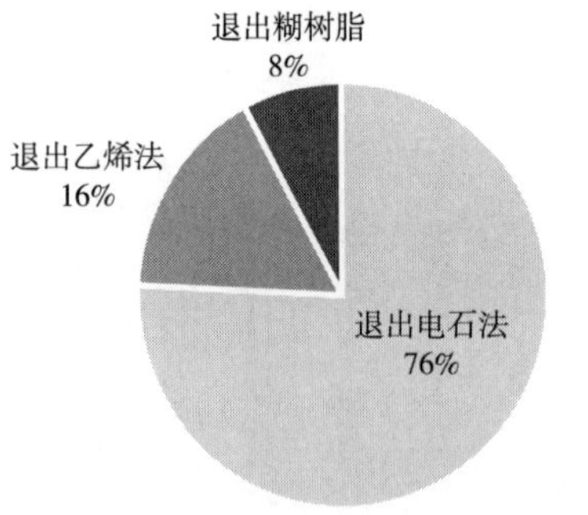

图 2　2011-2021 年国内退出 PVC 产能占比

集团合并数据另作分析。）另分析发现，2021 年，企业规模小于 50 万吨且大于等于 30 万吨的群体较上年企业数量和产能占比均有提高（表 3）。

未来具有强大竞争实力的氯碱企业会继续进行跨地区、跨所有制改革重组，促进上下游产业一体化发展。优势企业在资本市场通过收购、兼并、重组、联营等多种形式实现产业链的延伸以及区位间的互补，企业兼并重组的市场化运作仍会持续较长一段时间，未来我国 PVC 行业的集中度会有进一步提高空间。

表 3　　2020-2021 年国内 PVC 行业产能规模变化表

规模	企业数量		产能合计/万吨		产能占比/%	
	2021 年	2020 年	2021 年	2020 年	2021 年	2020 年
≥100 万吨	3	3	444	444	16. 4	16. 7
100 万吨>企业≥50 万吨	12	12	819	819	30. 2	30. 7
50 万吨>企业≥30 万吨	28	26	1035	970	38. 2	36. 4
30 万吨>企业≥10 万吨	23	23	387. 5	397. 5	14. 3	14. 9
10 万吨>企业	5	6	27	33. 5	1. 0	1. 3
合计	71	70	2712. 5	2664	100. 0	100. 0

3. 产业地区分布清晰，各工艺占比略有变化

当前我国氯碱行业的布局更趋清晰。东部氯碱产业逐渐探索出与石化行业、氟化工、精细化工和农药等行业结合发展的模式；西部地区依托资源优势建设大型化、一体化“煤电盐化”项目，逐渐形成几个大型氯碱产业集群，在我国氯碱行业整体布局中重要地位日益突出；中部地区依托自身区位特点，利用临近下游重点消费领域优势发展氯碱化工，并重点发展精细耗氯产品，形成多个具有特色氯碱精细产业园。

在地区分布方面，现有 71 家 PVC 生产企业分布在 22 个省市、自治区及直辖市，平均规模为 38 万吨。由于各区域的经济水平、资源禀赋和市场情况存在很大的差异，各地 PVC 产业发展并不均衡，局部地区企业数量众多，产能相对密集（表 4、图 3）。

从近两年及未来国内乙烯法聚氯乙烯企业布局特点来看，多选择在沿海地区进行项目建设，并且主要在具有港口资源的地域，适宜进出口大宗原材料，如：石油、乙烯、乙烷、二氯乙烷和氯乙烯等。2021 年，国内华东地区 PVC 产能占比为 10. 4%，较上年 9. 5%略有提高，未来 2~3 年随着江苏、浙江新建乙烯法 PVC 项目的投产，华东地区 PVC 产能占比将会继续提升。同时，随着广西、福建新建乙烯法 PVC 项目的推进和试车，华南地区 PVC 产能占比也会有所增加。

表 4　2021 年中国各地区 PVC 产能

单位：万吨

	电石法	乙烯法
东北	49	—
华北	336	342
华东	77	206
华南	—	22
华中	160	—
西北	1356. 5	30
西南	134	—
合计	2112. 5	600

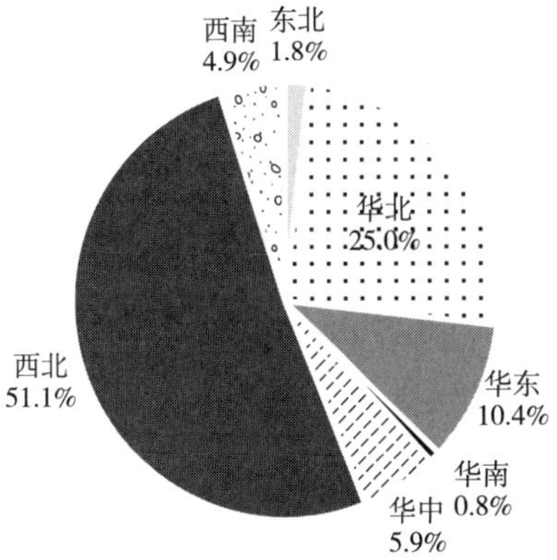

图 3　2021 年国内七大区 PVC 产能占比

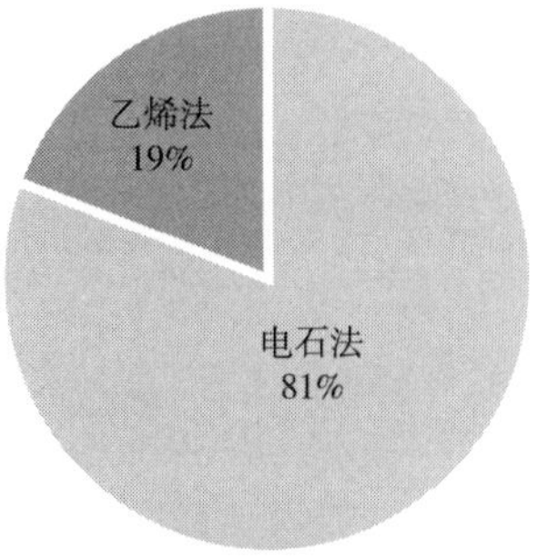

图 5　2019 年国内 PVC 各工艺产能占比

统计发现，中国乙烯法 PVC 产能逐年上升，2021 年较 2019 年增加 3 个百分点，达到了 22%。2022-2023 年，预计中国仍将有 200 多万吨的新增聚氯乙烯项目投产（含糊树脂），其中乙烯法扩能占比 50%以上，因此预计乙烯法 PVC 产能占比仍有继续放大的趋势（图 4、图 5）。

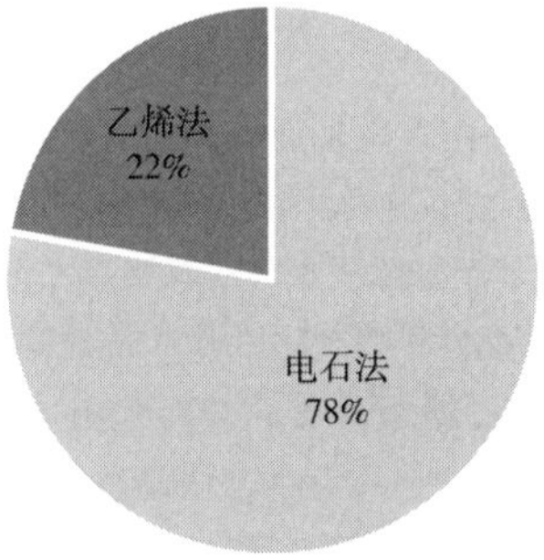

图 4　2021 年国内 PVC 各工艺产能占比

4. 不断细分市场，国内需求出现新变化

目前，PVC 下游对接的塑料加工行业涉及众多塑料加工行业中的产品，但仍以型、管材占比最大。2021 年，中国 PVC 表观消费量同比出现 5.9%的负增长，是继 2008 年金融危机出现当年第二次出现表观消费量的负增长。但分析认为，2021 年的国内表观消费量的负增长和 2008 年相比，意义不同，2021 年中国 PVC 出口累计达到 175 万吨，是自首次实现出口以来的最大贸易量，同时进口是十多年以来的最小量，国内 PVC 表观消费量的负增长，说明了企业在拓宽出口渠道，外溢需求方面较为突出，一定程度上不能说明内需萎缩趋势。某种程度上，反映出我国 PVC 行业开工稳定产量增加的情况下，出口贸易量如果大增，国内需求仍有较大提升空间（图 6）。

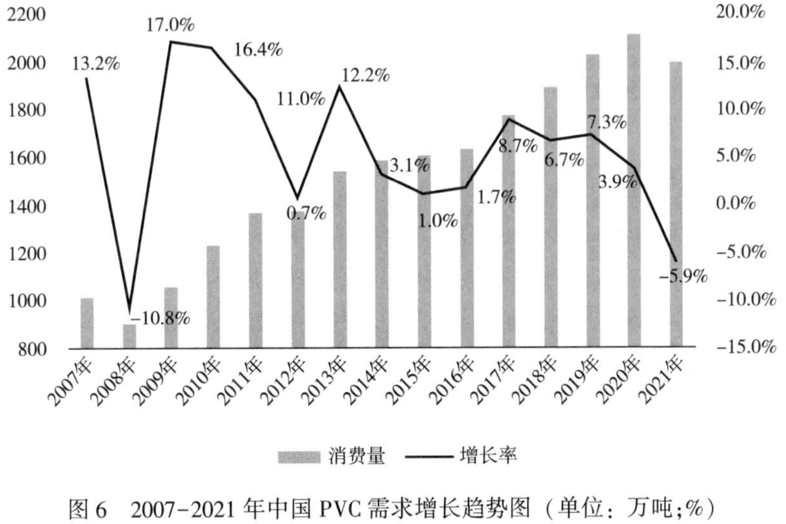

图 6　2007-2021 年中国 PVC 需求增长趋势图（单位：万吨;%）

当前我国重视聚氯乙烯新品种和专用料研发，将医用专用料、多牌号高聚合树脂、TPU-g-VC 接枝共聚树脂、ACR-g-VC 接枝共聚树脂、离子交联 PVC 树脂等特种树脂纳入科技创新体系，拓展聚氯乙烯应用领域；加强对加工助剂、加工技术、加工装备适配性研究；加强与下游加工企业合作，建立系列化、专业化、针对化的聚氯乙烯专用料牌号，促进我国聚氯乙烯树脂由通用型向专用型跨越；提升聚氯乙烯塑料制品质量，巩固在型材、管材等传统领域的应用，进一步开拓 PVC-O 管和 PVC 地板等新兴消费领域（表 5、图 7）。

表 5　　2020-2021 年 PVC 下游塑料制品出口情况

	2021 年出口量/万吨	2020 年出口量/万吨	同比/%
PVC 异型材	11. 1	10. 8	3. 0
PVC 制硬管	9. 6	7. 7	25. 3
PVC 地板	572. 7	492. 5	16. 3
增塑剂≥6%PVC 制非泡沫塑料板等	36. 9	29. 2	26. 3
PVC 泡沫人造革及合成革	7. 5	5. 3	41. 4
PVC 浸渍、涂布、包覆或层压的人造革	21. 2	19. 3	9. 8

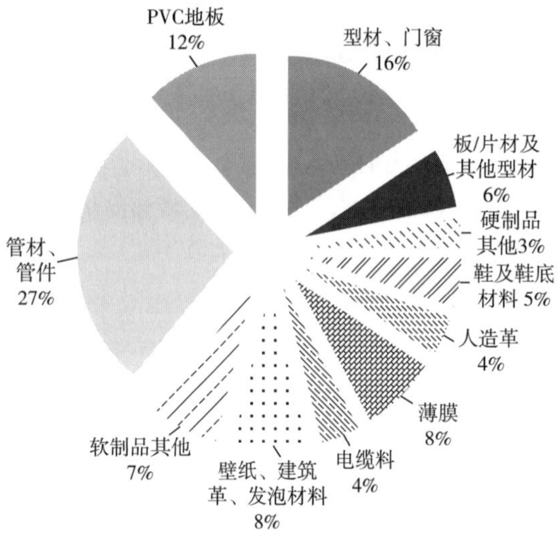

图 7　2021 年中国 PVC 下游消费结构图

在聚氯乙烯新兴及高端下游制品行业方面，如：PVC 制品也是我国汽车用塑料的主要品种之一，依不同车型、不同应用特点，PVC 单车用量为 1~34 千克。PVC 因其具有优异的性能，已在汽车内、外饰件上获得广泛的应用。用塑料制造汽车零部件是实现当前世界汽车材料的轻量化和环保化发展方向的主要手段。软质 PVC 在汽车工业中主要应用为内衬板、软质填板、地板护板、侧围防护饰件、电缆线绝缘护层等。减轻汽车自身的重量是降低汽车排放、提高燃烧效率的最有效措施之一，汽车的自重每减少 10%，燃油的消耗可降低 6%~8%。因此，降低整车成本，增加汽车的有效载荷，增加塑料类材料在汽车中的使用量成为关键。

再如 PVC 地板，俗称塑料地板（聚氯乙烯地板），国内另一别称为弹性地板，是近两年国内 PVC 下游领域表现最为突出的行业。全球地材用量最大的市场为亚洲和美国，亚洲又以中国市场最大，未来 PVC 地材市场消费仍是以这两个国家为主。目前，中国 PVC 地板仍大多用于公用装修，在公共场所先行先试，主要用于学校、医院、公交站等公共区域。疫情期间，由于新建医院等的广泛应用，大众提高了对 PVC 地板的认识。未来随着消费升级以及二次装修的大环境，PVC 片材地板市场的发展前景预计良好。环保理念的不断推行，也为新型环保生态建筑市场带来了机会。目前，我国每年的 PVC 地板出口量保持占行业整体产量的比例为 70%以上，最高达到 80%，基本以外向型为主。2021 年全年中国 PVC 地板出口累计 572. 7 万吨，比上年同期 492. 5 万吨实现增长 16. 3%。从数据看，2020-2021 年国内 PVC 地板行业发展并未受到疫情影响，依旧保持了较高的产量和需求增速。

5. 电石原料供应紧平衡，进口原料出现差异

电石作为传统高耗能行业，“双碳”政策对其造成的影响更加直接和明显。为完成双碳目标，2021 年西北电石主产区各省份陆续执行限电限产的“双控”政策，造成国内电石市场走势出现大幅波动，同时对行业后期新建、扩建项目的进度造成较大影响。据统计，2021 年国内电石总产能约 4150 万吨，但其中稳定在产能力约 3850 万吨，年内新增电石产能约 75 万吨，退出产能约 245 万吨，行业总产能净减少约 170 万吨，产业结构进一步优化。

2021 年，一方面由于国际 EDC 供应紧张，价格居于高位，另一方面国内部分乙烯法 PVC 企业因进口乙烯生产更具成本优势，降低或取消了 EDC 进口量，造成中国 EDC 整体进口较上年出现大幅回落。目前，进口货源主要来自韩国和美国，其中来自韩国的 EDC 占比达到 99% 以上，成为中国 EDC 最大的进口来源地（表 6）。

表 6　2009-2021 年中国进口乙烯及乙烯基类情况列表　单位：万吨

年份	2009	2010	2011	2012	2013	2014	2015	2016	2017	2018	2019	2020	2021
EDC	57	36	40	56	66	69	60	66	38	51	19	40	8
VCM	138	108	93	57	66	65	75	79	81	81	99	96	97
乙烯	97	82	106	142	170	150	152	166	216	258	251	198	207

注：EDC 是碳二亚胺系列中活性较高的脱水剂，水溶性缩合剂和偶联剂，VCM 是氯乙烯 C_2H_3Cl，也称乙烯基氯

我国 VCM 市场供应主要由进口和自产两部分组成。进口 VCM 主要来自日本、韩国和中国台湾地区，其中占比最大的日本占总进口量的 53.8%。当前国内主要通过进口 VCM 生产 PVC 的企业包括有：台塑宁波、苏州华苏、泰州联成、广州东曹等。

6. 进口量降低，出口量大幅增加

2014 年中国 PVC 首次出现净出口局面，并且一直持续至 2017 年。其间，2015 年当年 PVC 出口量出现较为明显的萎缩，造成这一现象的原因是国际原油价格大幅下跌导致国际乙烯法 PVC 成本降低，我国出口产品的竞争优势下降。2021 年全年，我国 PVC 出口量达到 175 万吨，为历史新高，进口量减少至 40 万吨（图 8）。

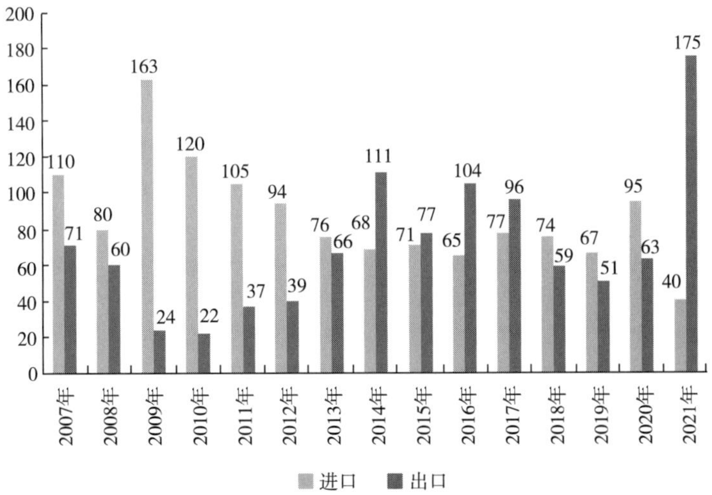

图 8　2007-2021 年中国 PVC 纯粉进出口变化（单位：万吨）

自 2019 年 9 月 29 日起，我国对原产于美国、韩国、日本和中国台湾地区的进口 PVC 不再征收反倾销税。2020 年由于反倾销措施取消、国际乙烯供给进入宽松期，国际乙烯价格在 3 月份出现大幅下跌，海外乙烯法 PVC 成本随之下降，我国国内需求逐渐恢复等多因素影响，美、日、韩、中国台湾地区相继增大了向中国出口，导致本年内进口数量增长明显。2021 年受国际装置不可抗力等因素影响等，全年进口 PVC 纯粉仅为 40 万吨。目前，我国 PVC 出口地仍以中亚、南亚、东南亚等为主，出口数量较上年同期大幅增加。东北亚、东南亚及印度需求逐渐恢复，拉动了如中国的 PVC 外盘报价不断提高，中国企业的 PVC 出口订单不断增加。2021 年，中国 PVC 出口了 134 个国家和地区，出口数量创历史新高，达到 175.4 万吨，其中印度再次成为中国最大的出口目的地，占整体出口总量的 17%左右。

在外贸方式上，2020 年中国 PVC 一般贸易进口量大幅增加，占比达到 50%，但 2021 年中国 PVC 纯粉的进口再次恢复为以进料加工贸易为主的形式，占比约 74.9%。

7. 多因素影响，国内市场价格波动频繁

整体来讲，2021 年国内 PVC 市场起伏变动较大，价格波动频繁，出现了创历史新高的行情，但同时也出现了短时间内的大幅波动现象，全年最低价和最高价价差达到 7000 元/吨以上。

2021 年国内 PVC 市场运行特点为：第一，2021 年国内电石等原材料行情不断拉升，国际 PVC 供应短缺造成出口订单增加，各省市能耗双控措施使得 PVC 企业开工降低等多种因素综合作用造成 PVC 出现较高价位运行的情况。同时，2021 年大宗商品及 PVC 期货市场表现活跃，盘面涨跌幅较大，对现货市场有一定影响。第二，因企业产业链配套情况不同，2021 年国内 PVC 企业经营利润差异较大。第三，10 月下旬开始，各地方受能耗“双控”的影响逐渐减少，PVC 供应量增加及电石采购成本下降造成 PVC 行情出现较大幅度回落。同时国内煤炭等不少大宗商品行情开始下跌，PVC 期货也随之下调，受此影响，国内 PVC 现货行情也出现较大幅度回落。

二、趋势展望

1. 乙烯来源多元化，氯碱行业格局或将改变

全球乙烯生产主要集中在东北亚、北美和中东地区。受中国炼化一体化及煤/甲醇制烯烃产业快速发展带动，东北亚地区乙烯产能快速增长，已成为全球乙烯最主要的生产地，该区域同时也是全球最大的乙烯消费市场，目前仍处于供不应求状态。北美地区一直是全球乙烯的主要生产地，近年来随着美国页岩气革命带来廉价乙烷原料供应爆发式增长，推动北美乙烯产能重新进入扩张周期。由于其乙烯及衍生物成本在全球范围内都具有明显优势，在满足区域内需求外，出口量持续增长，这一趋势在今后几年将更为明显。中东地区拥有丰富的油气资源，原料成本优势突出，近年来乙烯产业规模持续扩张，已超过西欧成为全球第三大乙烯生产区，产能占比不断提升。但由于其油气田伴生乙烷增量放缓，近年来新建装置中采用石脑油、轻烃等混合原料的比例显著提高。

在未来新增产能中，煤制乙烯、乙烷裂解制乙烯、轻烃裂解制乙烯等工艺占比将明显增加。此类新兴乙烯生产工艺将在乙烯生产结构中占据越来越高的份额，由于部分新兴乙烯生产企业不再追求一体化配套，未来可能会有越来越多的乙烯贸易量出现，进而影响乙烯市场价格波动。我国聚氯乙烯产品受原料成本影响较强，随着国内外乙烯来源多元化，我国聚氯乙烯生产企业将通过综合分析自身具备的区位优势、资源特点、物流方式等特质来选择原料路线，将从一定程度上改变未来我国氯碱行业供应格局。

2. PVC 行业面临国际履约新形势

国际公约履约已经成为解决全球环境问题的主要手段和有效途径，国际和国内形势不断发展，我国将在国际公约中扮演越来越重要的角色。《蒙特利尔议定书》《斯德哥尔摩公约》和《关于汞的水俣公约》都与氯碱行业密切相关，随着履约进程的不断推进以及受控物质清单的增补，履约工作压力和难度将会进一步加大。其中，《关于汞的水俣公约》中要求原生汞矿 2032 年关闭、电石法聚氯乙烯单位产品用汞量 2020 年比 2010 年减少 50%、无汞催化剂技术和经济均可行 5 年后不允许继续使用汞，这使得我国用汞量最大的行业——电石法聚氯乙烯面临更大挑战。

3. PVC 产品同质化竞争仍较激烈

作为全球最大的氯碱生产和消费国，我国正逐渐由氯碱大国向强国迈进，产品质量有所提升，但主导产品同质化竞争激烈。尽管我国一些企业通过自主研发，开发出多个聚氯乙烯树脂新品种，但与国外相比，在产品产量、质量和应用领域方面还存

在一定差距，未形成具有各自特点的品种体系。我国聚氯乙烯品种主要以通用型牌号为主，产品品种单一造成的低端市场竞争加剧，国内聚氯乙烯专用树脂、高端及特种树脂产品的开发仍显不足，同时应用领域也有待进一步拓展。

4. 继续拓宽传统应用领域，创新发展新兴应用领域

我国聚氯乙烯的消费潜力，一方面集中在拓宽传统的管材、型材应用领域，另一方面集中在创新发展新兴的应用领域。提升聚氯乙烯塑料制品质量，巩固在型材、管材等传统领域的应用，进一步开拓 PVC-O 管、PVC 医用制品、PVC 车用制品、PVC 地板等新兴消费领域是未来行业发展方向。

在聚氯乙烯管材领域，未来我国 PVC 管道将朝着环保化和高性能化的方向发展。环保化主要体现为：PVC 管道产品中氯乙烯单体（VCM）含量的严格控制，目前国标中要求输送饮用水 PVC 管材中 VCM<1 毫克/千克；PVC 管道产品在加工过程中，避免增塑剂的使用；使用环保无毒的新型热稳定剂取代铅盐类热稳定剂。高性能化主要体现为对高性能 PVC 管材的开发，具体表现为 PVC 管材具有高耐压强度、良好的阻燃性能、高环刚度、优异的耐候性能、使用寿命长、安装方便等优点，但 PVC 产品易出现脆性破坏，耐热性能一般，因此重点开发双轴取向聚氯乙烯管（PVC-O）、高抗冲改性聚氯乙烯管（PVC-M）及氯化聚氯乙烯管（PVC-C），不断拓宽和稳定 PVC 核心的消费市场，促进提升聚氯乙烯制品质量。

（中国氯碱工业协会　张培超）

2021 年中国塑料机械工业发展报告

2021 年，疫情在世界范围的影响仍较广泛且深远，国际环境依然多变，塑料机械行业迎来新的发展阶段。医疗健康、智能家居、远程办公等越来越受到重视，新的应用市场也逐渐增长。与此同时，疫情也驱使塑料机械企业管理者重新定义未来生产与经营模式，行业发展面临新的机遇和挑战。

一、2021 年中国塑料机械行业整体运行情况

中国塑料机械工业协会根据重点联系企业情况估算，综合来看 2021 年全年行业继续保持了增长态势，但增长幅度在逐步收窄，特别是进入三季度后下行压力显著增大。其中，一季度产销同比增速均超过 60%，主要是由于 2020 年受疫情影响停工停产基数过低；二季度产销同比增幅不到 20%；三季度虽然产量出现负增长，但由于在手订单履行，营收尚保持近 17%的增长；四季度则产量和营收下滑幅度较大。随着市场压力的增大，产成品存货大幅增加；行业应收账款也较去年同期有所增长，资产负债率则与上年同期水平较为接近。同时，由于原材料、零部件和能源价格上涨，成本上升幅度超过了收入的增长幅度，利润空间压缩，第二和第三季度的利润总额均出现不同程度的下滑。2021 年塑机行业重点指标增长情况详见图 1。

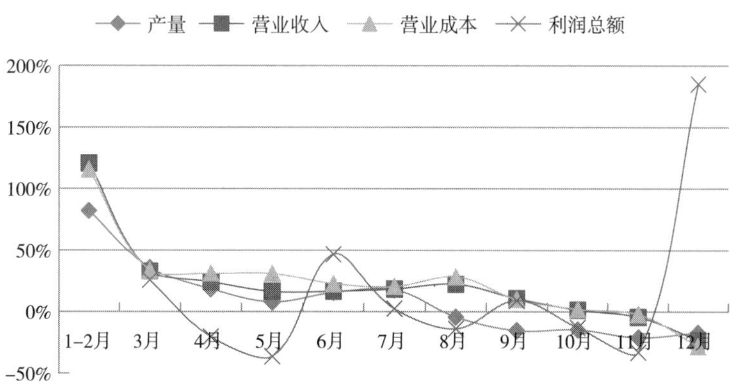

图 1　2021 年塑机行业重点指标同比增长趋势

2021 年，塑料机械 12 个重点税号产品进出口总额 59. 27 亿美元，同比增长 27. 88%。其中，进口额 21. 61 亿美元，出口额 37. 66 亿美元，分别同比增长 20. 81%、32. 32%；贸易顺差再创新高，达 16. 05 亿美元，同比增长 51. 80%。

按季度看，出口额同比增幅由 57. 07% ~ 14. 94% 呈逐季收窄态势；进口额在第二季度同比增长 57. 32%后，第三季度增速下降至 12. 78%，第四季度再次出现同比负增长的情况。

2021 年塑机进出口及贸易顺差增长情况详见图 2和图 3。

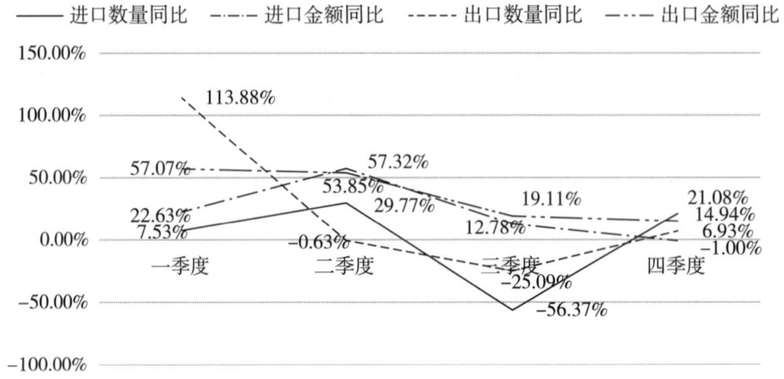

图 2　2021 年塑机进出口季度同比增速走势

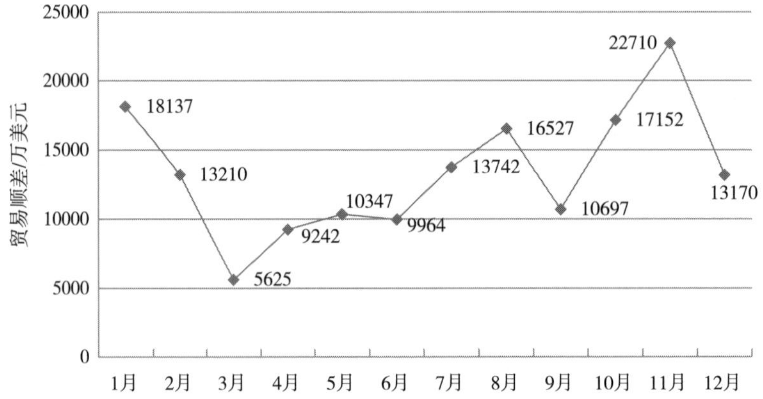

图 3　2021 年塑机贸易顺差走势

从细分产品看，注塑机和挤出机的进出口均继续高位增长，且出口增速高于进口。其中，注塑机进出口额分别同比增长 25. 21%、38. 98%；塑料造粒机进出口额分别同比增长 12. 70%、45. 05%；其他挤出机进出口额分别同比增长 22. 08%、36. 43%；挤出吹塑机和塑料中空成型机的进口额增速则明显高于出口；注射吹塑机出口额同比下降 2. 81%，是唯一出口额下降的分类塑机产品；塑料压延成型机进口额同比下降 23. 92%、出口额同比增长 52. 35%。2021 年重点税号塑机产品进出口额统计详见图 4。

按进口来源看，2021 年从亚洲进口 12 个税号塑机金额 12. 59 亿美元，同比增长 27. 10%；从欧洲进口额近 8. 44 亿美元，同比增长 13. 00%；从北美洲进口额为 5734 万美元，同比增长 11. 12%。

进口来源地前 10 位占同期塑机进口额的 96. 18%；其中，从日本进口 10. 21 亿美元，同比增长 28. 68%；从德国进口近 6. 36 亿美元，同比增长 22. 99%；从意大利、韩国和美国进口额分别同比增长 13. 78%、62. 31%和 28. 62%；从奥地利、瑞士和加拿大进口额则分别同比下降 22. 28%、61. 01%和 21. 91%。

2021 年进口塑机金额洲际占比及来源前 10 位统计详见图 5 和图 6。

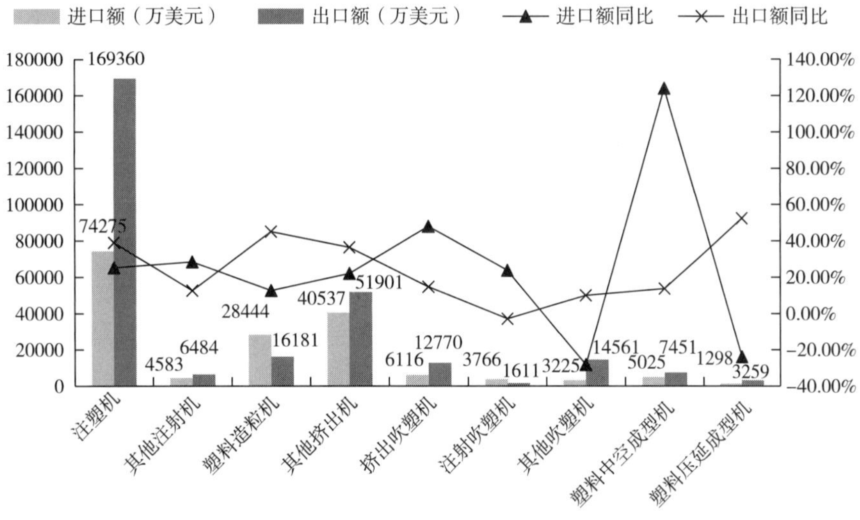

图 4 2021 年重点税号塑机产品进出口额统计图

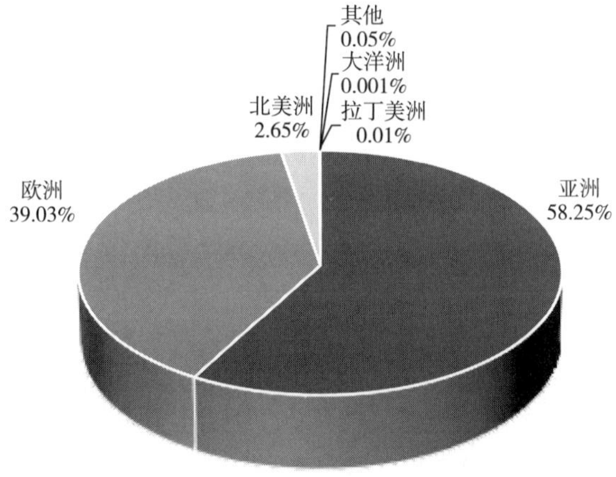

图 5 2021 年进口塑机金额洲际占比

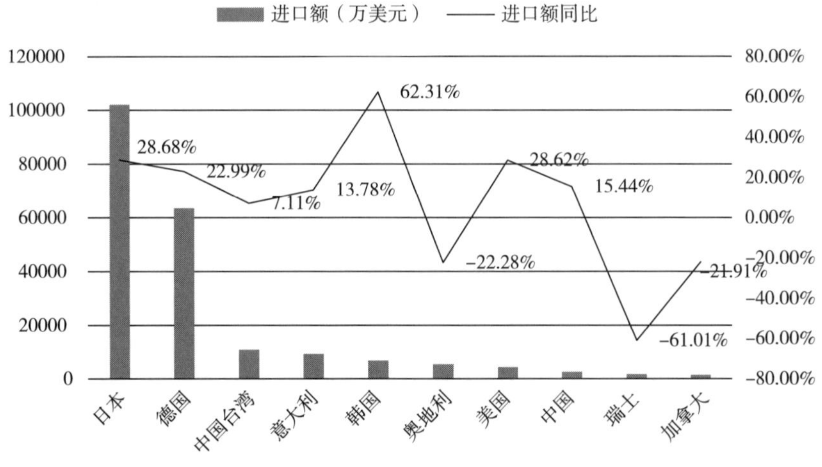

图 6 2021 年进口塑机来源前 10 统计

按出口分布看，2021 年塑机出口至亚洲的金额为 19.31 亿美元，同比增长 29.24%；出口至欧洲为 6.67 亿美元，同比增长 30.12%；出口至拉丁美洲和北美洲分别为 4.09 亿美元、3.91 亿美元，分别同比增长 63.08%、26.04%；出口至非洲近 3.23 亿美元，同比增长 32.01%；至大洋洲出口额同比增长 48.32%。

前 10 大市场出口额在同期塑机出口额的占比为 52.11%，其中排在前两位至越南和美国的出口额占比分别达到 10.28%、9.53%。出口至前十大市场的金额同比增速均超过 19%，其中至泰国、印度、墨西哥、俄罗斯、巴西和马来西亚的出口额同比增速均超过了 42%。2021 年塑机出口金额洲际占比及出口市场前 10 统计详见图 7 和图 8。

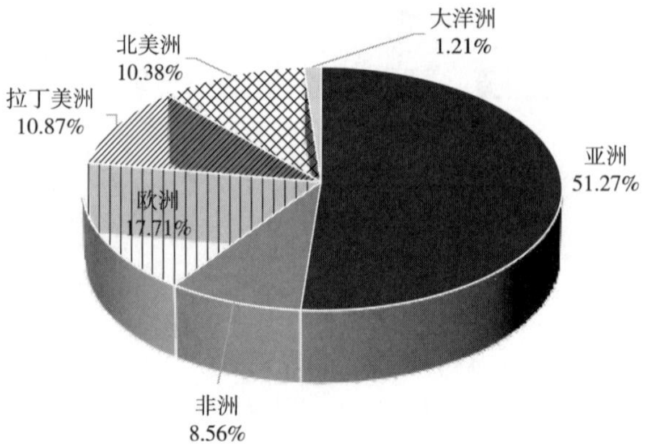

图 7　2021 年塑机出口金额洲际占比

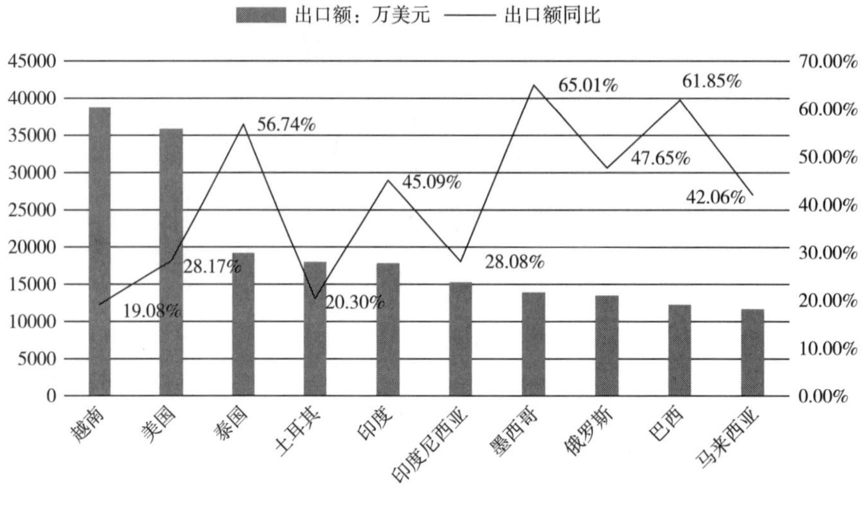

图 8　2021 年塑机出口市场前 10 统计

二、2021 中国塑料机械优势群体特征表现

（一）中国塑料机械行业优势企业亮点纷呈

中国塑料机械工业协会每年向业界推出的“中国塑料机械行业优势企业榜单”不仅得到了行业广泛关注，也成为国内外塑料机械相关产业及用户了解中国塑料机械企业发展的风向标。近年来行业持续快速发展，优势企业整体经营水平显著提升，因此 2021 中国塑料机械行业优势企业范围扩大至“中国塑料机械制造业综合实力 30 强企业”“中国塑料注射成型机行业 18 强企业”（入围的前 18 名注塑料机械企业主营业务收入均超过了 4 亿元）“中国塑料挤出成型机行业 12 强企业”“中国塑料中空成型机行业 5 强企业”和“中国塑料机械辅机及配套件行业 5 强企业”。

1. 体量指标和效益指标全面快速增长

根据中国塑料机械工业协会统计，2021 中国塑料机械行业共有 40 家优势企业上榜，除纳税总额有所下降外，其 2020 年度各项主要经济指标继续保持快速增长态势。其中，工业总产值和工业销售产值分别同比增长 25%、29%；主营业务收入同比增长 18%；利润总额同比增长 80%，远高于行业整体的平均增速；出口额同比增长 6%。利润率和资产负债率指标也有较大幅度的改善，显著优于行业平均水平。2021 年中国塑料机械优势企业主要指标增长情况及中国塑料机械重点企业主要效益指标对比详见图 9 和图 10。

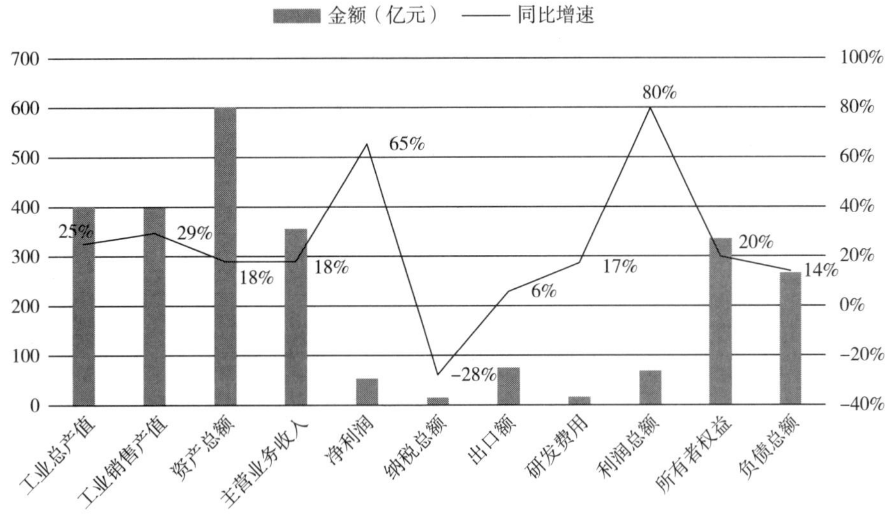

图 9　2021 年中国塑料机械优势企业主要指标及增速

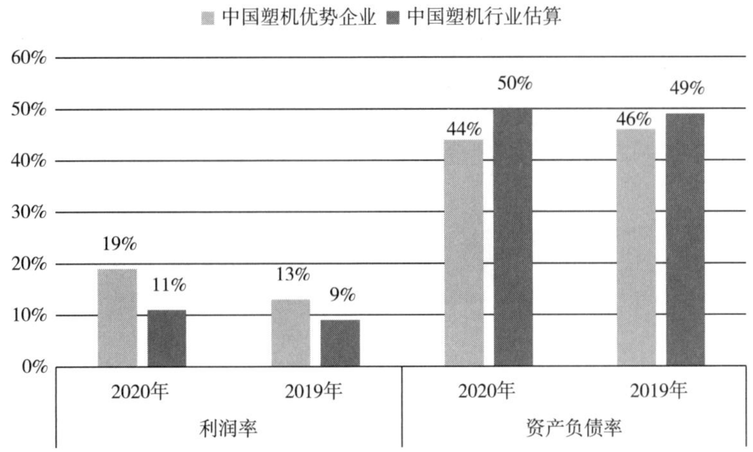

图 10　中国塑料机械重点企业主要效益指标对比

注：中国塑料机械优势企业利润率指标为主营业务收入利润率；行业利润率指标估算为营业收入利润率。

2. 劳动生产率高

40 家入榜企业 2021 年人均产值（工业总产值/从业人数）近 122 万元，高于上年的 106 万元。按细分行业，挤出机企业 2021 年人均产值达 155 万元，明显高于注塑料机械、中空成型机和辅机及配套件企业，更是远高于行业总体平均水平。中国塑料机械优势企业细分行业人均产值对比详见图 11。

3. 集中度高

从地域分布方面看，中国塑料机械行业优势企业主要集中在华东和华南地区。在 2021 年入榜企

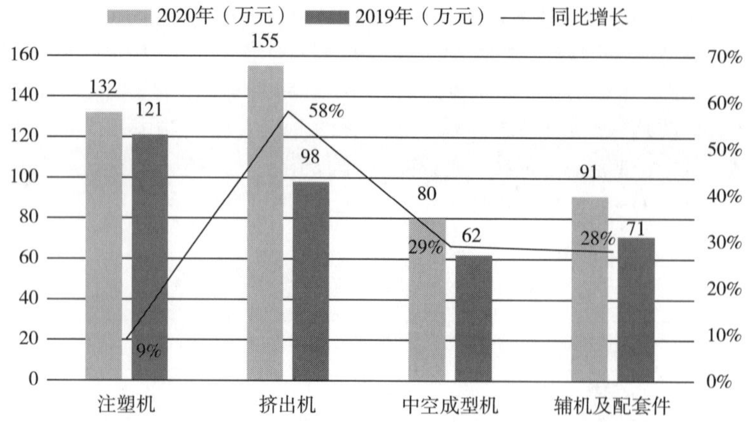

图 11　中国塑料机械优势企业细分行业人均产值对比

业中，华东地区 22 家，其中浙江 15 家，江苏 7 家，上海 1 家；华南地区 12 家，其中广东 11 家，广西 1 家。另有辽宁 2 家、山东 1 家、河北 1 家、四川 1 家。注塑机企业集中分布在浙江和广东两省，浙江 13 家，广东 6 家。挤出机企业分布相对分散，江苏 4 家，上海 1 家，广东 2 家，辽宁 2 家，山东 1 家，河北 1 家，四川 1 家。中空机企业在江苏 2 家，广东、广西、山东各有 1 家。塑料机械辅机及配套件企业集中分布在苏浙和广东地区，其中浙江 2 家，江苏 1 家，广东 2 家。产业集群地发展迅速，与当地良好的营商环境、完善的配套产业链、方便快捷的物流资源以及服务型政府支持等多方因素有着密切的关系。2021 年中国塑料机械优势企业分布详见图 12。

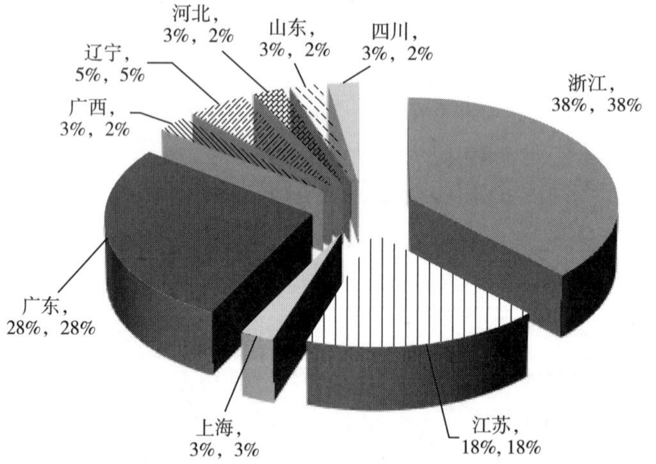

图 12　2021 中国塑料机械优势企业分布

4. 研发投入比例高

入榜塑料机械优势企业整体研发费用投入占主营业务收入比例超过 4%，有的企业投入比例甚至高达 8%。

5. 出口占比较为合理

40 家入榜企业总体出口在主营业务收入占比 21%，处于较为合理的比例区间，可以有效规避因对外贸易依存度过高而潜藏的风险。

6. 行业贡献度大

从行业占比看，40 家入榜企业主营业务收入约占 44%，资产总额约占 66%，利润总额约占 80%，出口额约占 41%。中国塑料机械优势企业已成为塑料机械行业发展进程中名副其实的重要支柱。2021 年中国塑料机械优势企业主要指标行业占比估算详见图 13。

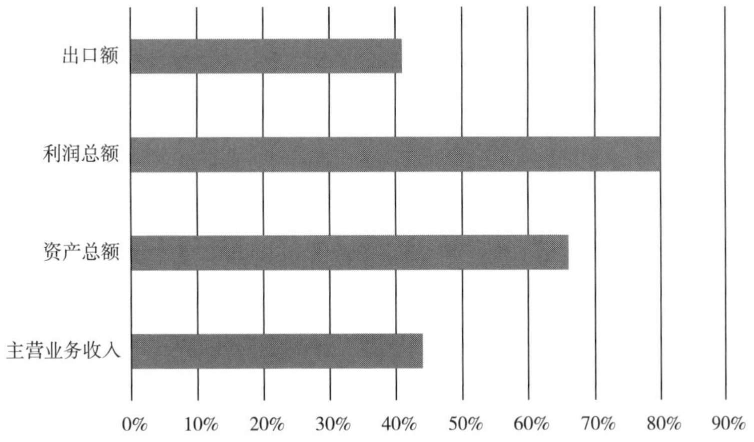

图 13　2021 中国塑料机械优势企业主要指标行业占比估算

（二）2021 塑料机械行业上市企业绩效可喜

从上市企业 2021 年第三季度或半年度报告看，塑料机械上市企业基本上都保持着营收和利润总额快速增长态势，但受原材料价格上涨和市场需求逐渐回归至理性轨道等因素影响，利润率较 2020 年有不同程度的下调。

1. 海天国际控股有限公司

2021 年上半年收入近 82.26 亿元，同比增长 64%，其中国内销售收入占 69.5%，海外销售占 30.5%；经营利润近 18.64 亿元，同比增长 51.7%；净利润近 15.84 亿元，同比增长 54.1%。由于报告期间原材料价格快速上升，而产品销售价格提升效果滞后显现，因此毛利润率下降至 32.3%（2020 年同期毛利润率则为 33.6%）、净利润率下降至 19.3%（2020 年同期净利润率为 20.5%）。

得益于中国稳定的疫情防控环境，海天国内销售业绩不俗，超过 57.2 亿元，同比增加 67.7%。由于海天多年来不断拓展海外销售网络，除个别东南亚国家受疫情影响外，多数地区如印度、巴西、泰国等销售额增加显著，越南、土耳其、俄罗斯等市场继续稳步向上，海外销售总额同比增加 56.1%，超过 25.05 亿元。同时推出的三代注塑机得到市场广泛认可，已占上半年销售总额的 60%以上。其中主力机型 Mars 系列节能注塑机 2021 年上半年销售额近 57.88 亿元，同比增长 58.3%，占比高达 70.4%；长飞亚电动注塑机和 Juptier 系列二板注塑机的销售额占比分别为 12.8%和 10.8%，同比增速分别高达 86.1%和 91.5%。

2. 震雄集团有限公司

由于内需与出口带动以及全球经济活动开始恢复所带来的需求回暖，震雄集团本财政年度上半年延续了上一年度的市场景气，报告期内大量增加产能响应需求的增长，加上新产品系列的市场接受度可观，集团上半年销售额创造了新的历史纪录。截至 2021 年 9 月 30 日的 6 个月时间，实现营业额 15.57 亿元港币，同比增长 51%。

3. 广东伊之密精密机械股份有限公司

该企业 2021 年前三季度营业收入超过 26.65 亿元，同比增长 41.92%；利润总额超过 5.05 亿元，同比增长 96.48%；净利润超过 4.38 亿元，同比增长 97.71%，细分领域产品经营情况有待年度报告发布。

4. 泰瑞机器股份有限公司

该企业 2021 年前三季度内外销订单同比增长较快，营业总收入近 8.65 亿元，同比增长 42.08%，NEO 系列全电动、两板、多物料等中高端优势产品营收所占比重持续加大；公司加强营销体系管理及完善产业链成本优势，实现整体毛利率 31.85%，同比上升 3.89 个百分点；利润总额近 1.5 亿元，同比增长 90.93%；净利润超过 1.33 亿元，同比增长 97.23%。

5. 广东金明精机股份有限公司

该企业 2021 年前三季度营业收入超过 3.79 亿元，同比增长 27.97%；利润总额近 4012 万元，同比增长 12.10%；净利润近 3382 万元，同比增长 5.24%。

6. 大同机械企业有限公司

该企业 2021 年上半年收入近 15 亿元港币，同比增长 47.74%。其中，注塑制品业务板块销售额为 2.65 亿元港币，同比增长 52.47%；机械板块销售额近 5.84 亿元，同比增长 58.96%。中小型机器系列销售继续保持良好表现；应用于日常消费用品、包装及家电等行业的机型销售稳健，2020 年陷入市场低迷的汽车和消费电子行业在本期间销售也有所上升；但食品包装行业的薄壁高速专用机销售明显下滑，主要是受 2020 年疫情肆虐初期需求迫切，而现在市场需求已基本恢复至正常水平所致。

为了减轻原材料，即铸铁、零件加工、驱动和运行组件价格大幅攀升对业务带来的影响，公司继续致力于推广更高端的专用型号和调整售价。

7. 力劲科技集团有限公司

截至 2021 年 9 月 30 日止 6 个月，集团注塑机械业务收入超过 7.85 亿元港币，同比增长 39.2%；医疗、包装、小家电、日用品等行业需求理想，制造厂商对新设备的投资意愿积极。

8. 广东拓斯达科技股份有限公司

该企业 2021 年前三季度营业收入超过其 22.89 亿元，同比增长 12.78%；利润总额近 1.47 亿元，同比下降 75.9%；净利润超过 1.32 亿元，同比下降 74.51%。这主要是由于 2021 年产品销售结构变化及大宗商品原材料价格上涨所致。而 2020 年同期口罩机及相关设备业务占营业收入的比重较大且毛利率较高，2021 年该业务则大幅减少。

9. 宁波弘讯科技股份有限公司

该企业前三季度主营产品销售订单增加，营业收入超过 7.36 亿元，同比增长 41.27%；利润总额近 9337 万元，同比增长 77.55%；净利润超过 7434 万元，同比增长 75.52%。

三、塑料机械行业发展新机遇

1. 政策支持力度加大

为了缓解疫情对经济造成的冲击，国家层面及各地方政府相继出台了包括减税降费、金融支持、推动经济循环畅通和稳定持续发展等大量政策措施。塑料机械行业主要以民营企业为主，对于减税降费和金融支持的敏感度高，这些政策在一定时期内的持续实施，对于广大塑料机械企业降低经营和融资成本效果明显。

2021 年，国务院总理李克强主持召开国务院常务会议，部署对制造业中小微企业等实施阶段性税收缓缴措施，进一步加大助企纾困力度。其中，对制造业小微企业（含个体工商户）的税款全部缓税；对制造业中型企业的税款按 50%缓税，特殊困难企业可申请全部缓税。缓税自 2021 年 11 月 1 日起实施，至 2022 年 1 月申报期结束，预计可为制造业中小微企业缓税 2000 亿元左右。

2. 资本市场助力推进

受益于我国疫情控制得力，国内经济恢复迅速，国内外资本亦闻风而动。据 2021 年 1 月下旬联合国贸易和发展组织发布的《全球投资趋势监测报告》显示，全球外国直接投资（FDI）在 2020 年较上一年下降 44.22%，但对中国的投资额达到创历史新高的 1630 亿美元，占全球总额的 18.98%，较上年增长了 15.42%。

商务部数据显示，2021 年中国实际利用外资以人民币计首次突破万亿元，达到 11493.6 亿元，增长 14.9%；以美元计，达到了 1734.8 亿美元，同比增长 20.2%，和 2019 年相比，两年平均增长 12.1%，高于全球平均水平 6.4 个百分点。

FDI 主要集中在制造业，带动了中国制造业快速发展。国内各大投资公司也纷纷看好制造行业，在塑料机械领域寻找投资项目的意愿显著增强。

3. 实现弯道超车契机

此前我国塑料机械在高精端产品上与欧美日尚存在一定的差距，一些国产重大产品取得突破后被市场接受的过程比较艰难漫长。随着中国作为全球价值链供给方的产能从暂停至逐步修复，影响中国经济的因素，已经转向由于疫情发酵下全球供求端的制约，为塑料机械装备国产化、加速进口替代提供了新的机遇。

医疗器械、计算机电子光学仪器、化学材料、汽车零部件等行业长期被欧美日韩占据主导地位，但我国也具备一定竞争力，在国外疫情尚未有定数而国内已全面恢复的情况下，充分把握市场机会。此外，行业企业还需抓住新的契机，争取在高端产品上实现突破，传统产品差异化，扩大出口，拓宽海外销售渠道。

4. 未来市场空间广阔

人类每一次危机都孕育着新的技术变革和发展机遇，新冠疫情也使得以数字技术为支撑的新产业、新模式加速崛起，展现出强大的抗冲击能力和发展韧性。医疗健康、生物医药等大健康产业、新能源汽车、新一代信息基础设施和新型智慧城市建设、制造业数字化与智能化升级等发展势头强劲，塑料机械为这些行业提供重要配套装备、同时也受益于这些行业的发展，可以预期将迎来新的黄金发展期。

四、塑料机械行业面临的挑战

1. 中小企业融资难

塑料机械行业中小企业居多，中小企业融资难

（十九）……加快推动建筑用能电气化和低碳化。开展建筑屋顶光伏行动，大幅提高建筑采暖、生活热水、炊事等电气化普及率。在北方城镇加快推进热电联产集中供暖，……因地制宜推进热泵、燃气、生物质能、地热能等清洁低碳供暖。[1]

……

《意见》全文强调要节能减排、绿色低碳，尤其对城乡建设特别提出了要：提升城乡建设绿色低碳发展质量，要大力发展节能低碳建筑，要加快优化建筑用能结构。

《意见》同时又提出了减排的时间表：到2030年，经济社会发展全面绿色转型取得显著成效，重点耗能行业能源利用效率达到国际先进水平。单位国内生产总值能耗大幅下降；单位国内生产总值二氧化碳排放比2005年下降65%以上；……。

从上述国策要求出发把构建现代化基础设施建设放到了重要的位置上，同时也强调了绿色建筑内含和目标以及城市管网建设、改造的具体要求。

一、我国建筑能耗现状

1990年，中国一年新建房屋1000万米^2；2000年，建设房屋1亿米^2；2010年，新建房屋10亿米^2；到了2017年，中国当年竣工的房屋面积17亿米^2，这两年没有再增长。2020年，中国新建房屋面积超十六亿平方米，估计到2030年，中国一年新建的房屋会逐渐降低到11亿米^{2}以内，形成一个折旧平衡的过程。[2]

目前，国内改造门窗乘上升趋势，改造门窗的数据不太精确；其中塑料门窗占比不高，约为0.62亿米^2，仅占2020年总需求的约9.2%。而从目前京津冀三地出台对建筑能耗尤其是门窗能耗的要求来看，只有塑料门窗才能达到要求。双碳国策的执行对塑料门窗应该是个利好的契机，具有保温隔音的优势。以2030年前每年新建房屋约11亿米^2，加上老旧小区改造、二手屋及二次装修为基数，测算2020年门窗消耗量（不含幕墙）6.5亿米^2（新建门窗3.8亿米^2，改造门窗2.7亿米^2）。

1. 对照《意见》要求目前国内建筑节能实际状况存在着一定的差距

①建筑能耗约占社会总能耗的1/3，我国建筑能耗的总量逐年上升，在能源总消费量中所占的比例已从20世纪70年代末的10%，上升到27.45%。而国际上发达国家的建筑能耗一般占全国总能耗的33%左右。国家建设部科技司研究表明，随着城市化进程的加快和人民生活质量的改善，我国建筑耗能比例最终将上升至35%左右。如此庞大的比例，建筑耗能已经成为我国经济发展的软肋。

②高耗能建筑比例大，加剧能源危机。直到2002年末，我国节能建筑面积只有2.3亿米^2。我国已建房屋有400亿米^{2}以上属于高耗能建筑，总量庞大，潜伏巨大能源危机。正如建设部有关负责人指出，仅到2000年末，我国建筑年消耗商品能源共计3.76亿吨标准煤，占全社会终端能耗总量的27.6%，而建筑用能的增加对全国的温室气体排放“贡献率”已经达到了25%。因高耗能建筑比例大，单北方采暖地区每年就多耗标准煤1800万吨，直接经济损失达70亿元，多排二氧化碳52万吨。如果任由这种状况继续发展，到2020年，我国建筑耗能将达到1089亿吨标准；到2020年，空调夏季高峰负荷将相当于10个三峡电站满负荷能力，这将会是一个十分惊人的数量。据分析，我国处于建设鼎旺期，每年建成的房屋面积高达16亿~20亿米^2，超过所有发达国家年建成建筑面积的总和，而97%以上是高能耗建筑。以如此建设增速，预计到2020年，全国高耗能建筑面积将达到700亿米^2。因此，如果不开始注重建筑节能设计，将直接加剧能源危机。

③我国建筑节能状况落后，亟待改善。在70年代能源危机后，发达国家开始致力于研究与推行建筑节能技术，而我国却忽视了这一方面的问题。时至今日，我国建筑节能水平远远落后于发达国家。举例说明，国内绝大多数采暖地区围护结构的热功能都比气候相近的发达国家差许多。外墙的传热系数是他们的3.5~4.5倍，外窗为2~3倍，屋面为3~6倍，门窗的空气渗透为3~6倍。欧洲国家住宅的实际年采暖能耗已普遍达到每平方米6升油，大约相当于每平方米8.57千克标准煤，而在我国，达到节能50%的建筑，它的采暖耗能每平方米也要达到12.5千克，约为欧洲国家的1.5倍。例如与北京气候条件大体上接近的德国，1984年以前建筑采暖能耗标准和北京目前水平差不多，每平方米每年消耗24.6~30.8千克标准煤，但到了2001年，德国的这一数字却降低至每平方米3.7~8.6千克标准煤，其建筑能耗降低至原有的1/3左右，而北京却一直是22.45千克。[2]

2. 全面的建筑节能

（1）建筑节能的目标和要求

①建筑节能，在发达国家最初为减少建筑中能量的散失，普遍称为“提高建筑中的能源利用率”，

在保证提高建筑舒适性的条件下，合理使用能源，不断提高能源利用效率。建筑节能具体指在建筑物的规划、设计、新建（改建、扩建）、改造和使用过程中，执行节能标准，采用节能型的技术、工艺、设备、材料和产品，提高保温隔热性能和采暖供热、空调制冷制热系统效率，加强建筑物用能系统的运行管理，利用可再生能源，在保证室内热环境质量的前提下，增大室内外能量交换热阻，以减少供热系统、空调制冷制热、照明、热水供应因大量热消耗而产生的能耗。

②全面的建筑节能，就是建筑全寿命过程中每一个环节节能的总和，是指建筑在选址、规划、设计、建造和使用过程中，通过采用节能型的建筑材料、产品和设备，执行建筑节能标准，加强建筑物所使用的节能设备的运行管理，合理设计建筑围护结构的热工性能，提高采暖、制冷、照明、通风、给排水和管道系统的运行效率，以及利用可再生能源，在保证建筑物使用功能和室内热环境质量的前提下，降低建筑能源消耗，合理、有效地利用能源。全面的建筑节能是一项系统工程，必须由国家立法、政府主导，对建筑节能作出全面的、明确的政策规定，并由政府相关部门按照国家的节能政策，制定全面的建筑节能标准；要真正做到全面的建筑节能，还须由设计、施工、各级监督管理部门、开发商、运行管理部门、用户等各个环节，严格按照国家节能政策和节能标准的规定，全面贯彻执行各项节能措施，从而使每一位公民真正树立起全面的建筑节能观，将建筑节能真正落到实处。[3]

③国际能源组织曾经对世界建筑进行了碳排放的估算，认为建筑的碳排放从全生命周期来讲占全社会碳排放38%左右。但在中国经过详细计算，建筑的全生命周期碳排放，居然占到全社会的碳排放的48%。为什么比国际的平均值高很多呢？是因为世界上百分之六七十的建筑是木材，木材是一种碳中性的建筑材料。但是在中国，80%以上的建筑材料是用钢筋水泥，钢筋水泥是不具备木材的“碳中性”的。

中国建筑的节能是整个碳中和体系中最需要攻克的，从当前建筑运行相关的二氧化碳排放状况来看，我国公共建筑的总面积占比最小，但是耗能强度最大，单位面积公共建筑的碳排放约是日本的一倍；北方采暖建筑总面积不大，但每平方米二氧化碳排放约为36千克。现在还有很多南方城市都在计划实行集中供暖，如不谨慎考虑，这将会明显增加这些城市的碳排放。因为北方地区采暖每平方米建筑约排放这么多二氧化碳，主要是因为按平方米计费引发的浪费，如果在南方地区例如武汉、成都等实施集中供热，这显然属于高碳行为。

建筑的节能如果从气候适应性的角度来看，可以获得低成本、高质量的节能建筑，建筑发展到未来，利用越来越便宜的可再生能源，越来越便宜的光伏，就可以实现正能建筑。什么是正能建筑呢？所有的建筑都需要消耗能量，但是正能建筑利用光伏等可再生能源产生的能量比建筑本身消耗的能量还多，这时候就变成了正能建筑。一个城市如果所有的建筑大部分都是正能建筑，那么建筑将不再仅仅只是耗能单位，也可以成为产能单位。[3]

④随着我国可持续发展战略的提出以及人们对居住环境质量要求的日益提高，建材与建筑的“绿色化”被提上了议事日程。建筑业中可持续发展观念是以资源有效利用、健康环境和生产效率为基本原则，符合这些原则的建筑被称为绿色建筑。当今，“绿色”已成为人类环保愿望实现的标志，是建筑市场发展的潮流，“绿色度”表明其对环境的贡献程度，而建筑节能制品是体现建筑绿色度的重要内容。特别是具有低碳、节能、高性价比的化学（塑料）建材制品将随着社会的发展越来越受到人们的关注。“十三五”节能减排综合工作方案中明确指出强化建筑节能，实施建筑节能先进标准领跑行动，开展超低能耗及近零能耗建筑建设试点，推广建筑屋顶分布式光伏发电。编制绿色建筑建设标准，开展绿色生态城区建设示范，到2020年，城镇绿色建筑面积占新建建筑面积比重提高到50%。而回顾“十二五”期间国家有关推进《海绵城市建设》和《地下管廊建设》无不推高对管道产品的需求：a. 中央财政在积极引导地下综合管廊建设，财政部会同住房城乡建设部确定了10个试点城市，计划三年内投入102亿元以上引导地方建设试点；b. 到2020年海绵城市建设总投资将达1.2万亿，到2030年将达4.8万亿，塑料管材将会迎来新的发展机遇；c. 据相关报告显示，建筑行业对塑料管材的需求是最大的，至2019年中国对塑料管材的需求仍将以9%左右的年增长率上涨。当然化学建材制品中PVC塑料管材和门窗产品是最具代表性的。[3]

（2）建筑节能新技术

理想的节能建筑应在最少的能量消耗下满足以

下三点：一是能够在不同季节、不同区域控制接收或阻止太阳辐射；二是能够在不同季节保持室内的舒适性；三是能够使室内实现必要的通风换气。建筑节能的途径主要包括：尽量减少不可再生能源的消耗，提高能源的使用效率；减少建筑围护结构的能量损失；降低建筑设施运行的能耗。在这三个方面，高新技术起着决定性的作用。当然建筑节能也采用一些传统技术，但这些传统技术是在先进的试验论证和科学的理论分析的基础上才能用于现代化的建筑中。

①减少能源消耗，提高能源的使用效率。为了维持居住空间的环境质量，在寒冷的季节需要取暖以提高室内的温度，在炎热的季节需要制冷以降低室内的温度，干燥时需要加湿，潮湿时需要抽湿，而这些往往都需要消耗能源才能实现。从节能的角度讲，应提高供暖（制冷）系统的效率，它包括设备本身的效率、管网传送的效率、用户端的计量以及室内环境的控制装置的效率等。这些都要求相应的行业在设计、安装、运行质量、节能系统调节、设备材料以及经营管理模式等方面采用高新技术……

近年来，低温地板辐射技术已被证明节能效果比较好，它是采用交联聚乙烯（PEX）管作为通水管，用特殊方式双向循环盘于地面层内，冬天向管内供低温热水（地热、太阳能或各种低温余热提供）；夏天输入冷水可降低地表温度（国内只用于供暖）；该技术与对流散热为主的散热器相比，具有室内温度分布均匀，舒适、节能、易计量、维护方便等优点。

②减少建筑围护结构的能量损失。建筑物围护结构的能量损失主要来自三部分：外墙；门窗；屋顶。这三部分的节能技术是各国建筑界都非常关注的。主要发展方向是，开发高效、经济的保温、隔热材料和切实可行的构造技术，以提高围护结构的保温、隔热性能和密闭性能。

（3）门窗节能技术

门窗具有采光、通风和围护的作用，还在建筑艺术处理上起着很重要的作用。然而门窗又是最容易造成能量损失的部位。为了增大采光通风面积或表现现代建筑的性格特征，建筑物的门窗面积越来越大，更有全玻璃的幕墙建筑。这就对外维护结构的节能提出了更高的要求。对门窗的节能处理主要是改善材料的保温隔热性能和提高门窗的密闭性能。

（4）屋顶节能技术

屋顶的保温、隔热是围护结构节能的重点之一。在寒冷的地区屋顶设保温层，以阻止室内热量散失；在炎热的地区屋顶设置隔热降温层以阻止太阳的辐射热传至室内；而在冬冷夏热地区（黄河至长江流域），建筑节能则要冬、夏兼顾。保温常用的技术措施是在屋顶防水层下设置导热系数小的轻质材料用作保温，如膨胀珍珠岩、玻璃棉等（此为正铺法）；也可在屋面防水层以上设置聚苯乙烯泡沫（此为倒铺法）。在英国有另外一种保温层做法，是采用回收废纸制成纸纤维，这种纸纤维生产能耗极小，保温性能优良，纸纤维经过硼砂阻燃处理，也能防火。施工时，先在屋顶钉层夹层，再将纸纤维喷吹入内，形成保温层。屋顶隔热降温的方法有：架空通风、屋顶蓄水或定时喷水、屋顶绿化等。以上做法都能不同程度地满足屋顶节能的要求，但最受推崇的是利用智能技术、生态技术来实现建筑节能的愿望，如太阳能集热屋顶和可控制的通风屋顶等。[4]

3. 建筑节能材料开发

①外墙保温及饰面系统（EIFS）。该系统是在20世纪70年代末的最后一次能源危机时期出现的，最先应用于商业建筑，随后开始了在民用建筑中的应用。今天，EIFS系统在商业建筑外墙使用中占17.0%，在民用建筑外墙使用中占3.5%，并且在民用建筑中的使用正以每年17.0%~18.0%的速度增长。此系统是多层复合的外墙保温系统，在民用建筑和商业建筑中都可以应用。ELFS系统包括以下几部分：主体部分是由聚苯乙烯泡沫塑料制成的保温板，一般是30~120毫米厚，该部分以合成黏结剂或机械方式固定于建筑外墙；中间部分是持久的、防水的聚合物砂浆基层，此基层主要用于保温板上，以玻璃纤维网来增强并传达外力的作用；最外面部分是美观持久的表面覆盖层。为了防褪色、防裂，覆盖层材料一般采用丙烯酸共聚物涂料技术，此种涂料有多种颜色和质地可以选用，具有很强的耐久性和耐腐蚀能力。

②建筑保温绝热板系统（SIPS）。此材料可用于民用建筑和商业建筑，是高性能的墙体、楼板和屋面材料。板材的中间是聚苯乙烯泡沫或聚亚氨脂泡沫夹心层，一般120~240毫米厚，两面根据需要可采用不同的平板面层。例如，在房屋建筑中两面可以采用工程化的胶合板类木制产品。用此材料建成的建筑具有强度高、保温效果好、造价低、施工

简单、节约能源、保护环境的特点。SIPS 一般 1.2 米宽，最大可以做到 8 米长，尺寸成系列化，很多工厂还可以根据工程需要按照实际尺寸定制，成套供应，承建商只需在工地现场进行组装即可，真正实现了住宅生产的产业化。

③隔热水泥模板外墙系统（ICFS）。产品是一种绝缘模板系统，主要由循环利用的聚苯乙烯泡沫塑料和水泥类的胶凝材料制成模板，用于现场浇筑混凝土墙或基础。施工时在模板内部水平或垂直配筋，墙体建成后，该绝缘模板将作为永久墙体的一部分，形成在墙体外部和内部同时保温绝热的混凝土墙体。混凝土墙面外包的模板材料满足了建筑外墙所需的保温、隔声、防火等要求。[3]

4. 门窗节能产品

其中使用较广的是 UPVC 塑料型材，它所使用的原料是高分子材料--硬质聚氯乙烯。它不仅生产过程中能耗少、无污染，而且材料导热系数小，多腔体结构密封性好，因而保温隔热性能好。UPVC 塑料门窗在欧洲各国已经采用多年，在德国塑料门窗已经占了 50%。

中国 20 世纪 90 年代以后塑料门窗用量不断增大，正逐渐取代钢、铝合金等能耗大的材料。为了解决大面积玻璃造成能量损失过大的问题，运用高新技术将普通玻璃加工成中空玻璃，镀贴膜玻璃（包括反射玻璃、吸热玻璃）高强度 LOW2E 防火玻璃（高强度低辐射镀膜防火玻璃）、采用磁控真空溅射方法镀制含金属银层的玻璃以及最特别的智能玻璃。智能玻璃能感知外界光的变化并做出反应，它有两类：一类是光致变色玻璃，在光照射时，玻璃会感光变暗，光线不易透过；停止光照射时，玻璃复明，光线可以透过。在太阳光强烈时，可以阻隔太阳辐射热；天阴时，玻璃变亮，太阳光又能进入室内。另一类是电致变色玻璃，在两片玻璃上镀有导电膜及变色物质，通过调节电压，促使变色物质变色，调整射入的太阳光（但因其生产成本高，还不能实际使用），这些玻璃都有很好的节能效果。

以全面建筑节能的要求来看：建筑节能的新技术和材料的选择，无论是外墙屋面的保温、门窗的结构和材料无一例外都需要用到高分子材料众多的塑料制品。为追求经济和节能效果，欧美已更多地选用塑料制品替代传统材料在屋面瓦、屋顶防水保暖卷材等方面应用。国内的建筑能耗高于国外先进水平，是由建材中塑料制品的比例低所致。

5. 不同材质门窗技术经济指标的对比

从建筑节能技术或者建筑节能产品来看，目前只有塑料制品才能满足建筑节能的要求，建材中最有代表性和可比性的就是管道、门窗、地板等装修产品了。下面的内容和数据是塑料门窗和传统材料门窗在制造、应用过程中能耗等技术经济指标的对比：

不同材质型材对门窗保温性能影响。窗户是由窗框、扇材料及玻璃系统组成，目前，市场上窗材料常用的有 PVC 塑料窗、铝合金窗、木窗、钢窗等，每种不同材质的窗框、扇材料其导热系数差异较大。

从表 1、表 2 可以看出，在门窗常用材料的导热系数中，传热系数最小的材料为 PVC 材料，为 0.16 瓦/(米^2 · 开尔文)，传热系数最大的材料为铝合金，为 203 瓦/(米^2 · 开尔文)。铝合金的导热是 PVC 的 1268 倍。通过不同材料传热系数的比较不难看出，PVC 材料应是节能门窗的首选材料。

表 1　　常用窗框材料的传热系数　　瓦/(米^2 · 开尔文)

玻璃	钢材	铝合金	UPVC	PA	松木	玻璃钢
0.76	58.2	203	0.16	0.23	0.17	0.52

表 2　　常用窗框材料的传热系数　　瓦/(米^2 · 开尔文)

普通铝合金框	断热型铝合金框	UPVC 塑料框	木框
6.21	3.72	1.91	2.37

在回收重复利用方面，塑料型材的回收能耗也远低于铝合金等金属材料：塑料型材旧料粉碎后，可掺入新料重新挤出成辅材，或制作管道等其他挤出制品；而铝合金等金属制品回收后，要经过高温

熔化，再进行成分调整、铸锭处理等多个工序才能制成制品。

节能塑料门窗还具有防潮、防水、耐候、绝缘、改善结露等优良性能，可广泛适用于风沙大、雨水多、高热、高寒及有腐蚀性气体等环境恶劣的场所，是较为理想可靠的建筑节能门窗。建筑节能为塑料门窗的发展提供了机遇，而塑料门窗的广泛应用给社会带来了绿色效应。[3]

6. 塑料门窗的绿色效应

以聚氯乙烯（PVC）为例，生产每吨 PVC 塑料异型材的能耗约为 49 千克标准煤/吨，是钢的 2/9，铝的 1/8（铝型材约为 400 千克标准煤/吨）。

经济：相对于同样性能的断桥铝门窗，节能塑料门窗的价格可以便宜 30%，经济效益明显。

节水：我国水资源短缺，农牧渔业、造纸、金属冶炼、化学工业等需要大量的水资源。水受到严重污染，就不能还原复生；塑料门窗用 PVC 型材的生产则只需很少的水进行冷却，并可循环利用；

节木：100 米^2 的塑料窗大约可取代 5~7 米^3 木材。1 亿米^2 塑料窗可节约木材 600 万米^3，按照每立方米木材相当于 4 棵大树计算，600 万米^3 木材相当于 150 万棵树免受砍伐。[4]

塑料门窗的节能效益分析。以下以安徽省为例，对夏热冬冷地区采用节能塑料窗和普通窗的节能经济效益进行分析：

约 4000 万米^2 塑料窗比普通窗节约能量为：

安徽省节能建筑外窗的传热系数的限值 $K \leq 2.8$ 瓦/(米^2·开尔文)，以 4000 万米^2 的双玻塑料窗来代替传热系数 $K=4.0$ 瓦/(米^2·开尔文) 普通窗进行分析计算：

$$Q_J = 4\times10^7 \ (K_P - K_S) \times (t_n - t_P) \times 24 \times n_1/10^3 \quad (1)$$

式中：Q_J——年节能量（千瓦小时）；

K_P、K_S——分别为普通窗和节能塑料窗的传热系数［瓦/(米^2·开尔文)］，分别取 4.0、2.8；

t_n——采暖期室内温度，取 18～20℃，取值 18℃；

t_p——采暖期室外平均温度，3.5℃；

n_1——采暖天数，62 天/年。

代入公式（1）得：

$$Q_J = 4\times10^7\times(4.0-2.8)\times(18-3.5)\times24\times62/10^3 = 1.03565\times10^9 (\text{千瓦小时})$$

安徽省居民用电平均电价为 0.5 元/度电，以此计算，

$$M = 1.03565\times10^9\times0.5 = 5.17825\times10^8 \ (\text{元})$$

4000 万平方米节能塑料窗比普通窗节约电费：5.17825 亿元。

煤在燃烧过程中要产生大量对环境严重污染的有害物，生产 1 千瓦小时的电需燃煤平均为 0.35 千克，则上述电能节约标准燃煤为 36.25 万吨；减少二氧化碳排放量为：94.975 万吨；减少二氧化硫排放量为：0.308 万吨。

综上所述，在安徽省 4000 万平方米的门窗中，如果使用传热系数 2.8 瓦/(米^2·开尔文) 的节能塑料窗代替 4.0 瓦/(米^2·开尔文) 普通窗，在采暖期内可以节约电费 5.17825 亿元，减少大量有害物质排放，可见在夏热冬冷地区窗户节能对建筑节能具有重要的影响，在夏热冬冷地区，采用塑料窗代替普通窗，其节能效果和经济效益都有明显提高。如果在严寒寒冷地区采用四腔或五腔三密封三玻节能塑料窗会具有更大的节能效果、经济效益和环境效益。[4]

目前国内改造门窗呈上升趋势，改造门窗的数据不太精确；其中塑料门窗占比不高，约为 0.62 亿米^2，仅占 2020 年总需求的约 9.2%。而从目前京津冀三地出台对建筑能耗尤其是门窗能耗的要求来看，只有塑料门窗才能达到要求。以 2030 年前，每年新建房屋约 11 亿平方米加上老旧小区改造、二手屋及二次装修为基数，测算 2020 年门窗消耗量（不含幕墙）6.5 亿米^2（新建门窗 3.8 亿米^2，改造门窗 2.7 亿米^2）。

以 2020 年门窗消耗量（不含幕墙）6.5 亿米^2 的 50% 计算，3.25 亿米^2 ÷ 0.4 亿米^2 = 8.125。以 8.125 为基数来测算。

如果国内新建房屋的 50% 使用节能塑料窗则每年可减少消耗 294.53 万吨标准煤；减少二氧化碳排放为：771.67 万吨；减少二氧化硫排放为 2.50 万吨；节约电费：42.073 亿元。

二、城市管网改造和建设被按下“加速键”

国务院总理李克强在 2022 年的《政府工作报告》中提到：积极扩大有效投资。围绕国家重大战略部署和“十四五”规划，适度超前开展基础设施投资。建设重点水利工程、综合立体交通网、重要能源基地和设施，加快城市燃气管道等管网更新改造，完善防洪排涝设施，继续推进地下综合管廊建设。中央预算内投资安排 6400 亿元。

2021 年底召开的中央经济工作会议提出，“十四五”期间，必须把管道改造和建设作为重要的一项基础设施工程来抓。随后，国家密集出台了多项地下管网、水利工程建设相关政策。2022 年伊始，各地在政府工作报告、重大项目清单、一季度住建工作会议中，对今年城市管网改造和建设施工图予以明确，该民生领域也成为今年一季度基建项目集中开工的重点。

1. 管网、节能、污水建设改造

加快管网建设改造，推广非开挖修复技术。城市排水管网被称为“城市血管”，为了满足相应的市政配套设施需求，城市地下管网规模也在持续增长，但如果“血管”不畅通将导致路面水、管道淤积发臭等一系列问题。

节能是城市管网改造的另一目标。《2030 年前碳达峰行动方案》提出，实施城市节能降碳工程，持续推动老旧供热管网等市政基础设施节能降碳改造；《“十四五”节能减排综合工作方案》强调，实施公共供水管网漏损治理工程。

污水治理方面。根据住建部印发的《“十四五”城镇污水处理及资源化利用发展规划》，中国城镇污水收集处理系统还存在短板，需进一步加强城镇污水管网建设，开展老旧破损及易造成内涝问题污水管网的改造，“十四五”期间规划新增和改造污水收集管网 8 万公里。

2. 城市管网领域将迎来投资机遇

“当前，各地城市管道更新计划已密集开工，在此过程中，各地主管部门应更加注重城市管网布局的合理性、集约建设，科学制定近、中、远期建设规划，合理安排建设项目，落实责任主体和资金安排，有序引导项目实施。”中国城市规划设计研究院水务院院长龚道孝在接受第一财经采访时称。

龚道孝表示，城市地下管网的供给能力和服务质量都高度依靠其系统性，在建设及改造中要特别注意避免“头疼医头、脚疼医脚”，例如雨水管网“大管接小管”、污水系统“注重末端治理、忽视污水收集”等问题。

随着城市管网“开工潮”到来，龚道孝认为，在该领域建设，改造和运行维护三方面，至少有四个财政投入的重点方向，分别是：供水和供热的系统性改造、燃气安全治理、污水处理的提质增效以及支持城市加快建设“源头减排、管网排放、蓄排并举、超标应急”的排水防涝工程体系。[5]

3. 城镇老旧小区改造

国务院《关于全面推进城镇老旧小区改造工作的指导意见》中明确指出改造提升市政配套基础设施包括改造提升小区内部及与小区联系的供水、排水、供电、弱电、道路、供气、供热等基础设施建设。2021 年我国计划开展老旧小区改造 5.3 万个，涉及居民 900 万户；到“十四五”期末，力争基本完成 2000 年底前建成的老旧城镇老旧小区改造任务。根据目前已披露的部分省份“十四五”老旧小区改造规划，除个别省份外改造规划均较“十三五”时期有较大增长。我们预估“十四五”期间共改造老旧小区 25 万个，对应建筑面积约 43.33 亿米^2。

老旧小区改造项目中对塑料管材有需求的主要有两个场景：一是建筑内部给排水管道改造，给水使用 PPR 管道，排水使用 PVC 管道；二是建筑外市政雨污排水管沟，主要使用双壁波纹管。根据北京市老旧小区改造定额中相关改造所需材料费用，对塑料管材市场空间进行测算，预计“十四五”期间老旧小区改造拉动的塑料管材市场规模达 684 亿元。[6]

伴随政策层面吹来的阵阵“暖风”，机构预测称，“十四五”期间，管道投资规模或超 1.4 万亿元，其中，城市管网改造更新有望带动水电燃热等市政领域管道的需求释放，拉动供水管网改造市场 191 亿元，燃气管道改造（含施工）市场 606 亿元。

4. 塑料管道与传统管道对比

相对于塑料门窗产品，塑料管道一直是化学建材中的消费量冠军。得益于我国城市化进程推进迅速，塑料管道产量逐年增长。据统计，2020 年中国塑料管道产量为 1636 万吨，销量为 1591 万吨，产销率为 97.2%。

与传统的金属管道相比，塑料管道具有节能环保、耐腐蚀、耐冲击、耐摩擦、轻质高强，使用寿命长等特点，同时其价格低廉，施工简单。虽然金属管道具有耐久性、防火性能优越、寿命长等特点，但金属的材质也带来易生锈、易腐蚀、易渗漏、易结垢等缺陷。这些不可弥补的缺陷使得塑料管道在建筑给排水、城乡给排水、城市燃气、电力和光缆护套、农业、工业等领域逐渐替代了铸铁管、镀锌钢管等其他金属管道。[6]

表 3　塑料管道与传统管道优缺点对比

性能指标	传统水泥管道	金属管道	塑料管道
承压强度	较低	较高	较高
使用寿命	20~30 年	30 年	50 年
卫生情况	不卫生	卫生	卫生
重复使用	产生不可回收利用的建筑垃圾	可回收利用	可回收利用
理化性能	耐冲击、不耐腐蚀耐磨性差	耐冲击、耐摩擦、易生锈、易腐蚀	耐冲击、耐冲击、耐摩擦、耐腐蚀
粗糙度	较高	适中	几乎为零
介质水温	不受限制	不受限制	不大于 40+
破损率	破损率较高	破损率几乎为零	破损率较低
过水能力	较弱	较强	较强
施工难度	施工机械多、工期长	施工机械多、工期长	无需借助大型机械、工期短
工程造价	管材价格较低、放工成本高	管材价格较高、放工成本高	管材价格较高、放工成本低
重量	重	重	轻
产业政策导向	-	逐渐淘汰	鼓励
应用领域	给排水、排污	给排水、消防、穿线	给排水、排污、供暖、燃气

注：此表引用同［12-13］《2020 年中国塑料管道行业发展现状》一文，但认为表中产业政策导向、应用领域等内容不够详尽，故再次引用《节能、环保、绿色的聚氯乙烯（PVC）塑料制品》一文中表 5，本文为表 4 供参考。

表 4　PVC 管材与金属管材的对比

比较项目	PVC 塑料管道	金属管道		混凝土管道
		钢管	离心球墨铸铁管	预应力钢筒混凝土管
原料	PVC 树脂	金属	金属	混凝土、金属
成型方式	挤出成型	一般采用铸轧法生产	铸铁浇铸成型	混凝土浇筑钢筒成型
加工温度	中温	高	高	较低
加工能耗	低	高	高	高
适用管径/毫米	DN16-1600	DN20-2000	DN80-2600	DN600-4000
适用范围	输引水支线	输引水干线．支线	城市供水	城市工业供水、输引水干线、支线
使用寿命	≥50 年	20~30 年	30~50 年	>50 年
铺设条件	浅覆土、室外直接安装	浅覆土	浅覆土	深覆土
耐腐蚀能力	强	弱	弱	较强
流体阻力	小	大	大	大

续表

比较项目	PVC 塑料管道	金属管道		混凝土管道
		钢管	离心球墨铸铁管	预应力钢筒混凝土管
连接方式	柔性连接，承口连接；无电情况下，可采用胶水粘接	一般是焊接	一般是焊接	承口连接
环保	好、无污染	一般，有污染	一般，有污染	好、无污染
适应地形能力	强	强	较强	较强
抗震能力	较强	弱	一般	较强
施工安装	运输吊装方便	内外防腐麻烦	运输吊装较难	运输吊装难
对工地基础要求	低	低	较低	低
施工质量	易控制	不易控制	不易控制	易控制
综合造价	中	高	最高	中
重量	轻	较重	较重	重
环刚度	低	高	高	低

5. 塑料管材的绿色效应

以聚氯乙烯（PVC）为例，PVC 塑料管材与金属管材相比，生产每立方米聚氯乙烯和生产每立方米钢及铝计算，钢的能耗为 316 千焦/米^3，铝的能耗是 619 千焦/米^3，聚氯乙烯的能耗为 70 千焦/米^3，即钢的能耗是 PVC 的 4.5 倍，铝的能耗是 PVC 的 8.8 倍。而生产 PVC 塑料管的加工能耗也仅为同口径金属管材的 1/3。同时由于 PVC 塑料管壁光滑，不结腐蚀瘤，输水效率高，用于输液可节电 20%左右。

对于管道生产成本，PVC 塑料管道的生产成本约为 5932 元/吨，钢管的生产成本约为 5038 元/吨，球墨铸铁管的生产成本 3414 元/吨，预应力钢筒混凝土管生产成本为 2685 元/吨（备注：以上数据均通过行业龙头上市公司 2017 年年报计算得出）。但是，由于 PVC 塑料制品密度一般只有金属管道的 1/5～1/6，所以实际 PVC 塑料管道的同压力等级下的单位数量价格远小于金属管道（以重量 1/5 比，计算同距离长度成本，安装同一长度管道的成本：PVC 塑料管道不到钢管的 25%）。[4]

根据国家统计局统计显示，2019 年我国钢管产量为 8417.6 万吨，同比增长 8.7%；同年我国塑料管道及附件产量为 1606 万吨。2020 年我国钢管产量约为 8400 万吨，相较于 2019 年基本持平；同年我国塑料管道及附件产量为 1636 万吨，同比增长 2%。以吨位计塑料管道仅为钢管产量的 20%，但以重量长度比计算塑料管道可以占到钢管的 80%以上。假设塑料管道产销量从 2020 年的 1636 万吨增加 364 万吨增长到 2000 万吨，以重量长度比计算就可以少消费钢管约为 1800 万吨（在许多领域塑料管道可以安全地替代钢管和水泥管道的）；1800 万吨钢管从矿石到制品，消耗的煤、电以及产生的二氧化碳量是惊人的。

结语：

目前，我国已是塑料生产和消费大国，据国家统计局统计数据，2020 年我国塑料制品行业汇总统计企业塑料制品产量超过了 7600 万吨；行业人士预测的 2020 年塑料表观消费量约 13000 万吨。塑料对人类社会进步和经济发展发挥着重要贡献。[6]

塑料作为三大合成材料之一，具有质轻、耐冲击性好、透明性较佳和耐磨耗性、绝缘性好等优势，是人类社会现在和未来节约资源、循环利用的关键材料，以塑料为原料的各类制品已广泛应用于国民经济各行业和人民生活的各领域。同时，随着以塑代钢、以塑代木等趋势的进一步发展，塑料在航空航天、交通、医疗、家电、建材、环保、包装等国民经济各个领域得到广泛应用。[7]

合成高分子是把小碳、低分子碳合成高分子，实际上就是一个捕碳和固碳的过程，它对双减具有划时代的意义。就生产过程而言，所有材料制备过程中，包括炼钢、炼铝、水泥等，排放最低的是高分子。在 10.6GT 二氧化碳总排放中，钢铁占 24%、水泥占 18%、化学占 12%，高分子占 6%，其他占 33%。塑料与人类生物已深度交融，塑料已经无处不在。从家用电器，到芯片、医疗卫生用品，再到飞机、高铁，塑料无处不在。[8]

可能本文对比的经济技术数据不是十分精准，但塑料建材节能减排的优势是确实存在着，而且减排的效果是显著的。同时不得不承认，以塑料管道、门窗为例，其在强度、耐候、观感上是差于金属制品的，这应该是我们今后努力的方向和目标。

从上面的介绍中可以清楚地认识到无论是双碳国策的要求还是国内建筑能耗的现状，尽管相关行业经过多年的努力，但在节能材料、节能产品的开发利用上还有待提高、丰富，还存在极大空间，和国际先进水平相比差距还是不小的（在本文的全面的建筑节能章节中有详细介绍）。

本文以实际案例介绍了塑料建材中门窗、管道产品相对于传统材料门窗、管道在制造、使用过程中技术、经济指标的分析对比；明晰地阐述了塑料产品替代传统材料对环境保护的积极作用。同时极大部分的塑料产品完全不同于购物袋、快餐包装、快递包装、饮料瓶等一次性塑料消费品。作为塑料行业的从业人员，有责任用严谨科学的、通俗易懂的文字、话语向全社会完整、全面地宣传、讲解、分析不同塑料制品对社会发展的正面作用和对双碳国策的贡献及积极意义；引导消费者正确区分，认识不同塑料品种、制品对社会发展的存在意义。当前，社会主要矛盾发生了深刻变化，人们对生活品质和居住环境的诉求越来越迫切，习近平总书记提出“绿水青山，就是金山银山”生态环境保护新思想，为新型绿色建筑材料替代金属、陶瓷和木材等传统材料提供了可持续的发展空间，也必将充分体现其节能、环保、经济的显著社会效应。而且从各国发布的数据获悉：欧美各国化学建材（塑料制品）的使用比例已远高于传统材料，尤其是管道和门窗制品，对比国内还存在不小的差距。对此全社会都要引起重视，要让塑料制品在迈向“青山绿水”过程中发挥应有的作用。

［1］中共中央国务院关于完整准确全面贯彻新发展理念做好碳达峰碳中和工作的意见 . 2021-10-24.

［2］黄奇帆 . 未来 15 年，中国五大战略路径：在第六届复旦大学首席经济学家论坛上的发言 . 2021-10-18.

［3］裴中良 . 阐述建筑设计与建筑节能 . 建筑设计，2012-12-21.

［4］施珣若，宋科明，朱守益 . 节能、环保、绿色的聚氯乙烯（PVC）塑料制品：中国塑料工业年鉴，2019-5.

［5］身边 24 小时：政策发力城市管道改造建设万亿级市场将打开 . 潇湘晨报 2022-2-14.

［6］华经产业研究院 . 2020 年中国塑料管道行业发展现状 . 华经情报网 2022-4-11.

［7］中研网 . 塑料机械行业发展概况及面临的机遇挑战 . 塑料与包装行业资讯 2022-5-31.

［8］郑强 . 塑料与“白色污染”的是是非非：中国塑料工业前沿技术研讨会 . 2021-12-23.

（施珣若）

2021 年新冠疫情下注塑制品行业发展现状分析

2020 年初，新冠肺炎疫情席卷全球，各地工业生产和社会生活受到影响，全球经济增速明显放缓。高分子材料由于其轻量化、易成型、功能化程度高等优势，成为疫情防控与治疗过程中相关产品的主要材料。注塑成型工艺具有生产效率快、产品精度高的优势，新冠疫情的爆发使得社会面生活用品需求出现快速转变，因此注塑产业凭借其优势特点在疫情背景下仍保持快速发展。2021 年，我国医疗注塑产业市场规模达 1100 亿元。尤其在医卫产品领域，全球各大厂商在短时间内相继推出了各类产品整体解决方案。

一、注塑制品行业发展现状

新冠疫情激发了疫情防控和病毒检测相关产品的巨大需求，我国医疗注塑制品供给规模从 2017 年的 217.97 万吨增长至 2021 年的 301.29 万吨。随着疫情防控转入常态化阶段，医疗注塑产业需求将继续保持，相关机构预测，到 2025 年市场供给量将达 430 万吨。

在疫情防控与治疗过程中，呼吸机部件、测温枪部件、护目镜、移液器、核酸检测试管等产品均为注塑制品，各大厂商针对精密医疗器件的生产制造纷纷推出了高效解决方案。

（1）新冠检测试剂盒：一套新冠检测试剂盒包含一支鼻咽拭子/口咽拭子、一个检测卡壳以及试剂提取管。检测卡壳一般由聚苯乙烯（PS）或聚氯乙烯（PVC）注塑成型（图 1），鼻咽拭子/口咽拭子的试剂提取管多采用聚乙烯（PE）注塑成型，因为 PE 具有优异的生物安全性、耐化学稳定性、高阻隔性及高性价比。拓斯达公司推出的新冠抗原自测试剂盒注塑自动化解决方案可实现一模 32 腔试剂盒上/下盖注塑成型，仅需 12~13 秒可完成产品取出、上料、丝网印刷、UV 灯照射干燥、下料等工序。整个流程无需人工操作，试剂盒日产能高达 20 万套，为医疗制品的高效生产提供了重要保障。

图 1　新冠抗原检测试剂盒

（2）导电移液吸头：导电移液吸头是病毒诊断过程中必不可少的实验室耗材，其要求具备精确的成型精度，优异的疏水性、抗静电和静电放电（ESD）性能以及导电性、耐化学性、耐久性和尺寸稳定性等。因此，移液器吸头的生产过程不仅需要最高的质量与纯度标准，还需要高效的产能。阿博格（Arburg）公司联合国内企业共同推出了导电移液吸头注塑自动化解决方案，可实现一模 48 腔最快 5.5 秒的成型效率，为病毒检测工作提供了重要的产能保障（图 2）。

图 2　导电移液吸头

（3）低死腔疫苗注射器：随着全球新冠疫苗接种工作的全面展开，对注射器的需求也呈爆炸性指数级增长。韩国乐天化学（LOTTE Chemical）使用巴斯夫的医用聚丙烯（PP）研制推出了 LDS（低死腔）注射器。这种特殊注射器可以最大限度地减少注射后残留在针管中的药物量，从而减少疫苗的浪费。根据测算，使用 LDS 注射器后，相同疫苗剂量下的接种人数能够增加 20%，因此 LDS 注射器在全球范围内有着巨大的需求（图 3）。

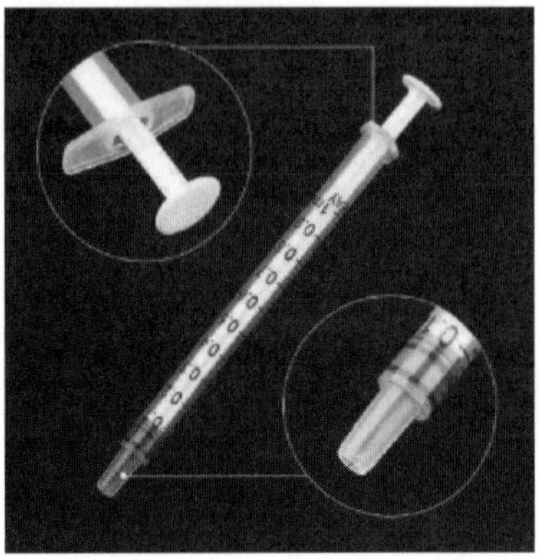
图 3　低死腔注射器

除了医疗卫生领域的产品需求外，注塑制品还在家电、汽车和包装领域占据较大应用比例，图 4 为中国注塑产品市场结构。随着原材料和成型工艺技术水平的不断提升，注塑制品的市场规模也进一步扩大。

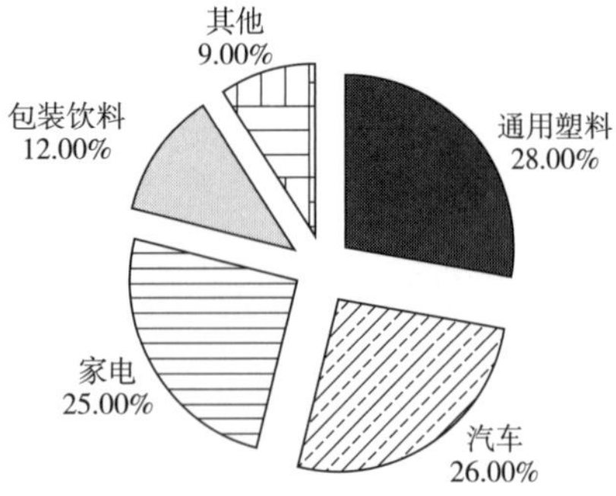

图 4　中国注塑产品市场结构

2016~2021 年，我国机动车保有量每年新增 2 千万辆左右，因此我国汽车内饰行业市场规模虽受疫情影响，依然保持上升趋势，预计 2022 年我国汽车内饰行业市场规模将达到近 3000 亿元。经过长期发展，国内企业在工艺技术方面已不输领域内的海外巨头企业，未来该领域规模与成本优势将会成为更强的竞争力。汽车内饰行业目前已经形成了搪塑成型、PU（聚氨酯）喷涂、模内转印（IMD）、模内嵌膜（INS）、水辅注塑以及低压注塑六大主流制造工艺。聚氨酯作为汽车内外饰件的重要原材料，其主要应用于仪表板、方向盘、门柱、扶手、遮阳板等部位的包覆以及发动机盖等外饰件的制造。伊之密推出了 ReactPro 聚氨酯注塑一体化成型工艺解决方案（图 5），该工艺可以在注塑的同时完成聚氨酯的涂装，相对于传统工艺可以大量简化生产步骤，提升整体的生产效率及产品良率。

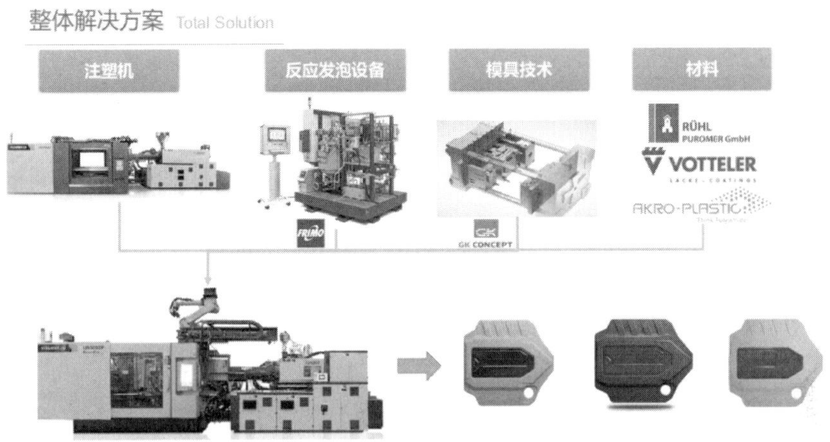

图 5　伊之密 ReactPro 聚氨酯注塑一体化成型工艺解决方案

除此之外，新能源汽车产业的发展也带动注塑产业市场规模迅速扩大。相关数据显示，新能源汽车的全球销量保持稳定增长，由 2017 年的 116.21 万辆增长至 2021 年的 620.12 万辆。预计 2022 年，全球新能源汽车销量将达到 958.56 万辆。中国目前是全球最大的新能源汽车市场，2021 年的新能源汽车销量达到 333.4 万辆，占全球新能源汽车销量的近一半。新能源汽车对轻量化要求的提升成为注塑产业发展的关键因素。其中，海天国际为比亚迪量身定制了一批大型多组分注塑机，主要应用于多色车灯生产，不但满足二工位二色、三色类制造工艺，而且可同时实现三工位三色类工艺生产。此外，德国 LBF 研究所开发了纤维塑料复合材料的轻量化电池包外壳成型方案（图 6），该方案将高效的泡沫注射成型与热塑性玻璃钢相结合，形成了原位纤维复合材料夹层工艺。该工艺可以在 2 分钟成型轻量化电池包外壳，且无需进行后处理，与传统铝制电池包外壳相比，纤维塑料复合材料的电池包外壳重量减少了 40%。

图 6　纤维塑料复合材料的电池包外壳生产装备

包装领域也是注塑制品的重要应用市场。中国是世界包装制造和消费大国，塑料包装在包装产业总产值中的比例已超过 30%，其中主要以食品包装为主。疫情背景下极大地刺激了外卖行业，同时也推动了食品包装市场的爆发式增长。随着人民生活水平的提高，包装下游需求领域规模会继续扩大，但是由于塑料制品降解难度大，在国家双碳政策的发展背景下，政策调控将逐渐向可降解、绿色化塑料包装产品领域倾斜。因此，注塑类包装从业厂商需要及时布局技术更新，推出可降解材料注塑整体解决方案、微发泡包装产品注塑整体解决方案等应对政策调整和市场需求的变化。整体来看，我国塑料包装行业规模将保持小幅稳定增长的趋势。

二、注塑成型装备市场发展现状

注塑产业是高分子材料产业链的中间环节，主要将原材料通过注塑装备成型得到注塑制品，因此下游注塑制品产业的迫切需求也带动了注塑成型装备产业的迅猛发展。据德国橡胶和塑料机械协会（VDMA）统计显示，2021 年全球橡胶和塑料机械市场出口总额为 386 亿欧元，中国占据 28.2%的市场份额，达到 57 亿欧元，意味着中国超过德国正式跃居为全球橡塑装备第一大出口国。

（1）注塑机

注塑机是目前市场规模占比最大的塑料机械，也是我国产量最大、产值最高、出口最多的塑料机械设备，近年来中国注塑机市场规模不断扩大，2020 年达 252.10 亿元，同比增长 8.2%。从全球角度来看，注塑机市场增速相对较为平稳。全球注塑机市场有望在 2024 年达到 115.57 亿欧元，年复合增长率近 3.94%。但是由于我国高端注塑机品牌和技术的缺失，导致我国注塑机进口单价始终高于出口单价。随着国内长飞亚、伊之密等高端塑机品牌的快速崛起，近三年来我国注塑机进口均价不断下降，2021 年进口均价为 9.57 万美元/台，出口均价为 3.44 万美元/台。

近年来，随着国内在注塑机领域的技术突破，我国一直处于贸易顺差，2021 年中国注塑机进出口金额均实现增长，其中出口金额同比增长 39.6%，进口金额同比增长 25.0%。对比出口地区发现，2021 年中国注塑机出口目的地主要为发达程度较低的新兴经济体，且较为分散，集中度较低（图 7）。而我国的进口地区仍为以日、德为代表的注塑机强国为主，其中 2021 年从日本进口 6052 台，占比高达 77.9%，进口金额为 54393.5 万美元，占比 73.2%。

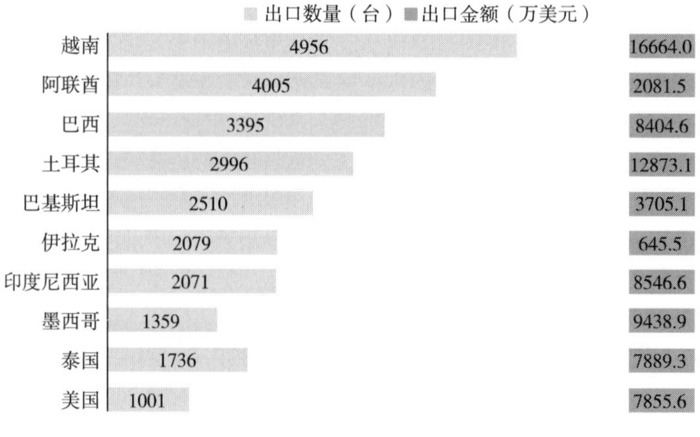

图 7　2021 年中国注塑机主要出口目的地

总体而言，疫情的爆发使我国注塑机行业进入了一个快速增长阶段，尤其是医疗卫生产业的大量需求，推动了国产注塑机更进一步占据市场。然而，由于我国注塑机企业起步较晚，以海天、伊之密等为代表的国内企业主要占据中低端市场。以全电动注塑机为代表的高端注塑机作为行业的顶尖技术结晶，是目前制约我国注塑机全面走向国际化，实现领跑全球的明显短板。

全电动注塑机与其他类型注塑机相比，具有环保、节能、精准等优点，其重复操作的精度误差能够保持在微米级，适用于精密部件的工业化生产。2017 年电动注塑机市值为 58 亿美元，占据全球注塑机市场份额的 34%。目前，市场每年的全电动注塑机的需求在 2 万台以上，市场规模达 100 亿人民币，未来市场增速将达到20%以上，超过注塑机市场的整体增速。当前全电动注塑机市场份额接近80%由日系产品占领，虽然我国有以长飞亚为代表的高端全电动注塑机冲击国际市场，但由于生产全电动注塑机所需要的核心配件滚珠丝杠与伺服电机仍需进口，制约了我国全电动注塑机的全面自主。未来，在冲击国际高端产品市场，实现注塑机产品领域的国产化全覆盖方面，我国注塑机厂商需要集中精力解决全电动注塑机的核心技术问题，这是抓好注塑机产业发展的必然趋势。

（2）注塑成型相关辅机

注塑辅机设备在注塑加工过程中发挥降本增效、保证品控的重要作用。进入21世纪以来，我国辅机厂商跨入快速发展阶段，目前已经基本形成了完备的技术和市场体系。注塑辅机设备主要分为干燥机、加料系统、模温机和机械手四大类。当前，在单机式设备的生产和技术上，尤其是干燥设备、加料系统和机械手，我国自主产品已基本达到国外同类产品水平，但在整体式生产线设备方面，国内产品还有追赶的空间。尤其在疫情背景下，工人流失率高、交货周期缩短、人员安全问题和工人到岗率控制等多方面的挑战严重影响企业产能，配套整体式产线辅机设备已成为当前辅机领域的主要技术高地。

此外，医学精密零件在注塑成型过程中要求模具实现精确温度控制，以确保产品收缩率等外观质量。模温机是模具温度控制的核心装备，目前我国在模温精确控制方面还与国外产品存在一定差距。例如，ENGEL提出的IQ-Flow技术可以实现模具温度±0.1℃的精确控制，而我国同类产品目前仅能达到±1℃的水平。因此，我国辅机厂商还需要不断提升产品的智能化、自动化和精密化水平，与注塑机厂商相辅相成，共同在国际高端塑机产品领域开拓市场。

三、后疫情时代下注塑行业的发展趋势

在疫情防控常态化的背景下，循环经济将成为刺激经济复苏、推动产业发展的重要手段。当前，全球发达国家大力推动节能减排，从材料、工艺和装备角度多管齐下，致力于实现塑料循环经济。

循环经济政策强调加强塑料回收和再生利用，各大厂商在包装、汽车等领域重点发力，推出了多种塑料循环经济产品解决方案。克劳斯玛菲联合FKUR公司推出的循环经济展示方案中，其以基于蔗糖获得生物聚乙烯为原材料，利用precisionMolding注塑装备加工成型网球拍，该方案不仅能在生产过程中吸收CO_2，且在报废后可100%回收。恩格尔（Engel）推出了iQ-weight control智能辅助系统，通过实时监测调整每次注塑过程中的注塑曲线、转换点和保压曲线，以确保注塑体积恒定。该技术可以补偿工艺和原料波动对产品质量的影响，提高成型过程一致性，从而提高产品良率，从而为回收材料的广泛应用创造了条件。结合该技术，恩格尔利用夹芯层注塑（Skinmelt）工艺，即把废旧塑料作芯层，新塑料包在制品的外层生产出几何形状相对复杂的运输箱产品，最终可实现超过50%再生材料的回收。

在包装领域，巴斯夫推出了ecovio®生物塑料，其由可生物降解的聚合物ecoflex®和聚乳酸（PLA）制成，产品具备优异的阻隔性和耐久性。利用该材料可以通过注塑的方式获得可堆肥咖啡胶囊和阻隔包装，该包装最终均可作为生物垃圾进行处理。此外，赫斯基（Husky）推出了Hypet HPP5e系统用于100%回收的PET瓶坯注塑生产，其通过自适应压力控制技术可比上一代系统降低平均5%~7%的能耗。伊之密联合德国Exipnos公司开发了聚合物在线混配直接注塑成型（DCIM）工艺，该方案不仅可以减少整个价值链中的碳排放，还能直接对生物材料进行处理，其在产品展示中被用于生产可降解咖啡杯。

在汽车领域，整车厂商也青睐于使用回收塑料生产的内外饰材料，以适应汽车节能环保的趋势。宝马创新旗舰电动车BMW ix采用再生尼龙废料制成合成纤维来制造地毯和地板垫等。据介绍，每辆ix上采用的再生塑料部件约等于回收了59.9千克废塑料。此外，福特公司成为第一家采用100%回收海洋塑料生产汽车部件的汽车制造商。Ford Bronco Sport车型内的线束卡扣是从海洋里收集来的废弃塑料注塑制成的。克劳斯玛菲推出的power-Molding注塑装备结合APC plus智能工艺控制系统将实现生产过程中工艺波动的有效监测和调控，其被用于生产100%再生PP材料的汽车车门模块。

在电子产品领域，塑料循环经济也成为各大厂商的重点发力领域。Dell在推出的新款Latitude 5000系列笔记本中采用了大量的海洋废塑及生物基塑料注塑成型。该系列笔记本的上盖采用71%可循环可持续材料，分别包含21%由造纸业回收再造的木质生物塑料、20%回收碳纤维，以及30%回收塑料，而底座部分则采用20%回收碳纤维材质，加上

39%以蓖麻油制成的生物基塑料脚垫。此外，三星公司联合帝斯曼共同推出了首款采用 Akulon® Re-Purposed 高性能可循环海洋塑料制成的智能手机，该塑料由海洋中回收的废弃渔网制成。

四、结语

随着国家碳中和、碳达峰政策的不断落实，塑料的绿色生产和加工技术变得愈加重要。当前，疫情带来的市场需求逐渐进入平台期，结合日益严苛的环保政策和注塑产业结构的转型升级，未来注塑产业将逐渐面向高端化和可降解产品领域发展。

从长久发展来看，伴随着新能源汽车、医疗器械、智能制造和工业 4.0 等新兴制造业在国内的发展，注塑制品作为制造业的基础，市场需求将继续攀升。从发展方向来看，为适应下游产业高端化发展需求，未来传统注塑产业必将走向智能化、自动化，将信息技术应用到注塑产业以提高生产效率、降低成本、提高产品质量。

因此，我国注塑产业相关厂商和从业人员需要提前布局、规划转型，从原材料功能化和绿色化，注塑装备高端化（精密化、智能化、节能化，产品设计轻量化、简洁化、一体化）生产管理数字化、网络化，技术创新协同化五大板块着力推进技术、装备和产品的全面革新升级，努力实现我国注塑产业从并跑全球到领跑全球的目标。

（中国塑协注塑制品专委会　谢鹏程　马艺涛）

2021 年塑料节水器材行业发展研究报告

2021 年是“十四五”开局之年，也是我国全面建成小康社会，在现行标准下农村贫困人口实现全面脱贫后，全面实施乡村振兴的承前启后之年。2021 年也是奔向 2035 年远景目标的新起点。2021 年我国疫情常态化防控处于全球领先地位。统筹疫情防控和经济社会发展成效显著，生产生活秩序总体稳定，促进了经济持续发展和社会大局稳定。根据联合国粮食及农业组织的调查报告，在全球 206 个国家与地区中，只有 33 个国家能够在粮食上做到自给自足，只有 6 个国家具有对外援助能力，分别是中国、美国、澳大利亚、巴西、阿根廷和新西兰。民以食为天、食以水为先，农业的稳定发展与塑料节水器材高质量发展息息相关，在疫情影响下，国家高度重视粮食安全问题，我国塑料节水器材行业在国家政策支持引导下，持续保持健康、稳定、有序的发展。

一、塑料节水器材行业发展概况

1. 企业概况

目前，全国塑料节水器材生产厂家有 3000 余家，以滴灌为主的滴灌带生产企业有 2500 余家，从业人数 6 万余人，年产量约 50 万吨；新疆滴灌带生产企业有 2000 余家，从业人数 5 万余人，年产量约 40 万吨，占全国年产量近 80%。新疆滴灌带生产企业中，年产量 20~100 吨（2、3 条生产线）家庭作坊式微型企业占比约 50%（主要为个体户和农业合作社），大概可供 3 万~4 万亩地；年产量 100~500 吨小型企业占比约 20%；年产量达 1000 吨以上的大型企业不足 5%。其中生产规模比较大的企业有新疆天业股份有限公司、大禹节水集团股份有限公司、京蓝沐禾节水装备有限公司、河北润农节水设备有限公司等。

2. 国家节水概况

根据水利部发布的 2021 年度《中国水资源公报》获知，全国用水总量为 5920.2 亿立方米。其中，生活用水占用水总量的 15.4%；工业用水占用水总量的 17.7%；农业用水占用水总量的 61.5%；人工生态环境补水占用水总量的 5.4%。我国农业用水量占用水总量的 60%，而灌溉用水又占到了农业总用水量的 90%。农业灌溉水的利用率只有 40%，而一些农业发达国家的农业灌溉水的利用率已高达 90%之多。

根据节约用水工作部际协调机制办公室公布 2021 年度《国家节水行动方案》实施情况。2021 年，各地区各部门全面实施国家节水行动，采取了一系列强有力措施，国家节水行动迈上新台阶。节水各项工作取得积极进展。农业节水增效持续推进，2021 年新增高效节水灌溉 2825 万亩；水利部启动两批 89 处大型灌区续建配套与现代化改造，完成总投资 71.95 亿元。工业节水减排不断加强，全国累计创建节水型工业企业 23535 个，2021 年创建国家绿色园区 3 个、绿色低碳工厂 50 家。城镇节水降损全面开展，2021 年全国建成节水型高校 262 所、新建成水利行业节水型单位 1914 家。

3. 应用领域概况

塑料节水器材产品主要用于农业农田引水项目工程、田间节水灌溉等领域，用户主要为市政项目、大型农场、种植户，在全国主要应用于棉花、玉米、小麦、番茄、土豆等作物的种植。

4. 发展趋势

我国农业伴随着水肥一体化、智慧农业、数字农业的发展，对产品的质量提出了更高的要求，塑料节水器材产品由原来的中低端向中高端发展，产品种类日益健全，管材管件配套化研究不断推进，国家标准、团体标准、地方标准日益完善。

二、“十三五”期间取得的主要成绩

从大水漫灌到高效节水，农业生产方式不断走向集约。水利部发布小麦农业灌溉用水定额，推广了一批成熟农业节水技术和产品，推进大中型灌区续建配套节水改造。“十三五”以来，中央每年安排2000万亩高效节水灌溉工程建设，重点支持华北平原、西北旱区等地区大力发展喷灌、滴灌等农业节水技术。经过大规模水利建设，我国农田有效灌溉面积从新中国成立之初的2.4亿亩发展到2020年的10.37亿亩。“十三五”期间，农业节水灌溉面积从4.7亿亩增长到5.7亿亩，农田灌溉水有效利用系数从0.536提高到0.565。在占全国耕地面积54%的灌溉面积上，生产了全国75%的粮食和90%的经济作物。塑料节水器材作为节水灌溉技术的支撑，在“十三五”期间取得巨大成绩，具体总结如下：

1. 科技创新支撑能力显著提升

科学技术是第一生产力，创新是引领发展的第一动力。进入21世纪以来，全球科技创新空前密集活跃。以人工智能、量子信息、移动通信、物联网、区块链为代表的新一代信息技术加速突破应用，以合成生物学、基因编辑、脑科学、再生医学等为代表的生命科学领域孕育新的变革，融合机器人、数字化、新材料的先进制造技术正在加速推进制造业向智能化、服务化、绿色化转型，塑料节水器材行业顺应时代的潮流，将先进技术应用于各个环节，使用水效率及各种作物产量得到大幅度的提升。

(1)“十三五”以来我国用水效率明显提升

我国用水效率的主要指标包括万元GDP用水量、万元工业增加值用水量、农田灌溉水有效利用系数等。各项指标都与塑料节水器材的发展息息相关。

根据全国节约用水办公室对我国用水效率的统计分析，2019年，全国万元GDP用水量和万元工业增加值用水量分别比2015年下降24%和28%，农田灌溉水有效利用系数提高至0.559，三项主要节水指标均提前完成“十三五”规划目标。

农田灌溉水有效利用系数是指灌入田间的有效水量与渠首引进的水量之比，是评价灌溉渠系的工程状况和管理水平的一个重要指标，它既反映了灌区各级渠道的渗漏损失，又反映了在管理过程中无益的水量损失，如日灌夜排，因过量引水或不合理的配水所引起的渠尾泄水，渠道跑水，田面跑水和深层渗漏等。从农田灌溉水有效利用因数来看，排在前十的北京、上海、天津、河北、山东、河南、江苏、黑龙江、浙江、吉林，均达到0.594以上；排在后面的西藏自治区、四川、贵州，则在0.479以下。与2015年相比，该指标提高较快的前十个省级行政区，分别是宁夏回族自治区、湖南、北京、广西、新疆维吾尔自治区、云南、吉林、西藏自治区、贵州、天津，升幅均超过0.027。

(2) 粮食生产大幅度增加

粮食安全是我国当务之急，保粮食安全先要从灌溉上得到保障。新中国成立以来，我国持续开展大规模农田水利建设，灌溉面积位居世界第一，农业用水总量基本零增长，已经形成较为完善的农田灌排工程体系和灌排设施管理体制机制，为保障国家粮食安全做出了重大贡献。

1949年全国农田有效灌溉面积为2.4亿亩；全国粮食总产量仅有2260亿斤。根据国家统计局2020年12月10日公布的全国粮食生产数据显示，2020年全国粮食总产量为13390亿斤，比上年增加113亿斤，增长0.9%，产量连续6年保持在1.3万亿斤以上。2020年，全国31个省（区、市）中26个增产，其中，河南、山东、山西、河北、新疆维吾尔自治区粮食产量均增加10亿斤以上。

2. 国际市场竞争力逐步增强

新世纪以来，中国抓住全球化机遇，积极融入世界经济体系，塑料节水器材不论规模还是效率都有了很大提升，参与产品内国际分工的程度持续加深。

近年来，我国制造业持续快速发展，总体规模大幅提升，综合实力不断增强，对促进我国经济发展的速度、改善经济发展的质量和效益发挥了重要作用，也大大增强了我国在全球化格局中的国际分工地位。从国内看，我国工业增加值比重不断提升，2016 年我国工业增加值达 24.79 万亿元，占 GDP 比重已从 1952 年的 17.6%提高到了 33.32%，增加了近一倍，极大地促进了我国工业实现由小变大的历史性转变。从国际来看，2000 年全球制造业增加值 5.922 万亿美元，我国制造业增加值 0.385 万亿美元，占全球的比重仅为 6.5%，低于美国（26.04%）、日本（16.85%）和德国（6.82%），居世界第四位；2007 年超过日本和德国，居世界第二位，达到 12.33%；2010 年提升至 18.38%，超过美国，跃居世界第一。2016 年，中国制造业增加值 3.48 万亿美元，连续 7 年保持世界制造业第一大国地位。

从竞争方面来看，本土大型节水灌溉设备生产企业有大禹节水、润农节水、亚盛亚特美、菲利特、天业节水、沐禾节水等，以上企业大多以节水灌溉硬件设备为主营业务，年营收破亿元。除却以上本土企业外，节水灌溉设备市场还存在 Plastro、Netafim、Rainbird、Bermad 等海外企业，在国内也拥有较高的市场占比。

3. 高效节水规模效益日益显著

“十三五”期间，中央每年安排 2000 万亩高效节水灌溉工程建设，至 2020 年底超额完成新增 1 亿亩高效节水灌溉工程建设任务；全国节水灌溉面积达到 5.67 亿亩。其中，喷灌、微灌、管道输水灌溉等高效节水面积达到 3.5 亿亩，全国农田灌溉水有效利用系数达到 0.565，超过“十三五”规划目标要求。近 30 年来，我国农业灌溉年均用水量基本维持在约 3400 亿立方米，占全社会用水总量的 56%左右。中央财政累计安排旱作节水农业专项资金 40 多亿元，在西北、华北和东北等地支持示范旱作节水农业技术，累计示范水肥一体化、集雨补灌、测墒节灌、垄作（膜）沟灌、蓄水保墒、地膜减量替代、抗旱抗逆等农业节水技术 6500 多万亩，带动全国每年旱作节水农业技术应用面积超过 4.5 亿亩次。初步构建全国土壤墒情监测体系和信息管理平台，推进人工监测向自动监测转变，接入全国墒情信息管理平台的自动墒情监测站点超过 1000 个。

到“十三五”期末，完成 8 亿亩旱涝保收、高产稳产的高标准农田建设任务，农业抗灾减灾能力显著增强，亩均粮食产能提高约 100 千克。2020 年全国高标准农田建设工作成效显著，全年建成高标准农田 8391 万亩、高效节水灌溉 2395 万亩，超额完成中央确定的年度目标任务，粮食保障能力进一步提高，为稳住农业基本盘，守住三农战略后院发挥了重要支撑作用。

新疆维吾尔自治区农业节水在全国农业节水中占据重要地位，近年来，新疆维吾尔自治区农业高效节水灌溉工程建设进入快速发展时期。到 2009 年底，以滴灌为主的农业高效节水灌溉面积达 1000 多万亩，为自治区农业抗旱保丰收、农牧民增收、水资源高效利用做出了突出贡献。截至 2020 年底，新疆维吾尔自治区完成高效节水滴灌面积达到 4300 万亩。截至 2019 年底，新疆生产建设兵团高效节水滴灌面积达 1694.16 万亩，推广应用精量半精量播种面积 1792.73 万亩，其中，棉花精量播种面积 1265.29 万亩。

4. 国内外市场规模不断扩大

当今，随着全球性淡水资源供需矛盾的加剧，节水灌溉技术得到快速发展。世界各国都把发展节水灌溉技术作为农业可持续发展的重要举措。我国应该在研究农业节水灌溉应用技术的基础上，将高新技术、新材料和新设备与传统农业节水技术相结合，提高农业节水灌溉技术和设备的科技含量，使节水灌溉技术朝着自动化、精细化、集成化、标准化的方向快速发展。据国家统计局数据，2020 年我国塑料加工业汇总统计企业累计完成产量 7603.22 万吨，规模以上企业营业收入 18890.13 亿元，利润总额 1215.15 亿元。“十三五”期间，我国塑料制品产量、营业收入、利润总额增长，规模以上企业数量逐年增加，行业规模进一步扩大。“十三五”期间塑料制品出口稳步增长，扩大了国际市场份额。2020 年塑料制品累计出口额 852.7 亿美元，同比增长 19.6%。

在政策的支持下，节水灌溉面积持续提升，到 2019 年农田灌溉面积高达 7 亿亩，节水灌溉设备新增以及更新需求不断增长，市场规模也同步扩大，到 2019 年达到 1050 亿元以上，按照当前农业现代化建设的发展趋势，预计到 2022 年节水灌溉设备市场规模将突破 1500 亿元，年复合增长率达到 12.6%。

5. 行业管理标准体系日趋完善

节水农业作为实现水资源可持续利用的一种有效手段，在实现水资源的合理配置，提高水资源利用率，保障国家粮食安全、生态安全和社会经济可持续发展等方面，具有其他措施无法替代的作用。高效节水灌溉以塑料节水器材产品为支撑，需要使用塑料管道、管件、阀门、喷头、滴灌带等塑料产品。塑料节水器材是高标准农田建设、高效节水灌溉领域的重要材料，塑料节水器材的产品质量安全涉及高标准农田建设的质量安全和粮食的质量安全。随着塑料节水器材行业的不断向好，我国塑料节水器材行业质量总体稳定，行业集中度不断提高，质量监管手段的丰富倒逼塑料节水器材在生产工艺、环保安全、关键设备、质量控制、技术研发上不断创新发展。“十三五”期间，塑料节水器材在国家标准、行业标准、地方标准、团体标准、企业标准等各领域百花齐放，既顾全大局，又分类治理，遵循行业规律，又充分考虑区域特点，这使得塑料节水器材行业的标准体系发展之路走得快又走得稳，为我国塑料节水器材产品质量的稳定保驾护航，也为推动塑料节水器材高质量发展创造了良好的条件。

截至 2020 年 4 月，我国节水标准定额体系建设取得明显成效。国家和省级共编制修订用水定额 4920 项，发布实施 330 项，超额完成年度工作任务。其中，水利部共组织编制修订用水定额 47 项、已发布实施 28 项，宾馆、机关、学校 3 项服务业用水定额属首次在全国范围对服务业领域用水进行严格约束，小麦灌溉用水定额是国家层面第一个农业用水定额。

自 2020 年 10 月 14 日起，登陆水利部国际合作与科技司官网首页“现行有效标准查询系统”，公众可在线阅览全部标准文本，含有强制性技术内容的标准可免费下载。

目前，现行有效水利技术标准有 779 项，其中国家标准 173 项，行业标准 606 项。近年来，水利标准化工作紧紧围绕水利中心工作，加强顶层设计，深化标准化改革，完善水利技术标准体系，培育和发展团体标准，强化实施与监督，推动标准国际化，各项工作取得积极进展，为水利改革发展总基调提供了有力的技术支撑与保障。

三、塑料节水器材行业待解决问题

1. 缺少关键核心技术，自主创新能力偏弱

尽管我国制造业发展取得了显著成效，但仍存在有效需求不足、“大而不强”等问题，加之传统比较优势弱化、资源环境约束趋紧、体制机制束缚等因素，以及产业向中高端迈进遇到发达国家“再工业化”和新兴经济体“分流”两头挤压，制造业转型升级的难度较大。

塑料节水器材行业的发展也面临技术自主创新能力不足、要素成本上升、环保压力加大等问题。数据显示，2019 年我国制造业研发投入强度明显下滑，仅为 1.45%，低于全国平均水平（2.23%）0.78 个百分点。在基础研究领域，美国基础研究投入占研发投入的比例在 15%~19%之间，并呈逐年微升态势，而我国则常年徘徊在 5%左右的低位水平。因此，亟待从国家战略高度加强制造业研发特别是基础研究投入。

目前我国的农田节水灌溉设备研发力度不足，技术创新能力相对较低，无法满足农业产业化的发展需求。“十三五”期间，我国节水灌溉面积达到 5.7 亿亩，农田灌溉水有效利用系数从 0.536 提高到 0.565，虽然取得了很大的发展，但缺少自动化灌溉等关键核心技术，自主创新能力偏弱。例如，我国灌溉自动化技术应用发展缓慢。以色列从 70 年代发明滴灌，到 90 年代滴灌面积达到了全国灌溉面积的 95%以上，20 年间灌溉自动控制灌溉技术发展几乎同步，几经技术换代，滴灌系统几乎 100%采用自动控制方式。新疆维吾尔自治区自 1996 年引进滴灌技术，创造性地将膜下滴灌应用于大规模大田作物，至今同样是 20 年时间，滴灌面积占到灌溉面积的一半，兵团甚至已超过 70%，但自动控制的比例仍不足 3%。微灌产品流道设计是滴灌产品的核心技术，属微流态技术领域，我国此项技术研究还十分薄弱，甚至没有一家研究机构能够准确提供水在滴头流道内的流态参数分析。

2. 适合高效产品偏少，智能化高端产品匮乏

目前先进设备不足，一些建设时间较长的水利工程，因其老化问题，缩短使用寿命，逐渐降低了节水灌溉效率，已经无法满足农业生产需求。

节水灌溉产品品种单一、规格不全、相互不配套，产品重创新轻实用，相关产品普遍用户体验较差，安装使用过于复杂，需要与专家级人员运维，极大地限制了市场发展。目前智能产品运用的新技术不是成本高，就是技术尚未真正成熟，智能产品售价高、同质化、单一化、市场接受度不高问题普遍存在。例如，目前引进和国内生产的不同型号规格控制阀，具有轻便耐用和启闭功率小等优点，但这些设备对灌溉水质洁净度要求高，以及由于部件内部结构原因时常发生因田间杂物而影响运转，时常发生导流孔易堵塞无法调节灌溉水量，农田作物扬花、防风林木柳絮等纤维状杂物进入球状阀芯与阀体之间接缝，影响球状阀芯在阀体内正常转动等。同时，滴灌自动化信息控制方式方面，基本处于单一传统管理方式，严重影响制约了节水灌溉自

动化技术应用发展。农业节水灌溉自动化技术作为智能高效系统相比其他技术更加省时、省力，还能准确、定时、定量、高效地给作物自动补充水分，改善土壤环境，达到增产、增质，节水、节能的目标，而目前因自动化节水设施配套不完善、技术不够成熟，我国大多地区还是以人工和半自动化技术为主。

3. 市场驱动机制不畅，政府依然是投资主体

目前，节水灌溉市场主要以政府为主导，每年政府制定高效节水实施面积，并进行投资，缺乏市场调控、市场引导和公众参与的节水机制。随着我国对农业经济发展的重视程度越来越高，政府部门对灌区工程的建设也逐渐加强，并将相关的配套设施推广给农民。但由于地方管理人员思想认知问题，并没有对节水灌溉装备投入较多的资金，导致基础配套设施不完善，管理中存在权责不清、分工不明确的问题，影响了节水灌溉装备的应用，未能提升农民对节水灌溉装备应用的意识，影响装备未来的发展。

根本还是要建立一整套制度，建立一种体制、机制，使得各行各业、社会成员受到普遍的约束，需要去节水；通过制度创新，使得全社会能够获得制度的收益，愿意去节水，使节水成为用水户自觉、自发的长效行为，而不是仅靠行政推动的权宜之计。

需要做好金融支持、引导社会资本的三位一体，形成输血、补血、活血、造血四源共济的总体思路，构建多元化、多层次、多渠道的投融资格局，着力破解水利项目筹资难的问题。需要逐渐转变为“政府搭桥、市场运作、示范带动”的基本思路。

4. 水费征收不够合理，导致用户缺乏积极性

农业用水价格一直是受国家政策保护的，没有按市场经济运作，从而不能引起广大农民对农业节水灌溉的足够认识，误认为节水是政府的事。影响农业灌溉水费征收工作的首要原因，就是缺乏对水费征收工作的科学认识。一方面，农民群众对于缴纳水费的认识不充分，缴费积极性较差。很大一部分的农民群众认为，水利工程是农民群众投工投劳修建的，用水不需要交水费。然而农业生产用水属于生产性投入，是需要花成本的；水利工程的运行、维护和管理需要大量投入资金，是需要成本补偿的。另一方面，基层干部对于水费征收工作不够重视，监督力度较差。许多村干部平时不重视宣传水费征收政策，不向农民群众讲明水费征收的目的意义；在征收水费工作中，缺乏责任心，导致水费征收率低，不能满足水利工程运行、维护以及管理的需要。农业水费的计价与使用不够规范近年来，农业水费的计价与征收都是采取委托代收方式，代收的水费经常无法足额及时地划拨给水利部门，阻碍了农业水费的计价与征收工作的正常进行。农业水费的计收与使用不够规范。在水费计收中存在着很多问题，比如运行与管理终端收费混乱，少监督；农业用水普遍没有实行计量收费；按合同计收水费的意识不强等。另一方面，在水费使用中也存在着很多问题，比如平调、截留挪用水费现象严重；供水经营者内部管理体制不健全；没有建立起节水效益补偿机制等。这些问题导致了很多不良后果的产生，比如水费收取少、取率低和挪用水费，使水利工程无法正常运行；水利工程改造和维修费会增加财政和用水户的负担等。

除此之外，还存在以种植面积为基数将水费征收进行平分的收费方式，该方式容易引起用户纠纷，严重干扰了社会经济市场。

5. 以用户为中心的标准化节水技术尚未形成

目前，以用户为中心的标准化节水技术尚未形成，节水灌溉工程及其灌区主要是由政府修建管理的，经常出现管理不善，用户对节水设备后期设备维护意识欠缺，缴纳水费积极性不高，财政收支不平衡等现象，而节水灌溉和农民切身利益密切相关，不能全部由政府投资、管理。应该形成以用户为中心的节水模式，“自己设备自己维护，用多少水交多少费用”的体系，不但能大大减轻政府负担，而且还可以调动农民节水的积极性。

从技术内容来讲，我国现有的节水灌溉标准，涉及渠道防渗、低压管道输水、喷灌、微灌、雨水集蓄、平整土地、改进沟畦等节水灌溉技术以及与之密切相关的灌溉试验、灌溉水质、大型灌区技术改造、泵站更新改造、机井、风力提水、牧区草地灌溉、农田水利示范园区建设等内容，可以说，已初步形成了一个节水灌溉标准体系的雏形。但是，中国现行农业节水技术标准中关于工程建设运行管理方面的技术标准不足，以用户为中心的节水技术标准化体系尚未形成，现有标准中缺乏符合实际的建设定额、运行管理标准，不能给工程建设和运行管理带来全面系统的指导。有一些农业土地节水项目，没有规范的节水灌溉的使用标准。

6. 全国发展不够均衡，产品应用场景不全面

我国地形复杂多样，不同地区的农作物种植结

构存在较大的差异，例如，北方干旱区域的灌溉系统和产品不能完全照搬到南方补充灌溉为目的其他区域，平原区域和丘陵地区的节水灌溉系统因水源、压力不同为有所区别，多年生的果树作物和一年生的作物因需水量、生产特点不同，其所需的节水灌溉设备和产品有所区别。中国现行农业节水技术标准中一些技术指标在制定过程中没有考虑不同地区的自然条件和特点，对不同的山地、农田种植结构等缺乏科学合理地分析，不能及时对当前情况进行全面调研，有的地区没有严格地按照农田经营规模类型选择科学合理的农田节水灌溉方案和技术，存在一定的地域性和局限性。

四、塑料节水器材行业面临的机遇与挑战

1. 塑料节水器材行业面临的机遇

（1）全球和我国水资源紧缺对节水器材需求量大，市场前景广阔

我国是水资源短缺的国家，时空分布不均，且人均水资源不足。目前我国人均水资源占有量约为2100 米^3，仅为世界人均水平的25%，在世界上排第121 位，是全球 13 个贫水国家之一。预计到2030年我国人均水资源量将下降到1760 米^3，逼近国际公认的1700 米^3 严重缺水警戒线，缺水已经成为制约我国经济发展和社会进步的重要因素。

此外，我国农业用水存在较大的浪费，主要体现为灌溉用水系数较低以及水资源利用率较差。一是据我国《水利改革发展“十三五”规划》显示，我国农业灌溉用水利用因数仅为0.53 左右，远低于发达国家0.80 的平均水平。二是在节水滴灌领域，采用喷滴灌技术的耕地的面积占所有节水灌源耕地面积的 29.01%，仅占全国有效灌溉面积的13.68%，而发达国家采用喷滴灌节水技术的比例达到70%～80%。虽然我国近年来大力投资于节水灌溉设施的建设，使农业用永效率出现了一定程度的提升，然而相比发达国家，我国的节水灌溉能力整体仍处于较低水平。近几年，国家出台多项鼓励政策，力图提高我国农业灌溉水利用系数和喷滴耕地面积，必将对节水灌溉设备产生较大的市场。

（2）国家制定了一系列针对节水的政策

2022 年2 月22 日，《中共中央国务院关于做好2022 年全面推进乡村振兴重点工作意见》发布，指出强化现代农业基础支撑，全面完成高标准农田建设阶段性任务。

2021 年10 月8 日中共中央、国务院印发的文件《黄河流域生态保护和高质量发展规划纲要》提出把水资源作为最大的刚性约束，坚持以水定城、以水定地、以水定人、以水定产，合理规划人口、城市和产业发展；统筹优化生产生活生态用水结构，深化用水制度改革，用市场手段倒逼水资源节约集约利用，推动用水方式由粗放低效向节约集约转变。

2021 年 10 月 28 日印发实施“十四五”节水型社会建设规划，2025 年，农田灌溉水有效利用因数 0.58；“十四五”新增高效节水灌溉面积 0.6 亿亩；“十四五”创建 200 个节水型灌区；2025 年，全国建成高标准农田 10.75 亿亩。

2021 年 8 月 23 日印发实施“十四五”全国农业绿色发展规划，提出顺天发展旱作农业、集成推广节水技术。

农业农村部印发全国高标准农田建设规划（2021－2030 年），建设内容中体现了绿色发展要求。明确高标准农田建设田块平整时不宜打乱表土层与心土层、应推广节水灌溉技术、农田防护与生态环境保护工程等。建设过程中鼓励应用绿色工艺。

《高标准农田建设通则》（GB/T 30600－2022）经国家市场监督管理总局（国家标准化管理委员会）批准发布，于 2022 年 10 月 1 日起正式实施。文件提出鼓励应用绿色材料和工艺，建设生态型田埂、护坡、渠系、道路、防护林、缓冲隔离带等，减少对农田环境的不利影响。

（3）塑料节水器材专委会为多学科交叉合作提供了交流平台

中国塑协塑料节水器材专委会促进政府、企业、大学、科研院所优势资源整合，推进政产学研协同创新，搭建政产学研用研发创新平台，形成高效的组织动员体系和统筹协调的科技资源配置模式，进一步优化提高创新驱动发展的“第一动力”。习近平总书记在党的十九大报告中明确提出，“深化科技体制改革，建立以企业为主体、市场为导向、产学研深度融合的技术创新体系”。中国塑协塑料节水器材专委会要进一步促进政府、企业、大学、科研院所整合优势资源，持续推进政产学研协同创新，不断优化创新生态，促进创新资源更加精准配置，推动产业、人才、科技、资本“四个集聚”，为本行业企业激活创新能量，用创新合作汇聚强劲而持久的发展动力。

（4）现代信息、材料、智能制造、新能源等高新技术快速发展为节水器材升级改造提供了机会

现代信息、材料、智能制造、新能源等高新技术产业迅速增长，支撑了以智能制造为引领的新产业革命发展。随着新一代信息技术的发展以及信息化水平的普遍提高，数字技术、网络技术和智能技术日益渗透融入产品研发、设计、制造的全过程，推动产品生产方式的重大变革。主要发达国家和跨国企业均把智能制造作为新一轮发展的主攻方向，德国提出工业 4.0、美国发展工业互联网、法国实施未来工业计划等，一些跨国企业也纷纷加大智能化改造、先进机器人研发的投入力度，传统制造加速向以人工智能、机器人和数字制造为核心的智能制造转变。信息产业与传统产业的深度融合，推动了以数字化、网络化、智能化、服务化为核心的传统产业转型升级。科技创新支撑节水器材快速发展，带动了灌溉的智慧化发展。

（5）土地流转规模化经营为规模化快速发展高效节水灌溉提供了新机遇

我国目前农业生产存在着农户生产规模小，种植面积大小不一，种植地块零散，机械化程度低，劳动强度大，生产成本高，经济效益低的特点。在这种情况下，农民投资节水灌溉设备的能力和积极性都不高，节水灌溉设备的推广受到制约。十八届三中全会鼓励有条件的农户流转承包土地的经营权，鼓励承包经营权向专业大户、农民合作社、农业企业流转。截至目前，土地流转率约为 30%。随着土地流转加速，发展规模化现代化农业，将提升对节水灌溉的需求，节水灌溉行业将面临行业发展的重要时期。

2021 年 7 月 7 日，农业农村部发布农业农村部关于加快发展农业社会化服务的指导意见，提出打造农业社会化服务平台。围绕保障粮食安全，由流通服务向全程农业社会化服务全面延伸，大力发展节水农业全产业链托管服务，实现“节水+托管+农资+高标准农田+种业”五重叠加效应。打响节水农业品牌，全力构建农业社会化服务“一个体系”，推进村社共建、与农民合作社合作“两种模式”，搭建技术指导、智慧农业、农机服务“三个平台”。打响高标准农田建设品牌，围绕粮食稳产高产，紧扣田、土、水、路、林、电、技、管八方面内容，建设高标准农田标准区、示范区和核心区，实现“建管护”一体化，打造叫响全国的样板工程。

2. 塑料节水器材行业面临的挑战

（1）低端同质化竞争加剧

据不完全统计，截至目前国内从事节水灌溉产品制造和工程建设的企业约有 3000 家，导致节水灌溉产品的供需市场在短时间内发生了较大的变化，但大多数企业规模较小，资金较少，技术水平较低或缺乏各种专业技术人员合理搭配得较为完整的技术体系。由于市场不规范，多数企业促销手段单一，企业间竞争不是靠稳定的产品质量吸引顾客，而是相互压价。导致部分企业经济效益下降或根本无利润。在节水器材行业高速发展期间，节水灌溉设备生产企业的数目增加很快且同一产品被多家企业同时生产的现象相当普遍，导致低端同质化竞争加剧。

（2）创新能力与创新成果转化不足

我国许多企业的产权不明晰，不能适应不断变化的环境需要。企业经营管理中，随波逐流的现象较为普遍，追求短期利益的倾向助长了企业的投机行为。塑料节水器材行业没有掌握核心技术，创新能力较弱，企业内部没有建立有利于创新力培养的文化。

根据中国统计局 2020 年中国专利调查报告显示，2020 年我国有效发明专利产业转化率为 34.7%，其中，企业为 44.9%，科研单位为 11.3%，高校为 3.8%。“十三五”时期，我国有效发明专利产业化率整体稳定在 30%以上，其中，企业有效发明专利产业化率保持在 40%以上。据相关资料了解，发达国家的专利产业的转化是在 60%~70%。相比之下，我国的专利产业转化率与发达国家相比，差距是巨大的。

（3）研发投入不足，产业持续发展能力较弱

近年来，我国各界越来越重视“创新”发展的重要性，政府和企业在研究领域的投入均大幅增加，根据国家统计局的数据显示，2016 年至 2020 年间，我国政府在研究与试验发展方面的年投入从 3140.81 亿元上涨至 5291.30 亿元，年复合增长率达到 14%；同时，企业在研究与试验发展方面的年投入从 11923.54 亿元上涨至 18673.8 亿元，年复合增长率达到 11.86%。

在整个 2020 年代，中国的研发支出还将继续保持这种高速增长。对企业来说，研发强度指的就是从销售收入中拿出多少钱投入研发；对国家来说，指的就是从 GDP 中拿出多少钱来投入研发。在 2010 年代的十年间，中国企业的研发强度增长了 2 倍，从 2010 年的 1.2%，增长到 2020 年的 3.6%。即使如此，目前中国企业的研发强度尚未触及美国企业在十年前就达到的高度。如今，美国

企业研发强度高达7.8%，仍是中国的2倍有余。近三十年来，中国不断缩小与欧美国家的研发强度的差距。但在近五年来，美国研发强度明显提速，从2.7%攀升至3.1%，同期，中国从2.1%攀升至2.2%。中国最新公布的研发强度为2.4%，提升幅度创近11年来新高；美国尚未公布最新数据。但整体而言，这五年中美研发强度的差距并未明显缩小。

（4）灌溉水源多样化对产品性能质量有更高要求

国外水源水质情况较好，农业灌溉水源主要以地下水为主，我国水源多元化，如黄河水、微咸水、养殖废水、再生水也常作为灌溉水源。水源中含有大量污染物质微生物、微小颗粒和有机质，会堵塞灌溉器，影响灌溉设备的正常运行，从而对农业的生产造成巨大影响。随着经济不断发展，生活和生产污水的随意排放，从不同程度上污染了自然水体，严重影响了灌溉设备的运行效率。灌溉是农业稳产与丰收的重要前提，灌溉设备是实现高效节水灌溉的基本条件。面对多样化灌溉水，人们对塑料节水器材的产品性能质量有更高的要求，要求其既要防堵塞又要防腐蚀，还要耐用好用，这对塑料节水器材行业企业是大的挑战。

（5）农业效益低，高端产品需低成本产出

当前，我国农业效益普遍较低。中国科学院院士、杂交水稻之父袁隆平曾作过计算，种植667米^{2}杂交水稻，平均纯收益只有7.5元。农业一直以来是弱势产业，以致农民收入较低。农业效益低导致农民不愿意在农资产品上投入过多资金，而塑料节水器材作为农业设备之一，高端塑料节水器材的研发涉及多学科交叉创新，研发成本要适应农民低成本种植的要求。要研发出高质量、低成本的塑料节水器材设备对于从事该行业的专业人员来说是一个巨大的挑战。

（6）疫情对市场环境的冲击

近年来，中国的市场环境一直在演变，而新冠疫情对消费者和各行各业都产生了巨大冲击，加速了市场环境的变化。如果疫情继续扩散，将对全球农业生产和粮食安全构成重大威胁。国内外，因疫情影响而导致节水器材设备运输、销售等产业链出现问题，对企业经济上的冲击是非常严重的。

2020年新冠疫情爆发以来，对人民身体健康、经济社会带来影响冲击。特别是疫情使得外贸需求订单减少，生产能力下降，人员出入境、跨境物流、检查检疫等管控升级，叠加原油市场大幅波动、金融市场剧烈震荡等因素，全球产业链、供应链和资金链受到严峻挑战。而蔓延全球的新冠疫情，也对塑料行业企业的生产、供销、出口等多个方面造成了不同程度的影响，塑料行业面临着新的挑战。

（7）生产企业的安全环保压力持续增加

塑料节水器材行业属于轻工工业，属于化学工业的下游，我国轻工业在经济和社会发展中起着举足轻重的作用，轻工业承担着繁荣市场、增加出口、扩大就业、服务“三农”的重要任务，是国民经济的重要产业。改革开放以来，我国轻工业发展迅速，轻工业的发展对繁荣市场，满足人民群众的需求等方面都有着重要的作用与意义。但轻工业对资源、环境和社会压力不断加大，对环境的污染严重，轻工业排放的污水占全国污水排放量的1/5，很多企业尤其小型企业设备陈旧、浪费大、污染严重。

党的十八大以来，围绕深入推进生态文明建设，我国环境污染治理力度持续加大。与此同时，塑料节水器材行业环保成本整体呈刚性上升趋势。环保成本上升主要表现在以下方面：

一是生态环境治理投入加大。企业为满足严格的污染排放标准和监督管理要求，在大气、水和固体废物污染治理以及生态建设与保护等方面加强基础设施建设并运行维护的投入日益增加。

二是清洁技术更新改造成本增加。为推动供给侧结构性改革，满足环境标准和政策要求，制造企业为此在生产设备、生产工艺的技术上加大了清洁更新改造投入。

三是环境管理成本增加。主要包括企业自行开展环境监测的各种设施支出、环保机构管理支出等。

四是环保税费增加。包括环境保护税、生态修复基金、评审费、排污权取得费、罚款支出、诉讼和赔偿支出等。

五、结语

2021年是挑战与机遇并存的一年，塑料节水器材行业抓住国家机遇，积极与国家灌溉项目相结合，应用PPP模式——农业节水和乡村振兴新引擎，为“十四五”实现良好的开局。2022年我们要继续发扬2021年的优势，贯彻落实习近平总书记提出的“节水优先、空间均衡、系统治理、两手发力”的新时期治水思路，以实现水资源节约集约安全利用为目标，深化改革创新、破解塑料节水器材“卡脖子”技术的问题，引领行业对标世界节水技术，推动塑料节水器材行业新技术新装备绿色高效、高质量发展，实现产业链协同创新，以更高水平参与国内、国际双循环，为全面建设社会主义现代化国家营造良好的社会氛围而努力奋斗。

（中国塑协塑料节水器材专业委员会　贺盛喜）

2021 年 LCP（全芳族聚酯）行业概况

一、LCP 行业国内外现状介绍

2021 年全球 LCP 行业稳步发展，全球市场需求量约 8.3 万吨，与 2020 年的 7.8 万吨相比增长约 6.4%。日美厂商（如美国塞拉尼斯、日本宝理、日本住友化学等）仍处于 LCP 市场垄断地位，约占全球市场份额的 80%。中国国内市场延续了多年来快速发展的势头，2021 年中国市场 LCP 需求量已经达到 3.4 万吨，主要增长点来自中国迅猛发展的消费电子行业。LCP 中国市场占全球市场的份额上升到 41%，增长速度远高于其他国家与地区，成为 LCP 产品最重要的市场之一。随着 5G 建设的推进，LCP 材料需求持续增加，中国厂商以需求为导向，加速自主研发，陆续实现投产，沃特股份、金发科技、普利特、聚嘉新材等厂商均在规划建设新产能，预计 2023 年国内 LCP 产能将扩增至 4.3 万吨，扩产完成后国内 LCP 企业在全球范围内的市场占有率将超过 35%。中国厂商致力于推进 LCP 国产化，实现量产商业化，打通 LCP 整体产业链，契合 5G 需求迎来红利发展，将为我国在该领域打破日美等企业的长期垄断奠定基础。

二、技术水平状况

LCP 产业技术可以分为五大环节：化学合成、性能标准、造粒改性、加工成型和应用技术。美国、日本在这些领域处于全面领先地位，但国产 LCP 的领先企业已经迎头赶上，在力学性能、电性能、热稳定性等方面接近美国、日本头部企业的技术水平。随着我国科技产业政策的深入实施，我国 LCP 企业自主创新开发的新应用越来越多，在加工成型和应用技术方面，也取得了长足的进步。

LCP 产业技术国内与国际一流水平的差距主要体现在：①相对分子质量的可控性与一致性；②单体与催化剂配方的合理性；③聚合工艺及设备配置精细化；④薄膜与纤维的制造工艺及设备；⑤结晶速率与结晶度；⑥LCP 分子取向一致性。国内企业正在突破这些技术瓶颈，相信未来几年有望进入国际一流技术水平行列。

三、工业市场状况：现有市场、新应用、新工艺

国际市场以消费材料、5G 通信、电子电器、汽车、航空航天、工业、体育、医疗等领域的应用为主，应用种类繁多、分布广泛，其中数量较大的单个应用包括高端连接器、5G 基站和天线、PCB 印刷电路板等。按照工艺来分类，LCP 加工方式主要包括注塑、挤出、造粒、制膜、纺丝等。中国市场的特点是注塑成型产品占据的比例较大，占 70% 以上。受国家政策利好和下游行业发展迅猛的影响，电子电器产品国内需求持续增长，目前中国是全球最大的电子元器件使用地区，大量 LCP 注塑产品用于电子电器制造。自 2015 年以来，中国的电子电器市场增速飞快，至 2021 年 LCP 市场需求量已达 3.4 万吨。由于国外企业技术封锁，且我国在 LCP 领域起步较晚，因此，LCP 材料长期依赖美日进口。目前，随着越来越多的国内企业自主创新能力不断提升和研发投入持续增加，LCP 行业已经涌现出了沃特股份、金发科技、普利特、聚嘉新材等头部企业，这些企业陆续投产，将推动 LCP 材料产能快速增长，全球市场占有率大幅度增加。

2021 年，LCP 中国市场涌现出多个正在预研、开发的新应用和新工艺。发展最快的三个新型领域为 LCP 树脂、LCP 薄膜和 LCP 纤维。

LCP 树脂按照应用领域主要可分为注塑级、薄膜级和纺丝级三大类型，注塑级 LCP 树脂材料通过注塑后主要用于电子连接器、发动机零部件、精密器械等；薄膜级 LCP 树脂材料通过制膜后主要用于制备 5G 高频高速通信的手机天线、中继线、3D 摄像头、智能手表等；纺丝级 LCP 树脂材料通过纺丝后主要用于制备高强绳索或织制新型 PCB 使用的纤维布等。LCP 树脂国际主要厂商有美国塞拉尼斯、日本宝理、日本住友化学、日本上野制药、新日石化学、韩国世洋树脂、比利时苏威，国内主要厂商有沃特股份、金发科技、普利特、聚嘉新材、清研高分子等。上述三种类型当中薄膜级和纤维级

LCP 树脂制备难度相对较大，由于这两种高性能树脂对杂质、相对分子质量分布以及生产设备都有非常高的要求，技术长期被美日企业垄断和封锁，因此这两种树脂的供应成了 LCP 薄膜和纤维制备的“卡脖子”问题。国内企业若不能实现薄膜级和纤维级 LCP 树脂的产业化，将始终在 5G 通讯等高端制造领域存在被“断供”和“卡脖子”风险，严重制约国内相关产业的健康可持续发展。近年来，已经有越来越多的中国企业以需求为导向，加速薄膜级和纤维级 LCP 树脂的研发和投产，未来随着下游产业链对 LCP 各类产品需求的激增，LCP 树脂将具有更加广阔的应用前景。

LCP 薄膜目前主要应用于高频、高速领域。随着 5G 时代的到来，5G 最重要的变化在于高频和高速，但其信号会随着频率增加而衰减，因此 5G 通信对低损耗的天线材料需求愈加迫切。传统材料（如 PI、MPI）已经无法适应新的挑战，而具备介电稳定性、高流动性等性能的 LCP 薄膜将成为 5G 天线的首选材料。随着 5G 范围的扩大，高频高速传输领域用 LCP 薄膜市场规模极为可观，可达数百亿元，发展潜力巨大。LCP 薄膜不仅对树脂有较高要求，而且对加工工艺和制膜设备的技术要求更高。目前国际上掌握 LCP 薄膜成熟的产业化制造核心技术的企业仅有日本村田公司和可乐丽公司。国内聚嘉新材目前仍处于产业化的研发阶段但进展相对较快，随着国内企业研发投入和工艺改进的持续推进，高频天线用 LCP 薄膜材料量产瓶颈有望突破。随着 LCP 薄膜的新应用在中国市场不断开发，下游企业对薄膜的力学性能、耐高温性、厚度均匀性、外观、尺寸稳定性等将提出更高的要求。随着国内相关企业的不断突破和发展，中国有望在不久的将来成为全球 LCP 薄膜的生产、研发与应用大国。

LCP 纤维是一种经液晶纺丝法制得的高性能特种纤维，其具有高强高模、耐高温、耐切割、耐蠕变、耐辐射、耐磨损、耐化学腐蚀、低介电以及低吸湿等优异性能，受到人们广泛的关注，可替代芳纶纤维、玻璃纤维等传统纤维在军工与民用领域大范围使用。与芳纶纤维相比，LCP 纤维在材料强度方面优势明显，同时，更具有极低的吸湿率和较好的耐高低温特能，如用于制作单兵防护装备，即使在涉水或极端温度下，其防护装备仍能保持较轻的重量和较好的强度。未来，LCP 纤维有望替代芳纶纤维，广泛应用于我国军工领域，主要包括新型防护装备、新型武器装备（如固体火箭发动机、高性能防弹装甲、结构隐身一体化材料等）、航空航天等，推动这些高科技军工领域实现全新的提升和突破。另外，LCP 纤维还将在电子工业、汽车工业、体育运动、海洋渔业等民用领域大有可为，市场前景广阔。相对于玻璃纤维，LCP 纤维具有更低的介电常数和介电损耗，使其可替代玻纤成为 PCB 硬板的主要制作材料。但是，长期以来，LCP 纤维主要被日本企业垄断，日本可乐丽、东丽、KB 世联和住友化学是全球 LCP 纤维的主要研发和生产厂家，对我国长期进行严密的技术封锁。因此，实现 LCP 纤维的国产化战略意义巨大。目前，国内已经有聚嘉新材、普利特、海格拉等企业能够完 LCP 纤维少量制备并在市场开始销售，其中聚嘉新材将在 2022 年完成 3000 吨/年的产线建设并投入使用，随着越来越多的国内企业持续而有效的产业化研究和建设并不断加快掌握 LCP 纤维生产的关键技术，打破国外垄断，国内有望逐步发展成为 LCP 纤维制造和应用领域的第一大市场。

四、LCP 行业发展趋势及未来展望

在未来五年，LCP 全球市场将继续以 6.2%的年复合增长率增长，中国市场将继续以约 8.8%的年复合增长率快速增长。中国 LCP 应用市场将主要集中在电子电器、新能源汽车、航空航天、国防军工以及医疗器械等行业。从行业发展趋势看，未来全球 LCP 产能扩张将以中国为主，国内企业在 LCP 行业的市场占有率将继续增加。预计到 2025 年，国内产能有望增加 2~3 倍，具备自主技术和先进工艺的公司将从中持续受益。

（中国塑协工程塑料专委会　赵明佑）

2021 年 PEEK 特种工程塑料概况

一、PEEK 行业国内外现状介绍

2021 年全球 PEEK（聚醚醚酮）行业稳步发展，全球市场需求量为 6800 吨，与 2020 年的 6600 吨相比增长约 3%。英国威格斯公司仍处于 PEEK

市场垄断地位，约占全球市场需求量的65%，其余市场主要由德国赢创、比利时索尔维、中国中研和中国鹏孚隆四大企业占据。中国国内市场继续延续自2017年以来快速发展的势头，2021年中国市场PEEK需求量已经达到1800吨，与2020年的1500吨相比，增长了20%，主要增长点来自中国自产型材、消费电子和军工等行业的迅猛发展。PEEK中国市场占全球市场的份额从10年前的2.5%，上升到26.5%，增长速度远高于其他国家与地区，成为PEEK产品的最重要的市场之一。英国威格斯、中国中研和中国鹏孚隆是中国PEEK市场的领先企业，占据中国市场的绝大多数市场份额。

二、技术水平状况

PEEK产业技术可以分为六大环节：化学合成、精制清洗、性能标准、造粒改性、加工成型和应用技术。英国在这些领域处于全面领先地位，国产PEEK的部分领先企业已经迎头赶上，在力学、电学、热力学等性能方面接近英国威格斯的技术水平，且在部分产品和部分应用技术领域处于国际领先水平，尤其是在高载荷、高扭矩的耐疲劳应用领域，已经处于全球领先水平。随着我国2025智造的深入实施，我国PEEK企业自主创新开发的新应用越来越多，在加工成型和应用技术方面，也取得了长足的进步。

国内PEEK行业与国际一流水平的技术差距主要体现在：①相对分子质量的可控性与一致性，即黏度的一致性；②PEEK熔体高速剪切速率下黏度变稀的能力；③结晶速率与结晶度；④用于超薄薄膜与超细单丝的PEEK纯度。少数国内企业正在突破这些技术瓶颈，相信未来几年能进入国际一流技术水平的行业。

三、工业市场状况：现有市场、新应用、新工艺

国际市场以电子半导体、汽车、能源、航空、医疗、工业等领域的应用为主，应用种类繁多、分布广泛，其中数量较大的单个应用包括智能手机信号通道连接线、电子烟加热不燃烧烟具、晶圆代工厂CMP保持环等。按照工艺来分类，PEEK加工方式包括注塑、挤出、造粒、模压、喷涂、预浸渍等，其中以注塑成型和型材挤出为主。中国PEEK市场的特点是型材占据的比例较大，约占33%。由于中国是全球消费电子业的主要制造基地，大量PEEK型材用于消费电子品的设备制造。自2017年以来，中国的型材市场增速很快，2021年PEEK型材市场需求量为600吨左右。目前中国已经有20多家企业从事PEEK型材制造，其中以哲能、耐格美、君华、首塑等企业规模最大。在PEEK型材领域，中国已经超过德国，成为世界第一大型材制造国。其他具有中国特色的应用包括往复式空压机的气阀网状阀片、单螺杆空压机的星轮片、汽车真空泵离心叶片、化学分析的消解罐、核电站贯穿件的线缆与连接器、纺织机械部件、化工磁力泵隔离罩、泵阀球阀阀座等，这些应用在中国市场十分广泛和成熟，且部分应用是由中国企业首创。

2021年PEEK中国市场涌现出多个正在预研、开发的新应用和新工艺。发展最快的三个新型领域为PEEK连续纤维复合材料、PEEK齿轮和PEEK薄膜。

中国多家企业开始研发PEEK连续碳纤维预浸带模压或激光铺带烧结的复合材料，其中浙江鹏孚隆已经成功开发出自主专利技术的连续纤维复合材料专用超细粉和以超细粉为基础配置的PEEK悬浮分散液。中国企业已经在多种预浸渍工艺线路上取得突破，已经取得成功的预浸渍工艺包括悬浮分散液预浸渍、熔融预浸渍、静电撒粉预浸渍等，已有五家中国企业在PEEK连续碳纤维单向带领域实现初步商业化，并用于高强度复合材料的模压与激光烧结。单向带0度方向拉伸强度已经超过2000兆帕，复合材料板材强度可以达到1000兆帕。相对于热固性复合材料，PEEK复合材料具有更高的强度、更优异的耐疲劳性能、更高的耐温、更好的耐腐蚀、可回收利用等优势。由于以上突出的性能优势，高强度复合材料将广泛应用于航空航天、国防军工、新能源汽车、高铁轻轨、石油化工管道、医疗植入等领域。在航空航天和国防军工领域，可以替代金属，用于主结构件，起到轻量化的作用，可以让飞机载荷更大、卫星飞得更高、导弹打得更远、能耗更少，是未来航空航天和国防军工最有前途的复合材料。PEEK复合材料既能用于汽车和高铁的结构件，达到轻量化的目的，又能用于制造燃料电池汽车的氢气储罐，显著提高氢气储备的数量和安全性，避免出现金属储罐“氢脆”的问题。采用PEEK连续碳纤维预浸带缠绕、激光烧结的工艺方法，可以制造上千米长度的化工管道或海洋石油输油管道，具有耐化工材料腐蚀、耐海水侵蚀、强度高、重量轻、易施工、耐疲劳弯折等优点，是PEEK复合材料的最大的潜在市场，目前国内已经有厂家具备缠绕与极光烧结PEEK复合材料大型管道的设备、技术和市场，但验证时间较长。

2021年中国汽车工业已有多家企业开发PEEK齿轮，替代金属齿轮、聚甲醛齿轮和尼龙齿轮。相对于金属齿轮，PEEK具有低噪声、耐腐蚀、无油润滑、耐疲劳、耐磨损、减重等优点；相对于聚甲醛和尼龙齿轮，PEEK齿轮具有高扭矩、耐高温、耐低温、耐磨损、耐疲劳、高尺寸稳定性等优势。汽车工业，尤其是新能源汽车，对低噪声、高扭矩、耐磨损、无油润滑、耐疲劳、耐高温、耐低温等要求越来越高。汽车的发动机系统、传动系统、转向系统、座椅系统等都要用到大量齿轮，PEEK是汽车齿轮应用最理想的高性能工程塑料，同时PEEK齿轮也能广泛应用于电子半导体、家电等其他行业，将拥有巨大的市场前景。

全球PEEK薄膜的主要市场在中国，主要应用于手机扬声器、麦克风和耳机的音膜，其他应用包括飞机机舱隔热隔音毯、高温电子胶带、冷缠绕电缆线、核电站防护地膜、柔性线路板、复合材料模压等。由于膜薄的厚度越来越低，最低厚度已经达到3微米，近年来，高端PEEK薄膜都被英国威格斯公司垄断。2021年已有国内企业投资高端流延薄膜生产线，并已开始试生产。随着PEEK薄膜的新应用在中国市场不断开发，对薄膜的拉伸强度、耐高温性、刚性、厚度均匀度、表面质量、结晶度、收缩率等将提出更高的要求，中国市场必将很快开发单向拉伸薄膜、双向拉伸薄膜、热收缩薄膜等一系列新型薄膜产品，将很快成为PEEK特种薄膜的生产、研发与应用的大国。

四、医用PEEK市场状况

聚醚醚酮（PEEK，均聚物）、聚醚酮酮（PEKK，共聚物）从化学结构上看都属于聚芳醚酮类聚合物。PEEK是一种新型的特种工程塑料、PEEK耐高温、抗腐蚀、自润滑、耐磨损、强度高、尺寸稳定等优点。PEEK在医疗器械产品中分为一类、二类和三类。三类器械的医用PEEK原料与半成品市场基本被英国威格斯全资子公司Invibio垄断，最近几年德国赢创和比利时索尔维也逐渐进入中国市场。2021年三类器械的医用PEEK原料与半成品中国市场规模为1.5亿元人民币，其中威格斯Invibio约占1亿元。中国国产PEEK已经进入一类和二类医用产品，包括牙盘、骨科瞄准器、外固定支架、薄壁管等，但还没有国产PEEK材料完成国家药监局的主文档备案，没有国产PEEK被批准用于三类医疗器械。国家很重视医用聚芳醚酮（PAEK）的国产化研发，国家科技部已经于2020年建立重点科研项目《医用聚芳醚酮研发及产业化关键技术研究》，项目已由浙江大学医学院附属邵逸夫医院、复旦大学、上海交通大学附属第九人民医院、浙江工业大学、浙江科惠医疗器械股份有限公司和浙江鹏孚隆科技股份有限公司等单位承担，2021年已经完成医用聚芳醚酮树脂的研发，并完成YY0660-2008性能评价，100%通过GB/T 16886.5-2017生物相容性评价，将在2022年完成临床试验。在国产PEEK完成国家药监局主文档备案后，将直接进入国内医疗器械厂家进行平行对比试验，通过后即可实现国产PEEK在三类器械领域的真正国产化，将有望在脊椎融合器、脑颅骨、颌面骨、肋骨、骨钉等人体植入领域得到广泛应用。另外，国内多家大专院校、科研机构与企业正在推广PEEK连续碳纤维复合材料进入人体关节和创伤骨板等新型应用。相对于不锈钢和钛合金，PEEK连续纤维复合材料在强度和弹性模量上都与人体骨骼接近，可以有效避免应力屏蔽，防止受伤部位钙流失，解决二次骨折问题；PEEK复合材料的导热系数远低于金属材料，不会导致人体热量的快速散发，也会防止外部热量快速传导至人体组织，不会产生金属植入物给人体带来不适的问题。PEEK连续纤维复合材料器械的潜在市场巨大。

五、PEEK行业发展趋势及未来展望

在未来的十年，PEEK国际市场将继续以3%～5%的年复合增长率增长，中国市场将继续以约15%的年复合增长率快速增长。PEEK原料行业，海外企业的市场份额将继续削减，中国国产PEEK原料企业的市场份额将继续增加。中国PEEK应用市场将主要集中在消费电子、新能源汽车、航空航天、国防军工和医疗器械等行业，预计到2025年，中国市场PEEK需求量将突破3000吨，成为全球第一大PEEK市场。

（中国塑协工程塑料专委会　赵明佑）

2021 中国弹性体行业发展情况

2021 年是热塑性弹性体行业应对疫情危机，实现产业稳定持续健康发展的一年，在《中国热塑性弹性体行业“十四五”发展规划》中明确了，要进一步加强热塑性弹性体工业理论研究，通过宣传产业、宣传行业，以科技驱动弹性体新材料产业体系建设。

一、弹性体产业形成与界定

长期以来，普遍认为弹性体指的是橡胶，橡胶就是弹性体。弹性体确实源于天然橡胶，发现橡胶的弹性功能有着上千年的历史，但是随着新材料的发展，弹性体领域不断扩展，已经成为合成树脂、合成橡胶、合成纤维三大合成材料新兴材料，也是橡胶制品、塑料制品、弹性体纤维等制品领域的功能化产品。弹性体是一个特殊的材料领域，凡是具有内在弹性能量释放与恢复形态的为弹性体领域（弹性能量储存释放，不在弹性体范畴，比如弹簧、弓箭）；如化纤弹力丝由于柔性软链段由脂肪族聚酯或聚醚组成，是一个容易伸展的“弹簧”，而刚性链段则由氨基甲酸酯和脲基所组成，把“弹簧”相互连接起来组成的网状态，形成高弹性恢复率的弹性体纤维。由此认为，弹性体不仅是传统橡胶的代名词，是一个跨行业跨产业的具有体系基础，其产品共同特征是在弱应力下变形并在松弛后能迅速恢复到接近原有状态和尺寸的高分子弹性体材料。

1. 弹性体早期

弹性体聚合物，起源于合成橡胶，早在 1859 年 4 月就有合成橡胶发明专利。①关于“弹性体”：1928 年德国发明“用于防腐蚀产品的黏附促进组合物”，所述组合物“包含约 20%重量至约 70%重量的至少一种聚烯烃，所述聚烯烃选自聚乙烯和/或聚丙烯；约 20%重量至约 65%重量的至少一种丁基橡胶；约 6%重量至约 35%重量的至少一种选自乙丙橡胶和/或三元乙丙橡胶的弹性体；全部与黏合促进组合物”。②关于“热固性弹性体”专利：已有 3048 件，其中，1954 年英国 OLIVER WALLIS BURKE, JR 的《烯基填料的改进及其对弹塑性材料的增强》（*Improvement in vinylic fillers and the reinforcement of elastic and plastic materials therewith*）专利：“不可硫化的热塑性和热固性弹性体和塑性体，如聚氯乙烯和聚偏二氯乙烯、异丁烯-苯乙烯共聚物、聚砜；来自卤代乙烯基化合物的聚合物，如氯苯乙烯；来自乙烯基酸和酯，如甲基丙烯酸甲酯；乙烯基醚、醇和酯，如丁酸乙烯酯；来自含氮乙烯基单体，如乙烯基吡啶或丙烯腈；或“Bakelite”（注册商标）及其他热固性塑料或纤维素酯或醚”。③有关热塑性弹性体专利：1947 年 6 月 17 日，位于伦敦 D * Arblay 街的英国布思比和汤普森有限公司，斯蒂芬·谢克利和西里尔·奥布里·雷德芬，特此声明了涉及聚氯乙烯的热塑性弹性体的生产的发明。“热塑性弹性体生产的改进和相关方面聚氯乙烯”专利。

2. 弹性体行业分类

弹性体行业分类代码：按照《2017 年国民经济行业分类》，热固性弹性体、热塑性弹性体、弹性体纤维等弹性体材料，归属“265 合成材料制造”：2613 聚氨酯弹性体、2651 初级形态塑料及合成树脂制造、2652 合成橡胶制造、2653 合成纤维单（聚合）体制造。热固性弹性体和热塑性弹性体产品生产制造归属“29 橡胶和塑料制品业”，热固性弹性体为 291、热塑性弹性体颗粒为 292（小类为 2929 塑料零件及其他塑料制品制造）。弹性体纤维归入“化学合成纤维制造业 2826”。

弹性体材料统计代码：按照国家《统计用产品分类目录》制度与标准：聚氨酯弹性体代码为 2613011401；热固性弹性体代码为 261302，26130202 为热塑丁苯橡胶、2613089900 为其他功能高分子材料；热塑性弹性体颗粒代码为 3002010900；弹性体纤维代码为 2803，280307 为氨纶纤维。

弹性体进出口海关编码：根据《海关税则》，热固性弹性体、热塑性弹性体、弹性体纤维的有关 HS 编码，集中在海关税则的第三十九章、第四十章、第五十四章。按照材料形状、材料结构区别的热塑性弹性体在第三十九章，比如：“颗粒状（白色）32%聚苯醚 18%氢化苯乙烯丁二烯嵌段聚合的热塑性弹性体”，编码为 39072090“热塑丁苯弹性体”；以热塑性弹性体制品用途区别的基本上都在第四十章中，比如：建筑交通等领域用于加工密封条的热塑性弹性体编码为 40029911.00。合成弹性纤维编码为 5404110010、54024410.00。

3. 弹性体标准与科技专利

2021 年我国颁布了 3 项弹性体标准（2020 年 4 项），占现行有效 54 项目（累计制定 70 项）标准的 10%。2021 年颁布《弹性体凸轮转子泵》《充电桩电缆用聚氯乙烯弹性体料》《阻燃热塑性聚氨酯弹性体线缆料》。2020年发布的《家用和类似用途制冷器具用热塑性弹性体门密封条》《塑料　热塑性聚酯/酯和聚醚/酯模塑和挤塑弹性体　第1部分：命名系统和分类基础》《塑料　热塑性聚酯/酯和聚醚/酯模塑和挤塑弹性体　第2部分：试样制备和性能测定》《热塑性弹性体　预混料牌号规范》。目前正在实施的54项标准，其中北京、上海、河北等地方标准5项、国家工信部11项、国家质监20项，国家食品医药4项，还有国家发改委、交通部、民航总局、中石化、橡标委等；涉及材料以及检验、术语、规程等36项；所涉医用4项以及车辆、民航、家用、建材、包装、公路、电线、电缆、太阳能、机械配件等行业。

2021年公开“弹性体树脂专利”450件，同比2020年（428件）增加22件；占全部“弹性体树脂”7042件（我国3360件）的6.39%。2021年我国公开的“热固性弹性体专利”324件，比2020年的309件增加15件，占公开3050件（我国2157件）的10.63%。2021年公开118件“弹性体纤维专利”，比2020年的97件增加21件，占公开2228件（我国995件）的5.3%；目前我国涉足各类弹性体原料、产品、工艺以及用途等“热塑性弹性体专利”71113件，占全球公开118728件的59.60%。其中：①“热塑性弹性体颗粒专利”公开326件（1973年第1件），我国占203件；2021年50件，比2020年增加31.58%。②“热塑性弹性体树脂专利”1492件（最早1975年1件），其中我国556件；其次日本、韩国、美国、欧盟等50个国家拥有其专利。③“热塑性弹性体原料专利”公开123件，我国115件，2021年18件，比2020年的10件增加8件。④“热塑性弹性体产品专利”公开189件，其中2021年20件，比2020年的16件增加4件。

二、弹性体产品分类

弹性体工业是以弹性体制品形态为特征的产业链体系，包括上游石化基础原辅材料、弹性体树脂与颗粒中间产品及弹性体终端产品。2021年学术组织对于弹性体合成材料、弹性体中间产品（半成品）的调查研究表明，弹性体分布在“合成树脂、合成纤维、合成橡胶”三大合成材料产业之中；其中热固性弹性体集中于合成橡胶、弹性纤维集中于合成纤维、热塑性弹性体分布于合成树脂，主要是塑料行业、聚氨酯行业，情况如下：

1. 热固性弹性体

热固性弹性体基本上是以硫化型橡胶为主，材料分为：烯烃类、二烯烃类和元素有机类等；产品分为：三元乙丙橡胶、丁腈橡胶、顺丁胶、氯丁胶、硅基胶等热固性橡胶制品。目前，我国热固性弹性体区别于其他弹性体的关键是“热固性”，经加热到工艺温度实现交联固化或者冷却固化（不具有再加热再塑造的特性），称为热固性。各种固体、液体合成橡胶，天然橡胶（均需高温硫化交联），软质类不饱和聚氨酯等，都属于热固性弹性体这个范畴。硫化橡胶制品的主要生产工艺：炼胶、压片、成型、高温硫化交联；都需要加入各种硫化剂、促进剂、抗焦剂、高温防老化等助剂，经过高温185~195℃硫化后使其交联固化，成为热固性橡胶弹性体制品。

2. 热塑性弹性体

热塑性弹性体按照材质广义定位分七大类：①热塑性烯烃类（TPO）是由橡胶和聚烯烃两组分构成的。弹性体，TPO主要是EPDM+PP（三元乙丙橡胶+聚丙烯）；②TPS热塑性聚苯乙烯弹性体，主要是苯乙烯、丁二烯、苯乙烯、丙烯、异戊二烯-苯乙烯嵌段等共聚物，有TPS-SBS、TPS-SEBS、TPS-SEPS、TPS-SIS；③TPV由EPDM等橡胶通过与PO动态硫化并有较高交联密度的热塑性弹性体，有5类产品，TPV-(EPDM+PP)、TPV-(NBR+PP)、TPV-(NTR+PP)、TPV-(ENR+PP)和TPV-(IIR+PP)；④聚氨酯系弹性体（TPU），这是大类产品，芳族硬段与聚酯、聚醚、聚碳酸酯、聚己酸内酯、酯族等软段以及酯族硬段的聚合形成为6类产品，TPU-ARES、TPU-ARET、TPU-AREE、TPU-ARCE、TPU-ARCL、TPU-ALES；⑤聚酯类（TPEE）\ TPC热塑性共聚酯弹性体，有TPC-EE、TPC-ES、TPC-ET；⑥热塑性酰胺类弹性体（TPA），有TPA-EE、TPA-ES、TPA-ET等3类产品；⑦其他类TPZ，包括但不限于TPVC有机氟弹性体，有机硅弹性体、TPZ-(NBR+PVC)丁腈橡胶和聚氯乙烯的共混物。目前，热塑性弹性体材料简称TPE/TPR，或TPE或TPR；由于苯乙烯类弹性体占了绝大部分的弹性体市场和应用，所以很多时候就是指的以SBC为基础之共混的改性热塑性弹性体，简称为TPE。也还有不同的术语表达，如：“热塑性弹性体颗粒”“热塑性弹性体改性材料”等。

3. 弹性体纤维

按照美国材料与实验室协会（ASTM）对弹性体的定义，在室温条件下，材料反复拉伸到至少为原长两倍，在外力释放后能够迅速恢复至原长度的材料，此定义范围广，并专指弹性体纤维（我国早期定义为拉伸为原长 3 倍，现在没有倍率范畴）。弹性体纤维是化学纤维之一，也是三大合成材料范畴，目前按照材料分为天然乳胶丝、聚氨酯纤维（多嵌段）以及其他合成共聚物纤维。按照制品，弹性体纤维分为 6 大类：二烯类弹性纤维、聚氨酯弹性纤维（氨纶）、聚醚酯弹性纤维、复合弹性纤维、聚烯烃弹性纤维、硬弹性纤维等。

目前，按可塑性可分为热固性弹性体（橡胶 Rubber）、热塑性弹性体（TPE），弹性体纤维（elastomeric fibre），三种高分子弹性体共同构成弹性体新兴材料产业。弹性体产品是橡胶行业、塑料行业、纺织化纤、聚氨酯行业的重要组成部分，热固性弹性体是橡胶行业的主体，热塑性弹性体是塑料行业十大塑料颗粒之一。

三、弹性体经济发展规模

1. 产业发展规模

2021 年我国弹性体产量 963.77 万吨，其中橡胶行业中的“热固性弹性体”728.7 万吨、“热塑性弹性体”57.96 万吨；塑料行业中的“热塑性弹性体颗粒”112.61 万吨（注册 5000 万元以上企业 86 家）；聚氨酯行业中的热 TPU 塑性弹性体 64.5 万吨（不包括 CPU），同比增长 12.3%。弹性体行业营业收入总计 2488.61 亿元，其中热塑性弹性体营业收入 547 亿元。热固性弹性体和热塑性弹性体是“橡胶与塑料制品工业”（本文简称：橡塑工业）重要组成部分。疫情前，弹性体营业收入规模占橡塑工业的 7.9%，其中合成橡胶占合成树脂、合成纤维等三大合成材料的 7.7%。

2. 热塑性弹性体产地

进入 21 世纪以来，我国热塑弹性体消费量快速增长，有资料显示，2020 年全球市场需求超过 700 万吨。目前，我国各类热塑弹性体树脂及改性料产量达 210 多万吨，成为世界生产和消费大国，也是全球需求增长最快的国家，尤其以汽车、线性器材、电子器材为中心的应用市场，年均增长都在两位数字。目前我国现有 TPE/TPR 生产工厂四百余家，主要分布在浙江（宁波、余姚）、江苏（南京、张家港）、广东（东莞、深圳），福建（晋江）。TPE-S 产能分布在天津、浙江、山东、辽宁、广东、江苏等地；有资料显示，四家石化公司、台在大陆两家公司以及相关公司 17 家，年产能 140 万吨，其中六家公司的 SBS 生产能力 40 万吨，占全国的 34.78%。有些资料显示，其他热塑性体材料：SEBS 年产 15 万吨、TPV 系年产 5 万吨、聚酯系 TPEE 年产 1 万吨、酰胺类 TPAE 年产 0.2 万吨。

3. 弹性体出口情况

根据国家海关统计数据显示，2021 年 1-12 月出口热固性弹性体 28.7 万吨，比同期增加 8.7 万吨，增长 44%；2021 年 1-12 月进口主要热固性弹性体 111.7 万吨，与 2020 年同期相比，减少 24 万吨，下降 18%。热固性弹性体出口占生产总量的 3.34%；进口多于出口的近 4 倍。热塑性弹性体出口：①热塑丁苯橡胶-400021913：出口 2.3 万吨，出口额 4.48 亿美元，同比分别增长 141.65%、148.27%（进口 3.37 万吨，进口额 0.75 亿美元），出口单价 1.95 美元/千克、进口单价 2.22 美元/千克。②TPE3903 9000（如：苯乙烯类嵌段共聚物 45%，聚丙烯 25% QE142AEB）：2021 年出口 3.78 万吨，同比 2020 年增长 41.78%，比 2019 年增长 90.05%；出口额 1.24 亿美元，同比增长 108.91%。③TPE39029000：出口 1.54 万吨，增长 26.89%，出口额 0.55 亿美元，增长 42.1%。④EVA39011300：2021 年出口 7.12 万吨，出口额 2.14 亿美元，分别增长 139.06%、136.98%。⑤聚酯 39079991，出口 0.53 万吨，出口额 0.17 亿美元，分别增长 64.62%、71.12%。关于聚氨酯热塑性弹性体出口产品与普通聚氨酯类产品的海关类位 39095000：包括 TPU 蓝色副牌粒（黄色透明）、TPU 塑料原料、TPU 胶粒、聚酯型耐水解 TPU 颗粒、改性 TPU 电缆料、热封带专用 TPU 胶粒、TPU 原色（红色、黑色再生、杂色）破碎粒等 TPU 颗粒，2021 年出口 27.98 万吨，同比增长 28.82%。

四、2021 年发布的有关弹性体工业发展政策

工信部发布的《关于“十四五”推动石化化工行业高质量发展的指导意见》提出“加快突破新型催化、绿色合成、功能-结构一体化高分子材料制造”。《石化和化工行业“十四五”规划指南》有关弹性体产品，其一提到严重不足：“受技术制约，部分国产工业化依然空白或严重不足”其中包括“POE 弹性体”。其二提出弹性体为化工新材料：“化工行业新材料范围”，包括“特种合成橡胶”“高性能树脂-聚氨酯弹性体”“高性能纤维”；“热塑性弹性体——苯乙烯类热塑性弹性体、聚氨酯热塑性弹性体、聚烯烃类热塑性弹性体等”；其三明确弹性体纳入发展重点：“化工新材料重点发展领域——高性能合成橡胶和弹性体”，“强化一批产品填补缺口：聚烯烃类热塑性弹性体（TPO）、热塑性聚酯弹性体（TPEE）”等；“TPO、TPU等热塑性弹性体产品重点提升生产工艺，提高产品质量和生产稳定性，为汽车轻量化等领域做好配套”。

《塑料行业“十四五”科技进步指导意见》有关发展热塑性弹性体：其一，新兴战略产业用功能热塑性弹性体：新应用领域：在医疗、薄膜、软管、厨具、妇幼用品、高端鞋材以及抗菌食品包装、消防、体育、通讯、新能源、交通等新兴战略产业用高物性功能热塑性弹性体；如：医疗/防疫用途的四苯基乙烯（TPE）制品，替代海绵的超柔软TPE制品、TPE功能性薄膜、TPE软管、无溶剂水性TPE，TPE厨房用具、TPE妇幼用品等。其二，重点发展功能性热塑性体：无卤阻燃弹性体，多相多组分交联超耐磨TPE，超轻高回弹ETPU，POE，高回弹柔软OBCs，用尼龙弹性体，高性能、阻燃等。其三，重点发展基础性产品：TPAE弹性体、TPE弹性体、TPV弹性体、TPO热塑性弹性体、TPS类热塑性弹性体等。

（中国塑协热塑性弹性体专委会　秘书长冯庶君）

立足碳达峰碳中和　推动绿色建材发展

前　言

2021年10月，国家出台《中共中央　国务院关于完整准确全面贯彻新发展理念做好碳达峰碳中和工作的意见》和《2030年前碳达峰行动方案》（国发〔2021〕23号），围绕碳达峰碳中和出台了相关的指导意见和发展规划，明确指出要大力发展节能低碳建筑。门窗是建筑节能控制的关键环节，塑料异型材及门窗在绿色节能方面有材质上的巨大优势，这对整个行业是巨大的发展机遇，同时也面临着短期政策影响和技术转型的挑战。在中国塑料加工工业协会的坚强领导下，2021年中国塑料异型材及门窗行业加紧对绿色建材的“双碳”研究，力求从生产、安装、回收再利用全生命周期做到低碳、节能。同时，受政策短期影响比较严重，原材料价格暴涨，严重影响了行业的盈利能力。受国外疫情和中美贸易摩擦的影响，外贸出口出现阶段性波动，总量上略有上涨。在国家实施“双碳”的背景下，行业企业紧抓发展机遇，积极迎接挑战，未来行业转型升级的方向更加明确。未来，我国经济稳定发展、城镇老旧小区改造、保障性租赁住房及医教养项目建设、国内建筑节能标准持续提高等将为塑料异型材及门窗等节能建材产品发展带来机遇。

第一部分　行业概述

20世纪90年代，我国塑料异型材及门窗行业从国外引进塑料异型材及门窗技术，它经历了吸收、消化、提升的道路，从产品配方、型材结构、整窗系统一直到各类机械、模具、五金、配套件，都有了进一步的发展与提高。近年来，我国已实现双色共挤、双料共挤和软硬共挤，以及涂膜、印刷和喷涂等技术在生产工艺上日趋成熟。我国建筑能耗占社会总能耗的近40%，其中门窗的能耗约占建筑能耗的50%，降低门窗能耗对我国实现节能减排的目标起着重要作用。随着国家节能减排形势工作的不断推进，建筑节能指标近年来也在不断提高，但是国内不同区域节能水平还有很大的差异。从发达国家塑料门窗的应用技术发展轨迹看，随着节能指标的不断提高和改进，我国的建筑塑料门窗会处于上升趋势。目前，我国政府已经把节约资源、节能减排作为落实科学发展观、实现经济社会又好又快发展的重大战略。

近年来随着铝合金门窗的兴起，建筑门窗行业竞争激烈，导致爆发塑料门窗行业全国性大洗牌，目前，塑料型材行业总体产能供大于求，市场竞争激烈，行业整合需求预期强烈，行业向大型企业集中的局面已经形成。行业前二十强塑料异型材企业产量几乎占据了整个市场，在整体市场受到局限的情况下，行业的发展形成规模以上企业主导的市场，受原材料端价格剧烈波动的影响，“原材料+加工费”的定价模式逐步推广开来，市场竞争逐步平稳有序。大型企业在研发技术、产品生产、市场规模方面占绝对主导地位，更利于较大创新性产品的出现，开启了新一轮的技术革新浪潮，塑料门窗系统、装配式建筑、高性能防火防盗窗、低k值高质量的异型材等，逐步与国际先进技术接轨，在门窗智能化和互联网化方面甚至全球领先。

在中国塑协的领导与指导下，专委会积极贯彻落实党和国家的相关政策，引导行业健康发展。按照中国塑协指导精神，响应国家“碳达峰、碳中和”行动的号召，按照轻工业塑料加工绿色发展要求，积极推动行业产品升级，推动行业企业高质量健康发展。特别是在国家对房地产行业实施资管新规“三条红线”后，房地产行业建设速度明显放缓，2021 年恒大地产等国内大型房地产企业危机越来越突出，与之深度合作的建材企业受到严重影响，进一步倒逼塑料异型材及门窗企业的产品调整，转变市场开拓的模式，从自身的改进到对外的合作都做出了调整和改变。截至 2021 年，塑料门窗行业的发展呈现出如下几个趋势：

1. 上游原材料剧烈波动倒逼定价模式的改变

2021 年国际大宗原材料价格上涨，美元货币政策“大放水”，9 月份以来国家“限电限产潮”波及全国 20 个省市，“拉闸限电”导致工厂生产减产停工，国内 PVC 原材料生产企业面临着产量的压力。PVC 原材料现货出厂价从 8 月份的 9800 元/吨到 10 月初已经涨到 16000 元/吨，塑料异型材及门窗企业受此影响严重，固定价格签订的订单合同导致行业普遍亏损。在此背景下，已经呼吁多年的“PVC 原材料价格+加工费”的定价模式越来越多地得到行业企业的认可，在新签订的合同中被大量采用，或者从固定价格转变为定期协商价格，变相采用了“PVC 原材料价格+加工费”的模式。在塑料异型材生产技术逐步成熟的今天，PVC 原材料成为产品的主要成本之一，采取这种定价模式能够合理传导 PVC 成本压力，符合原材料依赖型生产制造企业的普遍规律，在未来会逐步成为主流。

2. 房地产行业危机使行业企业更加注重现金流

2021 年 1 月 1 日“三道红线”和房地产贷款集中度管理制度正式生效，两项政策对房企融资端起到强有力的限制作用，大量房企国际评级频遭下调，境外美元债违约风险迅速传导至境内，房企流动性迅速收紧，多家大型房企公募债违约或通过展期延缓偿债压力。融资政策收紧及恒大事件持续发酵使房企债务融资严重受阻，国内贷款和外资在房地产开发资金中比重明显下降。房地产是塑料异型材及门窗行业的下游行业，行业发展受房地产影响严重，很多行业龙头企业都持有大量房地产企业商票，存在较大的兑付风险，部分商票已经出现了到期无法兑付的情况。在上游原材料供应紧张需要现金交易，下游房地产开发商商票无法按期兑付的情况下，行业企业普遍面临较大的现金流压力，在经营上也更加注重现金流的管理，减少与大型房地产企业战略合作的信用交易，以期减少房地产行业债务危机的不好影响。

3. 出口阶段性波动总量同比上升

2021 年，在国内疫情得到基本控制的情况下，国外疫情仍然肆虐，这给国内塑料制品企业提供了扩大出口的机会，塑料异型材及门窗行业与广大塑料制品一样，在出口总量和出口总额方面同比有所上升。同时，受中美贸易摩擦、美元政策“大放水”、国外疫情管控、原材料市场剧烈波动等影响，产品出口呈现了极大的阶段性波动，从时间上看呈现出两头高中间低的特征，这与国内产能向国外转移有较大的关系。在地区分布上也呈现出不稳定性，各国对疫情的管控政策不同，国际船运压力较大运费上涨比较严重，国内塑料异型材门窗出口企业受到的冲击力度不同，受此影响普遍考虑继续开拓国内市场，争取在国内行业的市场份额。

4. 持续推动行业自律，维护行业健康发展

多年来，塑料异型材及门窗行业市场竞争激烈，在产品价格上“内卷”严重，压低了行业利润，降低了行业产品创新的积极性，出现了一些厂家违反国家标准无底线竞争，扰乱了行业正常秩序。在市场萎缩、原材料价格上涨的压力下，行业头部企业逐步回归理性，纷纷加强行业自律，在产品质量上严格执行国标要求，在市场竞争上维护正常的利润水平，不恶意低价竞争。同时，在行业龙头企业的呼吁下，协会出台了《中国塑协异型材门窗专委会会员单位诚信自律公约》，倡导全国塑料异型材企业要理性竞争，不忘初心，在产品创新上下功夫，共同为我国城镇化建设贡献力量。目前，行业内已达成基本共识，只有行业长期健康发展，企业的发展才有根基和未来。

5. 稳经济“新基建”项目持续支撑行业发展

2021 年，为持续扩大内需，国家上马了一批“新基建”项目，据住建部披露的最新数据显示，经汇总各地统计、上报情况，2021 年，我国加快发展保障性租赁住房，全国 40 个城市新筹集保障性租赁住房 94.2 万套，新开工公租房 8.8 万套，各类棚户区改造开工 165 万套。全面推进城镇老旧小区改造，全国新开工改造城镇老旧小区 5.56 万个，惠及居民 965 万户。在保障性租赁住房建设和老旧小区改造中，门窗的更换是主要的项目之一，塑料

异型材门窗在性价比上具有更大的优势，是保障性租赁住房和全国老旧小区改造的主力材料，使用量较大，这对低迷的行业市场，持续提供了发展的动力，大部分行业企业直接受益。在未来一段时间，全国保障性租赁住房和老旧小区改造的力度还将加大，这一红利还会持续一段时间。

6. 产品定制化销售逐步成为新趋势

塑料门窗的主要材料塑料异型材一直以来以库存销售为主，也就是说由生产方主导新产品的断面结构、表面处理工艺，购买方在库存的基础上进行选择。近年来，随着铝型材订单生产的流行，以及大型房地产公司对建筑个性化的要求，这一模式遭到了明显的颠覆，各大塑钢型材厂家库存减少，更多的以“接单生产”为主。塑料门窗需求方对材料的需求更加个性化，尤其是战略合作的大地产商，由于采购量大，能够平摊模具开发的费用，对门窗的样式、材料材质、断面结构、表面处理进行了全面的定制，定制化生产成为发展的一个新趋势。

7. 挖掘内部管理潜力，深化降耗增效成果

行业龙头企业不断推动管理、机制创新，合理优化内部组织机构及劳动用工组合，提高劳动生产效率，提高生产管理效率；深入推进精细化管理，完善产品成本管控体系，加大内部成本正向激励，做好产品合格率、电耗等关键指标控制，同时严控行政费用支出，内部降耗增效效果明显；持续加强财税政策研究以及与地方政府沟通协调，积极争取各项减税降费等优惠政策，取得了较好的成效，例如很多企业成为国家级“专精特新”小巨人企业、享受战略新兴企业用电优惠政策等。

8. 生产管理数字化、网络化、智能化水平明显提高

塑料门窗一直是“劳动密集型”行业，无论是塑钢型材的生产，还是塑料门窗的组装，都需要大量的人力投入，随着行业形势的变化，行业企业纷纷加快工业互联网平台搭建，提升生产管理数字化、网络化、智能化水平，大量智能化、自动化设备投入使用，例如自动配混系统、智能温控系统、自动打包机、全流程门窗组装系统等，提升了塑料门窗生产制作的质量，同时也符合现代市场更加定制化的需求。行业对弹性制造的需求逐步加大，生产制造设备上的改进，为塑料门窗行业未来的发展提供了更多可能。

9. 塑料异型材厂商逐步向终端门窗厂拓展

在房地产开发逐步放缓的趋势下，塑料异型材生产厂商逐步转变纯粹塑钢型材批量销售的经营模式，更加关注终端门窗市场的安装品质，行业龙头企业业务逐步向高端系统门窗拓展，成立了一批系统门窗公司。长期以来，塑料门窗零售端由“夫妻店”和小型门窗厂完成到客户的“最后一公里”，这些门窗厂在终端产品生产和安装上受技术、设备的限制较大，出现了“好型材但不是好门窗”的情况，严重影响大众对塑料门窗的认可，这也是导致塑料异型材生产大厂直接下场的原因。塑钢门窗材料自身的优越性，能够在系统门窗中很好地体现，国内几家主要的塑钢型材生产企业也开始了这方面的探索，高端塑钢系统门窗已经形成规模，在运作模式上已经成熟，这在一定程度上代表着行业未来发展的一个方向。

10. 稳定原材料价格是行业长期需要解决的问题

2021 年，整个塑料异型材加工行业受 PVC 树脂价格暴涨的影响，企业的经营利润普遍出现亏损。塑料异型材“一口价”的传统销售模式，无法抵御 PVC 作为大宗原材料期货价格波动的现实，原材料的低价让企业享受红利，原材料的高价同样也会让企业蒙受损失，虽然企业采取了“期现结合”的原材料采购策略，以及“PVC 原材料+加工费”的定价模式，但 PVC 原材料端的剧烈起落，也会影响终端客户的需求，不利于行业长期健康发展，这是整个行业面临的需要解决的问题。

第二部分　2021 年行业发展现状

2021 年是中国共产党成立一百周年，也是我国实现第一个百年奋斗目标开启向第二个百年奋斗目标进军新征程之年，沉着应对百年变局和世纪疫情，构建新发展格局迈出新步伐，高质量发展取得新成效，实现了“十四五”良好开局。

一年来，塑料异型材及门窗行业面对复杂严峻的国内外形势和诸多风险挑战，行业与协会共同努力，统筹疫情防控和行业市场开拓，紧抓国家“新基建”和老旧小区改造项目，在巨大的压力下，塑料异型材及门窗行业实现“十四五”良好开局，成绩得来殊为不易。我国经济尚处在突发疫情等严重冲击后的恢复发展过程中，国内外形势又出现很多新变化，保持行业平稳运行难度加大，尤其是后半年原材料价格暴涨，对全行业发展犹如雪上加霜。在中国塑料加工工业协会的领导下，塑料异型材及门窗行业积极迎接机遇和挑战，研判未来发展的方

向。在国家经济高质量发展阶段，行业必须走智能化、绿色化、高端化的路线，头部企业由竞争走向合作，以高度的社会责任感和使命感带领行业发展。专委会组织行业持续落实《塑料加工业“十四五”发展规划指导意见》和《塑料加工业“十四五”科技创新指导意见》，以实施产品创新为核心，以落实绿色发展为统领，在激烈的门窗领域行业竞争中，塑料异型材及门窗行业主动寻找突破，积极推动产品高标准创新升级，实现高质量绿色发展，用主观的积极因素抵住了客观环境的不利因素。力争在材料功能化、绿色化及环境友好化方面取得新的突破；加快绿色、节能、高效新型加工成型工艺和技术的开发和应用；紧紧围绕“三品”发力，推动产品的高端化、品牌化，加快提升高附加值产品的比例；推动行业产品高标准创新，尽快做出颠覆式创新产品。

1. 国内时政现状

节约资源和保护环境是我国的基本国策，党的十九大明确提出，要加快生态文明体制改革，建设美丽中国，推进资源全面节约和循环利用。建筑节能是节能减排的重要组成部分，国家陆续颁布了《民用建筑节能条例》以及适应我国严寒和寒冷地区、夏热冬冷和夏热冬暖地区居住建筑节能标准等法规，修订了公共建筑节能设计标准，全面推进建筑节能工作，新建建筑执行节能标准也由 50%节能标准逐步提高到 65%节能标准。江苏省、河北省、河南省、山东省、新疆维吾尔自治区、吉林省、黑龙江省等先后修订下发《居住建筑节能设计标准》，执行建筑节能 75%的设计标准。北京市于 2021 年 1 月 1 日正式执行 80%的居住建筑节能标准，要求外窗的传热系数不大于 1.1 瓦/米^2・开尔文。北京市第五步居住建筑节能标准，在建筑外窗的节能上已远远走在了全国的前列，并将对全国起到示范作用。《建筑节能与可再生能源利用通用规范》将于 2022 年 4 月 1 日起实施，新建居住建筑和公共建筑平均设计能耗水平在 2016 年执行的节能设计标准基础上分别降低 30%和 20%。2021 年 10 月 26 日国务院发布《2030 年前碳达峰行动方案》，明确了城乡建设碳达峰行动，推广绿色低碳建材和绿色建造方式，到 2025 年城镇新建建筑全面执行绿色建筑标准。

在“碳达峰、碳中和”的背景下，各地政府积极主导推广绿色建筑和绿色建材应用。先后推进绍兴等 6 个城市试点在医院、学校等公共建筑中使用绿色建材，运用装配式、智能化等新型建造方式，纳入试点的工程项目金额达 1025 亿元。有关绿色建筑和绿色建材的研讨会在各地召开，吸引了各行业的参加，塑料异型材及门窗行业企业也参与其中，尤其是在各地老旧小区改造中，绿色建材成为首选，塑料门窗的卓越性能（隔热系数“K（U_w）值”≤0.8 瓦/米^2・开尔文）和核心价值（绿色节能）再次得到充分印证和彰显，同时，塑料异型材材料本身生产的低能耗、低污染、可回收再利用的性质，也符合低碳经济的基本要求，带动了行业企业的进一步研发。

2. 国内和国际市场环境现状

2021 年，新冠疫情全球蔓延，全球产业链、供应链、物流链存在断点堵点，港口费用、海运价格上涨数倍，且运输时间延长、出口船期难确定，集装箱紧缺；国际地缘政治错综复杂，贸易保护主义抬头，外汇汇率波动较大，人民币升值压力不减，部分制品企业出口退税政策难以享受到，企业外贸面临的不确定性增加。塑料异型材及门窗行业外贸企业出口量同比有所增长，但受原材料价格上涨、运输费用增加等因素影响，大部分利润受到了严重影响。单一出口的企业，在 2021 年收入波动较大，总体收入上涨，但利润摊薄，甚至出现了亏损。

近年来，门窗、型材生产集中度明显提高，逐步在大城市中形成以年产 50 万平方米门窗的大型企业为中心，适量中小企业为辅的门窗生产的格局。产业链各环节的创新能力显著提高。全行业逐步实现从塑钢门窗生产大国向塑钢门窗强国转变的目标，已初见端倪。

从 2019 年我国楼市市场发展来看，我国门窗行业发展脚步更跨进一步，全年规模为 7300 亿元。据不完全统计，2021 年我国门窗行业全年规模达到 1 万亿元。

在万亿级的市场中，塑料异型材门窗和铝合金门窗共享了这一市场，铝合金门窗的发展总体快于塑料异型材。但在老旧小区改造工程、经济欠发达地区、东北高寒地区，塑料异型材占据了比较高的市场比例，2021 年，我国加快发展保障性租赁住房，全国 40 个城市新筹集保障性租赁住房 94.2 万套，新开工公租房 8.8 万套，各类棚户区改造开工 165 万套。全面推进城镇老旧小区改造，全国新开工改造城镇老旧小区 5.56 万个。塑料异型材及门窗企业在国家老旧小区改造工程中，贡献了很大力量，极大拉动了行业企业的增长。在零售渠道上，塑料门窗行业也深入嵌入了互联网和移动互联网，在天猫、京东等各大电商平台上，都有塑料门窗品牌的身影，随着互联网的深入，线上的销售额逐年递增，不仅是实体销售的补充，也开启了未来销售的一种可能。

据不完全统计，2021 年全年完成约 160 万吨的产销量。由于今年的原材料价格疯涨，企业的利润普遍处于亏损状态。以下数据可作为参照分析。

2017-2021 年全国塑料门窗用 PVC 异型材产销量不完全统计表 单位：万吨

年份	2017 年	2018 年	2019 年	2020 年	2021 年
年产量	228	212	200	180	160
年销量	210	191	185	170	150

塑料型材行业是与房地产行业直接关联的细分产业之一，自 20 世纪 90 年代中期在国内启动以来，经过三十多年的发展，已成为一个充分竞争的成熟行业。目前越来越多的城市房地产进入存量时代，一级市场可供开发的土地越来越少，“三道红线”“供地两集中”等政策更加剧了房企在招拍挂市场的拿地的难度。2021 年政策面总体表现为前紧后松。前三季度监管从房企融资、住房贷款、土地出让等多方发力限制房地产行业过度扩张，房企信用风险出现集中释放；9 月后，监管层密集释放维稳信号，房地产行业迎来监管政策缓和期，但短期内仍不足以遏制房企风险暴露，尾部房企风险出清仍在持续。2021 年新房和二手房市场双双遇冷，全国商品房销售面积、销售额同比大幅回落，房价下行压力显著增加；年内 70 城新建住宅价格和二手房住宅价格环比下降城市数量激增，仅一线城市二手房价格 12 月环比转正，或为企稳迹象。2021 年土地购置面积和土地溢价率大幅下降，22 城三轮集中供地呈现“一热、二冷、三稳”特征，民营房企拿地能力和意愿明显下降，国企“托底”作用明显，房企加速项目竣工回款，但新增投资意愿明显不足。房地产市场的低迷将在未来一段时间内，持续影响塑料异型材及门窗行业的发展，倒闭行业在产品营销模式上的转型。与国内大型房地产企业进行广泛合作的领先企业，受房地产企业风险程度的不同，出现了两极分化的现象，参与国资背景房地产合作的订单非常可观，与恒大等爆雷企业合作的收入断崖式下滑，受原材料价格上涨影响，利润几乎都出现了亏损或者严重的亏损。目前，塑料型材行业总体产能供大于求，市场竞争激烈，行业整合需求预期强烈。

在“十四五”规划中，国家明确提出要提升城镇化发展质量，全面提升城市品质，实施城市更新行动，推动城市空间结构优化和品质提升。“十四五”期间，我国将完成 2000 年底前建成的 21.9 万个城镇老旧小区改造，2021 年新开工改造城镇老旧小区 5.56 万个，2022 年将坚持租购并举，多主体供给、多渠道保障，优化住房供应结构，大力增加保障性租赁住房供给，以人口净流入的大城市为重点，全年建设筹集保障性租赁住房 240 万套（间）。在我国房地产开发低迷的情况下，这为塑料异型材及门窗行业提供了难得的增加机遇。

基于竞争压力和行业生存需要，行业发展由单一产品研发逐渐转向多功能的高端门窗系统研发，取得了一定的突破。《系统门窗通用技术条件》于 2021 年 11 月 1 日实施，将进一步引导建筑门窗行业健康发展。随着国家对建筑节能标准的逐步提高以及高端个性化客户需求的增加，大型品牌企业提供的门窗系统市场竞争优势将会进一步显现。

第三部分 2021 年行业技术进步

（1）遵循环保绿色发展理念，积极推动团体标准的报批和评审工作按照中国塑协“塑料绿色发展”的要求，专委会参与制定的《绿色设计产品评价技术规范 门窗用塑料型材》团体标准已报批，于 2021 年 7 月 23 日在北京召开了标准审查会。该标准将成为塑料异型材及门窗行业申报“绿色建材认证”的强制性标准之一，对进一步规范、引导行业发展起到极大的促进作用，同时也是门窗行业实施“双碳”行动的技术指南。在这之前，按照中塑协“塑料绿色发展”的要求，在行业内推行 GB/T 33284-2016《室内装饰装修材料 门、窗用未增塑聚氯乙烯（PVC-U）型材有害物质限量》国家标准。专委会参与制定的国家标准《GB/T 37866-2019 绿色产品评价 塑料制品》已经发布，并在行业内进行了贯彻标准。行业技术创新体系更加贴近产品、贴近市场、贴近“绿色节能”，无铅化普遍实施，在产品的高端化和功能性方面的研发越来越多。

（2）“碳达峰、碳中和”凸显塑料异型材优势，促进行业企业加强全生命周期碳减排技术改造。在2021年的政府工作报告中，“做好碳达峰、碳中和工作”被列为2021年重点任务之一，“十四五”规划也将加快推动绿色低碳发展列入其中。在“碳达峰、碳中和”低碳发展的时代大潮中，塑料异型材的产品优势更加明显，塑料门窗行业在壁厚上逐步符合甚至高于国标，非标产品在市场上几乎没有了市场，塑料异型材优异的“节能保温”性能再次被广泛关注，尤其是在“K（U_w）值”上的性价比优势，同等“K（U_w）值”塑料门窗的成本要比铝合金门窗低的多，并且塑料门窗可以在保持低成本的情况下实现更低的“K（U_w）值”，这是其他材料做不到的，塑料门窗的卓越性能（隔热系数“K（U_w）值”≤0.8瓦/米^2·开尔文）和核心价值（绿色节能）再次得到充分印证和彰显。同时，塑料异型材材料本身生产的低能耗、低污染、可回收再利用的性质，也符合低碳经济的基本要求，国家政策和行业规范对塑料异型材及门窗企业发展利好。

（3）“原材料+加工费”的定价模式逐步被认可，在新签约的工程项目合同中，开始大量推行这一定价模式。2021年后半年，受“能耗双控”的影响，原材料价格极度不稳定，上涨过快，出现了“塑料异型材涨价赶不上原材料涨价”的异常情况，企业的经营利润受到严重影响。塑料异型材“一口价”的传统销售模式，无法抵御PVC作为大宗原材料期货价格波动的现实。从目前市场定制化需求的转化趋势来看，未来“原材料+加工费”可能会成为行业主流，这是能够适应未来市场发展的更好方式，也从根本上保证了塑料异型材加工企业的产品质量，不用为了一味追求利润而损失质量，促进行业进入良性发展的轨道。

（4）塑料异型材的高标准创新成为共识，同时在协会的领导和协调下，行业间交流增多，行业自律进一步加强。随着塑料异型材整体行业的转型，行业领先企业纷纷加大对新产品的研发力度，在研究的方向上突破了纯粹的配方、断面、工艺等“向内”研究，更多地开始考虑产业链整体的创新，将研发延伸到门窗加工等下游产业链，在专利上更加倾向于门窗整体配套、门窗体验升级等方面的使用技术突破上。

（5）型材表面处理技术日趋成熟，彩色覆膜技术、彩色共挤技术、彩色通体技术、彩色扣板和涂装技术等，都被广泛用于生产实践，使得行业产品彩色化进程突飞猛进、效果卓著。产品逐渐高端化，窄断面、非标、推拉窗等低端产品逐渐淘汰，能够在性能和美观程度有着更好表现的ASA、覆膜型材发展增幅很快。在门窗专用领域，耐火窗、被动门窗、装配式建筑用门窗、系统门窗等趋于成熟，逐步成为行业创新发展的新趋势。

第四部分　行业发展建议

2021年在行业中存在的主要问题：

（1）近年来，我国门窗市场上，铝型材和塑料型材的交换不断发生，塑料异型材门窗的市场空间被不断地挤压，国内目前门窗类型较多，铝合金门窗市场仍旧占据主流，与国外欧美门窗市场中塑料门窗占主流的格局有所不同，普通老百姓的接受度还是偏低，同业竞争激烈。但是塑料异型材的本质属性和天然优势并没有丢失，在高品质塑料门窗产品的开发上，进度仍然缓慢，没有一款能够获得广泛认可的产品。

（2）多年来的行业同质化竞争，导致部分企业仍然在进行低价低质竞争，严重影响行业的整体形象。在原材料剧烈波动的情况下，“一口价”的定价模式更是加剧了这种情况的出现。

（3）目前行业整体销售市场过于倚重新开发房地产市场，在零售家装市场发力较少，这增大了行业的整体风险，也不利于产品的升级改造创新。高端的零售家装市场仍是一片“沃土”，应该投入适当的精力去“耕耘”，结出的果实也必将丰富并提升整体行业产品的水平。

当然，业内还有许多待解问题，这也是行业发展的必然，首先应该正确看待并引起应有重视，进而找到问题症结所在，采取适应办法和措施逐一解决。围绕目前市场存在的问题，征求相关专家意见，提出建议如下：

1. 要坚持科技创新，通过科技创新驱动发展

在《塑料加工业“十四五”发展规划指导意见》和《塑料加工业“十四五”科技创新指导意见》中，明确指出塑料加工工业要坚持“五化”科技创新方向，即功能化、轻量化、精密化、生态化和智能化。塑料异型材及门窗行业，要坚持“五化”创新方向，聚焦关键共性和基础应用技术研

发，着力解决不平衡、替代进口和“卡脖子”技术，搭建平台，畅通渠道，促进提升政产学研金用集成创新、产业链协同创新、供给侧与需求侧精准对接，实现高效创新。激发企业创新主体内生动力，加大科研投入，推动补短板、强长项、优结构，以更高水平服务、融入、构建新发展格局，实现绿色可持续发展。

2. 加强标准体系建设，引导行业提质升级

塑料异型材及门窗行业要对标国际先进标准，推动国内一流国际领先的团标、行标、国标制修订，通过这些制修订工作和贯标，强化标准的服务引领和支撑作用。我们要深化三品行动，提品质、增品种、创品牌，要强长项、补短板。借助国家的绿色设计、绿色工厂等政策，积极开展，大力宣传倡导绿色标识的评价工作，引导行业转型升级，健康发展。

3. 研究“双碳”绿色发展，制定行业行动方案

国家“碳达峰”“碳中和”目标的提出，体现了我国经济社会发展全面绿色转型的内在要求。企业发展要坚持绿色创新引领，按照2021年6月份中国塑料加工工业协会发布的《塑料加工业“十四五”发展规划指导意见》和《塑料加工业“十四五”科技创新指导意见》，要坚持“五化”科技创新方向，具体到塑料异型材行业，就是基于优势创新突破，抢抓机遇实现升级，坚定信心，做好行业绿色高质量发展。在切实研究国家“双碳”对建筑领域要求之后，结合本行业的特点，拿出切实可行的行业行动方案，把握“双碳”为我们带来的市场机遇。

4. 把握塑料异型材优势，做好社会科普推广工作

要充分发挥塑料异型材的材质优势，符合标准的塑料门窗产品的优异性为应用历史所证实，塑料门窗的美观，隔声降噪，气密性、水密性优越、传热系数低、保温节能等特点特别显著。塑料型材为中空的多腔式结构，这更加有利于材料、结构优势的发挥，并且回收利用的成本较低。对产品有信心，通过科技创新，在不断进步中，产品结构和功能化水平会越来越好，应用领域的适配性不断增强，相信应用领域一定会选择综合性能好，技术水平高，绿色环保产品。要利用好各种展会、讲座、新媒体等宣传平台，向社会做好科普推广工作，改变大众认知，更多地参与到建筑标准制定当中。

5. 把握国家“新基建”进程，多元化切入市场

中国强大市场的需求是我们有信心的重要基础。新型城镇化建设、全国老旧小区改造、美丽乡村建设、装配式建筑、住房精装修、大力推进绿色建筑、被动式超低能耗建筑等机遇，都会促进优质塑料门窗市场的拓展。还要对政策有信心。国家大力推进循环经济，在政策、规划中都在鼓励节能减排。各地政府也都制定了相应的管理办法，相应的技术标准也在增加中。所有这些政策都会给具有节约能源最大优势的塑料型材及门窗带来更好的发展机会，行业企业要对行业的未来有信心。

6. 重视科技创新，在高端系统门窗上进行深入研究

在发挥自身优势，改善使用过程中出现问题的前提下，高端系统门窗产品开始走进消费者的视线，消费者对门窗高端化的需求与期望越来越高，高端系统门窗产品的触角已经延伸至众多消费者面前。个性定制需求愈发明显，据媒体公开数据统计，每年国内市场定制总额已达600亿元~800亿元，未来的市场份额还将增大，定制家居市场潜力无限。塑料门窗行业应积极开展技术交流，提高科技创新水平，发挥塑料异型材和塑料门窗节能环保、隔热保温等优势，扬长克短，提高产品档次，优质优价，以技术创新为突破点，在高端系统门窗方向进行广泛的研究，坚定高端化产品定位不动摇。

7. 更加注重“家装市场”的开发，抓住未来增量市场

门窗企业无论规模大小，都要致力于高品质、优体验的产品研发设计，在稳定工程订单的基础上，切不可“恋战”，应该向家装市场和个性化订单市场发力。面对经济的下行压力，房地产的高库存量，门窗的品质真正的浮现到用户的眼前，在“严冬”下淘汰杂牌产品，而重服务、重口碑、守信用的门窗企业将成为主流。随着城市建筑住房高端化需求增长，老旧小区的改造，以及农村市场对门窗更换的需求增加，“家装市场”是未来发展的增量市场，且家装市场直接连接厂家和终端客户，能够直接、快速获得终端用户的产品需求反馈，更能促使塑料异型材及门窗企业进行产品的升级改造，最终“自下而上”推动整个行业的转型升级。

8. 注重现金流的经营，关注整个产业链的动态

目前，受此波房地产危机的影响，很多行业深

陷应收账款和票据兑现危机，现金流异常紧张，很多公司因现金流断裂而无法正常运转，越是行业龙头企业，越是受此次危机影响严重，塑料异型材及门窗企业也不例外，这与我们长期的工程市场占主流有很大的关系。房地产债务危机已经波及整个社会，企业信用受到严重的损坏，塑料加工企业在原材料采购端也必须进行现金交易，加之原材料价格高企，这对行业企业经营更是“雪上加霜”。

9. 要提升服务水准，引领行业有序发展

专委会要强化“十四五”发展规划、加强经济运行分析，积极开展行业调研，发挥专家委员会的作用，用多种形式让行业内各个领域的专家、学者、企业家进行碰撞，吸引一批一线行业专家、优秀企业家参与，共同推动塑料加工业关键性和“卡脖子”技术调研的项目，通过行业龙头企业将问题递交到政府各个“技术攻关揭榜”平台，把需要提出的，要国家帮助解决的技术难题。同时，加强对引导行业企业在省级“专精特新”企业、国家级“专精特新”小巨人企业方面的申报工作，加强引导和协调行业企业参与“绿色建材”认证工作，通过协会的力量，引领行业有序发展。

结语

近年来，塑料异型材门窗行业在艰难中充满希望、挑战与机遇并存，在“十四五”规划发展时期，国家积极推进“碳达峰、碳中和”低碳发展战略，开启现代化制造强国之路，塑料异型材及门窗行业作为中国塑料加工业的重要领域，将大有可为，在新的技术支撑下，发展的空间还很大，我们要做的就是要在产品实用性、个性化、功能性等方面下功夫，推动高标准的产品创新，立足高质量发展，坚守发展成绩的同时，寻求行业颠覆式创新机会，方能凤凰涅槃、浴火重生。

2022 年党的二十大召开，国际国内经济发展形势异常严峻，我国发展仍然处于重要战略机遇期，但机遇和挑战都有新的发展变化。要准确把握新发展阶段，深入贯彻新发展理念，加快构建新发展格局，推动高质量发展，为实现塑料制造现代化开好局起好步。在这样的时代大背景下，“积极进行创新突破，紧抓双碳经济下绿色行动，推动行业高质量发展”，成为塑料异型材行业发展的共识，在接下来一段时期，行业将借鉴国外先进国家门窗发展的经验，结合国内外先进行业经验，促进企业创新升级，是推动行业绿色发展和高质量发展的主要抓手，中国塑料门窗行业一定要抓住新时代中的经济新机遇，坚持创新引领，坚持绿色发展，勇于开创行业新局面，为我国轻工业发展、为我国经济高质量发展做出新的更大的贡献。

（中国塑协异型材及门窗制品专业委员会　李静霞）

各地区塑料工业

广东省

2021年，广东省塑料加工业全行业克服新冠肺炎疫情影响，生产经营有序有效开展，行业运营多项指标逆势增长，取得近年以及疫情防控以来较好成绩，“十四五”规划实施开局年全省塑料加工业行业运行态势良好，塑料工业大省地位稳定。

一、基本情况

2021年，广东省塑料制品总产量1510万吨，增长14.8%，产量比上年统计数增加236万吨，全年产量占全国产量比例约18.9%。纳入统计的5个分类产品中，除“泡沫塑料”外，有4个分类产品产量实现增长，其中“其他塑料制品”产量增幅为24%，产量比上年统计数增加178万吨。全省全年塑料制品产量创历年新高，占全国产量比例为近年高位，塑料制品加工业大省地位稳定。

2021年，广东省塑料工业行业规模扩大，规模以上企业数、企业资产总额稳步增长，从业人员队伍稳定，塑料制品加工业对全国行业和地区经济运行贡献逐步提升。

全年全行业规模以上企业数4507个，约占全国塑料制品加工业统计数25%，占全省工业企业数7.6%。规模以上企业数比上年净增388个。纳入统计的（下同）9个分类塑料制品规模以上企业中，有7个分类产品规模以上企业数比上年增加，其中“塑料薄膜制造”规模以上企业数净增加104个。

全年全行业规模以上企业资产总额统计数为4773亿元，同比增长16.6%，为近年最大增幅，规模以上企业资产总额比上年统计数净增856亿元，2021年规模以上企业平均资产1.06亿元。塑料制品加工业规模以上企业资产总额占全省工业企业资产总额2.8%，有7个分类产品企业资产总额比上年增加，增幅较大的“塑料零件及其他塑料制造”和“人造草坪制造”类企业，分别为23.8%、25.7%。

全行业规模以上企业全年平均用工人数68.47万人，比上年统计数增加2万人，有6个分类产品企业年平均用工人数比上年增加，增幅较大的“塑料板、管、型材制造”企业增幅3%。2021年，塑料制品加工业规模以上企业年平均用工人数约占全省工业（制造业）企业用工人数5.5%，对吸纳地区社会就业贡献明显。

二、行业运行情况

2021年，广东省塑料制品加工业多项经济运营指标为近年高位，产业和产品结构调整促行业向质量发展转型。

2021年全省塑料制品工业总产值5692亿元，为历年最高值，增长13.4%。列入统计的9类分类产品中，产量较大的“塑料薄膜制造”和“塑料零件及其他塑料制造”制品，工业总产值分别增长13%、14%；“塑料零件及其他塑料制造”类制品工业总产值比上年统计数增加462亿元，占全省增加量一半。

2021年，全省塑料制品加工业营业收入5687亿元，为历年最高，增长15.6%，全年营业收入比上年统计数增加966亿元。9类统计分类产品中，“塑料薄膜制造”“塑料零件及其他塑料制品制造”和“日用塑料制品制造”类营业收入分别增长12.3%、19.2%和13%，营业收入比上年统计数分别增加120亿元、601亿元和107亿元。

2021年，全省塑料制品加工业营业收入占全国行业比例约25%，占全省工业（制造业）比例3.6%，对行业和地区工业发展贡献不断提升。

全省塑料制品加工业利润保持小幅增长，行业利润总额则创历年最高，达288.2亿元，增长1.7%，利润总额比上年统计数增长20.2亿元。9个统计分类产品中，“塑料零件及其他塑料制品制造”和“塑料薄膜制造”类利润分别增长8.3%和8.1%，“塑料零件及其他塑料制品制造”类利润总额比上年统计数增加24亿元。

2021年，广东塑料制品加工业利润占全国行业比重约22.2%，占全省工业企业（制造业）2.87%，营业收入利润率5.1%，资产利润率6%，全行业规上企业盈利面84.5%。

三、各地区情况

广东塑料工业集中度高，塑料制品产量居前5市产量占全省比例70%；全省塑料工业区域主要集中在大湾区、粤东地区，部分市塑料制品产量、分类产品产量优势明显。

1. 大湾区

大湾区是广东全省塑料工业主要区域，也是国内最密集的塑料制品加工区域。2021年，大湾区9市（不计香港、澳门），塑料制品产量1257万吨，比上年统计数增加220万吨，全年大湾区塑料制品产量占全省比例83.2%。其中佛山市塑料制品产量577万吨，增长31.5%，比上年统计数增加162万吨，佛山市塑料制品产量占全省产量38.2%，其中“塑料薄膜”产量96万吨，占全省比例34.5%，“其他塑料制品”414万吨，占全省比例45.8%。东莞市塑料制品产量137万吨，占全省比例9.1%，东莞市“塑料加工专用设备”产量4.79万台，占全省比例39%。中山市塑料制品产量129万吨，占全省比例8.5%，其中“泡沫塑料”产量31万吨，占全省比例46.7%。广州市塑料制品产量122万吨，占全省比例8.1%，其中“日用塑料制品”产量30万吨，占全省比例13.1%。

2. 粤东地区

粤东地区是全省塑料制品加工业重要地区。2021年粤东地区4市塑料制品产量合计140万吨，占全省塑料制品产量比例9.3%。其中汕头市是广东塑料薄膜重要产区，“塑料薄膜”产量占全省产量比例11.3%；其中“农用薄膜”产量占全省产量比重82%；揭阳市是广东最大的塑料鞋产业区域，“塑料鞋”产量12.7亿双，占全省产量比例77.9%。

3. 粤西、粤北地区

粤西、粤北8市逐渐在承接大湾区塑料工业产业辐射中发挥作用。2021年粤西、粤北8市塑料制品产量113万吨，占全省产量比例7.5%，其中粤北清远市“塑料人造革合成革”产量14.6万吨，占全省产量48.9%。清远市已成为全省“人造革合成革”主要产区之一，2021年清远市塑料制品产量列全省各市第7，年产量首次超粤东各市和大湾区部分市。

四、子行业情况

1. 塑料加工专用设备

广东是国内塑料机械制造和塑料原料生产重要省份，设备生产种类齐全多样，塑料原料产量逐年提升，助力广东乃至全国塑料加工业发展，2021年全省塑料机械制造业各项经济数据以及初级形态塑料产量达历年高位。

2021年，全省“塑料加工专用设备制造”业规上企业统计数127家，比上年统计数增加19家；产量12.27万台，为历年最高产量；工业总产值278亿元，比上年统计数增加30亿元，增长9.5%；出口交货值32亿元，增长37.9%；企业资产总计280.3亿元，增长8.2%，规上企业平均资产2.2亿元，大于塑料制品加工业；营业收入272.9亿元，为历年最高，增长8.5%；利润总额27.6亿元，为历年最高，增长25.1%；规上企业全年平均用工人数1.99万人，比上年略有增加；行业规上企业盈利面83.7%，营业收入利润率10.1%，资产利润率9.8%，均高于塑料制品加工业。

2. 塑料原料

广东塑料原料制造产量提升明显，2021年“初级形态塑料”产量836万吨，增长8.4%，占全国比例7.57%，产量已排全国省份前五。

3. 塑料鞋

广东是塑料鞋生产重要省份。“塑料鞋制造”业以中小型企业为主，近几年受疫情防控及生产经营成本等因素影响明显，行业企业运营效益不高，行业统计数变化不大。

2021年全省“塑料鞋制造”业规上企业统计数257家，比上年统计数减少22家；全年平均用工人数2.82万人，比上年统计数略有减少；企业资产总计84.6亿元，规上企业平均资产0.33亿元；全年统计产量16.31亿双，与去年统计数持平；工业总产值278.5亿元，增长4.5%；出口交货值74.8亿元，增长-5.9%；营业收入270.9亿元，增长3.3%；利润总额7.36亿元。增长14.6%；规模以上企业营业收入利润率2.72%，资产利润率8.7%；统计规上企业盈利面91.1%。

五、地方政策及协会工作

广东经济发展综合条件优越，塑料行业协会组织机制健全规范，塑料业发展基础良好，与塑料业相关产业发达，塑料制品应用市场大，产业链贯通齐整，有利于推动塑料行业健康、稳定、高质量持续发展。

国家力撑大湾区发展建设，高度集中于大湾区的广东塑料产业可以在大湾区建设中发挥作用。中共中央、国务院2019年2月印发实施《粤港澳大湾区发展规划纲要》。广东省委、省政府2019年7月印发《关于贯彻落实粤港澳大湾区发展规划纲要的实施意见》以来。从中央到广东，金融、科技、税务、交通、人才等支持和创新政策密集出台，仅《广东省2020年重点建设项目计划》安排省重点项目1230个，总投资5.9万亿元，其中大湾区就有超过400个项目，总投资超2.8万亿元，涉及汽车、交通、智能制造、机器人、新材料、家电、民生等行业，与塑料产业密切相关，为塑料产业的配套提供了巨大市场。

广东塑料加工业、塑料机械制造业、塑料原料制造业发展平衡，根据统计数据：2019－2021 年，广东省塑料制品年平均达 1375 万吨，年平均工业总产值 5210 亿元，年平均营业收入 5145 亿元，年平均利润 275 亿元；塑料机械专用设备 3 年平均产量占全国比例 36.2%，初级形态塑料 3 年平均产量 734 万吨，行业运营主要指标均达历年最高，为全省塑料行业持续发展打下基础。

发达的塑料工业密切相关产业和大湾区制造业为塑料工业高质量发展提供支撑。广东多个与塑料材料和制品应用密切相关产业发达，产量在全国居前，据统计数据：2021 年广东省汽车产量 338 万辆，摩托车 732 万辆，电冰箱 2091 万台，空调 6736 万台，洗衣机 757 万台，彩电 9810 万台，电饭煲 10357 万个，吸尘器 2551 万台，微波炉 9140 万台，手机 66965 万台，电话机 4758 万部，计算机 6856 万台，电风扇 21170 万台，钟表 9309 万只，照相机 530 万台，家具 22661 万件等。

高端塑料材料在汽车、家电、电子电器、高档日用品等行业应用不断拓宽，将继续推动塑料产业和产品结构的调整和优化，有利于塑料加工工艺、技术的创新提升，促进和加快广东塑料工业的高质量发展。

成熟、规范的广东省内塑料工业行业协会、商会行业组织集群为政府决策、企业运营提供全方位服务和引导，助力全省塑料工业健康、稳定持续发展。

广东省人大 2006 年 3 月在全国率先出台《广东省行业协会条例》，对行业协会法律关系进行调整，行业协会与机关、企、事业单位完全脱钩。包括省塑料工业协会在内的省级行业协会率先按“三无”（无行政级别、无行政事业编制、无行政业务主管部门）、“五自”（自愿发起、自选会长、自筹经费、自聘人员、自主会务）模式调整运作。省内各地塑料协会、商会迅速发展，目前已形成广东省内民间化、服务型的塑料行业协会、商会集群（主要有：省塑料工业协会、深圳市高分子行业协会、汕头市塑胶行业商会、东莞市塑料产业发展促进会、揭阳市塑料行业协会、茂名市塑料行业协会、深圳市塑胶原料同业公会、揭阳市塑料鞋商会、佛山市高明区高分子材料行业协会、佛山市顺德区塑料行业协会、佛山市顺德区乐从塑料协等）。多年来，全省民间化、服务型的塑料协会、商会集群团结合作，积极高效地为企业和政府部门服务，在省内外塑料界和相关产业之间拉线搭桥，特别是在近年行业产业结构调整提升、引导行业向质量发展转型，协助政府部门科学有序开展塑料污染治理、促进塑料行业企业有序稳定运营，保证全省塑料产业科学快速高质量和稳定持续发展发挥着重要作用。

（广东省塑料工业协会　符岸）

浙江省

一、基本情况

2021 年，面对错综复杂的内外环境和多重风险挑战，全省塑料行业坚持以习近平新时代中国特色社会主义思想为指导，全面贯彻落实党中央、国务院和省委、省政府各项决策部署，精准统筹疫情常态化防控和行业经济发展，在行业同仁的共同努力下，全省塑料制品产量、营业收入、出口交货值均保持良好的增长势头，行业经济经济运行稳中有进、稳中向好，实现了“十四五”高质量发展良好开局。

1. 行业规模

据浙江省统计局统计，2021 年浙江省塑料制品行业规模以上企业 2857 家，占全国塑料制品行业规模企业总数的 15.82%，从业人员 29.21 万人，同比增长 4.1%。

2. 塑料制品产量

2021 年，全省规模以上企业完成塑料制品总产量居全国第二位，其中：塑料薄膜产量居全国第一位；塑料薄膜中农用塑料薄膜居全国第十二位；泡沫塑料制品产量居全国第二位；人造革、合成革产量居全国第一位；日用塑料制品产量居全国第二位。

二、企业荣誉

1. 2020 年度浙江省科学技术进步奖

成果名称	完成单位
一等奖	
高效双面发电组件用共聚烯烃封装材料	杭州福斯特应用材料股份有限公司，浙江大学
液晶显示用高性能光学薄膜关键技术研发与产业化	宁波激智科技股份有限公司，宁波江北激智新材料有限公司，象山激智新材料有限公司
二等奖	
多相叠层聚合物基可拉伸柔性电子薄膜关键技术及产业化	浙江福莱新材料股份有限公司，合肥工业大学，浙江欧仁新材料有限公司
三等奖	
核电站用过氧化物交联聚乙烯绝缘料	浙江万马高分子材料集团有限公司
绿色环保聚氨酯合成革制备关键技术及产业化应用	浙江禾欣新材料有限公司，陕西科技大学
高透亮非晶型聚酯树脂关键技术开发	万凯新材料股份有限公司
高强度耐老化多层结构膜材关键技术及应用	浙江汇锋新材料股份有限公司，浙江汇锋薄膜科技有限公司，浙江汇锋智造科技有限公司，浙江凯澳新材料有限公司

2. 2021 浙江省百强企业

名次	企业名称	地区	营业收入/万元
48	华峰集团有限公司	温州	4355039
56	利时集团股份有限公司	宁波	3517263
96	海天塑机集团有限公司	宁波	2226032

3. 2021 浙江省制造业百强企业

名次	企业名称	地区	营业收入/万元
30	华峰集团有限公司	温州	4355039
36	利时集团股份有限公司	宁波	3517263
63	海天塑机集团有限公司	宁波	2226032
70	宁波华翔电子股份有限公司	宁波	1689236
79	浙江中财管道科技股份有限公司	绍兴	1326588
89	台塑工业（宁波）有限公司	宁波	1081914
90	浙江卫星石化股份有限公司	嘉兴	1077866
97	浙江富陵控股集团有限公司	绍兴	938853

4. 2021 浙江省成长性最快百强企业

名次	企业名称	地区	增长率/%	营业收入/万元
19	海天塑机集团有限公司	宁波	35.65%	2226032
56	浙江中财管道科技股份有限公司	绍兴	17.67%	1326588
70	宁波长阳科技股份有限公司	宁波	14.81%	104504
81	华峰集团有限公司	温州	13.78%	4355039

5. 2021 年浙江省高新技术企业创新能力百强名单

排名	企业名称	排名	企业名称
30	杭州科百特过滤器材有限公司	74	杭州福斯特应用材料股份有限公司
32	浙江正庄实业有限公司	96	海天塑机集团有限公司
52	浙江中财管道科技股份有限公司		

6. 2020 年度中国塑料行业十强企业

名次	企业名称	名次	企业名称
1	公元塑业集团有限公司	3	浙江中财管道科技股份有限公司
2	利时集团股份有限公司	4	浙江伟星新型建材股份有限公司

7. 2020 年度中国塑料行业（塑料管道）十强企业

名次	企业名称	名次	企业名称
1	公元塑业集团有限公司	3	浙江伟星新型建材股份有限公司
2	浙江中财管道科技股份有限公司	8	浙江枫叶管业科技股份有限公司

8. 2020 年度中国塑料行业（异型材及门窗制品）十强企业

名次	企业名称	名次	企业名称
1	浙江中财型材有限责任公司	8	华之杰塑料建材有限公司

9. 2020 年度中国塑料行业（塑木制品）十强企业

名次	企业名称	名次	企业名称
3	宁波禾隆新材料股份有限公司	7	浙江诚成新材料科技有限公司
5	绍兴永昇新材料有限公司		

10. 2020 年度中国塑料行业（塑料家居用品）十强企业

名次	企业名称	名次	企业名称
1	利时集团股份有限公司	8	浙江龙士达家居用品有限公司
2	台州富岭塑胶有限公司	9	三友控股集团有限公司
6	双马塑业有限公司	10	浙江飞达三和家居用品有限公司
7	浙江鑫鼎塑业股份有限公司		

11. 2020 年度中国塑料行业（人造革、合成革）十强企业

名次	企业名称	名次	企业名称
3	浙江禾欣新材料有限公司	6	浙江高盛合成革有限公司
5	浙江昶丰新材料有限公司		

12. 2020 年度中国塑料行业（聚氨酯制品）十强企业

名次	企业名称	名次	企业名称
3	赛诺（浙江）聚氨酯新材料有限公司	7	浙江圣诺盟顾家海绵有限公司

13. 2020 年度中国塑料行业（降解塑料）十强企业

名次	企业名称	名次	企业名称
2	宁波家联科技股份有限公司	9	浙江华发生态科技有限公司

14. 2020 年度中国塑料行业（多功能母料）十强企业

名次	企业名称	名次	企业名称
6	嘉兴高正新材料科技股份有限公司	7	浙江金彩新材料科技有限公司

15. 2020 年度中国轻工业百强企业

名次	企业名称	名次	企业名称
48	公元塑业集团有限公司	60	利时集团股份有限公司
59	浙江中财管道科技股份有限公司	103	浙江伟星新型建材股份有限公司

16. 2020 年度中国轻工业科技百强企业

名次	企业名称	名次	企业名称
19	浙江中财管道科技股份有限公司	35	永高股份有限公司

17. 2021 年专精特新“小巨人”企业名单（工信部）

序号	企业名称
1	杭州本松新材料技术股份有限公司
2	浙江新力新材料股份有限公司
3	温州鑫泰新材料股份有限公司
4	浙江强盟实业股份有限公司
5	浙江众成包装材料股份有限公司
6	浙江禾欣科技有限公司
7	浙江明士达股份有限公司
8	浙江格尔泰斯环保特材科技股份有限公司
9	浙江科赛新材料科技有限公司
10	浙江新和成特种材料有限公司

18. 2021 中国民营企业 500 强

名次	企业名称	省份	行业	营收/万元
204	浙江明日控股集团股份有限公司	浙江省	零售业	4854778
294	利时集团股份有限公司	浙江省	橡胶和塑料制品业	3517263
310	华峰集团有限公司	浙江省	化学原料和化学制品制造业	3362570
327	伟星集团有限公司	浙江省	其他制造业	3204167

19. 2021 中国制造业民营企业 500 强

名次	企业名称	省份	行业	营收/万元
168	利时集团股份有限公司	浙江省	橡胶和塑料制品业	3517263
180	华峰集团有限公司	浙江省	化学原料和化学制品制造业	3362570
190	伟星集团有限公司	浙江省	其他制造业	3204167
290	公元塑业集团有限公司	浙江省	橡胶和塑料制品业	2266981
294	海天塑机集团有限公司	浙江省	专用设备制造业	2226032
400	浙江中财管道科技股份有限公司	浙江省	橡胶和塑料制品业	1326588
475	浙江卫星石化股份有限公司	浙江省	化学原料和化学制品制造业	1077255

三、大事记

1. 加强与政府部门的联系，积极反映行业呼声

（1）加强与省经信厅、民政厅、统计局、市场监督管理局等政府部门的日常沟通联系，了解最新的政策法规和行业数据，积极反映当前塑料行业及企业存在的问题和困难，争取政府部门的支持。

（2）撰写 2021 年中国塑料加工业年鉴中浙江省塑料加工业篇，提升协会形象和行业地位。

（3）针对塑料污染问题，国家有关部委相继出台有关进一步加强塑料污染治理的意见和办法，协会就当今生物可降解塑料技术的发展现状及在推广使用过程中存在的一些问题和建议专门向省政协和省科技厅提交“关于浙江推行禁塑令和推广使用生物可降解一次性塑料制品的建议”“科学推进塑料污染治理，实现塑料行业高质量发展”的书面资料，为政府决策提供参考。

（4）撰写“浙江省塑料行业现状及存在问题”的专题报告。

2. 加强交流，提升协会地位

（1）参加中国塑协八届一次会员代表大会、八届一次理事会议。2021 年 11 月，中国塑料加工工业协会八届一次会员代表大会、八届一次理事会议在南京召开，会议审议并通过了有关议案，交流协会未来工作思路和重点，我会被中国塑料加工工业协会授予“最佳合作伙伴（2021 年度）”。

（2）“2021 中国化工产业（衍生品）大会”于 4 月 7 日在杭州举办。本协会应会议主办方邀请，作为会议的合作单位并受邀参加会议，进一步彰显了浙江塑协在全国的影响力。

（3）对有关会员单位进行调研。与会员企业保持紧密联系，是协会开展工作的前提。协会秘书处始终坚持对会员企业的调研机制，前期协会实地走访了金华春光、三友控股、东部塑胶、华瑞达、鑫鼎塑业、浙江晶通、伟星新材、杭州宏升、浙江海正、浙江麟祥、聚孚（浙江）、浙江播下、杭州聚丰等 30 余家企业，及时交流、了解企业发展中的困难、行业发展动态，听取企业对协会工作的意见和建议，以便协会更好地为会员单位服务。

3. 主办展览，组团参观，学习先进，寻找商机

（1）组织行业企业参观 CHINAPLAS 2021 国际橡塑展。我协会作为国际橡塑展支持单位，组织业内 400 余家企业参观展览会并参加了展会期间举办的有关主题论坛及相关活动。

（2）联合主办 2021 第 14 届宁波国际塑料橡胶工业展览会。2021 年 5 月 24-26 日，我会与省橡胶协会、宁波塑协、宁波塑机协会联合主办的“2021 第 14 届宁波国际塑料橡胶工业展览会”在宁波举行，展览面积 3.6 万米^2，有 800 余家企业参展，展品涵盖塑料、橡胶行业的原辅材料、加工机械、塑料橡胶制品等，吸引了业内 40000 余名专业人士参观，对推动我省塑料橡胶行业的进步与发展具有重要意义。

（3）协办“第 20 届中国塑料交易会”。2021 年 10 月 11-16 日，由我会协办的“第 20 届中国塑料交易会”在台州隆重举行，协会组织业内 100 余家企业参展参观。

（4）组织行业企业参观“2021 中国塑料可持续发展展览会”。“2021 中国塑料可持续发展展览会”于 2021 年 11 月 3-5 日在南京隆重举行，本协会是该展会的支持单位之一。展会面积近 1.2 万平方米，共有 200 余家塑料行业知名骨干企业参展，600 余个展位，是 2021 年国内规格最高、专业性最强、规模最大的塑料工业展，展会同期，中国塑协还在南京举办“第三届中国塑料产业链高峰论坛”“第三十一届亚洲塑料论坛”，为了更好地方便企业参观本届展览会及高峰论坛，我协会组织业内 100 余家企业的高管及技术人员参观本届展览会并参加了展会期间举办的有关论坛。

4. 积极参与“浙江制造”有关工作

（1）参与 2021 年“浙江制造”标准制定工作。2021 年，我会承担的 2020 年第二批“浙江制造”标准制定计划中的一项塑料行业标准（食品级同步拉伸尼龙薄膜）经过广泛征求意见，于 2021 年 3 月顺利通过评审并发布。我会承担的 2021 第二批“浙江制造”标准制定计划中的两项塑料行业标准［一次性口罩用耐折全塑鼻梁条、埋地排水排污用聚丙烯（PP）结构壁管道系统］、第三批“浙江制造”标准制定计划中的两项塑料行业标准（抗静电 PMMA 板材、家用塑料宠物屋）的牵头组织制定工作，2021 年 6-8 月分别组织召开了四项标准的启动会暨研讨会，会后经过广泛征求意见，在 8-9 月，四标准已经顺利通过评审，2021 年我会牵头组织制定四项浙江制造标准已发布。

（2）编制《浙江省塑料产业“品字标”团体标准体系框架指南》。为推动浙江省塑料行业高质量发展，更好地规范“品字标”团体标准研制工作，强化行业先进“品字标”团体标准有效供给，积极准备投标资料。根据浙江省市场监督管理局

《关于进一步推进“品字标浙江制造”品牌建设的意见》等文件要求，针对浙江省塑料产业发展现状与趋势，本协会用五个月时间对规上企业进行调研，编制了《浙江省塑料产业“品字标”团体标准体系框架指南》（以下简称“指南”），“指南”共四章（浙江省塑料产业现状与分析、塑料产业“品字标”团体标准体系、重点产品及区域情况和培育措施和工作计划安排），浙江省塑料产业“品字标”团体标准体系按原材料、辅助材料、塑料制品三大类进行划分，聚焦“高性能”“多功能”“绿色环保”进行展开，分原材料、辅助材料、塑料制品三大类、11 项分类、290 个代表产品，“指南”于 2021 年 6 月中标政府采购项目，并于 7 月 28 日顺利通过浙江省品牌建设联合会组织的专家评审。

5. 参与 2021 年浙江省优秀工业产品评选推介活动

积极参与浙江省优秀工业产品评选委员会组织的“2021 年浙江省优秀工业产品评选推介活动”，组织行业内企业积极参加，作为评委单位，根据申报条件，参与“2021 年浙江省优秀工业产品”的评选工作，行业有 4 家企业获“2021 年浙江省优秀工业产品”荣誉称号。

6. 积极参与行业标准的有关工作

参加 SAC/TC48 组织的 32 项行标和国标的网上电子投票、征求意见及 6 项国标、5 项行标的评审。

7. 团体标准资质认定

为提高企业的知名度和影响力、弥补市场标准的空缺、促进行业发展、为行业标准和国家标准的制定提供基础，我会于 2021 年 6 月 30 日在“全国团体标准信息平台”上申请“浙江省塑料行业协会团体标准组织制定和发布资质”，6 月 30 日通过初审，8 月 3 日获“浙江省塑料行业协会团体标准组织制定和发布资质”。

8. 协会降解塑料及制品专业委员会成立

众所周知，塑料污染对人类赖以生存的环境造成的污染日趋严重，为此我国于 2020 年对限塑令进行升级，中央全面深化改革委员会第十次会议审议通过了《关于进一步加强塑料污染治理的意见》（以下简称《意见》），并经国务院同意，由国家发改委、生态环境部印发颁布。《意见》指出：到 2020 年底率先在部分地区、部分领域禁止、限制部分塑料制品的生产、销售和使用；到 2025 年，塑料制品生产、流通、消费和回收处置的管理制度基本建立，多元共治体系基本形成，替代产品开发应用水平进一步提升，塑料污染得到有效控制。为了积极响应国家号召，浙江省对限塑令进行了进一步升级，省发展改革委、省生态环境厅、省经信厅等 9 部门联合发布了《关于进一步加强塑料污染治理的实施办法》，要求禁止、限制部分塑料制品的生产、销售和使用，并明确将商场、超市等场所塑料袋的使用从“有偿使用”变成“禁止使用”。

2021 年 8 月 31 日，浙江省发改委出台《浙江省邮件快件过度包装和随意包装治理方案（2021~2022)》，方案明确，到 2022 年底全省禁止使用不可降解塑料袋、一次性塑料编织袋、不可降解塑料胶带等。

2021 年 9 月 8 日，国家发改委、生态环境部又出台了“十四五”塑料污染治理行动方案，方案明确，到 2025 年，塑料制品生产、流通、消费、回收利用、末端处置全链条治理成效更加显著，白色污染得到有效遏制。

2021 年 9 月 24 日下午，国家发展改革委联合生态环境部等 21 个塑料污染治理专项工作机制成员部门和单位，召开全国塑料污染治理工作电视电话会议，研究部署“十四五”塑料污染治理工作，由此可见，国家高度重视塑料污染治理工作。

浙江是全国塑料制品产量第一大省，加之我省一次性塑料餐饮具（刀、叉、勺、杯、打包盒、饮料瓶、酒店用品等）产量也很大，由此可见浙江塑料污染治理的任务十分艰巨，禁塑令的实施对我省塑料行业既是机遇又是挑战。

为深入贯彻新发展理念，配合国家和浙江省塑料污染治理，引导公众科学认识塑料污染问题，准确理解塑料污染治理政策，科学稳妥推广塑料替代产品，推动浙江省“十四五”塑料污染治理进程，协会于 2021 年 5 月开始研究成立生物降解塑料及制品专业委员会一事，6 月 11 日我会发文，在全省范围内征集生物降解塑料及制品专业委员会会员，之后我们先后收到 75 家单位的入会申请，涉及生物降解塑料及制品相关生产企业、检测机构和大专院校，9 月 29 日，由浙江省塑料行业协会、绍兴市市场监督管理局和绍兴市邮政管理局主办，绍兴市质量技术监督检测院承办的“浙江省塑料行业协会生物降解塑料及制品专业委员会一届一次会员大会暨一届一次理事会、快递/购物包装绿色转型推进会”在绍兴市质量技术监督检测院顺利召开。省内 75 家会员企业的 150 余位代表参加会议，绍兴市市场监督管理局、绍兴市邮政管理局等领导出席会议并致辞。

塑料行业是浙江省的优势特色产业，我国提出的塑料污染综合治理和“2030 年实现碳达峰、2060 年实现碳中和”的双碳战略，不仅对以石油基为原料的塑料行业提出了巨大的挑战，更是传统塑料制品业实现转型发展的重大机遇，浙江省要完成塑料污染综合治理的目标任务，建设绿色发展示范先行区，对一次性塑料制品，在减量使用、循环利用等基础上，实现生物可降解塑料替代传统塑料，显得尤为重要和迫切，抓住生物降解塑料及制品的发展机遇，实现浙江省塑料行业转型升级，进一步增强全省塑料行业的竞争力，对浙江省新材料产业的高质量发展具有重要意义。

9. 充分发挥协会作用，努力为企业提供服务

（1）举办“快递/购物包装绿色转型推进会”。2021 年 9 月 29 日，协会举办“快递/购物包装绿色转型推进会”，会议邀请 SMQ 深检院认证审查中心、中国质量认证中心、DIN CERTCO 大中华区、浙江工业大学、绍兴市邮政管理局、绍兴市市场监督管理局、绍兴市质量技术监督检测院等单位的领导和专家就国内外生物降解产业现状及政策、生物降解国际认证体系、生物可降解 PLA 材料的高性能及应用研究、PBAT 生产与填充改性现状、快递包装绿色转型有关政策、生物降解塑料标准体系进行宣贯和讲座，省内降解塑料材料、改性降解塑料材料、降解塑料制品及有关检测机构的共 150 余位代表参加，通过会议，使降解塑料及制品生产企业对国内外降解塑料相关政策及认证有了进一步的了解，对降解塑料产业的健康发展具有积极的推动作用。

（2）为降解塑料及制品企业提供相关标准。为降解塑料及制品企业免费提供 GB/T 20197-2006（降解塑料的定义、分类、标识和降解性能要求）、GB/ T 18006. 3-2020（一次性可降解餐饮具通用技术要求）、GB/T 28018-2011（生物分解塑料垃圾袋）、GB/T 38082-2019（生物降解塑料购物袋）、QB/T 4633-2014（聚乳酸冷饮吸管）、QB/T 5414-2019（聚乳酸热成型杯盖）、QB/T 5415-2019（聚乳酸注塑餐具）七项标准。

10. 努力办好“浙江塑料网”

利用“浙江塑料网”的优势，努力为行业报导行业动态、质量标准、政策法规、预警信息、市场行情、会展信息等内容，为行业企业提供各类行业相关信息的服务。

（浙江省塑料行业协会　汪建萍）

温州市

一、温州市塑料行业概况

2021 年，全市规模企业 370 家，完成工业产值 230 亿元，产量 145 万吨，均比 2020 年有小幅增长。温州市塑料制品工业约有 2000 家企业，全社会产值约 600 亿元，是温州市工业支柱产业之一。

从塑料制品分类情况着，产量最高的是塑料编织品，占全部制品的 35%；其次是塑料薄膜，占 28%；塑料合成革占 6%；塑料板、管、型材占 5%；塑料新材料产业近年来发展迅速，占比逐年提高。

从塑料制品生产区域分布看，编织品生产主要集中在平阳县和苍南县；薄膜生产主要集中在瑞安市和龙港市；尼龙扎带生产主要集中在乐清市；塑料新材料、医疗塑料用品等生产主要集中滨海开发区；瑞安市、乐清市几家新材料生产企业规模不容小觑，见表 1。

表 1　2021 年温州塑料行业十强企业

排名	单位名称
1	中广核俊尔（浙江）新材料有限公司
2	温州晨光集团有限公司
3	浙江强盟实业股份有限公司
4	瑞安市东威塑胶有限公司
5	温州市金田塑业有限公司
6	浙江新力材料股份有限公司
7	启明新材料股份有限公司
8	南塑集团有限公司
9	浙江永兴新材料科技有限公司
10	温州华特热熔胶股份有限公司

比照2020年，2021年入围门坎提高，产值、销售在3亿元以上，2020年为2.2亿元，温州华特热熔胶股份有限公司首次入围。由于中广核俊尔新材料有限公司，去年申报数据包含上海等在外企业，2021年纯浙江本地区，数据有些缩小，但不影响其在行业中龙头地位。十大企业的产值合计为67亿元，利润7.76亿元，均比2020年有所提高。

二、塑料制品出口情况

根据温州海关数据显示，2021年温州市塑料制品出口交货值为121.29亿元人民币，同比增长3.96%，分国家地区情况如表2所示。

表2　2021年1-12月塑料制品出口洲贸组织

洲贸组织	人民币值/元	同比/%
欧盟27国	1949630199	49.68
美国	1918462669	56.86
东盟	3686587586	-6.16
俄罗斯	271788354	10.69
非洲	806590057	-10.46
拉丁美洲	801003302	26.2
中东	802064875	-53.25
一带一路	5696124629	-13.6
英国	334421846	20.4

我市塑料制品出口继续保持稳增长态势实属不易，2021年受疫情影响，经受住了三波风浪：①上半年用于生产的原材料价格普遍上涨，且居高不下；②物流受阻，外贸运输港口一度一柜难求；③十月份碰到限电问题，受“双限”影响，企业取消了部分订单。

三、行业大事记

1.“五新”成果丰硕

2021年行业内新材料、新技术、新装备、新产品、新项目开发创新层出不穷，特别是已经落地的新项目比2020年要多，颇具代表性的有：中广核俊尔龙湾研发中心项目年中已正式开工建设，总投资近亿元，建成后将逐步打造成为国家级的企业技术中心和智能化展示中心。编织袋龙头企业、温州晨光集团有限公司的省重点“传统产业改造提升”技改项目，已得到省市有关部门正式批复，新厂区征地300亩，目前项目在实施过程中。浙江新力新材料股份有限公司“高性能高分子材料研发合作项目”与温州肯恩大学教授团队正式签约，点燃了企业高质量发展的新引擎。规模以上企业几乎都有大动作，力度为历年最大。

2. 企业科技实力提升

协会于2019年成立“行业专家库”以来，充分发挥专家的作用，除了有计划地分片区走访服务之外，全年参加俊尔、新力等18家单位19个项目的验收；5次参与县区塑料制品制作工职业技能等级规范评定及实操现场检查；促成协会及4家企业的校企合作项目。

行业技术创新体系逐渐形成，科技实力明显提升。到目前，会员企业中成功申报省重点企业研究院4个；省级高新技术企业研发中心7家；市级企业技术中心3家；高新技术企业15家；俊尔已成立“博士后工作”“院士工作站”；浙江世博积极跟进，2021年温州赵氟隆和鑫泰新材料又先后成立了“博士后工作站”。科技进步将成为行业发展的动力源泉和后劲所在。

3. 行业交流合作加强

2021年4月13-16日，协会自行组团30多人，赴深圳参观“国际橡塑展”及参与系列论坛活动。中广核俊尔、金田集团、浙江新力、浙江永兴、浙江高祥等5家会员企业参展，俊尔展位以“大块头”亮相，董事长、总经理亲临现场，工作人员近50人，展示了温州塑料的风貌。9月29日组团20多人参加全国塑编产业链大会，我会三家企业：温州晨光集团有限公司、浙江坤诚塑业有限公司和浙江瑞旺科技有限公司获得全国塑编20强企业称号，其中“晨光”产值、规模排列全国第二。协会全年三次组织参与了中塑协、省塑协会议、论坛，并在11月份的中国塑料“新产品、新工艺、新装备、新技术”展览会上获“最佳合作奖”。

温州市塑料行业协会是个地区性社团组织，苍南县、平阳县、瑞安市等地塑协会长兼任温塑协常务副会长，方便工作协调、沟通，在重大事项中守望相助。

4. 减能降耗进展顺利

塑料制品产业是高能耗产业，行业高度重视减能减排工作，2021年各企业均采取了有力措施，已经取得了一定的成效，全行业煤锅炉改造已基本完成，企业用电量也在逐年下降。根据协会的调查，南塑集团 2021 年产量比上一年同期下降 7.65%；而用量电下降了 15.22%；“华大”产量同比下降 4%，而用电量下降 15%；“瓯斯达”产量提高 44.12%，用电量下降 18.85%；晨光集团产量提高 8.62，用电量下降 4.84%；“强盟”产量提高 2.31%，而用电量下降 2.17%；“世博”产量提高 12.79%，用电量却下降 1.85%等。调查表明，绝大部分企业在节能降耗工作上都取得了一定的进展。

（温州市塑料行业协会　周擎枢）

安徽省

一、塑料行业概况

2021 年是中国共产党成立 100 周年。以习近平同志为核心的党中央团结带领全党全国各族人民，如期全面建成小康社会、实现第一个百年奋斗目标，开启全面建设社会主义现代化国家、向第二个百年奋斗目标进军新征程。一年来，安徽省塑料行业认真贯彻落实国家和安徽省委省政府的各项方针政策，努力克服因新冠病毒疫情等带来的冲击，安徽省塑料协会在省经信厅、省民政厅的指导下，在中国塑协的关心下，在韦明会长的率领下，经全体会员的共同努力，坚持以习近平新时代中国特色社会主义思想为指导，较好地履行了协会“二个服务”的宗旨，工作取得新的成效。

2021 年受疫情和经济下行影响，全省塑料行业规模以上企业 963 家，塑料制品产量 463.79 万吨，同比减少 5.56%，占全国比例 5.79%，排全国第 6 位。按品种分，我省进全国前十的塑料制品有塑料薄膜（第 7 名，占全国比例 3.86%，同比增长 6.05%）、泡沫塑料（第 9 名，占全国比例 3.92%，同比增长 13.3%）、人造革合成革（第 3 名，占全国比例 14.2%，同比降低 44.9%）。

二、行业大事记

1. 政府行业会议及建言

2021 年 7 月 13 日，安徽塑协韦明会长应邀参加了省政府在合肥召开的省级行业协会商会座谈会，13 家省级行业协会商会和省有关单位负责人进行了交流座谈。会议传达了省长王清宪关于发挥好行业协会商会作用的批示精神，副省长张红文出席会议并讲话。会议指出，行业协会商会是优化市场资源不可或缺的重要环节，是实现有效市场和有为政府更好结合的桥梁纽带。广大行业协会商会要坚持党建引领，紧抓安徽发展机遇，着力完善法人治理机制和现代管理制度，加强政企沟通联络，搭建行业发展平台，大力推进“双招双引”，赋能安徽高质量发展。会议强调，各地各有关部门要鼓励引导新兴产业行业协会商会加快设立和完善，畅通政府与行业协会商会沟通渠道，积极探索“赋权”行业协会商会，更好地发挥行业协会商会在政策制定、产业对接、平台搭建等方面的参谋助手作用。要进一步转变观念，创新方式，在培育扶持、服务管理、作用发挥等方面创造良好条件，凝聚促进行业协会商会健康发展的强大合力。韦明会长在座谈会上就省塑协近两年的主要工作成效，履行向政府反映会员诉求，维护企业合法权益，积极参与脱贫攻坚，努力践行社会责任，注重党建，紧跟党的步伐，协会工作存在的问题和建议做了重点发言，受到张副省长的高度重视。张副省长在总结讲话中三次提到韦明会长提出的有关建议。

7 月 29 日上午，安徽省民政厅、省发展改革委、省市场监管局联合召开全省行业协会商会乱收费专项清理整治工作动员部署电视电话会议，韦明会长在会上作了交流发言，就落实国家三部委关于行业协会商会乱收费专项清理整治工作动员部署电视电话会议精神和相关文件要求，做好省塑协专项清理整治工作进行了交流。

9 月 30 日，安徽省民政厅社会组织联合会召开的三届五次理事会暨 2020 年省级社会组织等级评估授牌仪式，会上隆重授予安徽省塑协 4A 单位并颁发了牌匾。

安徽省塑协专家、全国人大安徽代表周福庚同志在十三届全国人大四次会议上建议：国家相关部门要统筹谋划，控制原油、金属等原材料价格上涨，纾困中小企业经营压力。该建议在十三届全国人大四次会议简报中登出。

2. 行业会议

1 月 9 日，协会代表出席在南昌举办的江西省塑料工业协会第五届第一次会员大会暨“绿色智造，协同创新”会议。会议联合国内行业协会与省内知名塑料工业龙头企业、原辅材料生产企业及设备生产厂商等，以“绿色智造，协同创新”为主题探讨当前塑料行业市场环境与今后塑料产业发展走势，分享了塑料行业的最新发展动态、展示最新技术、新材料和新工艺，推进技术交流和商务洽谈，总结出塑料行业要取得良好发展就应该进行技术创新与产品升级，推动塑料相关产业健康稳定发展。

1月12日，韦明会长应邀参加了“安徽省推进2021年企业社会责任工作研讨会”。会议提出：处于“两个一百年交汇”的重要历史时期，要充分认识新发展阶段履行社会责任的新问题、新内涵和新任务；着力推动省政府或相关部门出台企业履行社会责任的指导意见，促进我省企业社会责任工作持续、健康发展；要持续加大社会责任的宣讲和培训力度，提升企业履行社会责任的意识和自觉性。企业社会责任工作目前还没有形成良好的氛围，推动此项工作任重道远；要认真贯彻习近平总书记关于企业履行社会责任的一系列要求，知难而进、坚持不懈，认真做好我省企业社会责任工作。

3月31日，协会代表出席安徽工业经济联合会第四届会员代表大会暨四届一次理事会。会议指出，要继续推进企业社会责任工作，促进企业逐步健全社会责任的管理体系；继续协调企业申报中国工业大奖，推动企业走转型升级、创新发展之路；继续开展与省辖市工经联、有关的全省性行业协会和优秀企业之间的学习交流，实现彼此之间的互相理解和共同进步。

7月26日，翟光景秘书长参加了由安徽工经联组团的赴山东省学习考察活动。学习山东省发展工业互联网和智能制造方面的先进经验，考察交流企业履行社会责任情况。

9月8-10日，安徽省总工会组织省劳模宣讲团、部分行业协会负责人，赴安徽潜山县，开展践行习近平总书记“七一”重要讲话精神，进企业暨“跟着劳模去创新”活动，着力提升职工群众创新创造活力，不断深化产业工人队伍建设改革。翟光景秘书长应邀参加了本次活动。

10月22日，协会代表应邀参加了2021年安徽省企业社会责任报告发布会。

11月3日，协会组团出席中国塑料加工工业协会在南京国际博览中心主办的“2021中国塑料可持续发展展览会”，展会以“塑料的绿色环保生态化及可持续发展”为主题，汇聚国内外塑料行业知名企业，展示绿色环保的新材料及助剂、降解材料、塑料制品、塑料节能环保装备及回收再利用装备、生态化研发成果、可持续发展工作成果等。中塑协为我会颁发了“最佳合作伙伴奖”。中国塑料可持续发展展览会组委会为我会颁发了“优秀组织奖”。

11月15日，翟光景秘书长应邀出席2021中国污染防治联展暨中国环境院士峰会新闻发布会。

3. 调研活动

韦明会长等于6月下旬，在广德市经信局领导陪同下对森泰木塑集团等企业进行走访调研。森泰木塑张勇总经理热情接待了韦会长一行。座谈上，韦会长首先介绍了省塑协近年来为企业为政府所提供的服务，为行业的发展以及维护企业合法权益和向政府反映企业的诉求等工作。张勇总经理介绍了企业的基本情况，森泰是目前中国最大的木塑生产基地之一，企业管理规范，是追求绿色环保的发展中企业。企业领导班子秉承坚守、热爱、执着理念，把企业持续做大做强。双方就木塑技术创新，材料节能环保，坚持质量第一等方面进行了愉快的交流，并表示今后要加强沟通、交流意见、形成共识，为协会结合企业实际提高服务质量打好基础。

4月20日，望江县华阳镇及大号村、安徽蓝通科技股份有限公司、大号塑业等领导赴协会，就协会资助的产业扶贫企业望江县大号塑业有限公司的生产发展等情况向协会进行了汇报，韦会长表达希望扶贫企业做大做强，为贫困村镇的脱贫致富做出实实在在的工作，同时协会以及会员企业在技术、市场给予支持和帮助，协会领导陪同走访有关塑料企业，牵线洽谈合作。

7月10日，韦明会长等赴中设国际会展集团走访调研。为扎实做好2021中国污染防治联展的筹备工作，精心组织好展会活动。

8月12日至13日，韦明会长等携同安徽省汽车协会领导，赴望江县调研省塑协的扶贫企业望江大号塑业公司的发展状况。此行调研的目的一是邀请省汽车协会方会长等领导来扶贫企业大号塑业实地考察，并请省汽车协会在产品销售上扶持大号塑业；二是听取大号塑业搬迁到蓝通公司以来的生产经营情况；三是听取大号塑业存在的问题和商量解决办法，以共同促进大号塑业有序发展。望江县县委书记为此专门召开了由县经信局、财政局、民政局等领导参加的座谈会，韦明会长简要介绍了大号塑业公司的生产经营状况，并请县委、县政府给予支持。县委书记听取韦明会长的讲话后，当场要求县有关部门要高度关注、重视并支持望江县首个由省塑资助的扶贫产业项目大号塑业的发展。

9月13-17日，中国塑料加工工业协会理事长朱文玮率副理事长兼秘书长王占杰、信息部主任姜宛君、经济合作部副主任宋悦等一行四人来安徽调研，省塑料协会会长韦明全程陪同走访阜阳界首市、蚌埠市、合肥市、黄山市部分企业，先后对安徽省生宸源材料科技实业发展股份有限公司、安徽界首高新技术产业开发区光武产业园、安徽冠泓塑业有限公司、安徽佳先功能助剂股份有限公司、安徽丰原生物化学股份有限公司、合肥乐凯科技产业有限公司、安徽华驰塑业有限公司调研、合肥亿达电子标识有限公司、安徽国风塑业股份有限公司、黄山永新股份有限公司、黄山华塑新材料科技有限公司、黄山贝诺科技有限公司进行调研。本次调研活动目的主要是考察安徽省塑料加工行业相关上下游企业落实《关于进一步加强塑料污染治理的意见》（发改环资〔2020〕80号）、推进行业绿色可持续发展工作的经验，探索实施《“十四五”塑料污染治理行动方案》的计划，了解面临的主要问题和诉求，征求对行业发展意见建议。安徽省塑料协会常务秘书长孙有伟参加了相关调研活动。

4. 骨干企业

2021年4月8日上午，安徽省优秀民营企业家和优秀民营企业表彰暨推进“十四五”民营经济高质量发展大会在合肥召开。我会副会长单位安徽安利材料科技股份有限公司董事长姚和平、安徽丰原集团有限公司董事长李荣杰、安徽中鼎橡塑制品有限公司董事长夏玉洁、黄山永佳集团股份有限公司董事长孙毅荣获“安徽省优秀民营企业家”称号。

安徽省富光实业股份有限公司、安徽丰原集团有限公司、安徽省生宸源材料科技实业发展股份有限公司荣获“安徽省优秀民营企业”称号。部分会员当选全国劳动模范、全国人大、政协代表。

（安徽省塑料协会）

山东省

一、行业基本情况

经过最近20年的高速发展，山东省塑料工业规模快速增长，尽管近几年增速有所放缓，但整体发展速度仍高于国民经济整体发展水平，各项主要技术经济指标位居全国前列，成为全国塑料制品、原料、装备、科技等的重要基地。其中，塑料农用薄膜、塑料管材、异型材、塑料吹塑包装、塑料编织制品、一次性PVC手套、PVC增强软管、塑料绳网、海洋渔具等大类产品位居全国首位，有些在全球都占有重要地位。目前，山东省塑料行业呈现以下几个特点：

（1）产业结构得到较大改善，研发创新能力仍需提高。

（2）高附加值产品比例相对偏低。

（3）环保政策对我省塑料行业特色区域和产业集群发展影响巨大，倒逼产业转型升级。

二、骨干企业概况

1. 塑料绳网

塑料绳网生产企业主要集中在惠民县李庄镇和姜楼镇。辐射面积达710平方千米，占全县面积的54.6%，从业人员7.3万人，占全县人口的11.5%。塑料绳网产业已成为惠民县的支柱产业之一，财政贡献占全县的五分之一，其中李庄镇、姜楼镇有80%的税源来自塑料安全绳网产业，当地群众80%的收入来源于塑料绳网产业。2021年，惠民县各类塑料绳网产量140万吨，实现销售收入155亿元，市场份额占全省的95%以上，占全国的75%以上。惠民县“中国塑料绳网之都”于2020年10月份通过复评。

骨干企业：山东金冠网具有限公司。

2. 塑料管材

山东省塑料管材生产企业数量较多，产业规模在全国占有重要地位，企业分布比较均匀，16个地市都有塑料管材生产企业。相对集中区域有淄博、德州、威海、烟台、聊城等地。

骨干企业：山东华信管业有限公司、山东汇晟管业有限公司、山东汇通达塑业有限公司等。

3. PVC增强软管

山东省是重要的PVC增强软管生产基地，产品远销世界各地，在全国处垄断地位，全国市场

70%的 PVC 增强软管产自山东省。PVC 增强软管企业主要集中在昌乐县，生产企业 80 多家，年销售收入 30 多亿元，是全国 PVC 增强软管生产研发基地。

骨干企业：潍坊现代塑胶有限公司。

4. 塑料包装制品

塑料包装制品主要集中在莒县刘官庄镇和昌乐县，在全国均占重要地位，对当地财政贡献较大。昌乐县的塑料包装生产企业 120 多家，企业产品以出口为主，年出口额 35 亿元，运营模式两头在外。莒县刘官庄镇塑料包装制品产业内销、外销兼顾，产业基础点多面广，全县塑料包装制品年销售额 200 亿元，企业 3600 多家，从业人员 6 万多人。

5. 农用塑料薄膜

农用塑料薄膜企业主要分布在青州市、淄博市临淄区。青州市高柳镇塑料工业园是全国灌浆无滴膜的发源地，目前，已入驻“鲁冠”“华峰”“永冠”“一润”等农膜企业 39 家，2020 年实现年营业收入 17 亿元。淄博市临淄区是老牌的农用薄膜生产聚集区，全区有塑料薄膜生产企业 50 多家，年产农用塑料薄膜 30 万吨。

骨干企业：山东清田塑工有限公司、济南新三塑业有限公司。

6. 塑料编织制品

山东省塑料编织制品产业生产企业主要集中在临沂兰山区、潍坊坊子区、聊城、淄博、德州、枣庄等地。山东省塑编企业 2600 多家，年产塑编制品 300 多万吨，产品出口份额占全塑编行业的 35%，出口产品以集装袋、复合袋为主。

骨干企业：山东齐旺达包装制品有限公司、山东广庆集团有限公司。

7. 防水卷材

寿光防水产业发展到今天已走过 40 多年的历程，是名副其实的中国建筑防水之乡、全国最大的防水材料生产基地，也是寿光市重点打造的八大“百亿级”产业集群之一，现有骨干防水企业 400 多家，年产量 8 亿平方米，防水材料产销量占全国 1/3。

骨干企业：鑫宝防水股份有限公司。

8. 一次性 PVC 手套

一次性 PVC 手套生产企业主要集中在淄博、青州、临朐。2020 年初暴发的新冠疫情给一次性 PVC 手套生产企业带来两年多的爆发期，产业规模急剧膨胀、行业利润井喷式增长。

骨干企业：英科医疗、蓝帆医疗。

9. 塑料土工材料

塑料土工材料主要集中在泰安、莱芜、乐陵等地区。

骨干企业：泰安现代塑料有限公司、德州宏祥塑料土工材料有限公司。

10. 色母料

山东省色母料企业主要集中在泰安、德州等地区。

骨干企业：山东春潮色母料有限公司、山东鲁燕色母料有限公司。

三、行业大事记

1. 推进科技成果评价平台建设，增强企业自主创新能力

为促进行业发展，提高行业企业自主创新能力，我们把科技成果评价平台建设作为一项重要工作来抓。积极探索重点行业技术创新能力建设，进行资源整合，建立重点行业公共技术创新服务平台；指导帮助企业创建企业技术中心和工程技术研究中心；通过产学研联合开发，解决行业发展瓶颈和急需的关键技术并实现产业化，推动产业转型升级。重点建立科技成果评价平台，完善科技成果评价体系，从资质认证、项目申报、成果转化等全方位为企业提供科技成果评价服务，并以此为切入点增强企业自主创新能力的提高。

2. 加强标准化体系建设，促进企业创新发展

为规范山东省塑料协会团体标准的管理，促进塑料行业发展和技术创新，解决标准缺失给行业发展造成的不利影响，规范塑料企业市场行为，提高塑料行业的整体竞争能力。根据《中华人民共和国标准化法》《关于培育和发展团体标准的指导意见》（国质检标联［2016］109 号）有关规定，结合我省塑料行业实际情况，起草并颁布了《山东省塑料协会团体标准管理办法》。

3. 做好制造业单项冠军企业、“专精特新”企业的培育工作

按照工业和信息化部办公厅、中国工业经济联合会《关于组织推荐第三批制造业单项冠军企业和单项冠军产品的通知》（工信厅联产业函〔2018〕19 号）精神和《山东省制造业单项冠军企业培育提升专项行动实施方案》要求，结合我省塑料行业实际情况，大力推荐塑料企业及产品为制造业单项冠军企业和单项冠军产品，提高行业企业知名度及影响力。

4. 推动绿色制造进程

国家产业环保政策倒逼企业加快绿色制造进程，2020 年 1 月 16 日，国家发改委、生态环境部《关于进一步加强塑料污染治理的意见》把塑料行业推上了风口浪尖。山东省发改委、山东省生态环境厅针对该意见制定了实施方案，禁止生产和销售厚度小于 0.025 毫米的塑料袋和厚度小于 0.01 毫米的聚乙烯农用地膜，对需禁止生产和使用的塑料制品制定了严格的时间表。

针对塑料行业面临的压力，山东省塑料协会积极行动、深入调研、多方面听取行业企业意见，对塑料污染治理工作达成共识并提出几点建议：

（1）系统治理：塑料污染是一项系统工程，涉及原材料、制品生产、流通使用、回收处理等环节。塑料制品全生命周期的环保可控，是一个系统工程，需要多部门、跨行业的联合治理。

（2）分类施策：不同的使用场景，对产品降解的时间要求不尽相同。同一类产品在不同领域对其降解的目标要求不一样。我们建议：重点突出，分类施策，有序推进，社会共治。

（3）强化专项：降解塑料产业的发展需要突破降解原材料的技术和成本瓶颈，希望国家加大科研投入、重点扶持可降解塑料产业项目，尽早占领降解塑料产业制高点。

（4）政策扶持：应禁则禁、该扶则扶。降解塑料制品产业需要政府的政策倾斜方能茁壮成长。

治理污染，实现生态环境维护的目标，需要全社会的参与，需要全部组织与个人的责任担当，需要各个行业的跨界合作，形成共建、共治、共享的治理格局。消除塑料污染作为环境治理的一个重要环节，是国家和社会交给我们塑料行业新的课题和任务，是降解塑料产业的使命和担当，需要降解塑料产业的原料生产、制品加工、消费使用、回收处理全产业链的创新、共赢。

四、发展建议

1. 加强顶层设计，统筹产业规划和政策支持

产业集群普遍受到当地政府的高度重视，特别是对当地财政贡献较大的产业集群，往往被列为当地支柱产业，在产业规划和政策支持方面得到当地政府的诸多扶持。

目前我省几个塑料产业基地在产业规划和政策扶持方面做得非常好，从用地规模、园区建设、招商引资、人才培养、产品检测等方面给予全方位的扶持，从已经动工建设的几个塑料产业园区来看，无论是园区规模、配套服务还是运营理念均走在了全国前列。

2. 集中行业力量，推进公共服务平台建设

公共服务平台在产业集群发展中的作用巨大，目前山东省塑料产业集群服务平台建设大多处于起步阶段，面临的问题主要是资金短缺、人才匮乏。在下一步发展中，希望加强公共服务平台建设，与全国各省市塑协一起为塑料行业的创新发展提供平台支撑。

3. 加强并提高产业集群自主创新能力，

近年来，产业集群作为一种提升中小企业技术创新能力的有效组织形式引起了学术界与政府部门的高度关注，却较少地从集群创新能力的产生、增长与扩散过程上进行全面的把握与认识。希望行业更加关注内生性集群创新能力，在激发产业集群的创新源原动力方面探索行之有效的途径。

（山东省塑料协会　刘路兴　潘庆功）

湖南省

一、基本情况

2021 年，是湖南塑料行业发展极关键的一年，塑料行业既要做好疫情防控，又要搞好生产经营。在湖南省工信厅社会组织行业党委、省民政厅等相关部门的指导和监管下，在湖南省塑料研究所和会员单位的大力支持下，湖南省塑料行业协会及协会秘书处为政府、会员单位服务等方面做了大量而又卓有成效的工作，为推进全省行业管理和发展做出了积极贡献。

1. 为政府服务

（1）积极配合省工信厅等政府部门的疫情防控要求，按照国家的统一部署，组织会员单位做好疫情防控，对稳定湖南省塑料行业企业的生产经营，做出了积极贡献。

（2）继续加强我省“塑料污染治理”工作，尤其是配合省会城市长沙市的“塑料污染治理”工

作做好技术支撑，落实湖南省发改委、省生态环境厅《关于进一步加强塑料污染防治的实施方案》（湘发改环资规［2020］857 号）政策，湖南省塑料行业协会协助湖南省发改委、长沙市发改委做了大量卓有成效的工作：

①协助长沙市发改委在塑料污染问题突出领域和电商、快递、外卖等新兴领域的塑料污染治理核查工作，推进塑料使用减量和绿色物流模式，推动省会城市长沙市的“塑料污染治理”工作纳入各级政府“蓝天保卫战”考核；

②调动全省塑料制品及可降解替代产品生产、流通、消费和回收利用等环节企业产业积极参与“塑料污染全链条治理”工作；

③继续推动全省可降解塑料产业技术升级创新、相关标准制订及产业创新引领典型，科技支撑发展等情况，为行业内企业争取政府支持资金 4000 多万元。

2. 为会员单位服务

（1）做好会员单位微信群服务和湖南塑协微信公众号管理和维护，大力宣传国家产业政策，积极加强会员单位信息交流。

（2）针对今年在疫情防控条件稳生产、稳民生的特殊情况，积极做好疫情防控和安全生产宣传，实地走访了汨罗、郴州、衡阳、株洲、宁乡、刘阳等地会员单位，了解会员单位面对生产经营的实际困难，协助政府制定对企业纾困政策。

（3）强化示范引领，突出实干实效。积极参与湖南省“塑料污染治理”工作，聚焦重点领域、发挥行业效应，加强协会与政府的互动，将政府倡导的工作融入协会中心工作，将政府政策支持融入业务沟通，达到行业发展与国家中心工作相互促进、企业共同进步的目的。

（4）加强行业运行监测，促进平稳增长。面对国际复杂的形势和国内外经济下行压力加大的情况、国家环保政策从严和企业成本增加等一系列因素的影响，协会高度重视行业经济形势的发展变化，全面加强行业运行监测，开展深度分析、专题调研、预警预测、形势研判等工作，对行业运行中出现问题提出对策建议，促进了全行业健康平稳发展。

（5）产业基本情况：党的十九大以来，湖南省塑料工业企业发展方向更清晰，紧跟国家经济发展趋势，把提高供给体系质量作为主攻方向，深化企业供给侧结构性改革；发展脚步更有力。努力把握国家建设现代化经济体系、建设创新型国家、保障和改善民生、建设美丽中国等方面的机会，不断推进我省塑料产业的结构调整，加快湖南省塑料工业企业的转型发展，使得湖南省塑料产品制品产量仍保持较高水平。在新冠疫情的严重冲击下，2021 年湖南省塑料加工业的规模和效益稳住了基本盘。据统计，2021 年全年湖南省规模以上企业塑料制品产量达 319 万吨，湖南省塑料行业产值位居全国第九。

（6）促进产业技术交流，服务企业创新发展。协会继续做好行业的技术、市场等方面交流工作，为发展提供参考和支持。利用各种方式推广新技术、新材料、新装备和新产品，引导行业研究市场动向，分析发展方向。通过组织相关技术交流、宏观经济分析、产业发展研讨、智能制造推进等活动，引领行业健康发展，推动塑料制品向功能化、轻量化、复合化、生态化发展。

聚焦重点工作——“塑料污染治理”，重点发展可替代、可循环、可降解包装。推广应用废旧塑料回收再利用技术，加强废弃塑料回收利用。加快建设长沙、株洲、岳阳、永州等塑料加工基地，推动湖南省塑料产业集群化发展。

（7）湖南省塑料行业协会通过湖南省发改委和湖南省市场监督管理局申报《再生聚烯烃材料技术规范》和《可降解竹塑符合餐饮具通用技术要求》等三项地方标准并已立项，为湖南省“塑料污染治理”标准化和未来湖南省塑料行业的绿色发展，提供技术和标准支持。

二、行业存在的问题

湖南省塑料加工业虽然实现了多年的快速发展，年均增长率超过国民经济增长率，但受国内外经济形势发展变化的影响，全省塑料行业产业结构不合理、科技创新能力低、绿色发展理念和动能不足、生产成本不断攀升等仍是制约着湖南省塑料行业发展的重要因素。

党的十九大以来，国家提出面对资源约束趋紧、生态系统退化的严峻形势，必须树立尊重自然、顺应自然、保护自然的生态文明绿色发展理念，走可持续发展道路。加快生态文明体制改革，建设美丽湖南。坚持节约资源和保护环境的基本国策，坚持节约优先、保护优先、自然恢复为主的方针，着力推进绿色发展、循环发展、低碳发展，形成节约资源和保护环境的空间格局、产业结构、生产方式及生活方式，从源头上扭转生态环境恶化趋势，为人民创造良好生产生活环境做出贡献。

湖南省塑料工业必须把握国家经济高质量发展、绿色发展的大趋势，在生态文明建设中创新技术，求得发展。但是湖南省塑料工业中民营经济占主导地位，党的十九大以来，我国民营经济站在一个新的历史起点上，既迎来了新的机遇，也面临着新的挑战。民营经济不仅与国有经济处于平等的竞争地位，也同样承担着国民经济发展的战略性任务，同样接受着国内外市场竞争的严峻考验。

湖南省塑料工业的发展目前仍面临不少困难和问题，具体体现在：

1. 科技创新能力偏低、缺乏竞争力

湖南省塑料工业整体状况相对落后，科技创新的能力有限，缺乏自主知识产权技术，特别是缺乏企业和高等院校、科研院所的有效结合，共同开发产品的技术创新能力偏低，同时湖南省塑料工业生产装备水平不高，大量高能耗、低产能的加工设备仍在使用，导致企业加工工艺技术相对落后，市场竞争能力弱。

2. 中小企业融资困难，资金短缺

中小企业作为湖南省经济的重要组成部分，在实施中部崛起战略中的作用日益加大。湖南省塑料企业3000余家，绝大部分是中小型企业，而湖南省塑料中小企业融资的现状是：融资渠道狭窄，主要靠企业自身内部积累，同时中小企业获得银行贷款的难度很大。目前湖南省中小企业仍居中下水平，发展速度偏低，效益低下，其进一步发展仍然面临着资金短缺的难题，因此极大地制约了中小企业的快速发展和做强做大。

3. 生产成本上升，企业压力加大

原材料价格上涨，劳动力成本上升，企业生产成本逐年加大，湖南省企业原材料购进与产品出厂价格"高进低出"明显，导致企业压力不断加大。同时湖南省塑料行业中小企业普遍负税较高，导致企业盈利减少而加剧了企业的资金紧张状况，企业的技术改进受到更大程度地限制，进而加大了企业的经营风险，甚至对下游行业的产量和质量带来隐患，最终可能陷入恶性循环，使企业缺失竞争力。

4. 政府支持力度有限

湖南省塑料行业企业数量较多，但大规模、有影响力的塑料集团公司很少，大多数是小微型企业，产业集中度低。在我国沿海及发达省市地区，政府对塑料行业企业给予了重点支持，特别是对中小微型企业的扶持力度逐年增加，而湖南省政府虽然对塑料行业给予了一定的支持，但力度还远远不够，而政府的支持是中小微型企业发展的重要力量，对处于快速发展的湖南塑料行业作用至关重要。

5. 产业结构不够合理，绿色环保产品发展滞后

产业结构不够合理也是影响湖南省塑料行业发展的一个重要因素。湖南省塑料企业以中小企业为主，小微型企业、家庭作坊式企业数量众多，技术力量薄弱，多以中低档次产品、老产品为主，缺乏高档次、高技术含量和绿色环保的产品，且产品的种类类同、质量良莠不齐，很大程度上制约着湖南省塑料行业的发展。

6. 研判国际形势能力不足，上游原料供应存在供应风险

全球正处于碎片化状态，各国在不同事情上有不同组合，碎片化对中国的发展当然有影响，现在中国包括塑料行业需要更多真正懂国际事务的人，需要"新的国际观"，更需要埋头苦干，补好自己的漏洞，做好自己的事，有效化解技术、原料、产品供应链不稳定的问题。

三、市场前景

准确把握湖南省发展的内外部环境。2021年，得益于我国及时控制了新冠疫情，我国是唯一保持增长的主要经济体，随着欧洲形势的变化，尤其是俄乌战争有可能长期化，外贸风险压力有可能会逐步加大，我们要提前布局，努力解决长期积累的结构性矛盾，我国深入推进供给侧结构性改革，在取得成绩的同时也遇到一些困难、矛盾和挑战。

湖南塑料工业已经成为湖南经济的重要行业之一，随着我国和我省国民经济的快速发展，一些国家重点制造业行业、支柱产业的崛起和发展以及对塑料产品的需求，推动了湖南省塑料行业向绿色生态、节能低碳、多元化、高端化不断发展。根据湖南省塑料工业发展现状和市场行情，今后湖南省塑料行业发展的主要趋势表现在以下几个方面：

1. 农村市场

湖南省是一个农业大省，拥有5750万亩耕地，4200多万农村人口。随着经济的发展，农用塑料制品已成为湖南省现代农业发展中不可缺少的生产资料，特别在推进新型城镇化过程中，将农村土地改革、发展现代农业与乡村振兴有机结合，为推动乡村产业兴旺、促进城乡一体化发展提供合力，以农业结构战略性调整为主线，大力推进农业产业化经营，农业经济运行质量有了明显提高。因此，在发

展现代农业、建设社会主义新农村的新形势下，要大力推广农用薄膜、农用沼气管、农用塑料节水器材等农用塑料的应用，支持湖南省自主农用塑料品牌的生产与销售，把提升湖南省塑料农业技术水平作为研发重点，以推进湖南省农业的结构调整、农民增收。建设美丽乡村，对湖南塑料行业来说，蕴藏着巨大的市场机会。

2. 汽车工业

现今的汽车，已非简单的代步工具，已成为集无线电科技、多媒体、电脑、5G多种新技术于一身的结合体。未来数十年，电池电动车、混合电动车和燃料电池电动车市场份额将以稳定的速度增长，而燃油汽车的市场份额将会逐渐减少，各汽车厂商不得不去追赶“绿色汽车”的时髦，未来的汽车时代将是属于绿色环保汽车的时代。

中国汽车行业的良好发展给汽车相关产品带来了巨大的市场需求。据有关资料显示，在汽车工业大量使用的材料中，塑料占7%~10%。近年来，汽车轻量化的要求使其塑料用量正在快速增长，而且全塑车神是未来汽车的发展方向。随着湖南省新型工业化进程的不断推进，汽车工业在湖南省已成为支柱产业并作为重点扶持产业发展。据统计，湖南全省规模以上列入国家汽车生产企业及产业公告的35家，产能已达到约30万辆，其市场前景是非常巨大的。

3. 家电行业

在家电行业中，产品塑料化已经成为重要发展方向之一，塑料已成为家电领域应用量增长速度最快的材料，近几年每年平均增长速度达30%左右。目前塑料在家电中用量已占重量比的40%，并随着新型环保、绿色健康材料的研发生产和应用，国内家电市场必将迎来新一轮消费结构的快速升级，从而带动塑料行业的整体发展。

4. 高铁技术

高铁技术是湖南工业的一张世界级的名片，发展潜力巨大。随着国家高铁线路的开工建设。这些重大工程的建设，需要大量的功能性工程塑料，谁把握了时机，加大高技术工程塑料的研发，乘势而上，谁就获得了宝贵的发展机会，搭乘湖南经济发展这趟高速列车。

四、大事记

（1）2021年8月9日，疫情防控期间，发布《致湖南省塑料行业协会湖南省塑料行业协会会员单位的一封信》，省内外多地出现疫情反弹，再次敲响防控警钟。为贯彻落实国家、湖南省、各地市有关疫情防控的部署要求，确保企业员工健康安全，保障企业生产稳定有序，现发出如下倡议：严格落实企业主体责任、引导员工增强疫情防控意识、积极主动接种新冠疫苗、认真组织开展应急演练、科学安排生产计划。

（2）2022年1月，由湖南省塑料行业协会作为协调单位，组织会员单位湖南映宏新材料有限公司、湖南江南生态农业公司申报《再生聚烯烃材料技术规范》和《可降解竹塑符合餐饮具通用技术要求》等三项地方标准，已获得湖南省发改委和湖南省市场监督管理局的批准并立项。

（3）2022年2月26日，湖南省塑料行业协会副理事长单位湖南协成管业科技有限公司长沙理工大学产学研基地正式挂牌，竹塑复合新材料中试基地正式成立！长沙理工大学教授龙春光，湖南省塑料行业协会秘书长沈友良，副秘书长龙杰参加了揭牌仪式。沈友良从国家“双碳”目标政策方面，说明了竹塑复合材料及其制品是国家重点支持的低碳与节能减排产品，是我国竹林产业发展“十四五”重点战略发展方向，作为实现减碳固碳的重要解决方案，在实现“双碳”目标中发挥着重要作用。随后，长沙理工大学龙春光教授，从专业方面详细解读了竹塑复合材料及其制品的技术研发和产业化前景情况。

（4）2022年3月22日，湖南省部分地区出现了新冠肺炎确诊病例，防控形势复杂严峻，为坚决贯彻落实中央和省委、省政府关于从严从紧做好疫情防控工作的决策部署，湖南省塑料行业协会及时发布《湖南省塑料行业协会会员单位认真做好疫情防控的工作通知》。

（5）2022年6月10日，湖南省塑料行业协会会员代表大会顺利召开，选举产生了湖南省塑料行业协会新的领导班子，通过无记名投票，湖南省塑料研究所所长周波同志当选为湖南省塑料行业协会第四届理事会会长，并已获得湖南省民政厅社会组织管理局、湖南省工业与信息化厅行业党委的批复和同意。

（6）2022年6月13日上午，为深入贯彻习近平生态文明思想，进一步传播节能理念，掀起全社会节能减碳热潮，助力实现碳达峰碳中和，根据国家统一部署，湖南省塑料行业协会积极参加2022年湖南省全国低碳日宣传活动，湖南省省直机关代表向全省省直机关发起了“湖南省省直机关塑料污染治理”倡议书。

(7) 2022 年 6 月 22 日，湖南省塑料行业协会会长周波带领秘书处沈友良、龙洁一行拜访了湘潭大学化学学院。双方就成立湖南塑协专家委员会、联合共建的湖南省高分子材料应用技术重点实验室的建设等问题进行了友好交流。周波会长参观了湘潭大学化学学院大楼和高分子楼，了解学院教学和科研情况。张海良教授向周波会长详细介绍了在智能液晶高分子材料、环氧树脂、高流动性尼龙材料等多个科研项目的技术创新成果，并对塑料行业技术创新及湖南省塑料行业协会第四届理事会的工作提出了指导意见。

(湖南省塑料行业协会　周波　沈友良　龙杰)

重庆市

一、行业发展概况

2021 年，重庆市塑料制品行业累计完成产量 313.9 万吨，同比增长 25.3%，高于全国平均水平；占全国塑料制品总产量的 3.92%，在全国 31 个省区市排名前 10 位。

分品种看，塑料管板材、塑料工业配件、塑料薄膜、其他塑料是重庆市主要塑料制品。2021 年，塑料管板材、塑料工业配件累计产量 168 万吨，占本市塑料制品产量的 53.52%；塑料薄膜累计产量 45 万吨，同比增长 2.2%，占本市塑料制品产量的 14.34%；其他塑料累计产量 98.3 万吨，占本市塑料制品产量的 31.20%。

2020 年重庆市塑料制品分品种情况

	产量/万吨	同比/%	占全国同类产品比例/%	占本省比例/%
塑料	313.9	25.3	3.92	100.00
塑料薄膜	45	2.2	2.9	14.34
农用薄膜	2.6	4.41	3.25	0.83
塑料管板材	88	3.5	—	28.03
塑料工业配件	80	2.56	—	25.49
其他塑料	98.3	—	3.92	31.20

二、重大事件和活动

2021 年，重庆市塑料行业协会在党的十九大精神鼓舞下，认真学习贯彻党的路线方针和政策，深刻领会党史和建党 100 周年 7·1 习近平总书记重要讲话精神，以十九届六中全会会议决议为指针，在市工业行业综合党委、市民政局、市经信委及相关部门的指导关心下，在协会全体会员团结和支持下，紧紧围绕我市塑料行业高质量发展的总体目标，以提高行业整体素质为目的，切实履行双向服务职责，为实现塑料行业高质量发展做了大量工作，取得了一定成效。

1. 组织协会五届首次领导班子座谈会

2021 年 1 月 20 日，重庆市塑料行业协会五届首次领导班子座谈会在重庆璧山民生酒店举办。市经信委二级巡视员、市工业综合党委专职副书记陈翔同志出席会议并发表了热情洋溢的讲话，对协会前期工作充分肯定。协会正副会长、党支部书记、名誉会长、监事单位代表、副秘书长等领导层 30 余人参会。

2. 召开五届二次理事会

鉴于实体经济受疫情影响严重，原材料价格暴涨，给会员下游加工企业生存发展带来困难，为深入研究当下难题，解析行业政策，助推企业纾困，协会五届二次理事会于 9 月 28 日举行，市经信委二级巡视员、市工业行业综合党委专职副书记陈翔，重庆市经信委消费品工业处一级调研员陈强，协会会长、副会长、理事、正副秘书长、部分相关会员单位、监事以有关单位领导、技术顾问、专家学者和新闻媒体等80余人莅临本次大会。大家为行业解困问诊把脉，各自从专业角度出发，建言献策。会议由协会党支部书记刘汉龙和专职副秘书长陈清清共同主持。

3. 协会与企业组织共建活动

重庆市塑料行业协会党支部与重庆市市场监管综合行政执法总队综合室党支部、重庆顾地塑胶电器有限公司党委第二支部开展三方支部结对共建活动。

4. 配合组织市工业行业党委第四协作组工作会议

2021年11月30日，由市工业行业综合党委组织片区工作会，召开了第四协作组工作会议。组长单位重庆市企业联合会（企业家协会），副组长单位重庆市塑料行业协会主办，重庆市墙体材料协会和重庆市玻璃行业协会承办此次会议。会议由我协会党支部书记刘汉龙主持会议，企业联合会郭书记主讲，市工业行业党委陈翔书记出席会议并做重要讲话。会上深入学习党的十九届六中全会精神，成员单位做了交流发言。专职副秘书长陈清清作为工作人员参会。

5. 积极参加市工业行业综合党委活动情况

2021年3月25日，参加市工业行业党委组织的党建工作会议暨党史学习教育部署会议，会议由市经信委副主任党组成员市工业行业党委书记涂兴永主持。

2021年7月8日，参加中共重庆市工业行业社会组织综合委员会2021年庆祝建党100周年暨“七·一”表彰大会，会上我协会会长陈杰荣获“优秀党员”、协会党支部书记刘汉龙荣获“优秀党务工作者”荣誉称号。

6. 密切关注行业会员发展，深入走基层，协会会党支部书记刘汉龙。陈杰会长等领导积极走访企业30余次，助推行业高质量发展。

（重庆市塑料行业协会　刘汉龙　陈清清　王新选）

上海市

2021年，上海塑料制品行业延续了2020年后期经济运行的良好走势，在疫情防控取得重大成效的基础上，积极克服了疫情反复、汛情突发、原材料价格波动、限电限产等不利因素影响，塑料制品制造业发展韧性持续增强，经济运行稳步增长。2021年上海市塑料制品产量为215.06万吨，同比增长7.7%；占全国塑料制品总量8003.98万吨的2.69%，详见表1。

表1　2021年上海市塑料制品月产量统计表

月份	当月产量/万吨	同比增长/%	累计增长量/万吨	月份	当月产量/万吨	同比增长/%	累计增长量/万吨
1-2	30.63	21.1	30.63	8	18.70	6.6	141.85
3	18.13	13.5	49.11	9	18.34	3.0	160.20
4	19.55	13.3	68.76	10	17.25	4.9	177.46
5	19.05	12.7	87.27	11	18.32	-5.2	195.62
6	18.06	4.9	105.24	12	19.44	-8.0	215.06
7	17.97	6.5	123.20				

一、基本情况

1. 在产值方面

（1）2021与2020年同比

2021年，上海塑料制品行业规模以上企业工业产值819.34亿元，按可比价格计算，同比增长10.2%，与全市规模以上工业产值持平（同期全市规模以上工业可比价产值同比增长10.2%）。实现销售产值815.71亿元，比去年同期增长了13.4%，高于全市工业销售产值1.8个百分点（全市11.6%）。

（2）2021 与 2019 年同比

2021 年，上海塑料制品行业规模以上企业工业产值 819.34 亿元，按 2019 年可比价格计算，同比增长 9.9%，扭转了 2019 年下降 2.6%的状况，但低于全市规模以上工业产值同比增幅 1.3 个百分点（同期全市规模以上工业可比价产值同比增长 11.2%）。

2. 在利润效益方面

（1）2021 与 2020 年同比

2021 年，上海塑料制品行业完成营业收入 961.03 亿元，同比增长 14.2%，高于全市 0.9 个百分点（全市是 13.3%）；利润总额 78.36 亿元，同比下降 10.0%，低于全市工业利润增幅 16.6 个百分点（全市 6.6%）。

（2）2021 与 2019 年同比

2021 年，上海塑料制品行业完成营业收入 961.03 亿元，与 2019 年同比增长 17.9%，高于全市 4.0 个百分点（全市是 13.9%）；利润总额 78.36 亿元，与 2019 年同比增长 43.2%，高于全市工业利润增幅 38.9 个百分点（全市 4.3%）。

3. 在出口方面

（1）2021 与 2020 年同比

2021 年，上海塑料制品行业完成出口交货值 131.96 亿元，同比增长 8.9%，高于全市 0.5 个百分点（全市是 8.4%）。

（2）2021 与 2019 年同比

2021 年，上海塑料制品行业完成出口交货值 131.96 亿元，与 2019 年同期相比增长 9.1%，高于全市 0.5 个百分点（全市是 8.6%）。

表 2　2021 年上海塑料制品业规模以上企业主要经济指标　单位：亿元，%

主要经济指标	累计	同比增减	主要经济指标	累计	同比增减
现价产值	819.34	—	可比价产值	793.21	10.2
销售产值	815.71	13.4	出口交货值	131.96	8.9
单位数（家）	533	—	亏损单位数（家）	99	—
营业收入	961.03	14.2	营业成本	778.37	17.9
营业费用	38.91	12.8	营业税金及附加	2.82	28.4
管理费用	48.47	6.4	财务费用	4.47	-31.9
盈利企业赢利额	84.28	-7.0	亏损企业亏损额	5.92	62.7
利润总额	78.36	-10.0	资产总计	1053.95	5.0
应收账款	215.15	8.8	产成品	52.78	16.0
负债总计	404.71	2.2	应交增值税	14.74	-10.9
税金总额	17.56	-6.3	流动资产合计	672.99	8.8

数据来源：上海市经济信息化委员会。

二、主要特点及问题

1. 生产延续增长态势，经济运行整体走势恢复良好

2021 年延续了 2020 年后期经济运行的良好走势，在疫情防控取得重大成效的基础上，我国塑料制造业主要经济运行稳步增长。2021 年上海塑料制品行业总产值累计同比增长 10.2%，营业收入同比增加 14.2%，出口交货值同比增长 8.9%；与 2019 年比较，也分别同比增长了 9.9%、17.9%、9.1%；扭转了 2019 年分别下降 2.6%、3.5%、7.2%和 2020 年分别下降 0.7%、2.4%、2.8%的全面下降局面。

2. 原材料和物流价格暴涨及疫情暴利产品的回调，影响企业利润水平

国家统计局数据显示，2021 年 10 月，PPI 同比增速达 13.5%，创历史新高，而同期 CPI 仅增长 1.5%，与 CPI 剪刀差进一步扩大。在终端消费不

畅，下游行业竞争非常激烈的情况下，上游原材料涨价很难通过价格方式进行传导，对下游生产企业经营带来沉重压力，影响企业利润效益。另外，2021年以来全球经济反弹、大宗商品需求复苏，零售商不断增加的订单使全球供应链压力倍增，据上海航运交易所2021年9月10日发布的上海出口集装箱指数（SCFI）为4568.16点，相比去年的最低点820点，涨幅高达457%。再次创下历史新高，使出口企业雪上加霜，利润显著下降。当然，2021年上海塑料制品利润总额同比显著下降10.7%的更重要原因，还是2020年利润总额同比大幅增长46.2%，一时抬高了2021年的同比线。当年塑料行业掀起了口罩用熔喷布料的大生产，这种疫情期间市场急需的高利润产品给塑料行业带来了可观效益。然而进入2021年后，市场逐渐步入理性，熔喷布料的价格也随之趋于正常。

三、预测和展望

2021年，上海塑料制品行业经济运行总体呈现持续稳定增长态势，但同时也要看到，全球疫情持续演变，外部不稳定不确定因素仍然较多，一是国外疫情持续演变，下半年以来国内部分地区出现散发疫情迭加汛情以及限电限产措施，工业企业效益持续稳定恢复面临考验。二是大宗商品价格总体高位运行，企业成本上升压力逐步显现，尤其是中下游小微企业盈利空间不断受到挤压，经济稳定恢复发展的基础仍需巩固。

展望2022年，外需对经济复苏的推动将减缓，内需对经济复苏的贡献将增大。下一步，我们要在新疫情阻击战中，继续发挥塑料行业在防疫物资、医疗用品、医疗建设中的关键作用。在疫情催生的外卖、生鲜配送、快递、方便食品、家用电子产品、医疗用品及健身器材等热点领域，塑料制品将继续担当重要角色。后疫情时代，5G、人工智能、健康汽车、健康家电、无人驾驶、高端医疗等将加速推进，医用新材料、抗菌材料、安全包装、防护材料、数字化生产、回收再生及可循环等新材料、新设备、新技术的需求将维持高位，尤其是新兴的绿色制造和双碳目标的发展理念，将持续为塑料行业带来不断的发展机会，不断推动塑料行业高质量发展。

四、重大事件和活动

1. 调研咨询工作

上海塑料行业协会年内走访了上海普利特复合材料股份有限公司、上海展通实业有限公司、上海大汇塑业有限公司（上海大汇）、上海合诚精细化工有限公司、上海朗亿功能材料有限公司、光明乳业研究院、上海金浦塑料包装材料有限公司（上海金浦）、上海田强环保科技股份有限公司、链塑网有限公司、美利肯企业管理（上海）有限公司、上海英科实业有限公司、上海日之升科技有限公司、上海上塑控股（集团）有限公司、上海海湾石化有限公司、托尔专用化学品（镇江）有限公司上海分公司、中天科盛（上海）企业发展股份有限公司等企业，通过走访，促进了相关上下游会员单位间的合作，使他们的相关技术和产品不断应用于市场。年内还完成了3篇调查咨询报告。

2. 团体标准制订工作

上海塑料行业协会是全国团体标准信息平台上的注册单位，2017年就制定了完整的团体标准管理文件，包括上海塑料行业协会团体标准管理办法（试行）、上海塑料行业协会团体标准制修订经费管理办法（试行）、团体标准立项表和委托合同文本等资料。上海塑料行业协会组织上海新上化高分子材料有限公司等企业编制的“腹膜透析袋用聚氯乙烯薄膜”团体标准，于2021年2月、3月分别在上海市市场监督管理局网站和全国团体标准信息平台上发布，2021年5月1日起执行。

上海塑料行业协会还组织了上海展通实业有限公司和上海膜益信息科技有限公司等企业编制《高分子材料抑菌防霉性能的直观测试方法》团体标准，并于2021年7月20日至8月5日，在全国团体标准信息平台上公示后颁布实施。

3. 服务政府工作

2020年12月14日和2021年3月4日，上海市经济和信息化委员会节能和综合利用处、上海市能效中心两次召集上海塑料行业协会的会员企业及相关业内企业，就上海开展塑料制品绿色设计进行调研和交流，明确了推动塑料制品绿色设计是为了实现国家十四五计划和“碳达峰、碳中和”双碳目标以及人们向往美好生活环境的需要，推什么必须按塑料制品的特点开展，怎么推必须按2020年7月28日国家市场监管总局、发展改革委、科技部、工业和信息化部 生态环境部 住房城乡建设部、商务部和邮政局发布的“关于加强快递绿色包装标准化工作的指导意见”、2021年2月2日国务院发布的“关于加快建立健全绿色低碳循环发展经济体系的指导意见”和2021年2月20日上海市经济和信息化委员会发布的“关于开展上海市工业产品绿色设计的指导意见”进行。为此，上海塑料行业协会撰写了“上海塑料制品绿色设计工作专题报告”和“上海市关于推进塑料制品绿色设计的工作方案”，分别在 2021 年 3 月和 4 月提交给了上海市经信委和市能效中心。

在该工作方案中，提出了至 2025 年，上海市塑料制品绿色设计工作取得初步成效的工作目标为：制定“有关塑料制品绿色设计评价规则”团体标准等 6 个以上；搭建“相关塑料制品绿色设计共享平台” 3 个以上；创建达到国内领先水平的绿色制品绿色设计示范企业 10 个以上，形成一套可复制、可推广的创建工作经验和方法；开发符合绿色设计评价规则的塑料制品 10 个以上；开展塑料制品绿色设计评价和认定，2023 年做到试点范围内产品的绿色设计评价覆盖率达到 80%。通过对塑料制品的绿色设计管理，推进落实绿色塑料制品重点项目 10 项以上，为我国“十四五”时期二氧化碳减排，倡导绿色、低碳、循环和可持续的生产生活方式做出积极贡献。

（上海塑料行业协会　侯培民）

河南省

一、基本情况

2021 年河南省经受了比较严峻的考验，一方面是时而点状突发疫情的影响，更严重的是“7. 20”千年一遇的特大洪水造成了人民群众生命和财产的重大损失，整个经济形势处于下行复苏阶段。根据协会调查了解，我省多数塑料加工企业受到疫情和洪水双重影响，行业普遍出现减产乃至亏损。在众多不利影响的情况下，河南省塑料行业企业积极主动作为，不断加大新产品研发和新技术改进投入，抢抓新发展机遇，保持了整个行业健康稳定发展。根据国家统计局数据，2021 年 1-12 月份河南省塑料制品行业规模以上企业塑料制品产量 209. 64 万吨，比去年增加 6. 79%；其中塑料薄膜 34. 4 万吨，同比增加 11. 21%；农用薄膜 4. 2 万吨，同比增加 14. 66%；泡沫塑料 12. 53 万吨，同比增加 6. 53%；塑料人造革、合成革 1. 95 万吨，同比增加 6. 86%；塑料日用制品 30. 34 万吨，同比增加 18. 15%；塑料加工专用设备 2416 台，同比减少 3. 28%；受疫情和环境治理影响，农膜、包装膜、发泡塑料产量增幅有所减少，塑料建材、家居等市场需求减弱，汽车、家电、IT 行业、消费电子等高端需求增加。当前省内塑料加工主要企业及个体加工厂约 1400 余家，从业人员约 20 余万人。

2021 年，塑料河南省塑料行业主要有以下几个特点：一是配合国家和省白色污染治理进程，可降解塑料产业获得较大关注，不少相关企业开始做前瞻性布局，部分以生产可降解塑料制品为主的企业获得较好发展机遇；二是受疫情及夏季强降雨带来的洪水影响较大，特别是郑州、新乡、鹤壁等多个地市受灾较重，不少厂区进水，原料、制品和装备受损严重，灾后恢复任务重，同时医疗、消杀产品及食品饮料相关行业获得较好发展机会；三是政府对先进制造业集群重点产业链高度重视，河南省人民政府办公厅发布了《关于建立省级先进制造业集群重点产业链“双长制”的通知》，对先进制造业集群和重点产业链给与较大的政策扶持力度，一批围绕先进制造业集群所配套的企业和项目开始焕发生机和活力，在政策的大力推动下，产业集群的建设围绕着绿色、生态、低碳、循环等战略进行下一步布局，将从单纯的加工型作业向高技术含量、高附加值的全产业链延伸；四是专精特新政府专项补贴力度加大，倒逼塑料产业和相关制品不断加大研发和创新投入，行业转型升级步伐加快。

塑料行业作为重要工业原料，在事关民生改善、经济发展、产业转型升级等诸多方面都是不可或缺的重要环节，从而也带来了塑料加工产业稳定、健康、可持续发展。生物基塑料、新型塑料包装、医疗器械、智能设备、家具家电、汽车配件加工、尼龙制品等各类专业化、规范化建设逐渐成为行业发展引擎，成为推动行业发展的主要动力。在生产模式上，智能工厂智能车间得到行业普遍认可，生产效率和产品质量都有较大程度提升。

河南省塑料加工设备和模具制造业基础薄弱，同时由于投资大、周期长，一直没有得到较大改善，成为制约塑料行业发展的瓶颈。

二、大事记

2021 年 1 月 3 日，协会会长、党支部书记段同生等协会领导考察淮阳产业集聚区塑料编织袋生产企业，筹备成立河南省塑料协会塑料编织委员会。

2021年2月26日，“河南省塑料协会塑料编织委员会”与“河南省面粉专用塑编包装袋生产基地”授牌仪式在周口市淮阳区羲皇宾馆举行。河南省工信厅消费品工业处处长寇守峰、协会会长段同生及周口市、淮阳区相关领导及行业协会、会员企业代表参加活动。中国塑协塑编专委会主任王学保应邀参会。

2021年3月11日，协会会长段同生一行，到协会创会副会长单位郑州轻工业大学走访调研，就河南塑协与学校加强合作，河南省塑料协会专家委员会、可降解塑料专委会工作安排，“河南省可降解塑料产业链创新联盟”筹备等事宜进行沟通交流。

2021年4月2日，段同生会长与河南省工业和信息化厅消费品工业处寇守峰处长等领导考察濮阳市南乐县国家生物基材料产业园，调研了解掌握可降解塑料产业相关企业和产品情况。

2021年5月10日，在河南省发改委、工信厅、科技厅等单位指导下，“河南省可降解塑料产业链创新联盟”成立，联盟充分整合了相关行业协会、大学、科研机构、质检机构及可降解塑料相关企业。联盟成立后，将发挥政产学研用多方面优势，着力解决配合国家禁限塑政策宣贯，有效协调降解塑料产业链资源，打通原材料、设备、产品研发、执行标准、产品检测、市场推广、回收和降解处理等关键环节，为推动我省白色污染治理工作提供切实可行的科学解决方案。

2021年5月14–16日，为推动白色污染治理进程、促进生物降解新材料产业发展，中国塑料加工工业协会、郑州大学、北京工商大学、濮阳市人民政府、南乐县人民政府组织召开“2021年中国(濮阳·南乐）生物降解新材料产业发展大会”。中国塑料加工工业协会理事长朱文玮致辞并作了当前国内可降解塑料发展形势分析报告。河南省可降解塑料产业链创新联盟负责人、河南省塑料协会会长段同生带协会相关领导应邀前往参会。

2021年6月21日，由河南正通食品科技有限公司联合郑州大学、中国日用化学工业研究院、河南金丹乳酸科技股份有限公司共同发起建设的“郑州市生物基新材料工程研究中心”签约仪式暨技术研讨会在郑州大学材料工程学院召开，协会会长段同生等领导参会。

2021年7月20日，河南遭受了一场突如其来的强降雨天气，郑州、新乡、周口、濮阳、鹤壁、开封等多个地市受灾严重，河南塑协从7月20日当晚就通过多方渠道协调抗洪救灾物资和善款，动员会员企业先后募集编织袋一百多万条，食品、饮用水等各类物资价值一百多万元，想尽一切办法及时送往抗洪现场和受灾群众手中，同时在会员中募捐现金22750元转交河南省慈善总会。充分发挥了行业协会的协调动员能力，体现了社会团体的责任担当和作为。

2021年7月27–30日，河南省塑料协会组织人员走访慰问格力集团核心供应企业郑州世纪精信机械制造有限公司，前往鹤壁市河南中维化纤股份有限公司等了解公司受灾情况，带去设备维修技术人员帮助企业尽快恢复生产，并送去一批救灾慰问物资。

2021年9月24日，河南省发展改革委、省生态环境厅、省工业和信息化厅、省商务厅、省文化和旅游厅、省市场监督管理局等六部门联合发布《关于扩大部分塑料制品禁限管理实施范围的通知》，文件从扩大部分塑料制品禁限管理实施范围、培育壮大可降解材料产业、充分发挥行业协会桥梁纽带作用、切实加强禁限塑日常监管、有力有序推进各项工作五个方面提出要求，对全省禁限塑工作时间节点、实施范围、各部门主体责任进行了明确，在全国可降解塑料行业引起广泛关注。

2021年10月13–14日，由河南省工业和信息化厅、濮阳市政府主办，河南省塑料协会等协办的河南全省可降解塑料产业高质量发展推进会在濮阳市召开。省发改委、省工信厅有关部门领导，各省辖市、济源示范区、省直管县（市）工信部门分管领导及科室负责人、塑料相关行业省级协会负责人、重点塑料企业负责人参加了会议。

2021年10月16日下午，河南省塑料协会第二届会员大会在郑州召开。大会审议通过了《河南省塑料协会第一届理事会工作报告》《河南省塑料协会第一届理事会财务报告》和《河南省塑料协会章程》《河南省塑料协会会费标准及管理办法》修订案，选举产生了新一届理事会。其间召开了二届一次理事会，选举产生了新一届理事和协会负责人，审议通过了《河南省塑料协会专业委员会管理办法》和《河南省协会会员管理办法》修订案。省有关领导、塑料行业领域专家学者以及协会全体会员代表150余人参加会议。安徽省塑料协会副秘书长范钦伟到会祝贺。

2021 年 12 月 3 日，河南省可降解塑料高质量发展研讨暨河南省可降解塑料产业链创新联盟（简称省可降解塑料联盟）工作会在郑州召开。会议分析了我省可降解塑料产业发展形势，就落实国家塑料制品禁限管理政策、贯彻省 789 号文件精神、打通产业链、供应链、创新链三链融合渠道等问题进行讨论，省电视台、省文化发展网等媒体对会议进行了采访和报道。

（河南省塑料协会　段同生　窦俊岭）

天津市

2021 年，天津市的塑料制品总产量 155 万吨，塑料制品产品结构分别是：塑料薄膜 28.5 万吨；塑料板片材 8.7 万吨%；塑料管及附件 29.2 万吨；塑料丝绳编制品 7.0 万吨；泡沫塑料 8.8 万吨；包装容器 22.1 万吨；日用塑料 6.1 万吨。其他及注塑配件制品等 44.6 万吨。

2021 年规模以上企业完成塑料制品产量 99.3 万吨，比去年下降 4.7%，全国占比为 1.24%。

由于疫情的影响，2021 年天津市塑料行业虽然面临着外界诸多因素的影响，但是天津的塑料行业协会积极努力推动企业为抗疫做出一定贡献。协会在努力为企业服务的同时，坚持走访调研企业，为疫情平稳后企业的复工复产奠定了良好的基础。

（天津市塑料行业协会　郑天禄）

山西省

一、基本情况

2021 年是实施“十四五”规划、开启全面建设社会主义现代化国家新征程的第一年，也是中国共产党成立 100 周年。山西省塑料行业协会在省工信厅、民政厅的业务指导和支持下，认真学习贯彻党的十九大和十九届历次全会精神，紧紧围绕省委、省政府的中心任务，发挥桥梁纽带作用，结合企业实际需要开展各项活动。2021 年山西塑料制品产量 24 万吨，同比减少 2.83%，塑料企业 400 多家，主要集中在塑料建材、塑料薄膜、日用塑料等方面。

二、大事记

1. 明确协会工作地位，做好规划引领

（1）组织企业参加由省工信厅消费品处组织的山西省消费品与节能环保领域“十四五”规划专家座谈会。引导行业企业加强科技创新和技术进步，加快转型升级，大力推行清洁生产和节能减排，实施高端化战略。

（2）为了更好地实现塑料废弃物的减量化、资源化和无害化工作，坚持禁止一批、限制一批、循环一批的原则，结合山西省现有的原料优势，配合省发改委、生态厅等部门就废旧塑料污染治理防治工作开展立法调研。2022 年 7 月 1 日实施的《山西省禁止不可降解一次性塑料制品规定》，使山西省成为继海南之后，内陆立法的第一个省份，将为有效治理塑料污染，携手建设绿色美丽山西提供法律保障。

2. 坚持创新，带领企业积极开展合作交流

4 月 13-16 日，陪同省投促局、工信厅邀请了巴斯夫、LG 化学、国家能源集团、中石化等相关单位参加山西省的招商推介会。

4 月 14 日，由省投促局、省工信厅和塑料协会共同主办的山西省高分子材料产业招商对接会暨高质量发展研讨会在深圳召开，成功地推介了山西的资源和技术优势。

8 月 10 日，华阳新材料股份有限公司年产 6 万吨 PBAT 项目在平定经济技术开发区举行了奠基仪式。项目建成后，将为我省塑料污染治理政策的进一步落地提供坚实的产业基础。

9 月 28 日，组织企业以网络参观第 17 届台北国际塑胶工业展。

10 月 14 日，参加 2021 中国台州国际塑料交易展览会。

10 月 16 日，由中国塑料机械工业协会主办的第五届重庆国际塑料工业展开幕，协会副会长单位山西乾通塑胶有限公司携专利产品亮相山城。

11月3日，中国塑料加工工业协会第八届一次会员代表大会在南京召开。在同时举办的2021中国塑料可持续发展展览会上，我省优秀企业中德集团、金晖兆隆、化工研究所等单位进行了展示。

12月10日，在阳曲县凯赛生物园区召开了副会长以上办公会议，商讨协会下一步工作，对换届事宜进行了讨论。

3. 聚智引智，发挥专家作用，推广标准化工作

协会秘书处积极推荐中德集团张军副总裁、中北大学李迎春副院长、化工研究所李向阳工程师、秘书处王慧凯等加入中国塑协专家委员会团标委第二届委员。推荐中德集团程杰总裁、金晖兆隆李雅娟董事长、中北大学李迎春副院长、化工研究所王克智总工、玉竹新材料李帅主任等10人入选工信部人事教育司优秀人才库。推荐中德集团、骏博环保等参加省工信厅组织的前沿新材料高级研修班。塑料协会和中德集团分别参加了由中国轻工业联合会、中国轻工业管理协会组织起草的《轻工业企业知识产权管理指南》《轻工业企业社会责任指南》《轻工业专精特新企业评价规范》《轻工业博物馆评价规范》等标准的起草工作。

3月开始，协会秘书处陆续走访金晖兆隆、泰鑫塑胶、南通星辰、化工研究所、华阳新材、祁县旺中、清徐晋隆、灵石天星、西安克林斯曼、尚恩电子、裕和塑业、南华塑胶、祥龙管业、安华新材料、纽维尔科技、龙通塑胶、锦琪铸造、同新服材等企业，就后疫情时代企业发展进行实地调研。

4月、5月和10月，秘书处分别参加了河南省塑博会、安徽省塑料展览会、中塑协管道专委会、滚塑专委会、农膜专委会、异型材及门窗专委会年会和海南省2021年禁塑论坛，会议期间秘书处分别与全国各省市协会就塑料产业的发展问题开展了交流。

4. 推动园区产业链建设，做好“建链补链强链延链”

为进一步落实山西省与中化控股集团签订的战略合作协议，推进山西省聚合物新材料产业发展。协会秘书处和省投促局、省工信厅、综改区等多家单位组成项目推进小组，在6月共同召开了两次项目推进会。该项目旨在更好地整合省内聚合物新材料资源，强链补链，推动新材料产业链供应链多元化发展。

按照省工信厅的工作安排，协会秘书处分别与中国日用化学品研究院、山西省造纸协会、山西省化工学会等单位建立了良好的业务往来关系，就塑料产业相关的纳米材料阻燃、无机粉体添加、回收纸箱表面塑料处理等课题，组织专家研究座谈。

在协会贸易部的平台上，结合国有企业在优化资源配置和我省塑料行业产业链发展方面的各自优势，积极推动华远陆港旗下乾通塑胶公司和化工研究所（有限公司）在塑料助剂方面的战略合作。

5. 做好政府项目服务，接受社会监督检查

秘书处注重协会官网和微信公众号建设，积极搭建信息服务、技术服务和上下游产业链沟通合作平台，及时整理发布国内外行业重要政策资讯，大力宣传报道行业和协会新动向，通过网站、微信公众号、刊物、微信群等方式，收集分析和发布行业性信息，累计发送各类行业知识、展会信息、市场预测、人才供求等5000余条，阅读人次达到70000余次，朋友圈转发达15000余次。实现了信息的无障碍交流。

协会积极与政府对接，主动承接政府项目。配合省工信厅开展塑料制品规模以上企业单品销售超5亿元调研工作。承接海南省生态环境厅关于“禁塑替代品流通状况调查和研究项目”，对海南省禁塑替代品及禁塑政策执行情况进行调查和研究，完成了替代品流通状况研究报告和政策实施情况研究报告的编写工作。

8月，协会顺利通过了由省民政厅和省市场监督局组成的联合调查组对协会近3年以来开展活动的抽查工作。

6. 发展新会员，壮大塑协队伍，努力完成会费收缴工作

协会秘书处在过去一年的时间里，通过各种途径深入了解省内塑料相关的企业，积极吸收新鲜力量加入塑协的队伍当中来，吸纳了永济市裕和塑业有限公司、山西兰花华明纳米材料股份有限公司、山西纽维尔科技环保有限公司3家单位成为塑协的会员，新增中北大学材料学院王志强、郭云霞，太原理工大学陈占春为专家委员会委员，壮大了队伍凝聚了实力。

三、发展规划

1. 加强党的领导作用，坚持依法办会

深入学习贯彻习近平最新讲话和两次视察山西重要讲话精神，深刻领会和贯彻党的十九大和十九届二中、三中、四中、五中、六中全会精神，在思想上、政治上、行动上与党中央保持高度一致。严

格遵守《社会组织登记管理条例》，坚持服务宗旨，坚持行业自律，把协会办成让党放心，会员满意的社会团体，为促进行业发展做出应有贡献。按照省民政厅要求，积极组织会员单位人员筹建协会党组织。

2. 着力“五化”科技创新发展新方向

要坚持“功能化、轻量化、精密化、生态化、智能化”科技创新方向。大力开发具有导电、导热、导磁、绿色阻燃、高阻隔等功能化制品；在满足所需功能前提下的轻量化新工艺；开发具有高端成型装备、模具的精密化加工技术；加快绿色生态化改造升级，强化产品全生命周期管理，构建高效、清洁、低碳、循环的绿色生态制造体系；推进互联网、大数据、人工智能同塑料加工业深度融合，鼓励企业加强智能化建设，促进行业整体发展。

3. 加强战略研究，贯彻政府决策，提升服务水平

按照《塑料加工业“十四五”发展规划指导意见》《塑料加工业“十四五”技术进步指导意见》对塑料行业发展的新要求，引导行业企业创新进步，全面提升行业发展能力，推动行业高质量发展。继续做好新冠肺炎疫情防控工作，确保山西省塑料行业从业者的人身健康安全。集中优势资源，进一步加强与政府部门、地方商协会的合作，积极组织会员企业参加国际橡塑展、南京“四新”展以及各类展会展览活动，并提供技术指导，同时为企业在展位租赁、广告宣传、策略策划方面提供专业的引导。提升工作人员的专业素质、服务能力和水平。创新服务机制，促进行业企业产业链、供应链、创新链深度合作，争取在市场开发、资源整合、专业培训、技能训练等方面有新的进展。

（山西省塑料行业协会　王慧凯）

江西省

一、江西省塑料制品产量情况

2021 年，江西省塑料制品汇总统计企业全年累计产量 149.5 万吨，同比增长 19.77%，大幅领先全国平均增速，产量全国排名 14 名。塑料薄膜产量 9.4 万吨，同比增长 54.25%。泡沫塑料产量 2.64 万吨，人造革合成革产量 4.22 万吨，日用塑料制品产量 5.52 万吨。

二、江西省塑料工业协会 2021 年工作总结

江西省塑料工业协会第五届理事会在江西省工信厅、省社会组织管理局、中塑协等相关部门的领导和精心指导下，在社会各界人士和广大会员企业的全力帮助支持下，新的理事会团结带领会员企业，凝心聚力，攻坚克难，深入贯彻党的十八大、十九大精神，坚持以习近平新时代中国特色社会主义思想为指导，主动适应经济发展新常态，紧紧围绕推动我省塑料产业转型升级的工作目标，奋力拼搏，锐意进取，撸起袖子加油干，为促进江西省塑料产业健康发展、使江西省塑料产业迈上一个新台阶贡献了一份力量。

（一）换届工作顺利圆满进行

2021 年 3 月 9-10 日江西省塑料工业协会召开了第五届一次会议，在江西省工信厅指导下，在省社会组织管理局见证下，换届工作有效顺利完成。

（二）加强协会自身建设

在第五届一次会议上成立了三个专业委员会：塑料专业委员会、管道专业委员会、降解材料专业委员会。三个专业委员会都配备兼职的专委会主任和秘书长，从而更好地为各企业做好辅助及服务。

（三）加强协会履职服务能力

协会在前几年运行的基础上，围绕宗旨做好“三个服务”方面努力提升，积极适应新形势、新环境，根据协会自身特点，充分发挥骨干带头作用，调动各地会员的积极性，尽心尽力为企业办实事、办好事、解难题、搭桥梁。协会上门拜访了江西省工信厅、省市场监督局、省环保厅等政府相关部门；积极与省内省外高等院校对接，为企业提供技术帮助，积极加强企业的联系、走访、调研，通过电子邮件、QQ、微信以及协会公众号等各种方式联系企业和推广企业。坚持走高科技发展的路子，不断创新发展模式，大胆进行设备升级，坚持“增品种、提品质、创品牌”发展战略，积极参与环保材料可替代产品的研发，绿色智造、持续发展。

（四）积极组织参展参观和沟通交流

协会是国际橡塑展的支持单位，也是中国塑料交易会以及安徽塑料博览会的支持单位。另外，还积极配合中塑协的各项活动，紧密联系，互动交流。协会充分利用信息平台，积极做好各项展会的宣传工作，协会与华东六省二市塑料行业协会、中西部塑料行业联盟保持紧密联系，各协会之间积极开展经济与技术交流、协同联动交流，共同探索与会员企业之间进行紧密合作、服务行业的途径和方法。

（五）积极开展团体标准工作，已完成了江西省塑协第一个团体标准内压增强管团标编制。

（六）受南昌市发改委委托，南昌环境科学院开展环保塑料目录替代工作，江西省塑协配合初步完成了江西省可替代环保塑料的企业和产品目录。

三、2021 年省江西塑协大事记

·2021 年 1 月 9-10 日，召开江西省塑协第五届一次会员大会暨“绿色制造，协同创新”论坛，会议圆满成功，换届秩序顺利有效。

·2021 年 4 月 13 日，组织会员单位参加在深圳国际展中心举行的第 34 届中国国际橡塑展雅式展。

·2021 年 5 月 10-13 日，吴会长带队走访调研吉安、赣州塑料骨干企业。

·2021 年 5 月 15-17 日，吴慧良、胡继华参加中国安徽国际塑料产业博览会。

·2021 年 6 月 11 日，赣南师大化学院副院长李亿保博士到塑协交流。

·2021 年 9 月 28 日，南昌环科学院孙总一行到塑协调研环保塑料可替代技术样品，推荐企业进入江西省可替代环保塑料企业目录。

·2021 年 10 月 15 日，组织会员单位参加台州举办的第 20 届中国塑料交易会。

·2021 年 10 月 18 日，中塑协朱文玮等领导到塑协调研并与部分企业座谈。

·2021 年 11 月 18 日，参加江西得一康管业有限公司九江新厂，江西得惠新型管道制造有限公司开业典礼。

·2021 年 12 月 5 日，与江西省包装技术协会达成“低碳环保包装材料研发战略合作”并做了初步交流，规划在 2022 年度开展研发基地的建设工作。

·2021 年 12 月 25 日，走访新会员企业江西亿林化工有限公司。

·2021 年 12 月 26 日，邹辉、胡继华、蔡定强、文承昊、罗学俊等部分南昌会员单位走访南昌泽霖塑胶制品有限公司座谈交流。

四、会员企业荣誉

表 1　2021 江西省综合百强企业

序号	企业名称	地区	营业收入/万元
1	江西广源集团	吉安	279800

表 2　2021 江西省制造业百强企业

序号	企业名称	地区	营业收入/万元
1	江西广源集团	吉安	279800

表 3　2021 年省级技术创新中心名单

序号	依托单位	名称
1	江西宏远化工有限公司	江西省功能性橡塑助剂技术创新中心

表 4　2021 年专精特新“小巨人”企业名单（工信部）

序号	企业名称
1	江西广源集团
2	江西宏远化工有限公司

表 5　江西省信息和工业化厅新产品开发情况

序号	新产品名称	申请号	研究开发单位
1	硬脂酸钠 GZ-1022	JH2021-0625	江西宏远化工有限公司
2	高效环保功能化钙锌稳定剂 HY-158	JH2021-0620	

表 6　2021 年中国质量碳酸钙第一强

序号	企业名称	颁布单位
1	江西广源集团	中国无机盐工业协会

表 7　第 20 届青年文明号

序号	企业名称	颁布单位
1	江西广源集团	青年团中央、工业和信息化部

表8 中国塑料绿色产业链优秀单位（中国塑料加工业协会）

序号	企业名称	分类
1	江西宏远化工有限公司	原辅材料类

表9 塑料助剂行业“优秀企业”荣誉称号

序号	企业名称	颁布单位
1	江西宏远化工有限公司	中塑协助剂专委会

（江西省塑料工业协会　吴旅良）

云南省

一、基本情况

2021年是“十四五”规划和第二个百年奋斗目标的开局之年，也是极不平凡的一年，面对繁重复杂的疫情防控任务和多重困难挑战叠加的经济发展环境，云南省坚持以习近平新时代中国特色社会主义思想为指导，坚持稳中求进工作总基调，科学统筹疫情防控和经济社会发展，完整、准确、全面贯彻落实新发展理念，加快构建新发展格局。从综合实力稳步提升到经济结构持续优化，从“六稳”“六保”深入落实到营商环境持续向好，2021年，全省实现地区生产总值（GDP）27146.76亿元，比上年增长7.3%，非公经济增加值12759.39亿元，比上年增长7.8%，占全省生产总值47.0%。

2021年，云南省塑料行业呈现出总体平稳、转型发展，规模以上塑料制品总产量、工业总产值、营业收入和主营业务收入、资产总计、固定资产原值和净值、企业规模等呈现同比增加态势。其中，我省农膜企业严格执行国家、云南省关于加强塑料污染治理相关文件精神和要求，严格按国家强制标准生产0.01毫米以上的地膜产品，产量同比略增加；受原辅料价格、用工成本上涨及环保升级、疫情、市场等因素的影响，利税总额和利润总额略微下降，亏损企业比去年增加了13户。

（一）行业规模情况

2021年，云南省规模以上塑料制品企业有123家。其中，塑料丝、绳及编织品制造25家，塑料板、管、型材制造48家，塑料包装箱及容器制造21家，塑料薄膜制造13家，泡沫塑料制造9家，日用塑料制品制造4家，塑料零件及其他塑料制品制造3家。从业人员0.928万人，比上年增长5.45%。

（二）塑料制品产量

2021年，全省塑料行业规模以上企业生产塑料制品67.41万吨，比上年增长5.52%，占全国比例0.84%；其中，塑料薄膜15.99万吨，比上年增长2.50%；农用薄膜12.17万吨，比上年增长2.87%，占全国比例15.23%；泡沫塑料9.19万吨，比上年增长13.60%；日用塑料制品2.64万吨，比上年增长107.87%；其他塑料制品39.57万吨，同比增长23.37%。

（三）初级形状的塑料产量

2021年，初级形状的塑料产量为33.45万吨，比上年减少3.10%。其中，聚丙烯（PP）14.91万吨，比上年增长2.05%；聚氯乙烯树脂（PVC）17.93万吨，比上年减少6.42%。

（四）经济指标完成情况

工业总产值（当年价格）97.26亿元，比上年增长5.76%；营业收入：94.74亿元，比上年增长7.88%；主营业务收入：93.65亿元，比上年增长8.08%；资产总计：85.86亿元，比上年增长12.85%；利税总额：6.99亿元，比上年减少13.38%；利润总额：5.00亿元，比上年减少18.70%；固定资产原值：30.15亿元，比上年增长8.92%，固定资产净值：15.87亿元，比上年增长13.85%；应交税金及附加：2.58亿元，比上年减少4.09%；亏损企业：29个，比上年增长13个。

（五）2021年度企业获得的荣誉

1. 荣获高新技术企业名单

荣获高新技术企业名单，详见表1。

2. 荣获省级专精特新“小巨人”企业名单

荣获省级专精特新“小巨人”企业名单，详见表2。

表1　荣获高新技术企业名单表

序号	企业名称	证书编号
215	云南昆钢石头纸环保材料有限公司	GR202153000223
288	云南展鹏土工材料制造有限公司	GR202153000297
324	云南嘉必畅环保科技有限公司	GR202153000333
358	云南大为恒远化工有限公司	GR20215300368
369	宣威市中博塑料有限公司	GR202153000380
507	云南海午科技有限公司	GR202153000522
519	昆明智旺实业有限公司	GR202153000537
566	云南华诺工贸有限公司	GR202153000586

表2　荣获省级专精特新“小巨人”企业名单表

序号	州市	企业名称
10	昆明市	云南正邦科技有限公司
145	昆明市	云南昆发塑业有限公司
209	玉溪市	云南傲远智能环保科技有限公司
211	玉溪市	玉溪市旭日塑料有限责任公司
294	大理州	云南华诺工贸有限公司

3. 入库科技型中小企业名单

（1）入库国家科技型中小企业名单

入库国家科技型中小企业名单，详见表3。

（2）入库云南省科技型中小企业

入库云南省科技型中小企业名单，详见表4。

表3　入库国家科技型中小企业名单表

序号	企业名称	注册地
1	云南昆钢石头纸环保材料有限公司	云南省昆明市安宁市
2	宣威市中博塑料有限公司	云南省曲靖市宣威市
3	云南傲远智能环保科技有限公司	云南省玉溪市易门县
4	云南华诺工贸有限公司	云南省大理白族自治州祥云县
5	云南方特环保科技有限公司	云南省昆明市晋宁区
6	云南益华管道科技有限公司	云南省昆明市富民县
7	云南展鹏土工材料制造有限公司	云南省昆明市东川区
8	云南百川环保科技有限公司	云南省昆明市富民县

表4　入库云南省科技型中小企业名单表

序号	企业名称	证书编号
1	云南博仁科技有限公司	ZXB202104011084
2	云南展鹏土工材料制造有限公司	ZXB202101010086

4. 2021年云南省知识产权优势企业名单

2021年云南省知识产权优势企业名单，详见表5。

表5　2021年云南省知识产权优势企业名单

序号	注册地址		企业名称
	州、市	县市区	
3	昆明市	晋宁县	云南方特环保科技有限公司
6		安宁市	云南昆钢石头纸环保材料有限公司
15		富民县	云南益华管道科技有限公司
49		盘龙区	昆明珍茗食品有限责任公司
142	曲靖市	沾益区	云南大为恒远化工有限公司
146	玉溪市	高新区	玉溪市旭日塑料有限责任公司

5. 荣获绿色制造示范名单

（1）荣获省级绿色制造示范名单

荣获省级绿色制造示范名单，详见表 6。

表 6　获省级绿色制造示范名单表

序号	示范类型	行业	企业（园区）名称	备注
1	绿色工厂	轻工	宣威市中博塑料有限公司	

（2）荣获国家级绿色制造示范名单

荣获国家级绿色设计产品名单，详细见表 7。

表 7　荣获国家级绿色设计产品名单表

示范类型	行业	企业（园区）名称	备注
绿色设计产品	轻工	宣威市中博塑料有限公司	黑色全生物降解地膜（1000×0.01）毫米 白色全生物降解地膜（1000×0.01）毫米 银黑全生物降解地膜（800×0.02）毫米 银黑转光全生物降解地膜（800×0.02）毫米 银白转光全生物降解地膜（1000×0.01）毫米 除草全生物降解地膜（1000×0.008）毫米

6. 获奖情况

荣获“云南省绿色装配式建筑四新技术与建材推广目录”名单：

（1）云南傲远智能环保科技有限公司

（2）云南华诺工贸有限公司

（3）云南联塑科技发展有限公司

（4）云南海午科技有限公司

（5）云南滇龙塑胶科技有限公司

（6）昆明康雄塑胶制品制造有限公司

（7）云南方特环保科技有限公司

（8）大理万塑龙塑钢制品有限责任公司

（9）云南益华管道科技有限公司

二、协会活动

（一）加强自身建设，提高协会的服务和管理水平

（1）坚持学习，持续提升履职能力。

（2）坚持依法依规办会，财务工作井然有序。

（3）圆满完成协会换届选举变更登记相关工作。

（二）积极组织参与政府项目申报工作

（1）组织会员企业参与完成了云南省工业和信息化重点科技攻关申报项目、绿色工厂、绿色设计产品、高新技术企业和科技型中小企业申报工作。

（2）组织会员企业科研技术人员申报 2021 年职称评审相关工作。

（3）协会完成了云南省科协提升科技社团能力服务创新发展项目申报（购买政府服务）工作，即云南省塑料产业可持续发展高峰论坛和云南省农膜生产应用调研及污染防治对策。

（三）促进企业、高校、科研院所之间的合作

3 月，参加云南品牌价值评价发布工作筹备会议，与云天化股份、昆明天泰电子商务有限公司洽谈大宗交易网合作事宜；协调安宁市工信局、中石油云南石化公司的行业调研工作；促成企业与西南林业大学、云南大学之间产学研合作和毕业生工作推荐；8 月与云南煤化工应用技术研究院云南省橡胶产品质量监督检验站洽谈合作事宜；2021 年促成经贸合作 80 余项。

（四）政、企、行业协会形成合力，共同打击假冒伪劣塑料产品

积极组织行业专家、企业代表参加云南省、昆明市市场监督管理局、昆明市发改委牵头组织召开的云南省加强塑料污染治理座谈会，及时向云南省发改委、工信厅、农业农村厅、生态环境厅、省市场监督管理局反映情况、提供行业建议，稳步推进我省塑料污染治理工作。加强与云南省市场监督管理局产品质量监督处的工作联动，及时反馈不合格塑料产品主体信息，双方形成打击假冒伪劣产品生产、销售的长效机制，将不合格产品主体纳入信用监管系统，2021 年共向省、市市场监督管理局投诉不合格产品质量 17 件，并得到相应处理。

（五）发挥桥梁作用，搭建行业之间的交流学习与合作平台

（1）积极组织会员企业“走出去”参观交流学习，增进同行及上下游企业的交流。为帮助会员企业及时了解最新的行业资讯，把握行业发展趋势

和发展规律，组织会员企业“走出去”参观交流学习，增进同行及上下游企业的交流，协会积极组织企业参加国内外展会、论坛和行业交流学习。

（2）加强与各省、市（商）协会之间横向交流。

（3）开展“会员宣传日”活动，增进会员友谊。云南省塑料行业协会自6月起，每月定期组织开展“会员宣传日”活动，累计组织了4次活动，活动的组织促进促成了协会会员企业之间互相学习和借鉴，获得一致好评。

（六）加强信息平台建设和行业统计工作、宣传、培训相关工作

（1）定期完成行业统计信息，编制《省内合成树脂价格行情》《农膜产值产量统计表及云南省农用塑料薄膜参考信息》《云南省初级形状塑料及塑料制品进出口情况》等并进行信息发布。

（2）完成印发六期《云南塑料信息》工作，通过云南塑料网、微信公众号、微信群、QQ群等方式，及时发布行业信息、政策法规、标准、质量及国内外最新塑料方面的资讯和动态。

（3）下发关于做好建设工程材料设备信息登记和编码标识有关事项的通知文件，组织会员单位做好建设工程材料设备信息登记和编码标识有关事宜。

（4）做好行业培训工作。组织会员企业线上学习《话说塑料》大讲堂第一至八讲；组织召开3场塑料行业交流培训会议，15个行业交流报告，学习了解行业最新政策法规、新工艺、新产品、新材料、新装备；组织会员企业参加云南省城市污水处理提质增效和内涝治理业务培训；组织开展高分子化学管道特性研讨应用技术标准宣贯会议。

（七）加强标准化工作，以标准引领行业高质量发展

组织开展了塑料管道行业九项团体标准修订技术审查会议，批准修订发布了《给水用高密度聚乙烯（HDPE）双色复合稳态管》（T/YNXS 001-2021）等九项团体标准；参与由云南省住房和城乡建设厅主编的《云南省高密度聚乙烯孔网骨架应用技术规程》（DBJ53/T-11-2021）、《云南省埋地式高分子量聚乙烯排水管道应用技术规程》（DBJ53/T-119-2021）地方标准编制工作。

（八）筹备召开协会各项内部会议

筹备召开第五届五次、六次、七次理事会会议，五届五次、六次监事会会议；五届四次会长办公会议，云南省塑协塑料薄膜专业委员会、塑料管道专委会第五届二次主任委员会议；云南省塑料行业协会第六届一次会员大会、成立20周年庆典暨行业交流会议；云南省塑料行业共性交流和塑料薄膜专业委员会、塑料管道专委会行业交流会议等。

（九）响应党和国家号召，积极组织参加公益活动

9月，协会组织会员企业参加由云南省科学技术协会主办的“云南科普高原行”系列活动，昆明鑫鑫大壮降解塑料技术有限公司、云南博明发科技有限公司、昆明助灿商贸有限公司三家企业进行了爱心捐助。

三、部分重点企业

云南省塑料行业部分重点企业名录，详见表8。

表8　云南省塑料行业部分重点企业名录

序号	企业名称	主要产品	所属地
1	云南云天化石化有限公司	聚丙烯（PP）树脂	安宁市
2	云南能投化工有限责任公司	聚氯乙烯（PVC）树脂	昆明市
3	云南联塑科技发展有限公司	塑料管材、管件	玉溪市
4	玉溪市旭日塑料有限责任公司	塑料薄膜	玉溪市
5	云南雄塑科技发展有限公司	塑料管材、管件	玉溪市
6	昆明特瑞特塑胶有限公司	塑料检查井、管材、管件	昆明市杨林工业园区
7	昆明傲远管业有限公司	塑料管材、管件	玉溪市

续表

序号	企业名称	主要产品	所属地
8	云南益华管道科技有限公司	塑料管材、管件、PP 电缆填充绳	昆明市
9	宣威市中博塑料有限公司	塑料薄膜	曲靖宣威市
10	昆明天海实业有限责任公司	土工布、土工膜	昆明市高新区
11	云南神州工程材料有限公司	土工布、土工膜、栅格	西山区海口工业园区
12	昆明智旺实业有限公司	塑料中空制品	大板桥国际包装城工业园区
13	云南太龙塑业有限公司	中空制品、日用塑料制品	昆明市嵩明县
14	云南昆发塑业有限公司	塑料编织袋	昆明市经开区
15	昆明西顿管道制造有限公司	塑料管材、管件	昆明市晋宁工业园区
16	楚雄广利塑料有限公司	塑料薄膜	楚雄州
17	中国石油西南化工销售云南分公司	塑料原料	昆明市
18	云南昆钢石头纸环保材料有限公司	石头纸系列产品	安宁市
19	云南大山饮品有限公司	PC 水桶、矿泉水瓶	昆明市
20	云南天外天天然饮料有限责任公司	PC 水桶、矿泉水瓶	昆明市
21	云南正邦科技有限公司	化学原料和制品制造	昆明市海口工业园区

四、新产品开发

新产品开发情况，详见表 9。

表 9　　新产品开发情况明细表

序号	新产品名称	申请号	研究开发单位
1	FRPE 双塑复合波纹管	2021220455039	云南华诺工贸有限公司
2	一种气相工艺丙烯-丁烯无规共聚聚丙烯生产装置及方法	2021109982443	云南云天化石化有限公司
3	一种盐酸深度脱吸工艺	2022102268048	云南能投化工有限责任公司
4	多重釜式-管式的串-并联连续聚合生产 EVA 的生产系统及方法	202210100784X	云南正邦科技有限公司
5	一种新型不含塑化剂的软质 PVC 及其制备方法	2021115680027	
6	一种适用于低温高湿环境的防水涂料	2021115680968	
7	一种水性无醛胶粘剂及其制备方法	2021115164610	
8	一种水性无醛胶粘剂	2021115158709	
9	一种中低压溶液聚合制备高乙烯含量 EVA 共聚物的方法	2022100172958	

续表

序号	新产品名称	申请号	研究开发单位
10	钢带焊接骨架孔网复合螺旋波纹管及其生产装置	202110587638X	云南益华管道科技有限公司
11	一种用于塑料管加工的支撑装置	2021214846694	大理万塑龙塑钢制品有限责任公司
12	一种塑料管材加工原料的混合设备	2021228098557	
13	一种塑料管生产用的注塑装置	2021228098627	
14	一种塑料软管生产用上料装置	2021228098684	
15	一种塑料管生产用挤塑机定量加料筒	2021228098699	
16	一种塑料管材生产用管道牵引装置	2021228098769	
17	一种用于塑料管材加工的冷却设备	2021214847305	
18	一种防尘的塑管加工用切割装置	202121359824X	
19	一种管材生产用可定量注塑的注塑模具	2021213598381	
20	一种便于加工的塑管定径装置	2021213598610	
21	一种用于塑料管材的多功能加工装置	2021214846707	
22	一种塑料 PVC 管生产用挤塑机	2021213580354	
23	一种塑料管生产用塑料粉碎机	2021214833285	
24	一种三格化粪池智能探测和清掏预警装置	2021108488992	昆明智旺实业有限公司
25	一种桶装矿泉水吹塑专用托盘	2021101143820	
26	一种高分子材料内部的应力分布检测设备	2020104877588	
27	一种短纤针刺非织造工程土工布裁剪装置	2021204602937	云南神州工程材料有限公司
28	一种道路用抗压型复合土工布	2021204554952	
29	一种隧道用粘扣带式高强土工布	2021204594574	
30	一种抗穿刺强度高的双糙面土工膜	2021204602710	
31	一种抗拉耐腐式钢塑复合土工格栅	2021204602960	
32	一种具有优良防渗耐磨功能的土工膜	2021204603003	
33	一种柱点防滑耐磨光面土工膜	2021204622589	
34	一种抗穿刺分离式复合防水板	2021204594606	
35	一种中空壁缠绕管加工废料回收系统	2021205733875	云南方特环保科技有限公司
36	一种管道生产用自动上料系统	2021205734100	
37	一种中空壁缠绕管连接结构	2021205737043	
38	一种抗高负荷的中空壁缠绕管	2021205737433	
39	预应力塑料波纹管连接管件	2021203766520	

续表

序号	新产品名称	申请号	研究开发单位
40	一种检查井井盖支撑垫及其制造方法	2021109899696	云南百川环保科技有限公司
41	一种多层模压高承重市政道路井盖及其制造方法	2021109970639	
42	一种塑料复合井盖及其制造方法	202111014329X	
43	一种地下管网管道连接密封装置及方法	2021110118832	
44	一种地下塑料管网式种植灌溉水库	2021107546558	
45	一种大直径塑料检查井及其安装施工方法	2021110118851	
46	一种配重抗浮固液分离免清掏塑料检查井	2021106898530	
47	多层片材同步挤出装置	2021107303240	云南昆钢石头纸环保材料有限公司
48	七层片材同步挤出的分配器	2021107520755	
49	一种顺酐本体加氢制丁二酸酐复合高效催化剂及其制备方法	2021104077182	云南大为恒远化工有限公司
50	一种新型高效土工布聚合物复合装置	2021233529238	昆明天海实业有限责任公司
51	一种用于防渗膜生产具有防气泡功能的卷膜切割装置	2021225324611	
52	一种高效钢带编制设备	2021233529331	
53	一种库底防渗土工膜下的排水结构	202122513145X	
54	一种应用于农业的低成本重启水池膜	2021225131534	
55	一种养殖场用防渗膜连接结构	2021225131799	
56	一种具有质量检测功能的防渗土工膜生产用裁剪机	2021225323996	
57	一种基于养殖场用防渗透膜铺设装置	2021225324005	
58	一种防渗土工膜锚固结构	2021225324221	
59	一种农业用污水池膜结构滑动密封装置	2021225324645	
60	一种农业专用水池膜回收杂质清理装置	2021225437978	
61	一种高密度聚乙烯复合土工膜	2021228443379	
62	聚丙烯长丝纺粘加筋复合防腐防水土工布	2021228443519	
63	一种针头自适应土工布针刺装置	2021201107232	
64	一种波纹管自动打孔设备	2021201107497	
65	一种土工布高效梳网装置	2021201107270	
66	一种土工布自动调平铺网机	2021201126318	
67	土工布纤维开松装置	2021201126356	
68	一种用于防水生产的自动控料加料器	2021201107266	
69	具有自动调整辊位置功能的土工布收卷设备	2021201142823	

五、行业发展存在的问题

（1）原材料价格长期高位波动，压缩行业企业利润。

（2）国际局势严峻复杂，受国内不确定因素和疫情影响，产品出口难，外贸市场受阻。

（3）企业招工难，税负重，运营成本增加。

（4）国内市场需求增长前景不乐观，中小企业抗风险能力较弱。

（5）市场管理较为混乱，低价中标现象普遍，省内外劣质产品对市场冲击较大。

（6）由于废旧塑料回收与利用企业上游大多为个体经营或农户，行业企业购买废旧塑料颗粒无增值税发票，无进项税抵扣。

（7）企业资金紧张，观望情绪严重，再投资压力加剧。

（8）创新驱动支撑不足，产品同质化现象严重。

（9）塑料污染治理、环境过度执法使行业企业运营成本增加。

六、行业建议

（1）对塑料的污名化进行反映、正名，对“塑料污染治理”应该纠正为“废旧塑料污染治理或废弃塑料污染治理”。

（2）行业要加强交流与合作，取长补短，守望相助。在反映行业和企业诉求、信息共享、职业培训（行业培训）和职业等级认定、团体标准制定、政策支持等方面发挥好中塑协和地方协会的协同作用。

（3）加强中塑协与各地方协会的联系，合作共赢，共同关注、解决行业的难点、热点问题。

（4）对于废旧塑料污染治理，政府应评估、扶持建立废旧塑料回收与利用示范基地和企业，合理布局，建立健全废旧塑料回收与利用网络体系，使废旧塑料回收与再利用规范化、合法化、专业化，并给予免税或退税等相关政策扶持。

（5）加强塑料污染是长期的工作，政府部门应设立长效的联系联动机制，应加强生产、流通环节的质量监管，加大打击假冒伪劣产品力度，有效考虑正规、守法企业的生存与发展问题。

（云南省塑料行业协会　韩简吉　杨桂兰）

主要制品行业

农用薄膜

一、行业发展现状

目前，我国拥有农膜生产企业近千家，总产能在500万～550万吨。2021年全国农膜总产量约212万吨，规模以上企业农膜产量约167万吨，全国农膜年产量和规模以上企业农膜年产量同比增长率均在1%左右，农膜行业呈现恢复性“稳中有进”的良好局面。

2022年3月以来，多点散发疫情对经济社会造成严重冲击，经济下行压力进一步加大。据国家统计局数据，2022年1-3月，全国规模以上生产企业农膜产量22.65万吨，同比增长率为-3.11%。但在国家政策支持下，在农膜专委会以及各地塑料行业协会的大力支持下，农膜行业企业积极作为，奋发图强，克服各种困难，至5月份就取得了较好成果。

虽然全国总产量比5年前有所下降，但产品结构更加优化，现有地膜年产量110万吨，棚膜年产量100万吨（其中PO膜年产量大约30万吨），高、中、低档农膜比例为15%：50%：35%，目前农膜专委会会员企业数量近300家。分布在全国30个省、市、自治区，大部分为行业的骨干企业，生产能力约占全国生产能力的80%，其中产量万吨以上企业60余家。

（1）在国内外大环境及国内政策影响下，农膜企业的生产承受着巨大压力和众多约束，农膜用基础原料及添加剂价格暴涨，拉高了农膜生产成本，造成农膜行业利润率下降。环保治理和一些不确定因素，如限电措施等也造成生产不稳定，产品产量出现波动。所以2021年农膜行业能取得“稳中有进”的业绩，是广大会员单位共同努力的结果，实属来之不易。

（2）虽然目前全国农膜产量比“十三五”中期下降不少，但当前仍然处于供需相对平衡的状态，市场起到了资源分配的调节作用，农膜产量品种和功能基本满足农业生产的需要，而且供给侧结构性改革正在向更高水平迈进。

（3）国家为推动民营和中小微企业发展，出台了众多优惠政策，包括加大减免税收的额度等。但是农膜行业要想得到国家财政的进一步大力支持，可能性不大。国家目前资金使用项目很多，财政赤字凸显。所以专委会认为农膜企业应该把“自力更生、自强不息”作为今后持续发展的座右铭，苦练内功，降本增效，依靠上下一心把农膜行业由大做强（表1、表2）。

表1　2020年和2021年1–12月份规模以上企业农膜生产统计表

月份	2020年当月完成产量/万吨	2021年当月完成产量/万吨	同比增长/%
1月份	11.6	5.5	24.50
2月份		5.5	24.50
3月份	9.5	9.43	27.12
4月份	7.6	6.29	-17.17
5月份	5.1	5.35	0.59
6月份	5.1	4.86	-9.92
7月份	5.4	4.65	-5.33
8月份	4.7	5.39	8.67
9月份	6.7	7.24	2.33
10月份	7.1	6.98	-5.19
11月份	7.8	8.32	2.57
12月份	8.1	8.62	0.77
累计产量	77.4	79.89	0.89

表2　2021年1月–12月，全国各省农用薄膜行业统计表

地区	完成产量/万吨,%	同比增长/%	备注
云南省	12.17（占15.23）	2.85	比重主要集中在云南省、山东省、四川省、甘肃省、广东省、新疆维吾尔自治区、湖北省、河南省、上海市、重庆市、其他等地区
山东省	10.4（占13.02）	-9.99	
四川省	10.06（占12.6）	17.62	
甘肃省	8.66（占10.84）	5.24	
广东省	7.18（占8.98）	0.70	
新疆维吾尔自治区	5.05（占6.32）	-10.44	
湖北省	4.34（占5.44）	38.18	
河南省	4.2（占5.25）	14.66	
上海市	2.85（占3.56）	-4.37	
重庆市	2.59（占3.24）	-2.27	
其他	12.39（占15.51）	-10.31	
累计	79.89	0.89	

二、农膜行业“十四五”规划

1. 面临的形势

当前国际形势复杂严峻，世界经济下行压力加大，主要经济体经济增速放缓，世界市场普遍需求不旺。突如其来的新冠肺炎疫情更是“雪上加霜”，造成世界经济深度衰退，国际贸易大幅萎缩，大宗商品市场动荡，国际交往受限，经济全球化遭遇逆转，一些国家保护主义和单边主义盛行，地缘风险上升，我国处于一个更加不稳定、不确定的世界大环境之中。在全国上下集中精力抗击疫情的大背景下，国内经济特别是产业链、供应链受到阻断，消费、投资、出口下滑、就业压力明显加大，2020 年一季度国内生产总值同比下降 6.8%，经济运行面临巨大挑战。2021 年是“十四五”开局之年，“十四五”也是向第二个百年奋斗目标进军的第一个五年。党中央及时科学决策，指出推动“十四五”时期经济社会发展，必须坚持新发展理念，坚定不移推进高质量发展，加快形成以国内大循环为主体，国内国际双循环相互促进的新格局，对完成“十四五”规划，乃至今后较长时间的发展都具有重大意义。

2. 总体思路

（1）实事求是。制订“十四五”规划要从行业实际出发，规划切实可行，制订目标要符合行业实际情况。

（2）遵循规律。市场在资源配置起着决定作用，要以市场为导向，坚持供给侧结构性改革。

（3）统筹兼顾。既重视大中型、骨干企业的发展，也不能忽视中小微企业的存在与发展，引导中小微企业向科技型转化，开发具有自己企业特色的产品，提升 企业技术水平。

（4）走出国门。产品外销、国外建厂、产能转移，着眼未来，农膜要积极走出国门，创造更大价值，发挥更大作用。

3. 目标

（1）“十四五”期间全国农膜总产销量同比增长率达到 3%。

（2）高中低档产品结构达到 20% ：50% ：30%。

（3）单位产品能耗达到农用薄膜行业标准要求。

（4）年产万吨以上企业平均产量，由目前不足 2 万吨到 2025 年达到 2 万吨以上，产业集中度进一步提高。

（5）重点发展高端农膜产品，向世界先进水平看齐，部分产品技术争取国际领先。

4. 重点产品技术发展方向

（1）农用棚膜：涂覆型长效流滴消雾、超长耐候、防尘、防苔藓、光波定向优化精准调控、散光等功能与寿命同步的聚烯烃或非聚烯烃、PET、氟材等非聚烯烃吹塑与非吹塑成型的超长效农用大棚膜。

（2）农用地膜：长诱导期可控全生物降解地膜、高强度高耐候易回收地膜，植物专用全生物降解地膜。

（3）技术与设备：五层共挤机组、低成本降解地膜加工技术与装备，高效、节能、智能化农膜加工技术与装备，废旧农膜回收与高值化利用加工技术与装备。

三、行业标准化

2021 年农膜专委会在标准化建设方面取得可喜进展，多项农膜产品及相关标准得到制修订。

（1）完成《农用棚膜单位产品能源消耗限额》行业标准制定工作。

（2）立项修订 QB/T 4475-2006《涂覆型持久流滴聚乙烯棚膜》行业标准。

（3）完成中国塑协团标 T/CPPIA 9-2021《农膜企业挥发性有机物（VOCs）排放管控标准》制定工作。

（4）完成中国塑协团标《农用棚膜接触酸性农药对耐候性影响的判定》制定工作。

这些标准的制定与发布实施，不仅有力地规范了行业的生产，而且许多技术指标相比国外相关产品标准具有先进性。

四、农膜行业今后发展方向

未来农膜行业的发展，仍然要关注长寿命多功能农膜在多种环境下的稳定长效应用，这是上下游全产业链务必重视和解决的问题。比如要持续推动农膜的品质提升、功能膜的品种多样化、地膜回收利用、降解地膜等方面的研发应用。农膜企业可基于国家政策导向和鼓励支持契机，服务市场需求和消费升级。

1. 坚持创新，推动发展

农膜行业和企业，要明确“五化”创新方向，聚焦关键共性、基础应用技术研发，着力解决不平衡、替代进口和“卡脖子”技术等问题，促进政产学研金用集成创新、产业链协同创新、供给侧与需求侧精准对接，实现高效创新。激发企业创新主体内生动力，加大科研投入，深化“三品”行动，提品质、增品种、创品牌，推动补短板、强长项、优结构，以更高水平服务和融入新发展格局。

2. 完善标准体系，支撑发展

对标国际先进标准，加快国内一流国际领先的团标、行标、国标制修订工作进程，逐步实现标准国际化；发挥企业在标准制定中的重要作用，严格按照标准组织生产加工，协同推进产品研发与标准制定，加强满足创新需要的团标工作，做好标准宣贯，加大产品认证体系标准化建设，强化标准的服务引领和支撑作用。

3. 倡导诚信自律，促进有序发展

进一步宣传正确投资理念，重视产业规划引领，引导企业科学合理释放先进产能，避免重复投资，造成资源浪费和引发市场恶性竞争。诚信是社会的基石，是市场经济的根本，农膜行业大力倡导诚信自律，依法守规，和谐有序，营造良好的行业发展环境，保护行业企业的合法利益不受侵害。积极开展塑料污染治理工作，科学理性推广应用可循环、易回收、可降解新技术、新产品。

4. 搭建服务平台，夯实基础工作

积极开展行业调研，反映行业和企业诉求，强化经济运行分析，搞好行业“十四五”发展规划。民族振兴，人才为本，建立多层次人才培养体系，提升职业教育和技能培训水平，打造高素质专业技术人才队伍，保障农膜行业永续发展。

（中国塑协农用薄膜专委会）

改性塑料

一、行业发展概况与现状

1. 改性塑料行业概况

改性塑料，是指在通用塑料或工程塑料的基础上，经过填充、共混、增强等方法加工，提高了阻燃性、强度、抗冲击性、韧性等方面性能的塑料制品。改性塑料属于石油化工产业链中的中间产品，主要由五大通用塑料和五大工程塑料为塑料基质加工而成，具有阻燃、抗冲、高韧性、易加工性等特点。进入21世纪以来，全球家电、电脑、电动工具和玩具等产能加速向中国转移，我国已成为这些领域的制造业大国，并借此推动了国内改性塑料行业的发展；随着国民经济的稳定健康发展和消费升级，中国的汽车、建筑等产业进入高速增长期，我国对改性塑料产品的需求与日俱增，正成为全球改性塑料最大的潜在市场和主要需求增长动力。当前，我国改性塑料年产量已超过2000万吨，行业规模巨大，但产业集中度不高。主要呈现以下现状：

（1）国内改性塑料产品的市场状况呈现出低端产品多，中端产品质量不稳定，高端产品缺乏的特点，导致行业在中低端产品领域存在一定的过剩，而高端产品则需要从国外进口，出现结构性过剩和产量大、附加值低、市场竞争激烈的局面。

（2）改性塑料行业的区域集中度较高，但是呈逐渐分散的趋势。从改性塑料工业总产值和销售收入区域分布来看，我国改性塑料的生产和销售主要集中于华东地区和华南地区，华中和西南地区的工业总产值和销售收入占比均呈逐年提高的趋势。

（3）改性塑料行业企业数量众多，行业集中度较低，企业规模普遍偏小。据不完全统计，国内经营范围涵盖“改性塑料”的在业/存续企业超过1万家，但注册资本1000万元以上的改性塑料企业不超过3000家，年产量超过万吨的企业不足100家，具有自主创新能力、能够为客户提供改性材料整体解决方案的企业较少。

2. 2021年改性塑料行业发展情况

2021年，我国新冠疫苗逐渐普及，疫情逐步得到控制，下游需求持续提升，我国经济率先恢复，给行业带来了快速发展的机遇。但是，由于海外疫情及极端天气的影响，全球供应链出现区域性、时点性紧张，全行业各环节都承受了涨价甚至断供的压力，给企业的经营发展带来前所未有的压力和挑战。根据国家统计局数据，我国2021年合成树脂产量为10765万吨，同比增长6.22%；按近年来的合成树脂改性化率为21.7%，我国2021年改性塑料产量约为2300万吨，同比约增长1%。从企业个体看，经营压力相对较大，盈利水平下降明显；但是行业头部企业尤其是上市公司的营业收入都进一步增长，行业集聚度进一步提升。金发科技得益于产品结构持续优化、全球产能布局进一步完善，改性塑料板块销量持续增长，产成品销量 174.53 万吨，同比增长 12.84%；营业收入 253.28 亿元，同比增长 24.11%；普利特公司改性塑料板块实现营业收入 47.87 亿元，同比增长 9.85%；国恩科技改性塑料板块实现营业收入 47.63 亿元，同比增长 54.2%；会通科技改性塑料板块实现营业收入 46.47 亿元，同比增长 15.7%；道恩公司改性塑料板块实现营业收入 32.04 亿元，同比下降 10.44%；银禧科技公司改性塑料产品实现营业收入 17.49 亿元，同比增长 25.92%；南京聚隆公司改性尼龙、聚丙烯等板块实现营业收入 14.22 亿元，同比增长 37.92%；聚赛龙公司改性塑料板块实现营业收入 13.03 亿元，同比增长 17.59%。近年来，随着国内产品质量要求的不断提升，改性塑料向性能高端化、功能定制化方面不断发展；在高技术高规模门槛下，低端产能出清叠加行业持续整合，行业逐渐向头部市场集中，“马太效应”凸显，改性塑料龙头企业竞争优势有望持续提升，份额保持有序增长。

二、行业发展趋势与建议

改性塑料行业属于市场化程度较高、竞争较激烈、技术发展日新月异的行业。新能源汽车、人工智能、物联网、智能家电、轨道交通、5G 通信等新领域的发展，市场对材料轻量化、环保化、高性能化等方面要求越来越高，不断推进改性设备、改性技术更新升级，催生更多高品质改性塑料诞生。随着国内产业升级、消费升级、绿色环保理念的不断深入，以及“新型城镇化”“建设美丽中国”等政策的逐步推行，化工新材料必然引领“十四五”我国化工产业更高质量发展。

当前，我国的改性塑料行业仍处于粗放式发展向精细化发展的转型期，改性塑料生产企业数量众多，中小企业占比过大，中低档产品比例过高，生产能力过剩，产业竞争激烈，行业技术的同质化严重，只有不断提升核心技术和产品品质，才能满足市场需求，扩大市场占有率，避免被市场淘汰。因此，需要行业主管部门和协会等引导企业进一步不断扩展下游应用领域，瞄准进口替代需求，加强产学研合作，加快关键共性和核心技术研发，提升企业核心竞争力，促进行业健康持续发展。

1. 依托国家鼓励扶持政策，加快企业转型升级

高分子改性材料是新材料领域中的一个重要分支，是我国重点发展的科技领域，是制造强国战略和创新驱动发展战略的重要组成部分。近年来，政府主管部门出台了一系列鼓励高分子改性材料行业发展的产业政策。《中国制造 2025》《新材料产业发展指南》《重点新材料首批次应用示范指导目录（2019 年版）》等政策文件相继出台，为我国新材料产业发展指引方向。2021 年 3 月发布的《国民经济和社会发展第十四个五年规划和 2035 年远景目标纲要》中明确提出深入实施制造强国战略，构筑产业体系新支柱，聚焦新一代信息技术、生物技术、新能源、新材料、高端装备、新能源汽车、绿色环保以及航空航天、海洋装备等战略性新兴产业，加快关键核心技术创新应用，增强要素保障能力，培育壮大产业发展新动能。在政策引领及产业资本投入增长等驱动下，国内化工新材料产业链迎来布局良机。2021 年 7 月，国家发改委印发《“十四五”循环经济发展规划》，提出重点任务：提高再生原料的替代使用比例，实施废塑料再生资源回收利用行业规范管理，促进资源向优势企业集聚。加快建立再生原材料推广使用制度，拓展再生原材料市场应用渠道；统筹规划建设再生资源加工利用基地，推进废塑料城市废弃物分类利用和集中处置，引导再生资源加工利用项目集聚发展。

因此，行业主管部门和协会要重点扶持中小型改性塑料企业，提升中小型企业科技能力，引导开展专精特新产品的开发与应用，显著提升改性塑料产品增值服务水平；培育一批具有较强国际竞争力的企业，全面降低区域产业群生产要素及产品流通成本，提升整个区域的产业竞争力。鼓励企业兼并重组，支持企业做大做强，加快资源整合，引导企业战略结盟，放大产业的集聚效应和规模效应。

2. 依托下游持续扩大的市场需求，不断扩展下游应用领域

改性塑料在阻燃性、强度、抗冲击性、韧性等方面的性能都优于通用塑料，下游应用领域广泛，包括家电、汽车、通信、电子电气、医疗、轨道交通、精密仪器、家居建材、安防、航天航空、军工等领域。家电、汽车是其中最大的两个应用领域，根据国家统计局数据，自 2017 年至 2021 年我国主要家电总产量稳步增长，从 3.86 亿台增加到 4.93 亿台，年均增长率达到 5.54%；汽车工业方面，2021 年全国汽车产量 2652.80 万辆，连续 10 年位居全球前列，其中，全国新注册登记新能源汽车 295 万辆，与上年相比增加 178 万辆，增长 151.61%。近年来，随着技术进步和产品升级，以

及国家禁塑令相关政策的发布，其下游应用在不断拓展中。改性塑料已广泛应用在国计民生的各个层面，是新材料产业的重要板块，在化学工业领域中具备较强发展潜力，未来国内改性塑料材料的行业发展空间广阔。

此外，随着通信、物联网、人工智能等技术的快速发展，智能家居、光伏、新能源汽车等新兴行业的兴起，下游市场对材料性能要求将不断提升。受社会环保意识的提升和国家政策的引导，市场对环境友好、低碳节能、可回收可降解的改性塑料需求也在不断提升，高性能环保改性塑料的市场需求在不断提升，特别是低气味、免喷涂等技术要求可能会覆盖整个产业链的上下游。为此，企业要不断扩展下游应用领域，提升企业核心竞争力，进行有针对性、前瞻性的持续技术研发和产业化生产。

3. 瞄准进口替代需求，提升市场竞争力

改性塑料产业在很多发达国家已有多年发展历史，大型国际化工企业如巴斯夫、陶氏、杜邦、SABIC 等，在原料供应、营业规模、技术积累上优势明显，在高性能专用改性塑料的配方研发、加工制造、品牌质量等方面处于领先地位，产品在高端领域应用较为广泛。目前我国的高端改性塑料特别是特种工程材料对外依存度仍然比较高，进口替代趋势愈发显著，具有低密度、高刚性、高韧性、高温、低挥发性的高端改性塑料产品的应用会越来越广。

近年来，国家相关政策支持力度的不断增加，且部分内资企业加大研发投入力度，内资企业与大型外资企业在技术方面的差距逐渐缩小。金发科技、普利特、国恩科技、道恩科技、会通科技等企业也加大力度研究开发，以功能化、高性能化的产品为抓手，逐步替代进口需求。此外，内资改性塑料生产企业在生产成本控制、客户需求响应、市场反应效率等方面相比外资企业天然具备优势，因而在国内也占据了重要的市场地位。建议相关企业抓住下游行业包括汽车、家电等消费品领域，大多具有产品繁多、更新换代快，个性化和潮流性特征强的特点，根据下游客户特殊的性能要求，为其开发、定制满足其性能、指标要求的新的产品，并且协助客户解决产品售前材料选择、结构设计、售后产品与对方制造工艺及装备相匹配等应用性技术问题。密切跟踪市场及客户需求变化，针对客户需求提供量体裁衣式的个性化服务，增强客户的依赖性，提高客户的忠诚度，拓展并稳固客户群体。

4. 加强产学研合作机制，加快关键共性和核心技术研发

改性塑料的下游应用领域较为广泛，而不同场景的应用往往对改性塑料材料的性能提出不同的要求，因此改性塑料行业对于企业在配方、工艺方面的研发能力要求较高。企业必须能够根据下游客户的不同需求和质量标准，在配方设计、产品供给和下游工艺参数配置等方面为客户提供针对性的服务，才能在市场竞争中立稳脚跟并谋求发展。在改性塑料的配方设计中，树脂原料或改性助剂在品种或数量上的细微变化或可引起最终产品性能的巨大变动，能否针对不同应用场景研发设计出适合的材料配方，是行业龙头企业区别于一般企业的重要核心竞争力之一。我国改性塑料行业还存在一大批中小型企业不具备很好的科技研发能力。

因此，建议企业加大研发投入，通过产学研合作方式，借助高校科研机构的科研实力，加快企业核心技术研发。相关部门发挥行业管理和交流平台的优势，引导产业龙头企业、上下游企业和高校科研机构等联合开展产学研合作，引导组建产业创新联盟，在有条件的高校科研院所设立科技服务平台，给予荣誉称号并向行业进行宣传推介，促进行业建立完善的科技创新体系。通过推荐和引导更多企业与现有的高校科研机构加强交流合作，充分发挥中国改性塑料市场需求大和产能大的优势，加强以产学研为主的协同创新和联合攻关，突破制约行业发展的关键共性和核心技术，大力推进改性塑料产业的技术进步和质量提升，扩大产品的下游应用领域。

备注：本文部分内容和数据来自国家统计局、海关、中国石油和化学工业联合会、相关上市公司年度报表等。

（中国塑协改性塑料专委会）

中空吹塑制品

一、2021 年中空吹塑行业经济运行情况

2022 年 2 月 16 日，中国塑料加工工业协会中空制品专委会发布了《关于进行 2021 年中空吹塑行业经营情况调研的通知》。截至 3 月中旬，累计发出约 300 份调研函，共收到填报信息 111 份，其中无效数据 8 份，有效数据 103 份。

103 份数据共来自 13 个省市自治区直辖市。其中北京 3 家，天津 1 家，河北 5 家，上海 14 家，江苏 32 家，浙江 7 家，山东 12 家，广东 22 家，陕西 2 家，四川 1 家，重庆 3 家，云南 1 家，湖南 1 家。

1. 2021 年中空吹塑制品企业呈现恢复性增长态势

从 55 家制品企业的统计数据来看，与 2020 年相比，2021 年有 6 家企业的销售额出现下降，5 家基本持平，44 家实现正增长。具体数据如表 1 所示。

表 1　2021 年中空吹塑制品企业销售额增长情况分析

序号	销售额增幅/%	企业数量/个	占比/%
1	<0	6	10.9
2	0~10	25	45.5
3	10~20	16	29.1
4	20~50	7	12.7
5	>50	1	1.8

从以上表格数据和专委会了解的情况来看，其一，2021 年中空制品行业在此前较低的基数基础上呈现恢复性增长态势。2021 年，销售额呈现正增长的企业占比约为 90%，即绝大部分企业的销售额同比实现了正增长。其二，净利润比上年出现下滑。得益于较低的原材料价格，2020 年制品企业销售额不高但利润率比较丰厚；始于 2021 年下半年的原材料暴涨打破了这一现状。2021 年全年原材料价格比上年增长了约 20%，但成品售价提升空间很小，因此企业的总体利润率出现了下降。其三，设备技术升级对冲成本上升。在产业升级大背景下，伴随着设备更新换代潮，倒逼技术和设备进步，使得行业对自动化、高端化、高速化、低能耗设备的需求量大幅增加。设备和技术的升级，部分对冲了原材料、人才和管理等成本的上升。其四，管理进步应对社会治理高要求。在环保、“双碳”战略转型的压力和挑战下，企业在规范化、精细化管理方面更进一步。

2. 2021 年中空吹塑配套企业销售收入增速放缓

从 48 家配套企业（含吹塑机械、模具、自动化装备、原辅材料、透气塞等）的统计数据来看，与 2020 年相比，2021 年有 13 家销售数量和销售额减少；2 家数值基本持平；其余 33 家实现正增长。2022 年销售额预计有 8 家企业保持持平，40 家实现增长。具体数据见表 2。

表 2　2020 年中空吹塑配套企业销售额增长情况分析

序号	销售额增幅/%	企业数量/个	占比/%
1	<0	13	27.0
2	0~10	8	16.7
3	10~20	8	16.7
4	20~30	9	18.8
5	30~50	5	10.0
6	>50	5	10.0

从以上表格和专委会了解的情况来看，2021 年吹塑配套企业的销售步伐被按下了“慢行键”。约 30% 的企业销售额出现负增长，与 2020 年平均 30% 的增速形成了鲜明对比。究其原因有二：首先，2020 年销售火爆，透支了 2021 年的市场需求。2020 年消杀用品需求量猛增，使得不少外部资金流入中空吹塑行业；加上国外对中国市场依赖度大增，导致对吹塑设备需求量暴增，吹塑设备厂大多处于供不应求的局面。而随着国外供应链恢复，国内疫情较稳定，对消杀用品需求量下降，从而对设备需求量下降。其次，制品企业需求不振和预期减弱。2020 年大量新设备投入市场，导致制品企业开机率下降；而整体国内市场消费需求不振加上国际市场形势紧张，对制品企业的投资积极性造成压制。

二、中空吹塑行业未来发展趋势

2022年的行业情况更加复杂，不确定性增加。外部复杂凶险的国际形势引发大宗商品通胀传导与利润挤压；内部防疫对经济发展造成极大影响，带动原材料价格的剧烈波动，导致市场需求起伏不定，增加企业的经营性风险。

1. 高端化、差异化产品将实现较好的增长

在创新性、精细化、专业化、差异化下，制品企业两极分化情况加剧。一方面，通用、大众化产品的市场增长乏力甚至停滞，这部分企业利润空间不断遭到挤压，生存压力加大，面临进一步洗牌，企业数量减少的同时，规模化程度进一步加深；另一方面，与高端制造业如新能源、部分医药包装、半导体等相关产品的研发和市场化将取得突破性进展，并带动相关产品迎来巨大的成长空间；同时，部分定制化、个性化产品，如电子化学品专用超洁净桶、高压储氢四型瓶、折叠软包装、多层共挤容器、挤吹PET容器或其他小众产品将具有良好的利润空间。

2. 自动化仍是未来几年内中空行业发展的方向之一

随着人工、物流、土地、环保设施投资等生产要素成本不断增加，而用工荒情况并未缓解，叠加国内防疫对正常生产的影响不断出现，制品企业对生产线自动化的改造需求更加迫切，将推动行业自动化程度进一步加深。受产品种类繁多、企业规模小、资金不足等因素影响，中空吹塑行业自动化进程发展较晚。截至目前，也仅仅是一些头部企业自动化程度高些，大部分企业还处于筹备和观望中，因此这部分市场空间巨大，而这也将助推中空吹塑自动化设备供应商的规模化和专业化水平。

三、国内外部分新产品、新工艺、新设备介绍

1. 挤吹PET容器

通常情况下，瓶级PET缺乏应用于挤吹工艺所需的熔体强度和缓慢结晶特性，因此行业中均采用注拉吹工艺生产PET容器。而“挤出吹塑”这一生产技术，在包装解决方案的设计方面具有相当大的自由度，对潜在设计几乎没有限制，这使得该工艺成为生产个性化中空吹塑产品的更佳选择。

目前，挤出吹塑PET工艺已由全球领先的挤吹设备生产商德国贝克姆公司和EPET原材料供应商DAK Americas、Indorama Ventures研发成功，并被百事可乐用于89盎司Tropicana橙汁瓶、被可口可乐用于Simply Orange产品上。而Alpla也宣布，开发了PET再生料改性的挤出吹塑工艺。国内还没有相关企业进行这方面的研究，但随着国际大公司的推广和可持续发展的深入，相信国内企业也会跟进。

2. 多层共挤PCTFE阻隔瓶

三氟氯乙烯（PCTFE）是一种含氟聚合物，具有耐腐蚀、耐磨损、耐老化、耐热、不燃等优点，在航空航天应用中大受欢迎。

2020年8月，霍尼韦尔公司功能材料与技术部门（PMT）首次宣布推出Aclar Edge阻隔瓶。该产品采用挤出吹塑工艺三层共挤成型，材料包括PCTFE（聚三氟氯乙烯）、粘合剂和PET或PC外层，具有玻璃般透明度、高纯度和耐化学性，防潮性能与玻璃相当。经过6~12个月的药物稳定性评估后，2021年下半年，霍尼韦尔计划进行商业化投产，目标市场是高pH的药液、疫苗、生物制品、儿科制剂和动物健康产品。首款产品为120毫升，并计划推出30~500毫升的容器。同时，公司正在积极开发更小尺寸的疫苗分配瓶，并且开始探索替代生产工艺，如注射吹塑。

3. PEF瓶

PEF是一种100%植物型、可回收和降解的聚合物，其原材料来自玉米、小麦、甜菜，甚至木质生物质或农业废弃物中的糖。相比传统的PET聚酯，PEF具有更好的气体阻隔性——抗氧性能高10倍，抗二氧化碳性能高5~10倍，添加20%~30%的PEF即能大幅度提升气体阻隔性能。因此PEF的功能性更适用于食品饮料、医药包材等要求高阻隔的包装领域。

FDCA是用于生产PEF树脂的原材料，主要生产企业包括Avantium、Corbion、AVA-Biochem、Dupont、Braskem和NOVAMONT。其中，Avantium已在荷兰建立第一家商业化FDCA工厂，预计2023年年底投产；同时，公司先后与可口可乐、Absolut公司、嘉士伯、达能、ALPLA合作，共同推动PEF材料商业化进程。Avantium预计，到2024年年初，PEF瓶子将会首次现身欧洲超市。

国内对PEF及其产业链的研究起步较晚，目前仅有中科大合肥利夫生物科技有限公司和宁波贝欧斯生物科技有限公司在进行HMF（FDCA上游原材料）及其衍生物的研发。

4. 大型PET注拉吹容器中空成型机

2022年3月，塞浦路斯中空成型机企业Cypet宣布推出了PET注拉吹1000升IBC容器，明确用

于替代 HDPE 内胆。通常情况下，PET 注拉伸工艺仅能成型中小型中空容器，容积不大于 30L，生产这么大容积尚属全球首次。2019 年德国 K 展上，Cypet 展示了 120 升 PET 容器，引起行业广泛关注。Cypet 一步法 ISBM 120 升成型机已出售到美国市场 2 台，另有 2 台计划于 2022 年分别在美国、加拿大投产。

与 HDPE 相比，PET 具有显著减轻重量、玻璃般透明可见和回收优势。

5. 埃克森美孚 Paxon-HDPE SP5504 中空料

2021 年年初，埃克森美孚公司推出了一种全新吹塑级 HDPE 树脂，Paxon-HDPE SP5504。据介绍，与同类型物料相比，在刚度、抗冲击、最大负荷或加工性能相同的情况下，SP5504 的 ESCR（环境应力抗裂）性能得到了较大提升。SP5504 设计应用于家用和工业化学品（HIC）领域，用于包装漂白剂、湿巾和农用化学品等产品。

2021 年以来，中空吹塑行业出现了一些新产品、新材料和新设备，笔者对此进行了整理。而上述 5 个新产品中，除 PEF 瓶我国有企业在从事上游产业链中部分原材料的研发以外，其他方面还未听闻相关报道。我国中空吹塑产品产量巨大，满足了绝大部分的国内市场需求，但在材料、设备、技术、工艺创新研究方面还处于跟随、模仿状态，需要产业链协作，联合攻关，促进行业高质量发展。

（中国塑协中空制品专委会）

人造革合成革

2021 年是我们党和国家历史上具有里程碑意义的一年，建党百年华诞，步入小康社会，国家统筹疫情防控，全面推进经济持续健康发展，实现稳中求进成就显著。2021 年，我国人造革、合成革、超纤革以及新兴水性革、无溶剂革、水性超纤革，为我国工业生产资料和民生产业，提供了高质量的供给保障，为经济健康发展做出了新的贡献。

一、主要经济指标情况

2021 年 1-12 月，全国塑料人造革、合成革行业累计完成产量 287.61 万吨，同比增长-0.90%；累计完成营业收入 824.90 亿元，同比增长 12.58%；累计完成利润总额 24.57 亿元，同比增长-0.47%。

1. 生产产量

上半年增长。1-2 月增速最高，产量 35.6 万吨，增长 26.79%；1-3 月 59.9 万吨，同比增长 17.65%；4 月增长 8.9%，1-4 月累计 83.8 万吨，增长 14.45%；5 月产量为 23.8 万吨，同比增长 5.26%，1-5 月累计产量为 108 万吨，同比增长 12.37%；1-6 月份累计产量为 131.02 万吨，仍然显示同比增长 8.81%。

下半年下降。1-7 月累计产量为 155.8 万吨，同比下降 11.7%；1-8 月累计产量为 176.6 万吨，同比下降 13.45%；9 月份产量 24.7 万吨，下降 9.19%；10 月份产量 26.09 万吨，累计产量 225.78 万吨，同比去年下降 10.49%，同比 2019 年的 269.92 万吨下降-16.35%。2021 年 12 月份产量 23 万吨，1-12 月累计产量，287.61 万吨，同比下降 0.9%。

2. 营业收入

2021 年 1-12 月，全国塑料人造革、合成革制造行业累计完成营业收入 824.90 亿元，同比 2020 年增长 12.58%；同比 2019 年下降 5.25%。2021 年下半年主营业务收入 438.22 亿元，比上半年增加 51.54 亿。

3. 利润总额

2021 年 1-12 月，人造革、合成革制造行业累计完成利润总额 24.57 亿元，同比下降-0.47%。下半年的利润总额比上半年增加 3 亿多，但是利润总额增长同比是下降的，由此全年呈现负增长。全年营业收入平均利润率 2.97%，比上半年 2.78%增长 1.9 个百分点；全年每吨平均利润 854.28 元，比上半年 822.29 元有所增长。

4. 进出口贸易

2021 年 1-12 月，人造革、合成革出口 68.01 万吨（11.52 亿米），同比增长 38.18%；出口人造革、合成革贸易额 29.26 亿美元，同比增长 39.07%。进口人造革、合成革 3.48 万吨，进口贸易额 4.7 亿美元。

二、行业经济运行特点

1. 浙江产量恢复第一制造大省，中部地区减产

2021 年全国人造革、合成革有 19 个省市产地，

其中55%的省市呈现增长。浙江占比23.21%，回升到全国第一制造大省地位；福建、安徽、江苏、广东、河北等六省市产量占全国的85.9%。安徽、湖南、湖北、江西、河南五省市占全国的25%，其中湖北省呈现高速增长，“十三五”期间从年产5万吨产量，一路下降，2020年见底1万多吨；2021年累计完成10万吨以上，增长10倍。

2. 进出口增长，呈现近疫情前水平

2021年，我国人造革、合成革进出口贸易总额34.45亿美元，其中出口额29.26亿美元，同比2020年价值增加8.2亿美元，增长39.45%，同比2019年增长23.25%；其中2021年出口PVC革贸易额8.64亿美元，占出口总额的29.45%。人造革合成革出口11.52亿米（68.01万吨），其中PVC革4.44亿米（28.65万吨），占35.98%（42.13%）；PVC革中的压延革1.16亿米、干法PVC革3.28亿米。2021年我国出口PU革6.77亿米（其中干湿法PU革5.21亿米），占出口的58.77%；2021年出口PU革19.08亿美元，占出口总额的65.21%；其他出口革0.3亿米、0.76亿美元。

3. 成本全面增加，销售价格上升滞后

2021年的原材料大幅度上涨，能源、人工、物流等生产成本上扬，迫使内贸革每吨销售价格上调，平均内贸价格每吨2.95万元，同比2019年提高了11.32%。从2011年每吨4.3万元顶峰价格，连续十年价格走低，只有2021年上半年，呈现同比提高，但是还是在2万级，还没上升到每吨3万元以上。外销价格有所上涨。2021年1-7月出口革平均单价0.425万美元/吨，同比提高10.97%。自2015年以来，我国出口革一直在0.35万美元/吨徘徊（核算到每平方米出口单价18.23元人民币）。2021年1-7月进口革进口单价平均1.34万美元，同比2020年的1.367万美元、2019年7月的1.35万美元，稍有下降。

4. 传统产品更新换代，高档人造革呈增长

目前“普通人造革”为限制类产品；“PVC人造革”列入“高污染”产品目录。环保低碳节能型的高档人造革，正在发展，其中，TPU人造革、TPR人造革、半PU人造革、复合人造革、聚烯烃类人造革以超纤为基材的PVC人造革，逐步形成高端产品体系。“高档人造革”区别于“聚氯乙烯普通人造革生产线”“PVC人造革”，不在“高污染”产品系列，淘汰了高污染的SCCP、镉铅重金属稳定剂、非环保邻苯类增塑剂；生产过程使用环保型DOP、水性PU面层和水性表处剂等。

近年来，我国高档人造革显现投资强度持续加大。2015-2020年投资生产经营新建PVC人造革企业103家，其中制造业36家；2021年新注册的PVC人造革企业72家，其中生产企业40家。江西年产4500万米PVC人造革扩建项目，广东年产6000万米PVC人造革建设项目，年产12000万米PVC人造革建设项目、年产20000万米牛津革项目，特别是近年公开发布的江西新华、广东清远、河北阜盛、河北鼎盛等一批新投资的人造革环评项目，呈现上规模水平。

5. 企业面临多重压力，经营呈现艰难前行

2021年一季度进入规上企业统计口径414家，下半年部分企业逐步恢复，全年统计进入规上企业424家，同比2019年减少14家。人造革合成革企业面临环保重压、原料价格飙升、下游需求不足、能源供给保障、各项生产力要素成本狙击上升等压力。

2021年原材料价格大幅波动，聚氯乙烯粉状树脂和糊状树脂，聚氨酯树脂、各类革基布、助剂材料全线上涨。树脂涨价最高，部分地区反映与往年相比增长145%，辅助材料上涨了10%以上，为历年罕见。部分地区天然气上涨20%，为历年最高。部分地区节日限电，还遇到用工难、汇率波动汇兑损益、环保改造成本升级等情况，运行成本持续加大。

综述：2021年人造革合成革行业经济运行呈现新“三高两低一滑坡”。部分企业存货增高、产成品增高、负债率提高、主营业务利润率降低、流动资产降低、效益呈现全面滑坡。①全行业规上企业总资产同比2018年缩水4.4%；行业流动资产总计同比2018年全国普查减低1.73%。②存货110.23亿元（龙头好企业存货增加1512.29万元，增加了46.78%）；据部分规上企业和大型骨干企业不完全统计，产成品37.63亿（存货周转次数，好的企业上半年达到3.03次）。出口型企业2021年上半年的存货净增，同比增长1.57%，库存商品总体上升8.36%。③有些企业的货币资金减少千万，同比减少5.33%。④2021年1-6月主营业务收入利润率破3%，显示平均为2.79%，比2020年的3.16%和2019年3.58%微幅下降。⑤部分企业资产负债率比2019年的51.42%提高了0.12个百分点。

三、行业主要活动

2021年专委会发布了《行业“十四五”规划》

《行业五年绿色发展纲要》《专委会五年工作规划》，组织开展行业三项调研、五项标准、七个交流会议以及产业宣传交流等重要活动。

1. 三项调研

2021 年完成了三项调研课题：组织 5 个产业集群 54 家企业，开展了环保设施、DMF 回收、废水处理的调查研究；召开“合成革工业企业塔顶水产生现状调查分析研究项目”审查会。组织五个省的 39 家企业，针对行业共性问题、发展瓶颈问题、“卡脖子”技术问题开展了调研，形成《发展瓶颈与卡脖子技术调研报告》。针对“出口物流”“出口货柜”、原材料大幅度波动、能源供应等热点、疑点、难点、重点做了调研，开展诉求收集。在最短的时间内形成《热点之一》《热点之二》。

2. 五项标准修制定

2021 年重点协助完成了《服装用聚氨酯合成革》《汽车内饰用束状超细纤维合成革》《家居用聚氯乙烯人造革通用技术要求》《汽车用聚氨酯合成革通用技术要求》《人造革合成革再制造　第 1 部分：合成革用再生聚氨酯浆料》标准修制和新标工作。完成了合成革标准分委会部分筹备工作和梳理人造革合成革标准与体系化工作。

3. 产业导向宣传

围绕产业政策、前沿技术、环保治理、生态绿色、品牌认定等方面，开展产业宣传。发布了《2020 年合成革行业十大事件》《2020 合成革行业十大关键词》《2020 年中国人造革合成革发展报告》《中国人造革合成革-行业咨询》。2021 年陕鼓集团、阿基里斯、福建中天、山东同大、众塑联 5 家单位，参加“中国塑料行业可持续发展博览会”，获得中国绿色供应链优秀单位称号。

4. 行业七项交流

围绕行业发展规划、环保治理、推动新技术开展行业活动。在南平召开了“行业五年发展规划座谈会”，在丽水召开“行业环保新政新技术交流会”，“专委会七届一次理事会”召开了专委会专家组第一次会议、在福鼎召开了“合成革产业集群建设座谈会”；丽水“中国水性合成革产业基地”的复评考核申报以及丽水时尚合成革系列活动。

四、发展任务

2022 年要在双碳 1+N 政策、环保 1+N 政策、城市群 1+N 等一系列发展新格局之下，思接未来、积极应对持续发酵的各种压力，充分在科技前沿、科技短板、科技核心等企业发展重大新问题上取得新突破。在疫情之下，稳中求进，增强发展内生动力、发展韧性。抓住新机遇，打好主动仗，强企补短板，以低碳节能工艺、生态绿色制造为主线，开发智能制造与智能产品驱动企业新发展战略，进一步夯实可持续健康高质量发展根基。2022 年要以新发展理念，实践企业增收增效增值新发展格局，在新时代新发展阶段，保持企业稳定的实现高质量发展。

1. 淘汰落后工艺产能，加快新旧动能转换

淘汰对环境影响大的落后工艺，加快新旧动能转换，是革厂高质量发展的起点。目前，国家将“PVC 人造革”纳入 GHW 类，“聚氯乙烯普通人造革生产线”还在限制类，“溶剂型合成革树脂和普通人造革”纳入长三角限制类；合成革在部分地区纳入重点产废行业、纳入限制产业引进，还有些地区将合成革纳入强制性实施淘汰产业。从“普通人造革”走出来，进入“高档人造革”，唯一的途径是要以科技驱动淘汰落后工艺、淘汰高挥发有机物，从源头采用环保增塑剂、生物质增塑剂、水性与无溶剂级热塑性弹性体等环保材料；末端治理高标准的达标排放，实现增塑剂挥发、二甲胺零产生，提高资源效益，成为产业集群和大型骨干企业稳居原产地和生存发展的关键。

2. 降低综合能耗，提高能源利用水平

全面降低综合能耗，是高发展质量的基础。2021 年，中共中央、国务院发布了关于完整准确全面贯彻新发展理念做好碳达峰碳中和工作的意见以及《2030 年前碳达峰行动方案》，各部委办发布了节能减排、智能光伏、循环经济、清洁生产等 N 项政策，包括能源绿色低碳转型、节能降碳增效、梯次有序碳达峰等“十大达峰行动”。人造革合成革上下游产业链，加快淘汰双高产能，一批率先碳达峰的企业，进入低碳发展赛道。革企要全面采用新能源、采用各项降能新技术，新装备、新工艺，降低能耗运行成本，提高低碳产品比重、缩短碳足迹，实现万米合成革综合能耗标准吨煤同比持续下降。

3. 提高科技价值，破解发展瓶颈

提高科技含量，突破发展瓶颈，是革厂高质量发展的根本。不能满足薄利多销、价格竞争，要依靠突破发展瓶颈、“卡脖子”技术问题，提升经济效益。要运用数字化生产技术、智能制造与智能产品生产技术、应用水性与无溶剂等低 VOC 环保原材料产业化、采用光伏等低碳节能新技术、开发生

物质植物基功能高物性产品、DMF 回收二甲胺零产生新技术、开创产业+互联网科创平台等重大技术，实现绿色智能增收盈利模式。企业全方位的开拓高档品牌、高物性、高端产品、多功能性的“三高一多”产品，包括水性革、无溶剂革、弹性体革、水性超纤革，开创成本占优、速度领先、服务客户、改革创新，以资本融合、提高经营团队站位、个性设计服务等不同的盈利模式，实现效益稳步领先行业制高点。

4. 采用低 VOCs 原辅材料，源头减污降碳

采用低于 10%的 VOC 原辅材料，从源头实现有害物质零排放，是企业高质量发展的绿色通道。中共中央、国务院《关于深入打好污染防治攻坚战的意见》以及各部委办的产城绿色发展、工业废水循环利用、塑料污染治理行动、原材料工业发展规划等，将进一步加大加严加重环境治理，合成革 C2925 行业，VOCs 含量小于 10%原辅材料源头整体替代比例≥30%，已经纳入部分省市的发展措施，革厂以采用 VOCs 含量小于 10%原辅材料替代高浓度 VOC 原料（水性开纤、水性与无溶剂树脂、热塑性弹性树脂、生物质和环保型增塑剂、水性表处剂、水性黏合剂）势在必行，替代比例达到 90%以上，将不再要求末端治理，即为完成源头替代，实现生态工艺、绿色制造。

5. 聚力智能生产，赋助智能产品

智能制造是行业短板，加紧智能生产，开发智能产品，是高质量发展的方向。2021 年 12 月国家八个部委联合发布了《“十四五”智能制造规划》。创建革行智能制造，一方面是生产与企业管理系统数字化自动智能生产，包括自动配色、自动供料、在线检测等。另一方面，加大开发具有记忆、温变、色变等刺激相变的智能化功能化合成革产品。我们要积极创建智能工厂、智能化车间、自动数字化生产线，逐步走向自动化、数字化、智能化时代。

6. 创建绿色工厂增强专精特活力

2021 年国家发布了《关于进一步加大对中小企业纾困帮扶力度的通知》和《关于支持“专精特新”中小企业高质量发展的通知》，支持小巨人、单项冠军、隐形冠军，绿色工厂、绿色产品、绿色设计的发展政策，发布了一系列纾困帮扶政策。我们要发扬传统工业优势，同时沿着人造革合成革行业的绿色制造、生态环保底线和高质量发展指标体系的三条主线，创建绿色工厂，进入健康企业、诚信企业、高质量发展的企业等级。

7. 瞄准新领域，开拓新市场

我们要在当下的逆境中，充分研究人造革合成革下游 24 个产业市场需求、品质需求、服务需求，加大开拓在新业态、新领域的合成革市场。一手巩固老市场保老户，一手开拓新市场开新户。加强与革行下游企业、贸易企业、进出口企业的合作交流，是推展革厂高质量发展的必然。我们要按照中共中央、国务院关于推进贸易高质量发展的指导意见，巩固深圳、温州等十个合成革国际贸易中心、国际交易中心、产销基地，加强与合成革贸易企业合作交流，延长合作链，稳固内贸市场。同时，加强出口革拓展疫情下的国际市场和市场空间，企业要及时研究出口市场，做好原产地证书和原产地声明，融入 RCEP（Regional Comprehensive Economic Partnership 区域全面经济伙伴协定）大市场。

8. 拓展新格局中市场空间

中共中央、国务院，深入实施区域重大战略建设新格局，分别批复了：长江中游城市群、中原城市群、哈长城市群、成渝城市群、北部湾城市群、长三角城市群、呼包鄂榆城市群、兰州西宁八个城市群“十四五”实施方案。制造业大型骨干企业，有序转移格局、新兴的城市群经济无疑将成为中国未来经济发展的新引擎，革行产业链在新的经济体中将获得新的市场空间，革厂充分练好内功，将健康化、智能化、个性化、时尚化的高附加值绿色合成革产品，融入各大城市群的新格局；要充分利用国家生态环境分区管控政策，实现就地转型升级，在梯度转移中创造二次转型升级。

9. 以诚信经营源减少内卷

诚信经营，履行社会责任是企业高质量发展的基本要求。革企追求实现其科技价值、环保价值、绿色价值、智能价值，特别是企业开发创造丰富多彩的时尚合成革、卫生安全级合成革，要高调高价格上市，引导绿色消费升级。共同防治：破坏性的行业垄断竞争的内卷现象；共同抵制，恶意压价绿色优质产品的现象，无论是品牌商还是美名曰的大鳄，都要坚决履行社会责任。行业组织坚决保护科技创新企业，保护水性革与无溶剂等环保革市场。

10. 效益虽难言上升，行业主旋律根基不变

我国人造、革合成、革超纤革行业，是功能齐全的生态产品和丰富多彩高适用性的绿色产品，是国内外不可或缺的工业生产资料和民生产品。在当下疫情与国际局势变化，行业的微利时代，从高速

增长走向高质量发展，面临既有难得的发展机遇，又面临不可回避的挑战，求生存保平稳谋发展交织并行。以水性与无溶剂等低 VOC 生态材料源头实现有害物质零排放或末端治理实现二甲胺零产生，是行业绿色制造再升级；攻克智能制造一系列“卡脖子”、前沿技术、关键共性技术，补短板、填空白。随着我国经济运行持续稳定创新发展，双循环相互促进，经济发展的韧性还会继续显现，人造革、合成革上下游产业有波动甚至是大波动，但不会有根基性改变；国家限制性战略、畅通国内大循环、完善促消费、提振大宗消费等政策措施，促进消费扩大内需，必然为合成革带来利好。“十四五”时期，党和国家以及各省市地方政府，发布了一系列促进企业发展的利好政策，经济发展环境正在优化，正在为企业抓住机遇、应对挑战创造良好的外部条件，我们要清醒地认识形势，提高应对挑战的能力，努力把企业做好做强做优。

（中国塑协人造革合成革专业委员会）

复合膜制品

塑料复合膜行业和民生有着紧密的联系，复合软包装的存在和持续发展，其特有的物品保护、方便运输与使用、食品药品的保质等功能，给生活带来不可替代的贡献。

2021 年是“十四五”的开局之年，复合膜行业的发展已经走在了世界的前列。随着国家循环经济政策的深入，“双碳”政策的影响，“十四五”期间复合膜行业的发展将从降低 VOCs 排放向可持续高质量发展方向转变，围绕从“设计到闭环”，行业上下游的共同发展理念，坚持单材化、功能化、智能化和生态化发展方向，确立以“单材化”可回收设计为核心技术的可持续发展路径，用易回收易再生的单材化绿色复合膜包装替代传统复合膜包装。通过减量、短流程、高值再利用等关键技术实现“十四五”行业绿色、低碳、可循环高值利用的行业可持续发展目标。

一、行业发展现状

复合膜行业经历了从无到有、从小到大、从大到强的规模化发展期，从强到精的高性能发展期，目前正处在绿色、低碳、循环可持续的高质量发展期。

（一）行业运行情况

2021 年新冠疫情复杂多变、原料价格动荡变化、能耗双控以及限电限产、国际货运价格上涨、出口受阻等多重因素影响，国内市场竞争激烈，给企业生产经营成本带来一定的挑战。在国内食品、药品和日用品等下游行业需求的强劲拉动下，中国复合膜软包装市场需求旺盛，发展比较平稳。行业销售稳中有升，成本大幅上升，利润普遍下降。

以 2021 年度中国轻工复合膜行业十强企业作为调查对象，对行业的经营情况进行调查。调查数据显示，2021 年与 2020 年同期相比：产量增加 14.39%，主营收入增加 16.37%，利税减少 0.971%。

据不完全统计，2021 年复合膜软包装行业产量约 583 万吨，较上年同期的 476 万吨增加了 107 万吨，增长 22.4%；行业主营业务收入约为 1210 亿元，较上年同期的 1040 亿元增加了 170 亿元，增长了 16.3%；过亿企业的主营业务收入总计约为 417 亿元，较上年同期的 316 亿元增加了 101 亿元，占比规模以上企业主营业务收入的 32%左右。利润略有下降。

（二）复合膜行业科技实力现状

据不完全统计，复合膜行业现有国家、省级重点实验室及工程技术研究中心近百个，承担各类国家、省部级重大科研开发项目几百项，申请国内外专利近千项，主持、参与国家、行业标准百余件，获得各类科技奖项百余项，形成的新技术、新产品推动行业的“单材化、生态化、功能化、智能化”发展。

2021 年，中国塑料加工工业协会复合膜制品专业委员会发起《2021 年度企业科技实力调查问卷》的调查工作，分别从企业科技研发投入，国家、省级重点实验室及工程技术研究中心，国家、省级科技鉴定成果，国家、省级、行业科技获奖情况，国家或省部级重大科技项目，国内外专利申请获批情况，参与修、制定国家、行业、地方、团体标准，企业检测实验室通过 CNAS 或 CMA 认可以及被认定为高新技术企业九个方面，对专委会 26 个具有代表性和影响力的会员单位作为样本进行了汇总分析，结果如下表所示：

表 1 **2021 年度复合膜专委会会员企业科技实力分析**

项目	样本数/个	单位平均	占比/%
复合膜加工企业	20	—	77
复合膜相关企业	6	—	23
合计	26	—	
其中：销售亿元以上企业	24	—	92.3
总销售收入/万元	2250000	—	1.66
企业科技研发投入/万元	37241	1551.7	
国家、省级重点实验室及工程技术研究中心/个	30	1.15	
国家、省级科技鉴定成果/个	63	2.42	
国家、省级、行业科技获奖/个	39	1.5	
国家或省部级重大科技项目/个	21	0.8	
国内外专利/个	876	33.46	
制修订国家、行业、地方、团体标准/个	135	5.19	
企业检测实验室通过 CNAS 或 CMA 认可/个	8	—	8
高新技术企业/个	18	—	69.23

（三）以标准化工作为引领，建立行业标准体系促进行业可持续发展

（1）中国塑料加工工业协会复合膜制品专业委员会历时两年，建立了塑料基材膜、纸张、铝箔、复合膜产品标准、基础标准、方法标准和安全标准的标准框架，涵盖标准 1007 项，包括现行有效标准 950 项和正在/有待制修订标准 57 项。复合膜产品标准体系框架为行业标准梳理和修订工作提供可持续发展的依据和平台。

（2）历经多年，中国塑料加工工业协会复合膜制品专业委员会组织起草的 GB/T 41168-2021《食品包装用塑料与铝箔蒸煮复合膜、袋》、GB/T41169-2021《食品包装用纸铝塑复合膜、袋》、GB/T 41220-2021《食品包装用复合塑料盖膜》三个国家标准于 2021 年 12 月 31 日发布，于 2022 年 7 月 1 日实施。

（3）组织会员对《环境保护综合名录（2020 年新增部分）（征求意见稿）》广泛征求意见和反馈，经过专委会的多方努力，生态环境部《环境保护综合名录（2021 版）》涉及包装装潢塑料印刷，并按专委会的意见进行与原来有很大不同的修改。

（四）复合膜市场现状

近年来，全球塑料软包装行业已经进入了稳定发展的成熟期，增速与世界经济平均增速基本持平。预计 2022-2028 年中国市场的复合包装年增长率为 6.66%。新冠肺炎疫情加速了各行各业的变化，尤其是与民生密切相关的食品、饮料、制药、个人和家庭护理等，这些领域的快速增长和电商的日益普及，推动了全球市场对塑料软包装的需求。在中国，经济的持续较快增长和不断扩容的下游需求，驱动中国塑料软包装行业市场规模的增速远高于全球行业平均水平。

二、存在的问题

目前，复合膜行业面临着国内外各种法规、投资贸易和格局变动，技术壁垒和竞争加剧，创新能力与创新成果转化、“卡脖子”技术，原料价格上涨，低碳环保与塑料废弃物管理不到位带来环保压力、疫情频发等多方面挑战。产业结构相对不合理，发展受产业链上游制约，智能化生产水平亟待提高，技术创新能力有待进一步提升。2021 年运营中主要集中反映的问题：

（1）疫情屡次反弹，各种内外因素导致国际大

宗商品市场异动，原材料大幅涨价，部分依赖进口的化工原料环比增长，并传导至下游众多化工品，大大增加了企业的生产成本；压缩企业的利润，给企业带来了严重的经营困难。

（2）受全球贸易形势变化和疫情影响，全球产业链、供应链、物流链存在断点堵点，港口费用、海运价格上涨数倍，且运输时间延长、出口船期难确定，集装箱紧缺；外汇汇率波动较大，人民币升值压力不减，部分制品企业出口退税政策难以享受，企业外贸面临的不确定性增加。

（3）环保治理、传统能源供给不足、能耗双控限电限产影响，进一步加剧了行业洗牌，给企业经营带来巨大挑战和压力。

（4）人工成本不断上升，复合膜软包装行业的人才，尤其是技术方面的专业人才的短缺，人才梯度没有形成，人才成长慢，严重制约了复合膜软包装生产线可持续的改良与创新，影响企业的发展。

（5）复合包装单材化的可持续发展结构的转换成本高，制造效率进一步降低。目前在复合膜的设计、生产、流通、废弃、回收、再生的整个体系上，缺乏完整的标准、认证、政策、法律制度，存在数据欠缺、过程不可控、技术不成熟、法规滞后、消费者接受度差、成本高等问题。

（6）自主创新不足，技术转移多余技术创新，二次开放多余原始创新；自主创新质量不高，产品创新多余工艺创新；研发机构作用发挥不够用，联合创新多于企业自主创新；企业自主创新投入不足，和发达国家相比有较大的差距。

三、行业可持续发展趋势

党的十八大以来，在习近平生态文明思想的指引下，我国生态文明建设迈上新台阶，绿色发展成为全社会共识。“十四五”时期，既要深入打好污染防治攻坚战，为 2035 年美丽中国的基本实现和本世纪中叶建成美丽中国开好头，也要推动经济社会发展全面绿色转型，为如期实现 2030 年前碳达峰、2060 年前碳中和打下坚实基础。

自从 2021 年国家发改委和生态环境部相继公布了《关于进一步加强塑料污染治理的意见》和《“十四五”塑料污染治理行动方案》等一系列政策后，塑料行业已经进入塑料循环时代，治理塑料污染是“双碳”目标下全球关注的焦点。需要整个产业链建立起一套完整的对塑料生产、使用、废弃、回收和再生的管理体系。在这个管理体系中，回收是非常关键的环节，废弃塑料能够最大化回收，是从根本上解决“塑料污染”问题的抓手，要从设计塑料产品时，就考虑到它的整个生命周期进行可回收再生设计。

塑料废弃物回收现状：我国作为塑料的生产和消费大国，每年生产的塑料约占世界的 1/4。据国家统计局发布的数据，2021 年我国规模以上工业企业塑料制品的产量累计为 8004 万吨，同比增长 5.9%。产生废塑料约 6300 万吨，回收率仅为 30% 左右，回收率中的主要贡献还是来自农业（48%）、交通（42%）和建筑（31%）。反观包装行业，回收率仅约为 12%，主要贡献来自硬塑制品这类相对易回收的包装，塑料复合膜回收率在 10%以下，高值回收率基本为零。

据不完全统计，目前我国塑料软包装的年使用量已经超过 1000 万吨，基本是由不同材料组合成的复合膜（大部分较难回收），研究开发和使用单一材料其目的就是回归到尽量只用单一材料（90%以上）生产的复合膜，通过回收端的有效收集，解决市售 60%以上塑料复合膜的废弃物回收再利用。

目前，美国、欧洲已经起草了相应的标准规范。欧洲软包装设计规范分两个阶段：第一阶段物理回收，为回收利用而设计的单材化技术方案，可以将 80%的软包装材料改为 PE、PP 或聚烯烃混合物或 PET 的单材化可回收材料，并满足其功能要求；第二阶段：不能回收的 20%能易于识别分类。

按照 EPR 的原则，塑料产品的生产者和使用者有处理自己产生塑料废弃物的责任。要想提高复合膜的竞争力，高质量发展，就要推广绿色包装。绿色包装就是在选用包装材料时，要尽量避免或减少包装物，尽可能对回收的包装物进行重复使用，尽可能把包装废弃物进行再循环使用或再生为有用的材料。按照减量化（Reduce）、重复化（Reuse）、使用循环化（Recycle）的 3R 标准，尽可能地减少前端使用，后端回收高值利用，从设计到闭环。

国家和全球相关禁塑和绿色生态政策出台，使复合膜软包装行业面临环保政策和市场双向推动的严峻挑战。“十四五”期间，复合膜包装行业将致力于绿色、环保、低碳、智能等可持续发展目标。从源头削减、过程控制、末端治理三个阶段向复合（印刷）塑料包装薄膜单材化、功能化、智能化、生态化的方向发展。从前沿技术、共性关键技术、重点推广技术、清洁与节能技术以及装备技术等五个方面设立了 31 个重点任务，涵盖了复合包装单材化、功能化、生态化、智能化的“四化”发展方向。

（一）复合膜可回收性设计单材化市场及发展趋势

复合膜软包装单材化可回收设计思想已经在全球范围内得到共识，正在作为复合软包装行业首选并形成产业化，将成为至2025年复合软包装循环、低碳和高质回收最重要的行动方案。同时给单一材料、再生材料、可降解材料等新型塑料产业迎来了新的发展。单一材料、可降解材料成为软包行业最受关注的研究课题。但是软包业内的主流更趋向使用单一材料，不少BOPE、PE、PP单一材料已在一些软包企业得到了成功应用，PBAT、PLA等生物降解材料普遍用在购物袋、快递袋、一次性餐具、酒店用品包装等领域，并迎来了火爆的发展市场。

受政策和可持续发展观念影响，包装使用单一材料日益受到重视。迫于生态责任和各地政策影响，全球复合膜可回收性设计单材化的市场日趋成熟。与传统软包装相比，单一材料可循环包装具备：原料来源广泛、分类简单、易于回收利用，可助力品牌商实现塑料包装100%可重复使用、可回收目标。

最近，Smithers发布的专题研究报告《单一材料塑料包装薄膜市场的未来2025年》指出，2015-2019年，全球单一材料塑料包装薄膜市场年复合增长率为3.5%。2019年全球单一材料塑料包装薄膜市场规模为2044万吨（559亿美元）。2021年单一材料塑料占全球软塑料包装薄膜产量的68.6%。单一材料包装消费为589亿美元，满足客户需求的可持续包装趋势继续以3.8%的复合增长率增长。2025年可能达到2603万吨（709亿美元），年复合增长率达3.9%。2020年亚太区域占全球单一材料塑料包装薄膜市场比例为48.6%，北美为17.2%，西欧为15.5%。聚乙烯（PE）是目前使用最广的单一材料塑料包装薄膜，2020年占全球单一材料塑料包装薄膜市场份额为50%；聚丙烯（PP）是第二大类，占全球市场份额达41.7%。据预测，2020-2025年，PP类单一材料薄膜的市场消费量将会有爆发式增长。在一些应用领域，为了改善印刷适性，PP类可以与PE材料复合，回收环节也较容易处理，故PE类单一材料薄膜是另一类快速增长的材料。

经济增长预期是影响单一材料市场的主要因素，全球越来越多的国家和品牌企业推动循环经济成为影响可回收单一材料塑料包装应用的重要因素，这一举措旨在提高塑料回收处理的效率。虽然新冠肺炎疫情流行严重制约了全球经济的增长。软包装消费在2021年却表现出逆增长。随着消费者环保意识的提高，持续推动品牌终端的可持续包装使命；约74%的消费者表示愿意为采用可持续包装的产品支付额外费用。我们逐渐看到了可重复使用、可回收包装等产业化及品牌应用以及全球可持续包装发展趋势。

（二）轻量化、减量化、更低碳的功能化是复合软包装可持续的总趋势

轻量化是以更少的材料生产包装，对包装进行减重。减轻包装重量，有利于保护环境和降低碳排放。当一种塑料包装被成功地实施轻量化之后，在塑料成型的工艺环节使用的树脂材料减少，不仅有效节省了资源、降低了成本、减少了碳排放，同时由于包装使用后的废弃物的减少，也有效地保护了环境。功能性复合膜软包装的循环利用最关键的是有价值的回收，回收的材料可以实现循环利用，形成闭环。在此基础上还要通过创新精准设计、制造、应用技术，保持包装原有的包装功能。市场表现出对未来取代硬质塑料包装，具有更柔软的结构，更高阻隔性的减量包装材料的渴求。显然，克服因减量、单材化带来的包装的热封强度、阻隔性的差异和局限性成为行业研发的重点，并促使更多的创新产品不断推向市场。2020-2025年，单一材料柔性包装将持续替代中低阻隔的多材化包装膜和袋，并获得更多的市场份额。人们将看到越来越多的单一材料包装应用在脱水食品、洗涤剂和干宠物食品的包装上。目前，以单材化和“去复合”作为复合塑料软包装易回收易再生利用的主要技术手段。对标传统产品功能和品质标准，研发可替代、可回收、再利用的功能性单材化软包装。

（三）可重复、易回收、易再生是复合膜材料生态化设计的主旋律

塑料软包装材料在得到广泛应用的同时，废弃塑料的“白色污染”问题也引起了世界各国的广泛重视。据报道，塑料回收率，德国为27%，日本为26%，美国为20%，中国为9.6%。塑料软包装的创新价值化主要是指通过物理和化学处理以及能源再生使废弃物获得新的使用价值的过程。在产品设计方面，可回收和循环利用成为行业共识。包装多功能化，可循环使用；替代产品开发，可降解材料

的开发；回收再生，单一材料化便于回收再利用；建立健全回收体制。即使不能循环或再生，还可以收集之后以能量回收利用等成为行业发展的趋势。

可回收设计提高了再生塑料的质量，进而增加了回收塑料的使用比例，同时扩展了其应用领域。可回收设计正在成为所有包装设计的直接考虑因素，包括涂层塑料和多材化包装。为了实现高值可回收性，除了最大化使用单一材料（如聚烯烃）之外，从复合膜及其包装的功能的角度来看，设计应将减少油墨、黏合剂、添加剂的使用量作为包装设计考虑的另一关键要素。包装结构可回收化、易回收化，包装薄膜结构设计从以往的多种材质复合到同种或同类材质复合，从而降低包装回收的难度，提升包装回收的价值，同时起到减碳目的。

（四）智能化、自动化助力包装加工数字化是未来的生产模式

智能化、自动化是复合膜行业未来持续发展的生产模式，是让企业实现提升的工具。智能化工厂开始在一些企业实行，智能车间可以展示能源、产量、仓库数据，精准捕捉异常环节；利用自动化立体仓库系统，实现了物流自动化和信息自动化，所有材料进出库房会自动生成记录，原料从进库房到加工环节到出厂出仓都有完整的数据链，根据先入先出的原则，大大提高了运转效率实时做到数据更新，无论是原料管理还是成品管理，都可以更准确更高效。节省了人力成本，提高工厂现场管理的工作效率。

复合膜行业有着和其他行业不同的特点，智能制造的实现是一个从手工生产到机械化，再到电气化，自动化，最终实现智能化、柔性化、数字化生产的过程，企业最终实现“智能制造”需要长期的积累和努力。数字印刷改变了传统包装模式，数字印刷能基于订单即时生产，灵活安排生产，还能使产品可持续发展，减少浪费，降低碳排放。产品与凹印匹配的品质，优异的色彩匹配能力，使产品更具有货架吸引力。同时解放劳动力，降低人工成本。

四、结语

2022 年 8 月 20 日工业和信息化部等五部门联合发布的《关于推动轻工业高质量发展的指导意见》，坚持以习近平新时代中国特色社会主义思想为指导，立足新发展，构建新发展格局，深入推进绿色低碳转型。轻工业涉及人民生活的方方面面，而这些都离不开软包装。根据复合膜行业十四五规划和《“十四五”塑料污染治理行动方案》，积极推行复合膜软包装的单一材料绿色设计，持续推进塑料包装使用减量、减重，创新加工成型技术，加快推进塑料软包装废弃物规范回收利用和处置，布局行业生产过程智能化、数字化，积极推进行业的单材化、功能化、生态化、智能化进程。根据企业实际情况，进行碳足迹的核算，并在此基础上制定明确减碳目标，为整个行业减碳做出贡献。让复合膜减废、减碳、资源可回收成功落地。围绕可持续发展，创新布局新材料产业，重点谋划“软包装与新材料”双轮驱动的战略发展格局，基本形成以软包装为核心业务、以新材料为战略业务、以黏合剂和油墨为协同业务的产业集群。

我们只有顺应创新、低碳、绿色可持续发展趋势，抓住国家和行业“十四五”发展的契机，带领行业践行单材化、功能化、生态化、智能化行业“十四五”发展规划，实现塑料软包装从传统包装向绿色包装转变、从线性经济向循环经济转变、从废物利用向资源化利用的转变，实现包装全生命周期的环保闭环。坚持不断创新，为中国复合膜软包装产业实现全行业的跨越式发展做出积极的贡献。

（中国塑协复合膜制品专业委员会　王禾）

聚氨酯制品

2021 年，中国聚氨酯制品行业继续受疫情严重影响，行业原材料价格受大宗商品价格影响，聚氨酯原料价格巨幅上涨，上游原料价格由合理区震荡（MDI 价格在 11000～12500 元/吨；TDI 价格在 9800～12000 元/吨[1]；聚醚价格维持在 10000 元/吨的低位）。暴涨到全年的 MDI 价格 21000～27000 元/吨；

[1] MDI 是由异氰酸酯与多元醇合成的聚氨酯材料；TDI 是甲苯二异氰酸酯。

TDI 价格 18000 元/吨；聚醚价格也短时冲到 19500 元/吨的行业价格新高[1]。下游聚氨酯制品行业市场没有大的拓展，下游制品企业利润被上游原材料企业蚕食，市场信心被抑制。下游制品企业经营维艰。

一、2021 年聚氨酯上游原料及下游使用情况

（一）2021 年异氰酸酯树脂（MDI）的情况

2021 年中国聚合 MDI 产量 164 万吨，同比增长 1.2%；市场供应和表观消费 135.6 万吨，同比增长 9.7%；净出口 24.5 万吨，同比下降 20.2%。2021 年产量增加主要来自万华、巴斯夫和亨斯迈装置负荷提升；2021 年需求端提升主要来自冰箱、冰柜、黏合剂及密封剂、板材、喷涂和冷藏集装箱的推动。

1. 需求端

2021 年中国聚合 MDI 下游行业消费情况分析如下：

2021 年我国聚合 MDI 市场消耗量有所上涨，主要的下游需求支撑还是集中在冰箱、冰柜、黏合剂及密封剂、板材、喷涂和冷藏集装箱等行业。2021 年中国市场共消耗聚合 MDI 达 135.6 万吨，与 2020 年相比增加了 9%，详见表 1。

表 1　2021 年中国聚合 MDI 消费领域统计表

消费领域	2020 年聚合 MDI 消费量/万吨	2021 年聚合 MDI 消费量/万吨	当年增长比例/%
冰箱	36.8	43.4	17.9
冷柜	15	19.7	31.3
热水器	5.5	5.3	-3.6
汽车	14.1	13.6	-3.5
黏合剂及密封剂	13.3	14.6	9.8
管道	9.8	10.3	5.1
板材	7.4	8.6	16.2
喷涂	6.1	7.1	16.4
煤矿加固剂	4.8	4.5	-6.3
冷藏集装箱	3.4	3.7	8.8
其他	7.5	4.8	-35.3
总计	123.7	135.6	9.7

注："其他"包括了 PU 仿木、家具高回弹软泡、医药、机械抛光、铸造树脂和植被防护等行业。

2021 年国内聚合 MDI 总消耗量大约 135.6 万吨，其中用于冰箱和冷柜产业的聚合 MDI 消费量合计 63.1 万吨，占总消费量的 46.5%；在胶粘剂及密封剂行业的消费量为 14.6 万吨，占总量的 10.8%左右。用于汽车产业的聚合 MDI 消费量为 13.6 万吨，占总量的 10.0%。从消费结构可以看出来，聚合 MDI 主要消费领域并未出现太大的变化，依旧是硬泡为主，胶黏剂及密封剂、汽车等领域稳步增长。

2. 供应端

2021 年中国聚合 MDI 厂家产量情况统计分析如下：

2021 年中国聚合 MDI 产量合计 164.39 万吨左右，其中万华化学、巴斯夫、科思创和亨斯迈为主要的供应商。截至 2021 年，四家供应商的纯 MDI 产量占 98.41%左右，其中万华化学市场份额最大，约为 51.77%，详见表 2。

[1] 聚醚：聚醚多元醇的简称。

表 2　2021 年中国聚合 MDI 厂家产量情况统计表

公司名称	2021 年产量/万吨	2021 年市场份额/%
万华化学	85.11	51.77
巴斯夫	30.34	18.46
科思创	26.66	16.22
亨斯迈	19.66	11.96
东曹	2.62	1.59

由上可以看出，与 2020 年相比，2021 年我国聚合 MDI 供应格局未出现较大的变化。从排名情况来看，万华产量依旧是遥遥领先，处于第一位，2021 年产量略微增加。巴斯夫凭借着重庆巴斯夫负荷的提升，一举超过科思创跃升至第二位。从供应量上来看，万华、巴斯夫和亨斯迈产量的增加均来自于自身装置负荷率的提升。

3. 未来预测

2021-2025 年中国聚合 MDI 消费情况展望：

聚合 MDI 下游中，未来主要增长点还是在冰箱冷柜、胶黏剂和板材等行业。

冰箱冰柜行业，有内销和出口两个市场。尤其是出口市场，预计 2022 年还将维持小幅增长。对于冰箱冷柜的尺寸，传统冰箱冷柜往大的方向发展；同时客厅吧台柜、迷你柜等新兴小尺寸产品增速也很快。

胶黏剂行业未来增长潜力较大。以万华禾香板为例，据了解，生产 $1m^3$ 的禾香板，需要大概 30~40 千克的聚合 MDI。一旦此类产品被市场接受，实现大规模生产，将对 MDI 行业有明显的促进作用。但是，该产品价格高，推广困难。

汽车行业，预计近几年仍将弱势运行。未来的关注点主要在单辆车的 MDI 消费量的提升。据统计，目前一辆国产中级轿车的聚氨酯制品用量为 15~20 千克，但高档汽车的聚氨酯制品用量可达到 25~30 千克。若每辆车的聚氨酯制品用量可提高 10 千克，对应的 MDI 用量可以多 3~4 千克，以现在年产 2000 多万辆轿车计算，则可增加十几万吨的 MDI 需求量。

（二）2021 年中国苯二异氰酸酯（TDI）的使用情况

1. 2021 年中国各 TDI 厂家产量以及供应情况统计

2021 年中国各 TDI 厂家产量以及供应情况统计详见表 3。

表 3　2021 年中国 TDI 厂家产量、供需、进出口情况统计表

单位：万吨

万华化学	31.80
科思创	23.80
巴斯夫	12.30
沧州大化	12.29
甘肃银光	11.00
巨力（烟台市/新疆维吾尔自治区）	9.50
国产量小计	100.69
进口量	3.71
出口量	25.63
表观消耗量	78.77
实际消费量	76.99

备注：厂家及社会库存＝表观消费量－实际消费量＋上年累计库存，2020 年厂家及社会库存预估为 14.78 万吨左右，其中约 13 万吨是上年累计库存，1.78 万吨为国内厂家今年建安全库存用量。

我国 TDI 产品消费地区分布基本与下游产业分布一致；TDI 产品消费主要集中在软体家具、涂料、汽车等行业。

由于新冠肺炎疫情的持续影响，2021 年全国房地产市场惨淡，各项指标同比往年出现不同程度的下挫，在“灰犀牛”和“黑天鹅”的双重冲击下，房地产行业面临前所未有的严峻考验。

2021 年房地产市场的低迷也打击了我国家具市场，2021 年中国家具制造业规模以上企业营收总额为 6875.4 亿元，同比下降 6%；利润总额 417.7 亿元，同比下降 11.1%。

汽车方面，2021 年我国汽车产销分别完成 2522 万辆和 2531 万辆，同比分别下降 1.6% 和 1.5%，降幅比上年分别收窄 5.5 和 6.3 个百分点。2021 年第一季度受疫情影响，我国汽车产业面临的压力进一步加大，1-3 月汽车产量受芯片的影响连续出现负增长，尤其是 2 月份受节日影响降幅最为明显，同比下降 70.8%。后三季度受益于国内疫情基本得到控制，我国汽车产销量情况逐步好转，市场恢复大大超出预期，4-12 月均保持正增长，全年整体来看汽车产量小幅下滑。如果 TDI、MDI 按 5∶5 的比例应用在汽车中，一辆汽车按 5.5kg 的原料用量来计算，全年汽车行业消耗 TDI 量约在 13.87 万吨，详见表 4。

表 4　2021 年中国 TDI 消费区域分布统计表

地区	表观消费量/万吨	比例/%
华南地区	26.66	33.84
华东华中地区	23.07	29.29
东北华北地区	16.90	21.46
西南西北地区	12.14	15.41
总计	78.77	100.0

2. 2021 年中国 TDI 各下游消费分析

聚氨酯泡沫作为一种新型高分子材料，是 TDI 最大的消费用户。

聚氨酯泡沫塑料在聚氨酯制品中所占的比例超过 50%。它的主要特征是多孔性、密度低，比强度高。它还具有无臭、透气（软泡）、高绝热性（硬泡）、泡孔均匀、耐老化、一定程度的耐有机溶剂侵蚀等特性，对金属、木材、玻璃、砖石、纤维等有很强的黏附性，根据所用原料品种的不同以及配方用量的变化，可以制成不同密度、不同性能的软质、半硬质以及硬质聚氨酯泡沫塑料，用于各种不同的用途，这些优点为其他泡沫材料所不及，因此受到了各应用部门的欢迎。

发达国家 TDI 的应用相对单一，主要集中在软泡领域，其他领域如涂料、胶黏剂、弹性体等方面主要用 HDI、MDI 等代替 TDI。

国内虽然在软泡领域应用 TDI 占绝对多数，但是同时在中低档涂料、胶黏剂、弹性体等方面也大量使用 TDI 产品，详见表 5。

表 5　2020-2021 年中国各下游行业 TDI 实际消费量统计表　单位：万吨

年份＼行业	软泡	涂料	胶黏剂、密封剂	弹性体、塑胶跑道	合计
2021 年	54.6	9.6	8.0	4.8	77.0
2020 年	57.9	10.1	8.5	4.3	80.8

（三）2021 年环氧丙烷（PO）和聚醚多元醇市场

2021 年，国内 PO 生产聚醚及 PO（环氧丙烷）价格高位运行，价格保持在 1.5 万~2 万元/吨的高位。出现了聚醚行业从未有的高价，原因主要是 PO 垄断生产，产生垄断利润。随着共氧化和直接氧化法 PO 生产项目的建设，技术结构发生了巨大变化，2021 年我国氯醇法 PO 生产工艺的占比降到了 48%，PO 产能达 330 万吨左右，主要生产企业和产能情况见表 6。

表 6　2021 年中国 PO 生产企业产能

生产企业名称	工艺	产能/（万吨/年）
无棣鑫岳化工有限公司	氯醇法	35
中海壳牌石油化工有限公司	PO/SM	32
吉神化学工业股份有限公司	HPPO	30
宁波镇海炼化利安德化学有限公司	PO/SM	28.5
滨化集团股份有限公司	氯醇法	28
万华化学	PO/MTBE	26.4
山东三岳化工有限公司	氯醇法	24
南京金陵亨斯迈新材料有限责任公司	PO/MTBE	24

续表

生产企业名称	工艺	产能/（万吨/年）
山东金岭化工（集团）股份有限公司	氯醇法	16
天津大沽化工股份有限责任公司	氯醇法	15
方大锦化化工科技股份有限公司	氯醇法	12
南京金浦锦湖化工有限公司	氯醇法	10
山东大泽化工有限公司	氯醇法	10
中石化长岭分公司	HPPO	10
其他	氯醇法	26.2
合计		327.1

2021 年全国聚醚多元醇的产能达到 550 万吨，其中山东省是国内聚醚多元醇产能最高的省份。2020 年我国聚醚多元醇销量靠前的企业包括中海壳牌、蓝星东大、万华化学、佳化化学、句容宁武新材料、德信联邦、山东隆华、南京红宝丽、江苏长华、南京钟山、河北亚东等。2021 年中国聚醚多元醇产能情况见下表。

表 7　2021 年中国聚醚多元醇生产企业产能

生产企业	产能/（万吨/年）
万华化学	40
佳化化学有限公司	35
句容宁武新材料股份有限公司	30
山东蓝星东大有限公司	30
德信联邦化学工业有限公司	30
山东隆华新材料科技股份有限公司	30
无棣德信化工有限公司	30
绍兴恒丰聚氨酯实业有限公司	30
中海壳牌石油化工有限公司	27
聚源化学工业股份有限公司	23
河北亚东化工集团有限公司	20
江苏长华聚氨酯科技有限公司	18
南京红宝丽股份有限公司	18
江苏钟山化工有限公司	15
国都化工（昆山）有限公司	10
可利亚多元醇（南京）有限公司	8
其他	156
合计	550

由于聚醚生产企业较多，前几年市场竞争充分，2019 年以前产品质量稳定，价格较低，有利于聚氨酯制品企业的发展。2020 年四季度至今，价格翻倍，聚氨酯制品企业压力较大，企业利润基本被上游原料企业掏空，聚氨酯制品企业经营陷入被动境地。

总之，聚氨酯制品企业高度依赖上游生产供应商的技术和原料供应的稳定性，这是一条生产链上的不同工段，希望上下游企业相互理解，跳出自己的一亩三分地，共同维护行业企业的利益。实现合作共赢，使聚氨酯行业健康发展。

二、聚氨酯制品行业基本情况

1. 聚氨酯硬泡行业

聚氨酯硬泡行业总体与去年基本持平。比较好的子行业是冰箱冰柜及冷链物流行业，包括冷藏车、冷库。冰箱冰柜内需基本平衡，今年出口要低于去年，主要是运费暴涨，一些产能转到欧美市场。随着消费者对食品安全、新鲜度的要求提高，疫情需要的疫苗运输储存以及其他疫苗低温运输储存的需求也比往年更多，冷藏车及冷库需求平稳增长。前几年增幅较大的聚氨酯板材行业今年下滑较大，由于养猪企业通过 4 年多的扩建，基本达到相对饱和，新建养猪场又开始采用玻璃纤维夹心板建猪舍，使得前几年大量投资建设的卷纸连续板材生产线都处于低负荷运转，进而大量涌入冷库建设领域，供远大于求的情况下，加剧了市场竞争。建筑节能外墙保温领域在 2021 年仍然不温不火；由于前些年房地产过剩，北方新建住房少，所以管道保温行业也没有大的发展，基本维持在上一年的水平。喷涂聚氨酯由于独特的成型方式，仍然在硬泡行业维持一定的市场份额。

2. 聚氨酯软泡行业

软泡行业总体一般。约 80%的软泡用于家具家居产品，房地产市场低迷，加之今年受疫情影响，中小企业举步维艰，居民尤其是消费能力较强的年轻人收入基本增长不大甚至下滑，年轻人消费意愿不强；搬新居会换家具，但今年房市仍然低迷、交投不旺，终端市场消费能力不强，造成软泡下游需求不旺。创新型企业，掌握新技术、不断推出新产品的企业经营情况还好。汽车行业今年虽然有所增长，但车企每年要求采购价要下调，车用聚氨酯软泡盈利空间进一步被挤压。聚氨酯软泡 2021 年全年总体比 2020 年略有增长，产业仍然比较分散。全年原料价格（聚醚多元醇及各种助剂）在高位运行，聚氨酯软泡制品企业处于产业链终末端，上下夹挤，盈利能力不强。

（中国塑协聚氨酯制品专委会）

板片材

2021 年是国民经济和社会发展第十四个五年规划的开局之年，同时迎来了中国共产党的百年华诞，也是迈向全面建设社会主义现代化国家新征程，向第二个百年奋斗目标进军的开局之年。

2021 年又是极其不平静的一年，原以为新冠肺炎疫情只是一场可以速战速决的“遭遇战”，却不料疫情在全球蔓延，演变成一场“持久战”，疫情继续施虐全球，阻碍了全球经济复苏。我国从年初开始，疫情多点爆发，对经济运行造成了较大的影响，原材料价格、物流费用上涨，下半年能源供应紧张，到处拉闸限电、停工停产，企业经营困难重重，塑料板片材行业也遇到了新的挑战。

一、塑料板片材行业概述

1. 行业现状

塑料板片材是以塑料为原料，采用挤出工艺、压延工艺、模压工艺、及注塑工艺等制作成的板材或片材，属于新型材料。近十几年来，我国塑料板片材行业发展速度较快，受益于行业新产品、新材料、新技术、新装备和产能的不断提高，以及产品应用领域的不断扩大。塑料板片材行业在国内和国际市场上发展形势都十分看好，全球塑料板片材市场产量逐年增长。

新冠肺炎疫情爆发以来，对塑料板片材行业的发展产生了较大的影响。一方面，国内用于医疗防护器材、隔离设施、药品和食品包装等领域的塑料板片材需求旺盛；另一方面，国外疫情严重，对塑料板片材的需求增加，欧洲塑料片材的年需求量就超过 400 万吨，为此出口订单大幅增长。2021 年，年初开始，行业生产企业开足马力，加班加点生产，产量快速提升，出口和内销都有较大增长。行业工业增加值的增速，高于同期塑料制品加工业平均值。塑料板片材行业投资增速加快，高于同期塑料加工业投资平均增速，显现出较好的发展潜力和前景。

相关资料数据显示，2019 年全球塑料板片材产量达到 2134. 88 万吨，高于 2018 年的 2091. 64 万吨，但 2020 年的产量低于 2019 年。然而，由于国内防疫措施得当，有效控制住了疫情，生产恢复快，因此 2020 年我国塑料板片材产量达到 700 多万吨，高于 2019 年的 669. 86 万吨。2021 年上半年，由于国内外市场需求旺盛，销量取得了两位数增长，全年产销量超过 800 万吨，和 2020 年相比，产量提高了 7%以上。

2. 行业基本情况

进入 21 世纪以来，中国塑料板片材行业取得了令世人瞩目的成就，产能与产量全球最大，已达全球产量的 35%以上，稳居世界第一，实现了历史性的跨越。“十二五”期间增长率一直保持在 10%以上，在保持较快发展速度的基础上，经济效益也有新的提高。随着经济增长方式的转变，“十三五”期间塑料板片材行业增长明显放缓。但从合成树脂用量，塑料板片材设备数量，以及塑料板片材制品产量方面，都显示了塑料板片材行业强劲的发展势头。

随着塑料板片材新技术的应用，以及相关部门对环保型塑料板片材的大力推广，新型塑料板片材的应用也越来越广。我国市场上出现了多种类型的塑料板片材新产品。目前，市场上常见的塑料板片材产品有：传统的 PVC 板片材、PP 板片材、PE 板片材、PS 板片材，还有近几年增长较快的 PET 板片材、PC 板片材，以及各种添加玻纤、碳纤、高强度纤维的塑料基复合板片材，PLA、PBAT 生物降解塑料板片材等。

由于塑料板片材具有重量轻、保温、隔音、安装方便、可透明、可印刷、可制成彩色等特点，因此在建筑装饰、包装、工业制造、农业生产、国防工业、医疗等行业的应用越来越广泛。在国家生态环保、绿色发展政策的推动下，我国塑料板片材行业呈现了快速发展的态势。塑料板片材已涉及国民经济的各个方面，以塑料代替木材、钢材、铝材、石材、玻璃、皮革等，广泛应用于工业、农业、化工、建筑、包装、医疗以及航空航天、国防等尖端部门。

我国塑料板片材行业，现阶段以高端化为核心，大力发展新技术、新产品，大力培养新的增长点，以提高品质为前提、提升效率为核心，培养新的竞争优势。紧紧围绕“功能化、轻量化、生态化、智能化、精密化”的技术发展方向，大力开发新产品，大力实施替代进口战略，占领产品中高端市场。

3. 2021 年塑料板片材企业迎来新发展机遇

当前塑料板片材行业的产业基础、发展环境和条件都发生了深刻的变化。无论是国内产业转型，还是国际上受美国贸易霸权主义的影响，以及新一轮产业变革和科技革命的来临，特别是新冠肺炎疫情的全球蔓延，无一不对中国塑料板片材行业提出严峻的挑战。“十四五”遇到了世界百年未有之大变局的深度演化，与我国社会主义现代化建设新征程相互交融，中国特色社会主义进入了新时代，高质量发展成为主基调。“十三五”期间，我国塑料板片材实现了稳步发展，但和“十二五”时期相比，行业发展的速度已经明显地减缓。2018 年美国挑起了中美贸易战，对我国塑料板片材行业的发展造成了很大的影响，2020 年国内塑料板片材企业克服新冠疫情影响，大力研发生产满足防疫需求的新产品，产销量和 2019 年相比，有一定的增长。2021 年上半年我国塑料板片材的产量增长较快，和 2020 年相比有较大的提高，增长率高于塑料行业平均数。据行业统计数据显示，行业大部分企业产量都有较大增长，国内 2021 年塑料板片材的产量，高于 2020 年，超过 800 万吨，是历年来最高。国内塑料板片材产量增长大于国际，原因是多方面的。一是由于新冠疫情全球蔓延，疫情防控的需要，医疗防护器材、隔离设施、药品和食品等包装盒的需求量大增，这些产品的生产都离不开各种塑料板片材，所以塑料板片材的需求大增。二是欧美发达国家是塑料板片材传统生产强国，由于新冠肺炎疫情严重，许多企业停工停产，造成塑料板片材的产量大减，而我国塑料板片材的出口量和出口额都有较大的增长。三是新冠肺炎疫情期间，由于欧美等许多国家经济活动停摆，人们只能待在家里，刺激了家庭装修等消费市场的增长，所以建筑装饰用塑料板片材需求量也得到了快速增长，有效促进了我国塑料地板、塑料装饰板片材的出口量。由于多方面因素的叠加，2021 年国内塑料板片材产量增速达 7%以上。

4. 2021 年板片材行业企业受原材料和运费涨价的影响较大

改革开放以来，塑料板片材行业取得了跨越式发展，主要得益于改革开放政策，得益于国民经济高速发展的拉动，得益于人民生活消费水平提高的推动，得益于塑料板片材行业抓住机遇大规模引进国外的先进技术和装备。

过去几十年，行业经历了追赶型的高速发展阶段，然而塑料板片材行业并没有摆脱低水平、低效率的传统制造业地位，在国际上处于产业价值链中低端，其竞争优势基本是以牺牲资源、环境、能源为代价，以廉价劳动力为支撑的初级比较优势。由于告别了短缺时代，部分产品产能过剩严重，依靠投资、扩大产能、通过规模扩张的发展模式已不可持续。依靠廉价劳动力形成的低人工成本，这一优势正在削弱，同时资源、环境、能源的约束力也在加大，以及近年来原材料的涨价因素等影响，企业利润空间被大大压缩，行业利润增幅逐年下降。

2021 年，由于环保管理力度的进一步加大，化工原材料价格的大幅上涨，物流成本的快速上升，人力资源成本的快速增长，以“提高质量、降低消耗”为主要内容的降低变动成本，和以“提高劳动生产率”为主要内容，降低固定成本的传统盈利模式受到严重挑战。企业经营成本不断升高，而市场竞争不断加剧，产品价格难以上涨，造成经营困难加大。

2021 年原材料价格波动大，涨幅超过 30%。运输不畅，运费上涨严重。出口货柜，一箱难求。供需矛盾加大，上下游企业矛盾加大，利益分配不平，严重影响塑料板片材企业稳定发展。

塑料板片材的种类比较多，主要有PVC、PP、PE、PET、PS、ABS、PC、PA等，2021年除了PET树脂，其他原料涨价幅度都很大。其中板片材行业中，PVC树脂的用量是最多的，2021年1月由于需求较少，PVC树脂价格约为7500元/吨，价格和往年相比有小幅提高。但春节后PVC制品市场的全面复苏，以及我国能耗双减政策、“碳达峰”“碳中和”大背景下，电石价格大幅上涨，加之国外PVC树脂产量大幅下降，3月份开始PVC树脂价格快速升至8500元/吨以上，5月达到最高9500元/吨左右，超过近10年的最高价，比往年正常价格高出2000元/吨以上。9月初开始国内原材料价格开始疯涨，特别是PVC树脂价格，在10月中旬达到了15000元/吨左右，是年初价格的翻倍，已颠覆了PVC是物美价廉高分子材料的认知。由于终端产品市场竞争激烈，价格上涨很难，所以板片材生产企业的利润被严重压缩，亏损严重。一些PVC透明片市场，被PET、PP等透明片所取代。

塑料板片材产品出口方面，国外由于疫情较为严重，包装、医疗、家装材料需求大幅增长，而同期国外的工厂开工率又不足，从而使得这方面的板片材产品出口量增加较多，出口价格也有一定幅度增长。但由于国际海运价格大幅增长，加之货柜紧缺，对出口产品也产生了很大影响。以发往美国的货柜为例，40英尺柜以前大约2000美元/柜，2021年已经超过1万美元/柜。一个货柜的产品货值只有3万美元左右，运费就占了30%左右。一方面发货难、发货贵，另一方面与外商签订合同后，原材料大幅涨价，造成很多板片材出口企业都出现了亏损。

另外，有的企业为了能正常接单，减少亏损，也采取加大填充料、增加回收料等非正常方式生产，产品质量得不到保证，品质下降严重，长久下去会给行业带来不利影响。

二、目前塑料板片材行业存在的主要问题

除了国内外宏观环境影响外，也应该看到塑料板片材行业自身的问题：一是产品结构不合理，中低档产品比例过高；二是部分产品出现结构性、阶段性过剩；三是技术创新能力不足，行业新增长点不多，缺少实现持续增长的条件。具体分析如下：

1. 结构性、阶段性产能过剩顽疾没有得到有效缓解

产品产能结构性和阶段性过剩是塑料板片材加工业产品结构不合理的集中体现，是实现健康发展，可持续发展的一大障碍。目前低端产品产能过剩问题仍未有效解决，而且继续在恶化，远超市场需求，如廉价劣质的硬质PVC板片材，PS、PP、PE板片材等。盲目引进而引发的阶段性过剩产能尚未有效化解，而高端产品仍需大量进口，如汽车、高铁、机场、酒店装饰用高档塑料板片材，耐高温、高透明的功能性塑料板片材等。

2. 品牌意识、质量意识淡薄

品牌意识的淡薄，营销网络建设相对滞后，加之较低的技术和资金进入门槛，使得板片材行业企业规模普遍不大，营销手段单一，营销成本较高，缺乏品牌策略，对目标市场和细分市场几乎没有什么调查研究和应对手段，一拥而上，埋头就干，对于技术、质量的更新与提升考虑较少，当竞争日趋激烈时，很多企业陷入了渠道冲突、实行价格战、成本上升、收入下降、客户投诉不断、满意度大幅度降低的尴尬困境之中。

由于传统塑料板片材产品，技术含量低，投资少，行业进入门槛低，因此造成产能严重过剩。加上行业内一些企业质量意识淡漠，习惯于打价格战。所以由产能过剩引发低价恶性竞争比较普遍，造成市场严重混乱，既影响行业形象，又影响企业效益，同时深刻影响了行业健康发展。

如何在市场中杀出一条血路？除了渠道营销以外，还必须花大力气全方位地打造属于企业、渠道商和消费者共同认可的强势品牌，从而占据未来市场的稳固地位。

3. 塑料板片材行业创新意识不强，创新能力不足

由于行业内大企业较少，以中小企业为主，企业科技人员少，科技研发能力差，再加上企业科研经费投入不足，或没有条件投入，科技创新受到了严重制约。有的高质量、高水平板片材受到市场可接受价格的制约，相对而言，市场上类同的通用产品较多，中低档产品占绝大多数，而高技术、高附加值的产品很少。行业应通过不断地自主开发、加快科技创新，开发新产品，进一步提高产品的功能性、可靠性、稳定性和先进性。利用“互联网+”提高企业技术创新能力，同时进行生产设备智能化升级改造，实现管理方式创新、营销模式创新，提升企业的综合创新能力。

此外，目前行业总体装备水平偏低，产品结构不合理，科技投入不足，产品集约化程度低，抵御风险能力不强，行业区域发展不平衡，而且环保等

问题也影响了行业的健康发展。

三、行业重点企业

塑料板片材生产企业主要分布在江苏、浙江、山东、广东、四川等地区，苏州奥凯等公司是 PVC 板片材产品的主要生产企业之一；苏州奥美是聚碳酸酯（PC）板片材产品的主要生产企业之一，PC 板片材和传统塑料板片材相比，附加值较高，效益好。四川汇利实业有限公司是技术研发创新能力最强、生产规模最大的专业医药包装企业之一，是国内医药包装“一站式服务”领导品牌，在全球具有重要的影响力。

（1）苏州奥凯材料技术有限公司，成立于 2008 年 6 月，位于苏州高新技术开发区，主要生产、研发、销售高档 PVC 聚对苯二甲酸乙二醇酯（PET）、PC 等挤出片材、板材、薄膜及相关高分子材料、航空材料。现发表国家专利 10 余项，形成产品 8 大系列，100 多个品种，广泛用于包装、印刷、折盒、吸塑、电子、乐器、文具、水处理、交通工业、电器、太阳镜、太阳帽、镀镜、防护面罩、各种标牌、铭板、航空与高铁等领域。产品以优良的质量赢得了国内外客户的认可，为中国片板材行业发展做出了卓越贡献。公司目前拥有 13 条生产线，年产能达到 30000 吨，是华东地区规模最大的硬质片材生产企业之一。苏州奥凯材料技术有限公司投资新建的滁州工厂，预计 2021 年 10 月投产，产能有很大提升。

（2）苏州奥美材料科技有限公司，总投资 2 亿元，年设计生产能力 20000 吨，是中国最大的集研发、制造、销售、服务于一体的 PC 薄膜及片材生产基地。奥美现拥有 60 余项国家专利，并主导了 PC 薄膜产业国家标准制定，是国家级企业博士后工作站，是江苏省著名商标及名牌产品、江苏省高新技术企业。奥美专注于研究、开发、制造国内外高端市场所需的特殊 PC 薄膜产品。目前应用于光学电子、平板显示、医疗设备、高铁航空、汽车部品、LED 照明、安全防伪、图片印刷等领域的十大系列，200 多个品种的产品，业务遍及 60 多个国家和地区，连续多年产销量及市场占有率中国第一。主要经营项目，研发、制造：平板显示屏材料，PC、MMA（聚甲基丙烯酸甲酯）、PET（聚酯）化学薄膜产品及高分子功能化材料，并提供相关的技术及售后服务；销售：塑胶原料、非危险化学工产品、塑胶机械、塑胶薄膜、片材；自营和代理各类商品及技术的进出口业务。

（3）黄石华亿塑胶有限公司，是原轻工部 PVC 层压板定点生产厂家，现中国塑料加工工业协会理事单位，塑料板、片专委会副主任单位，至今已有 45 年生产历史。公司主要产品有 PVC 层压板、挤出板、CPVC（氯化聚氯乙烯）层压板、PP 挤出板、PE 挤出板、塑料焊条等，是硬质聚氯乙烯板材国家标准 GB/T22789. 1-2008 主要起草单位、湖北省高新技术企业、湖北省守合同重信用单位，“华熠”牌 PVC 层压板荣获湖北省名牌产品称号，“华熠”牌商标被湖北省工商局评为湖北省著名商标。2013 年公司 PVC 层压板工程技术中心被湖北省发改委列为省级工程技术中心。目前是国内生产 PVC 层压板规模最大、品质最优、生产及检测设备最先进、最环保节能的高新技术企业。公司拥有自动化程度较高的三辊压延片机和 1600T、2600T、3000T 三套热压机组，以及 PVC 层压板全套检测仪器。目前公司年产 PVC 层压板可达 1. 2 万吨，板材宽幅可达 1. 5 米。

（4）济南海富塑胶有限公司，位于济南市东郊 35 千米处，章丘市枣园街道办事处驻地，紧靠枣徐 09 公路，东临章丘绣源河，距济南机场 30 千米，交通十分便利。海富塑胶是由海富公司与美国富安投资公司共同投资建立的中美合资企业，以生产 PVC 系列板材为主。目前公司共有 7 条生产线，全部进口于德国和奥地利。公司依靠先进的设备，严格的企业管理，先后开发了宽幅 PVC 发泡板和超厚 PVC 挤出硬板，使 PVC 挤出硬板厚度可达 50 毫米，并于 2011 年成功开发生产出了 CPVC 板、高光亮 PVC 板材和永久抗静电 PVC 板材，年生产 PVC 系列板材可达 12000 吨，产品畅销国内，并远销东南亚、中东、北美、中南美、欧洲等世界各地。

（5）扬州金丰新材料有限公司，系中外合资企业，国家级医药、食品包装材料生产基地。公司坐落于省级经济开发区——扬州邗江工业园内，地理位置优越，东接宁通高速，南临扬州港，西依润扬大桥，北通宁启铁路，水陆交通十分便捷。公司总资产 2 亿元，年销售额达 3 亿元，拥有 10 多条从美国、日本、韩国等引进的先进设备，年生产能力达到 2 万吨。主要产品有新型环保材料 PET 片材、板材；PVC 片材、板材；SP 药用复合膜、袋；PTP 药用铝箔等四大系列，30 多个品种，广泛应用于药品、食品、电子产品、工艺品、五金工具、文具、玩具、渔具等制品的包装。公司的生产车间严格按照国家GMP标准净化，产品的各项技术、质量指标均达到国际一流水平。

（6）淄博中南医药包装材料股份有限公司，是中国著名的专业生产包装材料的生产厂家，坐落于山东省淄博市，紧邻北方最大的化工企业齐鲁石化，同时享有便利的交通条件，靠近济青高速和京沪高速，并距离北方最大的深水不冻港青岛港260千米。作为中国最大的包装材料生产厂家之一，该公司每年的产量达20000吨，目前有三条PVC生产线、一条PET生产线、一条铝箔生产线、一条伸缩膜生产线，产品覆盖12个系列45个产品，其中包含PVC药用片材，PVC食品包装片材，PVC输液袋，PET食品包装片材，铝箔包装片材，伸缩膜和牧场膜。该公司同时还有能力生产特殊片材，包含金银片材，PVC夜光片材，抗静电片材和抗菌片材。

淄博中南公司致力于新科技的开发，多种产品填补了国内的空白。公司注重于科技的进步，并与山东理工大学保持了良好的关系。公司拥有4名博士和6名硕士专家，他们在包装领域具有丰富的经验和很强的专业背景。为了进一步改善产品质量，该公司成立了塑料压延技术中心，并被中国塑料加工工业协会命名为中国塑料压延技术中心。塑料压延技术中心与山东理工大学保持了产学研一体的合作关系。

公司通过了ISO 9001，ISO 14001和ISO 18001认证，并从国家食品药品监督管理局取得药品包装用材料注册证。近年来，随着该公司业务的飞速发展，中南塑胶公司的齐国商标在国内外享有很高的市场声誉，产品已经远销欧洲、南美、北美、澳洲、非洲和亚洲的很多国家和地区。

（7）扬州润丰塑胶有限公司，拥有五条自动挤出生产线。主要产品有ABS（丙烯腈-丁二烯-苯乙烯）、PP（聚丙烯）、LDPE（低密度聚乙烯）、HDPE（高密度聚乙烯）、HIPS（高抗冲聚苯乙烯）及PMMA（聚甲基丙烯酸甲酯）等。品种多（有磨砂、布纹、皮纹及米粒纹等）、颜色齐全，产品具有良好的加工性能，有抗寒防冻、耐高温、抗冲击、抗静电、导电等特点。应用范围如下，PP：LED灯、电子产品，果冻杯、快餐盒等吸塑产品及工艺品包装；文件夹、相册、公文包等文教用品和印刷材料及水处理材料。PE：密封件、箱包内衬、服装领衬、机器垫板及建筑装璜材料和水处理工程材料。HIPS：五金、电器、电子、医药、工艺品包装、印刷、灯箱广告等。ABS：汽车火车内饰件、电脑雕刻、标牌、家具、箱包内衬、水处理及五金、水产品、工艺品包装等。

（8）四川汇利实业有限公司，总部位于成都市高新西区百叶路53号，公司拥有职工1000余人，占地200余亩，总资产达30亿余元人民币，公司拥有一流的生产设备，丰富的产品结构，强大的技术研发创新能力及生产能力，完善的市场网络与售后服务体系，是目前中国医药包装“一站式服务”领导品牌，汇利实业在医药包装领域独树一帜，在全国乃至全球具有重要的影响力。

汇利实业拥有国际一流、国内领先的专业包装生产设备，具备强大的医药包装、食品包装、电子包装、日化包装生产能力。拥有包装生产线32条，单日包装产量超过200吨。目前年产能达15亿元以上。其中药用PVC硬片年生产能力达30000吨，PVC/LDPE复合片5000吨，PVC/PVDC硬片3000吨，PTP药用铝箔3000吨，SP软包复合膜（袋）25000吨，冷成型铝和热带铝2000吨，塑料托盘60亿只，彩印包装年用纸量达50000余吨。同时具备PVC/Aclar复合片、PVC/EOE复合片、PET/EOE复合片、冷冲栓剂铝、纸铝塑、易撕膜、易揭膜、PE膜（袋）、SP软包复合MDP医疗器械包装材料、CRP儿童保护泡罩包装、口服液体药用复合膜等产品的规模生产能力。

汇利实业拥有一支专业化的营销管理团队和销售精英团队，形成了遍布全球的营销网络。全国拥有24个办事处，150余人的国内外营销队伍和售后服务团队，拥有1000余家优质客户，系列产品还销往美国、澳大利亚、巴西、阿根廷、意大利、伊朗、巴基斯坦、孟加拉国、俄罗斯、越南等36个国家和地区，是国内外众多知名制药企业的首选专业包装系列产品的供应商。

汇利实业拥有全国一流的生产设备、检验检测设备、系列产品先进的工艺技术以及一大批高素质的专业技术人员，铸就了安全可靠的产品质量，赢得了众多中外客户的信任。汇利公司实行全员质量管理体系，严格执行CFDA Ⅰ类药包材管理标准、ISO9001等质量认证体系的系统要求，建立和完善了质量管理和监测系统，已经通过了欧盟食品安全GMP认证，拥有12个产品获得美国FDA的DMF备案认证。

汇利实业围绕药品包装的特殊性，坚持以“质量求生存，创新图发展”的战略思想，不断加大投入，与四川大学、西华大学、北京印刷学院建立了校企合作战略伙伴关系，成为本研学生和卓越工程师培训基地。同时依托川大在高分子材料领域的领先优势，加强与加拿大多伦多大学和美国新材料研发机构的合作，开展了众多医药包装新材料的研发，多个产品填补了西南和国内空白，部分产品达到了国际先进水平，已同时申请多项国际国内专利，目前拥有近 100 项专利。

汇利实业是中国药包材协会理事单位、中国塑料加工工业协会理事单位、四川省药包材协会副会长单位、荣获中国高科技高成长企业 50 强、四川省科学技术进步奖（三等奖）、成都市科学技术进步奖（二等奖）、成都高科技高成长企业 20 强、国家高新技术企业，四川 100 家创新企业 70 强等荣誉称号。

（9）江苏金材科技股份有限公司，是广东鸿达兴业集团控股子公司，原名江苏琼花高科技股份有限公司，国家级高新技术企业、国内规模最大的 PVC 包装材料生产基地之一。公司坐落于扬州市东郊杭集工业园，东临长江，西傍运河，宁通高速横贯东西，水陆交通十分便捷。公司现有职工 450 多人，其中具有大专以上学历和各种专业人才占职工总数的 35%，近年来引进了多名具有博士、硕士学历的高层管理及高级技术人才。公司拥有 20 多条高科技自动化生产流水线，大多从德国、意大利等国著名厂家引进，年生产能力达 8 万吨，产品主要有智能卡基材、高阻隔药用 PVC/PVDC 涂覆片材、药用 PVC 片材、印刷用 PVC 片、板材、吸塑用 PVC 片、板材等 9 大系列 60 多个品种，广泛用于医药、电子、服装、环保、仪器、建筑装潢等行业。由于公司规模大、起点高、质量好、科技含量高等诸多优势，使得“琼花”品牌在全国乃至国际同行业中均享有盛名。

（10）瑞安市奥华塑胶有限公司，创办于 2002 年，位于浙江省瑞安市陶山镇，隶属中国新潮集团，是一家专业生产聚氯乙烯（PVC）硬质胶片的现代化民营企业。公司投资总额 1.7 亿元，公司占地面积 25000㎡，拥有数台（套）最新技术的自动化压延生产流水线和检测设备，2007 年生产能力达到 2 万吨，产值 2.1 亿元。主要产品有 PVC 透明、彩色硬质胶片、印刷板材等系列包装材料。产品具有透明度高，抗冲性能强，色泽鲜艳，耐化学药品性及易加工等特性，广泛运用于五金电器、电子、文具、服装、工艺品、医药、食品等真空成型的吸、压塑包装。

四、发展趋势与规划

我国塑料板片材行业仍然处在发展时期，随着新材料、新工艺、的不断出现，塑料板片材的新产品层出不穷。新型塑料板片材的应用也越来越广，应用领域已涉及国民经济的各个方面，各种塑料板片材正以其优越的性能，广泛应用于工业、农业、化工、建筑、医疗、包装、航空航天、国防等尖端部门，代替木材、钢材、铝材、石材、玻璃、皮革等传统材料制作的板片材。

目前快速发展的新型塑料板片材，得到了大量的新型高分子材料和新技术支撑，塑料板片材正朝着集美观、实用于一体的方向发展，功能方面则向更加专业、特殊功能的方向拓展。“十三五”期间，国家已把科技创新带动产业发展提到了空前未有的高度。“十四五”时期，世界百年未有之大变局深度演化，与我国社会主义现代化建设新征程开局起步相互交融，中国特色社会主义进入新时代，高质量发展成为社会发展的主基调。塑料加工业必定依托于科技创新，与塑料行业相关的新产业、新业态、新技术及新模式不断涌现，创新驱动给企业带来新的发展机遇。因此，“十四五”时期是新型塑料板片材行业发展的大好时机。

当前，塑料板片材行业正处于发展壮大期向产业成熟期过渡的关键时期，是产业迈向中高端的关键时期。在后疫情时期，经济环境严峻，经济下行压力加大，塑料板片材行业企业生产经营也面临许多新的困难和问题。因此，认真分析面临的形势，抓住机遇，主动作为，开拓创新，平稳渡过当期，实现产业转型升级，是摆在我们面前的重要任务。

1. 塑料板片材行业发展环境

面对国内外的复杂局面，2020 年 5 月 14 日，中共中央政治局常委会会议首次提出“深化供给侧结构性改革，充分发挥我国超大规模市场优势和内需潜力，构建国内国际双循环相互促进的新发展格局”。

中国经济“双循环”首次提出以来，新发展格局在多次重要会议中被提及。以国内大循环为主体、国内国际双循环相互促进的新发展格局。这个新发展格局是根据我国发展阶段、环境、条件变化提出来的，是重塑我国国际合作和竞争新优势的战略抉择。这也是塑料板片材企业未来的经营方针，要以国内市场为主，国外市场为辅，确保企业稳定发展。

国际方面，2021年在新冠疫情全球蔓延的大背景下，世界经济持续下行，贸易紧张局势加剧，全球贸易陷入疲软状态。单边主义、贸易保护主义盛行，贸易摩擦升级，贸易负增长，诸多经济指标在2021年均出现下降，下降幅度超过2008年金融危机。但全球贸易也存在诸多正面的积极因素，国际社会普遍支持自由贸易和多边贸易体制，虽然中美经贸谈判达成第一阶段协议，但美国对中国产品的高关税在2021年并没有取消。在国际社会努力下，世贸组织改革迎来契机，电子商务、数字经济、创意经济隐含巨大的潜在收益，可转变为全球贸易的重要增量。

我国塑料板片材行业的技术环境相对较好，2000年以来，塑料板片材行业新产品、新材料、新技术、新装备层出不穷，应用领域不断扩大，建筑行业、包装与装潢行业、汽车制造、工农业生产、国防建设等，都离不开塑料板片材。随着塑料板片材新技术的应用，环保型、功能型、高性能的塑料板片材，其应用越来越广。在国家生态环保，绿色发展政策的引导下，我国塑料板片材行业技术进步显著，呈现了较快的发展态势。

2. 塑料板片材市场规模与结构

目前我国塑料板片材的市场规模较大，据行业调查显示，2021年塑料板片材行业的总产值超过1000亿元人民币，是全球第一。但是我国塑料板片材产品，目前还是低端产品的产量较大，中高端产品的产量占比较小，塑料板片材产品的结构还不合理，未来需要持续调整，满足市场需求。近年来降解类塑料片材的市场潜力很大，许多企业在这方面都有较大的投入，产能增长较大。

3. 塑料板片材行业发展重点建议

（1）要坚持创新驱动发展，依靠科技创新，不断提高产品档次和质量，大力实施高端化战略，提高中高端产品比例。

（2）要加快生产工艺创新，要改进优化传统生产工艺，大力开展推广应用智能设备，通过生产工艺创新和智能装备，建设现代生产体系，为提高产品质量创造条件。

（3）特别在开发新型塑料板片材方面，要大力实施差异性战略，要通过技术进步和技术创新，解决好低端产品向中高端产品转化的问题，实现全行业产品技术水平的提升，产品质量的提高，解决好产品同质化竞争严重的问题。

4. 促进塑料板片材行业健康发展的措施

（1）面对新一轮全球科技革命和产业变革浪潮，面对我国经济进入新常态，塑料板片材行业必须大力实施创新驱动战略，紧紧围绕创新这一新引擎，调整发展思路，把主要精力集中到调结构转方式，着力提高发展质量和效益上来。

（2）要实现行业发展中高速，产品开发要中高端的双目标，必须紧紧围绕“高端化”这一核心，大力培养新的经济增长点，一要大力开发新产品，加快产业升级；二要大力推进工业化和信息化深度融合，加快“互联网+”工程建设，要适应高端化、个性化、小批量、私人定制的市场导向，探索大规模个性化制造的新路子，推动新型生产模式和新业态的快速成长，大力培养新的经济增长点，是未来发展的重要措施和方向。

（3）要面对生产力要素成本不断上升，资源环境的约束不断增加，面对高成本时代到来，必须紧紧围绕以提高生产效率为核心，着力培养新的竞争优势。

（4）完善质量保证体系，引导市场健康发展。要加强行业自律，完善质量保证体系，健全质量认证和监督制度。对企业的工艺装备、生产规模、检测手段和质量保证体系等提出合理化建议，配合相关单位加强对行业产品质量的监督首查。企业应加强对用户的服务，协助用户选择最佳的产品。对于涉及公共安全，人身安全的产品，应逐步建立、健全强制性的管理办法。生产企业不应采取以低价作为进入市场的手段，要有长远的市场意识，注重产品质量、技术创新、完善服务，为用户提供合格产品和优质服务。

（5）注重与上下游行业的联系与合作，促进塑料板片材行业健康发展。加强与装备企业的合作，推动行业的装备技术创新和技术进步，提高生产效率、自动化、智能化水平、提升产品质量。联合原材料生产企业，提高原材料性能，研发新原料，确保板片材行业新产品开发，促进塑料板片材行业健康发展。

5. 塑料板片材行业发展前瞻

全球范围的新一轮科技革命和产业变革正在孕育，新一代信息技术在工业领域的广泛渗透，正在引发制造业发展理念、技术体系、制造模式和价值链的重大变革，协同、智能、绿色、服务等正逐渐成为制造业的核心价值体现。由此可见，信息化技术正深刻改变着制造业的生产模式和产业形态。新一轮科技和产业变革的酝酿和推进，改变了世界制造业的分工格局，这给中国塑料板片材加工行业提出了严峻挑战。

当前正值中国塑料工业转型升级的关键时期，国际上新一轮科技革命和产业变革在风起云涌，与我国加快经济转型发展形成历史性交汇，我国国民经济正在面临重要的战略机遇期，经济增长减速换挡，产业链向高端迈进，“新常态”已经成为最热的经济关键词，经济的主要任务是完成发展方式的转变，从传统的“投资驱动”逐步转换到“创新驱动”。而新技术方兴未艾，“互联网+”“工业4.0”等新技术不断涌现，塑料板片材行业如何在新技术浪潮中更好的生存发展是每个企业都面临的考验和挑战。毫无疑问，谁既有先进的生产技术，又有顺应时代的管理与销售手段，谁就能生存下去、发展起来。

2021 年是实现塑料加工业“十四五”发展目标的开局之年，中国塑协根据行业“十三五”的规划和技术进步指导意见的执行情况，提出了《塑料加工业“十四五”发展规划指导意见》。《塑料加工业“十四五”科技创新指导意见》已正式发布，对我们塑料板片材行业具有极其重要的指导意义，必将是我们未来发展的基本方针，通过创新思维、创新产品过程设计和关键技术创新实现产业创新发展，以低能耗、低资源消耗、低环保负担方式提高产品质量和增加效率，实现产业升级，实现塑料板片材产业的可持续发展。

（中国塑协板片材专委会）

塑料编织制品

一、塑编产业 2021 年发展综述

（一）行业运行平稳增长，发展质量继续向好

截至 2021 年年底，全国塑料编织专业生产企业近 5000 家，从业人员约 40 万人，年综合生产能力约 2700 万吨。

2021 年全国规模以上企业塑料丝、绳及编织品（以下简称塑编制品）产量约 1476 万吨，同比增长 2.49%，产值约 1939.8 亿元，同比增长 4.2%；全社会塑编制品产量约 1713.4 万吨，同比增长 1.2%，全社会产值约 2144.3 亿元，同比增长 2.78%。

2021 年行业发展平稳增长（图 1、图 2、表 1），产业结构优化，高中端产品比例逐年提高，方底阀口袋、篷布、集装袋等产品出现了大幅增长，全球新冠肺炎疫情流行使得防护包装及粮食包装等产品强劲增长，大企业盈利能力增强，行业发展质量继续向好。

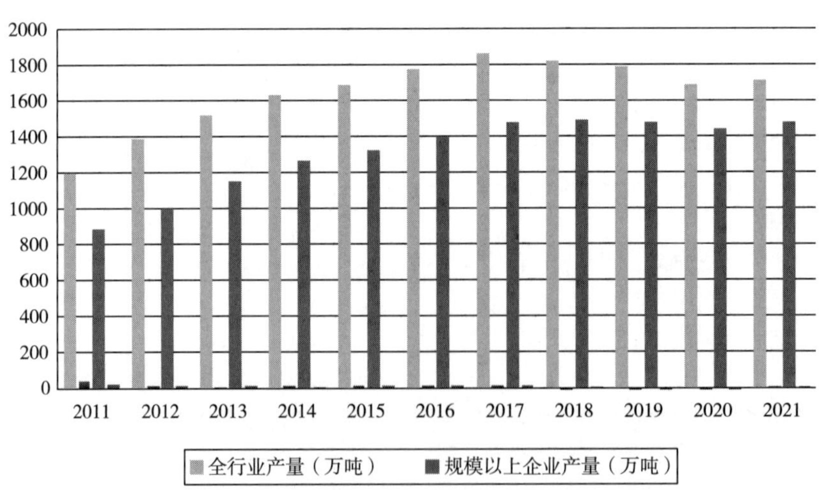

图 1　2011-2021 年塑编产量增长情况

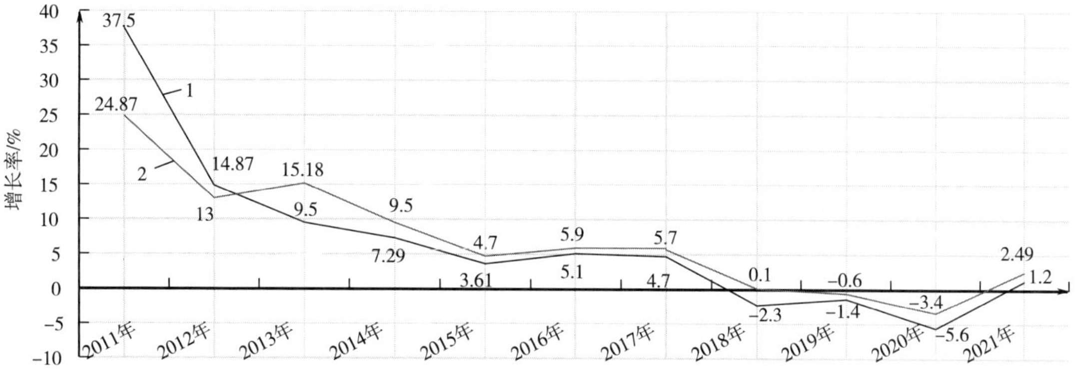

图 2　2011-2021 年塑编产量增长率

表 1　　2011-2021 年塑编产品产量及增长情况

类别＼年份	2011	2012	2013	2014	2015	2016	2017	2018	2019	2020	2021
全行业产量/万吨	1210	1390	1522	1633	1692	1778. 3	1861. 9	1819	1793. 5	1693. 1	1713. 4
增长率/%	37. 5	14. 87	9. 5	7. 29	3. 61	5. 1	4. 7	−2. 3	−1. 4	−5. 6	1. 2
规上企业产量/万吨	889	1004. 5	1157	1267	1326. 7	1404. 8	1484. 9	1499. 8	1490. 8	1440. 1	1476
增长率/%	24. 87	13	15. 18	9. 5	4. 7	5. 9	5. 7	0. 1	−0. 6	−3. 4	2. 49

2021 年塑编行业集中度进一步提高，部分大中型企业取得了较好的发展，部分小微企业萎缩或关停或转产。企业继续更新先进设备，扩张产能，水泥包装袋生产厂家更新设备积极，阀口制袋设备生产厂商订单饱满。

2021 年塑编行业经济运行呈现较大的反常波动。一季度，生产订单充足，企业普遍满负荷生产，经营形势一片大好；二季度前期运行平稳，后期市场需求回落，销售不畅，产品开始出现滞销，塑编透明袋等产品出现成本与价格倒挂现象；三季度受能耗双控影响，原料价格飞涨，企业排单困难，行业库存积压严重，塑编企业经营普遍出现困难；四季度销售出现回升，企业积极排产补库存，经营出现好转。

2021 年塑编企业整体开工率不足 70%，塑编企业平均利润率约 4%。因新冠肺炎疫情影响，需求受到抑制，订单不足。下游用户普遍存在拖欠款现象，企业回款周期长，工厂开工不足，人工成本增高，供应链及物流不畅，能源双控、原材料价格高位波动大等多重因素，对企业生产经营产生了诸多不利影响。

（二）塑编产品提质提档，比例结构进一步优化

在 1713. 4 万吨塑编包装产品中，水泥袋约 490 万吨，约占 28. 6%，同比下降 2. 2%；化工原料、饲料等各种普通编织袋 479. 8 万吨，约占 28%，同比下降 2. 3%；集装袋 308. 4 万吨，约占 18%，同比增长 7. 1%；土工布及篷布 255. 3 万吨，约占 14. 9%，同比增长 8. 5%；遮阳网及网眼袋 138. 8 万吨，约占 8. 1%；其他塑编产品 41. 1 万吨，约占 2. 4%（图 3）。篷布、集装袋等产品继续增长，水泥袋、普通编织袋下降，中高档产品比例逐步扩大，产品结构进一步优化。

据不完全统计，2021 年全国共生产各种塑编产品 1713. 4 万吨，其中使用新粒料 PP（聚丙烯）约 1165. 2 万吨，占 68%左右；粉料 PP（聚丙烯）约 171. 3 万吨，占 10%左右；PE（聚乙烯）约 154. 2 万吨，占 9%左右；再生料约 222. 7 万吨，占 13%左右（图 4）。1713. 4 万吨塑编产品中还包含各种母料约 100 万吨，纸、缝纫线、涂覆料、颜料、油墨等 70 万吨。

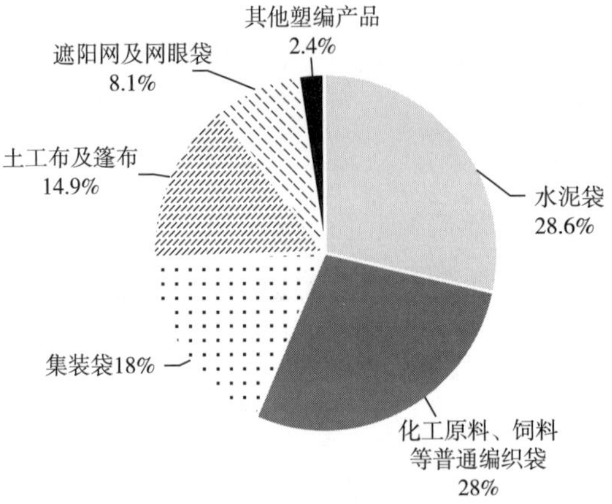

图 3　2021 年塑编产品占比图

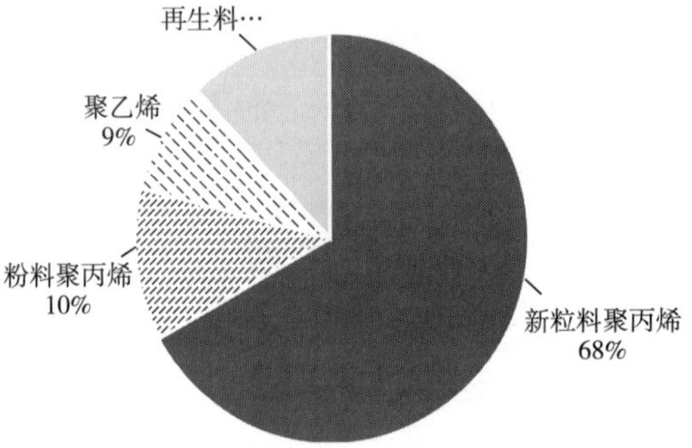

图 4　塑编产品各原料用量占比

国家进一步加大对塑料污染的治理力度，各省相继出台限塑的政策和措施，严格的环保要求以及用户对高品质产品的需求，企业生产普遍增加全新料使用比例，粉料、填充母料使用将会进一步减少。随着双碳目标战略实施，塑料回收利用被格外重视，再生料的资源利用在塑编领域会更多更广，塑编原料配比向单一材质易回收方向发展，再生料在塑编产品中被鼓励使用。行业普遍加装更多的环保设备，使得生产车间粉尘、烟雾大大减少，生产环境获得较大改善。

（三）各省份占比变化不大，辽、浙、苏、鲁增幅靠前

产量位列全国前 6 位的省（市）是山东、辽宁、浙江、河南、四川、江西。增长幅度位列前 5 位的是浙江、辽宁、江苏、山东、四川，其中，浙江、辽宁产量分别比上一年增加了 10.3 万吨和 9.7 万吨，增长幅度分别达到 7.4%和 4%，高于全行业增长水平。产量位列全国前 6 位的产量合计约占全国产量 60%。塑编产业分布遍布全国，从东南向中部、东北、中原转移的趋势放缓，但西北、西南地区塑编产业继续增长。除山东、辽宁外，内蒙古自治区等其他省（市）塑编产量占全国比例都在 10%以下（表 2、图 5）。

表 2　2021 年全国各省份塑编企业产量表

排名	省别	产量/万吨	占比/%
1	山东	322. 1	18. 8
2	辽宁	251. 9	14. 7
3	浙江	149. 1	8. 7
4	河南	135. 4	7. 9
5	四川	118. 2	6. 9
6	江西	78. 8	4. 6
7	江苏	77. 1	4. 5
8	广西	72. 0	4. 2
9	安徽	66. 8	3. 9
10	湖北	54. 8	3. 2
11	河北	51. 4	3. 0
12	湖南	53. 1	3. 1
13	广东	48. 0	2. 8
14	黑龙江	36. 0	2. 1
15	重庆	36. 0	2. 1
16	内蒙古自治区	20. 6	1. 2
17	其他省份	142. 2	8. 3

（四）全球产业链、供应链变化，促塑编产品出口回暖

塑编出口产品主要集中在集装袋、篷布及特殊功能化品种上，还有一部分是随着产品出口附带塑编包装出口。2020 年开始，新冠疫情全球大流行，正常国际贸易被部分阻断，全球经济下行，受国内、国外市场需求下降双重打击，塑编包装产品出口受到较大影响。集装袋及周转袋出口量下降了 14. 1%，出口额下降了 17. 3%；其他塑编袋出口量下降了 9. 5%，出口额下降了 8. 5%。2021 年，疫

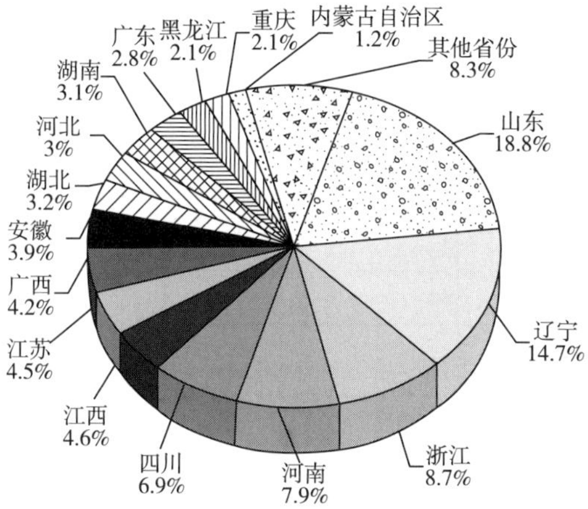

图 5　全国塑编企业各省产量占比图

情使全球产业链、供应链发生了变化，印度、东南亚等地的加工塑编包装袋国际订单回流中国，使得部分企业出口订单陡增。集装袋及周转袋出口量增长了 7.7%，出口额增加了 8.6%；其他塑编袋出口量增长了 13.5%，出口额增加了 13.2%（表 3、图 6、图 7）。

由于海运物流费上涨，人民币升值，原料价格变动幅度大，国外疫情严重影响全球供应链等因素，预计 2022 年塑编制品出口并不会出现明显增加，需求偏重国内市场为主。

从长远看，塑编产品出口会处于下降趋势，主要原因有：一是中美贸易摩擦将继续升级，贸易保护主义抬头，全球经济下行导致贸易增速放缓；二是中国劳动力等各种生产要素成本在不断上涨，有些企业将工厂转到东南亚或拉美地区，挤占了中国部分市场；三是人民币汇率坚挺上行；四是国内各种原材料涨价；五是中国正在推进的深层次产业结构调整，我国的制造业逐步向中高端升级等因素。

表 3　　塑料编织袋出口贸易基本情况

年度	集装周转袋（6305320000）		其他塑编袋（6305330000）	
	出口量/吨	出口值/万元	出口量/吨	出口值/万元
2017	201788	338535	364564	648982
2018	213529	370257	361185	659369
2019	192283	345348	340280	611968
2020	165259	285691	308050	560004
2021	178012	310213	349645	633732

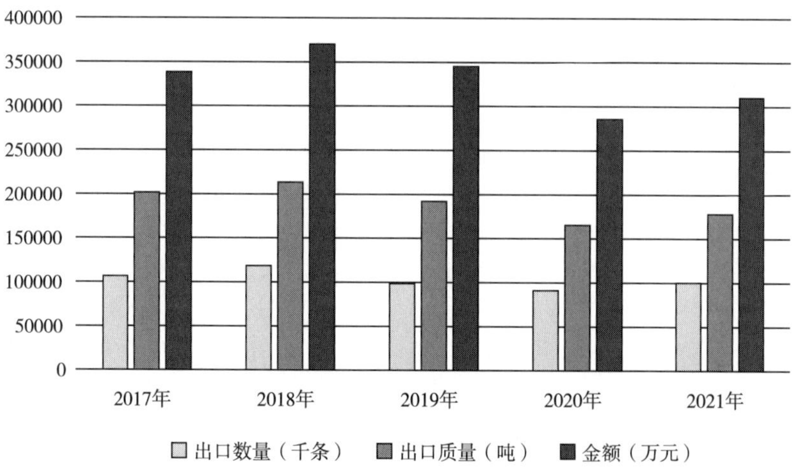

图 6　集装周转袋出口贸易量变化图

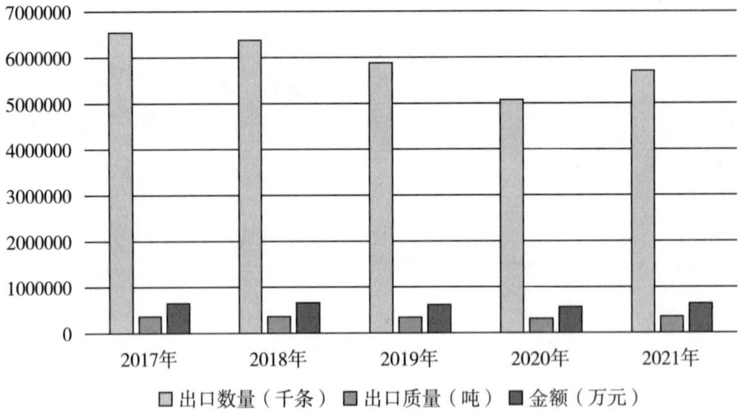

图 7　其他塑编包装袋出口贸易量变化图

（五）持续节能降成本，助力塑料加工业实现“双碳”目标

多年来，塑编企业深入开展节能降耗活动，大力淘汰落后设备，引进先进的节能型塑编生产设备，提高了塑编生产装备水平，减少了劳动用工，提高生产效率，增效降成本效果明显。后加工工序用工减少八成，加工电耗下降至 800 度/吨左右，近 10 年节电 700 多亿度，相当于节约了 860 万吨标准煤，为实现“碳减排”“碳中和”目标作出了贡献。

塑编行业增效降成本的主要途径：一是采用高效节能、自动化、智能化的塑编设备；二是采用高质量的原材料、高级填充母料、改性母料及先进技术、工艺、配方达到提高产品质量，轻量化减少单位产品克重，实现降成本增效的目标。

（1）高速拉丝机和宽幅拉丝机设备节能开发已出现瓶颈，今后主要方向是一体化、智能化方向。

（2）圆织机向更节能低耗损、联网一体方向发展，结合精细管理，使得一人能看 15 台以上织机。节能悬浮圆织机继续保持高增长。

（3）切缝一体机继续向自动化和智能化方向发展。自动切缝一体设备品种在不断增加，技术上不断创新，速度不断提高，继续保持较高增长。

（4）方底阀口袋制袋设备，自动化程度高，大大减少了劳动用工。新《水泥包装袋》国标实施，对方底阀口袋发展起到极大的推动作用，方底阀口袋制袋设备和涂膜设备用量在近几年出现爆发式增长，国产设备性能不断提高，用量在逐步增加。

（5）集装袋后工序用工多，劳动强度大，制约着行业的发展。缝制设备的自动化、标准化方面存在着很大的提升空间，分段增加自动化减少人工缝制设备的研发在不断进步。

（6）使用自动套内袋机代替人工套袋，其技术性能不断改进，速度进一步提高，保持着较高增长速度。

（7）使用高性能的原材料及改性材料、助剂达到减轻克重、提高质量、降低成本的目的。

二、2021 年塑编产品质量监督抽查综合情况汇总

（一）湖北省咸宁市市场监管局发布 2021 年第 1 期产品质量监督抽查结果

湖北省咸宁市市场监督管理局网站发布 2021 年第 1 期产品质量监督抽查信息公告显示：本次产品质量监督抽查水泥包装袋、塑料编织袋 30 批次等，抽查全部合格。

（二）吉林省吉林市抽检塑料编织袋等产品 219 批次全部合格

2021 年 12 月 21 日，吉林省吉林市市场监督管理局网站公示 2021 年吉林市生产领域产品质量监督抽查结果显示：2021 年吉林市市场监督管理局共完成生产领域产品质量监督抽查 219 批次，经检验，219 批次产品全部合格。

（三）江苏省盐城市市场监管局抽查：1 批次食品接触用包装材料产品不合格

2021 年下半年，盐城市市场监督管理局委托南京市产品质量监督检验院，对盐城市生产企业生产的食品接触用包装材料产品进行了市级监督抽查。共抽查 15 批次，1 批次不合格，不合格项目为抗压强度。塑料编织袋产品全部合格。

（四）山东省淄博市市场监管局公示2021年第2批产品质量监督抽查结果

山东省淄博市市场监督管理局公示2021年第2批产品质量监督抽查结果（轻工产品）。2021年6月至10月，该局组织对轻工产品进行监督抽查，抽查了10家企业生产的10批次塑料编织产品，合格10批次。重点对经向拉伸负荷、纬向拉伸负荷、耐热性能、跌落性能、基布纵向抗拉强度、基布横向抗拉强度、基布纵向伸长率、基布横向伸长率、耐寒性、耐热性项目依据产品执行标准进行了检验。

（五）山西省市场监督管理局抽查2批次塑料编织袋产品 全部合格

2021年山西省市场监督管理局通报铝合金建筑型材、塑料编织袋等产品质量监督抽查结果。其中，共抽检1家生产企业的2批次塑料编织袋产品。按标准规定检验了拉伸负荷、涂膜袋和覆膜袋的剥离力等项目，经检验全部合格。

（六）广州市市场监督管理局公布1批次水泥包装袋产品抽查结果

2021年第一季度，广州市市场监督管理局对水泥包装袋产品质量进行了监督抽查，共抽查了1批次样品，经检验，产品符合标准要求。本次抽查依据GB/T 9774-2010《水泥包装袋》标准，对外观、拉伸负荷、牢固度项目进行检验。

（七）贵州省市场监督管理局公布食品用塑料包装、容器工具等制品产品质量监督抽查情况

2021年2月5日，贵州省市场监督管理局网站发布关于2020年度肥料等17种产品质量监督抽查情况的公告。本次对120家企业生产的151批次食品用塑料包装、容器工具等产品质量开展了监督抽查，涉及贵阳市、遵义市、六盘水市、安顺市、毕节市、铜仁市、黔东南州、黔南州、黔西南州等9个市（州）。经检验，未发现不合格产品。

（八）广西壮族自治区市场监管局：1批次塑料包装产品抽查不合格

2021年3月4日，广西壮族自治区市场监管局通报2020年成品油等32种产品质量监督抽查情况。2020年共抽查14家企业生产的15批次塑料包装产品，不合格产品1批次，不合格发现率为6.7%。本次重点对产品的拉伸负荷（经向）、拉伸负荷（纬向）、拉伸负荷（缝边向）、拉伸负荷（缝底向）、耐热性、耐跌落性6个项目进行检验。不合格项目涉及拉伸负荷（经向）、拉伸负荷（纬向）。

（九）江西省市场监督管理局：1批次塑料编织袋产品抽查不合格

2021年3月12日，江西省市场监督管理局公布2020年江西省塑料编织袋产品监督抽查结果。本次抽查了9批次塑料编织袋产品，经检验，不合格产品1批次，不合格发现率为11.1%。本次抽查对涂膜袋和覆膜袋的剥离力、耐热性能、拉伸负荷、耐跌落性能等4个项目进行了检验。本次抽查涉及的不合格项目为拉伸负荷项目，不合格产品将移交企业所在地市场监管部门依法进行处理。

（十）浙江省市场监管局抽查14批次食品用塑料编织袋5批次不合格

2021年4月2日，浙江省市场监督管理局发布了2020年第二批79种产品质量监督抽查情况的通报。本次共抽查了温州地区14家企业生产的14批次食品用塑料编织袋产品，其中5批次产品不合格，不合格发现率为35.71%。不合格项目涉及标签标识、允许偏差、剥离力。

（十一）广州市塑料编织袋产品质量监督抽查：6批次产品全部合格

2021年9月8日，广州市人民政府网站发布2021年广州市塑料编织袋产品质量监督抽查结果。2021年第二季度，广州市市场监督管理局对塑料编织袋产品质量进行了监督抽查，共抽查了6批次样品，经检验，全部产品符合标准要求。本次抽查对6批次塑料编织袋的拉伸负荷、涂膜袋和覆膜袋的剥离力、耐热性能和跌落性能等项目进行检验。

（十二）山东省济宁市市场监管局关于2021年第2批市级监督抽查情况的通报

2021年10月9日，山东省济宁市市场监管局网站发布2021年第2批市级监督抽查情况的通报。本次抽查共抽取了96家企业114批次产品，4家企业4批次产品被判定为不合格，企业合格率为95.83%。产品批次合格率为96.49%。其中塑编行业相关如下：危化品包装物及容器：抽查塑料编织袋、水泥包装袋等产品共计6批次，发现不合格产品1批次，合格率83.3%。重点对单位面积质量、拉伸负荷、牢固度、耐热性、跌落试验、气密试验、堆码试验、提环强度试验、耐液压性、跌落试验项目进行了检验，经过结果判定，1批次水泥包装袋的单位面积质量项目不合格。不合格原因生产企业使用单位面积质量偏低、不达标的编织布。单

位面积质量项目不合格直接影响水泥包装袋的拉伸负荷和牢固度，进而影响水泥在运输和储存后的质量。

（十三）天津市市场监管委关于2021年食品相关产品质量监督抽查情况的通报

天津市市场监管委发布关于2021年食品相关产品质量监督抽查情况。本次抽查产品为食品包装用非复合膜袋、复合膜袋，食品包装用塑料片材，食品包装用编织袋，食品包装用塑料容器，食品包装用塑料工具，食品包装用金属制品，餐具洗涤剂，工业和商业用电热食品加工设备，食品用纸包装，食品用纸袋，食品用纸盒，纸杯，纸餐具，一次性竹木筷共14种产品。共抽查产品334批次，不合格产品2批次，不合格发现率0.6%。食品包装用编织袋抽查天津市2家生产企业的2批次产品，抽查结果合格。重点对拉伸负荷、感官要求、总迁移量、高锰酸钾消耗量、重金属（以Pb计）、脱色试验等项目进行了检验。

（十四）辽宁省葫芦岛市市场监督管理局通报2021年散煤等产品市级质量监督抽查情况

2021年第二、三季度，辽宁省葫芦岛市市场监督管理局组织开展了对散煤、泳装、消防器材、危险化学品及包装物等产品的质量监督抽查，共抽查了90批次产品，其中抽查生产企业22家29批次，抽查经销单位42家61批次。经检验，生产企业5家6批次不合格，抽样合格率为79%，流通领域3家4批次不合格，抽样合格率为93%。危化品及危包塑料编织袋抽查结果合格。本次监督抽查对产品的拉伸负荷、经向、纬向、外观总酸度等项目进行了检验。

（十五）陕西省宝鸡市抽查3批次塑料编织袋产品全部合格

2021年1月14日，陕西省宝鸡市市场监督管理局网站发布《关于公布2020年第二批次产品质量监督抽查结果的公告》。据公告，该局抽查3批次塑料编织袋产品，全部合格。本次塑料编织袋产品在岐山县、凤翔县、眉县生产领域中抽取，共抽查标称生产企业3家，抽取样品3批次。依据GB/T 8946-2013经备案现行有效的企业标准及产品明示质量要求和相关的法律法规、部门规章和规定，对外观质量、允许偏差、物理性能、耐热性能、跌落性能等项目进行了检验。

从2021年塑料编织袋产品全国部分地区抽查情况来看，总体状况良好，塑料编织袋质量有进一步提高，企业认真对照执行标准，产品抽检合格率进一步上升。但是从市场需求来看，客户对产品质量要求越来越高，质量是企业生存和发展的生命线，应该努力提高产品质量和品质。各地质检机关也要加大查处力度，共同促进塑编产品质量的提高。

三、2021年聚丙烯原料行情回顾分析与2022年聚丙烯市场展望

（一）2021年行情回顾与分析

2021年PP价格全年呈现宽幅震荡态势。上半年，市场行情大幅波动，尤其是3月上旬，PP价格出现了近两年以来的高点，华东拉丝均值达到9530元/吨，随后聚丙烯市场出现了持续回落。

一季度：低库存强需求叠加及美国寒灾造成装置停车形成的共振使价格上涨。2021年开局上游丙烯承接去年下滑行情，厂家库存压力偏大，出货情况冷清，物流受限对PP行情产生了消极影响。进入2月份，两油石化库存逐渐增加，塑编和BOPP工厂库存位置相对较高，注塑和拉丝方面的滞涨调整同样与短期供应过剩有关。至2月中下旬，虽然有东华能源宁波二期项目装置开始投产和社会库存较高的利空，但PP价格外盘强、国内弱。叠加美国寒灾造成了原油减产，远端原油价格上涨。同时美受灾地区不少化工企业停工停产，装置频现检修，日本受地震影响，装置也大规模停产，造成全球PP普遍价格大涨。年初，受疫情影响，倡导就地过年，部分BOPP、无纺布等企业春节假期缩短或直接不停工，下游复工迅速，积蓄的需求提前放量，市场回暖较快，东北地区甚至出现了一定程度的供应偏紧。3月份PP价格已处高位，影响下游工厂采买，现货价格滞涨下滑。一季度国内PP工厂整体平均开工率在93%左右，位于历史高位区域，但纤维料和熔喷料制造市场出现不同程度的供方过剩，企业利润开始缩水。国际大厂埃克森美孚、聚美莱等高熔纤维产品纷纷调降。

一季度PP大幅上涨主要因素为市场整体处于低库存状态，贸易商春节前预售为主，囤货做库存的习惯已经发生改变，上游石化库存春节后低于预期，恰逢美国寒潮带来的外围装置停车导致出口窗口打开，另外国内春节后以BOPP（双向拉伸聚丙烯）为代表的下游订单较好等多重因素带来的补库行为推动价格大幅上行，一直持续到3月上旬。从3月下旬至4月初，随着外围装置停产影响的情况消散，补库行为到达一定程度饱和后开始回落，价

格也随之回调。

二季度：下游需求转弱难以支撑价格，震荡下跌为主。丙烯价格3月中旬后开始高位回落，随着国内新装置的投产，市场供应逐步充裕，且原料价格高位致使下游工厂利润受损，企业采购意愿下降，同时出口市场逐步降温，加之国家干预国内大宗商品价格上涨，PP价格逐步回落。从4月下旬开始，价格结束上涨急速回落，4月底至5月份中旬，虽然装置集中检修、原油持续上涨叠加期货涨势放大给市场一定支撑，但5月份之后，南方高温导致当地用电紧张，下游工厂停工或者降负，需求减弱，PP市场价格持续下跌。虽下游工厂在利润修复下陆续补库带动市场小幅反弹，但中期预期依然偏弱，现货价格宽幅震荡。二季度部分PP企业利润出现倒挂现象，PP市场存在一定程度的供需矛盾。值得一提的是，二季度我国对海外出口订单增加可圈可点，但对市场影响不及预期。至6月丙烯止跌，PP成本端支撑力回升，传统需求受淡季影响走低，部分地区的限电政策影响行业负荷，但总体供应情况较为平稳。

二季度末，国际油价高位支撑加之石化厂库存低位，聚丙烯拉丝、纤维料产品价格得以坚挺，而熔喷PP方面跌幅则较大，6月底国内熔喷料PPH-Y1500样本企业平均报价9733元/吨，跌破万元大关。国内熔喷布制造市场饱和，生产企业离场情况开始突出，年终仍在出货的装置大幅减少。二季度为装置检修相对集中季，但国内4~5月份部分新增产能，相互形成了一定对冲，五一假期期间外盘原油价格上涨带动，聚丙烯价格有阶段性上行冲高，5月中旬过后，南方各地开始限电，同时下游BOPP等领域逐步进入淡季，需求较弱，价格下跌。进入6月，下游工厂在利润修复下陆续补库带动市场小幅反弹。

三季度：供需平衡下持续震荡，能耗双控引爆9月行情。聚丙烯各产品平缓进入下半年行情，7、8月份行情震荡偏弱，现货价格窄幅调整。传统淡季带来的弱需求对价格形成拖累，而供应端因部分装置集中停车检修，新增产能放缓及拉丝投产比例相对较低等因素整体处于偏紧状态，供需双弱的背景下价格呈现了2个月的震荡行情。下游企业负荷不高，需求跟进疲软的淡季特质持续，直到PP行业传统旺季“金九银十”的开始才有所改观。2021年的传统旺季中，煤炭走势的大涨功不可没。9月，PP市场行情主要受成本端利多影响，其中煤质PP受拉动效果最为明显。其间装置重启、新产能开车，行业总体负荷虽高达九成，供应量高位，9月份PP市场集中补货弱于往年。而期间环保政策的入场对PP上下游企业开工率调控，下游对高价货源补货意愿一般，对现货价格的上涨形成了阻力。三季度主要拉动PP上涨之利好，是成本端丙烯、煤炭的上涨。因能耗双控带来的煤化工装置停车降负消息带来的资金炒作，聚丙烯跟随煤炭类商品持续上行，刷新年内高点。由于世界范围的疫情事件而走高的PP纤维料与熔喷料，经过长期的调整，价格彻底回归了理性。

第四季度：行情走势急涨急跌，保供干预价格回归起点。10月价格创出新高后，随着国家相关部门密集出台调控监管政策，以煤炭“保供”为首要任务，随着动力煤为代表的煤炭类商品价格回落，加之丙烯节后低价货源流入，聚丙烯也跟随大跌，回到了上涨前的价格，而各地环保政策继续影响行业及其下游开工率，下游需求低于往年同期，拖拽PP现货价格。虽然终端用户采买跟进不及时，但汽车等行业刚需稳固，托举了一定的需求量，场内低价货源得以减少，价格止跌后企稳。熔喷料方面，10月份因疫情小范围短暂反弹而涨后回稳，场内熔喷料供应格局仍然较为充裕。11-12月前期泡沫挤干净之后价格逐步企稳，随着下游主动补库，利润逐步修复。截至12月底，国内生产商、贸易商T30S（拉丝）主流报盘价格在8200元/吨左右，大部分牌号产品价格回落至年初价格水平，产量与消费量双双有涨，供需两旺。

2021年底，部分新建生产线在元旦前后均有落地消息传出。今后两年仍然是我国聚丙烯产业高速发展年，国内PP企业不但在产量上有着长足的发展，同时注重新产品的研发，各种用途的PP新产品层出不穷。如项目陆续尽数开机产料，我国PP产能将增加870万吨/年左右，预计总产能将达到约3770万吨/年。在供应量大阔步增加的格局下，聚丙烯价格仍然能回归去年同期价格。除了全球宏观通胀的影响，终端企业的发展是支撑我国PP产业链的重要新生力量（图8）。

（二）2022年PP（聚丙烯）市场展望

供应方面：2022年，国内PP产能继续保持高增长。新增产能叠加2021年延后投产的产能，集中释放对价格形成压制，主要区域集中在华北、华东、华南地区。不过能否有效兑现还需关注成本利润端的表现，2021年年末利润虽有修复，但2022

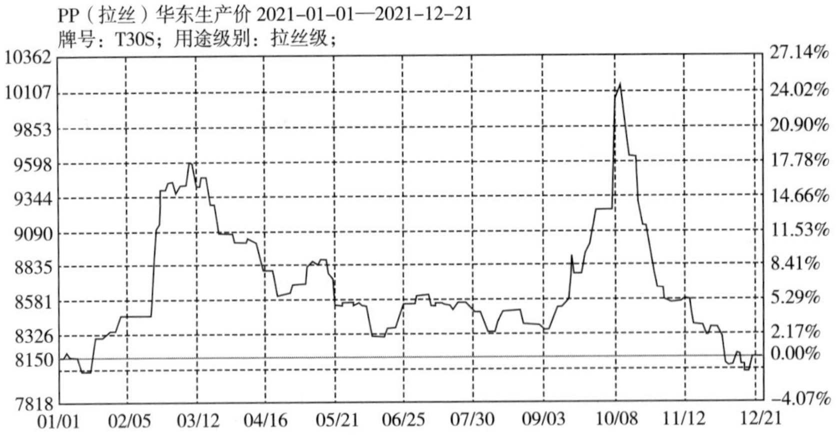

图 8　PP（拉丝）华东生产价

年原油价格表现将直接影响大炼化装置的开启与否，油制烯烃生产线成为成本端持稳的关键。另外上游企业的排产比例也需要关注，随着产品的多样化各牌号之间的切换，高附加值的产品或挤占通用料的部分排产比例。

需求方面：内需消费仍处于疲软期，出口增速 2022 年预期回落，外需增速下降，国内刚需增速维持低位，下游主动建库存的积极性有限，或只有绝对价格处于偏低位置能够吸引下游补库意向。国内整体的消费需求仍需相应政策刺激提振。

库存方面：上游整体库存可控，但随着新增产能的投放，整体产能占比有很大变化，那么上游石化库存对价格的影响作用会降低，而中间贸易商手中库存或者说是社会库存仍是影响价格的关键，下游预计会维持低库存状态，除非价格出现极值。2022 年整体仍处于中间端去库存阶段。

期货市场方面：2022 年整体格局偏宽松，预计期货价格重心会下移。由于 2021 年年末聚丙烯期货价格处于阶段性低位，不排除会有反弹向上估值改善的行情显现，但 2021 年暴涨暴跌的行情或难见。从经济周期角度来看，整体大宗商品牛市步入尾声，那么各品种均要回归各自基本面，聚丙烯在基本面状态未有大的改善前难以回到强势高价区，现阶段 7700~8500 元/吨常态区间内运行，后续或回踩低价区域。

总体来看，短期 PP 原料价格会因国际局势复杂动荡随石油价格而大幅波动，加之全球疫情蔓延，抑制了 PP 原料供应和消费，从长期来看，PP 原料将产生供大于求的局面，价格上升的空间并不大。建议塑编企业采取随用随购的原则，厂家可在价格大幅下跌时增加原料库存，做 PP 套期保值以降低原料大幅波动带来的经营风险。

结束语

2021 年是实施“十四五”规划之年，也是塑编行业转变发展方式，调整优化结构，全面提升产业整体水平，推行绿色生产，开启“碳达峰、碳中和”目标，构建以国内大循环为主体、国内国际双循环相互促进的新发展格局，实现塑编行业高质量发展的重要一年。2021 年受新冠疫情影响，行业需求转弱，塑编发展缓慢，企业经营存在较大困难。我们要坚定信心，抓住时机加快转变发展方式，加快调整优化结构，加快技术进步和创新驱动，促进塑编行业绿色、健康、可持续发展。改变塑编行业低端产能过剩、产品结构不合理、技术力量薄弱、创新能力不强等问题。让我们携手共进，开拓创新，谱写塑编行业高质量发展新篇章！

（中国塑协塑编专委会　赵克武）

塑料管道

2021年是"十四五"发展规划的开局之年。在新的发展阶段，塑料管道行业迎来了新的变化，也面临着新的挑战。在行业的共同努力下，行业发展扎根实际，力求"稳字当头，稳中有进"，在推动科技进步、引领产品质量、加快产业升级、提升绿色化发展等方面均取得了较为满意的成绩。

一、行业现状

2021年，塑料管道行业发展进入了一个新阶段。较2020年有所不同，新冠肺炎疫情的冲击不再猛烈但却绵长，影响着生产运营的方方面面，加之原料价格上涨、环保压力大、用户市场振荡等因素，导致行业产业结构、企业运营模式、产品结构、管理方式等均在一定程度上有所改变。

1. 行业发展趋向稳定

总体来说，2021年塑料管道行业发展趋向稳定，主流企业增幅稳定，但个别地区的中型企业步履艰难，存在增量不增利的情况。塑料管道产品在建筑及市政给、排水管道和农业用（含饮水、灌排等）管道等主要应用领域市场占有率相对稳定，在其他领域的应用比例也有所提高。

2. 行业集中度提升

行业产业结构不断优化，产业集中度进一步提高，重视品牌、质量过硬的规模企业增长稳健，部分大规模企业加速异地布点、兼并扩张，产业格局在不断地调整变化、优化升级。

3. 智能化水平进一步提高

行业智能化发展力度加大，更加关注生产效率及自动化程度提升，主流企业在线监测系统应用已较为普遍，降低了生产成本，提高了生产效率。"无人工厂""黑灯工厂"已成为诸多企业发展新方向。

4. 绿色发展日趋明显

塑料管道生产企业更加关注加工装备的节能要求，结合智能化水平提升，传统加热模式的转变、加工机械余热回用、风冷降温、水冷降温以及太阳能源利用等得以发展，企业在管道新产品的设计、研发、生产上也越来越重视环保节能。

5. 创新驱动达到更高水平

基础研究、技术开发进一步增强，科技成果落地效率提升。企业对关键共性技术、前沿引领技术、应用型技术的攻坚力度加大，产学研融合深度提速，高水平、高性能产品研发步伐加快，高科技、高附加值产品所占比例越来越大，创新体系建设不断完善。

6. 标准化工作不断进步

行业企业积极参加标准化工作，中国塑协团体标准工作持续推进。截至12月，在原有工作基础上，《塑料管道系统用球磨铸铁连接件》《顶拉安装用自锁式聚乙烯缠绕实壁管材及配件》进入报批阶段。

7. 品质化发展步伐稳健

在"三品"发展战略指引下，越来越多的企业把品牌战略、品质提升作为竞争制胜的关键要素，行业品牌化建设成绩显著，部分企业品牌宣传模式具有一定的代表性，值得推广；智能化水平及科技水平的提升，进一步助推品质化水平的提升，品质化成为行业主流。

二、行业发展中存在的问题

行业发展仍面临诸多挑战，行业竞争依然激烈，原辅材料价格波动制约行业发展，企业运行成本持续加增，用户市场动荡，环保压力过大，相关政策限制等因素对行业影响较大，产品创新方面动力不足，产品质量水平参差不齐等问题需要持续重视。行业高质量发展任重道远，仍需行业共同努力向前。

（中国塑协塑料管道专委会）

双向拉伸聚丙烯薄膜

一、行业概况

2021年疫情反复，中国BOPP（双向拉伸聚丙烯）产不足需的现象显著，BOPP价格屡创新高，调整幅度高于原料聚丙烯，BOPP企业盈利能力好转，但随着BOPP企业供需关系陆续恢复，出口需求支撑弱化，行业盈利在2021年四季度出现明显下滑。上半年，由于疫情影响，多数下游企业节后复工率低，以及BOPP企业集中检修较多，开工率在65%左右，部分企业检修情况持续到7月底，9月初悉数恢复正常生产。下半年，随着内需恢复快速及出口需求较好，膜厂接单量持续增加，累积订单10~30天较为普遍，开工率及产量均提升明显，三、四季度BOPP企业盈利空间稳步提升。2021年中国BOPP行业原定新增投产较多，因上半年公共卫生事件影响而推迟，计划多数推迟至2022年后。

二、行业产能、产量及开工率

经中国塑协BOPP专委会经济指标调查统计，2021年有10条生产线投产（表1），其中三条为旧线重启，共释放产能约50万吨。截至2021年年底，行业总产能约为664万吨，实际在产产能约为580万吨，总产量约为435万吨。2021年产能增长率为5.1%，较2020年增长率1.2%有较大幅度增长（图1）。

表1　2021年产能释放统计表

公司名称（简称）	投产时间	宽幅/米	产能/万吨
江西永冠	2021年2月	10.4	6
福建友谊	2021年2月	8.7	4.5
江苏丰远	2021年2月	8.7	4.5
浙江奔多	2021年9月	10.4	6
安徽友发	2021年1月	10.4	6
上虞凯诚	2021年11月	10.4	6
南通中膜	2021年1月	8.7	4.5
福融新材料	2021年1月	8.3（两条）	6
福融新材料	2021年3月	8.3	3.5
宁波可人	2021年2月	8.3	3.5

根据统计分析，2021年中国BOPP全年开工负荷率在52%~65%。1-8月产量及开工负荷率均较往年偏高，9-10月因不可抗力影响降负荷产量下降，11-12月再次恢复。全年产量高点出现在3月，低点出现在10月，3月产量最高，主要有两方面原因：①春节后BOPP市场刚性需求支撑，且节后膜价持续上涨提升下游积极性；②2020年末投产装置陆续于2021年一季度释放，产能增加下产量有所增加。10月产量最低，因9月中下旬开始，各地区装置开始降负荷，时长在3~15天不等，10月开工负荷率为全年最低。

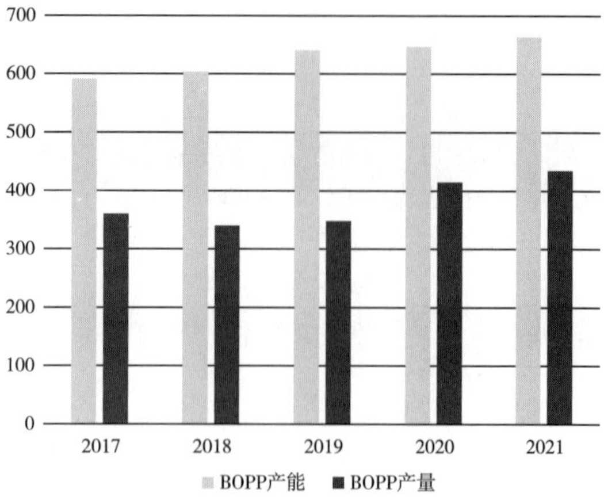

图1　2017-2021年中国BOPP产能产量统计

三、产品价格

2020年因公共卫生事件的发生，市场供需结构发生改变，企业开工负荷维持在偏低水平，市场产不足需的状态再次出现，一直持续至2021年。2021年中国BOPP价格在10575~14500元/吨，高低价差3925元/吨；厚光膜均价在11401元/吨，较2020年全年均价高1366元/吨，涨幅13.62%。2021年10月中旬开始，在需求减弱、新增投产增多及企业开工负荷陆续提升的背景下，BOPP行业迎来下跌行情，75天累计跌3800元/吨，至年底10700元/吨。

四、进出口情况

根据专委会统计数据，以及海关总署数据来源，综合近五年BOPP制品进出口情况来看，分别从进口和出口两方面进行分析（表2）。

表2　2017~2021年BOPP进出口数据统计

年份	2017	2018	2019	2020	2021
BOPP进口/万吨	11.07	11.43	9.35	8.89	8.89
BOPP出口/万吨	28.71	30.39	36.21	37.34	42.79

进口方面：中国BOPP进口依赖度低，在2%~4%之间；我国BOPP进口以高端膜为主，如热封膜、镭射膜、电容膜等国内生产较少的产品。在2017-2021年间我国BOPP薄膜进口量约在8万~11万吨/年，从数量来看，进口量逐年下降。2021年受海内外公共卫生事件影响，我国BOPP进

口量为 8.89 万吨，进口需求明显减少，一方面是内需的减少，另一方面是国内企业对功能膜的研究日益加强。

出口方面：中国作为全球 BOPP 生产大国，产量占全球产量的 30%～50%，出口占比在 7%～10%，主要以普通膜为主。2017-2021 年中国 BOPP 出口量逐年增长，年出口量在 28 万～42 万吨，年均增速在 7.8%；2021 年中国出口量为 42.79 万吨，较 2017 年增加 14.08 万吨。总体看，我国 BOPP 薄膜出口总体相对稳定，随着 BOPP 产能的不断扩增，国内需求增速相对缓慢，中国 BOPP 对外出口量持续增加。

五、产能占比

我国 BOPP 行业主要的生产区域和产能占比分别为华东 67.27%、华南 12.63%、西南 5.43%、华中 5.38%、华北 5.01%、东北 4.27%（图 2），其中华东地区是我国 BOPP 薄膜产能最大的生产区域，并保持平稳的产能扩张水平，主要原因：一方面是由于地区快消品企业众多，包装需求大；一方面是该区域石化生产工厂集中、物流仓储资源丰富；另一方面，因为华东地区地处沿海，油气进口方便，产品出口便捷。2021 年，华东、华南及西南三个区域的 BOPP 薄膜产能约占全国产能的 85.33%。目前国内 BOPP 产能分布在地域上因应市场、资源与交通状况，仍然呈现出区域分布相对集中的态势。

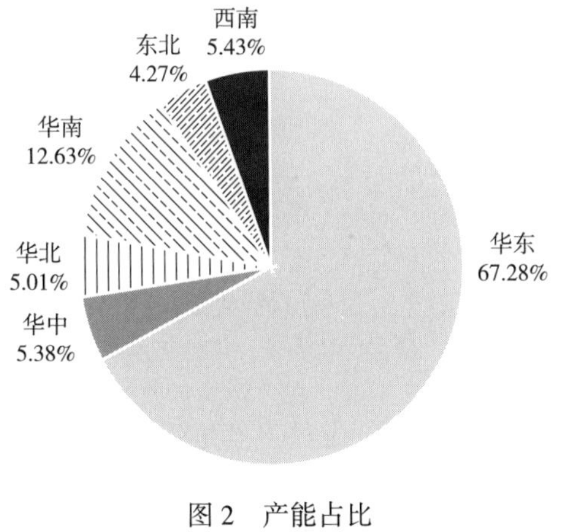

图 2　产能占比

六、发展趋势

2022-2025 年，中国 BOPP 行业产能供应过剩，但产需紧平衡状态有望持续，结构性产能过剩状态依旧明显。未来 BOPP 价格调整将更多关注市场供需，短期行情参照成本因素，同时，宏观消息、政策及突发事项等因素也将影响 BOPP 价格。目前我国 BOPP 薄膜研发更新产品的速度明显改善，特别是功能性 BOPP 薄膜。随着市场需求和技术的发展，高附加值的差异性产品、环境友好的、特种功能性薄膜的推广将成为 BOPP 薄膜行业发展的趋势。

七、行业发展建议

（1）项目扩能应慎重，调存量，优增量，结构升级促发展。对于加速扩能的生产企业，应慎重考虑未来新增产能释放的节奏，要综合评估新产能的产品结构，科学、有序进行产能配置，避免盲目投资与重复建设，防范经营风险。对存量生产装置应持续进行优化升级，以新技术、新价值赋能存量设备与产能，适时转化、淘汰落后产能，推动 BOPP 薄膜行业向着良性发展的轨道前进。

（2）加快创新驱动发展，促企业转型升级。预计到 2024 年行业产能将超过 770 万吨，近两年的产能释放将加大企业间的竞争压力，各企业应根据自身发展的实际情况与资源优势，通过自主创新、联合创新、战略合作等方式加大高端化产品的研发力度，推动行业产品升级；继续加强产学研的深度融合，要借力发展、借智发展，主动为科研院所、大专院校提供中试场所和条件，推动科研成果快速转化；对标产品及技术差距，从原料、装备、技术、应用与配套产品等产业链进行攻关，向原料高性能化、专用化，设备稳定高效精密化，产品功能化高端化发展。

（3）抓住国家“双循环”“新发展格局”，继续积极参与“一带一路”建设。根据“一带一路”沿线国家发展需求，规划相关路线，全面开展国际产能、技术合作，创造条件以国内产能替代进口依赖、以国内优质功能产品替代国外供应渠道拓展国际市场高端应用，实现国内国外市场优化拓展。

（4）在 BOPP 行业深化产品功能化开发的同时，积极推动 BOPP 行业，加大运用双向拉伸技术结合高端聚烯烃材料的研发，进行“BOPP+高端聚烯烃”产品的开发，推动“双向拉伸聚丙烯薄膜行业”纳入塑料加工行业重点支持的新材料产业，激励全行业主动寻求更多的支持与合作，加快推动全行业整体的技术、设备升级。

（5）在中国塑料加工工业协会的领导下，推动 BOPP 行业符合中国塑协的规划发展要求，满足塑料产品可持续发展的“轻量化、易回收、可循环”

理念的产品，获取国家专业机构、部委的标准化认定，促进 BOPP 行业通过产品认定，夯实行业的可持续、更高质量发展。

（中国塑协 BOPP 专委会）

双向拉伸聚酯薄膜

一、行业概况

2021 年是“十四五”的开局之年，我国既面临着百年未有之大变局的冲击，也面临着国内经济转型的挑战。对中国聚酯薄膜行业而言，高端 BOPET 薄膜是清洁能源、5G 通信技术、新能源汽车、新型显示技术、节能减排技术的核心材料，为未来万物互联的物联网、人工智能的发展作用重大。此外，随着柔性、可穿戴、便捷的需求发展，高端聚酯薄膜的轻量化、轻薄化已成为趋势，同时当前绿色发展的趋势，都有利于推动 BOPET 行业技术进步。虽然，新冠疫情给行业经营带来诸多挑战，但在聚酯薄膜行业企业的共同努力下，行业企业生产经营呈稳定状态。

二、数据和分析

1. 行业产能

2021 年中国 BOPET 行业上半年新产能投产计划基本如期，下半年因疫情部分企业投产时间推迟 1~3 个月不等。全年新产能释放 30 条生产线，增加设计产能 90 万吨，市场增加产量约 30 万吨。值得关注的是：新增产能产品结构与 2019 年、2020 年不同，2019 年、2020 年新增生产线几乎没有 12 微米膜，而 2021 年新产能中 12 微米膜占比近 80%，12 微米膜产能释放主要集中在 2021 年下半年，下半年 12 微米膜释放约占全年普膜释放总量的 86%。截至 2021 年底，行业总产能达到 467. 17 万吨；2021 年产能年增长率为 23. 9%。

2. 开工率及市场消费

2021 年国内需求预计约 313 万吨，年增长率约 18%，与 2017 年的 4. 5%、2018 年的 4%、2019 年的 0. 4%、2020 年的 10. 5%增长率相比有较大增长。

2021 年全年平均开工率约 77. 0%，比 2020 年的 77. 6%略低。这主要是由于 10 月份的部分地区限电限产造成行业整体开工率跌至 67%，全年其他月份企业开工率处于相对高位。

3. 市场概况

2021 年 BOPET 市场变化较大，新产线陆续投产供应增加、突发因素较多（装置意外停机、计划检修与受不可抗力影响降负荷）造成对开工负荷率下滑等因素，企业利润较 2020 年有压缩。2021 年中国 BOPET 市场价格波动较大，全年价格低点约 9800 元/吨，高点约 13500 元/吨。影响 2021 年中国 BOPET 价格走势的因素包括：新增产线投产、需求偏淡、下游看空心态重、短期现货偏紧、原料涨幅扩大等。2021 年释放新产能近 90 万吨，但形成生产能力基本在下半年，对市场供应量影响没有之前预期的大，全年市场释放有效产量约 30 万吨。特别是上半年 12 微米普通膜市场增量仅约 3 万吨，所以 2021 年上半年市场相对更稳定一些。

4. 进出口情况

2021 年全年出口数量 43. 8 万吨，与 2020 年的 43. 4 万吨基本持平（略增长约 0. 92%）。价格方面，2021 年出口均价 3. 05 美元/千克，较 2020 年的 2. 54 美元/千克增长 20. 1 %，这或与 2021 年国汇率降低及运费增长等因素有一定关系。2021 年进口数量 36. 0 万吨，较 2020 年的 33. 1 万吨增长 8. 76%。2021 年进口均价 7. 48 美元/千克，与 2020 年的 7. 01 美元/千克增加了 6. 7 %。进口高端薄膜数量依旧呈现上升态势，说明国内高端薄膜需求增长强劲。

三、发展趋势

中国 BOPET 行业面临诸多挑战：2021－2025 年行业产能释放高峰；国家对于实现“双碳”目标所采取的能耗“双控”措施——限电限产；软包装单一材质的趋势对 BOPET 在软包领域的应用带来新挑战等。对于行业发展的预测：从行业需求看，仍有增长，特别是高端需求；对于产能释放，短期看有受诸多因素影响，在建产能释放或有所推迟，长期看企业或需考虑能源及投资回报周期等预期；能耗“双控”将是长期的态势，或影响市场供应量，行业企业将通过采取有效的节能降耗举措，对老线全面保养提升改造，维护好经营效益；高端化、精细化、专业化是 BOPET 行业产品未来发展方向。

（中国塑协 BOPET 专委会）

泡沫塑料 EPS

一、行业现状

在全球疫情复杂、通胀危机加剧的大背景下，中国 EPS（聚苯乙烯泡沫）产业进入了“流量”时代，量涨额降成为常态。相较于 2020 年，因疫情影响导致延期的产能陆续于今年释放；以传统和石墨类 EPS 产品为依托的外墙、模块领域相对较平稳，一些创新应用如一体板、隔声板效果较好，家电应用、生鲜冷链对 EPS 包装增速明显；部分与行业相关的国家政策、标准相继有动作和制定计划，一定程度上对中期产业发展产生有利影响。但创新滞后、产能过剩、内卷化，上游通胀、消费低迷、地产收紧等所导致的产业瓶颈愈发突出，全行业实现高质量转型发展仍然道阻且长。

在供应端方面，全年原料树脂供应基本稳定，企业平均开工维持在较高水平，市场均价较去年有明显提升。国内 EPS 树脂活跃产能比去年有较大提升，在产企业数量（各分厂独立计算）34 家，国内活跃总产能 624.5 万吨，接近 2013 年以来的最高水平。但严峻的安全生产形势、产品表观利润的大幅收缩与未来 2~3 年预期产能的严重过剩极可能推动产业面临二次洗牌的局面。

在需求端方面，EPS 建筑应用整体量增长较稳定，热固板、线条应用、石墨板用量均有较大增长；出口的持续强劲与国内生鲜冷链市场的繁荣，推动 EPS 包装类产品需求维持在较高水准。但内循环遇阻，市场消费低迷，下半年电器包装需求遇冷，企业倍感压力。受海外疫情持续影响，2021 中国 EPS 进出口量继续呈下滑趋势。

在价格走势方面，受海内外经济周期的差异、国内宽松的货币政策、部分地区政治局势动荡以及疫情反复、全球经济复苏低迷等因素影响，EPS 价格涨幅明显，但由于国内部分化工产品价格调控奏效加之苯乙烯供应增量，下半年整体价格逐渐震荡下行。

在全球市场，建筑仍然是 EPS 应用的最大领域，约占全球总消费量的 47%，接近 31%的 EPS 用于产品内包装、箱体与填充。预计 2021 年全球 EPS 增长规模接近 5%。但仍面临着疫情长尾冲击等诸多不确定因素，此外，以中国为代表的亚洲地区 EPS 用量在本年度实现增长，对稳定全球市场中起到了基石作用。

二、新产品、新技术

非 HBCD（六溴环十二烷）阻燃发泡材料生产技术：将新型绿色环保阻燃剂替代 HBCD 应用于 EPS 聚合过程中生产阻燃性能稳定的阻燃 EPS 树脂。

热裂解回收利用废弃 EPS：把废弃 EPS 分解成单体、化合物、燃料等可再用成分，使 EPS 回收真正成为闭环过程。该方法分解生成的化工原料质量可与新料媲美；另外它具有大量处理废弃物的潜力，既能实现再资源化，又能达到真正治理 EPS 对环境的污染。

三、存在问题

近年来，国家对环保和安全的日益重视，一系列法规政策随之而来，加之疫情等因素导致的全球市场动荡，上游原料价格波动较大，都给企业带来了不小的压力。

对于上游企业，根据国内已披露的 EPS 树脂企业投产计划，预计全部达产后，国内总产能将突破 850 万吨，行业将从产能过剩发展到严重过剩，这无疑让本不明朗的营商环境变得更复杂。国内重复性产能过剩叠加高端料应用市场与产品开发明显不足的结构性矛盾随着产能的快速提升愈发突出，高技术、高附加值的产品依赖进口，科研能力、人员、经费投入不足问题明显。

对于下游企业，EPS 行业是典型的低毛利、快周转、类似“夹心饼干”的行业。议价权弱，话语权低，创新投入、能力与人才储备不足，产品同质化现象严重等问题依然存在。此外地区性产能过剩、客户账期长、罚款等问题不断积累，企业普遍经营艰难。

安全与环保是近年来行业面临的共性压力，近两年来国内安全事故频发，环保处罚通报时有发生，这也暴露出了企业生产过程中存在的问题。此外，在 EPS 回收方面，国内包装重复使用发展举步维艰，从依赖拾荒者对 EPS 废弃物的收集，到环保严要求下的再生企业，再到新料、再生料价格的拉近无不对我国 EPS 回收体系造成影响。

四、发展趋势

在供应端方面，严峻的安全生产形势、产品表观利润的大幅收缩与未来2~3年预期产能的严重过剩极可能推动产业面临二次洗牌的局面。创新滞后、产能过剩、内卷化，上游通胀、消费低迷、地产收紧等所导致的产业瓶颈愈发突出，全行业实现高质量转型发展仍然道阻且长。在建筑节能、房地产新政、构造形式转变、阻燃剂替代等多重复杂局面下，今年全国EPS板材/阻燃类产品用量呈现逆势上涨的态势。发展绿色阻燃EPS产品，开发新构造形式下的EPS应用场景，依然是行业的主要课题。另外，轻量化、环保、回收再利用是EPS包装应关注的重点。

（中国塑协泡沫塑料EPS专委会）

硬质PVC发泡制品

一、行业现状

1. 行业产能与生产规模

2021年是“十四五”规划的开局之年，也是向第二个百年奋斗目标进军的关键之年。2021年又是极其不平静的一年，新冠疫情继续施虐全球，极大地阻碍了全球经济复苏。我国由于疫情控制较好，经济复苏较快，成为全球唯一实现正增长的主要经济体，但年初以来疫情多点爆发，对经济运行仍造成了一定的影响，PVC（聚氯乙烯）发泡制品行业内企业经营困难度增加。据中国塑协硬质PVC发泡制品专委会对主要规模以上企业调查显示，2021年硬质PVC发泡制品产能将超过145万吨，全年总产量约79万吨。产量同去年相比变化不大，上半年有较大增幅，下半年下降明显。进入2021年以来，我国新冠疫情控制非常好，整体经济增长也比较快，但PVC发泡制品的全年产量并未出现明显增长，其主要原因是下半年原料价格涨幅大、国家能源双控政策影响开工率等方面影响，同时国际海运费暴涨，集装箱订箱难等对PVC发泡制品出口和全年总产量产生较大影响。

2. 产品市场与开发

目前PVC发泡制品应用领域主要是室内外建筑及装饰材料、广告业、地板、家具及车船装饰等，市场应用情况如图1。其中，门窗及装饰建材包括PVC发泡门窗、管材、墙板及其他装饰装修材料等，其年产量约占全部发泡制品总产量的35.35%，占比略有增加。广告装饰方面主要是广告展板、裱画板、丝印、喷绘、雕刻等用途，该类PVC发泡制品大多采用自由发泡板，约占年产量的30.3%，占比同比略有下降。家具方面包括各种柜体、房间隔断、办公隔断、屏风等，约占年产量的11.36%，占比与去年基本未变。硬质PVC发泡地板由于收缩率控制及生产难度均比其他产品例如SPC地板等更难，其发展速度受到较大影响，硬质PVC发泡地板约占全部PVC发泡制品总产量的10.73%，占比较去年略有上升。在建筑模板方面，虽然其具有优良的阻燃性及可钉性等诸多优点，但由于低价竞争导致市场上部分产品质量下降，加之房地产及基础建设收缩，PVC建筑模板的实际产量与去年持平，其产量约占3.75%。交通工具装饰方面主要是用于大中型客车、列车及轮船等交通工具的底板，其产量处于上升初期，占比为2.78%，比去年略有增加。

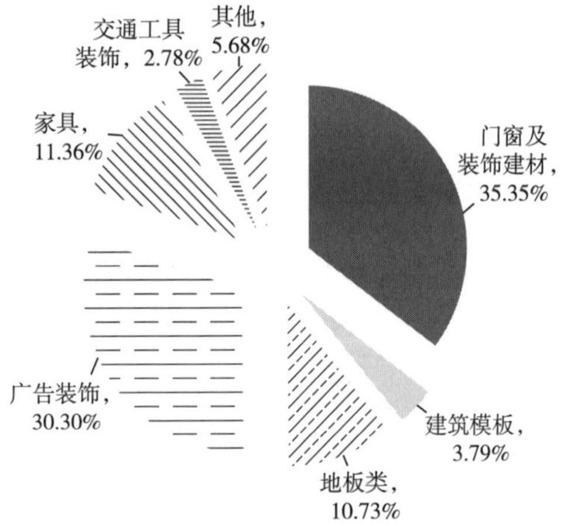

图1 硬质PVC发泡制品应用领域

3. 运营状态

（1）原材料价格上涨对行业影响

影响PVC发泡制品的主要成本是SG7型、SG8型PVC树脂价格，2021年1月由于季节性需求减少，PVC树脂价格较2020年12月的8700元/吨左右降到了7500元/吨左右，但随着春节后PVC制品市场全面复苏，以及我国能耗双控政策、“碳中和”大背景影响，电石价格全年呈大幅上涨趋势，加之PVC树脂国际产量大幅下降，3月份开始发泡用

PVC树脂价格快速升至8500元/吨以上，5月达到9500元/吨左右，超过近10年的最高价。进入9月份PVC原料价格再次开始快速上涨，并快速挺进万元时代，特别是10月国庆节后国内PVC原料价格出现暴涨，一周内价格由1万元左右快速上涨到15000元/吨，随后又快速回落到并维持在9000~10000元/吨。由于PVC原料价格上涨，发泡制品行业材料成本大幅上升，相比年初，因PVC价格造成成本上升约100%。由于PVC价格暴涨暴跌，暴涨时，由于制品价格上涨的延后性，生产企业需要承担相应的上涨成本，暴跌时，不但市场要求及时降价，还会形成市场的观望情绪，都会给生产企业带来严重影响。影响材料成本第二个因素是发泡调节剂的价格，今年发泡调节剂价格虽然有较大波动，但整体价格均高于去年平均价格，这也升高了PVC发泡制品成本。

（2）出口产品方面

对于出口产品，国外由于疫情一直较为严重，民众居家时间的增加促使家装材料需求大幅增长，而同期国外的工厂开工率不足，从而使得这方面的产品出口量增加较多，出口价格也有较大幅度增加。但由于国际海运价格大幅增长，加之货柜紧缺，国际运输对出口产品的量及利润也产生了较大影响。

（3）能耗双控的影响

2021年9月之后，随着能耗双控的实施力度加大，由于我国PVC树脂大多为电石法，其能耗较大，双控期间PVC树脂生产企业大多只能开一半的产能，加之国际上的PVC聚合装置开机不足，从而造成PVC树脂价格维持在较高水平，同时由于限电也严重影响到下游行业内制品生产企业的开工率。

（4）企业经营困难对行业的影响

由于原材料上涨幅度远大于产品销售价格的上涨，国内销售的产品大多没有利润，而且在PVC树脂价格暴涨暴跌时出现了较为严重的亏损。这些都严重影响了企业的接单动力；而同时有的企业为了能正常接单还能确保不亏损，也采取加大填充料、增加回收料等非正常方式，长久下去会给行业的健康发展带来不利影响。

二、行业热点

PVC发泡墙板由于强度高，安装方便快捷，其应用市场仍然在继续扩大。随着工艺技术提升，PVC发泡地板的尺寸稳定性提高及生产成本降低，加之其具有的脚感、重量轻等优势，其产量也在稳步上升。

三、存在的问题

1. 行业共性问题

行业在不断发展，也取得了不少成绩，但由于该行业发展较晚，进入门槛很低，行业产品同质化也比较严重，高性能产品仍处于开发阶段，行业发展任务仍然十分艰巨。

2. 产品同质化较为严重，市场竞争激烈

对于目前产量比较大的PVC发泡广告板、地板及家具板等产品，由于进入门槛比较低，这几年新增产能非常大，加剧了市场竞争，挤压了生产企业应有的利润，也出现低质低价竞争。企业利润降低后，研发投入的积极性会受到影响。

3. 规模化程度不足，缺少有影响力的品牌

目前行业有上千家硬质PVC发泡制品企业，规模能达到中型企业的不足30家，其中产值超2亿元的企业不到20家。大型企业缺失也影响了科研人员参与技术攻关，也不容易吸引相应的研发机构、投资人的关注，从而影响行业的健康快速发展，也影响了向高端制品的拓展进程。

4. 高性能产品有待进一步完善

“十三五”期间开发的耐温PVC发泡制品由于成本增加较多，影响了其推广应用。

ABA（共挤）聚氯乙烯发泡地板、AEP板（PVC发泡板与铝复合）、交通工具用聚氯乙烯发泡板目前虽然已经批量化，但仍然需要一个较长时间的验证及改进。PVC发泡制品与其他材料的复合制成的高性能产品，目前还有较多问题需要解决。

四、发展趋势与规划

由于PVC发泡板材的诸多优势，使得其成为木材的最佳替代品，因此发展PVC发泡制品在应用木材的众多领域的替代工作将大有作为，重点包括在室内外装饰装修领域、广告及车辆轻量化材等方面的应用。装饰装修用PVC发泡墙板、装饰装修用PVC发泡型材、PVC发泡地板等在未来几年的用量也将以较快速度增长。

（中国塑协硬质PVC发泡制品专业委员会）

滚塑工艺

一、2021 年中国滚塑技术专利

2021 年公开技术专利 312 篇，比去年下降 15%，2021 年发表滚塑公开论文 41 篇。涉及滚塑工艺和制品的论文共 56 篇。2021 年滚塑行业相关企业新增量持续低位。

二、滚塑相关政策

（1）中国塑料加工工业协会塑料加工业“十四五”发展规划指导意见。滚塑用己烯-辛烯共聚聚乙烯、茂金属聚乙烯、三元共聚聚丙烯、PA、PC 树脂，滚塑用功能性粉末专用料，滚塑制品：承压容器，海洋和内河浮标、航标，50 米^{3}以上钢衬危化品运输容器，10 米以上游艇、游乐船艇、清洁机械（洗地机、清洗车），储氢罐，地埋式大型垃圾桶，冷链物流箱等滚塑制品。

（2）工业和信息化部《工业废水循环利用实施方案》。2020 年工业用水量为 1028.9 亿米^3，规模以上工业用水重复利用率为 92.5%，《实施方案》主要目标是到 2025 年，力争规模以上工业用水重复利用率达到 94%左右，大型储罐埋地储 1.7 万只 50 立方米储罐的市场。

（3）中共中央办公厅、国务院办公厅《农村人居环境整治提升五年行动方案（2021-2025 年）》。

· 扎实推进农村厕所革命，

· 加快推进农村生活污水治理

· 全面提升农村生活垃圾治理水平

· 推动村容村貌整体提升

三、行业相关成果

（一）理论研究

1. 泛亚汽车技术中心有限公司

3D 纹理效果在汽车内饰软质零件上的应用研究。

新滚塑材料 TPE 的工艺可行性，针对小零件，TPE 滚塑工艺可行（尺寸小于 600 毫米×300 毫米）；针对大零件，TPE 需要考虑粉料不容易进入细窄区域，会造成粉料不易堆积形成真空孔的缺陷，而 PVC 会略好些；TPE 材料易结块，加料前需用振动筛对粉末进行打碎并过滤；TPE 撕裂强度差，大概是 PVC 的三分之一左右。综上所述，传统材料滚塑 PVC 和新滚塑材料 TPE 对 3D 装饰花纹无影响，都能满足 3D 装饰花纹的凹凸成型。

2. 华中科技大学航空航天学院

聚氨酯/聚乙烯水袋无伞空投跌落仿真。

基于 Abaqus 软件中的拉格朗日-欧拉耦合算法对盛装 2 千克饮用水的双层聚氨酯/聚乙烯水袋 50 米高空无伞空投跌落过程进行了有限元仿真分析。研究结果发现水袋跌落姿态与其冲击失效形态存在明显联系，设计包装缓冲材料时需充分考虑跌落物体的各种可能跌落姿态。仿真结果表明 2 毫米聚乙烯/0.5 毫米聚氨酯层虽然可以抵御水平姿态的冲击但无法承受垂直姿态的冲击。而 4 毫米聚乙烯/0.5 毫米聚氨酯层水袋则无论以水平、垂直还是 45°倾斜方向冲击地面均可确保其安全性与完整性。

3. 丽水学院

基于 ANSYS 的全塑车身覆盖件有限元分析。

4. 大连理工大学

海洋柔性管缆水下浮力模块关键性能分析研究。

5. 上海市特种设备监督检验技术研究院

基于 CIVA 的压力容器用聚乙烯衬里缺陷的超声检测研究。

采用 CIVA 仿真超声模块对 PE 衬里层的复合材料进行研究，结果表明 10.0 兆赫兹的单晶带延迟块直探头可以有效检测衬里层的分层、衬里与钢界面的脱粘等缺陷：对于分层缺陷，不同深度的分层均在相应位置出现了缺陷回波，且回波波幅随着缺陷深度增加变化不大；对于界面脱粘缺陷，其回波波幅高于界面结合良好区域的回波波幅。

6. 浙江瑞堂塑料科技股份有限公司

滚塑级聚乙烯粉尘爆炸下限的研究。

滚塑级聚乙烯粉尘的爆炸下限随粒径的减小而下降，不发生粉尘爆炸的临界粒径约为 327hm：阻燃剂对提高爆炸下限无作用，AC 发泡剂可将粉尘爆炸下限提高 300%，滚塑加工过程粉尘爆炸风险较大，应对工艺过程进行防爆处理。使用具有最小表面积的球形模具进行估算，目前滚塑工艺最大可加工 350 米^{3}的储罐，模拟球半径为 4.37 米，聚乙烯材料密度取 935 千克/米^{3}制品壁厚取最小值 4 毫米，飘尘比例按 15%核算，代入式（2）可知，模具内最小的粉尘浓度约 385 克/米^3。

7. 内蒙古华宸再生资源科技有限公司

高纯石英砂酸洗生产工艺技术探微。

随着科学技术的进步，由原来的箱体自然温度浸取法改变为反应釜加热动态工艺技术，大大缩短酸洗反应时间，从而达到质量稳定的目的。但是目前反应釜内壁耐酸材质为聚乙烯塑料，经过加热滚塑黏附于反应釜内壁，而由于聚乙烯塑料的耐温性受到一定的限制，导致加热酸洗石英砂过程中的温度只能在50~60℃，而石英砂处于上述温度界限内时，其晶格体系还完全处于闭合状态，故此种方式的酸洗工艺只能去除石英砂表面的杂质，而晶格体系内残存的大量有害元素依然无法去除；另外饱和酸洗工艺技术的回收液含有大量有害物质，重复使用1~2次之后也会使酸洗效果大大降低，最终会造成无法使用的大量尾酸、废液的产生，需要采用中和处理排放，但是这种尾酸废液是三酸混合体，Cl^-、F-、NO_3^-等成分相当复杂，很难达到排放标准，会造成严重的环境污染。

（二）工艺研究

1. 青岛罗泰克亿利汽车橡塑制品有限公司

滚塑用镶件：本实用新型涉及滚塑用镶件技术领域。为了克服现有的滚塑镶件存在的扭力较小的问题，本实用新型提供一种滚塑用镶件，包括管状的镶件本体，镶件本体的外壁上设置多个棱边或者开有多道凹槽。

2. 浙江飞友康体设备有限公司

一种新型儿童滑梯塑料滚塑成型模具：本发明涉及滚塑成型技术领域，公开了一种新型儿童滑梯塑料滚塑成型模具，包括模具机构、吹气机构、屏障机构。

（三）原料

1. 浙江瑞堂塑料科技股份有限公司

一种大颗粒滚塑复合材料及其制备方法和应用：本发明涉及滚塑领域，针对大颗粒直接进行滚塑成型，制品缺料、漏料、力学性能差的问题，提供一种大颗粒滚塑复合材料。本发明还提供大颗粒滚塑复合材料的制备方法和应用。

2. 江苏苏能新材料科技有限公司

一种高导热尼龙6中空制件的滚塑制备方法：本发明公开一种高导热尼龙6中空制件的滚塑制备方法，与现有技术相比，本发明具有制备高导热尼龙6中空制件的能耗低、制件壁厚更加均匀、导热填料分散均匀以及导热效果优异的优势，可以有效降低导热尼龙6中空制件的生产成本。

3. 陕西延长中煤榆林能源化工有限公司

滚塑专用聚乙烯YC7151U的性能及改进。

4. 中广楠高新核村移技（苏州）有限公司

γ辐射对交联聚乙烯结构和性能的影响。

摘要：研究了空气中^{60}Coγ射线对交联聚乙烯XLPE结构和性能的影响。采用傅立叶红外光谱仪、万能材料试验机、差示扫描量热仪和热失重等对辉照前后的XLPE进行了分析。结果表明，XLPFE在空气中辐照后，表面出现猷基和猿基。辐照剂量的增加，材料的氧化程度、濮肽含量和拉伸强度均逐渐增大，而断裂伸长率、熔点和结晶度则逐渐降低。低剂量辐照后，材料的热稳定性增加。当辐照剂量达到1000千戈瑞（kGy）时，分子链的降解趋势更为显著，材料的热稳定性也逐渐降低。

（四）设备

1. 温岭市旭日滚塑科技有限公司

一种滚塑系统及其加工工艺：本发明提供了一种滚塑系统及其加工工艺，属于滚塑设备技术领域。它解决了现有的滚塑成型设备安全性差且生产效率低的问题。

2. 台州市欧易科技有限公司

一种应用于滚塑模具的支架：本发明提供了一种应用于滚塑模具的支架，属于机械技术领域。它解决了现有的滚塑模具在转动或者旋转过程中，容易导致内部的塑料无法均匀地涂布、熔融粘附于模腔的整个表面上，容易产出残次品的问题。

（五）模具

浙江麦多乐游乐设备有限公司

一种PVC双色球滚塑成型模具：本实用新型公开了一种PVC双色球滚塑成型模具。

（六）制品

1. 浙江普林艾尔电器工业有限公司

抽湿机（滚塑款商用）。

2. 石家庄铁路职业技术学院

一种基于Solidwork的河流水流流量流速的监测装置的研究。

3. 上海海洋大学

蟹塘双体投饵船行驶阻力分析及船型。

4. 南海航海保障中心三沙航标处

轻型材料在灯桩中的应用：2019年5月至2019年7月开展西沙南沙公用航标补点完善工程，完成高尖石灯桩建设工作，建设高尖石灯桩基础、灯桩桩身和灯笼构件，抗风能力17级。

5. 中国电建集团海外投资有限公司

拦污漂在河床式厂房水电站的设计与应用：通

过浮式拦污漂在南欧江一级水电站中的设计和实践，对拦污漂在河床式厂房水电站开发中的应用和推广起到了一定的参考和指导作用。

6. 东莞理工学院

基于滚塑工艺的产品开发设计实践——以宠物类产品为例：以宠物类产品的开发为例，结合宠物类产品开发需求，在兼顾生产、功效的基础上，探讨基于滚塑工艺的自身优势，如何有效进行产品开发实践。

（中国塑协滚塑专业委员会）

氟塑料

2021 年是“十四五”规划的开局之年，是全面建设社会主义现代化国家新征程开启之年，氟塑料加工行业坚持贯彻落实新发展理念，积极融入新发展格局，扎实推进创新发展、绿色发展、高质量发展，行业整体运行平稳。

一、行业发展现状

目前，我国聚四氟乙烯树脂产能已超过 15 万吨，聚偏氟乙烯产能约 2.8 万吨，聚全氟乙丙烯产能约 2.5 万吨。据不完全统计，2021 年聚四氟乙烯产量约 13.34 万吨，聚偏氟乙烯产量约 2.75 万吨，聚全氟乙丙烯产量约 2.07 万吨，聚四氟乙烯、聚偏氟乙烯较 2020 年分别上涨了 3.75%、11.97%，聚全氟乙丙烯较 2020 年小幅下降。

2021 年国产聚四氟乙烯树脂价格波动频繁，呈现了先涨后跌、再涨又跌的趋势。截至 2021 年 12 月，中粒度销售价格约 4.6 万元/吨，分散树脂价格约 6.2 万元/吨。

随着我国进入新发展阶段，氟塑料行业也面临着新的机遇和挑战。各企业做出战略调整，积极融入双循环新发展格局，努力拓展国内市场，开发新的应用领域。随着国产化要求的增加，化工衬里、机械密封、双拉薄膜等领域呈现明显增长趋势。2021 年，企业遇到了能源短缺、原材料短缺等困难，都得到了企业的积极应对，多数企业运行良好。

据不完全统计，2021 年氟塑料加工企业聚四氟乙烯树脂消耗量比 2020 年上涨 14.1%，聚四氟乙烯制品产量比 2020 年上涨 12.9%，企业销售总额较 2020 年上涨 18.8%。模压制品、等压制品、纤维制品、生料带、其他糊膏挤出制品、柱塞挤出制品、浸渍制品和衬里制品都有不同程度的上涨。其中，柱塞挤出制品、其他糊膏挤出制品和模压制品的产量涨幅明显，分别上涨了 22.6%、17.8% 和 11.8%。2021 年聚四氟乙烯制品的构成，如图 1 所示。

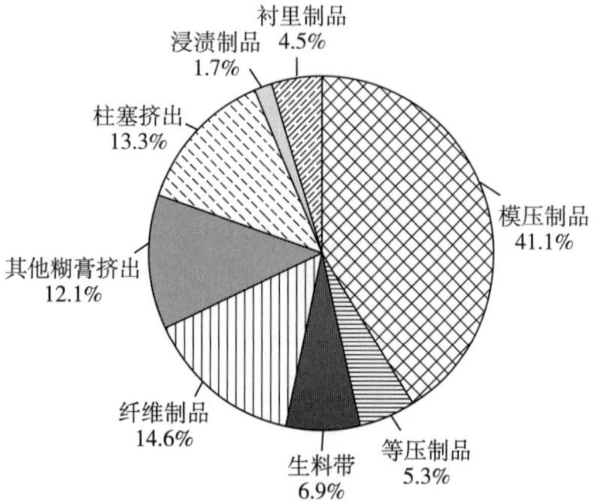

图 1　2021 年聚四氟乙烯制品的构成

根据进出口数据统计，截至 2021 年 12 月底，聚四氟乙烯树脂进口量 8147.99 吨，同比下降 4.29%，进口平均价格同比上涨 24.34%；出口量 35298.96 吨，同比上涨 3.20%，出口平均价格同比上涨 34.57%。可熔性氟聚合物进口量 20401.28 吨，同比上涨 45.41%，进口平均价格同比下降 1.24%；出口量 26570.04 吨，同比上涨 35.01%，出口平均价格同比上涨 31.43%。聚四氟乙烯制品进口量 1321.17 吨，同比上涨 69.02%，进口平均价格同比下降 30.10%；出口量 22975.35 吨，同比上涨 14.51%，出口平均价格同比上涨 9.44%。2021 年在疫情防控常态化背景下，聚四氟乙烯树脂、可熔性氟聚合物和聚四氟乙烯制品的出口量较上年都有不同程度的增加，具体数据见表 1、表 2。

表 1 2021 年 1-12 月氟塑料进口量及与上年比较表

产品	进口总量/千克	累计比同期/%	进口总金额/美元	进口平均价格/美元/千克	累计比同期/%
初级形状的聚四氟乙烯	8147994	-4.29	95136281	11.68	24.34
其他初级形状的氟聚合物	20401284	45.41	416125492	20.40	-1.24
聚四氟乙烯制非泡沫板、片、膜、箔及扁条	1321170	69.02	89424548	67.69	-30.10

表 2 2021 年 1-12 月氟塑料出口量及与上年比较表

产品	出口总量/千克	累计比同期/%	出口总金额/美元	出口平均价格/美元/千克	累计比同期/%
初级形状的聚四氟乙烯	35298955	3.20	283421798	8.03	34.57
其他初级形状的氟聚合物	26570039	35.01	414807235	15.61	31.43
聚四氟乙烯制非泡沫板、片、膜、箔及扁条	22975354	14.51	216267528	9.41	9.44

二、PFOA、其盐类及相关化合物生产、使用及替代情况调研

为进一步了解国内使用 PFOA 生产的氟树脂下游应用、原料替代等情况，深入评估禁止或严格限制 PFOA、其盐类及其相关化合物生产和使用可能对我国造成的环境和经济社会影响，生态环境部对外合作与交流中心于 2021 年 4-5 月组织中国塑协氟塑料加工专业委员会、中国氟硅有机材料工业协会开展了 PFOA 的应用及替代情况调研。

调研组对浙江国泰萧星密封材料股份有限公司、杭州福膜新材料科技股份有限公司、浙江嘉翔氟塑料有限公司、中化蓝天氟材料有限公司等 17 家企业进行了走访调研。此次调研，从替代品生产，到原料合成，延伸到加工制品生产和应用，较为全面的调研了我国 PFOA 的替代情况。我们看到，全产业链均在为 PFOA 在我国实现全面替代做着积极的准备，所到加工企业均已开始应用不含 PFOA 的原材料加工制品，部分企业已经实现了全面替代，试验情况表明，多数产品经过工艺调整可以实现替代，但也有部分产品出现成品率和部分性能指标下降等问题，还不能实现替代。

尽管目前还有相当多的加工企业没有开展替代工作，原料的稳定性和性能指标也有待进一步提高，调研组还是建议有关部门尽早启动批约程序，通过批约推动国内替代和管控进程。国内一旦批约，相关政策法规和标准体系的建立和完善将有助于推动技术攻关，从而推动相关特定豁免用途的替代进程。

三、标准化工作

《螺纹密封用聚四氟乙烯未烧结带（生料带）》轻工行业标准已于 2020 年底通过审查，标准编制组已根据委员审查意见对标准做了进一步的修改和完善，并于 2021 年 3 月形成报批稿上报全国塑料制品标准化技术委员会塑料制品分技术委员会。根据中华人民共和国工业和信息化部 2022 年第 10 号公告，该项标准已于 2022 年 4 月批准公布，实施日期为 2022 年 10 月 1 日。

氟树脂及制品中 PFOA 残留量检查标准研究。调研对比目前国际和国内氟树脂及制品中 PFOA 残留检测分析方法，结合国内实际情况建立氟树脂及其制品中制样及分析方法，建立检测标准。

四、行业发展建议

2022 年是“十四五”规划全力推进的一年，为迎接党的二十大胜利召开，氟塑料加工行业需要加倍努力，在克服新冠肺炎疫情不利影响的同时，我们要科学把握新发展阶段，以新发展理念引领行业发展：第一，准确把握疫情防控和经济形势，坚持稳字当头、稳中求进，努力把“稳”的基础夯得更实、把“进”的步伐迈得更大。第二，坚持创新驱动发展战略，立足市场需求，聚焦行业共性和基础应用技术特别是核心关键技术的研发，着力解决产品结构中低端结构性过剩问题。第三，大力发展循环经济，推进资源节约集约利用，注重节能减排，全面实施清洁生产，推动碳达峰、碳中和，促进生态文明建设。第四，加强品牌建设，完善质量管理机制，夯实质量发展基础，走专业化、精细化、特色化发展之路，不断提升企业自主创新能力和核心竞争力，加快促进企业转型升级、高质量发展。

（中国塑协氟塑料加工专业委员会　吕方　陈生）

多功能母料

在全球疫情持续影响下，在我国经济进入“新常态”，2021 年塑料加工行业克服市场需求不旺、人工成本大幅上升、企业融资难度加大、环境约束进一步增强等困难，取得了平稳健康发展的好成绩。进入 2022 年，塑料加工业下行压力加大，但仍保持了稳定增长。

一、多功能母料的定义

关于多功能母料的定义：是指在聚合物中混入超常量的能赋予其某种特殊性能的助剂，经过配合设备加工所得到的特殊功能的聚合物助剂浓缩体，成为成型加工的母料，它基本分为三类：白色母料、色母料和功能色母料，在这三类母料中分别含有耐老化、防雾滴、耐高温、抗静电等功能，被统称为多功能母料。*

（1）白色母料是白色色母的白度主要通过色母中的钛白粉来呈现，钛白粉的主要成分是二氧化钛，二氧化钛具有抗氧化、耐温性、耐候性等，钛白粉的生产工艺有硫酸法和氯化法。而影响钛白粉白度的因素有很多，其中主要包括二氧化钛粒子的大小、形状和粒度分布，杂质种类和含量以及二氧化钛粒子晶格的缺陷。一般来说，由于氯化法对钛白粉纯度要求高并且在制备过程杂质也少，所以氯化法钛白粉白度要比硫酸法好。在现实的白色母市场中，为降低成本有通过添加相等灰分含量的碳酸钙、硫酸钡、硫化锌冒充钛白粉的现象，虽然这些无机粉体也具有一定的抗氧化、耐温性、耐候性等功能，但其白度与钛白粉是不可比的，通常根据国内外客户的需求来定制和生产，一般钛白粉的含量为 10%~60%。

（2）彩色母料是以着色剂、载体树脂、分散剂、偶联剂、表面活性剂、增效剂制得的高浓度有色粒料；功能色母料除上述原料外，根据功能的要求须添加光稳定剂、抗静电剂、阻燃剂、发泡剂等助剂。功能色母料是既具有普通色母料的功能，又赋予塑料制品其他功能的母料。这些功能包括耐候功能、抗静电功能、阻燃功能、发泡功能等，通常含量每 25 千克的含量在 0.08%~0.8%。

（3）功能色母料的生产工艺过程是在通用色母料的着色剂、表面活性剂进行表面处理之后配合以功能助剂、分散助剂再进行捏合、塑炼、粉碎、造粒而生产出的产品。

功能色母料是色母料行业技术发展的趋势之一。使用色母料或功能色母料生产塑料制品，着色剂在制品中的分散性好、颜色鲜艳、制品表面无色点或色差、调换颜色方便、成本较低、对环境友好、劳动强度小，是应用广泛、发展前景好的塑料着色方法。目前，色母料及功能色母料广泛用于聚乙烯、聚丙烯、聚苯乙烯、ABS、尼龙、PC、PMMA、PET 等树脂中，生产出了五颜六色的纤维、服装、日用塑料、电线及电缆、家用电器、农用薄膜、汽车配件、保健器械等制品。

二、多功能母料行业现状

多功能母料专委会主要以色母料企业为主。下面重点介绍色母料产业现状：色母料应用领域广泛，主要服务对象是塑料行业、橡胶行业和纤维行业等。色母料除着色外，还根据用户的多方面要求，加入阻燃剂、抗氧剂、抗静电剂、光稳定剂等，同时具有多种功能。2021 年中国色母料产量约为 189 万吨，同比增长 9.1%。色母料价格：2017-2021 年中国不同色母料产品价格不同，其中，2021 年上半年彩色母料产品价格在 2.37 万元/吨；白色母料产品价格在 1.82 万元/吨；黑色母料产品价格在 1.88 万元/吨；功能母料产品价格在 2.61 万元/吨。

* 吴立峰. 多功能色母粒［M］. 北京：化学工业出版社，1998.

三、行业存在的困难和问题

中国色母料行业经历了从小到大、由弱到强的发展历程，目前正呈现蓬勃发展之势，但相关检测机构和标准体系的不健全已经成为制约该行业发展的瓶颈。目前，中国是亚洲最大着色功能母料生产和消费国，同时也是未来世界最大的需求市场。近年来，中国塑料工业突飞猛进的发展，有力地带动了国内色母料行业的发展。

然而，在市场产需两旺的形势下，色母料检测和标准体系的不健全，对行业未来发展的制约显得越来越突出。近一两年来，企业遇到的最头痛问题就是产品送检无门。色母料属于树脂与制品的中间产品，不仅产品标准少，而且一般的国家级塑料制品和树脂检测机构没有检测色母料产品的手段，而可以做这类专业检测的单位却又不具备用户要求的检测资质，要想获得相应资质没有三五年时间是无法取得的，因此就出现了虽然产品各项指标均可达到技术要求，但却苦于拿不到有效的“护照”，而不能顺畅地进入国际市场的情况。这正在严重制约我国色母料行业的健康发展。产品标准的建立是中国色母料行业当前亟待完成的另一大要务。专委会正在积极开展工作，以推动制修订更多的色母料相关标准。目前我们加紧推进《ABS 色母料行业标准》和《聚乙烯着色母料》《聚丙烯纤维用母料》三项修订行业标准的审批立项。由于多功能母料的出口退税问题，税目归类问题没有解决，因国际形势已经受疫情封控影响，国际大宗商品价格上涨，企业产能下降，企业的经营成本压力增大。

四、行业发展趋势

中国于 20 世纪 70 年代中期开始发展色母料，目前，随着经济发展和环保要求的提高，着色技术和加入的功能性越来越强，优势日益明显，多功能母料在国内有着良好的发展势头，应用越来越广泛。多功能母料产业上游包括染料和颜料、助剂、树脂等各类原材料的供应。中游则是白色、黑色、彩色母料以及抗老化、阻燃、涤纶，纤维、功能色母料产品的生产与销售。下游色母料产品广泛用于聚乙烯、聚丙烯、聚苯乙烯等树脂中，生产出了五颜六色的纤维、服装、日用塑料、电线及电缆、家用电器、农用薄膜、汽车配件、保健器械等制品。多功能母料产品向着高性能、功能化、环保方向发展。功能母料行业下游应用领域十分广泛，并且随着塑料加工行业的快速发展，客户和国家对色母料行业提出了新要求。客户的需求越来越多样化。多功能母料企业应生产不同质量的功能母料产品，以满足客户的需求。

国家还对多功能母料行业提出了新的环保政策要求，要求功能母料生产企业通过改进生产，生产高性能、节能、环保的多功能母料产品。

目前国内生产色母料和功能性母料的大小企业将近 5000 家，迈入年产量千吨级的将近 500 家，主要集中在广东、江浙、上海、山东等地。中国塑协多功能母料专委会的会员单位目前有 170 余家，骨干企业 30 多家。从广东色母料发展可以看出，中国的色母料企业已经开始走出小规模、低产能的生产方式，逐渐向大型化、规模化发展，行业中出现了一大批产值过亿，产能超过 10000 吨的大型企业。

五、行业发展重点建议

（1）要坚持创新驱动发展，依靠科技创新，不断提高产品档次和质量，大力实施高端化战略，提高中高端产品比例。

（2）要加快生产工艺创新，要改进优化传统生产工艺，大力开展推广应用智能设备，通过生产工艺创新和智能装备，建设现代生产体系，为提高产品质量创造条件。

（3）特别在开发新型功能性母料方面，要大力实施差异性战略，要通过技术进步和技术创新，解决好低端产品向中高端产品转化的问题，实现全行业产品技术水平的提升，产品质量的提高，解决好产品同质化竞争严重的问题。

（4）促进多功能母料行业健康发展的措施。

第一，面对新一轮全球科技革命和产业变革浪潮，面对我国经济进入新常态，多功能母料行业必须大力实施创新驱动战略，紧紧围绕创新这一新引擎，调整发展思路，把主要精力集中到调结构转方式，努力提高发展质量和经济效益上来。双目标，必须紧紧围绕“高端化”这一核心，大力培养新的经济增长点：一要大力开发新产品，加快产业升级；二要大力推进工业化和信息化深度融合，加快“互联网+”工程建设，要适应高端化、个性化、小批量、私人定制的市场导向，探索大规模个性化制造的新路子，推动新型生产模式和新业态的快速成长，大力培养新的经济增长点是未来发展的重要措施和方向。

第二，在面对生产力要素成本不断上升，资源环境的约束不断增加，以及高成本时代到来时，必须紧紧围绕以提高生产效率为核心，着力培养新的竞争优势。

第三，完善质量保证体系，引导市场健康发展。要加强行业自律，完善质量保证体系，健全质量认证和监督制度。对企业的工艺、装备、生产规模、检测手段和质量保证体系等提出合理化建议，配合相关单位加强对行业产品质量的监督抽查。企业应加强对用户的服务，协助用户选择最佳的产品。对于涉及公共安全、人身安全的产品，应逐步建立、健全强制性的管理办法。生产企业不应以低价作为进入市场的手段，要有长远的市场意识，注重产品质量、技术创新、完善服务，为用户提供合格产品和优质服务。

第四，注重与上下游行业的联系与合作，促进多功能母料行业健康发展。加强与装备企业的合作，推动行业装备的技术创新和技术进步，提高生产效率，提高自动化、智能化水平，提升产品质量。联合原材料生产企业，提高原材料性能，研发新原料，确保多功能母料行业新产品开发，促进多功能母料行业健康发展。

（中国塑协多功能母料专委会　季德虎　谭钢林）

塑木行业

一、中国塑木行业发展概况

塑木起源于美国，20 世纪八九十年代，美国 Woodstock 公司、Trex 公司分别采用聚丙烯、聚乙烯与木粉或木纤维生产塑木复合材料，制作汽车内衬板、野餐桌、地板等；90 年代中期进入中国，经过 20 多年发展，已超越美国，成为全球最大的塑木产品生产国和出口国，被列入国家“十二五”和“十三五”发展规划，为战略新兴产业之一，是未来极具活力的朝阳行业。

塑木复合材料（wood－plastic composites 简称 WPC）是由热塑性塑料（如聚乙烯 PE、聚丙烯 PP、聚氯乙烯 PVC 等）与生物质纤维材料（包括天然纤维稻壳、木粉、竹粉、麦秸、秸秆等）复合而成的一种新材料，主要特征为塑料在复合材料中呈连续相，生物质纤维为分散相，具有塑料和木材的双重特性；一般采用挤出、注塑、模压等加工生产技术，是一种新兴的绿色环保产品，分为户外塑木材料和室内塑木材料两大类，已进入建筑、市政、园林、家居、装饰、物流、汽车、旅游、高铁、船舶、军工等应用领域。

塑木具有较高的强度和硬度，耐酸碱、抗腐蚀、不变形且不含甲醛，是绿色节能环保产品，具有天然木材纹路、色泽、质感以及高分子材料特有的防腐防潮、防霉变、防虫蛀、抗紫外线、耐磨、免漆、一次成型、环保等多重性能，耐用性优于普通木质材料。

二、我国塑木主要原材料现状

1. 热塑性树脂

主要聚乙烯、聚丙烯、聚氯乙烯三大类占 77%；其次 PS、ABS、PET、PA、PLA、PMMA 等工程塑料占 13%；占比 10%其他材料为聚碳酸酯、三聚氰胺树脂、聚甲醛、聚异丁烯、聚对苯二甲酸丁二醇酯等。

在聚烯烃塑木产品需要的热塑性树脂中，主要用的是回收热塑性塑料；在以上所有热塑性树脂中，聚乙烯回收塑料最容易获得，因此在塑木产品中，聚乙烯塑木产品在户外铺面材料市场中使用量最大，并且是性能最稳定的产品。聚氯乙烯基塑木在室内应用更广泛和受欢迎。

2. 纤维粉

木粉、秸秆粉、糠粉、竹粉、果壳粉是植物纤维主要种类，其中，木粉研究最多，占比 31%；秸秆粉和糠粉次之，分别占据 16%和 13%；其他还有淀粉、树皮粉、草粉、咖啡渣、棉花壳、茶叶等。

在目前所有塑木产品生产，应用最多的木质纤维粉，即木粉，因为木纹由实木生产成密度板砂光后的下脚料过滤而来的木粉，具有量大且质优价廉的特点，因此在国内应用最广。

3. 加工助剂

除生产塑木产品最主要的两种原料热塑性塑料和纤维粉以外的助剂中，还有无机填料、偶联剂、润滑剂、抗氧剂、光稳定剂、发泡剂、发泡调节剂、增韧剂等。

（1）无机填料（碳酸钙、硅灰石、滑石粉）：主要作用是调节塑木产品的尺寸稳定性，并且决定产品生产时的稳定性和产品的收缩率等。2019 年江西广源化工推出塑木专用的针状硅灰石粉，对满足塑木产品尺寸稳定性、增强增韧的作用明显高于普通碳酸钙和滑石粉。

（2）偶联剂：塑木产品应用的偶联剂主要是增加产品的弯曲强度和弯曲模量，随着产品产量增加，其稳定性特别重要。

（3）润滑剂：塑木产品生产应用的润滑剂目前以专业公司生产的复合润滑剂为主，除进口产品外，国内有东莞汉维科技有限公司、浙江杰上杰新材料有限公司、上海光裕等规模企业开发的润滑剂产品可以满足塑木产品中不同流动性塑料原料的要求，取代传统单体复配润滑剂，解决容易开裂、析出、稳定性差等缺点。

（4）抗氧剂：塑木产品户外使用会热老化，目前常用 1010 和 168 抗氧剂按 1∶1 复配使用，或者直接用复配好的型号 B225 抗氧剂解决塑木产品户外热老化问题。不同公司可能型号不同。

（5）紫外剂吸收剂或稳定剂：普通塑木产品一般用受阻胺类紫外线稳定剂，解决塑木产品的户外紫外线老化问题，目前还有少量用 531 等紫外线吸收剂的情况。

（6）发泡剂：PVC 塑木发泡产品需要的发泡剂主要有 AC 黄发泡剂和 NC 白发泡剂。

（7）增韧和抗冲改性剂：按结构一般分为，弹性体类：一般具有核/壳结构的高分子材料如 ACR、MBS、MABS 等；非弹性体类如 CPE、EVA 等聚合物与基体树脂融熔共混时渗透形成网状结构，从而提高韧性和冲击性能。

4. 共挤塑木产品的表面共挤材料

2018 年以来，共挤塑木产品需要的表面共挤材料越来越丰富，除普通的共挤材料外，陆续出现了磨砂共挤料、抗静电共挤料、降温共挤料及弹性共挤料等；并在行业内出现了专业提供共挤材料和服务的公司，例如青岛绿都塑料科技有限公司，可以提供共挤材料，根据客户需要提供丰富多彩的色母料、木纹色母料，并可以根据客户需要，提供特殊共挤材料的定制服务等。

三、国内产能和产量及市场情况

1. 国内塑木产能及产量情况

目前，全球塑木市场容量约 550 万吨，中国产销量约 330 万吨，已连续 8 年超越美国，成为全球第一大塑木产品生产和出口大国；国内生产企业 620 家，其中户外 PE 塑木生产企业约 200 多家，产能 250 万吨，年生产能力 2 万吨以上的企业 50 多家；室内 PVC 塑木生产企业 400 多家；联结在塑木产业链的企业超过 2000 家，塑木制品主要分布在华东、华南、华中地区，塑木生产企业和产销量连续五年年均增长率超过 15%。

塑木生产企业主要分布在东部省份，其中珠三角、长三角地区和山东省最为集中。新增加的生产企业以内陆及西部省份为主，而北方地区的塑木生产企业仍然偏少。

2. 国内塑木市场情况

目前，国内市场这些年的塑木应用越来越成熟，国内市场总体是稳步增长的，东部发达地区保持相对稳定的增长率，西部以及海南等旅游业、养老地产发达的省份增长相对更快。比如贵州省、四川省的塑木应用明显比其他省份更多。

由于疫情影响，2021 年产品应用工程开工不多，市场应用主要还是以一代普通产品为主，建材市场上塑木材料一般只是一些样品展示，商家对于塑木材料知识的了解也是少之又少，塑木市场体系混乱，且没有品牌意识与概念。一般国内上规模的工程都是甲方直接与厂家联系，衡量选购塑木材料一般仅限于价格这一个维度，整个塑木市场的体系是极其不完善的。不过近年我们在市场接洽中也能体会到这几个方面：一个是有些工程招标中塑木材料是不在其列的，这是由于很多垃圾塑木工程导致甲方望而却步，如北京奥运会与上海世博会的塑木工程就出现过不少问题；另外，有些工程在招标中明确要求是圆孔或者实心地板，这里可以看出招标方在选购塑木材料时也相对了解塑木的性能并注意其使用场合。

从产品结构上看，各地区也有不同特点。比如四川省、新疆维吾尔自治区普遍喜欢用实心厚板，海南省则以第二代共挤地板为主，云南省普遍接受空心圆孔地板。其中第二代的共挤地板市场占有率逐步增加。

3. 国外塑木市场情况

2019 年以来的新冠疫情打乱了整个市场体系，很多塑木企业在这一轮疫情中受到不小冲击。随后，国外疫情持续加重，中美贸易的冲突不断升级，世界范围内的各种贸易冲突不断，是否将一步波及塑木行业的出口，是一个很大的未知数。相反，继“两会”以来，国家持续加大刺激国内经济的发展，国内疫情得到进一步有效控制，各行各业正有序地复工复产，在疫情过渡期中，塑木行业在国内刺激经济的发展浪潮中是否会异军突起。在这个机遇挑战中，塑木行业应该做到以下几个方面：首先，关注国内外疫情的发展情况，稳固国外塑木市场，针对疫情相对较轻的地区加强与外商的接洽，促成合作，以达到整个工厂的有序开工；其次，塑木复合材料是一种优质的环保建材，其耐腐蚀、抗老化、无甲醛，比木材的使用年限多 2~3 倍。以市场需求而言，塑木材料是欧美等发达国家最基本的建材之一，在家庭庭院等随处可见。所以欧洲市场较为稳定，2021 年总量比 2020 年基本持平，产品仍以一代普通产品为主，共挤塑木产品增长较快。一些新兴市场增长较快，比如英国、德国、波兰、东欧、东南亚、北欧、南美及大洋洲、非洲，国内很多塑木企业通过展会等方式积极开发这些新兴市场，并取得不错的效果。

塑木复合材料最大和最成熟的市场在北美，但由于美国及加拿大的市场准入门槛较高，本土的生产企业无论是规模、品牌都高于国内生产企业。国内的塑木产品运到这些市场，在成本及交期等方面并无优势，开发这些市场困难较大，但国内仍有少数有实力的龙头企业在努力开发，并取得一定的成效。中美贸易摩擦，对出口美国的企业有很大的影响。

四、新产品及技术发展状况

1. 第二代共挤类产品

国内的共挤产品主要有四种风格，第一种是以美新为典型代表的共挤产品，通过多年的努力开发，在线压花以后进行表面处理，在大幅度提高耐候性的同时，表面木质感好、纹理自然，形成了独立的风格，在国内外塑木行业得到广泛认可。国内多数生产企业以美新风格为基础，加上各种后处理方式，形成了各自的风格，这类产品成为共挤产品的主流。第二种是以森泰为代表的表面共挤后在线压花，基本上不再进行表面后加工的共挤产品，生产工艺简单，表面硬度高，耐磨性好，黏结度强，风格与美国同类型产品类似，也广泛被市场接受。第三种是聚锋的三层套色的共挤产品，一层微发泡内层，两表面分别覆盖不同颜色共挤经深压纹打磨后形成的色彩鲜明的木纹产品效果。第四种是以吉林华邦、江苏福瑞森为代表的一些厂家，共挤产品表面处理后，外观纹理粗犷，形成独特的风格，取得不错的市场份额。

2. 第一代塑木混色产品

欧洲市场普遍接受外观仿木、仿古效果，在普通一代产品中通过添加色母料混色形成较为自然的条纹。该类技术首先以赫尔普、康特为代表，后面又有一些企业如新远见、坤鸿、永昇、福瑞森在此基础上进一步改善，技术更为成熟，产品表面效果更自然，市场增长也很快。

3. 第三代塑木新技术及其新产品开发

2018 年，结构用工程塑木复合材料及其制品开发进度加快，如 SMA 塑木、ABS 塑木、PMMA 塑木、PA 塑木、PET 塑木等工程塑料塑木技术以及塑木与金属或结构材复合的“芯层共挤技术”是第三代塑木产品的重点，如芯层采用金属、刚性增强塑料、外层共挤塑木的新技术以嘉景、金发为代表，开发铝合金增强共挤塑木和芯层为刚性塑料骨架增强共挤塑木，达到结构材料性能要求，已开发成功的有 AEE、金刚木、钢芯木、增强共挤塑木，汽车、门窗、家具、集成房屋是其潜在的应用领域。

4. 发展 PVC 塑木是中国市场一大特色

PVC 塑木产品丰富和拓宽了塑木材料及其应用领域，市场潜力和规模远大于聚烯烃塑木产品。发泡和共挤 PVC 塑木产品及其生产技术和应用开发，因有别于聚烯烃塑木产品特性（阻燃、轻量、高强、美观）值得重视，室内绿色家装 PVC 塑木产品异军突起，引领潮流。国内代表企业：广州金发、广州恒德、山东霞光、东莞百妥木等企业在新技术、新产品方面各有突出亮点，为塑木企业跨入 10 万吨级别规模化生产，打通室内室外塑木产品线及实现塑木整装集成房屋，提供技术和产品支撑。

5. 在线压花、混色在线压花再表面处理产品

此类产品通过在线压花，花纹深、工艺简单实用、纹理清晰、耐磨性好，表面效果自然，市场前景好，代表塑木发展新产品的方向之一。以科艺为代表的花辊设计、制造厂家不断推出新的花纹，对此类产品的市场推广起到积极的作用。简单来讲，现在的新产品开发，主要以第一代或者第二代共挤产品为平台，通过不同的表面处理方式，开发不同风格的表面效果，满足不同地区、不同文化和不同审美要求的客户需求。

另外，一些特殊用途，特别是对力学性能要求高的产品开发也取得较大进展，比如里层采用金属材料增强，外层共挤塑木复合材料的型材。以金发为代表开发的芯层衬骨架的型材力学性能好，弯曲模量成倍增加，对塑木复合材料由装饰性材料向结构性材料发展有重大意义。

6. 塑木生产设备和设施的进步与创新

（1）高产量造粒机。塑木生产厂普遍采用 75 平双造粒机，每小时产量 300~500 千克，生产效率

低；采用95平双造粒机每小时产量1000~1500千克，是发展方向。

（2）塑木生产自动化系统。原料配混系统和造粒挤出系统自动化——木粉、塑料、填料引入大型贮料罐，通过管道采用自动计量真空输送到各混料造粒系统，造粒料通过管道真空输送到掺混料仓均化冷却，再通过管道真空输送到各挤出生产线，减少粉尘，降低劳动强度。

塑木型材表面加工系统自动化——采用自动化双面（或四面）拉毛拉丝打磨机及其与自动切割机一体化自动控制系统，提高生产效率。

（3）环保处理设备。塑木产品在加工过程中产生的水汽和粉尘是行业中亟待解决的问题，2019年最新环保设备分为：PVC/PE/PPR等塑料加工车间粉尘收集达标排放系统，波纹管碳酸钙加工车间粉尘收集达标排放系统，木工行业粉尘收集达标排放系统，金属抛光行业粉尘收集达标排放系统，塑木、墙板、地板等塑料加工中废气VOCs处理达标排放系统，油漆行业VOCs处理达标排放系统等处理污染空气环境的设备制造。国内成熟的专业设备厂家比较少，如苏州吉玛环保科技有限公司。

五、塑木行业存在的不足

（1）塑木企业生产效率低、经济效益差：一次成品合格率低（<90%），劳动生产率低（全员人均月产销量<10吨），综合废品率高（>15%），损耗大（>8%），行业平均毛利率低（<20%）。环保治理落后，采用两步法塑木生产企业，造粒废气环保处理投入少、技术简单，恶臭气味难以达到国家排放标准，成为困扰行业发展的一大问题。企业信息化和生产自动化建设滞后，数字化和智能化与整个行业无关。

（2）塑木主要原料（回收塑料和植物纤维）标准化工作没有引起足够重视，原料质量及其适用性过度依赖企业自身经验与教训积累，是整个塑木行业生产成本和产品质量的“黑洞”；没有建立强制性的塑木产品认证标准与制度，仅有的《环境标志产品技术要求 塑木制品》（HJ2540-2015）和《绿色产品评价 塑木制品》（GB/T35612-2017）为推荐性标准，且与消费市场、政府项目招投标制度衔接不紧。

（3）塑木企业创新投入、能力与人才不足，产品同质化严重，持续价格战。25家骨干生产企业占620家塑木企业的4%，但是专利申请量占全部企业申请量的45%，其余96%的塑木企业专利申请量仅占55%。户外塑木以中低端铺板Decking为主，占65%以上，产品毛利率低，没有资本市场的支持，消费过度依赖区域市场；室内塑木以轻质发泡PVC塑木为主。

第二代共挤塑木产品经过近五年的技术开发与市场推广，开始出现产品同质化现象，并暴露出质量问题：中空共挤吸水板面开裂、表面起泡剥离、共挤混色板面阴阳色差等。

（中国塑协塑木制品专业委员会）

塑料助剂

一、2021年行业状况

2021年塑料助剂行业受到了原料价格上涨的冲击，挤压了企业的利润，整个产业链的健康发展受到威胁。但是也应该看到，整个塑料助剂行业能够坚定信心，在危机中寻找良机，不乏亮点：有的企业抓住机遇在国际市场上有了更多的份额，有的企业苦练内功加强内部管理、研发新产品开拓新的应用领域，或推进产品的环保化。

2021年经过行业所有人的努力，塑料助剂的产能和产量都小幅提升，个别品种产量增幅达到18.66%。2021年国内塑料助剂的消费量达到757万吨。

二、产品结构调整与技术进步

1. 增塑剂

增塑剂品种方面，主要品种仍为DOP、DOTP、DBP、DINP等石化路线产品，生物基增塑剂如环氧类、柠檬酸酯类占比并无明显变化。产品结构方面，环保类增塑剂发展迅猛，DOP龙头老大地位已经被DOTP所取代。疫情影响下，DOTP由于医疗用品扩产得到大力发展，其他小品种发展仍受一定限制，基本保持不变。在环保因素影响下，邻苯类增塑剂所面临的挑战愈发加剧，预计后期在行业中所占比例仍将缩减。

近年来，我国增塑剂各类生产企业有所减少，部分不在化工园区的小企业被迫停产。10 万吨以上规模企业占总生产能力的 80%以上，2021 年各类增塑剂生产能力 770 余万吨，以山东、华东为主，实际产量约 490 万吨，其中邻苯类 DOP 约 125 万吨、DINP 约 46 万吨，DBP/DIBP 约 50 万吨，DPHP 约 27 万吨，对苯类 DOTP 约 178 万吨，偏苯类 TOTM 约 11 万吨，环氧类约 29 万吨，小品种基本未见明显变化，其中 DOA 约 6 万吨、DOS 约 1.5 万吨，柠檬酸酯类约 6 万吨，其他约 10 万吨。增塑剂较 2020 年有所增长，增长率约为 5%，是因为 2020 年年初疫情严重，部分企业未开工，而 2021 年社会生产秩序恢复所致。

与 2020 年相比较，DOP 和 DBP 产销量出现了不同程度的下降，同比降低 17%和 12%，而 DOTP 产能和消费量大幅增长，产能同比增加 17%，产量增加 27%。消费占比方面，2021 年增塑剂消费邻苯类占 50.1%，环氧类占 5.9%，对苯类占 36.9%，偏苯类占 2.2%，柠檬酸酯类占 1.2%，特种性能类占 1.6%，其他占 2.1%。

2. 热稳定剂

2021 年稳定剂年产销量约为 75 万吨，出口量比 2020 年有所增长，特别是东盟十国塑料加工能力的提升对助剂需求亦随之增加，有更多企业走出国门参与到“一带一路”的建设中；环保产品消费量突破 40 万吨，各类稳定剂出口总量约为 10 万吨，品种可以满足 PVC 塑料制品加工要求和全球已有环保法规及安全标准；受利润影响，非环保稳定剂的生产和使用量有返潮趋势。尽管 2021 年（尤其前 4 个月）稳定剂产销远高于历史同期，但受自 2020 年四季度开始的原材料涨价风潮影响，稳定剂全行业利润也创历史新低。

尽管传统制品和工艺导致竞争力下降，但新技术的开发应用以及新产品、新应用领域的拓展也在加快步伐。我们还是应该在高峰时看到危机、在低谷时看到机遇；发展的关键在于技术领先、市场领先和有一个优秀的团队，建议在目前行业低谷期放眼长远，各企业应积极寻找合作伙伴，抱团发展。

3. 抗氧剂和光稳定剂

中国已经是抗氧剂、光稳定剂世界第一生产大国。抗氧剂、光稳定剂产能、产量稳定增加，因疫情封控等原因，产量受影响。由于原料和生产受限，使得抗氧剂、光稳定剂价格大幅提高。2021 年，全国抗氧剂的产能、产量分别为 31.3 万吨、26.6 万吨；光稳定剂产能合计 10.3 万吨、产量 8.9 万吨。

企业开始解决原料来源，自行配套主要原料，降低主要原料依存度，保证产品稳定生产。企业向拥有多类通用抗氧剂系列、专用抗氧剂系列、受阻胺光稳定剂系列产品、紫外线吸收剂、功能母料等综合产品技术发展，国内抗氧剂、光稳定剂企业产品的多元化、系列化，为参与国际竞争进一步奠定产品实力。

4. 其他

2021 年，其他塑料助剂，如冲击改性剂与加工改良剂、发泡剂、润滑剂、偶联剂、抗静电剂、抗菌剂、成核剂、扩链剂、防雾剂等在开发新产品和技术进步方面也都取得了不同程度的进展。生物可降解材料的关注度依然存在，相关助剂的研究依然是热点方向。

三、存在问题

1. 增塑剂

（1）生产工艺参差不齐，总体水平仍需提高

目前许多小型企业仍然采用间歇式生产、手动控制的落后装置和工艺，这些装置规模小、功能单一、生产效率低、物耗能耗高、污水排放量大、产品质量稳定性差，已经很难适应当今世界增塑剂行业的竞争局面。大企业在生产工艺技术水平上也需要挖潜增效，进一步降低生产成本，提升产品竞争力和盈利水平。

（2）产品结构仍需完善

经过近年来的发展，我国增塑剂行业构建了比较完善的产品体系。形成了传统类以 DOP 为主、环保类以 DOTP 为主，生物基、特种型增塑剂全面发展的产业格局，较好地满足了下游需求。但是至今为止，仍然有部分专用和高性能品种还不能生产，或是产品质量与国外有一定的差距，这些产品主要还依赖进口。

（3）研发滞后，新产品下游应用受阻

世界上已开发成功的增塑剂达 500 多种，已商品化的达 100 多种，而我国目前生产约 30 多个品种，一定程度上制约了我国相关行业的发展，目前我国增塑剂主要以生产厂家自主研发为主，专业的研究机构少，新型增塑剂开发的进度慢，一些市场应用量较大的品种国内技术不成熟，近几年虽然开发出一些新品种，但从性能上讲质量不高，即使研究开发出高性能的产品，下游厂家考虑到成本多不愿意使用，反而以低档价廉的产品代替，长期下去影响了增塑剂及相关行业的发展。

（4）产能过剩，开工率低，盈利水平差，竞争性不强

增塑剂装置门槛低，同质化装置建设过快，导致产能过剩，装置开工率不高，仅有50%左右。上下游一体化企业较少，对上下游的议价能力较差，传导转嫁成本的能力差，一旦遇到原材料大幅上涨，增塑剂产品提价受到下游阻力即进入亏损状态，因此整个行业利润低下，许多中小型装置面临被淘汰的窘境。

2. 热稳定剂

2021年原材料的涨价，几乎是无解的。PVC树脂、增塑剂、稳定剂原料价格上涨，2021全年未见稳定趋势，大幅挤压塑料制品企业利润，影响产业链生存空间。尤其是稳定剂原料涨幅创历史新高，导致全行业的困境，工厂总成本最高涨幅达30%以上，同时，销售价格极难同步增长，调价难以得到下游用户谅解，在稳定剂行业普遍微利的前提下，对行业的持续健康影响较大。

3. 抗氧剂和光稳定剂

抗氧剂、光稳定剂主要产品的分子结构、合成工艺基本来源于国外，行业需加强有自主知识产权的通用产品的开发能力。

国产抗氧剂、光稳定剂产品，在高端应用或特殊应用要求方面，还不能满足应用需求，与国外厂家的产品尚有差距。

四、发展趋势

（1）在“碳中和、碳达峰”的大背景下，项目审批和环保排放检查将更加的严格，落后产能将陆续被淘汰，塑料助剂行业将继续以多种方式进行整合，行业集中度将进一步提升。这也迫使行业企业不断优化产业结构，提升行业技术水平。

（2）骨干龙头企业通过不断强化技术服务能力，完善技术服务体系，向高质量发展转移，不但在产量上，也应在技术上协调上下游共同进步。要适应不同的市场，让产品满足不同层次用户的需求，特别是扩大专用产品和高端产品和高附加值产品的比例。

（3）相关的助剂企业应继续大力拓展海外市场，使海外市场中的份额保持稳步增长。

（4）塑料助剂行业今后将以“绿色、环保、无毒、高效”作为永恒的主题，逐步用新品替代对人类健康和环境有害的品种。

（5）推广聚氯乙烯产业绿色全生命周期概念、推动绿色工厂、绿色制造、绿色产品链体系建设；扩大新型绿色环保功能材料供给。建立负面清单机制，在产业内展开调查，针对各种安全隐患、不合理现象、各种不合法不合规的材料等不定期发布负面清单，号召全产业链抵制妨碍产业链健康发展的行为。

（6）要加大生物可降解塑料用的各种助剂产品的研发力度，持续关注塑料的循环利用，助力塑料产业链的可持续健康发展。

（7）在全行业提倡节能减排和清洁生产。大力研发推广可循环、易回收、可降解的新技术、新产品，经济和环境、社会效益协调发展，促进“碳达峰、碳中和”目标实现。

（中国塑协塑料助剂专委会秘书处）

流延薄膜

一、行业概况

2021年是流延薄膜行业砥砺前行的一年，新增生产线陆续正式投产，产能增加，加上原材料价格剧烈波动，双控限电，海运运费暴涨，企业成本上涨，生存处境艰难。部分细分产品情况如下：

（一）CPP薄膜

产能及开工率：2021年CPP行业总产能140万吨，新增产能14万吨，增幅为11%，CPP月产量维持在5~8万吨。行业平均开工率52.64%，受疫情反复及国家能耗双减政策的影响，较2020年开工率略有下降，全年来看整体的开工负荷较往年相比波动不大。

产能分布：CPP行业华东地区产能占到30%，产能占比最大，产能比较大的企业多在华东地区，属于CPP行业主要集中地区；其次是华南地区，产能占比29%，华南区域主要产能在福建、潮汕。华北地区占比达19%左右，产能位于第三，主要产能在山东省。目前来看，少数大型CPP企业的产能，占国内CPP总产能份额较大，且客户群体稳定，其余为小型生产企业，即使上新线，产能占比

并不能发生明显变动。

行业盈利情况：国内 CPP 行业利润表现为亏多盈少，多数时间处于负利润状态。2021 年平均亏损在 278 元/吨。如此高的亏损，主要受到 2021 年公共卫生事件和能耗双减政策的影响，CPP 价格上涨幅度不及原料，利润再次压缩，出现亏损情况，2021 年 CPP 市场整体运行情况不乐观。

行业存在的问题：全球经济环境不景气，公共卫生事件等突发事件对 CPP 市场的生产和销售带了不可忽略的影响，同时随着快递外卖行业的兴起人们的消费习惯的改变，宅家购物成为常态，商场超市相对人流减少，造成食品包装的需求也呈下滑趋势，加上产能的不断扩充，企业过度追求宽幅、高速、高产设备，行业产能过剩，市场供需矛盾突出，膜企间竞争加剧。未来企业应作出差异化产品，提升自身优势。

（二）流延聚乙烯薄膜

1. 流延聚乙烯缠绕膜

2021 年流延聚乙烯缠绕膜产能 280 万吨，比 2020 年 220 万吨增加 27.27%，产量 250 万吨，比 2020 年产量 200 万吨增长 25%。从企业规模方面来看，目前有数千家缠绕膜工厂，国内企业产量在 3 万吨以下为主，1～2 万吨之间的企业只有十几家，其余都以中型和小型为主。从区域方面来看，大多数缠绕膜企业多集中在江浙、广东、山东和辽宁等地。

行业存在的问题：缠绕膜行业工艺简单，准入门槛较低，小微企业多，大型企业较少，行业竞争压力较大，市场还处于低价格恶性竞争，原材料+加工费的模式，利润微薄。产品质量参差不齐，产品价差较大，市场秩序混乱。高档缠绕膜原料仍然大量依赖进口。同时企业也存在账期问题，部分企业面临着较严重的资金压力。

虽然有诸多问题，但是缠绕膜作为一种新型包装材料，在我国的应用方兴未艾，尤其牧草膜，超市保鲜膜这一用途方面都存在着一定的潜力，相信随着合成树脂技术的不断进步以及薄膜加工设备和技术的逐步提高，其应用前景依然存在。

2. 流延聚乙烯透气膜

由于疫情影响，防疫用的透气膜产量大增，2021 年随着疫情逐步得到控制，终端防疫物资较 2020 需求有所下降，但随着我国女性、老幼人口比例回升，一次性卫生用品行业高速增长，加上近几年来宠物卫生用品稳定发展，我国流延聚乙烯透气膜卫生用品膜的市场增长空间还很广阔。

（三）TPU 薄膜

2021 年 TPU 薄膜产量约 13 万吨，比 2020 年 10 万吨增长 30%，TPU 是一种绿色环保的新型高性能弹性体材料，兼具橡胶与塑料的性能，与其他类型橡胶及塑料相比具有能耗低、污染小等显著优点，可以说是替代 PVC 和 PU 的最理想的材料，被国际上称为绿色环保材料。从整体上看，我国 TPU 薄膜生产企业大多属于小型或微型企业，规模较大的几个生产厂家占据了国内的大部分市场。从应用领域来看，随着薄膜行业的持续发展及国家环保政策的推进，以及鞋类、服装等行业订单的外流，TPU 薄膜的应用范围正在逐渐从鞋、服装、家用纺织品、奢侈手袋等原有的重点领域向农业、医疗、电子、航天、军工等新的领域延伸。近年来，屏幕保护膜、汽车车漆面保护膜、医用胶带 TPU 膜等成为 TPU 薄膜需求的新焦点。今后高端产品的开发是未来我国 TPU 行业发展的主要方向，尽管目前国内 TPU 行业的竞争日益激烈，但未来 TPU 新增产能仍有望不断释放。

（四）EVA、POE 光伏封装膜

EVA 胶膜和 POE 胶膜是主流的光伏封装胶膜材料，光伏胶膜作为“碳中和”背景下，光伏产业不可或缺的组件材料，发展前景十分可观，2021 年封装胶膜总产能达 26.83 亿平方米，市场销售额在 120 亿元以上。全球胶膜产能几乎全部集中在中国，而 EVA 与 POE 作为核心封装材料，我国仍高度依赖进口，2021 年我国 EVA 进口依存度仍超过 50%，POE 更是被海外厂商垄断，基本依赖进口，从远期来看，EVA 仍有大量新产能规划，但工艺壁垒较高、投产周期长，整个项目的周期需要 4 年左右，短时间产能爬升无法满足光伏产业需求增长。2021 年以来，EVA 树脂价格持续处于快涨期，且终端需求受光伏产业链成本持续攀升而有所抑制，下游接受度减弱，成本传导通道受阻，光伏胶膜毛利率同比下滑。

（五）PVB 玻璃夹层膜

PVB 膜具备强黏附性、抗冲击性、隔绝紫外线、隔音、无毒环保等优势，目前主要用于建筑和汽车安全玻璃，2021 年国内夹层玻璃产量 1.32 亿平方米，同比增长 15%，每平方米夹层玻璃对应 PVB 膜需求量约 1.22 千克，建筑行业 PVB 夹层膜市场需求约为 16.1 吨；汽车玻璃领域对 PVB 膜的需求来自保有车辆的玻璃替换需求和新产车辆的安装需求，据国家统计局数据，2021 年国内汽车保有量、汽车产量分别约 3.02 亿辆和 2628 万辆，目前汽车前挡对玻璃安全性能要求更高，PVB 膜多数用在前挡玻璃领域，每辆车前挡玻璃对 PVB 膜的需求量约 1.021 吨，汽车玻璃领域 PVB 夹层膜市场需求 4.22 吨。近年来随着政策对建筑、汽车领域安全、节能、环保等要求不断提升，有望带动 PVB 需求持续增长。此外，PVB 具有优异的抗水渗透、耐候性、使用寿命长等性能优势，在光伏封装胶膜领域有望逐渐渗透。

二、行业发展趋势及建议

绿色化：在推进“碳达峰、碳中和”大背景下，随着“限塑”政策不断升级，以及政府大力倡导的可持续发展理念深入人心，人们的环境保护意识不断增强，包装业呈现出绿色环保的发展趋势，而传统塑料市场也在不断缩小，塑料包装必须增加自身的绿色环保属性以促进自身发展。绿色环保塑料薄膜也将是未来薄膜行业长期发展方向。

功能化、精细化：行业快速发展过程中出现了供需失衡的问题，基础薄膜产能过剩，特种薄膜、功能性薄膜等高端化产品却供不应求。而经济增长和民众消费升级提档，刺激高端化薄膜需求激增；且传统薄膜材料利润空间有限，企业必须深挖潜在客户，要走差异化之路。未来企业要更注重向品种多样化、专用化以及具备多功能的复合膜方向发展，未来供需矛盾或仍紧张。

（中国塑协流延薄膜专委会）

塑料配线器材

一、行业现状

近年来，虽然受疫情影响，但是我国塑料行业规模和效益仍然保持平稳增长，产量也是平稳增长。据国家统计局数据显示，2021 全国规模以上企业，塑料制品产量为 8003.98 万吨。据不完全统计，2021 年塑料配线器材行业全国工业总产值为 243 亿元，同比增长了 1.67%。保持了平衡增长。

二、行业热点

2021 年 3 月，长虹塑料集团英派瑞塑料股份有限公司与美国 UL 合作建立 UL 认可实验室。实验室完成后能够缩短产品的测试周期，提升行业整体技术检测能力。配线器材行业产品凭借 UL 安全标志，在全球市场准入方面将更具竞争力。

三、存在的问题

当然，取得诸多成绩的同时，我们也清醒地看到工作中还存在不少“短板”，比如协会的工作视野和格局与深刻变革形势还有一定的差距；行业科技创新能力有待进一步提升；产品结构不合理，同质化严重等，对这些困难和问题，我们必须要高度重视，积极采取针对性措施主动应对，努力在今后的工作中加以克服和解决。

四、发展趋势与规划

1. 开发新产品，采用新技术，实现产业转型升级

“十四五”时期，是塑料配线器材行业从结构调整、转型升级，进入高质量发展阶段的重要时期，首先要注重传统产业竞争力的巩固和提升，我国将由塑料大国向塑料强国转型升级。这就需要我行业努力开发新技术、新产品，与国际市场接轨，增强实力，力争做到世界一流水平。在接下来的工作中，各企业要树立长远目光和忧患意识，抓住机遇，明确方向，加快培育和发展具有特色的和优势的战略性新兴产业，从产业匹配、市场需求、资源优势、技术创新四个角度切入，推进新材料产业化，发挥先进产能作用，优化结构调整和产业布局，不断改进生产技术，关注与其他同类产品的差异性，填补市场空白，体现“人有我新、人新我精、人精我智”的理念，依靠技术创新，优化产品结构等方法，增强企业核心竞争力。

2. 提高装备水平，打造自动化、无人化车间

塑料配线器材行业是一个劳动密集型行业，这就需要我们不断提高生产技术能力和生产装备能力，通过“机器换人”来提高劳动效率。“十四五”期间，配线器材专委会将重点和注塑机械制造商共同研发专业用于扎带生产的高智能全自动注塑机，从原料进入机器到产品包装到出库，全部采用人工智能设备进行操作，让人类不再像机器，让机器为人类服务，让生产车间实现无人化、自动化，确保“十四五”期间行业目标任务的实现。

3. 注重品牌建设，提高产业素质

提升企业形象、提高产品影响力，最有效的途径就是打造品牌。品牌体现了企业的质量、技术、管理、文化理念等，在市场上代表着信誉、荣誉。企业获得市场认可度高，有品牌优势，就可有效避开低端同质化竞争，走高端路线。许多小微企业对品牌重要性认识不足，缺乏科学的战略规划，今后要通过组织开展品牌培育活动，引导企业开发品牌管理机制和品牌塑造方法，通过技术改造、产学研结合等方式提高企业创新力，提升产品质量，扩大产品知名度。我们要鼓励更多企业参与社会团体标准、行业标准、国家标准甚至国际标准的制修订工作中来，抢占产业发展的制高点。

4. 推进环保清洁生产和节能减排工作

新常态下要有新思路，加大环保投入，做好配线器材行业的环保、安全工作，推进环保型原材料在配线器材产品中的替代，坚持绿色、清洁生产是未来发展的主要方式。积极推动降解材料或其他替代产品，规范塑料废弃物回收利用，建立健全塑料生产、流通、使用、回收处置等环节的管理制度，实现经济效益、社会效益和生态效益的统一。企业要下决心进行全方位的技术改造，淘汰高耗能设备，倡导环保、高效、节能的新技术、新工艺，提高能源利用率和工作效率，努力实现国家提出的“碳达峰、碳中和”目标任务，把保护环境和实现人与自然和谐发展为己任，坚持在青山绿水间走生态发展之路。

5. 适应新业态，促进产业与互联网融合发展

随着移动互联网、物联网等新一代信息技术的发展，为配线器材行业发展带来难得机遇。配线器材行业产品上下游联系紧密，关联性强，适合线上交易。电商平台弥补了传统营销模式买卖双方信息不对称的短板，企业既可以通过这些平台了解全球供应商、上下游供应链的产品品种、技术指标等需求信息，又可以利用电商平台展示企业形象，吸引客户，扩大销售或采购渠道，实现利益最大化。为了充分利用电商这个快车，企业要做好各方面准备，一是建立符合电商网络要求的组织结构；二是实现以物流为依托、信息流为核心的全新运作方式；三是通过网上银行系统，实现电子资金结算、转账、信贷等活动；四是将企业之间的竞争，转变为把握市场信息准确度和了解市场能力的竞争。通过新一代信息手段与配线器材行业产品结合，实现产业链上下游企业的信息共享和业务合作，转变传统的外延扩展方式，缩短供应链条，降低生产成本，实现配线器材行业产品技术创新与新业态共存的发展新模式。

6. 做好培训交流工作，壮大人才队伍

在创新发展的大潮中，人才是第一资源，对产业可持续发展具有决定性的作用。专委会将继续通过全面调查，准确掌握行业各用人单位对各类人才的层次、专业、数量的需求情况，科学制定人才需求计划，有目的地实施引进人才；组织各种塑料专题知识讲座培训活动，根据塑料配线器材行业的发展形势，采取塑料工程师取证，产品检测知识讲座，质量、环境、安全管理体系，专业创新技术等多种形式的培训教育，不断提高塑料从业人员的素质，使注塑技术创新和人才培养共同发展，为行业企业高起点、高标准和高效益的发展，提供人才后援保障。

总之，在今后的工作中，专委会将坚持以会员为主体，认真践行“心连心凝聚力量；手牵手成就你我”的核心价值观，全面提升会员素质，开拓进取，真抓实干，努力实现配线器材专委会“十四五”的目标任务，坚持以服务会员为工作导向，创新服务模式，不断优化服务平台，扩大服务范围，抱团取援，携手前行，努力把专委会建设成为：互联互通的信息平台；同创共享的经济实体；互帮互助的服务团队，引领配线器材走向更加美好的明天！

（中国塑协塑料配线器材专业委员会　毛维琴）

塑料家居用品

2021 年，新冠肺炎疫情持续、原材料价格高涨、企业经营成本上升、环保压力加大等多个方面对塑料家居用品行业发展造成了不同程度的影响。塑料家居用品行业同仁坚守初心、担当使命、攻坚克难、创新奉献、危中寻机、战胜疫情影响，行业总体运行稳中有进，稳中有升，实现“十四五”良

好开局。

一、行业总体运行情况

根据国家统计局数据显示，2021年，全国日用塑料制品行业完成累计产量701.53万吨，同比增长6.55%。占比较高的主要集中在广东省、浙江省、福建省、四川省、湖北省等地区。福建省、四川省、河南省产量增幅较高。2021年，日用塑料制品制造营收2064.33亿元，同比增长8.93%；利润总额111.16亿元，同比增长-13.76%；利润率5.38%，同比增长-1.42%。

二、行业热点

1. 产品创新、智能智造企业加速升级发展

2021年是实施国家“十四五”战略规划的开局之年，也是后疫情时代具有特殊重要意义的一年。塑料家居用品行业不断地融入新兴技术成果与尖端科技，加速行业“数字化”“智能化”转型。在快节奏、强竞争的市场环境下，塑料家居用品企业勤练内功，对外精准洞察、稳定决策，对内提升品质、降本增效，从产品创新、车间智能智造升级等着手加快转型升级的速度。

2. 抗菌功能提升产品附加值

新冠肺炎疫情的发生让广大民众更加认识到健康生活方式的重要性，人们对于日常的民生用品是否存在可抗菌性和抑菌性也都更加地重视和关注，对家居用品升级也催生了一些新的需求，抗菌类塑料家居用品市场需求日益明显，塑料家居用品抗菌升级已成趋势。抗菌技术得到了塑料家居用品行业的高度重视，不少企业及时推出具有抗菌功能的塑料用品，充分体现塑料家居制品企业的担当。但塑料家居用品行业尚无针对“抗菌产品”的生产标准，抗菌升级秩序尚未完全建立，整个发展处于相对无序竞争状态。为更好规范和推动抗菌塑料家居用品的健康发展，家居专委会积极推进《抗菌日用塑料制品》团体标准的设立，推动塑料家居用品标准化的技术进步。

3. 拓宽营销通路，线上线下、外贸内销齐发展

疫情催生并推动了许多新产业新业态快速发展。以大数据、人工智能等数字技术为支撑的新产业新业态迅速“补位”，云端互动、数据拼单、借网络直播带货、靠工业互联网转产等抓住产业数字化、数字产业化赋予的机遇，形成发展新动能。疫情防控期间，人口流动受到阻滞，传统零售、商贸受到冲击，线上订单势头猛；传统展销受限制，线上直播展销受热捧。塑料家居用品企业拓宽营销通路，线上线下、外贸内销齐发力。

4. 刷亮品牌，提升核心竞争力

日用塑料制品行业是一个充分竞争的行业，国内生产厂商众多，行业集中度较低。与此同时，电商对传统零售业的冲击持续发酵，为转嫁成本，提高毛利率，线下零售企业去中间化的工业直采，加剧日用塑料制品行业的不良竞争。因此，企业纷纷根据行业发展趋势和技术进步趋势，适时调整公司经营策略和布局，进行持续的产品研发、工艺改进，降低生产成本，提升产品的溢价力和品牌附加值，以及对销售渠道进行大力拓展和精细管理，从而增强产品在市场的竞争力，进而保持公司的持续盈利能力。

三、行业面临主要困难和问题

1. 原材料价格长期高位波动，压缩行业利润

塑料家居用品企业的产品原材料成本占其产品成本比重的绝大部分。随着原材料价格大幅上涨，造成企业收揽订单巨大困难，拉低了企业利润，加大企业运营风险。

2. 国际局势严峻复杂，产品出口不确定因素增加

新冠疫情全球蔓延，全球产业链、供应链、物流链存在断点堵点，港口费用、海运价格上涨数倍，且运输时间延长、出口船期难确定，集装箱紧缺；国际地缘政治错综复杂，贸易保护主义抬头，外汇汇率波动较大，人民币升值压力不减，企业外贸面临的不确定性增加。

3. 国内市场需求增长前景胶着，企业经营成本增加

国内新冠疫情多点散发状况持续，市场有效需求仍显疲弱，部分市场需求出现收缩态势，消费升级面临挑战；企业人工成本上升，职工招聘难，环保政策的推行对企业资金技术储备能力提出更高要求；生产用电等能源供应紧张，部分地区存在限电限产现象，行业恢复性增长基础还有待加强。

4. 技术创新投入较低，中小企业抗风险能力较弱

绝大部分中小企业抗风险能力较弱。技术创新、工艺研发、产品结构调整投入不足，具有自主知识产权的塑料制品相对较少，现代化运营管理体系和行业人才仍较为缺乏。中小企业生存难度进一步加大，综合发展能力和整体竞争力有待提高。

（中国塑协塑料家居用品专委会）

聚苯乙烯挤出发泡板材

2021年，是“十四五”规划和第二个百年奋斗目标的开局之年，在新冠疫情常态化的背景下，面对原材料上涨、环保及消防要求严苛、需求收缩等压力，XPS板材行业承压前行，坚持创新引领，稳中求进，实现全年平稳运转。

一、行业概况

（一）行业发展现状

挤塑聚苯乙烯板（XPS），也称XPS挤塑板，是20世纪60年代研制成功的一种新型绝热材料。其制备过程是将聚苯乙烯（PS）树脂、发泡剂和相关助剂通过挤出机进行连续挤出发泡成型，由于具有闭孔的蜂窝状泡体结构，因此其综合性能十分优异，如绝热性能优异、持久；吸水率较低；尺寸稳定性好；抗蒸汽渗透性优良；压缩强度高等，在诸多领域得到了广泛应用，主要包括：墙体保温、倒置式屋面保温、钢结构屋面保温、冷库保温、地暖系统、复合风管、彩钢夹芯板、公路路基、铁路路基、停车甲板、渠道河床等，其中以在墙体保温上的应用最为广泛。

据统计，2021年，我国通用级聚苯乙烯（GPPS）产能为286万吨，其中，华东地区产能达205万吨，占行业总产能的71.68%；其次是华南地区，产能占比为13.29%；华北和西北地区产能相对较少，占比分别为8.39%、6.64%。

根据中国海关数据显示：2021年聚苯乙烯进口共计119.9万吨，出口共计22.3万吨，进口金额为16亿美元，出口金额为4亿美元；其中12月中国聚苯乙烯进口数量为8.8万吨，出口数量为2.8万吨，进口金额为1亿美元，出口金额为4897万美元；2021年中国聚苯乙烯出口总金额小于进口总金额，贸易逆差为主，进口均价1394美元/吨。

2021年在纯苯的强力推动下，苯乙烯及PS价格均出现上涨，2021年PS年均价10304元/吨，处于以往三年最高水平。目前，PS市场处于成长向成熟（饱和）期过渡阶段，市场增长率高，生产技术稳定，未来行业发展受到政策、技术和消费方式等方面的影响比较大。

2021年，由于新冠肺炎疫情常态化导致原料大幅上涨，加之环保要求日趋严峻，HBCD阻燃剂淘汰工作进入收尾阶段，XPS行业承压前行。目前，我国XPS行业大部分为小微企业，存在企业生产不规范、行业内部无序竞争等问题，据不完全统计，国内XPS生产企业700～1000家，XPS生产线约1800条，年生产量在80万吨左右，其中阻燃板材的比例占20%左右。生产企业大部分为中小型企业，主要集中在河北、河南、山东、江苏等地区。

（二）主要应用领域

1. 外墙保温系统

XPS外墙保温系统基本沿用了欧洲外墙外保温系统的技术规范，采用浮抹灰粘贴外墙保温系统。由于XPS板材比EPS板材具有更低的热导率、更高的压缩强度、更低的吸水率和更持久的保温性能，使得XPS在外墙保温系统得到迅速的发展。近几年，国家推进保温结构一体化，保温板经过加工后，可以作为模板使用。保温免拆模板作为外墙保温系统的主材，将在保温系统进一步扩大使用。

2. 屋面保温系统

屋面保温系统主要有两种形式，即钢结构屋面和倒置式屋面。倒置式屋面是将防水层置于保温层之下，让防水层获得充分的保护，是一种当前最理想的屋面保温系统。在钢结构屋面中使用XPS板材不仅会使钢结构屋面持久耐用，而且可以避免冷桥发生，切实保证建筑物内部不结露、不滴水，并可以增强结构的牢固性和隔声减噪功能。

3. 地面保温系统

XPS挤塑板用作建筑物地面保温隔热材料有着其他材料无法比拟的优越性。在寒冷地区，建筑物地下墙体基础经常出现冰霜渗入的情况，并导致地面冻胀，基层结构受损。由于XPS挤塑板吸水率低，所以用于地下建筑有很好的防潮、防水性。将XPS挤塑板置于地基之下，可以使冰霜渗透和易受冰霜影响的基础出现结冰的情况减至最低，有效的控制地面冻胀。

4. 冷库保温系统

冷库建筑内外环境温差大，水蒸气渗透压力严重，使应用于冷库建筑的保温材料面临极为严峻的考验。XPS板材具有卓越的抗水蒸气渗透和抗压性能，使其在冷库建筑及冷藏车应用中更具有优势，可应用于地面、内外墙、屋顶或吊顶等，使冷库及冷藏车性能恒久不变，防止冷凝结露。冷库用XPS板材的厚度一般要求100毫米、150毫米、200毫米，由于生产工艺的限制，目前多采用几块XPS板材叠加的方法达到厚度的要求。

5. 高速公路、铁路领域

在高寒地区，由于天气的寒冷、水汽、冰霜等对地面的侵蚀，很多的铁路、公路以及机场跑道等出现高低不平的问题，因此必须要控制好地面的冻胀问题。XPS挤塑板具有阻止冰霜和水汽渗透的作用，让路基的结冰情况降到最低，有效地控制地面冻胀，延长其使用寿命。

6. XPS 地暖板材

XPS挤塑板是由聚苯乙烯树脂及其他添加剂经挤压过程制造出的拥有连续均匀表层及闭孔式蜂窝结构的板材，具有高热阻、低线性、膨胀比低的特点，据监测数据显示，挤塑板结构的闭孔率达到了99%以上，形成真空层，避免空气流动散热，确保其保温性能的持久性与稳定性，与发泡聚氨酯80%的闭孔率相比，领先优势不言而喻。实践数据证明，20毫米厚的XPS挤塑保温板，其保温效果相当于50毫米厚的EPS发泡聚苯乙烯板，120毫米厚水泥珍珠岩。因此XPS板材是目前地暖保温材料不错的选择。

（三）阻燃剂的淘汰与替代

1. 背景

XPS泡沫塑料的成型温度高，在此温度下，绝大多数阻燃剂均会分解，失去应有的阻燃性。所以阻燃XPS泡沫塑料的生产难度比较大，国内XPS用阻燃剂最普遍的是六溴环十二烷（HBCD）。HBCD作为一种添加型阻燃剂，在生产、使用和产品废弃过程中均易以渗溢等形式释放到周围环境中。HBCD的使用对人类和环境会构成潜在的长期危害，在2013年5月，HBCD被联合国《关于持久性有机污染物的斯德哥尔摩公约》要求在全球范围内禁用。2016年7月，全国人大批准了《〈关于持久性有机污染物的斯德哥尔摩公约〉新增列六溴环十二烷修正案》，自2016年12月26日起禁止HBCD的生产、使用和进出口。用于建筑物保温材料XPS和EPS方面的阻燃剂的HBCD有5年豁免期，豁免期将于2021年12月25日终止。也就是说，自2021年12月26日起，中国已经全面停止HBCD的生产、使用和进出口。

2021年12月26日后，企业的六溴环十二烷库存，将依据《国家危险废物名录（2021年版）》，按照危险废物进行处置。对违反非法生产、销售六溴环十二烷或含有六溴环十二烷产品的，由市场监管部门依据《产品质量法》《产业结构调整指导目录》予以处罚。

2. 阻燃剂替代品介绍

目前，行业内可行的HBCD替代品有两种，分别是苯乙烯和丁二烯的溴化共聚物（Br-SBS）和甲基八溴醚（TBBPA-DBPE），见表1、图1。

表1　　HBCD 替代方案

产品名称	HBCD	环保替代品1	环保替代品2
	HBCD	溴化SBS	甲基八溴醚
Cas	25637-99-4	1195978-93-8	97416-84-7
溴含量/%	75	≥65	≥65
-5%热失重/℃	248	262	267

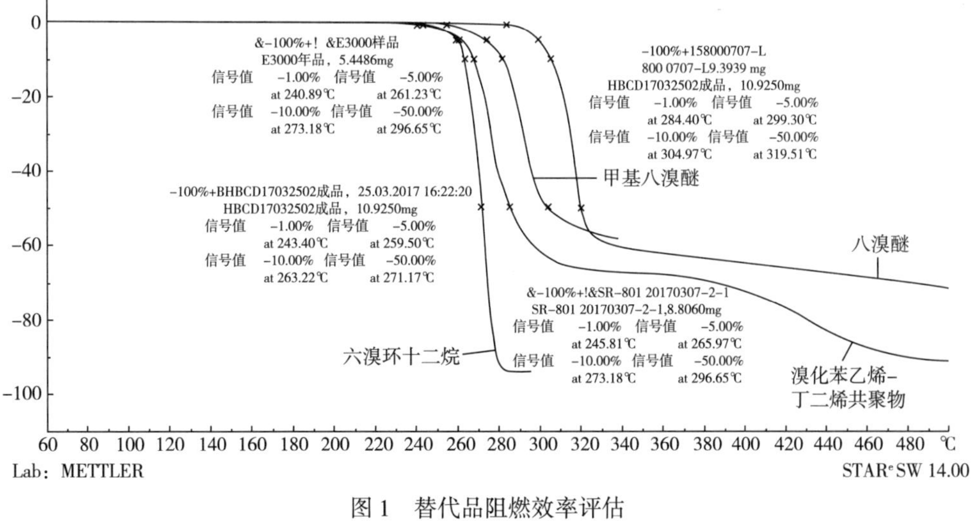

图1　替代品阻燃效率评估

Br-SBS 具有相对分子质量大，不具生物积累性，毒性较小，性能与 HBCD 相近，热稳定性及与聚苯乙烯的相容性较高，对原使用 HBCD 的加工工艺影响很小。中国企业山东旭锐新材有限公司已经拥有苯乙烯-溴化丁二烯共聚物专利技术，处于产业化的前期阶段；而甲基八溴醚是溴系阻燃剂中的重要品种，广泛用于工程塑料及环氧树脂方面的阻燃，属添加型阻燃剂。TBBPA-DBPE 可用于墙保温阻燃剂，符合环保要求可替代 HBCD，产品具有极高的阻燃效率，极小的用量即可达到优良的阻燃效果，无须添加其他辅助阻燃剂，相对传统的阻燃剂，具有较低的添加成本。甲基八溴醚属于淘汰物质观察清单，已经被美国环保署、欧盟 REACH 认证具有一定危险性，并被列入 CORAP 名单去进一步评估，甲基八溴醚暂时可以使用。

二、行业面临的困难

1. 建筑消防和节能要求日趋严苛

近两年，河北、上海、嘉兴等地陆续出台外保温政策，命令禁止使用 B2 级保温材料，并对保温板燃烧性能为 B1 级的保温装饰复合板外墙外保温系统提出了使用要求，XPS 行业面临严峻的考验，见表 2。

表 2　部分城市和地区出台外保温政策

发布单位	时间	政策名称	内容
河北省住房和城乡建设厅	2021/5/15	《关于加强全省建筑外墙外保温材料安全工作有关技术要求的通知（征求意见稿）》	新建、扩建公共建筑和居住建筑（砌块建筑结构除外），外墙外保温工程禁止使用粘锚构造薄抹灰技术，鼓励优先采用现浇混凝土内置保温一体化技术，同时对复合保温一体化板技术应用指出了更多要求等
重庆市住房和城乡建设委员会	2021/3/26	《关于禁限民用建筑外墙外保温工程有关技术要求》	自 2022 年 1 月 1 日（7 月 1 日）起，通过施工图审或因设计表更等原因需重新开展方案设计或初步设计的主城都市区（全市）范围内新建、改建、扩建的民用建筑工程项目，禁止采用薄抹灰外墙外保温系统和仅通过粘锚固方式固定的外墙保温装饰一体化系统
嘉兴市住房和城乡建设局	2020/12/10	《关于进一步规范我市民用建筑节能保温材料（产品）使用的通知》	1. 限制使用无机轻集料砂浆和保温装饰一体化板等外墙外保温系统；2. 禁止使用胶粘剂或锚栓以及两种方式组合的外墙外保温系统施工工艺；3. 禁止在中小学、托儿所、幼儿园、青少年宫和养老院二层及以上部位使用保温装饰一体化板；4. 慎用挤塑聚苯板作为楼板保温构造材料
新疆维吾尔自治区住房和城乡建设厅	2020/10/15	《关于进一步加强自治区建筑保温与结构一体化技术推广应用的通知》	从 2021 年 1 月 1 日起，新建民用建筑当采用框架结构、框剪结构和剪力墙结构时，外围护墙体应采用一体化技术，外墙外保温禁止使用胶粘剂或锚栓以及两种方式组合的施工工艺外墙外保温系统（保温装饰复合板除外）保温装饰复合板需严格执行相关技术标准和有关规定，鼓励一体化技术产品生产基地建设
上海市住房和城乡建设管理委员会	2020/10/13	《上海市禁止或者限制生产和使用的用于建设工程的材料目录（第五批）》	施工现场采用胶粘剂或锚栓以及两种方式组合的施工工艺外墙外保温系统（保温装饰复合板除外）和岩棉带保温装饰复合板外墙外保温系统禁止在新建、改建、扩建的建筑工程外墙外侧作为主体保温系统设计使用

2. 行业行为规范有待提高

企业水平参差不齐是 XPS 行业的主要问题之一，由于行业门槛较低，产品检测方式复杂，国内相当一部分 XPS 企业设备简陋、原材料低劣，生产出大量低质产品，极大地损害行业信誉和正常的市场交易。2021年，XPS行业存在企业压低价格无序竞争，从而导致利润薄收益降低等情况，扰乱XPS板材市场，行内企业怨声载道。此外，XPS使用的主要原材料包括聚苯乙烯、发泡剂和阻燃剂，聚苯乙烯采购渠道比较杂，除了少数供应商能提供质量报告外，大部分不能提供。因此严重影响XPS的产品质量的稳定性，需要加强原材料来源的质量把控和可靠性认证。

（中国塑协聚苯乙烯挤出发泡板材专委会）

线缆材料

一、行业现状

近年来，随着我国经济发展进入新阶段，经济由高速增长向中低速增长换挡，电线电缆作为国民基础配套产业，其增长速度也呈现同步放缓。在这一背景下，线缆材料市场总体呈现增长乏力状态，但随着新能源产业发展、进口替代需求增长等因素驱动，总体上仍将保持低速稳定增长态势。2020年线缆料行业市场规模达到678亿元，预计“十四五”期间预计复合年均增长率（Compound Annual Growth Rate，CAGR）将保持在3%～4%。同时国内光纤光缆材料产业在5G基站的大规模建设，以及东数西算工程等国家政策的推动下，保持了较高增长速率，在2020年市场规模达到18亿元，“十四五”期间预计CAGR为6.8%。

（一）电线电缆材料

从驱动因素来看，影响电线电缆产业发展的三大因素分别为地产基建、新能源、进口替代。首先，地产基建方面，由于房地产市场管控政策及新冠疫情影响，虽有所回暖但短期内增长有限，加之近期频发的地产企业暴雷事件，也导致行业增长进一步受限，未来地产基建拉动的电线电缆材料行业增长的动能不大。其次，新能源方面，随着国家大力支持新能源产业的发展，风电、光伏等产业高速增长，将带来大量对海缆料、光伏料等产品的需求。最后，进口替代方面主要集中在高压及特高压领域，目前仍以进口产品为主，随着国内企业在原材料、技术等方面逐渐成熟，高端产品有望快速实现国产替代。

（二）光纤光缆材料

从驱动因素分析，影响光纤光缆产业发展主要因素有光纤覆盖率、5G推广情况、贸易争端、国产替代等。其中光纤覆盖率，截至2020年4月，我国光纤用户占宽带用户比例已经超过了93%，随着光线覆盖率的提升，未来提供的相关材料增量空间有限。5G推广方面，5G基站的大规模建设将带来光纤需求的大幅增长，随着毫米波的应用，基站数还将迎来一波快速增长。贸易争端方面，中美潜在贸易禁令可能会影响通信设备厂商的正常经营，光纤作为配套产品亦难避免遭受波及。国产替代方面，随相关领域国产化率不断提升，光纤市场有望迎来新一轮的发展。

（三）行业竞争

从价格转向品牌、质量等。在结构调整的不断推进以及细分市场需求的升级下，品牌与质量将成为行业内企业之间竞争的关键因素。通过不断强化品牌效应、提升产品质量等方式，电缆产业企业将逐步摆脱价格竞争，参与到中高端市场竞争。

国内线缆产业企业的市场经受国内同类型企业和国外进驻企业的双重竞争。这几年外资市场的进入，进一步加剧了国内电缆行业竞争的格局，高压到低压均处于产能过剩状态。

二、行业发展趋势及建议

（一）发展趋势

（1）从市场供求来看，全球电线电缆市场趋于成熟，增长幅度缓慢，中国市场增长也开始逐步放缓，而国内行业产能仍保持增长，未来落后产能将逐步被淘汰。

（2）从产品来讲，环保与安全已成为全球线缆企业面临的重要话题。国内外对于环保性能（如VOC、卤素等）、安全性能（如阻燃性、低烟等）的追求正在逐步提升，在这方面欧美发达国家仍处于全球领先地位，生产工艺、基础配方及技术体系都较为完善与成熟。国内产业仍处于发展阶段，多数企业在低成本与高性能之间摇摆，如何平衡与取舍，将成为行业发展的重要问题。

（3）未来行业将进一步整合，在行业产能不断扩张，规模效应作用凸显的形势下，落后产能将逐步淘汰，市场份额尤其是批量化通用产品市场将逐步向头部企业集中，同质化严重的中小企业将面临淘汰，但也会出现一批在特定应用领域具备差异化优势的“专精特新”企业，成为推动行业技术发展的重要力量。

（二）发展建议

（1）行业协会进一步发挥协调作用，充分调动行业领先企业积极性，通过出台行业新标准，推动企业转型升级，主动淘汰落后产能，保证行业有序竞争与健康。

（2）加强行业交流与共享，加大企业间合作深度与广度，通过合作研发、技术共享等方式，促进创新与新技术应用。

（3）加大产业链建设与合作，从上游合成、中游改性到下游电缆要形成合力，上游着力推动源头材料研发，中游针对具体应用场景进行开发，下游则要加强联动，为材料企业提供测试平台，形成产业链一体化运作，提升整体技术水平。

（4）我国在高端产品研发和生产方面相较于国际领先水平仍有一定差距。关键高端材料还不能实现自给自足，关键领域核心技术还存着“卡脖子”的局面。加强关键核心技术攻关，对于促进高质量发展、创造未来产业、保障经济安全等都具有重大意义。

（中国塑协线缆材料专委会）

锂电池隔膜

近年来，我国新能源汽车产业发展已进入规模化快速发展新阶段，预计今年仍将保持高速增长。工信部数据显示，2021 年，我国新能源汽车销售完成 352.1 万辆，同比增长 1.6 倍，连续 7 年位居全球第一。2022 年 1 月份，我国汽车产销量分别完成了 242.2 万辆和 253.1 万辆，同比分别增长 1.4% 和 0.9%，其中新能源汽车产销分别完成了 45.2 万辆和 43.1 万辆，分别增长 1.3 倍和 1.4 倍。

一、2021 年锂电池产能、装机量情况

2022 年 2 月 24 日，工信部电子信息司公布了 2021 年锂离子电池行业运行情况。2021 年，我国锂离子电池（以下称锂电池）行业以深化供给侧结构性改革为主线，加快提升产业链供应链现代化水平，全行业实现持续快速增长，先进产品供给能力不断提高，有力支撑“碳达峰、碳中和”工作。

数据显示，2021 年我国锂电池产量 324 吉瓦时，同比增长 106%，其中消费、动力、储能型锂电产量分别为 72 吉瓦时、220 吉瓦时、32 吉瓦时，分别同比增长 18%、165%、146%。

产量方面，2021 年 1-12 月，我国动力电池产量累计 219.7 吉瓦时，同比增长 163.4%。其中三元电池产量累计 93.9 吉瓦时，占总产量 42.7%，同比增长 93.6%；磷酸铁锂电池产量累计 125.4 吉瓦时，占总产量 57.1%，同比增长 262.9%。即从年度看，磷酸铁锂电池的产量较三元电池多 31.5 吉瓦时。

销量方面，2021 年 1-12 月，我国动力电池累计销量达 186.0 吉瓦时，同比增长 182.3%。其中三元电池累计销售 79.6 吉瓦时，同比增长 128.9%；磷酸铁锂电池累计销售 106.0 吉瓦时，同比增长 245.0%。即从年度看，磷酸铁锂电池的销量较三元电池多 26.4 吉瓦时。

装车量方面，2021 年 1-12 月，我国动力电池装车量累计 154.5 吉瓦时，同比累计增长 142.8%。其中三元电池装车量累计 74.3 吉瓦时，占总装车量 48.1%，同比增长 91.3%；磷酸铁锂电池装车量累计 79.8 吉瓦时，占总装车量 51.7%，同比增长 227.4%。即从年度看，磷酸铁锂电池的装车量较三元电池多 5.54 吉瓦时。

综上所述，无论从产量看，还是从销量看，甚至从装车量看，2021 年磷酸铁锂电池已经实现了对三元电池的全面超越！

同时，工信部数据还显示，2021 年锂电池四大关键材料产量增长迅猛，据研究机构测算，正极材料、隔膜、电解液增幅接近 100%。锂电全行业总产值突破 6000 亿元。

二、锂电池隔膜行业市场分析

锂电池隔膜作为锂离子电池的四大主材之一，在成本中占比约 10%～20%，是国家“双碳”目标、新能源发展的重要支撑。隔膜性能对锂电池影响较大，隔膜的主要作用是使电池的正、负极分隔开来，防止两极接触而短路，此外还具有能使电解质离子通过的功能。隔膜的性能决定了电池的界面结构、内阻等，直接影响电池的容量、循环以及安

全性能等特性，性能优异的隔膜对提高电池的综合性能具有重要的作用。

1. 2021年我国锂电池隔膜需求情况

根据中国塑协电池薄膜专委会统计，2021年中国锂电池隔膜出货量78亿平方米，同比增长超100%。

由于隔膜具备较高的技术壁垒，导致国产隔膜与进口隔膜在性能上存在较大的差距，国内隔膜市场大部分需要进口，尤其是高端隔膜基本依靠进口。近年来，锂电池隔膜在锂电池需求增长带动下，出货量也实现快速的增长。根据中国塑协电池薄膜专委会数据统计，我国锂电池隔膜由2017年的14.5亿平方米增至2020年的37.2亿平方米。2021年中国隔膜产量78亿平方米，同比上升110%。其中，湿法隔膜产量60亿平方米，占比76.9%，同比增长132%；干法隔膜产量18亿平方米，占比23%，同比增长67.7%。预计2022年我国锂电池隔膜出货量将超150亿平方米，见图1。

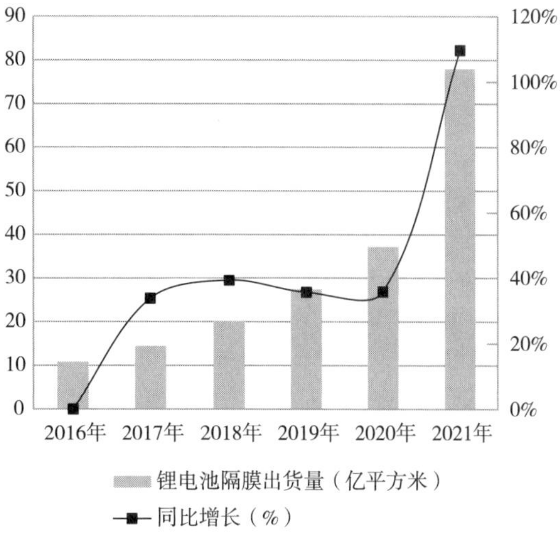

图1　2016~2021年中国隔膜出货量及增速（单位：亿平方米,%）

增长主要原因有以下三方面：

（1）动力电池市场受全球新能源汽车终端需求提升带动，中国动力电池市场出货量达220吉瓦时，同步增速超170%。

（2）中国隔膜产品具备全球竞争力，受海外动力电池出货量大幅增长带动，国内隔膜出口量快速增加。

（3）下游细分领域如储能市场增速超100%，带动锂电池隔膜出货量增长。

2. 2021年我国锂电池隔膜进出口情况

根据专委会统计数据，以及海关总署数据来源，2021年锂电池隔膜进出口情况如下（见表1）：

表1　2021年锂电池隔膜进出口情况

商品编号	商品名称	出口量/千克	出口量（按照厚度20微米折合亿平方米）	进口量/千克	进口量（按照厚度12微米折合亿平方米）
39202010	丙烯聚合物制电池隔膜	2415687	2.4157	2159827	2.1598
39201010	乙烯聚合物制电池隔膜	22864090	1.5547	10069706	0.6849

3. 锂电池隔膜行业发展动向

（1）市场需求

锂电池下游需求包括电动汽车、消费电子及储能三大领域，锂电池厂商基于综合性能与成本选择合适的隔膜类型。

1）电动汽车：湿法隔膜为主，比亚迪电池隔膜采用干法隔膜。电动车普遍对能量密度有较高要求，进而对隔膜的体积与重量提出更高要求。目前大多电动车选用湿法隔膜，而比亚迪刀片电池是采用三层共挤的隔膜，这种隔膜薄能提高能量密度、电芯大、双向拉伸强度高，良品率高、电池性能比较好，日产部分混动车型的电池是采用干法隔膜。

2）消费电子：湿法隔膜为主。消费电子同样对能量密度有较高要求，通常以湿法隔膜为主，仅部分低端消费锂电池使用干法隔膜。

3）储能：预计干法隔膜将占据主要份额。储能领域以绝对成本为导向，目前干法/湿法隔膜存在20%以上的价差，我们预计干法隔膜凭借更低的成本将占据储能领域主要市场份额。

（2）市场情况

1）价格端：由于核心设备短缺且交付周期长，预计供需紧张状况至少延续至2023年，涨价潮将进一步蔓延。

2）产品端：得益于国内隔膜厂技术进步、积极扩产以及海外隔膜厂扩产保守，在供需紧张期国内隔膜厂海外出货量将快速提升，预计到 2023 年国内隔膜厂 CR3 全球份额升至 60%，在海外电池厂供应份额升至 42%；同时各厂商涂覆膜出货占比都将持续提升，产品结构优化推动盈利能力持续提升。

3）成本端：2021 年以来，以星源、中材为代表的二线厂商通过工艺改进，生产效率、良率皆有显著提升，叠加海外/涂覆占比提升，盈利拐点确立；龙头恩捷大幅推广在线涂覆技术推动成本大幅下行，国内隔膜厂全球竞争力持续强化。

4）低良品率：隔膜良品率低主要原因生产工艺要求高，且复杂，因此产生损耗的环节多。其技术难点在于成孔的工艺、基体材料以及制造设备。且隔膜生产过程中辅料回收较为困难，多次分切造成的损耗大。这些都拥有较高的技术维度，包括生产设备智能控制水平的提高，现有设备的技术改进，以及成型工艺的管控；要求隔膜企业与设备厂商配合，不断开发调试改进设备，并在生产过程中积累经验，其中产能利用率、良品率（海外客户可能更低）以及分切收得率是重点考察对象。

低良品率的特点也可以从公司的产能及交付能力中一窥端倪。根据恩捷股份调研，公司预计到 2022 年产能达到 70 亿平方米，交货能力达 45 亿~50 亿平方米；2023 年争取将产能提升至百亿平方米，交付能力达 65 亿~70 亿平方米。

（3）同行竞争

2019 年以来，隔膜行业不断出现并购整合及停产事件，是隔膜行业洗牌出清的缩影。二线厂商苏州捷力、纽米科技、江西通瑞和佛山东航光电已被恩捷股份收购，湖南中锂因自身盈利压力也已被中材科技并购整合，辽源鸿图、南洋科技和河南义腾因经营困难均开始公开挂牌转让资产。

目前，隔膜企业之间竞争格局清晰，龙头盈利能力强。从集中度的角度来看，出现“一超多强”的行业格局，集中度显著高于其他材料。恩捷股份是国内乃至世界的湿法隔膜龙头，常年保持着湿法隔膜第一的出货量；星源材质则占据干法隔膜的头把交椅，占比约 16%；中材锂膜通过并购湖南中锂迅速成为业内第三，占比约 15%。近年来，行业头部企业在不断扩能的同时，也加快了在海外的布局。由于隔膜行业具备低良品率、高毛利率、海外售价差异大等特点，形成了独特的隔膜行业核心壁垒：技术、成本、规模和客户，而头部企业与终端客户都深度绑定，中小企业处境艰难，逐步退出或被并购，进而铸就了目前清晰的市场竞争格局，见表 2。

表 2　2019-2021 年锂电池隔膜行业并购整合信息

企业	时间	并购信息
苏州捷力	2019 年 8 月	恩捷公告 20.2 亿元收购苏州捷力 100%股权
纽米科技	2020 年 11 月	恩捷股份收购纽米科技 76%股权
湖南中锂	2019 年 7 月	中材科技增资 10 亿后持股湖南中锂 60%股权
辽源鸿图	2020 年 11 月	金冠股份公开挂牌转让辽源鸿图 85%股权
东航光电	2020 年 3 月	恩捷股份收购佛山东航光电 70%股权
江西通瑞	2018 年 11 月	恩捷股份收购江西通瑞
南洋科技	2021 年 2 月	航天彩虹公告公开转让亏损南洋科技隔膜资产

（来源：公开信息整理）

（4）供需展望

预计供需紧张至少延续至 2023 年，涨价已逐步蔓延。

1）供给：受制于短期内关键设备供需紧张和设备从预定、交付到调试经历的时间周期较长的影响，2022-2023 年全行业新增产能有限。我们预计 2022-2023 年全球隔膜产成品优质产能为 155 亿平方米，同比增长 43%。

2）需求：我们预计供需紧张状况将至少延续至 2023 年，2022 年是供需最紧的一年。我们预计 2022-2023 年隔膜需求量为 146 亿平方米，同比增长 37%。

三、隔膜行业存在的风险

1. 隔膜性能指标要求高，生产工艺复杂，需要有很强的技术研发能力和积累

锂电隔膜主要涉及高分子材料学、纳米技术、表面和界面学、机械设计与自动化控制技术、成套设备设计等多个学科领域。国内主流隔膜企业在技术研发、生产专利技术、原材料配方工艺和生产线设备搭建等多方面均有长期技术积累，掌握了双向

拉伸工艺及涂覆工艺等，能保证薄膜的稳定性、一致性、安全性等多种特性达标。

2. 隔膜项目需投入大量资金，设备投资占比在50%以上

隔膜企业新建或更新产线时，需要投入大量资金，单平隔膜产能投资在3.6元左右，即一亿平隔膜项目投资在3.6亿元左右，其中设备投资占比较大，一般高于50%。

3. 隔膜行业客户壁垒较高，认证时间长

因为动力电池和3C产品对安全性要求较高，电池厂商对选择和更换隔膜供应商会非常慎重，通常需进行严格的产品功能、性能等技术参数和产品整体质量控制体系方面的认证工作，涵盖从样品测试、实地考察、试用、小规模采购到最终认证及批量供货等整体流程，一般情况下整体认证期大概需要1-2年，且认证后不易更换供应商，合作关系稳定。

4. 隔膜企业与设备厂商共同设计定制生产设备，先进产能被主流隔膜企业绑定

锂电池干法隔膜的制造设备已经实现进口替代，而湿法隔膜的核心制造设备主要依赖进口，主流的设备厂商为日本制钢所、德国布鲁克纳、法国依索普、日本东芝，这些设备企业技术较为先进，隔膜产品质量较高，且单线产出较高，从而降低隔膜单平投资成本。目前隔膜设备均由隔膜厂商根据生产情况与设备厂商共同设计定制，无标准设备可用，较考验隔膜企业的生产工艺及产线设计能力，且当前隔膜企业已与主要隔膜设备厂商绑定。目前隔膜生产设备供应存在瓶颈，上游核心设备厂商产能有限，无法匹配全球新能源汽车大发展对隔膜需求的增量，是目前隔膜扩产中比较大的制约因素之一。因此，隔膜产线的扩张速度很大程度上取决于隔膜设备的供应情况，设备厂商扩产谨慎，行业供需偏紧，导致扩产周期需2-3年。

四、应对锂电池隔膜行业存在风险几点建议

（1）通过技术提升、优化工艺、改进配方、持续研发新产品等措施，提高隔膜良品率和附加值，有效降低单位成本，提高企业竞争力。

（2）合理布局，理性发展，防范过度扩张引起的同行恶性竞争。

（3）扩大高端产品产能，如超薄湿法隔膜，可以满足更高能量密度的市场需求，也是目前湿法隔膜的发展趋势。

（4）为保障使用的安全性，提高隔膜的耐高温性能，“湿法+涂覆”是动力电池隔膜应用的方向。因此，提高超薄隔膜基材的穿刺强度，掌握涂覆陶瓷氧化铝、PVDF或者PVDF+陶瓷的混合涂层技术的成熟与产业化，可以大大提高企业的盈利能力。

（5）优化生产管控，完善体系管理，提高产品质量水平，有助于隔膜行业走向成熟，加快进口替代的步伐。

（6）国外市场仍有较大的出口空间，可以容纳国内新增产能，有能力的隔膜厂家应该更多关注国外市场的需求，打入国际高端市场，引领国内隔膜生产水平不断提高。

（7）加大开拓优质企业客户，保证企业资金流转。

（8）关注新能源汽车和动力电池产业链的其他发展方向，如燃料电池汽车。

（9）加强专利登记和知识产权保护，电池薄膜企业务必重视这个问题，做好本企业的专利注册与登记工作，避免以后遭受不必要的损失。

电池薄膜专委会将充分发挥引领、推动和凝聚力的作用，要组织高质量的行业活动，并为会员企业提供优质的会员服务。根据行业实际，倡导企业从自身管理等角度出发，进行自我调整，推动产业结构升级，提高行业生产率。同时，专委会要在行业资源共享、政策服务、人才开发、交流合作等方面搭建合作共赢的平台，为行业企业共创共谋发展的机会，通过有效的政、金、产、学、研、用协同创新，推进中国电池薄膜行业可持续发展。

（中国塑协电池薄膜专委会）

阻燃材料及应用

一、行业现状分析

2021 年全年，疫情反复多点爆发使得阻燃行业企业面临诸多挑战，现金流趋紧、供应链中断、市场供需矛盾变化等压力，多数企业预计利润下降。员工工资、贷款偿还、租金支出是企业运营的主要成本压力。在“外防输入、内防反弹”常态化趋势下，阻燃材料及相关产品发展的不稳定性仍将延续。疫情爆发以来，全球阻燃剂需求量下降明显，2021 年开始回升至 300 万吨左右。但由于阻燃剂上游原材料溴素等价格的上涨，造成阻燃剂成本上升，进而带动其销售额增长。整体来看，阻燃材料行业的发展与塑料加工业的发展情况大体一致，年产量、主营业务收入、利润总额、出口量、出口额等指标均呈现出增长态势，部分指标增长率可达 5%以上。企业创新能力得到进一步提升，研发经费及占比在很多企业中逐年上涨，产学研用结合进一步加强。阻燃材料行业也积极加快品牌培育和品牌体系建设，积极响应国际、地方和行业的各项政策措施，涌现出了大量的代表性企业和品牌。

二、存在问题

1. 部分含卤阻燃剂被禁用

含卤阻燃剂限制销售的问题主要集中在含溴阻燃剂，特别是六溴环十二烷（HBCD），2013 年召开的联合国化学会议决定在全球禁用阻燃剂 HBCD，并将其加入到《关于持久性有机污染物的斯德哥尔摩公约》禁用化学制品的名单（从全球淘汰名单），但目前国内聚苯乙烯基建筑保温材料仍主要采用 HBCD 作为阻燃剂，我国在 2021 年 12 月 25 日已全面停止使用 HBCD。针对 HBCD 替代品，行业内展开了大量的工作，目前已经有很多产品出现，如朗盛和陶氏共同推出的产品“Emerald Innovation 3000”，山东旭锐新材有限公司与杜邦公司合作的产品“BLUEDCEM”，已经完成 500 吨溴化 SBS 阻燃剂装置的中试验证，为下游客户提供吨级别的样品。巴斯夫等公司已全面推进在 XPS 板材和 EPS 粒子中用溴化 SBS 代替 HBCD。在聚苯乙烯泡沫材料无卤化方面，北京化工大学联合北京华夏鑫荣保温工程有限公司完成的“环保无卤阻燃聚苯乙烯泡沫材料及其制品制备技术”，经中国轻工业联合会组织专家进行鉴定，达到国际先进水平，并荣获 2021 年中国轻工业联合会技术发明二等奖。

2. 阻燃塑料产业集群化不足

因为疫情的持续影响和国家对环保问题的日益重视，阻燃剂特别是含卤阻燃剂价格节节攀升，对整个阻燃塑料行业带来了诸多影响。处于产业上游的阻燃剂生产企业，面临生产成本提高、产能不足、产品同质化等问题；处于产业中游的阻燃改性塑料企业，原材料成本激增，利润下降，甚至很多企业在持续亏损；产业下游的汽车、家电、线缆等企业，阻燃要求越来越高，市场应用增量加大，对新材料、新产品的需求旺盛。阻燃塑料产业上、中、下游之间良性互动的内生动力较弱，正处于新旧动能接续转换的爬坡过坎的关键时期，缺乏优势资源支撑，阻燃剂企业散、小、效率不高、没有形成产业集群，现实与目标存在明显差距。

3. 疫情降低阻燃塑料行业的稳定性

阻燃塑料发展的不稳定性仍将延续。当前，受国际和国内大环境影响以及阻燃塑料行业自身转型升级的需要，部分企业出现效益下降、资金周转等困难。在“外防输入、内防扩散”常态化趋势下，阻燃塑料行业受到的影响仍将有所持续，将受一定负面影响。从国际政经形势来看，我国阻燃塑料行业要素生产成本总体不断增高，对于急需招商引资实现高质量发展具有不小的负面影响。由于既有的行业稳定性被打破，也出现了一定程度的供需矛盾及产能过剩等问题。例如，由于欧盟无卤化政策即将推行带来的替代需求抢跑、下游聚碳酸酯业迎来产能释放带来的添加组合成本优势、新能源汽车和 5G 建设带来的需求增量，多重因素导致了双酚 A 双（二苯基磷酸酯）需求猛增，价格快速上涨，对企业的生产造成了不利影响。

4. 阻燃剂价格不断上涨

今年阻燃剂原材料市场价格波动比较大，所以对行业造成了一定的冲击，加上环保的要求和检查力度加大，企业的生产成本明显上涨，利润偏低。以无卤阻燃剂的主要原材料红磷为例，今年的价格起伏极大，年初价格为 1.6 万元/吨，与 2020 年价格持平，但 9 月份价格最高点接近 6 万元/吨，所有的含磷阻燃剂价格也相应上涨，进而影响到了中下游的改性塑料及制品企业。但本年度，溴系阻燃剂生产企业经营状况良好，产值和利润均有大幅增长（图 1）。

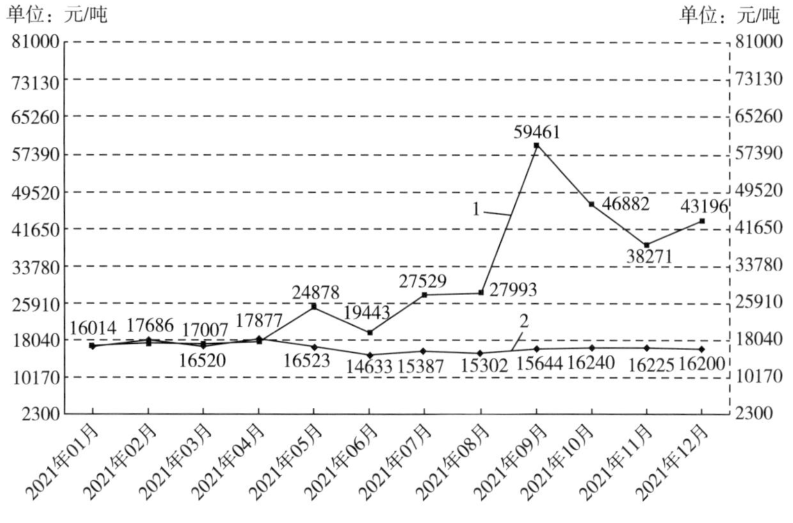

图 1　2020-2021 年红磷出厂价走势

1—2021 年　2—2020 年

此外，还存着一些与其他子行业共性的问题，如产业集中度低，企业规模相对较小，上下游缺乏合作，技术研发投入与人才力量不足，缺乏前瞻性产品技术研发，市场竞争无序等问题；与国际化工巨头存在较大差距，中低端产能相对过剩，一些高端、高附加值的阻燃产品被国外主要厂家垄断；产品差异化程度低、仍处于全球产业链中低端，缺乏核心关键技术、大量产品仍需进口等。

三、政策建议

1. 推动创新合作，共谋行业发展

加强产学研用联合，促进高校和科研院所科技成果转化。行业协会将发挥桥梁纽带作用，提供平台，以问题和需求为导向，以创新与合作为出发点，企业家与专家们共同就技术开发、市场拓展、供需矛盾、生产管理等进行交流，为新旧动能转换和行业高质量发展赋能献策。

2. 多措并举，推动行业良性发展

促进头部企业以及优势的高校和科研院所联合，积极创建国家级企业技术中心、国家工程技术中心等大平台、大机构。加强行业标准的推进力度，加强对行业重大科技项目、技术项目的申报、管理，特别是在指南制定等方面，应该进一步加强，多提一些国家重点研发计划等项目。

四、发展趋势

目前国内外火灾事故仍旧呈现高发态势，使用阻燃材料可以有效地减少火灾事故的发生，特别是随着各项法律法规以及标准的实施，可以预期，在“十四五”期间，本行业仍具有较大的增长空间，这也为行业发展提供了有利因素。与此同时，仍然存在着一些制约因素，例如对环保的要求越来越严格，原有的一些成熟高效的阻燃剂逐渐受到限制甚至禁用，中美贸易摩擦，新冠肺炎疫情对世界经济秩序的影响等。环境友好型阻燃剂越来越受到重视，无卤、低烟、无毒、高效新型阻燃剂是当今阻燃剂的发展方向。此外，鉴于中国的磷矿、镁矿资源丰富，价格低廉，中国应该抓住机遇，顺应发展潮流，依托资源优势，加大对环境友好型阻燃剂的研究开发，包括无机纳米阻燃剂和生物基阻燃剂。

（中国塑协阻燃材料及应用专业委员会）

会　展

中国塑料加工工业协会2021年重要会议活动

一、第三届中国塑料产业链高峰论坛

着力推进中国塑业绿色可持续高质量发展——中国塑料产业链高峰论坛（第三届）成功召开。2021年11月3日下午，由中国塑料加工工业协会主办，中国塑协降解塑料专委会、塑料再生利用专委会、专家委员会承办，广东联塑科技有限公司、山东道恩集团、华瀚管道系统科技有限公司、宿迁联盛科技股份有限公司、周口市淮阳区人民政府、宁波长阳科技股份有限公司协办的中国塑料产业链高峰论坛（第三届）在南京国际博览中心隆重召开。会议以“绿色、环保、可持续发展”为主题，阐明废弃塑料污染防治的理念、思路，探讨塑料工业的可持续高质量发展之路。

中国塑协理事长朱文玮、副理事长曹俭、副理事长马占峰、副理事长兼秘书长王占杰及来自全国各地的行业企业代表470余人现场出席会议，中国工程院院士/四川大学王琪教授、亚洲塑料论坛（APF）秘书长曾国诚以视频方式出席会议。会议由马占峰副理事长主持。

中国工程院院士、四川大学教授王琪作题为《废弃塑料污染防治与碳中和》的报告。她阐明废弃塑料污染防治与碳中和是国家重大需求和国际科技前沿，主张应从塑料的合成、加工、应用和废弃物处理等环节全方位全链条防治废弃塑料污染，减少CO_2排放，推动绿色循环经济发展，助力实现“碳中和”。她还介绍了团队自主创新的固相剪切碾磨加工新装备新技术在高分子态高值高效回收利用废弃塑料，规模化固相利用生物质材料，用环境友好方法解决环境污染问题，实现资源充分利用，推动绿色低碳循环经济发展的一些研究工作。

亚洲塑料论坛（APF）秘书长曾国诚（Callum Chen）作《亚洲及东盟国家塑料可持续及循环经济工作介绍》的报告。他介绍了亚洲塑料论坛的基本情况、成立目的、发展历程、工作机制及与全球塑料联盟携手合作的情况；分享了亚洲塑料论坛12个成员国在塑料循环经济方面所做的工作和成效。介绍了以消除环境中的塑料废弃物为目标的全球塑料废弃物联盟（AEPW）成立、工作目标及工作进展情况。还介绍了当前全球塑料可持续性发展和循环经济情况，着重介绍第五届联合国环境大会（UNEA-5）及其正在研究的塑料制品的可回收性、科学回收利用、延伸生产者责任等领域的相关情况。

会上，还为昌亚新材料科技有限公司等入选美团外卖“青山计划绿色包装推荐名录”的部分企业颁发入选证书。2021年，中国塑协经过征集、审核、检测、初评、复评、公示等工作，有10家生产企业的29种产品进入“2021年度易回收易再生塑料包装容器推荐名录”，58家生产企业的84种产品进入“2021年度降解塑料外卖包装推荐名录”。

周口市淮阳区人民政府区长王献超致辞，对八次理事会成功召开表达了热烈祝贺，并对淮阳区的人文优势、区位优势、产业体系、招商政策等方面做了介绍。淮阳区聚力打造以塑料制品为主导的优势产业集群，用心用情用力做好亲商、惠商、安商工作，让企业安心投资、安心创业、舒适生活。

二、2021年塑料新材料、新技术、新成果交流会

2021年11月2日，“2021塑料新材料、新技术、新成果交流会暨第六届中国塑料/化工研究院所发展论坛暨中国塑协专家委员会年会”在南京金峰汇金陵酒店召开。

本次会议由中国塑料加工工业协会主办，中国塑料加工工业协会专家委员会和技术协作委员会承办，中国塑料加工工业协会朱文玮理事长出席会议并讲话。多位中国塑协科技咨询委委员、中国塑料加工工业协专家委员会主任、副主任等知名专家及来自全国相关生产企业、高校和研究院所的140多名专家、代表参加了会议，35位专家做技术交流及创新成果报告。

本次会议共收到有效会议论文38余篇，内容涉及材料、助剂、机械、模具和管理等诸多方面，专家委员会组织有关专家从创新性、实用性和规范性等角度对论文进行了评审，优中选优，评出了8篇优秀论文。其中吉林大学施霁瑶等《表面改性增强PEEK与涂料附着力的研究》、北京化工大学张润等《牵引作用对UHMWPE/HDPE共混物形状记忆性能的影响》、江阴市中财模塑有限公司孙迪等《不同发泡倍率功能化聚烯烃材料的制备与应用开发》3篇论文荣获一等奖；陕西延长泾渭新材料科技产业园有限公司铁文安和申麦茹的《聚乙烯管道

环境温度影响因素及对策》等 5 篇论文荣获二等奖。

“2021 年塑料新材料、新技术、新成果交流会暨第六届中国塑料/化工研究院所发展论坛暨中国塑协专家委员会年会”是中国塑协专家委员会，也是中国塑协的品牌活动。

三、塑料行业六溴环十二烷（HBCD）履约工作新闻发布会暨 HBCD 淘汰工作交流会

2021 年 4 月 9 日，由生态环境部固体废物与化学品司、生态环境部对外合作与交流中心指导，中国塑料加工工业协会主办，山东旭锐新材有限公司、山东东信新材料科技股份有限公司支持的“塑料行业六溴环十二烷（HBCD）履约工作新闻发布会暨 HBCD 履约工作交流会”在北京五环大酒店成功召开。生态环境部对外合作与交流中心、住房和城乡建设部科技与产业化发展中心绿色建材部、中国塑协等单位领导、全国各地的 HBCD 生产企业，EPS、XPS 板材生产企业、EPS 珠粒生产企业、阻燃母粒生产企业、相关检测单位、大学研究院所等单位领导约 100 名代表出席会议。此次会议召开的及时，效果非常好，对促进 HBCD 淘汰的顺利进行、产品升级换代、保障人民身体健康和行业绿色可持续发展非常有意义。

四、2021 高功能薄膜产业链市场与技术发展高峰论坛

2021 年 4 月 11 日，由中国塑料加工工业协会主办，中国塑协双向拉伸聚丙烯薄膜专委会、流延薄膜专委会、电池薄膜专委会、镀铝膜专委会共同承办的“2021 高功能薄膜产业链市场与技术发展高峰论坛”在深圳成功召开。本次论坛得到高功能薄膜产业链众多企业的大力支持和积极参与。会议紧扣“赋能智慧膜材，创新驱动发展”的主题，对功能性薄膜行业的未来发展趋势、制造功能性薄膜的设备、技术，以及原辅材料进行了充分研讨；与会代表对此次大会的各个主题报告、会议效果都给予了肯定，本次论坛的成功召开对于促进薄膜行业未来的高质量发展将起到积极推动作用。

五、2021 年线缆材料行业技术交流会

2021 年 4 月 22–24 日，由中国塑料加工工业协会主办、中国塑协线缆材料专业委员会承办的“中国塑协线缆材料专委会第二届一次会员大会暨 2021 年线缆材料行业技术交流会”在浙江省台州开元大酒店隆重举行。会议选举产生专委会第二届理事会。第一届主任委员万马高分子技术部总工程师洪向明代表线缆材料专委会一届理事会作《线缆材料专委会 2020 年工作总结》；第二届主任委员中广核高新核材集团有限公司总工程师、中广核高新核材科技（苏州）有限公司董事长单永东代表线缆材料专委会二届理事会作《线缆材料专委会 2021 年工作计划》；中国塑协线缆材料专委会常务副秘书长高昕作《线缆材料专委会 2020 年财务报告》，全体会员审议通过。本次会议共邀请到 17 位行业专家、学者及资深企业工程师等做 17 场主题报告。本次会议有住房和城乡建设部科技与产业化发展中心总工程师高立新，台州市发改委原副主任、台州商人研究会常务副会长梅跃森等领导、嘉宾及来自全国各地线缆材料及上下游企业、科研院所、检测机构等 210 名代表出席。

六、中国（濮阳·南乐）生物降解新材料产业发展大会

2021 年 5 月 15 日，由中国塑料加工工业协会、郑州大学、北京工商大学、濮阳市人民政府主办的“中国（濮阳·南乐）生物降解新材料产业发展大会暨中国塑协降解塑料专业委员会 2021 年理事会”在河南濮阳盛大开幕。濮阳市相关领导、生物降解产业行业协会、专家、院士及上下游企业代表共计 630 余人参加了会议。大会宣读了生态环境部致《中国（濮阳·南乐）生物降解新材料产业大会的贺信》；南乐县人民政府县长曹拥军同志介绍了生物降解材料产业发展情况。开幕式上还举行了北京工商大学与南乐县人民政府降解新材料战略合作项目、浙江颐高集团三新（新材料、新技术、新能源）数字产业园项目、河南龙都天仁与深圳前海中科合作年产 5 万吨聚乳酸及 5 万吨可降解制品项目、上海励志化工与宏业控股集团合作年产 60 万吨可降解聚酯材料项目、河南华天生物年产 3 万吨多元复合改性聚乳酸颗粒项目、郑州大学化工学院与南乐县人民政府降解材料研发中试合作项目、河南星汉生物与浙江海正生物原料供应合作项目等 7 个项目的签约仪式。

七、2021 中国国际注塑产业智能化高峰论坛

2021 年 5 月 20–21 日，由中国塑料加工工业协会主办，中国塑协注塑专委会和 IIM 智能注塑承办的“2021 中国国际注塑产业智能化高峰论坛”在宁波开元名都酒店隆重举行。来自全国注塑产业及信息化、工业互联网相关的高校、研究院所和企业的相关代表 240 多人参会，杨卫民教授等 23 位中外专家在论坛上做了专题报告。论坛开幕式上，还举行了“中国塑协智能化工作组注塑分工作组&注塑产业智能化转型升级专家组”聘任仪式。

八、2021中国塑协滚塑专业委员会年会

2021年5月20-21日，中国塑料加工工业协会滚塑专业委员会在做好疫情防控工作的前提下，在杭州华悦国际酒店成功召开2021年会。来自滚塑上下游相关企业、研究院所、制品生产、应用单位以及兄弟协会170位代表参加。在技术交流环节，共有9名专家先后分享了室内车内空气质量、塑料原料行情走势、冷链物流与保温包装、滚塑专用树脂、农村厕改滚塑应用、滚塑技术创新与产品创新、滚塑工艺要点与生产实践、滚塑船艇设计及应用的主题报告。本次会议还有来自陆军军事科学院、空军装备研究院以及农机、汽车等应用单位的代表出席，进一步拓展了滚塑制品的应用领域，助力滚塑行业健康可持续发展。

九、2021年塑料管道行业交流会

2021年5月24-25日，“中国塑协塑料管道专委会2021年年会暨2021年塑料管道行业交流会”在江苏省张家港市中油泰富国际酒店隆重召开。来自全国各地的会员单位和相关单位领导、专家及塑料管道生产企业、上下游单位、行业协会、检测机构、相关媒体代表共640余人参加了会议。本次年会审议通过了塑料管道专委会2020年工作总结、塑料管道专委会2020年财务报告、塑料管道专委会2021年工作计划。开幕式之后，大会围绕“创新驱动 高质量供给 为美好生活贡献力量”主题开展相关交流。此次大会将加大塑料管道行业高品质发展力度，加强创新驱动发展，不断提高产品附加值，引领推动塑料管道行业高质量发展，为人民美好生活做出更多的贡献。

十、聚氯乙烯（PVC）制品绿色制造工艺技术培训班

2021年6月3-5日，由中国塑料加工工业协会主办，中国塑协教育与培训委员会承办的聚氯乙烯（PVC）制品绿色制造工艺技术培训班，在杭州华悦国际酒店成功举办。PVC原材料、助剂生产企业，PVC管道、型材、板材、片材、薄膜、线缆等制品企业及产业链相关单位技术负责人、工艺技术人员、质量工程师、管理人员、行业专家等130余人参加培训。培训期间，共有10位专家分别就加速聚氯乙烯绿色产业链建设、环保增塑剂在PVC制品创新应用关键技术、高性能PVC材料从基础研究到工业应用、PVC-U材料塑化过程、加工特性及其表征方法、三羟乙基异氰尿酸酯（赛克）在PVC及相关领域中的应用进展、PVC绿色稳定剂及其应用的现状和发展、生物基增塑剂在PVC特种材料应用案例、解读材料与配方对硬质聚氯乙烯管材性能的影响、新型改性助剂在硬制品加工中的应用、钙锌稳定剂在PVC制品中应用及常见问题分析等方面作出精彩分享。

十一、中国塑协农用薄膜专业委员会2021年年会

2021年6月9日，由中国塑料加工工业协会主办，中国塑协农用薄膜专业委员会等单位承办的“中国塑协农用薄膜专业委员会2021年年会”在山东省青州市隆重召开。中国塑料加工工业协会、中国农用塑料应用技术学会、山东省青州市政府、山东省塑料协会等有关单位领导，会员单位，相关科研、检测机构与高等院校代表，农膜生产企业，农膜产业链设备、助剂、原辅材料等企业代表，农膜经销商，新闻媒体代表等共450余人参加会议。会议围绕国内外农用薄膜发展方向、应用需求以及原辅材料、助剂、装备等技术推广做专题报告，全面深入探讨农用薄膜在推动农业生产良性快速发展中的作用与任务。会议总结发展经验，探讨未来趋势，交流产品信息，研讨下游需求，促进农膜企业技术研发、节能降耗、品质提升，推进行业可持续发展，得到参会代表的充分肯定。

十二、中国塑协板片材专委会2021年年会

2021年6月10日，由中国塑料加工工业协会主办，中国塑协板片材专业委员会等单位承办的“中国塑协板片材专委会2021年年会”在山东省德州市成功召开。中国塑料加工工业协会等相关单位领导、专家及塑料板片材生产商、原材料供应商、设备与模具制造商代表等近200余人参加会议。围绕塑料板片材加工的新技术、新工艺、新装备、新材料，解读最新环保政策及企业应对措施，介绍相关金融手段，全方位助力行业发展，深受参会代表好评。

十三、中国时尚合成革创新峰会暨2022全球流行趋势发布会

2021年6月24-26日，由中国塑料加工工业协会、丽水市人民政府共同主办的中国时尚合成革创新峰会暨2022全球流行趋势发布会等八个系列活动在浙江省丽水市举行。会议以“生态新革，丽聚全球”为主题，相关领导及生态革产业链上下游企业代表等300余人参加活动，峰会期间还举行了

“中国水性生态合成革产业基地·丽水”揭牌仪式。本次会议旨在助力全球时尚合成革产业与产业链全维度资源共同寻找新环境下的创新方案与创意商机。

十四、2021 年软包装行业可持续高峰论坛暨全产业链创新成果发布会

2021 年 7 月 14 日，由中国塑料加工工业协会主办、中国塑料加工工业协会复合膜制品专业委员会等单位承办的 2021 年软包装行业可持续高峰论坛暨全产业链创新成果发布会在上海举办。会议邀请国内外权威专家共同探讨软包可回收性设计、功能性单材化、智能制造、政策驱动及应用需求及联合包装全产业链上下游企业、品牌商共同探讨行业可持续发展及智能制造新趋势，分享行业创新成果。

十五、“2021 年易回收易再生塑料外卖包装推荐名录及创新产品孵化项目”推进会

2021 年 7 月 28 日，中华环境保护基金会“2021 年易回收易再生塑料外卖包装推荐名录及创新产品孵化项目”推进会在中国塑料加工工业协会召开。“易回收易再生塑料外卖包装推荐名录”项目是美团外卖联手中华环境保护基金会设立的“青山计划专项基金”资助的一个项目，目的是为了推进我国资源全面节约和循环利用，深入贯彻国家发改委《关于进一步加强塑料污染治理的意见》等相关塑料污染治理政策要求，结合外卖包装行业最新科技成果，对环境效益高、市场潜力较大的外卖包装产品进行转化、推广资助。旨在为有意愿采用环保包装的平台餐饮商户在其选择产品和供应商时提供参考名录，为外卖平台行业绿色供应链建设提供支撑，推动外卖行业环境友好进程。

十六、2021 年塑料助剂生产与应用技术、信息交流会

2021 年塑料助剂生产与应用技术信息交流会于 2021 年 10 月 12-14 日在江西南昌召开，来自全国各地的塑料助剂生产企业、塑料加工企业、大专院校、科研院所的 312 位代表参加了会议。会议期间共发表了 19 篇论文，此次会议论文集新增了科普栏目，发表了 5 篇科普文章。现场宣讲了论文 23 篇，场外共有 26 家企业利用展台展示了自己的产品，并和代表进行了相应的洽谈。会议发布了增塑剂、阻燃剂、热稳定剂、抗氧剂、光稳定剂、成核剂、润滑剂等塑料助剂产品的最新科研成果及发展方向，重点关注了聚氯乙烯热稳定剂环保化进程的研究，包括各种性能润滑剂、水滑石的性能和其他辅助热稳定剂；生物降解材料和生物基助剂的研发和生产应用；塑料助剂国家标准和行业标准的制修订情况；我国农用地膜的资源循环利用等。

十七、中国塑协异型材及门窗制品专业委员会换届大会暨 2021 年会

2021 年 10 月 13-16 日，“中国塑协异型材及门窗制品专业委员会换届大会暨 2021 年会”在江西吉安召开。本次大会由中国塑料加工工业协会主办，中国塑料加工工业协会异型材及门窗制品专业委员会等单位承办。大会以“顺应新时代 共‘塑’新未来”为主题，汇聚行业领导和专家，探讨新形势、共谋新发展。大会审议并通过了专委会《工作报告》《财务报告》《换届工作方案》以及《第九届理事会候选人推荐名单》，颁发了 2020 年度塑料异型材行业十强牌匾，并为专委会专家组成员颁发了聘书。山西中德塑钢型材有限责任公司当选为专委会第九届主任单位。之后，9 位行业专家学者做了精彩专题报告。

十八、中国塑协与地方行业协会联谊会

2021 年 10 月 15 日，中国塑协在台州召开“中国塑协与地方行业协会联谊会”，中国塑协理事长朱文玮、副理事长兼秘书长王占杰及经济合作部主任贾宁、信息部主任姜宛君，以及全国相关省、市塑料协（商）会代表 20 人参加了联谊会。本次联谊会交流塑料行业发展状况，研究行业运行中的挑战、机遇及诉求，探讨为行业提供更好服务方法措施，共谋行业高质量发展。

十九、2021 中国塑料产业“碳”高峰论坛

2021 年 10 月 16 日，由广州市人民政府、中国石油和化学工业联合会、中国包装联合会指导，国家先进高分子材料产业创新中心联合中国塑料加工工业协会主办，塑料行业企业承办赞助的“中国塑料产业碳高峰论坛”在广州成功举办。政、产、学、研各界代表齐聚一堂，本次论坛通过政策解读、学术交流、行业对话、CSO 伙伴关系网络闭门会议等形式就中国“十四五”期间应对气候变化、塑料废弃物污染治理、塑料产业绿色循环转型、标准化助力双碳目标、碳市场与交易、产品全生命周期碳足迹计算、绿色供应链、企业可持续发展等议题进行深入研讨。

二十、第八届中国聚酯薄膜产业技术与市场研讨会

2021 年 11 月 1-2 日，由中国塑料加工工业协会主办、中国塑料加工工业协会双向拉伸聚酯薄膜专业委员会承办的“第八届中国聚酯薄膜产业技术与市场研讨会”，在南京金奥费尔蒙酒店隆重举行。研讨会吸引了128家企业的近300名代表参会，34家薄膜企业的董事长、总经理、副总经理亲自莅临会议，76家配套企业、18家终端用户及科研、协会单位的行业同仁再聚南京。研讨会的主题是“创新赋能可持续发展”，内容涉及中国聚酯薄膜行业现状及发展趋势；新塑料经济给行业带来的挑战；行业绿色发展的思考；聚酯薄膜新兴应用领域；装备、配件及原辅材料等产业链技术进步成果；《聚酯薄膜行业“十四五”发展规划指导意见》等。来自薄膜生产企业、上游原料、配套企业、用户及协会、基金会等相关单位的企业家、专家、学者发表主题演讲13篇，分享聚酯薄膜及产业链市场、技术、产品和未来发展。

二十一、中国第十五届国际塑木高峰论坛

2021年11月2日，中国第十五届国际塑木高峰论坛在江苏宜兴召开。会议吸引了来自全国各地塑木制品生产厂家、上下游产业链企业代表以及相关专家学者近300人参加。本次会议以“改革创新，共赢未来”为主题，共同探讨新技术、新工艺、新设备，推动塑木行业进一步的发展。塑木高峰论坛是以搭建行业上中下游与产学研用相结合的纵横双向交流平台为宗旨，以促进科技交流、成果转化为目的，组织行业专家发挥优势，本届论坛以“改革创新、共营未来”为主题，以塑木制品产业企业为基础，搭建塑木产业上下游学术交流与务实合作双驱平台，推动中国塑木产业实现“双中高”发展，引导并促进中国塑木产业链健康可持续发展。

二十二、塑料节水器材技术交流会

2021年11月2日，由中国塑料加工工业协会主办、中国塑协塑料节水器材专委会承办的“中国塑协塑料节水器材专委会2021年年会暨塑料节水器材技术交流会”在南京胜利召开。来自全国塑料节水器材行业的领导、专家学者、会员代表、高校师生代表、科研院所研究人员、从事本行业的原材料供货商、设备供货商代表等100余人出席会议。本次会议以“塑料节水器材的绿色可持续发展”为主题，会议回顾总结塑料节水器材行业发展情况及专委会工作情况，研判当前行业经济形势，研究制定专委会下年工作计划，谋划我国塑料节水器材行业高质量发展。

二十三、《食品包装用聚乙烯吹塑容器》国家标准启动会

2021年11月2日，《食品包装用聚乙烯吹塑容器》国家标准启动会暨第一次工作会议在南京召开，会议由中国塑料加工工业协会中空制品专委会（以下简称“专委会”）秘书处主办。约50名来自全国各地的有关领导、技术专家及企业家应邀参加了本次活动。会议讨论了《食品包装用聚乙烯吹塑容器》国家标准工作方案、标准草案，部分确定了标准的范围、规范性引用文件、术语和定义、要求、试验方法、检验规则、标志 & 包装 & 运输 & 贮存的框架内容。

《食品包装用聚乙烯吹塑容器》国家标准制定工作的开展，将更好的规范食品包装用聚乙烯容器的生产及销售，保护消费者的合法权益，正确引导食品包装用聚乙烯容器行业的有序发展，有力促进行业技术水平的进步，同时带动相关机械设备、原料等行业的进步和发展，创造更大的经济和社会价值。

二十四、2021年复合软包装行业可持续高峰论坛

2021年11月2日，2021年复合软包装行业可持续高峰论坛暨中国塑协复合膜制品专委会八届理事（扩大）会在南京成功召开。出席会议的领导有中国塑料加工工业协会副领导以及中国塑协复合膜制品专委会理事单位、会员单位的嘉宾以及复合软包装行业同仁共120余人。本次论坛的主题是“挑战与破局——循环、低碳、高值再生”。

二十五、2021集装袋行业创新发展高峰论坛

2021年11月2日，由中国塑料加工工业协会主办，中国塑协塑编专委会承办的“2021集装袋行业创新发展高峰论坛暨《集装袋》国标修订工作筹备会议”在南京市江苏省会议中隆重召开。本次会议是特殊时期召开的一次重要会议，会邀请了行业专家、企业家从集装袋的国际市场、生产管理、市场营销、行业标准、智能设备、原料改性等方面进行交流分享。来自全国各地的集装袋产业链代表150余人参加了会议。会议紧紧围绕集装袋行业创新发展主题，探讨集装袋行业创新发展趋势，交流管理创新、技术创新、装备创新、工艺创新、营销模式创新，分享产品信息，研讨下游需求，促进塑编集装袋企业技术研发、节能降耗，品质提升，标准升级，推进产业链协同发展，得到参会代表的充分肯定，本次会议将有力促进集装袋行业高质量可持续创新发展。

二十六、塑料管道行业绿色可持续发展高峰论坛

2021 年 11 月 2 日，组织“塑料管道行业热点问题研讨会暨塑料管道行业绿色可持续发展论坛”在南京华东饭店召开，来自塑料管道及相关行业的专家、代表近 120 人参加了会议。会议以行业焦点问题和绿色可持续发展为主题，积极探讨行业目前面临的困难和问题。本次会议为期 1 天，分为专题报告及对话会两个环节。报告环节安排了 8 个专题报告，内容涵盖技术、生产、检测、应用、行业发展等诸多方面。对话环节围绕塑料管道、助剂两大版块，就当前行业面临着原辅料价格大幅上涨、相关政策及应用市场变化较大、企业用工难、环保压力大等诸多问题，为更好克服困难，迎接挑战，进一步推动塑料管道行业绿色可持续发展等开展专题对话会。本次会议为行业如何实现绿色、健康、可持续发展提供思路和建议，期望能够让行业企业更加深刻认识到行业发展中的各种挑战，做好迎接挑战和风险防控的准备，找到应对挑战的方法以及未来的发展方向，对促进塑料管道行业绿色可持续发展起到积极的推动作用。

二十七、2021 BOPP、BOPA、BOPI、BOPE 薄膜产业链市场与技术发展研讨会

2021 年 11 月 2 日，由中国塑料加工工业协会主办，中国塑协双向拉伸聚丙烯薄膜专委会承办的“2021 BOPP、BOPA、BOPI、BOPE 等薄膜产业链市场与技术发展研讨会暨 BOPP 专委会换届大会”在江苏南京召开。来自薄膜产业链的近 270 名代表出席了本次会议。本次会议是双向拉伸薄膜行业发展进入新阶段的一次重要会议，以“创新引领·和谐有序·共赢发展”为主题，行业专家、企业家代表、行业同仁齐聚一堂，共同探讨当前经济形势下行业的未来市场与技术发展趋势，交流原辅材料行业信息、备品备件供应，共同研究探讨促进薄膜行业高质量发展的措施，对促进 BOPP、BOPA 等双拉薄膜行业与上下游产业链健康可持续发展具有一定的指导意义。

二十八、中国降解塑料及生物基材料创新技术与应用峰会

2021 年 11 月 4 日，由中国塑料加工工业协会主办，中国塑协降解塑料专业委员会等单位协办的“中国降解塑料及生物基材料创新技术与应用峰会暨中国塑协降解塑料专业委员会 2021 年年会”于南京国际博览中心胜利召开。来自生物基和降解塑料及相关行业的专家、代表近 500 人参加了会议。此次大会的顺利召开，将进一步促进生物降解新材料产业发展，能够让行业企业更加深刻认识到行业发展中的各种挑战与机遇，以及应对挑战的方法和未来的发展方向，对促进降解塑料行业发展起到积极的推动作用。

二十九、中国塑协团体标准化技术委员会 2021 年会

2021 年 11 月 4 日，中国塑料加工工业协会团体标准化技术委员会 2021 年年会暨换届会议在南京召开。会议进行了中国塑协团体标准化技术委员会换届，王占杰任第二届团体标准化技术委员会主任委员，田岩任第二届团体标准化技术委员会执行主任委员，焦红文任第二届团体标准化技术委员会副主任委员，田辉任第二届团体标准化委员会秘书长。近 100 名委员代表出席会议。

三十、CIM2021 中国国际注塑产业创新发展高峰论坛

2021 中国国际注塑产业创新发展高峰论坛暨中国塑协注塑制品专委会 2021 年年会于 11 月 3-5 日在南京熊猫金陵大酒店顺利召开。疫情肆虐难掩热情满怀，论坛共有近 200 位来自科研机构、注塑制品企业、注塑装备、信息化企业的负责人出席。立足行业发展现状，剖析企业转型需求，聚焦专业技术干货，瞄定解决问题之道，本届论坛在前期充分走访调研的基础上设置四大主题模块，分别是先进注塑装备应用与管理、数字化转型和智能工厂建设、先进注塑成型工艺和周边技术、先进模具设计、生产、检测及使用，精心安排了近 20 场精彩报告。

三十一、2021 第六届中国国际工程塑料产业创新大会

2021 年 11 月 4-5 日，“2021 第六届中国国际工程塑料产业创新大会”在南京盛大召开！会议汇聚了来自政府协会领导，科研院所专家、学者、企业代表和媒体代表，展示出 1 大主题“树立风向标，发掘新赛道”，5 大分论坛专场围绕工程塑料全产业链，聚焦“工程塑料在战略性新兴产业中的新型树脂、高性能助剂、改性加工及成型技术、创新应用开发”等主题。15+顶级专家，25+顶级企业，40 余场干货报告，300 余人共聚一堂，分享、交流合作，共享成果，共探未来！

三十二、第四届高分子材料循环利用学术研讨会既第二十一届再生塑料可持续发展高峰论坛

2021 年 11 月 4 日，由中国塑料加工工业协会、中国农药工业协会主办，中国塑协塑料再生利用专委会、四川大学环保型高分子材料国家地方联合工程实验室、中国农药工业协会包装专委会承办的“第 21 届再生塑料高质化回收利用高峰论坛”暨农业塑料废弃物污染防治及回收利用研讨会在南京国际博览中心召开。会议进行有关塑料、橡胶、纤维纺织品和复合材料的高分子循环和升级回收及高质化利用学术与技术交流，再生塑料与“双碳”经济研讨，再生塑料加工、设备生产企业及认证机构等技术交流，农业塑料废弃物污染防治及高质化利用研讨，共 120 余人现场出席会议，另有近 1200 人线上参会。

三十三、2021 塑料中空制品行业市场与技术交流会

2021 年 12 月 7 日，由中国塑料加工工业协会主办，中国塑协中空制品专委会等单位承办的 2021 塑料中空制品行业市场与技术交流会在东莞举行。本次塑料中空制品行业市场与技术交流会以“创新性、数字化、可持续”为主题，16 位行业企业专家做主题报告，分享科研创新成果，探讨行业发展趋势，获得参会人员好评。会议还组织参观三家物料输送、吹塑机械、中空制品生产企业，为与会企业搭建交流合作平台，促进行业健康发展。

三十四、中国塑协异型材门窗专委会九届一次理事会议暨行业发展高层研讨会

2021 年 12 月 14-15 日，中国塑协异型材门窗专委会九届一次理事会议暨行业发展高层研讨会在江苏溧阳召开。会议研究了异型材门窗行业现状、面临的机遇和挑战及未来发展方向。参会专家和企业负责人一致认为，在高质量发展阶段，行业必须走智能化、绿色化、高端化的路线。大家要凝心聚力，由竞争走向合作，以高度的社会责任感和使命感，推动行业高质量发展。

三十五、中国塑协 XPS 专委会 2021 年年会暨行业发展研讨会

2022 年 3 月 10 日，中国塑协 XPS 专委会年会暨行业发展研讨会在济南召开，本次年会以“探讨行业高质量发展之路”为主题。中国塑料加工工业协会领导，山东省塑料协会领导，生态环境部对外合作与交流中心、国家建筑节能质量监督检验中心、山东省住房和城乡建设发展研究院、应急管理部天津消防研究所等单位专家，中国塑协 XPS 专委会理事、会员及行业同仁等 170 余名代表参加会议。本次会议颁发了 2020 年度中国轻工业塑料行业［聚苯乙烯挤出发泡板材（XPS）］十强企业证书，并邀请行业专家和 XPS 行业企业共聚一堂，共同探讨交流行业先进技术、应用前景以及面临的困难，共同谋划行业发展方向。今年的报告议题围绕建筑保温行业发展趋势、技术现状及壁垒、HBCD 阻燃剂的淘汰替代技术、上下游产业链发展机遇等内容展开，来自大学、院所及企业 13 名专家做了专题报告。会议的召开对推动 XPS 制品及上下游企业交流与合作，促进产业链协同发展，提升行业质量，顺利完成发泡剂及阻燃剂淘汰替代工作具有重大意义。

2021 中国塑料可持续发展展览会

历时四天，精彩纷呈。11 月 5 日下午，2021 中国塑料可持续发展展览会及系列活动圆满落下帷幕。在展商和社会各界积极参与下，本届展会在首次亮相便取得瞩目成绩。

本届展会为期 3 天，展览面积 1.2 万平方米，以深入贯彻新发展理念，展示塑料绿色、环保、节能、低碳的优异性，落实《“十四五”塑料污染治理行动方案》等相关政策，助力行业绿色可持续发展为目的，重点展示绿色环保节能低碳的新材料及助剂、降解材料、塑料制品、塑料节能环保装备及回收再利用装备、生态化研发成果、可持续发展工作成果等。有 200 余家骨干企业参展，16 家科研院所集中展示，超过 600 个展位。

同期还举办了中国塑协第八次会员代表大会、八届一次理事会议、中国塑料产业链高峰论坛（第三届）、中国降解塑料及生物基材料创新技术与应用峰会暨中国塑协降解塑料专业委员会 2021 年年会、2021 第六届中国国际工程塑料产业创新大会、第四届高分子材料循环利用学术研讨会既第二十一届再生塑料可持续发展高峰论坛等 20 余场系列会议活动，预发布了中国塑料行业绿色发展纲要，表彰了一批中国塑料行业绿色产业链优秀单位；多家企业进行了绿色生产工艺、技术、产品发布。

面对疫情多地散发的严峻防控形势，中国塑协和 2021 中国塑料可持续发展展览会会务组团结一心，在中国轻工业联合会领导、南京卫健委、公安、消防等相关部门的指导下，在地方协会、专家院士、展商代表、与会代表、南京国际博览中心等行业同仁的大力支持下，紧抓防控措施，落实安保方案，合理分工，精心筹备，为塑业奉上一道亮丽的风景线。

本次展会为行业搭建科技经贸交流服务平台，坚定创新驱动，深化“三品”战略，保持发展定力，加快推进绿色生态塑料、资源节约、清洁生产、循环经济等相关技术发展，促进政、产、学、研、金、用集成创新精准对接，引领全行业共同努力，推动全产业链协同绿色可持续发展！

塑料标准化

2021 年发布的塑料相关国家标准

序号	原序号	标准代号	标准名称	代替标准号	实施日期	公布号
1	43	GB/T 10006-2021	塑料　薄膜和薄片　摩擦系数的测定	GB/T 10006-1988	2021/10/1	2021 年第 3 号国家标准公告
2	94	GB/T 20218-2021	双向拉伸聚酰胺（尼龙）薄膜	GB/T 20218-2006	2021/9/1	2021 年第 3 号国家标准公告
3	95	GB/T 20385.1-2021	纺织品　有机锡化合物的测定　第 1 部分：衍生化气相色谱-质谱法	GB/T 20385-2006	2021/10/1	2021 年第 3 号国家标准公告
4	148	GB/T 39693.3-2021	硫化橡胶或热塑性橡胶　硬度的测定　第 3 部分：用超低橡胶硬度（VLRH）标尺 测定定试验力硬度		2021/10/1	2021 年第 3 号国家标准公告
5	153	GB/T 39743-2021	滑动轴承　热塑性塑料轴套　尺寸与公差		2021/10/1	2021 年第 3 号国家标准公告
6	179	GB/T 39764-2021	软体家具中挥发性有机化合物　现场快速检测方法		2021/10/1	2021 年第 3 号国家标准公告
7	197	GB/T 39781-2021	废旧纺织品再生利用技术规范		2021/10/1	2021 年第 3 号国家标准公告
8	224	GB/T 39812-2021	塑料　试样的机加工制备		2021/10/1	2021 年第 3 号国家标准公告
9	225	GB/T 39813-2021	输送带　贮存和搬运指南		2021/10/1	2021 年第 3 号国家标准公告
10	229	GB/T 39817-2021	输送带　丙烷燃烧器中规模可燃性试验方法		2021/10/1	2021 年第 3 号国家标准公告
11	230	GB/T 39818-2021	塑料　热固性模塑材料 收缩率的测定		2021/10/1	2021 年第 3 号国家标准公告
12	233	GB/T 39821-2021	塑料　不能从规定漏斗流出的模塑材料表观密度的测定		2021/10/1	2021 年第 3 号国家标准公告
13	234	GB/T 39822-2021	塑料　黄色指数及其变化值的测定		2021/10/1	2021 年第 3 号国家标准公告
14	235	GB/T 39823-2021	轻型输送带　切割式轻型输送带的宽度和长度极限偏差		2021/10/1	2021 年第 3 号国家标准公告

续表

序号	原序号	标准代号	标准名称	代替标准号	实施日期	公布号
15	237	GB/T 39825-2021	轻型输送带　基本性能及应用		2021/10/1	2021 年第 3 号国家标准公告
16	239	GB/T 39827.1-2021	塑料　用过的聚对苯二甲酸乙二醇酯（PET）瓶回收物　第 1 部分：命名系统和分类基础		2021/10/1	2021 年第 3 号国家标准公告
17	240	GB/T 39827.2-2021	塑料　用过的聚对苯二甲酸乙二醇酯（PET）瓶回收物　第 2 部分：试样制备和性能测定		2021/10/1	2021 年第 3 号国家标准公告
18	326	GB/T 39933-2021	滚塑成型　低温冲击试验		2021/7/1	2021 年第 3 号国家标准公告
19	328	GB/T 39935-2021	塑料制品　薄膜和片材　抗粘连性的测定		2021/10/1	2021 年第 3 号国家标准公告
20	329	GB/T 39936-2021	深冷保冷用泡沫塑料		2021/10/1	2021 年第 3 号国家标准公告
21	330	GB/T 39937-2021	塑料制品　聚丙烯（PP）挤塑板材 要求和试验方法		2021/10/1	2021 年第 3 号国家标准公告
22	1	GB/T 28004.1-2021	纸尿裤　第 1 部分：婴儿纸尿裤	部分代替 GB/T 28004-2011	2022/5/1	2021 年第 4 号国家标准公告
23	13	GB/T 7424.20-2021	光缆总规范　第 20 部分：光缆基本试验方法　总则和定义	GB/T 7424.2-2008［部分代替］	2021/11/1	2021 年第 5 号国家标准公告
24	14	GB/T 7424.22-2021	光缆总规范　第 22 部分：光缆基本试验方法　环境性能试验方法	GB/T 7424.2-2008［部分代替］	2021/11/1	2021 年第 5 号国家标准公告
25	47	GB/T 17650.1-2021	取自电缆或光缆的材料燃烧时释出气体的试验方法　第 1 部分：卤酸气体总量的测定	GB/T 17650.1-1998	2021/11/1	2021 年第 5 号国家标准公告
26	48	GB/T 17650.2-2021	取自电缆或光缆的材料燃烧时释出气体的试验方法　第 2 部分：酸度（用 pH 测量）和电导率的测定	GB/T 17650.2-1998	2021/11/1	2021 年第 5 号国家标准公告

续表

序号	原序号	标准代号	标准名称	代替标准号	实施日期	公布号
27	49	GB/T 17651. 1-2021	电缆或光缆在特定条件下燃烧的烟密度测定　第 1 部分：试验装置	GB/T 17651. 1-1998	2021/11/1	2021 年第 5 号国家标准公告
28	50	GB/T 17651. 2-2021	电缆或光缆在特定条件下燃烧的烟密度测定　第 2 部分：试验程序和要求	GB/T 17651. 2-1998	2021/11/1	2021 年第 5 号国家标准公告
29	62	GB/T 24596-2021	球墨铸铁管和管件　聚氨酯涂层	GB/T 24596-2009	2021/11/1	2021 年第 5 号国家标准公告
30	69	GB/T 26667-2021	电磁屏蔽材料术语	GB/T 26667-2011	2021/11/1	2021 年第 5 号国家标准公告
31	131	GB/T 39994-2021	聚烯烃管道中六种金属（铁、钙、镁、锌、钛、铜）的测定		2021/11/1	2021 年第 5 号国家标准公告
32	134	GB/T 39997-2021	加油站埋地用热塑性塑料复合管道系统		2021/11/1	2021 年第 5 号国家标准公告
33	141	GB/T 40009-2021	废轮胎、废橡胶热裂解技术规范		2021/11/1	2021 年第 5 号国家标准公告
34	176	GB/T 40047-2021	个体防护装备　运动眼面部防护　滑雪镜		2021/6/1	2021 年第 5 号国家标准公告
35	48	GB/T 12703. 1-2021	纺织品　静电性能试验方法　第 1 部分：电晕充电法	GB/T 12703. 1-2008	2021/12/1	2021 年第 7 号国家标准公告
36	49	GB/T 12703. 2-2021	纺织品　静电性能试验方法　第 2 部分：手动摩擦法	GB/T 12703. 2-2009	2021/12/1	2021 年第 7 号国家标准公告
37	112	GB/T 22808-2021	皮革和毛皮　化学试验　含氯苯酚的测定	GB/T 22808-2008	2021/12/1	2021 年第 7 号国家标准公告
38	113	GB/T 22888-2021	皮革　物理和机械试验　表面涂层低温脆裂温度的测定	GB/T 22888-2008	2021/12/1	2021 年第 7 号国家标准公告
39	114	GB/T 22889-2021	皮革　物理和机械试验　表面涂层厚度的测定	GB/T 22889-2008	2021/12/1	2021 年第 7 号国家标准公告

续表

序号	原序号	标准代号	标准名称	代替标准号	实施日期	公布号
40	120	GB/T 24279. 2-2021	纺织品　某些阻燃剂的测定　第 2 部分：磷系阻燃剂		2021/12/1	2021 年第 7 号国家标准公告
41	130	GB/T 27800-2021	静密封橡胶制品使用寿命的快速预测方法	GB/T 27800-2011	2021/12/1	2021 年第 7 号国家标准公告
42	139	GB/T 31838. 5-2021	固体绝缘材料　介电和电阻特性　第 5 部分：电阻特性（DC 方法）　浸渍和涂层材料的体积电阻和体积电阻率		2021/12/1	2021 年第 7 号国家标准公告
43	140	GB/T 31838. 6-2021	固体绝缘材料　介电和电阻特性　第 6 部分：介电特性（AC 方法）　相对介电常数和介质损耗因数（频率 0. 1Hz~10MHz）		2021/12/1	2021 年第 7 号国家标准公告
44	141	GB/T 31838. 7-2021	固体绝缘材料　介电和电阻特性　第 7 部分：电阻特性（DC 方法）　高温下测量体积电阻和体积电阻率	GB/T 10581-2006	2021/12/1	2021 年第 7 号国家标准公告
45	156	GB/T 39977-2021	水族馆用聚甲基丙烯酸甲酯板材通用技术要求		2021/12/1	2021 年第 7 号国家标准公告
46	166	GB/T 40006. 1-2021	塑料　再生塑料　第 1 部分：通则		2021/12/1	2021 年第 7 号国家标准公告
47	167	GB/T 40006. 2-2021	塑料　再生塑料　第 2 部分：聚乙烯（PE）材料		2021/12/1	2021 年第 7 号国家标准公告
48	168	GB/T 40006. 3-2021	塑料　再生塑料　第 3 部分：聚丙烯（PP）材料		2021/12/1	2021 年第 7 号国家标准公告
49	210	GB/T 40120-2021	农业灌溉设备　灌溉用热塑性可折叠软管　技术规范和试验方法		2021/12/1	2021 年第 7 号国家标准公告
50	215	GB/T 40125-2021	液体硅橡胶　模具胶		2021/12/1	2021 年第 7 号国家标准公告
51	216	GB/T 40126-2021	液体硅橡胶　婴儿奶嘴用		2021/12/1	2021 年第 7 号国家标准公告
52	236	GB/T 40146-2021	化妆品中塑料微珠的测定		2021/9/1	2021 年第 7 号国家标准公告

续表

序号	原序号	标准代号	标准名称	代替标准号	实施日期	公布号
53	251	GB/T 40169-2021	超高分子量聚乙烯（PE-UHMW）和高密度聚乙烯（PE-HD）模塑板材		2021/11/1	2021 年第 7 号国家标准公告
54	257	GB/T 40175.1-2021	纺织品　生物化学分析方法　第 1 部分：镉和铅（胶体金法）		2021/12/1	2021 年第 7 号国家标准公告
55	258	GB/T 40175.2-2021	纺织品　生物化学分析方法　第 2 部分：拟除虫菊酯类农药（酶联免疫法）		2021/12/1	2021 年第 7 号国家标准公告
56	259	GB/T 40175.3-2021	纺织品　生物化学分析方法　第 3 部分：有机磷类农药（酶联免疫法）		2021/12/1	2021 年第 7 号国家标准公告
57	265	GB/T 40181-2021	一次性卫生用非织造材料的可冲散性试验方法及评价		2021/12/1	2021 年第 7 号国家标准公告
58	266	GB/T 40182-2021	玩具中塑化材料及可放入口中产品的判定指南		2021/5/21	2021 年第 7 号国家标准公告
59	320	GB/T 40237-2021	泡沫塑料着火性试验方法　电焊火花法		2021/12/1	2021 年第 7 号国家标准公告
60	341	GB/T 40258-2021	中空纤维膜耐化学清洗剂腐蚀性能评价方法		2021/12/1	2021 年第 7 号国家标准公告
61	343	GB/T 40260-2021	高分子膜材料气体渗透性能测试方法		2021/12/1	2021 年第 7 号国家标准公告
62	346	GB/T 40263-2021	纺织品　短链氯化石蜡的测定		2021/12/1	2021 年第 7 号国家标准公告
63	347	GB/T 40264-2021	纺织品　色牢度试验　耐尿渍色牢度		2021/12/1	2021 年第 7 号国家标准公告
64	349	GB/T 40266-2021	食品包装用氧化物阻隔透明塑料复合膜、袋质量通则		2021/12/1	2021 年第 7 号国家标准公告
65	353	GB/T 40270-2021	纺织品　基于消费者体验的通用技术要求		2021/12/1	2021 年第 7 号国家标准公告
66	354	GB/T 40271-2021	纺织纤维鉴别试验方法　差示扫描量热法（DSC）		2021/12/1	2021 年第 7 号国家标准公告

续表

序号	原序号	标准代号	标准名称	代替标准号	实施日期	公布号
67	356	GB/T 40273-2021	纤维绳索　术语		2021/12/1	2021 年第 7 号国家标准公告
68	358	GB/T 40275-2021	纺织品　双组分复合纤维定量分析方法　熔融显微镜法		2021/12/1	2021 年第 7 号国家标准公告
69	1	GB/T 23350-2021	限制商品过度包装要求　食品和化妆品	GB/T 23350-2009	2023/9/1	2021 年第 9 号国家标准公告
70	2	GB/T 6095-2021	坠落防护 安全带	GB/T 6095-2009	2022/9/1	2021 年第 9 号国家标准公告
71	14	GB/T 24539-2021	防护服装 化学防护服	GB/T 24539-2009、GB/T 24540-2009、GB/T 29511-2013	2022/9/1	2021 年第 9 号国家标准公告
72	9	GB/T 1727-2021	漆膜一般制备法	GB/T 1727-1992，GB/T 1765-1979	2022/3/1	2021 年第 11 号国家标准公告
73	10	GB/T 1845. 2-2021	塑料　聚乙烯（PE）模塑和挤出材料　第 2 部分：试样制备和性能测定	GB/T 1845. 2-2006	2022/3/1	2021 年第 11 号国家标准公告
74	13	GB/T 2408-2021	塑料　燃烧性能的测定　水平法和垂直法	GB/T 2408-2008	2022/3/1	2021 年第 11 号国家标准公告
75	14	GB/T 2567-2021	树脂浇铸体性能试验方法	GB/T 2567-2008	2022/3/1	2021 年第 11 号国家标准公告
76	63	GB/T 10125-2021	人造气氛腐蚀试验　盐雾试验	GB/T 10125-2012	2022/3/1	2021 年第 11 号国家标准公告
77	66	GB/T 10801. 1-2021	绝热用模塑聚苯乙烯泡沫塑料（EPS）	GB/T 10801. 1-2002	2022/3/1	2021 年第 11 号国家标准公告
78	69	GB/T 11175-2021	合成树脂乳液试验方法	GB/T 11175-2002	2022/3/1	2021 年第 11 号国家标准公告
79	91	GB/T 15596-2021	塑料　在玻璃过滤后太阳辐射、自然气候或实验室辐射源暴露后颜色和性能变化的测定	GB/T 15596-2009	2022/3/1	2021 年第 11 号国家标准公告
80	109	GB/T 17794-2021	柔性泡沫橡塑绝热制品	GB/T 17794-2008	2022/3/1	2021 年第 11 号国家标准公告

续表

序号	原序号	标准代号	标准名称	代替标准号	实施日期	公布号
81	140	GB/T 22209-2021	船用无石棉纤维增强橡胶垫片材料	GB/T 22209-2008，GB/T 22208-2008	2022/3/1	2021 年第 11 号国家标准公告
82	172	GB/T 29047-2021	高密度聚乙烯外护管硬质聚氨酯泡沫塑料预制直埋保温管及管件	GB/T 29047-2012	2022/3/1	2021 年第 11 号国家标准公告
83	180	GB/T 33047.2-2021	塑料　聚合物热重法（TG）　第 2 部分：活化能的测定		2022/3/1	2021 年第 11 号国家标准公告
84	181	GB/T 33047.3-2021	塑料　聚合物热重法（TG）　第 3 部分：使用 Ozawa-Friedman 绘图测定活化能和分析反应动力学		2022/3/1	2021 年第 11 号国家标准公告
85	192	GB/T 37199.1-2021	塑料　聚丁烯（PB）模塑和挤出材料　第 1 部分：命名系统和分类基础		2022/3/1	2021 年第 11 号国家标准公告
86	197	GB/T 39380.1-2021	喷水灭火用氯化聚氯乙烯（PVC-C）管道系统　第 1 部分：管材		2022/3/1	2021 年第 11 号国家标准公告
87	198	GB/T 39715.1-2021	塑料　生物基含量　第 1 部分：通用原则		2022/3/1	2021 年第 11 号国家标准公告
88	199	GB/T 39715.2-2021	塑料　生物基含量　第 2 部分：生物基碳含量的测定		2022/3/1	2021 年第 11 号国家标准公告
89	200	GB/T 39715.3-2021	塑料　生物基含量　第 3 部分：生物基合成聚合物含量的测定		2022/3/1	2021 年第 11 号国家标准公告
90	201	GB/T 39715.4-2021	塑料　生物基含量　第 4 部分：生物基物质含量的测定		2022/3/1	2021 年第 11 号国家标准公告
91	202	GB/T 39907-2021	果蔬类周转箱尺寸系列及技术要求		2022/3/1	2021 年第 11 号国家标准公告

续表

序号	原序号	标准代号	标准名称	代替标准号	实施日期	公布号
92	203	GB/T 40065-2021	果蔬类周转箱循环共用管理规范		2022/3/1	2021 年第 11 号国家标准公告
93	206	GB/T 40280-2021	塑料　液态或乳液态或分散体系的树脂　用单筒旋转黏度计测定表观黏度		2022/3/1	2021 年第 11 号国家标准公告
94	217	GB/T 40302-2021	塑料　立式软薄试样与小火焰源接触的燃烧性能测定		2022/3/1	2021 年第 11 号国家标准公告
95	227	GB/T 40315-2021	塑料　采用水溶液保持湿度恒定进行状态调节和试验的小密闭容器		2022/3/1	2021 年第 11 号国家标准公告
96	230	GB/T 40318-2021	塑料　环境因素　标准中环境因素的通则		2022/3/1	2021 年第 11 号国家标准公告
97	234	GB/T 40322-2021	热塑性弹性体　家用和类似用途制冷器具用门密封材料规范		2022/3/1	2021 年第 11 号国家标准公告
98	235	GB/T 40323-2021	纺织染整助剂产品中八甲基环四硅氧烷（D4）、十甲基环五硅氧烷（D5）和十二甲基环六硅氧烷（D6）的测定		2022/3/1	2021 年第 11 号国家标准公告
99	236	GB/T 40325-2021	轨道车辆轮对滚动轴承橡胶密封装置性能试验		2022/3/1	2021 年第 11 号国家标准公告
100	243	GB/T 40340-2021	复合材料与金属组合件　碳纤维增强聚合物基复合材料胶接或紧固件连接结构人工环境下的电偶腐蚀试验　盐雾试验		2022/3/1	2021 年第 11 号国家标准公告
101	254	GB/T 40350-2021	家居用聚氯乙烯人造革通用技术要求		2022/3/1	2021 年第 11 号国家标准公告
102	255	GB/T 40351-2021	循环再利用涤纶生态技术要求		2022/3/1	2021 年第 11 号国家标准公告
103	265	GB/T 40361-2021	啤酒、碳酸饮料易拉罐灌装生产线　通用技术规范		2022/3/1	2021 年第 11 号国家标准公告
104	267	GB/T 40363-2021	冷藏集装箱和冷藏保温车用硬质聚氨酯泡沫塑料		2022/3/1	2021 年第 11 号国家标准公告

续表

序号	原序号	标准代号	标准名称	代替标准号	实施日期	公布号
105	270	GB/T 40367-2021	塑料　暴露于海洋沉积物中非漂浮材料最终需氧生物分解能力的测定　通过分析释放的二氧化碳的方法		2022/3/1	2021 年第 11 号国家标准公告
106	276	GB/T 40373-2021	一次性口罩制造包装生产线　通用技术要求		2022/3/1	2021 年第 11 号国家标准公告
107	288	GB/T 40384-2021	塑料　聚合物熔体瞬态拉伸黏度的测定		2022/3/1	2021 年第 11 号国家标准公告
108	300	GB/T 40396-2021	聚合物基复合材料玻璃化转变温度试验方法　动态力学分析法（DMA）		2022/3/1	2021 年第 11 号国家标准公告
109	307	GB/T 40402-2021	聚乙烯外护管预制保温复合塑料管		2022/3/1	2021 年第 11 号国家标准公告
110	326	GB/T 40426. 1-2021	塑料制品　装饰性实体面材　第 1 部分：分类和规范		2022/3/1	2021 年第 11 号国家标准公告
111	327	GB/T 40426. 2-2021	塑料制品　装饰性实体面材　第 2 部分：性能的测定　板型实体面材		2022/3/1	2021 年第 11 号国家标准公告
112	328	GB/T 40426. 3-2021	塑料制品　装饰性实体面材　第 3 部分：性能的测定　非板型实体面材		2022/3/1	2021 年第 11 号国家标准公告
113	341	GB/T 40440-2021	塑料制品　抗冲击改性丙烯腈-苯乙烯共聚物（ABS、AEPDS 和 ASA）挤出板材　要求和试验方法		2022/3/1	2021 年第 11 号国家标准公告
114	342	GB/T 40441-2021	导排水垫		2022/3/1	2021 年第 11 号国家标准公告
115	391	GB/T 40493-2021	人造板饰面材料中铅、镉、铬、汞重金属元素含量测定		2022/3/1	2021 年第 11 号国家标准公告
116	448	GB/T 40553-2021	塑料　适合家庭堆肥塑料技术规范		2022/10/1	2021 年第 11 号国家标准公告

续表

序号	原序号	标准代号	标准名称	代替标准号	实施日期	公布号
117	449	GB/T 40611-2021	塑料　海水沙质沉积物界面非漂浮塑料材料最终需氧生物分解能力的测定　通过测定密闭呼吸计内耗氧量的方法		2022/3/1	2021 年第 11 号国家标准公告
118	450	GB/T 40612-2021	塑料　海水沙质沉积物界面非漂浮塑料材料最终需氧生物分解能力的测定　通过测定释放二氧化碳的方法		2022/10/1	2021 年第 11 号国家标准公告
119	26	GB/T 2099. 1-2021	家用和类似用途插头插座　第 1 部分：通用要求	GB/T 2099. 1-2008	2022/11/1	2021 年第 12 号国家标准公告
120	46	GB/T 3903. 9-2021	鞋类　内底试验方法　跟部持钉力	GB/T 3903. 9-2005	2022/5/1	2021 年第 12 号国家标准公告
121	47	GB/T 3903. 12-2021	鞋类　外底试验方法　撕裂强度	GB/T　3903. 12-2005	2022/5/1	2021 年第 12 号国家标准公告
122	48	GB/T 3903. 14-2021	鞋类　外底试验方法　针撕破强度	GB/T　3903. 14-2005	2022/5/1	2021 年第 12 号国家标准公告
123	49	GB/T 3903. 25-2021	鞋类　整鞋试验方法　鞋跟结合强度	GB/T　3903. 25-2008	2022/5/1	2021 年第 12 号国家标准公告
124	78	GB/T 10457-2021	食品用塑料自粘保鲜膜质量通则	GB/T 10457-2009	2022/5/1	2021 年第 12 号国家标准公告
125	93	GB/T 13542. 2-2021	电气绝缘用薄膜　第 2 部分：试验方法	GB/T　13542. 2-2009	2022/5/1	2021 年第 12 号国家标准公告
126	130	GB/T 18426-2021	橡胶或塑料涂覆织物　低温弯曲试验	GB/T 18426-2001	2022/5/1	2021 年第 12 号国家标准公告
127	148	GB/T 19789-2021	包装材料　塑料薄膜和薄片氧气透过性试验　库仑计检测法	GB/T 19789-2005	2022/5/1	2021 年第 12 号国家标准公告
128	149	GB/T 20096-2021	轮滑鞋	GB/T 20096-2006	2022/5/1	2021 年第 12 号国家标准公告
129	152	GB/T 20186. 2-2021	光纤用二次被覆材料　第 2 部分：改性聚丙烯	GB/T　20186. 2-2008	2022/5/1	2021 年第 12 号国家标准公告
130	164	GB/T 22271. 1-2021	塑料　聚甲醛（POM）模塑和挤出材料　第 1 部分：命名系统和分类基础	GB/T　22271. 1-2008	2022/5/1	2021 年第 12 号国家标准公告

续表

序号	原序号	标准代号	标准名称	代替标准号	实施日期	公布号
131	165	GB/T 22271. 2-2021	塑料　聚甲醛（POM）模塑和挤出材料　第 2 部分：试样制备和性能测定	GB/T　22271. 2-2008	2022/5/1	2021 年第 12 号国家标准公告
132	194	GB/T 26703-2021	皮鞋跟面耐磨性能试验方法	GB/T 26703-2011	2022/5/1	2021 年第 12 号国家标准公告
133	213	GB/T 30314-2021	橡胶或塑料涂覆织物 耐磨性的测定 泰伯法	GB/T 30314-2013	2022/5/1	2021 年第 12 号国家标准公告
134	233	GB/T 39560. 5-2021	电子电气产品中某些物质的测定　第 5 部分：AAS、AFS、ICP-OES 和 ICP-MS 法测定聚合物和电子件中镉、铅、铬以及金属中镉、铅的含量		2022/5/1	2021 年第 12 号国家标准公告
135	234	GB/T 39560. 8-2021	电子电气产品中某些物质的测定　第 8 部分：气相色谱-质谱法（GC-MS）与配有热裂解/热脱附的气相色谱-质谱法（Py/TD-GC-MS）测定聚合物中的邻苯二甲酸酯		2022/5/1	2021 年第 12 号国家标准公告
136	235	GB/T 39560. 702-2021	电子电气产品中某些物质的测定　第 7-2 部分：六价铬 比色法测定聚合物和电子件中的六价铬［Cr（VI）］		2022/5/1	2021 年第 12 号国家标准公告
137	236	GB/T 39693. 9-2021	硫化橡胶或热塑性橡胶 硬度的测定　第 9 部分：硬度计的校准和验证		2022/5/1	2021 年第 12 号国家标准公告
138	239	GB/T 40006. 5-2021	塑料　再生塑料　第 5 部分：丙烯腈-丁二烯-苯乙烯（ABS）材料		2022/5/1	2021 年第 12 号国家标准公告
139	240	GB/T 40006. 6-2021	塑料　再生塑料　第 6 部分：聚苯乙烯（PS）和抗冲击聚苯乙烯（PS-I）材料		2022/5/1	2021 年第 12 号国家标准公告
140	241	GB/T 40006. 7-2021	塑料　再生塑料　第 7 部分：聚碳酸酯（PC）材料		2022/5/1	2021 年第 12 号国家标准公告
141	242	GB/T 40006. 8-2021	塑料　再生塑料　第 8 部分：聚酰胺（PA）材料		2022/5/1	2021 年第 12 号国家标准公告

续表

序号	原序号	标准代号	标准名称	代替标准号	实施日期	公布号
142	243	GB/T 40006.9-2021	塑料　再生塑料　第 9 部分：聚对苯二甲酸乙二醇酯（PET）材料		2022/5/1	2021 年第 12 号国家标准公告
143	270	GB/T 40564-2021	电子封装用环氧塑封料测试方法		2022/5/1	2021 年第 12 号国家标准公告
144	434	GB/T 40722.2-2021	苯乙烯-丁二烯橡胶（SBR）溶液聚合 SBR 微观结构的测定　第 2 部分：红外光谱 ATR 法		2022/5/1	2021 年第 12 号国家标准公告
145	438	GB/T 40726-2021	橡胶或塑料涂覆织物 汽车内饰材料雾化性能的测定		2022/5/1	2021 年第 12 号国家标准公告
146	512	GB/T 40797-2021	硫化橡胶或热塑性橡胶 耐磨性能的测定 垂直驱动磨盘法		2022/5/1	2021 年第 12 号国家标准公告
147	584	GB/T 40871-2021	塑料薄膜热覆合钢板及钢带		2022/5/1	2021 年第 12 号国家标准公告
148	585	GB/T 40872-2021	塑料　聚乙烯泡沫试验方法		2022/5/1	2021 年第 12 号国家标准公告
149	591	GB/T 40906-2021	家具产品及其材料中禁限用物质测定方法 邻苯二甲酸酯增塑剂		2022/5/1	2021 年第 12 号国家标准公告
150	593	GB/T 40908-2021	家具产品及其材料中禁限用物质测定方法 阻燃剂		2022/5/1	2021 年第 12 号国家标准公告
151	595	GB/T 40910-2021	纺织品 防水透湿性能的评定		2022/5/1	2021 年第 12 号国家标准公告
152	597	GB/T 40917-2021	纺织品全氟己烷磺酸及其盐类的测定		2022/5/1	2021 年第 12 号国家标准公告
153	32	GB/T 40911.2-2021	塑料制品 聚甲基丙烯酸甲酯板材 类型、尺寸和特性　第 2 部分：挤出板材		2022/6/1	2021 年第 14 号国家标准公告
154	33	GB/T 40911.3-2021	塑料制品 聚甲基丙烯酸甲酯板材 类型、尺寸和特性　第 3 部分：连续浇铸板材		2022/6/1	2021 年第 14 号国家标准公告
155	37	GB/T 40916-2021	液化气储运用高强度聚氨酯泡沫塑料		2022/6/1	2021 年第 14 号国家标准公告

续表

序号	原序号	标准代号	标准名称	代替标准号	实施日期	公布号
156	38	GB/T 40918-2021	聚苯乙烯户外仿木板材通用技术要求		2022/6/1	2021 年第 14 号国家标准公告
157	39	GB/T 40919-2021	管道系统用聚乙烯材料 与慢速裂纹增长相关的应变硬化模量的测定		2022/6/1	2021 年第 14 号国家标准公告
158	40	GB/T 40921-2021	发泡聚丙烯（PP-E）珠粒		2022/6/1	2021 年第 14 号国家标准公告
159	56	GB/T 40933-2021	塑料制品 薄膜和薄片 热塑性塑料薄膜试验指南		2022/6/1	2021 年第 14 号国家标准公告
160	57	GB/T 40934-2021	滚塑成型 粉末流动性的试验方法		2022/6/1	2021 年第 14 号国家标准公告
161	58	GB/T 40935-2021	青贮牧草膜		2022/6/1	2021 年第 14 号国家标准公告
162	59	GB/T 40937-2021	塑料管道系统　塑料复合管材和管件长期强度的测定方法		2022/6/1	2021 年第 14 号国家标准公告
163	85	GB/T 40967-2021	核电厂用聚乙烯（PE）管材及管件		2022/6/1	2021 年第 14 号国家标准公告
164	109	GB/T 40996-2021	食品接触材料及制品购销基本信息描述		2021/11/26	2021 年第 14 号国家标准公告
165	113	GB/T 41000-2021	聚碳酸酯（PC）饮水罐质量通则		2022/6/1	2021 年第 14 号国家标准公告
166	114	GB/T 41001-2021	密胺塑料餐饮具		2022/6/1	2021 年第 14 号国家标准公告
167	115	GB/T 41008-2021	生物降解饮用吸管		2022/6/1	2021 年第 14 号国家标准公告
168	116	GB/T 41010-2021	生物降解塑料与制品降解性能及标识要求		2022/6/1	2021 年第 14 号国家标准公告
169	120	GB/T 1037-2021	塑料薄膜与薄片水蒸气透过性能测定　杯式增重与减重法	GB/T 1037-1988	2022/6/1	2021 年第 14 号国家标准公告
170	8	GB 14232. 4-2021	人体血液及血液成分袋式塑料容器　第 4 部分：含特殊组件的单采血袋系统		2023/6/1	2021 年第 15 号国家标准公告

续表

序号	原序号	标准代号	标准名称	代替标准号	实施日期	公布号
171	2	GB/T 41003.1-2021	塑料泡沫垫通用技术条件　第1部分：聚乙烯/乙烯-醋酸乙烯酯共聚物儿童泡沫垫		2022/7/1	2021年第17号国家标准公告
172	3	GB/T 41003.2-2021	塑料泡沫垫通用技术条件　第2部分：室内聚氯乙烯泡沫垫		2022/7/1	2021年第17号国家标准公告
173	5	GB/T 41004.2-2021	智能管网系统　第2部分：智能塑料管材、管件及阀门		2022/7/1	2021年第17号国家标准公告
174	7	GB/T 41006-2021	汽车用聚氨酯合成革通用技术条件		2022/7/1	2021年第17号国家标准公告
175	41	GB/T 41048-2021	城镇排水用塑料检查井技术要求		2022/7/1	2021年第17号国家标准公告
176	54	GB/T 41061-2021	纤维增强塑料蠕变性能试验方法		2022/7/1	2021年第17号国家标准公告
177	70	GB/T 41077-2021	建筑用绝热制品　六溴环十二烷的限值		2022/1/1	2021年第17号国家标准公告
178	71	GB/T 41078-2021	建筑防水材料有害物质试验方法		2022/7/1	2021年第17号国家标准公告
179	93	GB/T 41102-2021	包装PET瓶坯注塑成型模具系统通用技术要求		2022/7/1	2021年第17号国家标准公告
180	127	GB/T 41124-2021	无菌吹灌旋一体机通用技术要求		2022/7/1	2021年第17号国家标准公告
181	164	GB/T 41167-2021	聚对苯二甲酸乙二醇酯（PET）饮品瓶通用技术要求		2022/7/1	2021年第17号国家标准公告
182	165	GB/T 41168-2021	食品包装用塑料与铝箔蒸煮复合膜、袋		2022/7/1	2021年第17号国家标准公告
183	166	GB/T 41169-2021	食品包装用纸铝塑复合膜、袋		2022/7/1	2021年第17号国家标准公告
184	168	GB/T 41171-2021	失禁用尿吸收辅助器具 空气中可吸入聚丙烯酸高吸水性材料测量 钠原子吸收光谱法对采集盒粉尘的测定		2021/12/31	2021年第17号国家标准公告

续表

序号	原序号	标准代号	标准名称	代替标准号	实施日期	公布号
185	200	GB/T 41203-2021	光伏组件封装材料加速老化试验方法		2022/7/1	2021 年第 17 号国家标准公告
186	219	GB/T 41220-2021	食品包装用复合塑料盖膜		2022/7/1	2021 年第 17 号国家标准公告
187	408	GB/T 24282-2021	塑料　聚丙烯中二甲苯可溶物含量的测定	GB/T 24282-2009	2022/7/1	2021 年第 17 号国家标准公告
188	483	GB/T 3681.1-2021	塑料　太阳辐射暴露试验方法　第 1 部分：总则	GB/T 3681-2011 ［部分代替］	2022/7/1	2021 年第 17 号国家标准公告
189	484	GB/T 3681.2-2021	塑料　太阳辐射暴露试验方法　第 2 部分：直接自然气候老化和暴露在窗玻璃后气候老化	GB/T 3681-2011 ［部分代替］	2022/7/1	2021 年第 17 号国家标准公告

2021 年发布的相关国家标准

序号	原序号	标准代号	标准名称	代替标准号	实施日期	公布号
1	1	GB/T 40040-2021	餐饮业供应链管理指南	无	2021/6/1	2021 年第 2 号国家标准公告
2	3	GB/T 40042-2021	绿色餐饮经营与管理	无	2021/6/1	2021 年第 2 号国家标准公告
3	107	GB/T 24031-2021	环境管理　环境绩效评价　指南	GB/T 24031-2001	2021/10/1	2021 年第 3 号国家标准公告
4	196	GB/T 39780-2021	资源综合利用企业评价规范		2021/10/1	2021 年第 3 号国家标准公告
5	306	GB/T 39904-2021	区域品牌培育与建设指南		2021/10/1	2021 年第 3 号国家标准公告
6	307	GB/T 39905-2021	区域品牌价值评价　产业集聚区		2021/10/1	2021 年第 3 号国家标准公告
7	308	GB/T 39906-2021	品牌管理要求		2021/10/1	2021 年第 3 号国家标准公告

续表

序号	原序号	标准代号	标准名称	代替标准号	实施日期	公布号
8	71	GB/T 27021.10-2021	合格评定 管理体系审核认证机构要求 第10部分：职业健康安全管理体系审核与认证能力要求		2021/11/1	2021年第5号国家标准公告
9	73	GB/T 29186.1-2021	品牌价值要素评价 第1部分：通则	GB/T 29186-2012	2021/11/1	2021年第5号国家标准公告
10	74	GB/T 29186.2-2021	品牌价值要素评价 第2部分：有形要素		2021/11/1	2021年第5号国家标准公告
11	75	GB/T 29186.3-2021	品牌价值要素评价 第3部分：质量要素	GB/T 31041-2014	2021/11/1	2021年第5号国家标准公告
12	76	GB/T 29186.4-2021	品牌价值要素评价 第4部分：创新要素	GB/T 31043-2014	2021/11/1	2021年第5号国家标准公告
13	77	GB/T 29186.5-2021	品牌价值要素评价 第5部分：服务要素	GB/T 31042-2014	2021/11/1	2021年第5号国家标准公告
14	78	GB/T 29186.6-2021	品牌价值要素评价 第6部分：无形要素		2021/11/1	2021年第5号国家标准公告
15	137	GB/T 40001-2021	食品包装评价技术通则		2021/11/1	2021年第5号国家标准公告
16	142	GB/T 40010-2021	合同能源管理服务评价技术导则		2021/11/1	2021年第5号国家标准公告
17	191	GB/T 40063-2021	工业企业能源管控中心建设指南		2021/11/1	2021年第5号国家标准公告
18	192	GB/T 40064-2021	节能技术评价导则		2021/11/1	2021年第5号国家标准公告
19	204	GB/T 40083-2021	建筑材料行业能耗在线监测技术要求		2021/11/1	2021年第5号国家标准公告
20	128	GB/T 27021.2-2021	合格评定 管理体系审核认证机构要求 第2部分：环境管理体系审核与认证能力要求	GB/T 27021.2-2017	2021/12/1	2021年第7号国家标准公告
21	129	GB/T 27021.3-2021	合格评定 管理体系审核认证机构要求 第3部分：质量管理体系审核与认证能力要求	GB/T 27021.3-2016	2021/12/1	2021年第7号国家标准公告
22	158	GB/T 39979-2021	建筑室内窗饰产品通用技术要求		2021/12/1	2021年第7号国家标准公告
23	237	GB/T 40147-2021	科技评估通则		2021/12/1	2021年第7号国家标准公告
24	238	GB/T 40148-2021	科技评估基本术语		2021/12/1	2021年第7号国家标准公告

续表

序号	原序号	标准代号	标准名称	代替标准号	实施日期	公布号
25	239	GB/T 40149-2021	检验检测机构从业人员信用档案建设规范		2021/12/1	2021 年第 7 号国家标准公告
26	284	GB/T 40200-2021	工业有机废气净化装置性能测定方法		2021/12/1	2021 年第 7 号国家标准公告
27	321	GB/T 40238-2021	建筑材料及制品燃烧试验　基材选取、试样状态调节和安装要求		2021/12/1	2021 年第 7 号国家标准公告
28	117	GB/T 19010-2021	质量管理　顾客满意　组织行为规范指南	GB/T 19010-2009	2021/12/1	2021 年第 11 号国家标准公告
29	118	GB/T 19011-2021	管理体系审核指南	GB/T 19011-2013	2021/12/1	2021 年第 11 号国家标准公告
30	119	GB/T 19013-2021	质量管理　顾客满意　组织外部争议解决指南	GB/T 19013-2009	2021/12/1	2021 年第 11 号国家标准公告
31	120	GB/T 19015-2021	质量管理　质量计划指南	GB/T 19015-2008	2021/12/1	2021 年第 11 号国家标准公告
32	121	GB/T 19016-2021	质量管理　项目质量管理指南	GB/T 19016-2005	2021/12/1	2021 年第 11 号国家标准公告
33	176	GB/T 29329-2021	废弃化学品术语	GB/T 29329-2012	2022/3/1	2021 年第 11 号国家标准公告
34	203	GB/T 29185-2021	品牌 术语	GB/T 29185-2012	2022/2/1	2021 年第 12 号国家标准公告
35	75	GB/T 40957-2021	企业竞争力评价规范		2022/6/1	2021 年第 14 号国家标准公告
36	76	GB/T 40958-2021	企业生产力评价规范		2022/6/1	2021 年第 14 号国家标准公告
37	181	GB/Z 40954. 1-2021	标准化专业人员能力　第 1 部分：企业		2022/6/1	2021 年第 14 号国家标准公告
38	182	GB/Z 40954. 2-2021	标准化专业人员能力　第 2 部分：标准化相关组织		2022/6/1	2021 年第 14 号国家标准公告
39	6	GB/T 41005-2021	消费品安全 化学危害风险评估通则		2021/12/31	2021 年第 17 号国家标准公告
40	8	GB/T 41007-2021	消费品安全 化学危害表征和暴露评估指南		2021/12/31	2021 年第 17 号国家标准公告

2021 年发布的塑料相关国家标准样品

序号	原序号	国家标准样品编号	国家标准样品名称	研/复制	研制单位	有效期	公布号
1	52	GSB 16-3871-2021	纺织品总铅含量标准样品	研制	中国海关科学技术研究中心	3 年	2021 年第 10 号国家标准公告
2	32	GSB 08-3908-2021	模塑聚苯乙烯泡沫塑料板导热系数标准样品	研制	中国建材检验认证集团股份有限公司	30 个月	2021 年第 16 号国家标准公告
3	33	GSB 08-3909-2021	高分子防水卷材拉伸性能检测标准样品	研制	中国建材检验认证集团股份有限公司	30 个月	2021 年第 16 号国家标准公告

2021 年发布的塑料相关国家标准外文版

序号	原序号	国家标准编号	国家标准名称	国家标准外文名称	公告号
1	34	GB/T 38514-2020	电去离子膜堆测试方法	Test methods for electrodeionization stacks	2020 年第 18 号国家标准公告（外文）
2	35	GB/T 32361-2015	分离膜孔径测试方法 泡点和平均流量法	Test methods for pore size properties of separation membrane-Bubble point and mean flow pore test	2020 年第 18 号国家标准公告（外文）
3	36	GB/T 34242-2017	纳滤膜测试方法	Test methods for nanofiltration membranes	2020 年第 18 号国家标准公告（外文）
4	104	GB/T 32340-2015	棉花包装 聚酯捆扎带	Cotton Baling Polyester Plastic Strapping	2020 年第 18 号国家标准公告（外文）

2020 年发布的塑料制品相关行业标准

序号	原序号	标准编号	标准名称	代替标准号	实施日期	公布号
1	65	YZ/T 0174-2020	冷链寄递保温箱技术要求		2021/3/1	2021 年第 1 号行业标准公告
2	218	NY/T 986-2006	铺膜机 作业质量		2006/4/1	2021 年第 1 号行业标准公告
3	219	NY/T 987-2006	铺膜穴播机 作业质量		2006/4/1	2021 年第 1 号行业标准公告
4	254	SC/T 5025-2006	刺网用硬质塑料浮子		2006/4/1	2021 年第 1 号行业标准公告
5	255	SC/T 5026-2006	聚酰胺单丝机织网片单线双死结型		2006/4/1	2021 年第 1 号行业标准公告
6	528	CY/T 218—2020	卷筒塑料薄膜精密涂布过程控制要求及检验方法		2021/2/1	2021 年第 1 号行业标准公告
7	530	CY/T 130. 4—2020	绿色印刷 通用技术要求与评价方法　第 4 部分：塑料柔性版印刷		2021/2/1	2021 年第 1 号行业标准公告
8	916	AQ/T 1090-2020	煤矿充填密闭用高分子发泡材料	AQ 1090-2011	2021/5/1	2021 年第 1 号行业标准公告
9	1	HG/T 5699-2020	扩散渗析阳膜		2021/4/1	2021 年第 2 号行业标准公告
10	12	HG/T 5751-2020	动力电池外壳用绝缘阻燃胶粘带		2021/4/1	2021 年第 2 号行业标准公告
11	15	HG/T 5754-2020	可直接印刷聚丙烯膜（BOPP）压敏胶粘带		2021/4/1	2021 年第 2 号行业标准公告
12	46	HG/T 3050. 1-2020	橡胶或塑料涂覆织物 整卷特性的测定　第 1 部分：测定长度、宽度和净质量的方法	HG/T 3050. 1-2001	2021/4/1	2021 年第 2 号行业标准公告
13	47	HG/T 3050. 2-2020	橡胶或塑料涂覆织物 整卷特性的测定　第 2 部分：测定单位面积的总质量、单位面积的涂覆质量和单位面积的底布质量的方法	HG/T 3050. 2-2001	2021/4/1	2021 年第 2 号行业标准公告
14	48	HG/T 3050. 3-2020	橡胶或塑料涂覆织物 整卷特性的测定　第 3 部分：测定厚度的方法	HG/T 3050. 3-2001	2021/4/1	2021 年第 2 号行业标准公告
15	79	HG/T 5721-2020	橡胶耐臭氧老化箱		2021/4/1	2021 年第 2 号行业标准公告

续表

序号	原序号	标准编号	标准名称	代替标准号	实施日期	公布号
16	80	HG/T 5722-2020	橡胶气密性检测仪		2021/4/1	2021 年第 2 号行业标准公告
17	85	HG/T 5730-2020	静电防止剂 TM		2021/4/1	2021 年第 2 号行业标准公告
18	86	HG/T 5731-2020	交联剂 EH		2021/4/1	2021 年第 2 号行业标准公告
19	87	HG/T 5732-2020	固色交联剂 DE		2021/4/1	2021 年第 2 号行业标准公告
20	88	HG/T 5733-2020	月桂酸聚氧乙烯酯		2021/4/1	2021 年第 2 号行业标准公告
21	89	HG/T 5734-2020	乳化增稠剂 M		2021/4/1	2021 年第 2 号行业标准公告
22	241	HJ/T 202-2005	环境标志产品技术要求 一次性餐具	HBC 1-2001	2006/1/1	2021 年第 2 号行业标准公告
23	248	HJ/T 209-2005	环境标志产品技术要求 包装制品	HJBZ 12-2000	2006/1/1	2021 年第 2 号行业标准公告
24	255	HJ/T 220-2005	环境标志产品技术要求 胶粘剂	HBC 18-2003	2006/1/1	2021 年第 2 号行业标准公告
25	258	HJ/T 223-2005	环境标志产品技术要求 轻质墙体板材	HBC 19-2005	2006/1/1	2021 年第 2 号行业标准公告
26	260	HJ/T 225-2005	环境标志产品技术要求 消耗臭氧层物质替代产品		2005/11/28	2021 年第 2 号行业标准公告
27	261	HJ/T 226-2005	环境标志产品技术要求 建筑用塑料管材	HJBZ 39-1999	2006/1/1	2021 年第 2 号行业标准公告
28	467	HJ T72-2001	水质 邻苯二甲酸二甲（二丁、二辛）酯的测定 液相色谱法		2002/1/1	2021 年第 2 号行业标准公告
29	483	HJ1116-2020	排污许可证申请与核发技术规范 涂料、油墨、颜料及类似产品制造业		2020/3/4	2021 年第 2 号行业标准公告
30	488	HJ1122-2020	排污许可证申请与核发技术规范 橡胶和塑料制品工业		2020/3/27	2021 年第 2 号行业标准公告
31	71	QC/T 1131-2020	汽车材料中多环芳烃的检测方法		2020/8/31	2021 年第 3 号行业标准公告
32	89	JC/T 2556-2020	乙烯-乙酸乙烯酯共聚物改性防水板中乙酸乙烯酯含量的测定方法		2020/10/1	2021 年第 3 号行业标准公告

续表

序号	原序号	标准编号	标准名称	代替标准号	实施日期	公布号
33	166	QB/T 5522-2020	聚酯（PET）瓶装饮料超洁净灌装生产线		2021/4/1	2021 年第 3 号行业标准公告
34	169	QB/T 5525-2020	厨卫五金产品有害物析出限量及测试方法		2020/12/9	2021 年第 3 号行业标准公告
35	171	QB/T 5527-2020	城市综合管廊 通信用聚氯乙烯实壁管		2021/4/1	2021 年第 3 号行业标准公告
36	172	QB/T 5528-2020	城市综合管廊 电力用改性聚氯乙烯实壁管		2021/4/1	2021 年第 3 号行业标准公告
37	183	QB/T 2676-2020	鞋用主跟和包头材料	QB/T 2676-2013	2021/4/1	2021 年第 3 号行业标准公告
38	184	QB/T 2884-2020	鞋类 外底试验方法 耐磨性能	QB/T 2884-2007	2021/4/1	2021 年第 3 号行业标准公告
39	187	QB/T 5538-2020	钢丝焊接骨架增强聚乙烯复合管材及管件		2021/4/1	2021 年第 3 号行业标准公告
40	188	QB/T 5539-2020	儿童雨衣雨披		2021/4/1	2021 年第 3 号行业标准公告
41	189	QB/T 5540-2020	高阻隔软包装罐藏食品技术规范		2020/12/9	2021 年第 3 号行业标准公告
42	235	YS/T 432-2020	铝塑复合板用铝及铝合金冷轧带、箔材	YS/T 432-2000	2021/4/1	2021 年第 3 号行业标准公告
43	355	YY/T 1799—2020	可重复使用医用防护服技术要求		2021/1/1	2021 年第 3 号行业标准公告
44	373	JC/T 2580-2020	纤维增强复合材料履带拉挤机		2021/4/1	2021 年第 3 号行业标准公告
45	374	JC/T 1017-2020	建筑防水材料用聚合物乳液	JC/T 1017-2006	2021/4/1	2021 年第 3 号行业标准公告
46	376	JC/T 2041-2020	聚氨酯灌浆材料	JC/T 2041-2010	2021/4/1	2021 年第 3 号行业标准公告
47	406	JB/T 13772-2020	热收缩隔油管		2020/4/16	2021 年第 3 号行业标准公告
48	407	JB/T 13773-2020	热收缩氯化聚烯烃管		2021/1/1	2021 年第 3 号行业标准公告
49	457	JB/T 10688-2020	聚四氟乙烯垫片	JB/T 10688-2006	2021/1/1	2021 年第 3 号行业标准公告
50	505	SH/T 1501-2019	合成橡胶胶乳干聚物制备	SH/T 1501-2001	2020/7/1	2021 年第 3 号行业标准公告

续表

序号	原序号	标准编号	标准名称	代替标准号	实施日期	公布号
51	506	SH/T 1761. 2-2019	聚丙烯树脂粉料　第 2 部分：连续法		2020/7/1	2021 年第 3 号行业标准公告
52	507	SH/T 1826-2019	塑料　超高分子量聚乙烯（PE-UHMW）材料和制品熔融焓和结晶度及熔融温度的测定 差示扫描量热法（DSC）		2020/7/1	2021 年第 3 号行业标准公告
53	508	SH/T 1827-2019	塑料　结晶度的测定 X 射线衍射法		2020/7/1	2021 年第 3 号行业标准公告
54	509	SH/T 1828-2020	塑料纺粘法非织造布用聚丙烯树脂		2020/7/1	2021 年第 3 号行业标准公告
55	510	SH/T 1829-2020	塑料　聚乙烯和聚丙烯树脂中微量元素含量的测定 电感耦合等离子体发射光谱法		2020/7/1	2021 年第 3 号行业标准公告
56	511	SH/T 1830-2020	丙烯腈-丁二烯橡胶中壬基酚含量的测定 气相色谱-质谱法		2020/7/1	2021 年第 3 号行业标准公告
57	512	SH/T 1831-2020	丙烯腈-丁二烯橡胶中游离丙烯腈含量的测定 顶空气相色谱法		2020/7/1	2021 年第 3 号行业标准公告
58	513	SH/T 1832-2020	异戊二烯橡胶微观结构的测定 核磁共振氢谱法		2021/4/1	2021 年第 3 号行业标准公告
59	519	SH/T 1763-2020	氢化丁腈生橡胶（HNBR）中残留不饱和度的测定 碘值法	SH/T 1763-2008	2021/4/1	2021 年第 3 号行业标准公告
60	520	SH/T 1814-2020	乙烯-丙烯共聚物（EPM）和乙烯-丙烯-二烯烃三元共聚物（EPDM）中钒含量的测定	SH/T 1814-2017	2021/4/1	2021 年第 3 号行业标准公告
61	558	JB/T 14088-2020	袋式除尘器 滤袋		2021/7/1	2021 年第 3 号行业标准公告
62	559	JB/T 14089-2020	袋式除尘器 滤袋运行维护技术规范		2021/7/1	2021 年第 3 号行业标准公告

续表

序号	原序号	标准编号	标准名称	代替标准号	实施日期	公布号
63	618	JB/T 13976-2020	无纺布水刺泵装置		2021/4/1	2021 年第 3 号行业标准公告
64	619	JB/T 14003-2020	关节轴承 PTFE 织物衬垫型自润滑轴承		2021/4/1	2021 年第 3 号行业标准公告
65	632	YY/T 1690-2020	一次性使用聚氯乙烯输注器具中 2-氯乙醇残留量测定方法		2021/1/1	2021 年第 3 号行业标准公告
66	636	YY/T 1697-2020	合成水激活聚氨酯玻璃纤维矫形绷带强度及固化时间测定试验方法		2021/1/1	2021 年第 3 号行业标准公告
67	644	YY/T 1707-2020	外科植入物 植入医疗器械用聚醚醚酮聚合物及其复合物的差示扫描量热法		2021/1/1	2021 年第 3 号行业标准公告
68	645	YY 0167—2020	非吸收性外科缝线	YY 0167-2005	2021/3/1	2021 年第 3 号行业标准公告
69	646	YY/T 0573. 4—2020	一次性使用无菌注射器　第 4 部分：防止重复使用注射器	YY 0573. 4-2010	2021/3/1	2021 年第 3 号行业标准公告
70	648	YY 1116—2020	可吸收性外科缝线	YY 1116—2010	2021/3/1	2021 年第 3 号行业标准公告
71	697	YY/T 1730-2020	一次性使用血液透析导管		2021/6/1	2021 年第 3 号行业标准公告
72	715	YY/T 0809. 2—2020	外科植入物 部分和全髋关节假体　第 2 部分：金属、陶瓷及塑料关节面	YY/T 0809. 2-2010	2021/9/1	2021 年第 3 号行业标准公告
73	756	JB/T 6616-2020	橡胶波纹管机械密封 技术条件	JB/T 6616-2011	2021/4/1	2021 年第 3 号行业标准公告
74	761	JB/T 7757-2020	机械密封用 O 形橡胶圈	JB/T 7757. 2-2006	2021/4/1	2021 年第 3 号行业标准公告
75	798	JB/T 13987-2020	内燃机 冷却风扇 塑料护风圈 技术条件		2021/4/1	2021 年第 3 号行业标准公告

续表

序号	原序号	标准编号	标准名称	代替标准号	实施日期	公布号
76	156	SC/T 4017-2020	塑胶渔排通用技术要求		2021/1/1	2021 年第 4 号行业标准公告
77	157	SC/T 4048. 2-2020	深水网箱通用技术要求第 2 部分：网衣		2021/1/1	2021 年第 4 号行业标准公告
78	180	YY/T 0286. 5—2021	专用输液器　第 5 部分：一次性使用吊瓶式和袋式输液器	YY 0286. 5—2008	2022/4/1	2021 年第 4 号行业标准公告
79	222	YY/T 1773-2021	一次性使用腹膜透析外接管		2022/10/1	2021 年第 4 号行业标准公告
80	224	YY/T 1776-2021	外科植入物聚乳酸材料中丙交酯单体含量的测定		2022/4/1	2021 年第 4 号行业标准公告
81	276	XF 91-1995	阻燃篷布通用技术条件	GA 91-1995	1995/10/1	2021 年第 4 号行业标准公告
82	277	XF 96-1995	铺地纺织品静电性能参数及测量方法	GA 96-1995	1995/12/1	2021 年第 4 号行业标准公告
83	280	XF 303-2001	软质阻燃聚氨酯泡沫塑料	GA 303-2001	2001/12/1	2021 年第 4 号行业标准公告
84	281	XF 305-2001	电气安装用阻燃 PVC 塑料平导管通用技术条件	GA 305-2001	2002/2/1	2021 年第 4 号行业标准公告
85	284	XF 6-2004	消防员灭火防护靴	GA 6-2004	2004/10/1	2021 年第 4 号行业标准公告
86	285	XF 7-2004	消防手套	GA 7-2004	2004/10/1	2021 年第 4 号行业标准公告
87	287	XF 478-2004	电缆用阻燃包带	GA 478-2004	2004/10/1	2021 年第 4 号行业标准公告
88	295	XF 495-2004	阻燃铺地材料性能要求和试验方法	GA 495-2004	2004/10/1	2021 年第 4 号行业标准公告
89	297	XF 504-2004	阻燃装饰织物	GA 504-2004	2004/10/1	2021 年第 4 号行业标准公告
90	301	XF 535-2005	阻燃及耐火电缆阻燃橡皮绝缘电缆分级和要求	GA 535-2005	2005/10/1	2021 年第 4 号行业标准公告

续表

序号	原序号	标准编号	标准名称	代替标准号	实施日期	公布号
91	316	XF 631-2006	消防救生气垫	GA 631-2006	2007/1/1	2021 年第 4 号行业标准公告
92	323	XF 306. 1-2007	阻燃及耐火电缆塑料绝缘阻燃及耐火电缆分级和要求第 1 部分：阻燃电缆	GA 306. 1-2007	2007/12/1	2021 年第 4 号行业标准公告
93	324	XF 306. 2-2007	阻燃及耐火电缆塑料绝缘阻燃及耐火电缆分级和要求第 2 部分：耐火电缆	GA 306. 2-2007	2007/12/1	2021 年第 4 号行业标准公告
94	371	XF 304-2012	塑料管道阻火圈	GA 304-2012	2012/10/1	2021 年第 4 号行业标准公告
95	416	XF 1274-2015	消防员防护辅助装备阻燃毛衣	GA 1274-2015	2016/2/1	2021 年第 4 号行业标准公告
96	37	YD/T 1181. 2-2021	光缆用非金属加强件的特性　第 2 部分：芳纶纱	YD/T 1181. 2-2008	2021/4/1	2021 年第 5 号行业标准公告
97	39	YD/T 3832-2021	通信电缆光缆用阻燃聚乙烯材料		2021/4/1	2021 年第 5 号行业标准公告
98	216	HG/T 5854-2021	光学功能薄膜 涂布型反射膜		2021/7/1	2021 年第 5 号行业标准公告
99	217	HG/T 5855-2021	光学功能薄膜 三醋酸纤维素（TAC）防眩光薄膜		2021/7/1	2021 年第 5 号行业标准公告
100	218	HG/T 5856-2021	光学功能薄膜 防污硬化膜		2021/7/1	2021 年第 5 号行业标准公告
101	219	HG/T 5857-2021	光学功能薄膜 盖板用透明硬化膜		2021/7/1	2021 年第 5 号行业标准公告
102	220	HG/T 5858-2021	光学级聚酯薄膜（PET）偏光片保护膜		2021/7/1	2021 年第 5 号行业标准公告
103	221	HG/T 5859-2021	三醋酸纤维素酯（TAC）薄膜用磷酸-2-联苯基二苯基酯（BDP）组分含量测定		2021/7/1	2021 年第 5 号行业标准公告
104	222	HG/T 5875-2021	桩基用聚丙烯酰胺聚合物泥浆		2021/7/1	2021 年第 5 号行业标准公告

续表

序号	原序号	标准编号	标准名称	代替标准号	实施日期	公布号
105	224	HG/T 5877-2021	防水透湿薄膜用热塑性聚氨酯（TPU）颗粒料		2021/7/1	2021 年第 5 号行业标准公告
106	225	HG/T 5878-2021	避孕套用水性聚氨酯树脂		2021/7/1	2021 年第 5 号行业标准公告
107	226	HG/T 5879-2021	织物涂层用水性聚氨酯树脂		2021/7/1	2021 年第 5 号行业标准公告
108	227	HG/T 5880-2021	光学功能薄膜热弯成型保护膜		2021/7/1	2021 年第 5 号行业标准公告
109	254	HG/T 5837-2021	发动机电子节温器用橡胶密封阀门		2021/7/1	2021 年第 5 号行业标准公告
110	255	HG/T 5838-2021	金属骨架发泡橡胶复合密封板		2021/7/1	2021 年第 5 号行业标准公告
111	257	HG/T 5840-2021	增塑剂 三乙二醇二-2-乙基己酸酯		2021/7/1	2021 年第 5 号行业标准公告
112	258	HG/T 5841-2021	氯化石蜡热分解温度测定方法		2021/7/1	2021 年第 5 号行业标准公告
113	278	HG/T 5890-2021	聚四氟乙烯单位产品能源消耗限额		2021/7/1	2021 年第 5 号行业标准公告
114	281	HG/T 5860-2021	绿色设计产品评价技术规范 聚氯乙烯树脂		2021/7/1	2021 年第 5 号行业标准公告
115	282	HG/T 5861-2021	绿色设计产品评价技术规范 氯化聚氯乙烯树脂		2021/7/1	2021 年第 5 号行业标准公告
116	284	HG/T 5863-2021	绿色设计产品评价技术规范 鞋和箱包用胶黏剂		2021/7/1	2021 年第 5 号行业标准公告
117	290	HG/T 5869-2021	绿色设计产品评价技术规范 聚苯乙烯树脂		2021/7/1	2021 年第 5 号行业标准公告
118	291	HG/T 5870-2021	绿色设计产品评价技术规范 聚对苯二甲酸丁二醇酯（PBT）树脂		2021/7/1	2021 年第 5 号行业标准公告
119	292	HG/T 5871-2021	绿色设计产品评价技术规范 聚对苯二甲酸乙二醇酯（PET）树脂		2021/7/1	2021 年第 5 号行业标准公告

续表

序号	原序号	标准编号	标准名称	代替标准号	实施日期	公布号
120	89	FZ/T 43057-2021	聚乳酸丝织物		2021/7/1	2021 年第 6 号行业标准公告
121	118	FZ/T 64080-2021	树脂机织粘合衬		2021/7/1	2021 年第 6 号行业标准公告
122	120	FZ/T 64021-2021	染色非织造粘合衬	FZ/T 64021-2011	2021/7/1	2021 年第 6 号行业标准公告
123	121	FZ/T 64026-2021	针刺非织造衬	FZ/T 64026-2011；FZ/T 64042-2014	2021/7/1	2021 年第 6 号行业标准公告
124	124	FZ/T 64005-2021	卫生用薄型非织造布	FZ/T 64005-2011	2021/7/1	2021 年第 6 号行业标准公告
125	189	JB/T 14036-2021	仓储塑料周转箱		2021/10/1	2021 年第 6 号行业标准公告
126	240	QB/T 5572-2021	制革行业绿色工厂评价导则		2021/7/1	2021 年第 6 号行业标准公告
127	241	QB/T 5575-2021	制鞋行业绿色工厂评价导则		2021/7/1	2021 年第 6 号行业标准公告
128	242	QB/T 5595-2021	人造革与合成革工业　节水技术要求		2021/7/1	2021 年第 6 号行业标准公告
129	243	QB/T 5596-2021	人造革与合成革工业　废水回收利用技术要求		2021/7/1	2021 年第 6 号行业标准公告
130	244	QB/T 5597-2021	人造革与合成革工业　绿色园区评价要求		2021/7/1	2021 年第 6 号行业标准公告
131	245	QB/T 5598-2021	人造革与合成革工业　绿色工厂评价要求		2021/7/1	2021 年第 6 号行业标准公告
132	107	LY/T 3274-2021	木塑复合材料分类及其等级划分		2022/1/1	2021 年第 7 号行业标准公告
133	108	LY/T 3275-2021	室外用木塑复合板材		2022/1/1	2021 年第 7 号行业标准公告
134	146	YB/T 4948-2021	绿色设计产品评价技术规范 塑料模具用预硬型合金钢板		2021/10/1	2021 年第 7 号行业标准公告
135	51	GH/T 1339-2021	棉花包装材料加工企业质量评价规范		2021/10/1	2021 年第 8 号行业标准公告
136	52	GH/T 1340-2021	棉花包装材料加工技术要求		2021/10/1	2021 年第 8 号行业标准公告

续表

序号	原序号	标准编号	标准名称	代替标准号	实施日期	公布号
137	73	YY/T 0339-2019	呼吸道用吸引导管	YY 0339-2009	2020/6/1	2021 年第 8 号行业标准公告
138	75	YY 0465-2019	一次性使用空心纤维血浆分离器和血浆成分分离器	YY 0465-2009	2020/6/1	2021 年第 8 号行业标准公告
139	76	YY/T 0573. 3-2019	一次性使用无菌注射器　第 3 部分：自毁型固定剂量疫苗注射器	YY 0573. 3-2005	2020/6/1	2021 年第 8 号行业标准公告
140	79	YY/T 0681. 16-2019	无菌医疗器械包装试验方法　第 16 部分：包装系统气候应变能力试验		2020/6/1	2021 年第 8 号行业标准公告
141	84	YY/T 1628-2019	医用输液、输血器具用聚氯乙烯粒料		2019/9/1	2021 年第 8 号行业标准公告
142	106	YY/T 1550. 2-2019	一次性使用输液器具与药物相容性研究指南　第 2 部分：可沥滤物研究 已知物		2020/8/1	2021 年第 8 号行业标准公告
143	107	YY/T 1633-2019	一次性使用医用防护鞋套		2021/2/1	2021 年第 8 号行业标准公告
144	108	YY/T 1642-2019	一次性使用医用防护帽		2021/2/1	2021 年第 8 号行业标准公告
145	121	SN/T 0947-2021	进口童鞋检验规程	SN/T 0947-2000	2022/1/1	2021 年第 8 号行业标准公告
146	152	SN/T 5297-2021	电子电气产品聚合物材料中六溴环十二烷的测定 裂解-气相色谱-质谱定性筛选法		2022/1/1	2021 年第 8 号行业标准公告
147	197	YY/T 0464-2019	一次性使用血液灌流器	YY 0464-2009	2020/10/1	2021 年第 8 号行业标准公告
148	199	YY/T 0616. 5-2019	一次性使用医用手套　第 5 部分：抗化学品渗透 持续接触试验方法		2020/10/1	2021 年第 8 号行业标准公告
149	200	YY/T 0681. 15-2019	无菌医疗器械包装试验方法　第 15 部分：运输容器和系统的性能试验		2020/10/1	2021 年第 8 号行业标准公告
150	201	YY/T 0681. 17-2019	无菌医疗器械包装试验方法　第 17 部分：透气包装材料气溶胶过滤法微生物屏障试验		2020/10/1	2021 年第 8 号行业标准公告
151	234	BB/T 0083-2021	食品包装容器用聚乙烯发泡垫片		2021/7/1	2021 年第 8 号行业标准公告

续表

序号	原序号	标准编号	标准名称	代替标准号	实施日期	公布号
152	238	YZ/T 0178-2021	邮件快件限制过度包装要求		2021/11/1	2021 年第 8 号行业标准公告
153	239	FZ/T 51019-2021	涤纶纤维色母粒		2021/10/1	2021 年第 8 号行业标准公告
154	240	FZ/T 51020-2021	锦纶 6 纤维色母粒		2021/10/1	2021 年第 8 号行业标准公告
155	72	QB/T 5576-2021	个人卫生护理用流延聚乙烯薄膜		2021/10/1	2021 年第 9 号行业标准公告
156	73	QB/T 5577-2021	聚氯乙烯（PVC）热水袋		2021/10/1	2021 年第 9 号行业标准公告
157	78	QB/T 5582-2021	帐篷用聚氯乙烯人造革		2021/10/1	2021 年第 9 号行业标准公告
158	79	QB/T 5583-2021	聚氯乙烯（PVC）充气式漂流艇		2021/10/1	2021 年第 9 号行业标准公告
159	80	QB/T 5584-2021	塑料气垫卷膜		2021/10/1	2021 年第 9 号行业标准公告
160	81	QB/T 1126-2021	聚烯烃填充母料	QB/T 1126-1991	2021/10/1	2021 年第 9 号行业标准公告
161	85	QB/T 1556-2021	地毯用聚丙烯底基布	QB/T 1556-1992	2021/10/1	2021 年第 9 号行业标准公告
162	86	QB/T 5585-2021	塑料防盗瓶盖　开启撕力的测定		2021/10/1	2021 年第 9 号行业标准公告
163	91	QB/T 5590-2021	婴幼儿床垫		2021/10/1	2021 年第 9 号行业标准公告
164	92	QB/T 5591-2021	休闲用人造草坪		2021/10/1	2021 年第 9 号行业标准公告
165	94	QB/T 5593-2021	挤塑聚苯乙烯泡沫塑料中残留发泡剂的测定		2021/10/1	2021 年第 9 号行业标准公告
166	106	QB/T 5605-2021	罐藏食品复合塑料容器用高阻隔性盖膜		2021/10/1	2021 年第 9 号行业标准公告
167	107	QB/T 5606-2021	罐藏食品用 EVOH 高阻隔复合塑料容器通用技术要求		2021/10/1	2021 年第 9 号行业标准公告
168	108	QB/T 5607-2021	聚氯乙烯家用手套		2021/10/1	2021 年第 9 号行业标准公告
169	109	QB/T 5608-2021	硬质聚氯乙烯低发泡型材		2021/10/1	2021 年第 9 号行业标准公告
170	110	QB/T 5609-2021	多层共挤流延聚乙烯薄膜		2021/10/1	2021 年第 9 号行业标准公告
171	111	QB/T 5610-2021	硬质聚氯乙烯发泡建筑模板		2021/10/1	2021 年第 9 号行业标准公告

续表

序号	原序号	标准编号	标准名称	代替标准号	实施日期	公布号
172	27	CY/T 248-2021	印刷类柔性透明薄膜电子器件质量要求		2021/11/1	2021 年第 11 号行业标准公告
173	129	HG/T 5991-2021	聚碳酸酯行业绿色工厂评价要求		2022/2/1	2021 年第 11 号行业标准公告
174	176	TB/T 3567-2021	铁路车辆轴承塑料保持架		2021/12/1	2021 年第 11 号行业标准公告
175	225	JB/T 14120-2021	塑料挤出机械用换网器		2022/2/1	2021 年第 11 号行业标准公告
176	34	YY/T 0811-2021	外科植入物用大剂量辐射交联超高分子量聚乙烯制品	YY/T 0811-2010	2022/9/1	2021 年第 12 号行业标准公告
177	50	YY/T 1760-2021	一次性使用腹膜透析引流器		2023/3/1	2021 年第 12 号行业标准公告
178	53	YY/T 1774-2021	男用避孕套 避孕套质量管理中使用 GB/T 7544 和 YY/T 1777 的指南		2022/9/1	2021 年第 12 号行业标准公告
179	54	YY/T 1777-2021	男用避孕套 合成材料避孕套技术要求与试验方法		2022/9/1	2021 年第 12 号行业标准公告
180	72	YY/T 1803-2021	聚乙烯醇止血海绵		2022/9/1	2021 年第 12 号行业标准公告
181	75	YY/T 1806.1-2021	生物医用材料体外降解性能评价方法　第 1 部分：可降解聚酯类		2022/9/1	2021 年第 12 号行业标准公告
182	121	GA/T 1936-2021	法庭科学 化学纤维物证横截面形状检验 显微镜法		2022/5/1	2021 年第 12 号行业标准公告
183	122	GA/T 1937-2021	法庭科学 橡胶检验 扫描电子显微镜/X 射线能谱法		2022/5/1	2021 年第 12 号行业标准公告
184	215	GH/T 1354-2021	废旧地膜回收技术规范		2022/1/1	2021 年第 12 号行业标准公告
185	216	GH/T 1355-2021	包装废弃物回收、贮存与运输技术规范		2022/1/1	2021 年第 12 号行业标准公告

2021 年发布的相关行业标准

序号	原序号	标准编号	标准名称	代替标准号	实施日期	公布号
1	157	RB/T 051-2020	整合管理体系评价指南		2020/12/1	2021 年第 2 号行业标准公告
2	158	RB/T 052-2020	绿色产品认证　相关合格评定结果 接受指南		2020/12/1	2021 年第 2 号行业标准公告
3	427	SB/T 10720-2021	再生资源绿色分拣中心建设管理规范	SB/T 10720-2012	2021/5/1	2021 年第 2 号行业标准公告
4	442	HJ1083-2020	排污单位自行监测技术指南　水处理		2020/4/1	2021 年第 2 号行业标准公告
5	446	HJ1087-2020	排污单位自行监测技术指南　涂料油墨制造		2020/4/1	2021 年第 2 号行业标准公告
6	448	HJ 1111-2020	生态环境健康风险评估技术指南　总纲		2020/3/18	2021 年第 2 号行业标准公告
7	510	HJ1091-2020	固体废物再生利用污染防治技术导则		2020/1/14	2021 年第 2 号行业标准公告
8	666	HJ T55-2000	大气污染物无组织排放监测技术导则		2001/3/1	2021 年第 2 号行业标准公告
9	514	HG/T 5906-2021	绿色化工园区评价导则		2021/10/1	2021 年第 6 号行业标准公告
10	53	GH/T1343-2021	再生资源加工基地管理规范 通则		2021/10/1	2021 年第 8 号行业标准公告
11	54	GH/T1344-2021	废旧高分子材料加工基地管理规范		2021/10/1	2021 年第 8 号行业标准公告
12	1	JC/T 2615-2021	建筑材料生产企业固体废物综合利用规范		2021/10/1	2021 年第 11 号行业标准公告

2021 年发布的塑料制品相关国家标准制修订计划

序号	原序号	计划编号	项目名称	标准性质	制/修订	代替标准号	采用国际标准	项目周期（月）	主管部门	归口单位	起草单位	公布号
1	119	20210730-T-604	挤出硅树脂管	推荐	制定		IEC 60684-3-121 to 124：2001	18	中国电器工业协会	全国绝缘材料标准化技术委员会	深圳市沃尔核材股份有限公司	2021 年第一批推荐性国家标准制修订项目计划

续表

序号	原序号	计划编号	项目名称	标准性质	制/修订	代替标准号	采用国际标准	项目周期（月）	主管部门	归口单位	起草单位	公布号
2	120	20210731-T-604	热收缩氯化聚烯烃管	推荐	制定		IEC 60684-3-205：2011	12	中国电器工业协会	全国绝缘材料标准化技术委员会	深圳市沃尔核材股份有限公司、长园电子（东莞）有限公司、中国科学院长春应用化学研究所	2021 年第一批推荐性国家标准制修订项目计划
3	264	20210875-T-469	车用压缩氢气塑料内胆碳纤维全缠绕气瓶	推荐	制定		ISO 19881：2018	18	国家标准化管理委员会	全国气瓶标准化技术委员会	浙江大学、大连市锅炉压力容器检验检测研究院有限公司、中国特种设备检测研究院、合肥通用机械研究院有限公司等	2021 年第一批推荐性国家标准制修订项目计划
4	300	20210911-T-469	废电路板处理处置要求	推荐	制定			18	国家标准化管理委员会	全国电工电子产品与系统的环境标准化技术委员会	中国环境科学研究院、中国质量认证中心、生态环境部固体废物与化学品管理中心、北京工业大学、中国物资再生协会等	2022 年第一批推荐性国家标准制修订项目计划
5	430	20211041-T-607	地下供水管网非开挖修复用塑料管道　第 1 部分：总则	推荐	制定		ISO 11298-1：2018	18	中国轻工业联合会	全国塑料制品标准化技术委员会	中山大学	2021 年第一批推荐性国家标准制修订项目计划
6	431	20211042-T-607	流体输送用热塑性塑料管材　尺寸和公差　第 1 部分：公制系列	推荐	制定		ISO 11922-1：2018	18	中国轻工业联合会	全国塑料制品标准化技术委员会	宝路七星管业有限公司	2021 年第一批推荐性国家标准制修订项目计划

续表

序号	原序号	计划编号	项目名称	标准性质	制/修订	代替标准号	采用国际标准	项目周期（月）	主管部门	归口单位	起草单位	公布号
7	432	20211043-T-607	塑料管材和管件 电熔焊接接头自动识别系统	推荐	制定		ISO 13950：2007	18	中国轻工业联合会	全国塑料制品标准化技术委员会	广东联塑科技实业有限公司	2021年第一批推荐性国家标准制修订项目计划
8	433	20211044-T-607	地下无压排水管网非开挖修复用塑料管道系统 第7部分：螺旋缠绕内衬法	推荐	制定		ISO 11296-7 2019	18	中国轻工业联合会	全国塑料制品标准化技术委员会	北京北排建设有限公司	2021年第一批推荐性国家标准制修订项目计划
9	434	20211045-T-607	冷热水用钢增强塑料复合压力管	推荐	制定			24	中国轻工业联合会	全国塑料制品标准化技术委员会	武汉金牛经济发展有限公司	2021年第一批推荐性国家标准制修订项目计划
10	435	20211046-T-607	冷热水用耐热聚乙烯（PE-RT）管道系统 第4部分：阀门	推荐	制定			24	中国轻工业联合会	全国塑料制品标准化技术委员会	中国城市建设研究院有限公司	2021年第一批推荐性国家标准制修订项目计划
11	455	20211066-T-606	纳米碳酸钙	推荐	修订	GB/T 19590-2011		18	中国石油和化学工业联合会	全国化学标准化技术委员会	中海油天津化工研究设计院有限公司、广西华纳新材料科技有限公司、常州碳酸钙有限公司等	2022年第一批推荐性国家标准制修订项目计划

续表

序号	原序号	计划编号	项目名称	标准性质	制/修订	代替标准号	采用国际标准	项目周期（月）	主管部门	归口单位	起草单位	公布号
12	466	20211077-T-606	塑料　纤维增强聚合物复合材料的防火特性和防火性能评定指南	推荐	制定		ISO 25762：2009	18	中国石油和化学工业联合会	全国塑料标准化技术委员会	中蓝晨光成都检测技术有限公司、广州质量监督检测研究院	2021 年第一批推荐性国家标准制修订项目计划
13	467	20211078-T-606	塑料　导热系数和热扩散系数的测定　第 1 部分：通则	推荐	制定		ISO 22007-1：2017	18	中国石油和化学工业联合会	全国塑料标准化技术委员会	中蓝晨光成都检测技术有限公司、山东非金属材料研究所	2021 年第一批推荐性国家标准制修订项目计划
14	468	20211079-T-606	塑料　导热系数和热扩散系数的测定　第 4 部分：激光闪光法	推荐	制定		ISO 22007-4：2017	18	中国石油和化学工业联合会	全国塑料标准化技术委员会	山东非金属材料研究所、中蓝晨光成都检测技术有限公司	2021 年第一批推荐性国家标准制修订项目计划
15	469	20211080-T-606	塑料　氯乙烯均聚物和共聚物 氯含量的测定	推荐	修订	GB/T 7139-2002		18	中国石油和化学工业联合会	全国塑料标准化技术委员会	山东高信化学股份有限公司、山东祥生新材料科技股份有限公司、锦西化工研究院有限公司等	2021 年第一批推荐性国家标准制修订项目计划
16	493	20211104-T-606	光学功能薄膜 微结构厚度测试方法	推荐	制定		BS EN ISO 9220：1995	18	中国石油和化学工业联合会	全国光学功能薄膜材料标准化技术委员会	中国乐凯集团有限公司	2021 年第一批推荐性国家标准制修订项目计划

续表

序号	原序号	计划编号	项目名称	标准性质	制/修订	代替标准号	采用国际标准	项目周期（月）	主管部门	归口单位	起草单位	公布号
17	588	20211199-T-469	聚酰亚胺超短纤维	推荐	制定			24		全国化学纤维标准化技术委员会	长春高琦聚酰亚胺材料有限公司、江苏奥神新材料股份有限公司、上海市纺织工业技术监督所、东华大学、连云港市纤维检验中心、中国化学纤维工业协会	2021 年第一批推荐性国家标准制修订项目计划
18	64	20212947-T-491	纳米技术　聚苯乙烯纳米纤维固相萃取性能检测方法	推荐	制定			24	中国科学院	全国纳米技术标准化技术委员会	东南大学、南京市产品质量监督检验院、苏州东奇生物科技有限公司、苏州市计量测试院	2021 年第二批推荐性国家标准制修订项目计划
19	66	20212949-T-491	纳米技术　空气过滤用纳米纤维滤材　第 1 部分　技术要求	推荐	制定			24	中国科学院	全国纳米技术标准化技术委员会	石家庄辰泰滤纸有限公司、国家纳米科学中心、广西华原滤清器有限公司、上海曼胡默尔滤清器有限公司、上海弗列加滤清器有限公司、江苏纳易环保科技有限公司等	2021 年第二批推荐性国家标准制修订项目计划
20	69	20212952-Z-491	纳米技术　纳米材料遗传毒性试验方法指南	指导	制定			24	中国科学院	全国纳米技术标准化技术委员会	中国食品药品检定研究院	2021 年第二批推荐性国家标准制修订项目计划

续表

序号	原序号	计划编号	项目名称	标准性质	制/修订	代替标准号	采用国际标准	项目周期（月）	主管部门	归口单位	起草单位	公布号
21	70	20212953-T-491	纳米制造 关键控制特性 纳米储能 第 6 部分：纳米电极材料中的碳含量测定 红外吸收法	推荐	制定		IEC/TS 62607-4-6：2018	18	中国科学院	全国纳米技术标准化技术委员会	深圳市德方纳米科技股份有限公司、佛山市德方纳米科技有限公司、国家纳米科学中心、深圳市标准技术研究院	2021 年第二批推荐性国家标准制修订项目计划
22	71	20212954-T-491	纳米技术　有机晶体管和材料特征描述试验方法	推荐	制定		IEC 62860：2013	18	中国科学院	全国纳米技术标准化技术委员会	深圳市德方纳米科技股份有限公司、国家纳米科学中心	2021 年第二批推荐性国家标准制修订项目计划
23	156	20213039-T-604	碳基薄膜 分类及命名	推荐	制定		ISO 20523：2017	12	中国机械工业联合会	全国金属与非金属覆盖层标准化技术委员会	中国科学院宁波材料技术与工程研究所、武汉材料保护研究所有限公司	2021 年第二批推荐性国家标准制修订项目计划
24	191	20213074-T-604	电工用挤出 PTFE 软管	推荐	制定		IEC 60684-3-145：2001	18	中国电器工业协会	全国绝缘材料标准化技术委员会	深圳市沃尔核材股份有限公司、深圳市宏商材料科技股份有限公司、青岛斯坦德检测股份有限公司、桂林电器科学研究院有限公司	2021 年第二批推荐性国家标准制修订项目计划

续表

序号	原序号	计划编号	项目名称	标准性质	制/修订	代替标准号	采用国际标准	项目周期（月）	主管部门	归口单位	起草单位	公布号
25	192	20213075-T-604	中厚壁非阻燃双壁聚烯烃热收缩管	推荐	制定		IEC 60684-3-247：2019	18	中国电器工业协会	全国绝缘材料标准化技术委员会	深圳市沃尔核材股份有限公司、深圳市宏商材料科技股份有限公司、青岛斯坦德检测股份有限公司、桂林电器科学研究院有限公司	2021 年第二批推荐性国家标准制修订项目计划
26	193	20213076-T-604	应力控制聚烯烃热收缩管	推荐	制定		IEC 60684-3-282：2010	18	中国电器工业协会	全国绝缘材料标准化技术委员会	深圳市宏商材料科技股份有限公司、深圳市沃尔核材股份有限公司、青岛斯坦德检测股份有限公司、桂林电器科学研究院有限公司	2021 年第二批推荐性国家标准制修订项目计划
27	194	20213077-T-604	半导电聚烯烃热收缩管	推荐	制定		IEC 60684-3-281：2010	18	中国电器工业协会	全国绝缘材料标准化技术委员会	深圳市宏商材料科技股份有限公司、深圳市沃尔核材股份有限公司、青岛斯坦德检测股份有限公司、桂林电器科学研究院有限公司	2021 年第二批推荐性国家标准制修订项目计划
28	196	20213079-T-604	电气用聚芳酰胺纤维纸板　第 3 部分：单项材料规范	推荐	制定			24	中国电器工业协会	全国绝缘材料标准化技术委员会	桂林赛盟检测技术有限公司、超美斯新材料股份有限公司、烟台民士达特种纸业股份有限公司、南通中菱电力科技股份有限公司、赣州龙邦材料科技有限公司、湖北平安电工材料有限公司等	2021 年第二批推荐性国家标准制修订项目计划

续表

序号	原序号	计划编号	项目名称	标准性质	制/修订	代替标准号	采用国际标准	项目周期（月）	主管部门	归口单位	起草单位	公布号
29	197	20213080-T-604	电气绝缘用树脂基活性复合物 第 9 部分：聚酯亚胺树脂复合物	推荐	制定			24	中国电器工业协会	全国绝缘材料标准化技术委员会	苏州巨峰电气绝缘系统股份有限公司、四川东材科技集团股份有限公司、桂林赛盟检测技术有限公司等	2021 年第二批推荐性国家标准制修订项目计划
30	198	20213081-T-604	以云母为基的绝缘材料 第 13 部分：高导热性玻璃布少胶云母带	推荐	制定			24	中国电器工业协会	全国绝缘材料标准化技术委员会	桂林赛盟检测技术有限公司、苏州巨峰电气绝缘系统股份有限公司、上海均达科技发展有限公司等	2021 年第二批推荐性国家标准制修订项目计划
31	208	20213091-Z-604	聚合物长期辐射老化 第 4 部分：辐射条件下不同温度和剂量率的影响	指导	制定		IEC/TR 61244-4：2019	18	中国电器工业协会	全国电气绝缘材料与绝缘系统评定标准化技术委员会	广东电网有限责任公司广州供电局、机械工业北京电工技术经济研究所、上海至正新材料有限公司、上海昕讯微波科技有限公司、江苏上上电缆集团有限公司、无锡江南电缆有限公司等	2021 年第二批推荐性国家标准制修订项目计划

续表

序号	原序号	计划编号	项目名称	标准性质	制/修订	代替标准号	采用国际标准	项目周期（月）	主管部门	归口单位	起草单位	公布号
32	242	20213125-T-608	海洋平台定位系泊纤维绳索 芳纶	推荐	制定		ISO/TS 17920：2015（E）	18	中国纺织工业联合会	全国纺织品标准化技术委员会	中国产业用纺织品行业协会、农业农村部绳索网具产品质量监督检验测试中心、鲁普耐特集团有限公司、浙江四兄绳业有限公司、江苏神韵绳缆有限公司、浙江海轮绳网有限公司、湖南鑫海股份有限公司、巨力索具股份有限公司、徐州恒辉编织机械有限公司、扬州巨神绳缆有限公司、上海旗鱼绳网有限公司、九力绳缆有限公司、烟台泰和新材料股份有限公司、中国石化仪征化纤有限公司、苏州兆达特纤科技有限公司、神马实业有限公业股份公司、帝人芳纶、上海市纺织工业技术监督所、中国海洋石油、中集集团、振华重工、中远海运重工、上海交大、中船 708 所、702 所、中国水产科学研究院东海所等	2021 年第二批推荐性国家标准制修订项目计划

续表

序号	原序号	计划编号	项目名称	标准性质	制/修订	代替标准号	采用国际标准	项目周期（月）	主管部门	归口单位	起草单位	公布号
33	249	20213132-T-609	纤维增强复合材料　用密封压力容器加速吸湿和过饱和状态调节的方法	推荐	制定		ISO 22836：2020	12	中国建筑材料联合会	全国纤维增强塑料标准化技术委员会	北京玻璃钢研究设计院有限公司等	2021年第二批推荐性国家标准制修订项目计划
34	250	20213133-T-609	纤维增强塑料复合材料 包括缩减和扩展认证的复合材料标准认证计划	推荐	制定		ISO 20144：2019	12	中国建筑材料联合会	全国纤维增强塑料标准化技术委员会	北京玻璃钢研究设计院有限公司	2021年第二批推荐性国家标准制修订项目计划
35	251	20213134-T-609	玻璃纤维增强塑料制品 纤维长度的测定	推荐	制定		ISO 22314：2006	12	中国建筑材料联合会	全国纤维增强塑料标准化技术委员会	北京玻璃钢研究设计院有限公司	2021年第二批推荐性国家标准制修订项目计划
36	252	20213135-T-609	纤维缠绕增强复合材料环形试样力学性能试验方法	推荐	修订	GB/T 1458-2008		12	中国建筑材料联合会	全国纤维增强塑料标准化技术委员会	哈尔滨玻璃钢研究院有限公司	2021年第二批推荐性国家标准制修订项目计划

续表

序号	原序号	计划编号	项目名称	标准性质	制/修订	代替标准号	采用国际标准	项目周期（月）	主管部门	归口单位	起草单位	公布号
37	302	20213185-T-339	光纤用二次被覆材料 第3部分：改性聚碳酸酯	推荐	制定			24	工业和信息化部（通信）	全国通信标准化技术委员会	长飞光纤光缆股份有限公司、中国信息通信科技集团有限公司、中国信息通信研究院、北京邮电大学、成都泰瑞通信设备检测有限公司、中国电子科技集团公司第七研究所凯尔实验室、杭州富通通信技术股份有限公司、汕头高新区奥星光通信设备有限公司、四川乐飞光电科技有限公司	2021年第二批推荐性国家标准制修订项目计划
38	358	20213241-T-469	在役聚乙烯燃气管道检验与评价	推荐	制定			24	国家标准化管理委员会	全国锅炉压力容器标准化技术委员会	中国特种设备检测研究院等	2021年第二批推荐性国家标准制修订项目计划
39	396	20213279-T-469	化学纤维 重金属含量的测定 电感耦合等离子体发射光谱法和电感耦合等离子体质谱法	推荐	制定			24	国家标准化管理委员会	全国化学纤维标准化技术委员会	南京海关工业产品检测中心、上海市纺织工业技术监督所、上海纺织集团检测标准有限公司、上海化工研究院有限公司、中国化学纤维工业协会	2021年第二批推荐性国家标准制修订项目计划

续表

序号	原序号	计划编号	项目名称	标准性质	制/修订	代替标准号	采用国际标准	项目周期（月）	主管部门	归口单位	起草单位	公布号
40	431	20213314-T-469	无损检测 纤维增强聚合物的声发射检测方法和评价准则	推荐	制定		ISO 18249：2015	12	国家标准化管理委员会	全国无损检测标准化技术委员会	中国特种设备检测研究院、上海材料研究所等	2021 年第二批推荐性国家标准制修订项目计划
41	502	20213385-T-469	充气膜结构洁净实验室通用技术要求	推荐	制定			24	国家标准化管理委员会	全国洁净室及相关受控环境标准化技术委员会	深圳华大基因科技有限公司、中国计量科学研究院、深圳华大基因股份有限公司、中国标准化协会、上海易托邦规划建筑咨询有限公司、同济大学设计创意学院	2021 年第二批推荐性国家标准制修订项目计划
42	547	20213430-T-607	热塑性塑料阀门 疲劳强度 试验方法	推荐	制定		ISO 8659：2020	18	中国轻工业联合会	全国塑料制品标准化技术委员会	上海信领阀业有限公司	2021 年第二批推荐性国家标准制修订项目计划
43	548	20213431-T-607	热塑性塑料分集水器	推荐	制定			24	中国轻工业联合会	全国塑料制品标准化技术委员会	上海信领阀业有限公司	2021 年第二批推荐性国家标准制修订项目计划
44	549	20213432-T-607	热塑性塑料隔膜阀	推荐	制定		ISO 16138：2006	18	中国轻工业联合会	全国塑料制品标准化技术委员会	上海信领阀业有限公司	2021 年第二批推荐性国家标准制修订项目计划

续表

序号	原序号	计划编号	项目名称	标准性质	制/修订	代替标准号	采用国际标准	项目周期（月）	主管部门	归口单位	起草单位	公布号
45	550	20213433-T-607	热塑性塑料阀门　扭矩　试验方法	推荐	制定		ISO 8233	18	中国轻工业联合会	全国塑料制品标准化技术委员会	上海信领阀业有限公司	2021 年第二批推荐性国家标准制修订项目计划
46	551	20213434-T-607	塑料排水管道系统防污染用止回阀	推荐	制定			24	中国轻工业联合会	全国塑料制品标准化技术委员会	永高股份有限公司	2021 年第二批推荐性国家标准制修订项目计划
47	552	20213435-T-607	低压输水灌溉用硬聚氯乙烯（PVC-U）管材	推荐	修订	GB/T 13664-2006		18	中国轻工业联合会	全国塑料制品标准化技术委员会	永高股份有限公司	2021 年第二批推荐性国家标准制修订项目计划
48	553	20213436-T-607	无压埋地排污、排水用硬聚氯乙烯（PVC－U）管材	推荐	修订	GB/T 20221-2006	ISO 4435：2003	18	中国轻工业联合会	全国塑料制品标准化技术委员会	河北泉恩高科技管业有限公司	2021 年第二批推荐性国家标准制修订项目计划
49	557	20213440-T-607	食品包装用聚乙烯吹塑容器	推荐	制定			12	中国轻工业联合会	全国食品直接接触材料及制品标准化技术委员会	河北世纪恒泰富塑业有限公司	2021 年第二批推荐性国家标准制修订项目计划

续表

序号	原序号	计划编号	项目名称	标准性质	制/修订	代替标准号	采用国际标准	项目周期（月）	主管部门	归口单位	起草单位	公布号
50	560	20213443-T-607	人造革合成革试验方法 表面褶皱的测定及评价	推荐	制定			18	中国轻工业联合会	全国塑料制品标准化技术委员会	浙江嘉科新材料科技有限公司、昆山阿喀斯检测技术服务有限公司、浙江深蓝新材料科技股份有限公司、浙江禾欣新材料有限公司、兰州科天新材料股份有限公司、安徽安利材料科技股份有限公司、昆山协孚新材料有限公司、江西铭川科技有限公司、山东同大海岛新材料股份有限公司	2021 年第二批推荐性国家标准制修订项目计划
51	561	20213444-T-607	日用防护聚乙烯手套	推荐	制定			24	中国轻工业联合会	全国塑料制品标准化技术委员会	张家港创元塑业有限公司、江苏宇润医疗科技有限公司、江阴普兰塑料包装有限公司、常州凯信进出口有限公司、张家港博来珂橡塑制品有限公司、北京化工大学常州先进材料研究院、海门市扬子医疗器械有限公司、江西美宝利实业有限公司、中化石化销售有限公司	2021 年第二批推荐性国家标准制修订项目计划
52	581	20213464-T-607	鞋类 帮面试验方法 耐橡胶摩擦性	推荐	制定		ISO 24265：XXXX	18	中国轻工业联合会	全国制鞋标准化技术委员会	中国皮革制鞋研究院有限公司等	2021 年第二批推荐性国家标准制修订项目计划

续表

序号	原序号	计划编号	项目名称	标准性质	制/修订	代替标准号	采用国际标准	项目周期(月)	主管部门	归口单位	起草单位	公布号
53	582	20213465-T-607	鞋类 鞋垫试验方法 静态压缩变形	推荐	制定			24	中国轻工业联合会	全国制鞋标准化技术委员会	安踏（中国）有限公司、中国皮革制鞋研究院有限公司等	2021年第二批推荐性国家标准制修订项目计划
54	583	20213466-T-607	老年鞋	推荐	制定			24	中国轻工业联合会	全国制鞋标准化技术委员会	中国皮革制鞋研究院有限公司等	2021年第二批推荐性国家标准制修订项目计划
55	584	20213467-T-607	鞋类整鞋试验方法 屈挠部位刚度	推荐	修订	GB/T 32023-2015		18	中国轻工业联合会	全国制鞋标准化技术委员会	中国皮革制鞋研究院有限公司等	2021年第二批推荐性国家标准制修订项目计划
56	587	20213470-T-607	杯壶类产品分类及术语	推荐	制定			24	中国轻工业联合会	全国食品直接接触材料及制品标准化技术委员会	浙江哈尔斯真空器皿股份有限公司、北京市轻工产品质量监督检验一站等	2021年第二批推荐性国家标准制修订项目计划
57	590	20213473-T-606	塑料 模塑和挤出用热塑性聚氨酯 第2部分：试样的制备和性能测定	推荐	制定		ISO 16365-2：2014	18	中国石油和化学工业联合会	全国塑料标准化技术委员会	浙江华峰热塑性聚氨酯有限公司、黎明化工研究设计院有限责任公司	2021年第二批推荐性国家标准制修订项目计划
58	607	20213490-T-606	光学功能薄膜 耐候性测定方法 溶剂诱导法	推荐	制定			24	中国石油和化学工业联合会	全国光学功能薄膜材料标准化技术委员会	合肥乐凯科技产业有限公司	2021年第二批推荐性国家标准制修订项目计划

续表

序号	原序号	计划编号	项目名称	标准性质	制/修订	代替标准号	采用国际标准	项目周期（月）	主管部门	归口单位	起草单位	公布号
59	7	20214018-T-469	碳纤维增强复合材料　密封压力容器加速吸湿和过饱和调节方法	推荐	制定		ISO 22836：2020	12	国家标准化管理委员会	全国碳纤维标准化技术委员会	南京玻璃纤维研究设计院有限公司	2021 年第三批推荐性国家标准制修订项目计划
60	18	20214029-T-606	塑料　聚甲基丙烯酸甲酯（PMMA）模塑和挤出材料　第 1 部分：命名系统和分类基础	推荐	修订	GB/T 15597.1-2009	ISO 24026-1：2020	18	中国石油和化学工业联合会	全国塑料标准化技术委员会	汤臣（江苏）材料科技股份有限公司、万华化学集团股份有限公司、中蓝晨光成都检测技术有限公司	2021 年第三批推荐性国家标准制修订项目计划
61	21	20214032-T-609	玻璃纤维增强热固性塑料（GRP）管　湿态或干态条件下环蠕变性能的测定	推荐	制定		ISO 10468：2018	12	中国建筑材料联合会	全国纤维增强塑料标准化技术委员会	北京玻钢院检测中心有限公司、福建路通管业科技股份有限公司	2021 年第三批推荐性国家标准制修订项目计划
62	25	20214036-T-606	高分子增强复合防水片材	推荐	修订	GB/T 26518-2011		18	中国石油和化学工业联合会	全国橡胶与橡胶制品标准化技术委员会	北京圣洁防水材料有限公司、北京世纪保佳建筑材料有限责任公司、哈高科绥棱二塑有限公司、绥棱科园防水材料有限公司、秦皇岛市松岩建材有限公司、秦皇岛市地维建材有限公司、德州书合防水材料有限公司、吉林省翔河建筑材料有限公司、海盾防水建材有限公司、秦皇岛天衣防水材料有限公司	2021 年第三批推荐性国家标准制修订项目计划

续表

序号	原序号	计划编号	项目名称	标准性质	制/修订	代替标准号	采用国际标准	项目周期（月）	主管部门	归口单位	起草单位	公布号
63	94	20214105-T-609	绝热 术语	推荐	修订	GB/T 4132-2015	ISO 9229：2020	18	中国建筑材料联合会	全国绝热材料标准化技术委员会	河南建筑材料研究设计院有限责任公司等	2021 年第三批推荐性国家标准制修订项目计划
64	96	20214107-T-606	橡胶和塑料软管 实验室光源暴露试验法 颜色、外观和其他物理特性变化的测定	推荐	修订	GB/T 18424-2001，GB/T 18950-2003	ISO 30013：2011	12	中国石油和化学工业联合会	全国橡胶与橡胶制品标准化技术委员会	沈阳橡胶研究设计院有限公司	2021 年第三批推荐性国家标准制修订项目计划
65	143	20214154-Z-491	纳米科技 抗菌纳米银 特性和测量方法规范	指导	制定		ISO/TS 20660：2019	18	中国科学院	全国纳米技术标准化技术委员会	深圳技术大学、冶金工业信息标准研究院等	2021 年第三批推荐性国家标准制修订项目计划
66	153	20214164-T-491	纳米无机材料抗菌性能检测方法及评价	推荐	修订	GB/T 21510-2008		18	中国科学院	全国纳米技术标准化技术委员会	中国科学院过程工程研究所、海尔集团、冶金工业信息标准研究院、中国科学院理化技术研究所、中关村汇智抗菌新材料产业技术创新联盟、上海润河纳米材料科技有限公司、宣城晶瑞新材料有限公司、波司登股份有限公司等	2021 年第三批推荐性国家标准制修订项目计划

续表

序号	原序号	计划编号	项目名称	标准性质	制/修订	代替标准号	采用国际标准	项目周期（月）	主管部门	归口单位	起草单位	公布号
67	229	20214240-T-469	塑料　在实际野外条件海洋环境中塑料材料崩解度的测定	推荐	制定		ISO 22766：2020	18	国家标准化管理委员会	全国生物基材料及降解制品标准化技术委员会	北京工商大学、中国神华煤制油化工有限公司、安徽丰原生物技术股份有限公司、安徽中成华道制塑有限责任公司、宁波家联科技股份有限公司、彤程化学（中国）有限公司、中成华道集团有限公司、深圳万达杰环保新材料股份有限公司、安徽恒鑫环保新材料有限公司、四川大学、清华大学、国家塑料制品质量监督检验中心（北京）、重庆市联发塑料科技股份有限公司、深圳市正旺环保新材料有限公司、安徽华驰塑业有限公司、江西省萍乡市轩品塑胶制品有限公司、蚌埠天成包装科技股份有限公司、安徽雪郎生物科技股份有限公司、蚌埠产品质量监督检验研究院	2021 年第三批推荐性国家标准制修订项目计划
68	230	20214241-T-469	塑料　生物基塑料的碳足迹和环境足迹　第 2 部分：材料碳足迹、由空气中并入到聚合物分子中 CO_2 的量（质量）	推荐	制定		ISO 22526-2：2020	18	国家标准化管理委员会	全国生物基材料及降解制品标准化技术委员会	北京工商大学、国家塑料制品质量监督检验中心（北京）、中国标准化研究院、中国京冶工程技术有限公司、山东霞光集团有限公司、湖南愿景住宅工业科技有限公司、安徽科居新材料科技有限公司	2021 年第三批推荐性国家标准制修订项目计划

续表

序号	原序号	计划编号	项目名称	标准性质	制/修订	代替标准号	采用国际标准	项目周期（月）	主管部门	归口单位	起草单位	公布号
69	231	20214242-T-469	塑料　生物基塑料的碳足迹和环境足迹　第3部分：过程碳足迹、量化要求与准则	推荐	制定		ISO 22526-3:2020	18	国家标准化管理委员会	全国生物基材料及降解制品标准化技术委员会	北京工商大学、国家塑料制品质量监督检验中心（北京）、中国标准化研究院、中国京冶工程技术有限公司、山东霞光集团有限公司、湖南愿景住宅工业科技有限公司、安徽科居新材料科技有限公司	2021年第三批推荐性国家标准制修订项目计划
70	234	20214245-T-469	塑料　在实验室嗜温条件下暴露于海洋接种物的非漂浮材料需氧生物分解能力测定和环境安全性评估 试验方法与要求	推荐	制定		ISO 22403:2020	18	国家标准化管理委员会	全国生物基材料及降解制品标准化技术委员会	北京工商大学、宁波家联科技股份有限公司、彤程化学（中国）有限公司、中成华道集团有限公司、中国神华煤制油化工有限公司、安徽丰原生物技术股份有限公司、安徽中成华道制塑有限责任公司、深圳万达杰环保新材料股份有限公司、安徽恒鑫环保新材料有限公司、四川大学、清华大学、国家塑料制品质量监督检验中心（北京）、重庆市联发塑料科技股份有限公司、深圳市正旺环保新材料有限公司、安徽华驰塑业有限公司、江西省萍乡市轩品塑胶制品有限公司、蚌埠天成包装科技股份有限公司、安徽雪郎生物科技股份有限公司、蚌埠产品质量监督检验研究院	2021年第三批推荐性国家标准制修订项目计划

续表

序号	原序号	计划编号	项目名称	标准性质	制/修订	代替标准号	采用国际标准	项目周期（月）	主管部门	归口单位	起草单位	公布号
71	284	20214295-T-607	建筑用硬质聚氯乙烯（PVC-U）绝缘电工套管及配件	推荐	制定			18	中国轻工业联合会	全国塑料制品标准化技术委员会	永高股份有限公司	2021 年第三批推荐性国家标准制修订项目计划
72	335	20214346-T-469	非金属敷缆复合连续油管	推荐	制定			24	国家标准化管理委员会	全国石油天然气标准化技术委员会	中国石油集团石油管工程技术研究院、上海飞舟博源石油装备股份有限公司、威海鸿通管材股份有限公司、沧州明珠塑料股份有限公司、中国石油天然气股份有限公司长庆油田分公司、中国石油天然气股份有限公司勘探开发研究院、河北宇通特种胶管有限公司、威海纳川管材有限公司	2021 年第三批推荐性国家标准制修订项目计划
73	364	20214375-T-607	塑料废弃物的回收和再利用指南	推荐	修订	GB/T 30102-2013	ISO 15270：2008	18	中国轻工业联合会	全国塑料制品标准化技术委员会	永高股份有限公司	2021 年第三批推荐性国家标准制修订项目计划
74	365	20214376-T-469	运输包装 可重复使用的塑料箱 第 1 部分：通用设计要求	推荐	制定		ISO 18616-1：2016	18	国家标准化管理委员会	全国包装标准化技术委员会	中国包装科研测试中心、苏州中包包装测试技术有限公司、国家包装产品质量监督检验中心（天津）等	2021 年第三批推荐性国家标准制修订项目计划

续表

序号	原序号	计划编号	项目名称	标准性质	制/修订	代替标准号	采用国际标准	项目周期（月）	主管部门	归口单位	起草单位	公布号
75	8	20214467-T-606	光学功能薄膜 聚对苯二甲酸乙二醇酯（PET）薄膜 保护膜粘着力测定方法	推荐	制定			12	中国石油和化学工业联合会	全国光学功能薄膜材料标准化技术委员会	合肥乐凯科技产业有限公司、中国乐凯胶片集团公司	2021 年第四批推荐性国家标准制修订项目计划
76	31	20214490-T-333	建筑用装配式预制燃气管道通用技术条件	推荐	制定			24	住房和城乡建设部	住房和城乡建设部	中国市政工程华北设计研究总院有限公司	2021 年第四批推荐性国家标准制修订项目计划
77	36	20214495-T-333	建筑用节能门窗 第 4 部分：玻璃纤维增强复合材料门窗	推荐	制定			24	住房和城乡建设部	全国建筑幕墙门窗标准化技术委员会	中国建筑金属结构协会、中国建筑科学研究院有限公司、浙江德毅隆科技股份有限公司、山东天畅环保科技股份有限公司、内蒙古文德茵莱节能门窗有限公司、山东泰信科技集团股份有限公司、广东坚朗五金制品股份有限公司、亚萨合莱国强（山东）五金科技有限公司、泰安市门窗幕墙工程协会、山东铁斯曼新材料有限公司	2021 年第四批推荐性国家标准制修订项目计划

续表

序号	原序号	计划编号	项目名称	标准性质	制/修订	代替标准号	采用国际标准	项目周期（月）	主管部门	归口单位	起草单位	公布号
78	74	20214533-T-607	鞋类 鞋类和鞋类部件中存在的限量物质 邻苯二甲酸酯的测定 第1部分：溶剂萃取法	推荐	修订	GB/T 32440-2015	ISO 16181-1：2021	18	中国轻工业联合会	全国制鞋标准化技术委员会	中国皮革制鞋研究院有限公司等	2021年第四批推荐性国家标准制修订项目计划
79	83	20214542-T-469	全生物降解聚乙醇酸（PGA）	推荐	制定			12	国家标准化管理委员会	全国生物基材料及降解制品标准化技术委员会	中国神华煤制油化工有限公司、北京工商大学、清华大学、四川大学等	2021年第四批推荐性国家标准制修订项目计划
80	93	20214552-T-469	非金属材料辐射暴露地面模拟指南	推荐	制定		ISO 15856：2010	12	国家标准化管理委员会	全国宇航技术及其应用标准化技术委员会	北京卫星环境工程研究所、中国航天标准化研究所、哈尔滨工业大学（深圳）、中科院空间中心、北京飞行器总体设计部、中国空间技术研究院宇航物资保障事业部、中国航天标准化研究所、航天材料及工艺研究所、北京卫星制造厂有限公司	2021年第四批推荐性国家标准制修订项目计划
81	140	20214599-T-314	失禁者用尿液吸收剂 聚丙烯酸酯高吸水性粉末 第1部分：pH值的测定方法	推荐	修订	GB/T 20405.1-2006	ISO 17190-1：2020	18	民政部	全国残疾人康复和专用设备标准化技术委员会	中国残疾人辅助器具中心	2021年第四批推荐性国家标准制修订项目计划

续表

序号	原序号	计划编号	项目名称	标准性质	制/修订	代替标准号	采用国际标准	项目周期（月）	主管部门	归口单位	起草单位	公布号
82	164	20214623-T-469	合成纤维　短纤维干热收缩率试验方法	推荐	制定			24	国家标准化管理委员会	全国化学纤维标准化技术委员会	江苏三房巷集团有限公司、上海市纺织工业技术监督所、滁州兴邦聚合彩纤有限公司、江苏华西股份有限公司特种化纤厂、江苏金和泰纤维科技有限公司、上海纺织集团检测标准有限公司、国家纺织产品质量监督检验中心（江阴）、新凤鸣集团股份有限公司、厦门翔鹭化纤股份有限公司、杭州奔马化纤纺丝有限公司、嘉兴市富达化学纤维厂、安徽皖维集团有限责任公司、桐昆集团股份有限公司、中国石化仪征化纤有限责任公司、江苏省纺织产品质量监督检验研究院、浙江省轻工业品质量检验研究院、安徽翰联色纺股份有限公司、南京禾素时代抗菌材料科技有限公司、辽宁银珠化纺集团有限公司、河南顺祥化纤股份有限公司等	2021 年第四批推荐性国家标准制修订项目计划

续表

序号	原序号	计划编号	项目名称	标准性质	制/修订	代替标准号	采用国际标准	项目周期（月）	主管部门	归口单位	起草单位	公布号
83	228	20214687-T-432	热固性树脂浸渍纸高压装饰层积板（HPL）	推荐	修订	GB/T 7911-2013	ISO 4586.2:2018	18	国家林业和草原局	全国人造板标准化技术委员会	中国林业科学研究院木材工业研究所、江西省产品质量监督检测院、山东齐峰特种纸业股份有限公司、书香门地（上海）新材料科技有限公司等	2021年第四批推荐性国家标准制修订项目计划
84	232	20214691-T-432	人造板及其制品中挥发性有机化合物释放量试验方法 小型释放舱法	推荐	修订	GB/T 29899-2013		18	国家林业和草原局	全国人造板标准化技术委员会	南京海关工业产品检测中心、中国林业科学研究院木材工业研究所等	2021年第四批推荐性国家标准制修订项目计划
85	236	20214695-T-469	航空航天热塑性聚氨酯弹性体中间膜通用技术规范	推荐	制定			18	国家标准化管理委员会	全国航空器标准化技术委员会	盛鼎高新材料有限公司、中国航空综合技术研究所、方鼎科技有限公司	2021年第四批推荐性国家标准制修订项目计划
86	340	20214799-T-606	塑料 聚甲基丙烯酸甲酯（PMMA）模塑和挤出材料 第2部分：试样制备和性能测定	推荐	修订	GB/T 15597.2-2010	ISO 24026-2:2020	18	中国石油和化学工业联合会	全国塑料标准化技术委员会	万华化学集团股份有限公司、中蓝晨光化工研究设计院有限公司、汤臣（江苏）材料科技股份有限公司	2021年第四批推荐性国家标准制修订项目计划

续表

序号	原序号	计划编号	项目名称	标准性质	制/修订	代替标准号	采用国际标准	项目周期（月）	主管部门	归口单位	起草单位	公布号
87	360	20214819-T-469	碳纤维复合材料夹芯结构制件X射线数字成像检测	推荐	制定			24	国家标准化管理委员会	全国碳纤维标准化技术委员会	成都飞机工业（集团）有限责任公司、南京玻璃纤维研究设计院有限公司、中国航发北京航空材料研究院、中国航空综合技术研究所、西安飞机工业（集团）有限责任公司、上海飞机设计研究院	2021年第四批推荐性国家标准制修订项目计划
88	362	20214821-T-469	碳纤维及其原丝灰分和杂质成分的测定	推荐	制定			24	国家标准化管理委员会	全国碳纤维标准化技术委员会	南京玻璃纤维研究设计院有限公司	2021年第四批推荐性国家标准制修订项目计划
89	363	20214822-T-606	塑料　再生塑料　第11部分：聚氯乙烯（PVC）材料	推荐	制定			24	中国石油和化学工业联合会	全国塑料标准化技术委员会	安徽冠泓塑业有限公司等	2021年第四批推荐性国家标准制修订项目计划
90	427	20214886-T-469	石油天然气工业　玻璃纤维增强塑料管　第3部分：系统设计	推荐	修订	GB/T 29165.3-2015	ISO 14692-3：2017	18	国家标准化管理委员会	全国石油天然气标准化技术委员会	中国石油集团石油管工程技术研究院、哈尔滨斯达玻璃钢有限公司、胜利油田新大管业科技发展有限责任公司、中国石油化工股份有限公司西北油田分公司	2021年第四批推荐性国家标准制修订项目计划

续表

序号	原序号	计划编号	项目名称	标准性质	制/修订	代替标准号	采用国际标准	项目周期（月）	主管部门	归口单位	起草单位	公布号
91	428	20214887-T-469	石油天然气工业 玻璃纤维增强塑料管 第4部分：装配、安装与运行	推荐	修订	GB/T 29165.4-2015	ISO 14692-4：2017	18	国家标准化管理委员会	全国石油天然气标准化技术委员会	中国石油集团石油管工程技术研究院、中国石油天然气股份有限公司塔里木油田分公司、哈尔滨斯达玻璃钢有限公司、胜利油田新大管业科技发展有限责任公司、中国石油天然气股份有限公司长庆油田分公司	2021年第四批推荐性国家标准制修订项目计划
92	469	20214928-T-606	塑料 硬质塑料冲孔性能的测定 第1部分：非仪器化冲击试验	推荐	制定		ISO 6603-1：2000	24	中国石油和化学工业联合会	全国塑料标准化技术委员会	中蓝晨光化工研究设计院有限公司、金发科技股份有限公司等	2021年第四批推荐性国家标准制修订项目计划
93	472	20214931-T-606	密封元件为弹性体材料的旋转轴唇形密封圈 第4部分：性能试验程序	推荐	修订	GB/T 13871.4-2007	ISO 6194-4：2009	18	中国石油和化学工业联合会	全国橡胶与橡胶制品标准化技术委员会	青岛北海密封技术有限公司等	2021年第四批推荐性国家标准制修订项目计划
94	474	20214933-T-606	塑料 划痕损伤和划痕可见性的定量评估	推荐	制定		ISO 17541：2014	24	中国石油和化学工业联合会	全国塑料标准化技术委员会	成都产品质量检验研究院有限责任公司、中蓝晨光成都检测技术有限公司	2021年第四批推荐性国家标准制修订项目计划

续表

序号	原序号	计划编号	项目名称	标准性质	制/修订	代替标准号	采用国际标准	项目周期（月）	主管部门	归口单位	起草单位	公布号
95	475	20214934-T-606	塑料　试样线性尺寸的测定	推荐	制定		ISO 16012：2015	24	中国石油和化学工业联合会	全国塑料标准化技术委员会	中蓝晨光成都检测技术有限公司、广州特种承压设备检测研究院	2021年第四批推荐性国家标准制修订项目计划
96	545	20215004-T-608	纺织品 纤维含量标识技术规范	推荐	修订	GB/T 29862-2013		18	中国纺织工业联合会	全国纺织品标准化技术委员会	纺织工业标准化研究所、纺织工业科学技术发展中心等	2021年第四批推荐性国家标准制修订项目计划
97	565	20215024-T-443	快递循环包装箱	推荐	制定			12	国家邮政局	全国邮政业标准化技术委员会	中企盟（北京）电商物流技术研究、中国标准化研究院、复海（上海）物联网股份有限公司、北京德鑫泉物联网科技有限公司	2021年第四批推荐性国家标准制修订项目计划
98	84	20211781-T-604	滑动轴承 塑料轴套极限 PV 试验方法	推荐	修订	GB/T 7948-1987		18	中国机械工业联合会	全国滑动轴承标准化技术委员会	合肥波林新材料股份有限公司等	2021年推荐性国家标准制修订项目计划
99	182	20211879-T-609	塑木复合材料产品物理力学性能测试	推荐	修订	GB/T 29418-2012		12	中国建筑材料联合会	全国轻质与装饰装修建筑材料标准化技术委员会	南京聚锋新材料有限公司、南京聚新锋新材料有限公司、天祥集团、江苏省产品质量监督检验研究院、南京市标准化学会等	2021年推荐性国家标准制修订项目计划

续表

序号	原序号	计划编号	项目名称	标准性质	制/修订	代替标准号	采用国际标准	项目周期（月）	主管部门	归口单位	起草单位	公布号
100	183	20211880-T-609	塑木复合材料铺板性能等级和护栏体系性能	推荐	修订	GB/T 29419-2012		12	中国建筑材料联合会	全国轻质与装饰装修建筑材料标准化技术委员会	南京聚新锋新材料有限公司、南京聚锋新材料有限公司、天祥集团、江苏省产品质量监督检验研究院、南京市标准化学会等	2021 年推荐性国家标准制修订项目计划
101	192	20211889-T-610	铝塑复合软管、电池软包用铝箔	推荐	修订	GB/T 22648-2008		18	中国有色金属工业协会	全国有色金属标准化技术委员会	杭州五星铝业有限公司、浙江永杰新材料股份有限公司、江苏鼎胜新能源材料股份有限公司、山东南山铝业股份有限公司、厦门厦顺铝箔有限公司、云南浩鑫铝箔有限公司	2021 年推荐性国家标准制修订项目计划
102	320	20212017-T-607	通用软质聚氨酯泡沫塑料	推荐	修订	GB/T 10802-2006		12	中国轻工业联合会	全国塑料制品标准化技术委员会	浙江圣诺盟顾家海绵有限公司 北京工商大学 江苏江化聚氨酯产品质量检测有限公司 国家塑料制品质量监督检验中心（北京）	2021 年推荐性国家标准制修订项目计划
103	329	20212026-T-607	鞋类　整鞋试验方法　稳态条件下热阻和湿阻的测定	推荐	修订	GB/T 33393-2016		24	中国轻工业联合会	全国制鞋标准化技术委员会	中国皮革制鞋研究院有限公司、四川省皮革研究所等	2021 年推荐性国家标准制修订项目计划

续表

序号	原序号	计划编号	项目名称	标准性质	制/修订	代替标准号	采用国际标准	项目周期（月）	主管部门	归口单位	起草单位	公布号
104	335	20212032-T-607	包装用塑料复合膜、袋	推荐	修订	GB/T 10004-2008		18	中国轻工业联合会	全国食品直接接触材料及制品标准化技术委员会	江苏彩华包装集团有限公司、上海人民塑料印刷厂、上海紫江彩印包装有限公司、浙江诚信包装材料有限公司、福建省产品质量检验研究院、中国塑料加工工业协会复合膜制品专业委员会等	2021年推荐性国家标准制修订项目计划
105	336	20212033-T-607	食品包装用多层共挤膜、袋质量通则	推荐	修订	GB/T 28117-2011		18	中国轻工业联合会	全国食品直接接触材料及制品标准化技术委员会	江苏彩华包装集团有限公司、上海紫江彩印包装有限公司、安姆科（中国）包装有限公司、上海人民塑料印刷厂、黄山永新股份有限公司、福建省产品质量检验研究院、中国塑协复合膜专业委员会	2021年推荐性国家标准制修订项目计划
106	379	20212076-T-606	塑料　超高分子量聚乙烯（PE-UHMW）模塑和挤出材料　第2部分：试样制备和性能测定	推荐	修订	GB/T 21461.2-2008	ISO 21304-2：2021	18	中国石油和化学工业联合会	全国塑料标准化技术委员会	北京华塑晨光科技有限责任公司、承德市金建检测仪器有限公司、上海化工研究院、北京燕山石化高科技术有限公司、中国石油石油化工研究院、同轨科技成都有限公司、杭州中旺科技有限公司、中国石油辽阳石化分公司等	2021年推荐性国家标准制修订项目计划

续表

序号	原序号	计划编号	项目名称	标准性质	制/修订	代替标准号	采用国际标准	项目周期（月）	主管部门	归口单位	起草单位	公布号
107	380	20212077-T-606	塑料　超高分子量聚乙烯（PE-UHMW）模塑和挤出材料　第1部分：命名系统和分类基础	推荐	修订	GB/T 21461.1-2008	ISO 21304-1：2019	18	中国石油和化学工业联合会	全国塑料标准化技术委员会	北京华塑晨光科技有限责任公司、北京燕山石化高科技术有限公司、上海化工研究院、中国石油石油化工研究院、同轨科技成都有限公司、承德市金建检测仪器有限公司、杭州中旺科技有限公司、中国石油辽阳石化分公司等	2021年推荐性国家标准制修订项目计划
108	385	20212082-T-606	塑料　符号和缩略语　第3部分：增塑剂	推荐	修订	GB/T 1844.3-2008	ISO 1043-3：2016	18	中国石油和化学工业联合会	全国塑料标准化技术委员会	金发科技股份有限公司、中蓝晨光成都检测技术有限公司	2021年推荐性国家标准制修订项目计划
109	386	20212083-T-606	塑料　符号和缩略语　第2部分：填充及增强材料	推荐	修订	GB/T 1844.2-2008	ISO 1043-2：2011	18	中国石油和化学工业联合会	全国塑料标准化技术委员会	成都金发科技新材料有限公司、中蓝晨光成都检测技术有限公司	2021年推荐性国家标准制修订项目计划
110	388	20212085-T-606	橡胶塑料注射成型机能耗检测方法	推荐	修订	GB/T 30200-2013		18	中国石油和化学工业联合会	全国橡胶塑料机械标准化技术委员会	海天塑机集团有限公司、余姚华泰橡塑机械有限公司、广东伊之密精密注压科技有限公司、东华机械有限公司、深圳领威科技有限公司、广东佳明机器有限公司、无锡格兰机械集团有限公司、宁波博纳机械有限公司、国家塑料机械产品质量监督检验中心	2021年推荐性国家标准制修订项目计划

续表

序号	原序号	计划编号	项目名称	标准性质	制/修订	代替标准号	采用国际标准	项目周期（月）	主管部门	归口单位	起草单位	公布号
111	390	20212087-T-606	橡胶塑料粉碎机械　第4部分：团粒机安全要求	推荐	修订	GB 25936.4-2010		18	中国石油和化学工业联合会	全国橡胶塑料机械标准化技术委员会	北京橡胶工业研究设计院有限公司、江苏贝尔机械有限公司、大连塑料机械研究所	2021年推荐性国家标准制修订项目计划
112	391	20212088-T-606	橡胶塑料粉碎机械　第3部分：切碎机安全要求	推荐	修订	GB 25936.3-2012		18	中国石油和化学工业联合会	全国橡胶塑料机械标准化技术委员会	北京橡胶工业研究设计院有限公司、国家塑料机械产品质量监督检验中心、大连塑料机械研究所	2021年推荐性国家标准制修订项目计划
113	392	20212089-T-606	橡胶塑料粉碎机械　第1部分：刀片式破碎机安全要求	推荐	修订	GB 25936.1-2012		18	中国石油和化学工业联合会	全国橡胶塑料机械标准化技术委员会	北京橡胶工业研究设计院有限公司、滁州伟峰资源回收设备有限公司、江苏贝尔机械有限公司、大连塑料机械研究所等	2021年推荐性国家标准制修订项目计划
114	393	20212090-T-606	橡胶塑料挤出机和挤出生产线　第3部分：牵引装置的安全要求	推荐	修订	GB 25431.3-2010		18	中国石油和化学工业联合会	全国橡胶塑料机械标准化技术委员会	中国化学工业桂林工程有限公司、广东仕诚塑料机械有限公司、江苏贝尔机械有限公司、宁波方力科技股份有限公司、北京橡胶工业研究设计院有限公司	2021年推荐性国家标准制修订项目计划
115	394	20212091-T-606	橡胶塑料挤出机和挤出生产线　第2部分：模面切粒机的安全要求	推荐	修订	GB 25431.2-2010		18	中国石油和化学工业联合会	全国橡胶塑料机械标准化技术委员会	大连橡胶塑料机械有限公司、江苏贝尔机械有限公司、北京橡胶工业研究设计院有限公司、大连塑料机械研究所	2021年推荐性国家标准制修订项目计划

续表

序号	原序号	计划编号	项目名称	标准性质	制/修订	代替标准号	采用国际标准	项目周期（月）	主管部门	归口单位	起草单位	公布号
116	409	20212106-T-326	渔用机织网片	推荐	修订	GB/T 18673-2008		12	农业农村部	全国水产标准化技术委员会	农业农村部绳索网具产品质量监督检验测试中心、国家渔具质量监督检验中心等	2021 年推荐性国家标准制修订项目计划
117	410	20212107-T-326	纤维绳索　通用要求	推荐	修订	GB/T 21328-2007	ISO 9554：2019	12	农业农村部	全国水产标准化技术委员会	农业农村部绳索网具产品质量监督检验测试中心、海安中余渔具有限公司、扬州兴轮绳缆有限公司、鲁普耐特集团有限公司、武昌船舶重工集团有限公司等	2021 年推荐性国家标准制修订项目计划
118	420	20212117-T-333	挤塑聚苯板（XPS）薄抹灰外墙外保温系统材料	推荐	修订	GB/T 30595-2014		18	住房和城乡建设部	全国建筑构配件标准化技术委员会	上海市建筑科学研究院（集团）有限公司、中国建筑标准设计研究院有限公司等	2021 年推荐性国家标准制修订项目计划
119	1	20210013-T-469	婴童用品 居家防护用品通用技术要求	推荐性	制定	无	无	24	国家标准化管理委员会	全国婴童用品标准化工作组	深圳市计量质量检测研究院、广州海关技术中心、上海海关机电产品检测技术中心、中检集团理化检测有限公司、好孩子儿童用品有限公司、谱尼测试集团股份有限公司等	《婴童用品 居家防护用品通用技术要求》等 11 项推荐性国家标准计划项目汇总表

续表

序号	原序号	计划编号	项目名称	标准性质	制/修订	代替标准号	采用国际标准	项目周期（月）	主管部门	归口单位	起草单位	公布号
120	2	20210014-T-469	婴童用品 洗浴器具通用技术要求	推荐性	制定	无	无	24	国家标准化管理委员会	全国婴童用品标准化工作组	广州海关技术中心、广州检验检测认证集团有限公司、中检集团理化检验有限公司等	《婴童用品　居家防护用品通用技术要求》等11项推荐性国家标准计划项目汇总表
121	4	20210016-T-469	婴童用品　水上辅助浮力器具通用技术要求	推荐性	制定	无	无	24	国家标准化管理委员会	全国婴童用品标准化工作组	广东省标准化研究院、广州海关技术中心、深圳天祥质量技术服务有限公司、广东省孕婴童用品协会、国家玩具质量监督检验中心（汕头）等	《婴童用品　居家防护用品通用技术要求》等11项推荐性国家标准计划项目汇总表
122	7	20210019-T-469	婴童用品　餐具与喂食器具通用技术要求	推荐性	制定	无	无	24	国家标准化管理委员会	全国婴童用品标准化工作组	深圳天祥质量技术服务有限公司、中国玩具和婴童用品协会、广州海关技术中心、拱北海关技术中心等	《婴童用品　居家防护用品通用技术要求》等11项推荐性国家标准计划项目汇总表

续表

序号	原序号	计划编号	项目名称	标准性质	制/修订	代替标准号	采用国际标准	项目周期（月）	主管部门	归口单位	起草单位	公布号
123	8	20210020-T-607	玩具塑料中锑、砷、钡、镉、铬、汞、铅、硒元素的筛选测定 能量色散X射线荧光光谱法	推荐性	制定	无	无	24	中国轻工业联合会	全国玩具标准化技术委员会	广州海关技术中心等	《婴童用品 居家防护用品通用技术要求》等11项推荐性国家标准计划项目汇总表
124	9	20210021-T-607	玩具材料中甲酰胺的测定 高效液相色谱-质谱法	推荐性	修订	GB/T 34436-2017	无	18	中国轻工业联合会	全国玩具标准化技术委员会	深圳市计量质量检测研究院等	《婴童用品 居家防护用品通用技术要求》等11项推荐性国家标准计划项目汇总表
125	10	20210022-T-607	玩具材料中甲酰胺释放量的测定	推荐性	制定	无	无	24	中国轻工业联合会	全国玩具标准化技术委员会	深圳市计量质量检测研究院等	《婴童用品 居家防护用品通用技术要求》等11项推荐性国家标准计划项目汇总表

续表

序号	原序号	计划编号	项目名称	标准性质	制/修订	代替标准号	采用国际标准	项目周期（月）	主管部门	归口单位	起草单位	公布号
126	11	20210023-T-607	玩具材料中有机锡的测定 气相色谱-串联质谱法	推荐性	制定	无	无	24	中国轻工业联合会	全国玩具标准化技术委员会	深圳市计量质量检测研究院等	《婴童用品 居家防护用品通用技术要求》等11项推荐性国家标准计划项目汇总表
127	12	20214418-Q-339	玩具安全 第1部分：基本规范	强制	修订	GB 6675.1-2014，GB 6675.11-2014，GB 6675.12-2014，GB 6675.13-2014，GB 6675.14-2014，GB 26387-2011	无	24	工业和信息化部	全国玩具标准化技术委员会	北京中轻联认证中心、广州海关技术中心、好孩子儿童用品有限公司、广东产品质量监督检验研究院	《包装机械安全要求》等31项强制性国家标准制修订计划项目汇总表
128	13	20214444-Q-339	玩具安全 第2部分：机械与物理性能	强制	修订	GB 6675.2-2014	ISO 8124-1：2018/Amd 1：2020/Amd 2：2020，修改	24	工业和信息化部	全国玩具标准化技术委员会	广州海关技术中心、北京中轻联认证中心、深圳市计量质量检测研究院、广东汇乐玩具实业有限公司	《包装机械安全要求》等31项强制性国家标准制修订计划项目汇总表

续表

序号	原序号	计划编号	项目名称	标准性质	制/修订	代替标准号	采用国际标准	项目周期（月）	主管部门	归口单位	起草单位	公布号
129	14	20214441-Q-339	玩具安全　第 3 部分：易燃性能	强制	修订	GB 6675.3-2014	ISO 8124-2：2014，修改	24	工业和信息化部	全国玩具标准化技术委员会	南京海关轻工产品与儿童用品检测中心、北京中轻联认证中心、奥飞娱乐股份有限公司、深圳市计量质量检测研究院等	《包装机械安全要求》等 31 项强制性国家标准制修订计划项目汇总表
130	15	20214419-Q-339	玩具安全　第 4 部分：特定元素的迁移	强制	修订	GB 6675.4-2014	ISO 8124-3：2020，修改	24	工业和信息化部	全国玩具标准化技术委员会	深圳市计量质量检测研究院、北京中轻联认证中心、广州海关技术中心、广东邦宝益智玩具股份有限公司、得力集团有限公司	《包装机械安全要求》等 31 项强制性国家标准制修订计划项目汇总表
131	16	20214438-Q-339	洗涤用品安全技术规范	强制	修订	GB/T 26396-2011，GB 19877.1-2005，GB 19877.2-2005，GB 19877.3-2005	无	24	工业和信息化部	全国表面活性剂和洗涤用品标准化技术委员会	中国日用化学研究院有限公司、中轻日用化学检验认证有限公司	《包装机械安全要求》等 31 项强制性国家标准制修订计划项目汇总表

续表

序号	原序号	计划编号	项目名称	标准性质	制/修订	代替标准号	采用国际标准	项目周期（月）	主管部门	归口单位	起草单位	公布号
132	19	20214427-Q-339	医用手套安全技术要求	强制	修订	GB 24788-2009，GB 7543-2006，GB 10213-2006，GB 24786-2009	无	24	工业和信息化部	全国橡胶与橡胶制品标准化技术委员会	中国化工株洲橡胶研究设计院有限公司、国家卫生健康委科学技术研究所、苏州嘉乐威新材料股份有限公司、桂林紫竹乳胶制品有限公司、广州双一乳胶制品有限公司、大连乳胶有限责任公司、蓝帆医疗股份有限公司、上海金香乳胶制品有限公司、国家乳胶制品质量监督检验中心	《包装机械安全要求》等31项强制性国家标准制修订计划项目汇总表
133	20	20214431-Q-469	充气式游乐设施安全规范	强制	修订	GB/T 37219-2018	无	24	国家标准化管理委员会	全国索道与游乐设施标准化技术委员会	中国特种设备检测研究院	《包装机械安全要求》等31项强制性国家标准制修订计划项目汇总表

2021 年发布的相关国家标准制修订计划

序号	原序号	计划编号	项目名称	标准性质	制/修订	代替标准号	采用国际标准	项目周期（月）	主管部门	归口单位	起草单位	公布号
1	456	20213339-T-469	国际贸易业务流程规范 废弃物越境转移	推荐	制定			24	国家标准化管理委员会	全国电子业务标准化技术委员会	深圳市坤鑫国际货运代理有限公司、厦门泛迪物联科技有限公司、北京九星时代科技股份有限公司、嘉兴市大地物流有限公司、浙江义境通电子商务有限公司、重庆电子工程职业学院、四川锦程国际货运代理有限责任公司、新疆高新技术项目开发研究院（有限公司）、中国标准化研究院、北京中标纵横标准科技有限公司、新疆德鲁亚国际物流有限公司、大连万发联合航贸科技有限公司	2021 年第二批推荐性国家标准制修订项目计划
2	491	20213374-Z-469	合格评定标准通用要素	指导	制定			24	国家标准化管理委员会	全国认证认可标准化技术委员会	中国认证认可协会、中国合格评定国家认可中心	2021 年第二批推荐性国家标准制修订项目计划

续表

序号	原序号	计划编号	项目名称	标准性质	制/修订	代替标准号	采用国际标准	项目周期（月）	主管部门	归口单位	起草单位	公布号
3	492	20213375-T-469	合格评定 管理体系审核认证机构要求 第12部分：合作商业关系管理体系审核与认证能力要求	推荐	制定		ISO/IEC 17021-12：2020	18	国家标准化管理委员会	全国认证认可标准化技术委员会	深圳市标准技术研究院	2021年第二批推荐性国家标准制修订项目计划
4	517	20213400-T-469	农业废弃物资源化利用 农业生产资料包装废弃物的处置和回收利用	推荐	制定			24	国家标准化管理委员会	全国产品回收利用基础与管理标准化技术委员会	中国标准化研究院、农业农村部农业生态与资源保护总站	2021年第二批推荐性国家标准制修订项目计划
5	543	20213426-T-469	消费品中有害化学物质限量定值导则	推荐	制定			24	国家标准化管理委员会	全国消费品安全标准化技术委员会	中国矿业大学（北京）、中国标准化研究院等	2021年第二批推荐性国家标准制修订项目计划
6	618	20213501-T-306	企业科技创新系统能力水平评价规范	推荐	制定			24	科学技术部	全国科技评估标准化技术委员会	中关村天合科技成果转化促进中心、中国标准化研究院、中国科技评估与成果管理研究会、科技部科技评估中心、中关村技术经理人协会、北京五洲融合创新产业战略研究院、中国技术经济学会、北京交通大学	2021年第二批推荐性国家标准制修订项目计划

续表

序号	原序号	计划编号	项目名称	标准性质	制/修订	代替标准号	采用国际标准	项目周期（月）	主管部门	归口单位	起草单位	公布号
7	68	20214079-T-424	职业健康安全管理体系 小型组织实施 GB/T 45001：2020 指南	推荐	制定		ISO/UNIDO Handbook	18	国家市场监督管理总局	中国标准化研究院	中国标准化研究院等	2021 年第三批推荐性国家标准制修订项目计划
8	70	20214081-Z-424	职业健康安全管理“2019 冠状病毒”疾病大流行期间安全工作通用指南	指导	制定		ISO/PAS 45005：2020	18	国家市场监督管理总局	中国标准化研究院	中国标准化研究院等	2021 年第三批推荐性国家标准制修订项目计划
9	182	20214193-T-469	绿色制造 制造企业绿色供应链管理 逆向物流	推荐	制定			24	国家标准化管理委员会	全国绿色制造技术标准化技术委员会	中机生产力促进中心、上海交通大学等	2021 年第三批推荐性国家标准制修订项目计划
10	183	20214194-T-469	绿色制造 评价指标	推荐	制定			24	国家标准化管理委员会	全国绿色制造技术标准化技术委员会	中机生产力促进中心等	2021 年第三批推荐性国家标准制修订项目计划
11	48	20214507-Z-424	团体标准涉及专利处置指南	指导	制定			12	国家市场监督管理总局	中国标准化协会	中国标准化协会、中国专利保护协会、TD 产业联盟（北京电信技术发展产业协会）、深圳市标准技术研究院等	2021 年第四批推荐性国家标准制修订项目计划

续表

序号	原序号	计划编号	项目名称	标准性质	制/修订	代替标准号	采用国际标准	项目周期（月）	主管部门	归口单位	起草单位	公布号
12	76	20214535-T-469	消费品质量分级通则	推荐	制定			12	国家标准化管理委员会	全国消费品安全标准化技术委员会	中国标准化研究院等	2021 年第四批推荐性国家标准制修订项目计划

2021 年发布的塑料制品相关国家标准外文版编制计划

序号	原序号	外文版项目计划编号	国家标准/计划编号	拟翻译国家标准中文名称	语种	主管部门	归口单位	翻译单位	完成周期	公告号
1	98	W20212116	20214495-T-333	建筑用节能门窗 第 4 部分：玻璃纤维增强复合材料门窗	英文	住房和城乡建设部	全国建筑幕墙门窗标准化技术委员会	中译悦尔（北京）翻译有限公司	中文国家标准发布后 90 天内	2021 年第四批行业标准制修订项目计划
2	2	W20212062	20214438-Q-339	洗涤用品安全技术规范	英文	工业和信息化部	全国表面活性剂和洗涤用品标准化技术委员会	中轻日用化学检验认证有限公司	中文国家标准发布后 90 天内	《包装机械安全要求》等 31 项强制性国家标准制修订计划及相关标准外文版计划汇总表

续表

序号	原序号	外文版项目计划编号	国家标准/计划编号	拟翻译国家标准中文名称	语种	主管部门	归口单位	翻译单位	完成周期	公告号
3	8	W20212068	20214427-Q-339	医用手套安全技术要求	英文	工业和信息化部	全国橡胶与橡胶制品标准化技术委员会胶乳制品分会	中国化工株洲橡胶研究设计院有限公司	中文国家标准发布后 90 天内	《包装机械安全要求》等 31 项强制性国家标准制修订计划及相关标准外文版计划汇总表

2021 年发布的塑料制品相关行业标准制修订计划

序号	原序号	计划编号	项目名称	标准性质	制/修订	代替标准	采标情况	完成周期（月）	主管部门	技术委员会或技术归口单位	主要起草单位	备注	公告号
1	2	2021-0002T-HG	光学功能薄膜抗激光窃听透明薄膜	推荐	制定			24	原材料工业司	全国光学功能薄膜材料标准化技术委员会	中国电子科技集团公司第三十三研究所、探逊信息科技有限公司、合肥乐凯科技产业有限公司	★	2021 年第一批行业标准制修订项目计划
2	82	2021-0082T-JB	绿色设计产品评价技术规范膜生物反应器	推荐	制定			24	节能与综合利用司	机械工业环境保护机械标准化技术委员会	长江大学		2021 年第一批行业标准制修订项目计划

续表

序号	原序号	计划编号	项目名称	标准性质	制/修订	代替标准	采标情况	完成周期（月）	主管部门	技术委员会或技术归口单位	主要起草单位	备注	公告号
3	85	2021-0085T-QB	鞋底行业绿色工厂评价要求	推荐	制定			24	节能与综合利用司	中国轻工业联合会	中国皮革协会、茂泰（福建）鞋材有限公司、德州市鑫华润科技股份有限公司	★	2021 年第一批行业标准制修订项目计划
4	105	2021-0105T-HG	乙烯法工业用氯乙烯	推荐	制定			24	原材料工业司	全国塑料标准化技术委员会聚氯乙烯树脂产品分技术委员会	新浦化学（泰兴）有限公司、青岛海湾化学有限公司、锦西化工研究院有限公司	★	2021 年第一批行业标准制修订项目计划
5	106	2021-0106T-HG	塑料　玻纤增强聚苯硫醚（PPS）专用料	推荐	制定			24	原材料工业司	全国塑料标准化技术委员会改性塑料分技术委员会	金发科技股份有限公司、上海金发科技发展有限公司、中蓝晨光成都检测技术有限公司	★	2021 年第一批行业标准制修订项目计划
6	107	2021-0107T-HG	塑料　覆铜板用异氰酸酯改性环氧树脂	推荐	制定			24	原材料工业司	全国塑料标准化技术委员会热固性塑料分技术委员会	广东同宇新材料有限公司、咸阳瑞德科技有限公司	★	2021 年第一批行业标准制修订项目计划
7	288	2021-0288T-HG	热固性和热塑性粉末涂料	推荐	修订	HG/T 2006-2006		18	原材料工业司	全国涂料和颜料标准化技术委员会	福建万安集团实业有限公司、中海油常州涂料化工研究院有限公司		2021 年第一批行业标准制修订项目计划

续表

序号	原序号	计划编号	项目名称	标准性质	制/修订	代替标准	采标情况	完成周期（月）	主管部门	技术委员会或技术归口单位	主要起草单位	备注	公告号
8	293	2021-0293T-HG	织物浸渍聚氨酯胶乳手套	推荐	制定			24	原材料工业司	全国橡胶与橡胶制品标准化技术委员会胶乳制品分技术委员会	中国化工株洲橡胶研究设计院有限公司、山东星宇手套有限公司、山东登升劳保用品有限公司、上海市质量监督检验技术研究院、国家乳胶制品质量监督检验中心		2021 年第一批行业标准制修订项目计划
9	296	2021-0296T-HG	胶乳海绵	推荐	修订	HG/T 4666-2014		18	原材料工业司	全国橡胶与橡胶制品标准化技术委员会胶乳制品分技术委员会	中国化工株洲橡胶研究设计院有限公司、海南中橡科技有限公司、中胶永生东南亚乳胶制品有限公司、江苏金世缘乳胶制品有限公司、温州嘉博乳胶制品有限公司、浙江丝里伯睡眠科技股份有限公司、东莞市东安新材料有限公司、广东顺德创科检测技术股份有限公司、上海市质量监督检验技术研究院、国家乳胶制品质量监督检验中心		2021 年第一批行业标准制修订项目计划

续表

序号	原序号	计划编号	项目名称	标准性质	制/修订	代替标准	采标情况	完成周期（月）	主管部门	技术委员会或技术归口单位	主要起草单位	备注	公告号
10	307	2021-0307T-HG	注塑鞋	推荐	修订	HG/T 3084-2010		18	原材料工业司	全国橡胶与橡胶制品标准化技术委员会胶鞋分技术委员会	福建华峰运动用品科技有限公司、上海恒捷兴运动用品科技有限公司		2021 年第一批行业标准制修订项目计划
11	309	2021-0309T-HG	增塑剂 柠檬酸三丁酯（TBC）	推荐	修订	HG/T 4615-2014		18	原材料工业司	全国橡胶与橡胶制品标准化技术委员会化学助剂分技术委员会	河南庆安化工高科技股份有限公司、浙江建业化工股份有限公司、江苏天音化工有限公司		2021 年第一批行业标准制修订项目计划
12	310	2021-0310T-HG	增塑剂 乙酰柠檬酸三丁酯（ATBC）	推荐	修订	HG/T 4616-2014		18	原材料工业司	全国橡胶与橡胶制品标准化技术委员会化学助剂分技术委员会	河南庆安化工高科技股份有限公司、浙江建业化工股份有限公司、江苏天音化工有限公司		2021 年第一批行业标准制修订项目计划
13	341	2021-0341T-HG	气体净化用双疏膜	推荐	制定			24	原材料工业司	全国分离膜标准化技术委员会	江苏久朗高科技股份有限公司、南京膜材料产业技术研究院有限公司、南京工业大学		2021 年第一批行业标准制修订项目计划
14	342	2021-0342T-HG	粉体回收用食品级有机复合膜	推荐	制定			24	原材料工业司	全国分离膜标准化技术委员会	江苏久朗高科技股份有限公司、南京工业大学、南京膜材料产业技术研究院有限公司		2021 年第一批行业标准制修订项目计划

续表

序号	原序号	计划编号	项目名称	标准性质	制/修订	代替标准	采标情况	完成周期（月）	主管部门	技术委员会或技术归口单位	主要起草单位	备注	公告号
15	343	2021-0343T-HG	光学聚酯薄膜表面低聚物的测试方法	推荐	制定			24	原材料工业司	全国光学功能薄膜材料标准化技术委员会	合肥乐凯科技产业有限公司、中国乐凯集团有限公司	○	2021 年第一批行业标准制修订项目计划
16	344	2021-0344T-HG	光学功能薄膜低取向角聚酯薄膜	推荐	制定			24	原材料工业司	全国光学功能薄膜材料标准化技术委员会	合肥乐凯科技产业有限公司、天津乐凯薄膜有限公司		2021 年第一批行业标准制修订项目计划
17	345	2021-0345T-HG	光学功能薄膜上置光学增光膜	推荐	制定			24	原材料工业司	全国光学功能薄膜材料标准化技术委员会	凯鑫森（上海）功能性薄膜产业有限公司、合肥乐凯科技产业有限公司		2021 年第一批行业标准制修订项目计划
18	346	2021-0346T-HG	光学功能薄膜无保护膜光学棱镜膜	推荐	制定			24	原材料工业司	全国光学功能薄膜材料标准化技术委员会	宁波激智科技股份有限公司、合肥乐凯科技产业有限公司		2021 年第一批行业标准制修订项目计划
19	347	2021-0347T-HG	偏光眼镜用三醋酸纤维素酯（TAC）薄膜	推荐	修订	HG/T 4288-2012		18	原材料工业司	全国光学功能薄膜材料标准化技术委员会	中国乐凯集团有限公司、合肥乐凯科技产业有限公司		2021 年第一批行业标准制修订项目计划
20	348	2021-0348T-SH	合成树脂瓦用丙烯腈-苯乙烯-丙烯酸酯（ASA）共挤专用料	推荐	制定			24	原材料工业司	全国塑料标准化技术委员会石化塑料树脂产品分技术委员会	中国石油化工股份有限公司北京化工研究院、深圳毅彩鸿翔新材料科技有限公司、深圳市塑宝通科技有限公司、芜湖创科新材料科技有限公司		2021 年第一批行业标准制修订项目计划

续表

序号	原序号	计划编号	项目名称	标准性质	制/修订	代替标准	采标情况	完成周期（月）	主管部门	技术委员会或技术归口单位	主要起草单位	备注	公告号
21	409	2021-0409T-JC	PE 共挤木塑复合材料表层与基材层剥离强度测试方法	推荐	制定			24	原材料工业司	全国轻质与装饰装修建筑材料标准化技术委员会木塑复合材料分技术委员会	惠东美新塑木型材制品有限公司、谦德（广州）企业管理服务中心、国家建筑装修材料质量监督检验中心、宁波禾隆新材料股份有限公司		2021 年第一批行业标准制修订项目计划
22	469	2021-0469T-QB	饮料机械 聚酯（PET）瓶装饮料无菌冷灌装生产线	推荐	修订	QB/T 4213-2011		18	消费品工业司	全国轻工机械标准化技术委员会制酒饮料机械分技术委员会	江苏新美星包装机械股份有限公司、广州机械设计研究所		2021 年第一批行业标准制修订项目计划
23	489	2021-0489T-QB	软体家具 发泡型床垫	推荐	修订	QB/T 4839-2015		18	消费品工业司	全国家具标准化技术委员会	广东省东莞市质量监督检测中心、东莞市慕思寝室用品有限公司、佛山市顺德区华伦蒂诗家具有限公司、佛山市南海区金龙恒家具有限公司、喜临门家具股份有限公司、烟台吉斯家具有限公司、江苏爱德福乳胶制品有限公司、湖北联乐床具集团有限公司、湖南星港家居发展有限公司、南京金榜麒麟床具有限公司、深圳市赛德检测技术有限公司		2021 年第一批行业标准制修订项目计划

续表

序号	原序号	计划编号	项目名称	标准性质	制/修订	代替标准	采标情况	完成周期（月）	主管部门	技术委员会或技术归口单位	主要起草单位	备注	公告号
24	491	2021-0491T-QB	真空压缩收纳袋	推荐	制定			24	消费品工业司	全国日用杂品标准化中心	中山市太力家庭用品制造有限公司、广东省中山市质量技术监督标准与编码所、浙江卓艺家居用品有限公司、浙江文武彩印股份有限公司、中山市简居家庭用品有限公司、中山市英联包装材料有限公司、北京市轻工产品质量监督检验一站		2021 年第一批行业标准制修订项目计划
25	5	2021-0526T-HG	光学功能薄膜 聚对苯二甲酸乙二醇酯（PET）防雾薄膜	推荐	制定			24	原材料工业司	全国光学功能薄膜材料标准化技术委员会	合肥乐凯科技产业有限公司、深圳市东之星电子科技有限公司	★	2021 年第二批行业标准制修订项目计划
26	6	2021-0527T-HG	光学功能薄膜 扩散增光复合膜	推荐	制定			24	原材料工业司	全国光学功能薄膜材料标准化技术委员会	宁波激智科技股份有限公司、宁波江北激智新材料有限公司、合肥乐凯科技产业有限公司	★	2021 年第二批行业标准制修订项目计划

续表

序号	原序号	计划编号	项目名称	标准性质	制/修订	代替标准	采标情况	完成周期（月）	主管部门	技术委员会或技术归口单位	主要起草单位	备注	公告号
27	7	2021-0528T-HG	光学功能薄膜覆保护膜可贴合型反射膜	推荐	制定			24	原材料工业司	全国光学功能薄膜材料标准化技术委员会	宁波长阳科技股份有限公司、合肥乐凯科技产业有限公司	★	2021 年第二批行业标准制修订项目计划
28	18	2021-0539T-HG	物理回收再生塑料行业绿色工厂评价要求	推荐	制定			24	节能与综合利用司	中国石油和化学工业联合会。	安徽阜阳界首高新技术产业开发区管委会、同轨科技成都有限公司	★	2021 年第二批行业标准制修订项目计划
29	29	2021-0550T-JC	取水定额 绝热材料	推荐	制定			24	节能与综合利用司	建材工业综合标准化技术委员会	中国绝热节能材料协会、北京国建联信认证中心有限公司、华美节能科技集团有限公司		2021 年第二批行业标准制修订项目计划
30	33	2021-0554T-JC	废弃纤维复合材料回收技术规范	推荐	制定			24	节能与综合利用司	建材工业综合标准化技术委员会	中国物资再生协会、中纤复材再生资源咨询服务（北京）有限公司		2021 年第二批行业标准制修订项目计划
31	48	2021-0569T-QB	塑料家具绿色工厂评价要求	推荐	制定			24	节能与综合利用司	中国轻工业联合会	顺德职业技术学院、浙江利帆家具有限公司、浙江森川家具有限公司、佛山市精一家具有限公司		2021 年第二批行业标准制修订项目计划
32	196	2021-0717T-JC	运动地坪 可萃取有机卤素测试方法	推荐	制定			24	原材料工业司	建材工业综合标准化技术委员会	中国建材检验认证集团股份有限公司、北京科技大学		2021 年第二批行业标准制修订项目计划

续表

序号	原序号	计划编号	项目名称	标准性质	制/修订	代替标准	采标情况	完成周期（月）	主管部门	技术委员会或技术归口单位	主要起草单位	备注	公告号
33	197	2021-0718T-JC	聚苯乙烯泡沫（EPS）复合装饰制品	推荐	修订	JC/T2387-2016		18	原材料工业司	建材工业综合标准化技术委员会	建筑材料工业技术情报研究所、湖南阿太克新型材料股份有限公司、南京坤垦节能科技有限公司、河北润东聚苯检验检测有限公司、亿恒控股有限公司		2021 年第二批行业标准制修订项目计划
34	241	2021-0762T-QB	聚对苯二甲酸乙二醇酯（PET）结构泡沫板材	推荐	制定			24	消费品工业司	全国塑料制品标准化技术委员会	北京工商大学化学与材料工程学院、维赛（江苏）复合材料科技有限公司	★	2021 年第二批行业标准制修订项目计划
35	313	2021-0834T-QB	整鞋帮底粘合力测试方法	推荐	制定			24	消费品工业司	全国制鞋标准化技术委员会	中国皮革制鞋研究院有限公司、温州市质量技术监督检测院［国家鞋类质量监督检验中心（温州）］、福建省鞋类产品质量监督检验中心	○	2021 年第二批行业标准制修订项目计划
36	316	2021-0837T-QB	塑料伞	推荐	修订	QB/T4152-2010		18	消费品工业司	全国制伞标准化技术委员会	北京市轻工产品质量监督检验一站、杭州天堂伞业集团有限公司、福建集成伞业有限公司、浙江天玮雨具有限公司、海峡（晋江）伞业科技创新中心有限公司		2021 年第二批行业标准制修订项目计划

续表

序号	原序号	计划编号	项目名称	标准性质	制/修订	代替标准	采标情况	完成周期（月）	主管部门	技术委员会或技术归口单位	主要起草单位	备注	公告号
37	339	2021-0860T-AH	塑料挤出型材无屑切割机	推荐	制定			24	装备工业一司、安徽经信厅	全国橡胶塑料机械标准化技术委员会塑料机械分技术委员会	铜陵格瑞特挤出技术有限公司、大连橡胶塑料机械股份有限公司		2021 年第二批行业标准制修订项目计划
38	348	2021-0869T-AH	防刮涂覆用双向拉伸聚丙烯基膜	推荐	制定			24	消费品工业司、安徽经信厅	全国塑料制品标准化技术委员会	安徽国风塑股份有限公司、安徽金田高新材料股份有限公司		2021 年第二批行业标准制修订项目计划
39	349	2021-0870T-AH	PVC 复合织材充气钓鱼艇	推荐	制定			24	消费品工业司、安徽经信厅	全国塑料制品标准化技术委员会	安徽扬帆充气游乐设备制造有限公司		2021 年第二批行业标准制修订项目计划
40	350	2021-0871T-AH	钢衬尼龙复合管	推荐	制定			24	消费品工业司、安徽经信厅	全国塑料制品标准化技术委员会	铜陵亚摩管业有限公司、合肥通用机械研究院有限公司		2021 年第二批行业标准制修订项目计划
41	351	2021-0872T-AH	塑料制品复合网格板	推荐	制定			24	消费品工业司、安徽经信厅	全国塑料制品标准化技术委员会	安徽星元环保科技有限公司		2021 年第二批行业标准制修订项目计划
42	352	2021-0873T-ZJ	聚氨酯预聚体中异氰酸酯基含量的测定	推荐	修订	HG/T2409-1992		18	原材料工业司、浙江经信厅	全国塑料标准化技术委员会聚氨酯塑料分技术委员会	浙江华峰新材料有限公司	○	2021 年第二批行业标准制修订项目计划

续表

序号	原序号	计划编号	项目名称	标准性质	制/修订	代替标准	采标情况	完成周期（月）	主管部门	技术委员会或技术归口单位	主要起草单位	备注	公告号
43	24	2021-0898T-JB	塑料模　塑料异型材挤出模零件	推荐	修订	JB/T 8746.1-2008；JB/T 8746.2-2008；JB/T 8746.3-2008；JB/T 8746.4-2008；JB/T 8746.5-2008；JB/T 8746.6-2008；JB/T 8746.7-2008		18	装备工业一司	全国模具标准化技术委员会	桂林电器科学研究院有限公司	★	2021 年第三批行业标准制修订项目计划
44	62	2021-0936T-YD	通信电源用阻燃耐火软电缆	推荐	修订		YD/T 1173-2016	18	信息通信发展司	中国通信标准化协会	江苏中利集团股份有限公司、广东中德电缆有限公司、华为技术有限公司、成都泰瑞通信设备检测有限公司、中兴通讯股份有限公司、中国移动通信集团设计院有限公司、中国信息通信研究院		2021 年第三批行业标准制修订项目计划

续表

序号	原序号	计划编号	项目名称	标准性质	制/修订	代替标准	采标情况	完成周期（月）	主管部门	技术委员会或技术归口单位	主要起草单位	备注	公告号
45	63	2021-0937T-YD	通信电缆 氟塑料发泡绝缘射频同轴电缆纵包编织外导体型	推荐	制定			24	信息通信发展司	中国通信标准化协会	深圳金信诺高新技术股份有限公司、成都泰瑞通信设备检测有限公司、中国信息通信科技集团有限公司、江苏亨鑫科技有限公司、江苏俊知技术有限公司、江苏中天科技股份有限公司		2021 年第三批行业标准制修订项目计划
46	307	2021-1181T-FZ	导电涤纶牵伸丝/涤纶低弹丝混纤丝	推荐	制定			24	消费品工业司	全国化学纤维标准化技术委员会	江苏省纺织研究所股份有限公司、浙江蓝天海纺织服饰科技有限公司、凯泰特种纤维科技有限公司、江苏中杰澳新材料有限公司、北京中纺优丝特种纤维科技有限公司、上海市纺织工业技术监督所、江苏省纺织产品质量监督检验研究院	★	2021 年第三批行业标准制修订项目计划

续表

序号	原序号	计划编号	项目名称	标准性质	制/修订	代替标准	采标情况	完成周期（月）	主管部门	技术委员会或技术归口单位	主要起草单位	备注	公告号
47	309	2021-1183T-FZ	抗蠕变超高分子量聚乙烯长丝	推荐	制定			24	消费品工业司	全国化学纤维标准化技术委员会	江苏六甲科技有限公司、江苏神鹤科技发展有限公司、东华大学、江苏省高性能纤维产品质量监督检验中心（连云港市纤维检验中心）、江苏锵尼玛新材料股份有限公司、北京同益中新材料科技股份有限公司、中国化学纤维工业协会、上海市纺织工业技术监督所	★	2021 年第三批行业标准制修订项目计划
48	332	2021-1206T-HG	聚丙烯酰胺行业绿色工厂评价要求	推荐	制定			24	节能与综合利用司	中国石油和化学工业联合会	江苏富森科技股份有限公司、中海油天津化工研究设计院有限公司、北京恒聚化工集团有限责任公司、安徽天润化学工业股份有限公司、爱森（中国）絮凝剂有限公司	★	2021 年第三批行业标准制修订项目计划

续表

序号	原序号	计划编号	项目名称	标准性质	制/修订	代替标准	采标情况	完成周期（月）	主管部门	技术委员会或技术归口单位	主要起草单位	备注	公告号
49	665	2021-1539T-JB	编织吊索 安全性 第1部分：一般用途合成纤维扁平吊装带	推荐	修订	JB/T 8521. 1-2007		18	装备工业二司	全国起重机械标准化技术委员会	巨力索具股份有限公司、北京起重运输机械设计研究有限公司		2021 年第三批行业标准制修订项目计划
50	666	2021-1540T-JB	编织吊索 安全性 第2部分：一般用途合成纤维圆形吊装带	推荐	修订	JB/T 8521. 2-2007		18	装备工业二司	全国起重机械标准化技术委员会	巨力索具股份有限公司、北京起重运输机械设计研究有限公司		2021 年第三批行业标准制修订项目计划
51	685	2021-1559T-QB	儿童杯壶	推荐	制定			24	消费品工业司	全国食品直接接触材料及制品标准化技术委员会	浙江哈尔斯真空器皿股份有限公司、安徽省富光实业股份有限公司、北京市轻工产品质量监督检验一站	★	2021 年第三批行业标准制修订项目计划
52	687	2021-1561T-QB	热塑性聚氨酯发泡珠粒	推荐	制定			24	消费品工业司	全国塑料制品标准化技术委员会、全国塑料标准化技术委员会聚氨酯分技术委员会	全国塑料制品标准化技术委员会、浙江华峰热塑性聚氨酯有限公司、常州市顺祥新材料科技股份有限公司、北京工商大学	★	2021 年第三批行业标准制修订项目计划

续表

序号	原序号	计划编号	项目名称	标准性质	制/修订	代替标准	采标情况	完成周期（月）	主管部门	技术委员会或技术归口单位	主要起草单位	备注	公告号
53	766	2021-1639T-QB	酱腌菜包装用复合膜、袋	推荐	修订	QB/T 2197-1996		18	消费品工业司	全国食品直接接触材料及制品标准化技术委员会	黄山永新股份有限公司、永志包装有限公司、福建省产品质量检验研究院、中国塑协复合膜专委会		2021 年第三批行业标准制修订项目计划
54	812	2021-1685T-FZ	机织人造革服装	推荐	修订	FZ/T 81018-2014		18	消费品工业司	全国服装标准化技术委员会	上海纺织集团检测标准有限公司、深圳市计量质量检测研究院、国家服装质量监督检验中心（上海）		2021 年第三批行业标准制修订项目计划
55	832	2021-1705T-AH	塑料异型材挤出模具　技术规范	推荐	修订	JB/T 8744-2008；JB/T 8746-2008；JB/T 8745-2008		18	装备工业一司、安徽经信厅	全国模具标准化技术委员会	文一三佳科技股份有限公司、洛阳建园模具制造有限公司		2021 年第三批行业标准制修订项目计划
56	840	2021-1713T-AH	电子显示屏抛光用聚氨酯吸附垫	推荐	制定			24	消费品工业司、安徽经信厅	全国塑料制品标准化技术委员会泡沫塑料分技术委员会	安徽禾臣新材料有限公司、四川大学		2021 年第三批行业标准制修订项目计划

2021 年发布的相关行业标准制修订计划

序号	原序号	计划编号	项目名称	标准性质	制/修订	代替标准	采标情况	完成周期（月）	主管部门	技术委员会或技术归口单位	主要起草单位	备注	公告号
1	45	2021-0045T-JC	地坪行业绿色工厂评价要求	推荐	制定			24	节能与综合利用司	建材工业综合标准化技术委员会	建材工业质量认证管理中心、中国建材检验认证集团股份有限公司、北京建筑材料科学研究总院有限公司		2021 年第一批行业标准制修订项目计划
2	376	2021-1250T-JC	建筑门窗行业绿色工厂评价要求	推荐	制定			24	节能与综合利用司	建材工业综合标准化技术委员会	北京国建联信认证中心有限公司、北京建筑材料检验研究院有限公司	★	2021 年第三批行业标准制修订项目计划

2021 年发布的塑料制品相关行业标准外文版制修订计划

序号	原序号	外文版计划号	标准名称（中文）	标准号/计划号	项目类别	翻译语种	项目周期	部内主管司局	技术委员会或技术归口单位	项目承担单位	公告号
1	14	2021-W014-HG	动力电池外壳用绝缘阻燃胶粘带	HG/T 5751-2020	翻译已有标准	英语	12 个月	原材料工业司	全国胶黏剂标准化技术委员会	深圳市美信电子有限公司、上海橡胶制品研究所有限公司	2021 年行业标准外文版项目计划表

续表

序号	原序号	外文版计划号	标准名称（中文）	标准号/计划号	项目类别	翻译语种	项目周期	部内主管司局	技术委员会或技术归口单位	项目承担单位	公告号
2	15	2021-W015-HG	光学级聚酯薄膜 增亮膜用预涂底层聚对苯二甲酸乙二醇酯（PET）薄膜	HG/T 5656-2019	翻译已有标准	英语	12 个月	原材料工业司	全国光学功能薄膜材料标准化技术委员会	合肥乐凯科技产业有限公司	2021 年行业标准外文版项目计划表
3	16	2021-W016-HG	扩散渗析阴膜	HG/T 5112-2016	翻译已有标准	英语	12 个月	原材料工业司	全国分离膜标准化技术委员会	山东天维膜技术有限公司	2021 年行业标准外文版项目计划表
4	24	2021-W024-HG	化工用超高分子量聚乙烯衬里板	HG/T 5629-2019	翻译已有标准	英语	12 个月	原材料工业司	全国非金属化工设备标准化技术委员会	上海化工研究院有限公司	2021 年行业标准外文版项目计划表
5	29	2021-W029-JC	水性聚氨酯地坪	JC/T 2327-2015（2017）	翻译已有标准	英语	12 个月	原材料工业司	中国建筑材料联合会	中国建材检验认证集团股份有限公司	2021 年行业标准外文版项目计划表
6	36	2021-W036-JB	塑料注射模热流道系统　技术条件	JB/T 12649-2016	翻译已有标准	英语	12 个月	装备工业一司	全国模具标准化技术委员会	桂林电器科学研究院有限公司	2021 年行业标准外文版项目计划表
7	37	2021-W037-JB	塑料注射模热流道系统　零部件　第 1 部分：技术条件	JB/T 13620.1-2018	翻译已有标准	英语	12 个月	装备工业一司	全国模具标准化技术委员会	桂林电器科学研究院有限公司	2021 年行业标准外文版项目计划表
8	38	2021-W038-JB	塑料注射模热流道系统　零部件　第 2 部分：热流道板	JB/T 13620.2-2018	翻译已有标准	英语	12 个月	装备工业一司	全国模具标准化技术委员会	桂林电器科学研究院有限公司	2021 年行业标准外文版项目计划表

续表

序号	原序号	外文版计划号	标准名称（中文）	标准号/计划号	项目类别	翻译语种	项目周期	部内主管司局	技术委员会或技术归口单位	项目承担单位	公告号
9	39	2021-W039-JB	塑料注射模热流道系统　零部件　第3部分：热喷嘴	JB/T 13620. 3-2018	翻译已有标准	英语	12个月	装备工业一司	全国模具标准化技术委员会	桂林电器科学研究院有限公司	2021年行业标准外文版项目计划表
10	40	2021-W040-JB	塑料注射模热流道系统　零部件　第4部分：热流道浇口套	JB/T 13620. 4-2018	翻译已有标准	英语	12个月	装备工业一司	全国模具标准化技术委员会	桂林电器科学研究院有限公司	2021年行业标准外文版项目计划表
11	41	2021-W041-JB	塑料注射模热流道系统　零部件　第5部分：流道板定位环	JB/T 13620. 5-2018	翻译已有标准	英语	12个月	装备工业一司	全国模具标准化技术委员会	桂林电器科学研究院有限公司	2021年行业标准外文版项目计划表
12	42	2021-W042-JB	塑料注射模热流道系统　零部件　第6部分：承压垫片	JB/T 13620. 6-2018	翻译已有标准	英语	12个月	装备工业一司	全国模具标准化技术委员会	桂林电器科学研究院有限公司	2021年行业标准外文版项目计划表
13	43	2021-W043-JB	塑料注射模热流道系统　零部件　第7部分：阀针导向套	JB/T 13620. 7-2018	翻译已有标准	英语	12个月	装备工业一司	全国模具标准化技术委员会	桂林电器科学研究院有限公司	2021年行业标准外文版项目计划表
14	44	2021-W044-JB	塑料注射模热流道系统　零部件　第8部分：阀针	JB/T 13620. 8-2018	翻译已有标准	英语	12个月	装备工业一司	全国模具标准化技术委员会	桂林电器科学研究院有限公司	2021年行业标准外文版项目计划表
15	45	2021-W045-JB	塑料注射模热流道系统　零部件　第9部分：管状加热器	JB/T 13620. 9-2018	翻译已有标准	英语	12个月	装备工业一司	全国模具标准化技术委员会	桂林电器科学研究院有限公司	2021年行业标准外文版项目计划表
16	46	2021-W046-JB	空气热老化试验箱	JB/T 7444-2018	翻译已有标准	英语	12个月	装备工业一司	全国实验室仪器及设备标准化技术委员会	机械工业仪器仪表综合技术经济研究所	2021年行业标准外文版项目计划表